LE CHOIX DU SUCCES®

Collection dirigée par Franck ATTELAN

LA BIBLE DU TAGE 2®

11e édition 2022

Franck ATTELAN & Benjamin ZAOUI

SOMMAIRE

DEUXIEME PARTIE

7 TESTS BLANCS ORIGINAUX ET INEDITS ACCOMPAGNES DE LEURS CORRIGES

Fiche 1

Présentation du TAGE 2

Le TAGE 2 est un questionnaire à choix multiple de **70 questions**, réparties en **6 sous-tests** qui se déroulent systématiquement dans le même ordre. Pour chaque question, **4 réponses** sont proposées. **Une seule d'entre elles est correcte.** L'épreuve dure **2 h 20** (1 h 55 d'examen effectif et un total de 25 minutes de battements entre les sous-tests).

Sous-test	Nombre de questions	Durée	Score (points)
1. Langage – Lexiphrase	15	15 min	45
2. Calcul	10	30 min	30
3. Logique (données verbales et numériques)	10	15 min	30
4. Langage – Paratexte	15	15 min	45
5. Calcul	10	30 min	30
6. Logique (données spatiales)	10	10 min	30
TOTAL	**70**	**1 h 55**	**210**

L'attribution des points se fait de la manière suivante :

Une bonne réponse : + 3 points ;

Une absence de réponse : 0 point ;

Une réponse fausse : – 1 point.

Ne répondez au hasard que si vous hésitez entre 2 réponses. Sinon abstenez-vous !

Ainsi, le score final est compris entre – 70 et 210. Pour calculer votre note sur 20, il vous suffit de **multiplier votre note par 20 et de la diviser par 210**

Il n'est possible de passer le test TAGE 2 qu'**une seule fois par an**.

Fiche 2

Les secrets d'une préparation réussie

Une préparation efficace passe à la fois par le biais d'un travail soutenu et régulier, mais encore par une excellente hygiène de vie (rythme de vie, sommeil, relaxation, alimentation, etc.).

Nous ne prétendons pas ici vous proposer des secrets de grand-mère sur la composition d'une bonne infusion pour passer d'excellentes nuits (même si, croyez-le ou pas, nous pourrions), mais bien vous donner quelques conseils sur la façon de gérer votre quotidien à l'approche de l'épreuve.

En effet, vous vous en doutez bien, se coucher à 4 h du matin tous les soirs pour se réveiller à 13 h, rester une semaine entière sans travailler ou au contraire s'enfermer 8 heures par jour pendant un mois sont des méthodes qui ne risquent pas de vous mettre dans des conditions optimales...

Ceux qui ont un jour eu un quelconque contact avec le monde des concours (de classe préparatoire, de médecine ou autre) ont déjà eu vent du fameux mythe des « 14 heures de travail par jour ». Qui n'a jamais entendu son voisin, marqué par les cernes et l'anxiété, stresser à l'extrême car la veille, sa journée de travail n'a duré « que » 8 heures ?

Il s'agit de la première erreur à éviter : croire que c'est la quantité qui prime, et ce dans un sens comme dans l'autre. Nous sommes tous différents, et chacun va avoir besoin d'un temps plus ou moins important pour ingurgiter une information ou maîtriser une méthode. Certains, dotés d'une mémoire visuelle, auront besoin d'une simple lecture tandis que d'autres devront se répéter des formules devant un miroir avant qu'elles n'entrent définitivement dans leur tête. De même, vous pouvez être un adepte des fiches... ou pas !

Le second point sur lequel chacun peut (et doit, idéalement) voir les choses différemment est la capacité à travailler sans pause.

Voici un autre mythe à évincer au plus vite : « Il faut travailler par tranches de 3 heures, sinon ça ne sert à rien. » Non, encore une fois, chacun est différent. Nous pourrions vous citer à la pelle des exemples de personnes qui ont parfaitement réussi des concours parmi les plus difficiles sans jamais avoir travaillé plus de 30 minutes d'affilée !

N'hésitez donc pas à prendre des pauses régulières. Et par pause, nous entendons un arrêt complet de tout ce qui s'apparente au travail. Dans ces moments-là, votre esprit doit être totalement libre de toute pression, de tout stress : au téléphone, devant la télévision, en faisant du sport, en lisant, en sortant avec des amis, vous ne devez pas vous culpabiliser de ne pas être en train de travailler.

Cela nous permet d'en venir à l'explication du titre de cette partie : la clé d'une préparation réussie, c'est d'**être à 100 % lorsque l'on travaille, et à 0 % le reste du temps**. Voilà une phrase qui peut paraître bien plate dite comme ça, mais, croyez-nous sur parole, elle est bien plus facile à énoncer qu'à mettre en pratique. En effet, être à 100 % lorsque l'on travaille signifie, entre autres :

- se séparer de tout ce qui pourrait vous déconcentrer (téléphone, ordinateur, télé) ;
- ne pas lever les yeux au ciel ou rêvasser par la fenêtre ;
- éviter de se lever pour aller chercher quelque chose dans le réfrigérateur ;
- ne penser à rien d'autre que ce que l'on est en train de faire.

Etre à 100 % pendant une période de travail signifie donc ne penser qu'à ça, ne faire que ça et ne pas se laisser déconcentrer ou déranger. Le mot d'ordre : **la concentration**.

Vous comprenez maintenant pourquoi faire cela pendant 3 heures d'affilée relève quasiment de l'impossible et, *a fortiori*, à quel point adopter cette attitude pendant une vraie heure (qui nous semble être le créneau le plus intéressant pour travailler d'une traite avant de prendre 10-15 minutes de pause) peut se révéler efficace.

L'autre partie de ce conseil n'en est pas moins importante : **dès que vous avez décidé de prendre une pause, ou que vous devez sortir, faire autre chose, ne pensez plus au travail**.

Le TAGE 2 vous prépare à devenir de futurs managers, et l'une des qualités requises est cette capacité à faire la part des choses et à avoir l'esprit libre dans les moments où l'on ne travaille pas. C'est d'autant plus important dans le sens où, lorsque vous reviendrez à votre bureau, vous aurez le sentiment d'avoir réellement coupé pendant un certain temps. **Nous le répétons une dernière fois : le but n'est pas d'être à 50 ou même 60 % tout le temps, mais bien à 100 % quand il le faut et à 0 % sinon.**

Ainsi, avant de démarrer votre préparation, il va falloir vous poser quelques questions dont les réponses peuvent cependant varier au fil de vos heures de travail :

- Combien de temps d'affilée suis-je capable de travailler à 100 % ?
- Ai-je besoin de faire des fiches pour tout ?
- Quelle sera ma méthode d'apprentissage du cours : lecture ? répétition devant un miroir ? récitation à un ami ?
- Comment puis-je être certain que j'ai bien acquis une méthode ?

Soyez-en sûrs, répondre à ces questions est le premier pas d'une préparation qui s'annonce des plus réussies !

Fiche 3

Fixez-vous des objectifs réalistes

Après avoir saisi l'importance de la concentration, il va falloir passer à la phase suivante : **l'organisation**.

Il n'y a rien de pire que de se laisser aller au gré de ses envies, travaillant quelques heures par-ci ou par-là lorsque l'on daigne trouver le temps… **Le plus efficace reste donc de se construire un emploi du temps et, surtout, de s'y tenir, coûte que coûte.** Car remplir un tableau ou un agenda avec des créneaux de travail, c'est bien beau, mais encore faut-il être capable de bien mettre vos résolutions en pratique et d'arrêter définitivement de « remettre au lendemain ».

Pour ce qui est de la construction de votre emploi du temps, nous vous donnerons un seul conseil : **soyez réalistes**. En répondant à toutes les questions présentées plus haut, vous pouvez savoir (ou en tout cas estimer et réajuster par la suite) de combien de temps de travail vous avez besoin approximativement, connaître votre capacité de concentration d'affilée, etc. Avec toutes ces informations, essayez de faire un planning le plus précis possible en vous disant bien à chaque instant : « **Ça, je vais le faire, vraiment.** » Si dans une case est inscrit : « 14 h-15 h : 10 questions de calcul + correction », c'est que vous savez qu'en une heure vous devez être capables de traiter 10 questions de calcul et étudier leur correction.

> ***« Celui qui n'a pas d'objectifs ne risque pas de les atteindre. »***
>
> **Sun Tzu**

Ainsi, il va falloir vous fixer des objectifs, cette fois en termes de quantité. Non pas de temps mais bien de nombre d'exercices, de fiches de cours à apprendre et à maîtriser. Pour cela, nous vous conseillons de suivre certaines règles :

1

Chiffrez toujours vos objectifs
(prévoyez plutôt « 10 questions de calcul » et pas « 1 h de calcul »).

2

Alternez au maximum entre les sous-épreuves, au sein de la même journée.

3

Evitez de travailler avant 8 h, après 22 h, ou même entre 12 h et 13 h.

4

N'hésitez pas à faire un emploi du temps très complet, avec votre heure de réveil, toutes les autres activités prévues pendant la journée (si vous êtes en cours, en stage), vos pauses, etc.

Mais avant de vous jeter sur votre agenda pour le remplir, soyez bien attentifs à ce qui va suivre.

Fiche 4

Un esprit sain dans un corps sain

Nous vous avions promis des recettes de grand-mère, non ? Plus sérieusement, comme vous l'avez certainement déjà compris, préparer un examen, c'est certes faire travailler son esprit, mais c'est également ne pas faire souffrir son corps.

Ce que vous devez à tout prix éviter est d'arriver le jour de l'examen avec des cernes jusqu'au menton, un estomac trop vide ou trop plein, un cerveau qui fonctionne au ralenti et des muscles ankylosés. Pour cela, il n'y a qu'un seul secret : **avoir une hygiène de vie la plus saine possible**.

Nous ne vous forçons pas à vous enfermer dans un couvent deux mois durant, à ne manger que des produits issus de l'agriculture biologique tout en respectant vos 2 heures quotidiennes de sport et vos 9 heures de sommeil réglementaires, mais nous vous conseillons simplement d'essayer de vous connaître un maximum en sachant combien d'heures de sommeil vous sont nécessaires pour préserver votre concentration à son meilleur niveau, ou si vous êtes plutôt du matin ou du soir pour travailler, etc.

A part **la gestion du sommeil**, deux autres paramètres sont importants : **l'alimentation et le sport**. Ce n'est pas parce que vous travaillez un peu plus qu'à l'accoutumée que vous ne devez pas entretenir votre corps et garder la forme, ou que vous devez manger tout ce qui vous passe sous la main (l'effet inverse étant bien évidemment tout autant prohibé). Nous ne prétendons pas jouer les coachs sportifs ou nutritionnistes, mais cela a forcément un impact sur votre façon de travailler et à plus long terme sur votre sommeil. Donc nous ne pouvons que vous inviter à manger sainement et à ne pas hésiter à vous aérer souvent (cette remarque est surtout valable pour ceux qui préparent le test peu de temps avant et qui auraient prévu de passer leur mois ou semaine à ne faire quasiment que cela).

Reste la gestion de tous ces paramètres dans les jours voire les heures qui précèdent le jour où vous passez le test. Nous vous conseillons de vous coucher relativement tôt la veille et de ne pas vous réveiller moins de 2 heures avant le début de l'épreuve, pour être bien frais au moment fatidique. Nous n'insisterons pas davantage sur ce problème, mais essayez de dîner léger la veille et de prendre un bon repas avant d'y aller pour ne pas vous retrouver avec un estomac criant famine au beau milieu de l'épreuve.

Tous ces conseils peuvent vous paraître bien futiles à côté de ceux qui vous permettront de calculer rapidement la moyenne des salaires des femmes dans une entreprise ou la vitesse parcourue par un cycliste sur une piste circulaire… Ils sont pourtant indispensables à la réussite de votre TAGE 2. Alors, de grâce, ne les négligez pas !

Résumons donc les principaux points :

- Apprenez à vous connaître.
- Ne soyez pas obsédés par la quantité de travail.
- Travaillez sur votre concentration (pensez au secret des 100 % // 0 %).
- Faites un emploi du temps réaliste et surtout tenez-y vous !
- Prenez soin de vous !

Fiche 5

Planning de révision

Vous vous demandez combien de temps consacrer à l'apprentissage du cours ou à la résolution des tests blancs ? Voici nos conseils, basés sur l'expérience recueillie auprès de milliers de candidat qui vous ont précédé !

1. LE COURS

LANGAGE	10 heures	10 heures suffiront pour digérer le cours de langage. Le plus délicat sera de bien intégrer les règles de grammaire ainsi que la longue liste de proverbes et de dictons qui font souvent l'objet de questions le jour J. Dans ces 10 heures, nous avons compté 2 heures consacrées à la révision de la liste de mots de vocabulaire que vous aurez notés jour après jour sur un carnet dédié à ce a. Car chaque mot nouveau que vous rencontrerez à partir de ce jour ne devra jamais plus rester sans définition.
CALCUL	20 heures	Normalement 20 heures suffisent amplement pour comprendre le cours de calcul, faire toutes les applications, et apprendre par cœur l'ensemble des formules. Nous avons compté dans ces 20 heures 4 fois 30 minutes de révisions des formules qui vous donnent du fil à retordre.
LOGIQUE	10 heures	La logique est une discipline nouvelle pour vous. Ne la négligez pas. Ceci étant dit, l'expérience montre que 10 heures suffisent pour venir à bout des différentes méthodes, techniques, astuces et applications que vous trouverez dans ce cours on ne peut plus complet.

2. LES TEST BLANCS

PASSATION ET CORRECTION DES TESTS 1 et 2	TEMPS ILLIMITE	**Nous vous conseillons de consacrer un temps illimité aux 2 premiers tests blancs.** Surtout ne vous minutez pas. Prenez au contraire le temps de traiter chaque question avec un maximum de concentration. Prenez le temps de lire les énoncés, de réfléchir longuement à la résolution des différentes questions. Aidez-vous du cours si besoin ! Il est très important de profiter de ces deux premiers tests pour valider que les notions de cours, les méthodes, les techniques et les astuces que vous avez apprises ont bien été digérées ! **Passez ensuite autant de temps que nécessaire sur la correction de ces deux tests.**
PASSATION DES TESTS 3, 4, 5, 6 et 7	1 h 55 par test	Il est maintenant temps de faire les tests en temps limité. Comme vous le savez, il vous faudra 1 h 55 pour venir à bout d'un test blanc complet de TAGE 2. **N'oubliez pas de remplir vos grilles consciencieusement. Surtout, faites corriger vos grilles par une autre personne que vous-même qui vous dira quelles sont les questions pour lesquelles vous avez répondu juste, quelles sont les questions auxquelles vous n'avez pas répondu et quelles sont enfin les questions auxquelles vous avez répondu faux…** Cette personne ne devra surtout pas vous dévoiler les réponses qu'il fallait trouver ! Elle devra juste vous donner la liste des questions que vous n'avez pas réussi à résoudre. Ainsi, vous aurez le droit à une seconde chance et pourrez réfléchir à nouveau sur ces questions, sans limite de temps. Il vous faudra alors être persévérant et vous creuser la tête autant de temps que nécessaire pour venir à bout de ces questions. C'est à ce prix que les progrès seront irrésistiblement au rendez-vous.
CORRECTION DES TESTS 3, 4, 5, 6 et 7	2 h 30 par test	**2 h 30 seront nécessaires pour lire et comprendre les corrections d'un test blanc.** Surtout ne vous limitez pas aux corrections à proprement parler. Consultez à nouveau les points de cours qui vous résistent, googlez chaque mot de vocabulaire qui vous pose problème et entraînez-vous sur des exercices complémentaires que vous trouverez facilement en ligne sur Google. C'est à ce prix que vous deviendrez imbattable le jour J. Bon courage à toutes et à tous et bonne réussite !

Fiche 6

Nos conseils pour le jour J

Le jour du test, un livret du candidat (contenant l'ensemble des 70 questions) vous sera distribué, accompagné d'une grille de réponse. **N'oubliez pas votre pièce d'identité et votre convocation !**

En pratique :

- Les seuls accessoires autorisés durant l'épreuve sont **un stylo noir**, **un crayon à papier** (pas de critérium), et **une gomme**.
- L'usage de la calculatrice ou de documents écrits est interdit pendant toute la durée du test.
- Les **bouchons d'oreilles** sont interdits.
- Vous ne disposez **pas de feuilles de brouillon** (le livret de questions sera votre seul support, n'hésitez donc pas à vous en servir comme brouillon).
- Vous devez répondre aux questions uniquement sur la grille de réponse.
- Il est **interdit de revenir sur une sous-épreuve pour laquelle le temps imparti s'est écoulé ou de travailler sur une sous-épreuve à venir**.

CONSEIL Ne venez pas muni d'une montre électronique. Certains examinateurs les interdisent craignant que celles-ci fassent calculatrice ! Privilégiez donc les montres à aiguille.

Fiche 7

Se préparer avec Aurlom

Pour ses résultats

AURLOM est depuis 2007 la première prépa de France pour les admissions parallèles aux grandes écoles de commerce et de management.

Sur les 3 dernières années :

- **96 %** des étudiants d'AURLOM ont été admis à une ou plusieurs écoles des concours Passerelle 1 et Tremplin 1.
- **82 %** des étudiants d'AURLOM, soit 205 étudiants, ont été admis à GRENOBLE Ecole de Management, l'école la plus sélective des admissions parallèles à Bac+2. Un résultat 4 fois supérieur à la moyenne nationale.
- **95 %** des étudiants d'AURLOM ont été admis à SKEMA Business School. 93 % à Toulouse Business School.
- **14,3 :** c'est la note moyenne obtenue par les étudiants d'AURLOM au TAGE 2. Soit 3,6 points de plus que la moyenne nationale ! A noter que 2 étudiants d'AURLOM sur 5 ont obtenu plus de 16 au TAGE 2. Et 17 étudiants ont obtenu un score supérieur à 190 sur 210, soit plus de 18,5 sur 20.
- **16,8 :** c'est la note moyenne obtenue par les étudiants d'AURLOM aux épreuves orales d'entretien.
- Pour les étudiants d'AURLOM de niveau Bac+3 et plus : **89 %** d'admis dans le Top 5 des meilleures écoles de commerce et de management (HEC, ESSEC, ESCP Europe, EM LYON, EDHEC).

Pour sa parfaite connaissance des épreuves et de leurs rouages

AURLOM s'est forgée une réputation exceptionnelle dans son expertise et sa connaissance pointue des épreuves écrites et orales des concours. Les professeurs qui interviennent à AURLOM **sont des auteurs d'ouvrage à succès, concepteurs de sujets, correcteurs ou encore membres de jurys de concours** et sont reconnus par leurs pairs comme les meilleurs spécialistes de leur épreuve.

Soucieux de suivre les moindres évolutions des épreuves, ils prodiguent année après année les méthodes, conseils et astuces qui permettent de viser les meilleurs scores aux concours.

Pour ses méthodes pédagogiques

AURLOM, c'est l'alliance parfaite de méthodes d'enseignement traditionnelles éprouvées par des milliers d'étudiants (cours en classe), avec les techniques d'apprentissage les plus innovantes (intranet).

- **Cours en classe**.
- **Cours en live** et en **replay** à suivre depuis chez soi.
- Des vidéos pédagogiques de qualité : idéales pour apprendre dès qu'on a 5 ou 10 minutes de libre en journée.
- Un Intranet, **espace de préparation en ligne**, accessible dès l'inscription. Annales, extraits d'ouvrage, exercices, revues de presse, vidéos, devoirs à rendre… Tout est mis en œuvre pour vous accompagner dans votre préparation.
- **Une disponibilité totale de l'équipe pédagogique** par mail, textos et même WhatsApp !

Pour apprendre et progresser dans un environnement stimulant et épanouissant

AURLOM a accueilli depuis sa création plus de 12 000 étudiants dans des classes à taille humaine pour favoriser la proximité élèves-professeurs ainsi qu'un suivi individualisé. En suivant votre prépa à AURLOM vous rejoignez une communauté active et solidaire d'étudiants avec laquelle vous échangez régulièrement. Cette communauté AURLOM constitue une formidable source de motivation, d'inspiration et d'émulation tout au long de votre préparation.

Ouverte 7 jours sur 7, de 8 h 30 à 20 h (hormis le vendredi où la Prépa ferme à 17 h), AURLOM vous accueille en dehors de vos heures de cours, dans ses classes du 2 bis rue Saint-Sauveur (Paris 2) pour vous permettre de réviser vos concours dans les meilleures conditions.

Les prochaines sessions AURLOM

Pour la saison des concours 2022, AURLOM vous accueille dans le cadre de ses **CYCLES CONTINUS** ou de ses **SEMAINES INTENSIVES** dès le mois d'octobre 2020, en présentiel comme à distance.

- **CYCLES CONTINUS :** préparation qui s'étale sur plusieurs week-ends entre les mois d'octobre 2021 et de mars 2022.
- **SEMAINES INTENSIVES :** préparation concentrée sur 6 jours de 9 h à 19 h durant les vacances scolaires de Noël ou d'Hiver (février/mars).

Pour plus d'informations, rendez-vous sur AURLOM.COM, contactez-nous au 01 40 41 12 38 ou prenez rendez-vous avec l'un de nos responsables pédagogiques et venez nous rencontrer à la Prépa.

Réservez un rendez-vous gratuit avec un expert de la Prépa Aurlom

En tant que détenteur de la Bible du Tage 2, vous bénéficiez d'un rendez-vous gratuit avec un expert des admissions parallèles de la Prépa Aurlom qui évaluera le potentiel de vos candidatures aux concours en plus de vous donner des conseils pour les préparer au mieux.

Prenez rendez-vous en présentiel à la Prépa
au 43 rue du Sentier à Paris ou en visioconférence
à l'adresse :

tinyurl.com/aurlom

Contacter les auteurs

On est là pour vous aider !

Vous avez des questions au sujet du TAGE 2 ? Un point de cours qui vous résiste ? Une question sur un exercice ? Ou alors vous voulez juste nous envoyer un mot gentil ?
Et bien n'hésitez pas à nous contacter ! Nous nous ferons un plaisir de vous répondre dans les meilleurs délais.

Pour nous contacter :

tage2@aurlom.com

Vidéos

On est partout avec vous, à la maison, dans le bus, à la bibliothèque… vous n'avez désormais plus d'excuses.

Vous souhaitez vous donner les meilleures chances de réussite ? Alors n'attendez pas pour visionner nos vidéos de conseils, rappels de cours et exercices corrigés.

Rendez-vous sur :

https://www.youtube.com/user/AurlomTV

Sinon, scannez le code ci-dessous :

PREMIERE PARTIE

COURS FONDAMENTAUX / APPLICATIONS CLES / METHODES / SAVOIR-FAIRE / ASTUCES

1. LANGAGE
[SOUS-TESTS 1 & 4 DU TAGE 2]

I. PRESENTATION DES EPREUVES ET CONSEILS GENERAUX

Nous vous proposons de découvrir ici les différents types d'exercices sur lesquels vous serez amené à travailler dans le cadre des deux sous-tests consacrés au langage.

Comme vous pouvez le voir, les types d'exercices proposés sont très variés, et il faudra donc faire montre d'une excellente maîtrise de la langue française (orthographe, grammaire, syntaxe, synonymie, etc.).

A savoir : progresser en français demande du temps ainsi qu'une vigilance de tous les instants. Ceci est indiscutable. Vous verrez toutefois que si vous comprenez bien les attentes des concepteurs et que vous apprenez de façon systématique les incontournables de la langue (règles de grammaire, mots invariables, conjugaison, proverbes, dictons, etc.) alors nul doute que le succès sera au bout du chemin.

1. Définitions de mots ou de locutions

Il s'agit de trouver la définition d'un mot ou d'une locution. S'il est impossible de connaître l'ensemble des termes de la langue française, on vous conseille de **lire tout ce qui vous tombe sous la main et de reporter sur un cahier** les termes pour lesquels vous ne seriez pas capables d'apporter rapidement une définition juste et précise.

<u>Exemple</u> : trouver la définition du mot ou de la locution en italique.

Question 1. *Les prémisses*

(A) Les garanties d'un contrat.
(B) Les bases d'un raisonnement.
(C) Les impondérables de l'existence.
(D) Les cobayes d'une expérience.

Réponse B.

Question 2. *L'œuf de Christophe Colomb*

(A) Réalisation qui, sous son apparente simplicité, suppose une réelle ingéniosité.
(B) Avoir une passion.
(C) Le fait d'être tout près d'obtenir quelque chose et finalement en être empêché.
(D) Ce qui peut, malgré les apparences, causer beaucoup de maux et de catastrophes.

Réponse A.

2. Synonymes et antonymes

Comme pour les questions de définitions, il est **illusoire d'apprendre par cœur des listes entières de mots de vocabulaire** et leurs synonymes/antonymes. En revanche, lorsque vous reportez sur votre carnet des termes que vous ne savez pas définir précisément, faites l'effort de **noter des synonymes, des antonymes et des expressions** dans lesquelles ils sont utilisés.

Exemple :

Question 1. Trouver les synonymes les plus appropriés des mots en italique.

« L'usage *parcimonieux* des ressources naturelles est vivement *préconisé* pour éviter une surexploitation de la planète. »

(A) économique – tendancieux
(B) inhabituel – encouragé
(C) régulier – proscrit
(D) modéré – recommandé

Réponse D.

Question 2. Trouver l'antonyme le plus approprié du mot *plethora*.

(A) Inconstance
(B) Fragilité
(C) Pénurie
(D) Désordre

Réponse C.

3. Analogies

Pour les questions d'analogie, vous devrez trouver le **lien logique qui existe entre deux termes**.

Exemple :

Question 1. *Contusions* est à *coups* ce que :

(A) *Querelles* est à *bagarres*
(B) *Arbres* est à *pousses*
(C) *Lames* est à *vagues*
(D) *Empreintes* est à *pas*

Réponse D : lien de **résultat visible** : les contusions sont les résultats visibles de coups, les empreintes sont les résultats visibles de pas.

Question 2. *Bordure* est à *tissu* ce que :

(A) *Littoral* est à *continent*
(B) *Capital* est à *ville*
(C) *Assise* est à *mur*
(D) *Colline* est à *montagne*

Réponse A : lien d'**encadrement** : la bordure est ce qui encadre un tissu, le littoral est ce qui encadre un continent.

4. Chercher l'intrus

Pour ces questions, **trois des quatre mots d'une série auront un élément commun**. Par exemple, si une série de quatre mots comporte trois mots synonymes, c'est le critère de synonymie qui devient déterminant. Si dans une série, trois mots sur quatre sont mal orthographiés, c'est l'orthographe qui fournit le critère différenciateur pertinent.

Exemple :

Question 1. Quel est l'intrus ?

(A) Incantatoire (B) Blasphématoire
(C) Impie (D) Sacrilège

Réponse A : « blasphématoire », « impie » et « sacrilège » sont trois **synonymes**. Les trois termes signifient un mépris de la divinité.

Question 2. Quel est l'intrus ?

(A) Cahotique (B) Chevronné
(C) Medium (D) Concilaire

Réponse B : trois propositions sont **mal orthographiées**. « Cahotique » s'écrit « c**h**aotique » ; « medium » s'écrit « m**é**dium » ; « concilaire » s'écrit « concil**i**aire ».

5. Concordance des temps

Les questions de concordance des temps sont des classiques du TAGE 2. Il est important de bien connaître ses **tableaux de conjugaison** mais également les **situations dans lesquelles on emploie chaque temps**.

Exemple :

Question. Parmi les propositions suivantes, laquelle ne respecte pas la règle de concordance des temps ?

(A) Je ne veux pas que tu lui dises quand tu iras le voir.
(B) Il regrette que je fusse parti sans attendre.
(C) L'enfant hurle pour qu'on le laisse tranquille.
(D) Je ne pense pas qu'il ait déjà fini le déjeuner.

Réponse B : *« que je fusse parti »* est le subjonctif plus-que-parfait du verbe *partir*. Quand on emploie ce temps dans une proposition subordonnée, le verbe de la proposition principale est à l'imparfait de l'indicatif et non au présent.

6. Correction grammaticale, orthographique et lexicale

Seuls ceux qui connaîtront parfaitement leur cours pourront raisonnablement s'en sortir avec un sans faute.

⚠ ATTENTION Certaines phrases comporteront plus d'une faute. Nul besoin de toutes les repérer. Il suffit d'en trouver une pour éliminer la proposition !

NB : pour ces questions, **les fautes d'accents et de ponctuation sont à prendre en considération !**

Exemple :

Question. Parmi les quatre propositions suivantes, une seule est correctement orthographiée. Laquelle ?

(A) Le prix exorbitant de ce tableau est dissuasif. Qui voudra bien l'acheter ?
(B) Tes pneus sont usés. Il faut les changer !
(C) Cet instituteur a manqué de respect à mon fils. Il va avoir à faire à moi !
(D) Ce soit-disant médecin conventionné est un authentique trafiquant.

Réponse A : (B) On écrit « *pneus* » et non « *pneux* ».
(C) L'expression s'écrit « *avoir affaire à* » et non « *avoir à faire à* »
(D) On écrit « *soi-disant* » et non « *soit-disant* ».

7. Effets de sens

Un ou plusieurs mots seront soulignés. Il faudra trouver **la meilleure façon** d'exprimer le ou les mots soulignés.

⚠ ATTENTION Pour ces questions, **le contexte** dans lequel s'inscrit la phrase **doit être pris en compte** !

Exemple : choisissez la reformulation dont le sens se rapproche le plus du (des) passage(s) souligné(s).

Question 1. Les ventes ont chuté et les coûts de production ne cessent d'augmenter. C'est la raison pour laquelle l'entreprise voit sa productivité baisser et s'en trouve menacée.

(A) Se résilie
(B) Périclite
(C) Est préemptée
(D) Est prorogée

Réponse B : « *péricliter* » signifie décliner, aller vers la ruine. Cela a le même sens que le passage souligné.

Question 2. L'inscription sur la tombe de Voltaire porte ces mots : *« Il combattit les athées et les fanatiques. Il inspira la tolérance, il réclama les droits de l'homme contre la servitude de la féodalité. Poète, historien philosophe, il agrandit l'esprit humain, et lui apprit à être libre. »*

(A) L'épigraphe
(B) L'autodafé
(C) L'apocryphe
(D) L'épitaphe

Réponse D : une épitaphe est une inscription sur une tombe. Dans le contexte de l'énoncé, c'est donc bien la réponse qui convient le mieux.

8. Cohérence textuelle

Pour ces questions, un ou plusieurs mots d'une phrase ou d'un texte seront manquants. Vous devrez remplacer les « trous » par un ou plusieurs mots proposés en solutions. Comme toujours, le contexte joue un rôle important.

CONSEIL Dès lors que vous pensez avoir trouvé la bonne réponse, **relisez bien 2 ou 3 fois la phrase en entier** (en intégrant votre solution) afin de vérifier que la phrase fait sens.

Exemple :

Question 1. Ce garçon ne me paraît pas honnête. Ses manières (…) me rebutent.

(A) Cauteleuses
(B) Pédantes
(C) Assurées
(D) Cavalières

Réponse A : *cauteleux* signifie rusé.

Question 2. Le patron du service (…) son opposition initiale au nouveau traitement, en raison (…) dans les expériences cliniques. (…) il s'en est tenu à son avis premier, selon lequel (…) généraliser l'usage du traitement à l'hôpital.

(A) A annulé / de son succès / Cependant / il ne fallait pas pour l'instant
(B) A annulé / de son succès / C'est pourquoi / il fallait rapidement
(C) A annulé / de son échec / C'est pourquoi / il ne fallait pas pour l'instant
(D) N'a pas annulé / de son échec / Néanmoins / il ne fallait pas

Réponse B.

9. Résumés et conclusions

Pour les questions de résumés et de conclusions, il faudra trouver la proposition qui convient **le mieux**. N'oubliez pas que **le contexte** est à prendre en compte !

Exemple :

Question. Parmi les propositions suivantes, quelle est l'expression qui résume le mieux le texte ci-dessous, extrait de la poésie *Le Spleen de Paris* de Charles Baudelaire ?

« *Celui qui regarde du dehors à travers une fenêtre ouverte ne voit jamais autant de choses que celui qui regarde une fenêtre fermée. Il n'est pas d'objet plus profond, plus mystérieux, plus fécond, plus ténébreux, plus éblouissant qu'une fenêtre éclairée d'une chandelle. Ce qu'on peut voir au soleil est toujours moins intéressant que ce qui se passe derrière une vitre. Dans ce trou noir ou lumineux vit la vie, souffre la vie.* »

(A) L'ombre et la lumière
(B) La vérité cache
(C) La puissance de l'imagination
(D) Le mystère des ténèbres

Réponse C : plusieurs propositions conviennent. Toutefois une seule résume **le mieux** le texte :

(A) : *l'ombre et la lumière* renvoie aux deux protagonistes du texte mais ne résume pas ce dernier.

(B) : *la vérité cache* est une déduction *a contrario* sous-jacente au texte.

(C) : c'est bien *la puissance de l'imagination* qui est souligné à travers cet extrait.

10. Compréhension de texte

Vous devrez répondre généralement à 5 questions portant sur un texte qui tient sur environ 3/4 de page. Notez toutefois que ce type d'exercice tend à disparaître.

Exemple de texte :

La résistance au changement est un construit qui a été abondamment discuté et observé surtout chez les employés, lors d'un seul changement organisationnel, et étudié selon une méthodologie souvent transversale. Cependant, très peu de chercheurs se sont attardés à mesurer de façon empirique, l'évolution des réactions des cadres intermédiaires et encore moins, en contexte de plusieurs changements simultanés, selon une méthodologie diachronique. Selon une étude de Prosci (2012), la résistance des cadres intermédiaires serait le quatrième plus important obstacle d'une transformation et plus de la moitié de cette résistance pourrait être évitée si elle était gérée pro-activement. Décoder les préoccupations inhérentes aux changements concomitants qui sont à la source de la résistance (selon le modèle des phases de préoccupations de Bareil, 2004) et prendre en considération les niveaux d'appropriation envers chaque changement pourraient contribuer à faciliter le soutien et l'accompagnement des cadres intermédiaires afin qu'ils deviennent des agents efficaces de transformation. **[XXX]**

On vous demande alors par exemple de compléter – à partir du signe **[XXX]** – les trois dernières phrases de ce texte (phrases avec des trous qui font donc l'objet de trois questions) en respectant les impératifs de la syntaxe, du choix des mots, et de la cohérence textuelle **et/ou** de répondre à quelques questions portant sur la compréhension du texte.

Fiche 8

Lexiphrase et paratexte : deux méthodes importantes

1. REFORMULER LES MOTS SOULIGNES

1. **Commencez par cacher toutes les réponses avec votre main**.
2. **Lisez très lentement** votre énoncé et **essayez de deviner la réponse**. Cette étape est fondamentale car elle vous oblige à trouver vous-même un ou plusieurs synonymes du mot qui est souligné.
3. Découvrez à présent les réponses proposées et **procédez par dichotomie**. Comparez les réponses A et B et gardez la meilleure. Comparez ensuite la réponse gardée avec la réponse C. Gardez la meilleure. Comparez enfin la réponse gardée avec la réponse D. Gardez la meilleure !

2. BIEN GERER LES TEXTES A TROUS

Pour ces questions, un ou plusieurs mots d'une phrase ou d'un texte seront manquants.

Vous devrez remplacer les « trous » par un ou plusieurs mots proposés en solutions.

1. **Commencez par cacher toutes les réponses avec votre main**.
2. **Essayez de deviner le ou les mots cachés**.
3. **Découvrez les réponses et essayez-les une à une.**

II. GRAMMAIRE ET ORTHOGRAPHE : LES 30 REGLES A CONNAITRE

Dans ce chapitre, nous avons fait pour vous la synthèse des règles de grammaire qui font l'objet de la grande majorité des questions qui vous seront posées au TAGE 2. Apprenez-les bien et prenez le temps de bien les comprendre !

Aussi, si vous ressentez le besoin de vous entrainer sur quelques exercices fondamentaux pour vérifier que vous avez bien compris, n'hésitez pas à vous rendre sur un site tel que : **https://www.lepointdufle.net/ressources_fle/exercices_de_grammaire.htm** ou **https://www.francaisfacile.com/cgi2/myexam/liaison.php?liaison=_grammaire_**. Vous y trouverez assurément votre bonheur.

1. Affaire / A faire

- S'écrit avec une majuscule pour désigner une administration : *les Affaires étrangères* ; avec une minuscule dans les autres cas : *s'occuper des affaires courantes, des affaires nationales.*

- Est au singulier dans *se tirer d'affaire, être tiré d'affaire* ; et au pluriel dans *toutes affaires cessantes.*

[Affaire ou à faire ?]

- **Avoir affaire à :** *Je n'ai jamais eu affaire à lui. Attention, tu vas avoir affaire à moi !* L'expression est toujours suivie de *à.*

- **Avoir à faire :** *Ne m'importunez pas, j'ai à faire, il me reste beaucoup à faire. Qu'as-tu à faire ? Il n'y a rien à faire.*

2. Aussi

- S'emploie dans les comparatifs d'égalité de l'adjectif ou de l'adverbe.
  Il est aussi élégant que toi. Il conduit aussi vite qu'elle.

- Au sens de « également », **aussi** s'emploie dans des phrases affirmatives. Dans les phrases négatives, on emploie **non plus.**
  Tu l'as vu ? Moi aussi. / Tu ne l'as pas vu ? Moi non plus.

- Quand il indique un très haut degré, **aussi** entraîne le subjonctif avec inversion du sujet. *Aussi petit soit-il…* Sans inversion du sujet, on emploie **aussi… que.** *Aussi petit qu'il soit…*

- Comme conjonction, au sens de « c'est pourquoi », **aussi** entraîne l'inversion du sujet en langue soutenue.
  J'ai oublié mon téléphone chez moi, aussi n'ai-je pas pu travailler aujourd'hui.

[Accord avec *aussi bien que*]

- S'il y a une pause à l'oral ou deux virgules à l'écrit, le verbe reste au singulier.
  Le député, aussi bien que le sénateur, a accepté l'invitation (l'accent est mis sur « le député »).

- S'il n'y a pas de pause à l'oral ou pas de virgule à l'écrit, le verbe se met au pluriel.
  Le député aussi bien que le sénateur ont accepté l'invitation (l'un et l'autre).

3. Demi

- Le préfixe **demi-,** toujours suivi d'un trait d'union, est invariable : *un demi-hectare, une demi-heure, trois demi-hectares, trois demi-journées.*

- Les mots composés avec **demi-** prennent la marque du pluriel sur le second élément : *des demi-livres, des demi-cercles, des demi-mètres, des demi-douzaines, des demi-finales, des demi-frères, des demi-maux, des demi-mesures, des demi-pensions, des demi-teintes, des demi-tours.*

- **Et demi, et demie** indiquent que l'on ajoute la moitié d'une unité. L'accord se fait en genre (masculin et féminin), mais l'expression reste au singulier : *trois mètres et demi, deux bouteilles et demie* (= deux bouteilles plus la moitié d'une bouteille). On écrit *midi et demi, minuit et demi.*

- **A demi** est invariable. L'expression s'emploie sans trait d'union devant un adjectif ou un participe : *des coupes à demi pleines, à demi remplies* ; et avec un trait d'union devant un nom : *parler à demi-mot, une entrée à demi-tarif.*

4. Les noms des jours

- **Les noms des jours** s'écrivent sans majuscule.
  Venise, mercredi 8 mars.

- Ils prennent la marque du pluriel. *Tous les lundis.* Mais on écrit *les mardi et samedi de la semaine* (= il n'y a qu'un mardi et qu'un samedi dans la semaine).

- Les mots **matin, midi, après-midi, soir** restent invariables.
  Tous les dimanches matin (= au matin).

5. Leur / Leurs

- *Je leur indique. Indique-leur.*

ASTUCE Remplacer « leur » par « lui ». Si cela fait sens, alors c'est bien « leur » et non « leurs ».

- *Ce sont leur voiture.* Chacun n'a qu'une voiture donc on écrit « leur ».

- « Ce sont leurs enfants » signifie qu'ils en ont plusieurs.

6. Les majuscules

[Les cas où l'on met une majuscule]

- Au début d'une phrase.
  La saison froide commence.

- A l'initiale des noms propres : *Jean Firmin, habite en Allemagne, la planète Mars ;* et à certains noms communs employés comme noms propres : *le Créateur, vivre dans le Midi* (= la région), *la Révolution Française, le journal* Le Figaro.

- Aux noms de marque (mots déposés) : *un Frigidaire, un Kleenex.*

- A certains noms employés comme titres : *Votre Altesse, chère Madame, merci Docteur* (mais pas à *une altesse royale, madame votre mère, docteur en médecine*).

- Aux noms d'habitants, de nationalités ou de peuples : *un Marseillais, un Anglais, un Tibétain* ; mais pas s'il s'agit d'une religion : *un chrétien, un juif.*

[Les cas où l'on ne met pas une majuscule]

- Aux noms de mois, sauf s'il s'agit d'une date historique : *le 3 mars,* mais *fêter le 1er Mai.*

- Aux noms de vins, de fromages produits dans la région dont ils prennent le nom : *un bordeaux, un saint-nectaire.*

- Aux noms de langues : *le français, le tchèque.*

- Aux termes génériques de géographie *(océan, mer, mont, golfe…)* : *l'océan Indien, le mont Everest, le lac Victoria, le golfe de Gascogne…* Sauf s'ils font partie intégrante du nom propre : *le massif du Mont-Blanc, Golfe-Juan, l'Île-de-France…*

7. Pourcentages

- Avec un complément au singulier, l'accord se fait au singulier (avec le complément), en particulier s'il y a des adjectifs ou des participes : *20 % de la population s'est soulevée ;* ou au pluriel (avec l'expression du pourcentage), si c'est la quantité que l'on veut mettre en valeur : *30 % du budget sont dépensés pour…*

- Avec un complément au pluriel, l'accord se fait au pluriel (avec le complément) : *20 % des prestations ont été effectuées ;* même si le complément est sous-entendu : *20 % ont été effectuées.*

- Quand il s'agit d'un taux, l'accord se fait toujours au masculin avec l'expression du pourcentage. *1 % du bilan pourra être contesté ; 13 % du bilan pourront être contestés.*

- Quand il s'agit d'un rendement, l'expression du pourcentage est au masculin singulier.
  Cela fait du 8 % ; 15 % me semble excessif.

8. Sans

- *Il est venu sans son fils. Il est arrivé sans. Ils s'en vont sans rien dire.*

Remarque : on écrit <u>*sens dessus dessous*</u>.

- **Sans que** est suivi du subjonctif.

  Il est venu sans qu'on l'entende, sans que rien le trahisse... (On n'écrit donc jamais « Il est venu sans qu'on ne l'entende… ».)

- Les noms composés avec **sans** prennent un trait d'union et sont invariables : *un/des sans-abri, un/des sans-cœur, un/des sans-le-sou, un/des sans-grade, un/des sans-papiers.*

[Singulier ou pluriel après *sans* ?]

Lorsque *sans* introduit un complément du nom sans déterminant, il faut faire appel à la logique et au bon sens pour savoir si le nom est au singulier ou au pluriel.

Un chemisier sans col et sans manches.

Dans bien des cas, on a le choix.

Un ciel sans nuage (= il n'y a pas un seul nuage dans le ciel).

Un ciel sans nuages (= s'il y en avait, il y en aurait plusieurs).

[Locutions figées]

Il faut retenir certaines locutions figées dans lesquelles le nom précédé de *sans* est toujours au singulier.

sans arrêt	sans crainte	sans exception	sans suite
sans cesse	sans délai	sans fin	
sans conteste	sans encombre	sans pareil	

Lorsque *sans faute* (« absolument »), *sans façon* (« simplement ») et *sans doute* (« peut-être ») sont employés comme adverbes, <u>ils s'écrivent toujours au singulier</u>.

Elle fera ses devoirs ce dimanche sans faute et pourra sans doute t'aider à faire les tiens.

9. Quand plusieurs noms commandent l'accord

- Si les noms sont tous au masculin, l'accord se fait au masculin pluriel.
  Emmanuel, Philippe et Paul sont souriants. Il a un pardessus et un pull neufs.

- Si les noms sont tous au féminin, l'accord se fait au féminin pluriel.
  Salima, Marie et Antoinette sont souriantes.

- Si les noms sont au masculin et au féminin, l'accord se fait au masculin pluriel.
  Salima, Marie et Emmanuel sont souriants.

- Si tous les noms au singulier représentent le même être ou la même chose, l'accord se fait au singulier.
  Un homme, un inconscient, s'est présenté devant nous.

- Si les noms sont synonymes, l'accord se fait avec le dernier.
  Donnez-moi un indice, une piste sérieuse.

- Si les noms sont repris par un mot qui résume, l'accord se fait avec celui-ci.
  Les murs, le mobilier, la décoration, tout était rénové… / La maison entière était rénovée.

10. Un mot avec son complément commande l'accord

- L'accord se fait selon le sens.
  Le ministre de l'Agriculture français. C'est le ministre qui est français. On peut dire : *le ministre français de l'Agriculture.*
  Le ministre de l'Education nationale. Il s'agit de l'Education nationale et non d'un ministre national.

- S'il s'agit d'un nom collectif ou d'un quantitatif, l'accord se fait soit avec le collectif ou le quantitatif, soit avec le complément.
  Une bande d'adolescents nerveux. / Une bande d'adolescents joyeuse et dissipée.
  Une quinzaine de jours ont été moroses. / Cette quinzaine de jours était ennuyeuse.

- Si le mot est un **quantitatif,** l'accord se fait avec le complément au pluriel.
  Beaucoup de familles sont venues. La plupart d'entre elles sont reparties.

- Si le mot est un **collectif,** l'accord se fait avec le collectif ou avec son complément.
  Un convoi de caravanes traversa (ou *traversèrent*) *la ville.*

11. Inversion du sujet

Il y a **inversion du sujet** quand le sujet est placé après le verbe alors que l'ordre habituel est sujet-verbe.
Elle parlera. – Parlera-t-elle ?

- Dans les tournures poétiques.
  Vienne l'automne, souffle le vent.

- Dans des formes de la phrase interrogative.
  Comment vas-tu ? Est-ce vous ?

- Dans l'incise.
  « Il te parle.
  – J'ai entendu », rétorqua Philippe.

- Après certains adverbes ou locutions adverbiales.
  Encore faut-il que… Toujours est-il que… Tout au plus ai-je… A peine avait-elle ouvert les yeux que…

- Dans les subordonnées relatives.
  Ce sont des conditions que connaissaient déjà nos aïeux.

[Trait d'union et liaison dans l'inversion du sujet]

- Lorsqu'il y a inversion du sujet, le pronom sujet est lié au verbe par un trait d'union.
  Viens-tu ?

- Si le verbe se termine par *-e* ou *-a,* on ajoute un *-t* pour permettre la liaison.
  Aime-t-il le caramel ?
  A-t-on besoin de tout ceci ?

- Si le verbe se termine par *-d* ou *-t,* on fait la liaison en prononçant [t].
  Perd-il son temps ?
  Aiment-ils le caramel ?

12. Quelque ou quel que ?

Il ne faut pas confondre **quelque,** déterminant indéfini, qui ne varie pas en genre, et **quel(le)… que,** déterminant interrogatif, qui précède un verbe au subjonctif.

- Déterminant indéfini
  Quelque décision que tu prennes, je ne céderai pas.
  Quelque choix que tu fasses, je ne céderai pas.

- Déterminant interrogatif
  Quelle que soit ta décision, je ne céderai pas.
  Quel que soit ton choix, je ne céderai pas.
  Quelles que soient mes envies, tu dois les combler.

13. Accord lorsqu'il y a plusieurs adjectifs pour un nom au pluriel

- Plusieurs adjectifs au pluriel se rapportent au mot pluriel dans sa globalité.
  Des enfants joyeux et rieurs jouaient dans la cour.

- Plusieurs adjectifs épithètes au singulier se rapportent à un même nom au pluriel.
  Etudier les civilisations égyptienne et romaine.

14. Accord des adjectifs de couleur

- Les adjectifs simples désignant une couleur (bleu, vert, jaune, blanc, etc.) sont variables. Ils suivent la règle générale et s'accordent en genre et en nombre avec le nom auquel ils se rapportent.
  Un papier blanc, une feuille blanche, des panneaux blancs.
  Une valise jaune, des tissus bleus, des cheveux blonds.

- Lorsque l'adjectif de couleur est issu d'un nom désignant une chose dont la couleur, caractéristique, sert de référence, il reste invariable.
  Des fauteuils orange (= de la couleur orange, entre rouge et jaune).
  Des robes marron (= de la couleur brune du marron).

- Lorsque l'adjectif de couleur est suivi d'un mot qui précise une teinte, une nuance, c'est un adjectif de couleur composé qui reste invariable.
  Des robes bleu canard. / Des cheveux blond cendré. / Des valises vert kaki.

Lorsque l'adjectif composé est formé de deux adjectifs de couleur, on met un trait d'union : *bleu-violet.*

- Lorsqu'un objet comporte plusieurs couleurs, les adjectifs de couleur restent invariables.
  Un drapeau vert, blanc, rouge. / Des drapeaux vert, blanc, rouge.

Ainsi, on écrira *des chapeaux vert et rouge* pour désigner plusieurs chapeaux avec chacun du vert et du rouge, mais on écrira *des chapeaux verts et rouges* pour désigner un ensemble formé de chapeaux verts et de chapeaux rouges.

15. Adverbes

- **Les adjectifs employés comme adverbes**

Certains adjectifs s'emploient au masculin singulier comme des adverbes. Ils sont alors invariables.

Ces stylos sont chers (adjectif). / *Ces stylos coûtent cher* (adverbe invariable).

- **La formation des adverbes en *-ment, -amment, -emment***

Les adverbes en *-ment, -amment, -emment* se forment à partir de l'adjectif.

L'adverbe en *-ment* se forme le plus souvent à partir du féminin de l'adjectif.

Fier	Fière	Fièrement
Vif	Vive	Vivement
Grand	Grande	Grandement
Doux	Douce	Doucement
Lent	Lente	Lentement
Fou	Folle	Follement

[Remarques]

- Si l'adjectif masculin se termine déjà par *-e,* on ajoute *-ment* : *logique/logiquement, propre/proprement.* Mais le *-e* peut prendre l'accent aigu : *aveugle/aveuglément, intense/intensément.*

- Si l'adjectif masculin se termine par *-é, -i* ou *-u,* on ajoute *-ment* : *aisé/aisément, poli/poliment, vrai/vraiment* (mais *gai/gaiement*), *absolu/absolument* (mais *assidu/assidûment, cru/crûment*).

- L'adverbe en *-amment* ou en *-emment* (toujours prononcé [a]) se forme à partir du masculin de l'adjectif en *-ant* ou en *-ent.*

Bruyant	Bruyamment	Différent	Différemment
Brillant	Brillamment	Prudent	Prudemment
Courant	Couramment	Violent	Violemment

16. Conjonctions

Une conjonction est un mot invariable qui sert à « joindre » deux mots, deux groupes ou deux propositions.

- **Les conjonctions de coordination *mais, ou, et, donc, or, ni, car***

Elles relient deux mots, deux groupes de mots ou deux propositions qui ont la même fonction dans la phrase.

Robert aime le thé et le café. (« Et » relie deux noms COD.)

Robert et moi sommes de la partie. (« Et » relie un nom et un pronom sujets.)

Robert parle et Jean écoute. (« Et » relie deux propositions.)

⚠ ATTENTION N'écrivez pas « mais donc », « et donc », « or donc », etc. Il n'est en effet pas possible d'écrire deux conjonctions de coordination l'une à la suite de l'autre.

Remarque : certains adverbes, ou locutions adverbiales, jouent le même rôle qu'une conjonction de coordination, en particulier pour coordonner deux propositions : *puis, pourtant, en effet, ensuite, par contre, alors, cependant, toutefois, néanmoins,* etc.

A retenir : lorsque vous travaillerez sur des questions de reformulation, vous devrez choisir des phrases qui conservent le meilleur style. Aussi devez-vous savoir qu'il n'est pas bienvenu (bien que cela soit toléré) de débuter un phrase avec une conjonction de coordination.

- **Les conjonctions de subordination**

Elles relient une proposition subordonnée à une autre proposition dont elle dépend.

Les principales conjonctions de subordination sont : *que, quand, parce que, puisque, si, comme,* etc.

On trouvera à leur ordre, dans la partie dictionnaire, toutes ces conjonctions avec l'indication du mode (indicatif ou subjonctif) qu'elles demandent.

17. Accord du participe passé employé avec l'auxiliaire *avoir*

Le participe passé conjugué avec l'auxiliaire *avoir* ne s'accorde jamais avec le sujet. Il s'accorde avec le complément d'objet direct (COD) quand celui-ci est placé devant le verbe. Sinon, il reste invariable.

Sans accord	Avec accord
Ils ont couru. (pas de COD)	Quelles belles fleurs tu as dessinées ! (COD avant le verbe)
Ils nous ont menti. (*nous* est COI)	Ces fleurs, je les ai dessinées pour toi.
	Cette lettre, je l'ai rédigée.
	Les fleurs que j'ai dessinées pour toi sont belles.
	Tu nous as vus ? (= des garçons ou des garçons et des filles)
	Tu nous as vues ? (= des filles)

⚠ ATTENTION Le pronom transmet le genre (masculin ou féminin) et le nombre (singulier ou pluriel) de ce qu'il représente.

[Cas particuliers]

- Avec le pronom *en,* le participe passé est le plus souvent invariable.
  As-tu cueilli des cerises ? – Oui, j'en ai cueilli. (= de cela).
  Des romans comme ça, je n'en ai jamais lu !
  Mais il peut s'accorder si c'est l'idée de pluriel qui prédomine.
  Tant de disques ! Combien en as-tu achetés ?

- Avec le pronom *l'*, le participe est invariable si le pronom représente une phrase.
  Elle est plus craintive que je l'avais imaginé.

- Avec des verbes comme *dire, donner, devoir, croire, vouloir, permettre*, etc. Il ne faut pas confondre le COD du participe et le COD d'un autre verbe (exprimé ou non). Ainsi, le participe s'accorde logiquement avec son COD dans :
  J'ai compris les choses que tu m'as dit (de faire) *que tu as permis* (que je fasse).
  Les mots *choses* étant COD du deuxième verbe *faire.*

- Suivi d'un infinitif, le participe passé s'accorde logiquement avec son complément d'objet direct, mais pas avec celui de l'infinitif.
  Marie, je l'ai vue danser. (= J'ai vu Marie qui dansait.)

[Remarques]

- Il ne faut pas confondre le complément de mesure d'un verbe intransitif qui répond à la question « combien ? » et le complément d'objet direct d'un verbe transitif qui répond à la question « quoi ? ».
  Il a vécu deux ans en Afrique. (mesure)
  Les deux ans qu'il a vécu en Afrique... (invariable)
  Il a vécu deux divorces. (COD)
  Les deux divorces qu'il a vécus... (accord)

- Il ne faut pas confondre le sujet réel d'un verbe impersonnel et un complément d'objet direct.
  Quelle chaleur il a fait ce matin ! (invariable)
  Il a fait une erreur ce matin. (COD)
  L'erreur qu'il a faite ce matin... (accord)

18. Accord du participe passé des verbes pronominaux

Le participe passé des verbes pronominaux s'accorde avec le sujet (comme normalement avec l'auxiliaire *être*) sauf si le pronom réfléchi est complément d'objet indirect (COI). Dans ce cas, il suit les règles d'accord du participe conjugué avec l'auxiliaire *avoir* : il reste invariable ou il s'accorde avec le COD placé avant.

● **Accord avec le sujet (comme avec l'auxiliaire *être*)**

Le pronom réfléchi ne représente rien.

Elles se sont perdues.

Ils se sont emparés du pays.

Elle s'est aperçue de sa méprise.

Ses livres se sont bien vendus.

Le pronom réfléchi est COD. Il représente le sujet.

Elle s'est vue dans la glace. (= elle-même)

Ils se sont aimés. (= l'un l'autre)

Il s'agit de verbes transitifs directs (avec COD) employés à la forme pronominale : *observer, aimer, habiller, laver,* etc.

● **Participe toujours invariable (comme avec l'auxiliaire *avoir*)**

Il n'y a pas de COD et le pronom réfléchi est COI.

Ils se sont parlé. (= l'un à l'autre)

Les employés qui se sont succédé. (= l'un a succédé à l'autre qui a succédé à l'autre, etc.)

Il s'agit de verbes transitifs indirects employés à la forme pronominale : *parler, mentir, nuire, plaire, succéder à quelqu'un,* etc.

Il y a un COD placé après le verbe.

Elles se sont offert des fleurs.
COI COD

Ils se sont écrit des lettres.

Elle s'est permis de partir en avance.

Elle s'est lavé les mains.

Il s'agit de verbes transitifs à deux compléments, l'un direct, l'autre indirect, employés à la forme pronominale : *donner, offrir, dire, écrire, demander quelque chose à quelqu'un,* etc., ou de constructions analogues : *se casser une jambe, se laver les mains.* Le complément d'objet direct suit le verbe, donc il n'y a pas d'accord.

- **Accord avec le COD placé avant le verbe (comme avec l'auxiliaire *avoir*)**

Quelles fleurs elles se sont offertes !
COD verbe

Les lettres qu'ils se sont écrites.

Les privilèges qu'elles se sont arrogés.

Quelle jambe s'est-elle cassée ?

Il s'agit le plus souvent de verbes transitifs à deux compléments employés à la forme pronominale : *donner, offrir, dire, écrire, demander, acheter quelque chose à quelqu'un,* ou de constructions analogues : *la jambe qu'il s'est cassée.* Le complément d'objet direct est placé avant le verbe, donc le participe passé s'accorde.

⚠ ATTENTION Il ne faut pas confondre : *elle s'est lavée* (= elle-même ; *s'est* COD) et *elle s'est lavé les mains* (= les mains à elle, *s'est* COI).

Remarque : le participe passé des locutions verbales est variable ou invariable selon les cas. Seul le recours au dictionnaire permet de lever la difficulté.

Elle s'est rendu compte de son oubli (= invariable).

Elle s'est rendue maître des événements (= variable).

19. Accord du participe passé suivi d'un infinitif

- Avec l'auxiliaire *être*, l'infinitif qui suit le participe ne modifie en rien les règles de l'accord.

  Ils sont partis chercher de l'aide.

- Avec l'auxiliaire *avoir,* il faut faire attention au complément d'objet direct (COD).

  – Si le COD est complément du participe et sujet de l'infinitif, il y accord.

  Sarah, je l'ai entendue chanter (= j'ai entendu Sarah qui chantait).

  – Si le COD est complément de l'infinitif, il n'y a pas d'accord.

  Ces poèmes, je les ai entendu réciter (= j'ai entendu [quelqu'un] réciter ces poèmes).

Remarque : le participe est invariable si on peut ajouter *par* et un complément indiquant <u>qui</u> fait l'action exprimée par l'infinitif.

Ces poèmes, je les ai entendu dire par Christian.

- Avec les verbes pronominaux, les règles sont les mêmes.
  – Avec accord : *Elle s'est vue tomber.*
  – Sans accord : *Elle s'est laissé approcher* (par quelqu'un).

[Cas particuliers]

- Le participe passé *fait* suivi d'un infinitif est toujours invariable.
  La jupe qu'elle a fait coudre. / La jupe qu'elle s'est fait coudre.

- Le participe passé *laissé* suivi d'un infinitif est variable.
  Elle s'est laissée dépérir. / Elle s'est laissé séduire (par quelqu'un).

Mais certaines grammaires, comme le texte des Recommandations Officielles de 1990, le donnent invariable sur le modèle de *fait.*

20. Participe présent

Le participe présent d'un verbe est toujours terminé par *-ant,* quelle que soit la conjugaison de ce verbe.

1er groupe	*chantant*
2e groupe	*finissant*
3e groupe	*cueillant, concluant, mourant, vivant,* etc.

Le participe présent peut s'employer seul.
Nous recherchons un collaborateur parlant le russe.

Ou après la préposition *en,* on parle alors du **gérondif.**
Ils sont partis en riant.

- **Participe présent et adjectif verbal**

On appelle **adjectif verbal** l'adjectif formé à partir du participe présent.
Le participe présent est toujours invariable, l'adjectif verbal est variable ; il s'accorde en genre (masculin ou féminin) et en nombre (singulier ou pluriel) avec le nom auquel il se rapporte.

Participe présent
Vivant à l'étranger, elle n'était pas au courant de la nouvelle.

Adjectif verbal

C'était une jeune femme très vivante.

● **Participe présent invariable ou adjectif verbal variable ?**

Le gérondif, participe présent précédé de *en,* est toujours invariable.

Elle est partie en riant et en chantant.

La forme en *-ant* est un participe présent invariable :

– s'il y a un sujet (exprimé ou non) ou un complément (on peut remplacer le participe présent par une forme conjuguée)

Les élèves obéissant à leurs maîtres attendaient sagement (= les élèves qui obéissent à leurs maîtres…).

– si l'on peut l'encadrer avec la négation *ne… pas*

Ne croyant pas pouvoir arriver à l'heure, elle a préféré décommander.

La forme en *-ant* est un adjectif verbal variable :

– si l'on peut l'employer comme attribut (après le verbe *être*)

Ces élèves sont obéissants.

– si l'on peut lui substituer un autre adjectif

Une jeune fille croyante (= dévote).

– si l'on peut l'employer avec des adverbes comme *très*

C'est une chanson très apaisante.

⚠ ATTENTION Quelquefois, adjectif verbal et participe présent n'ont pas la même orthographe tout en ayant la même prononciation.

Verbes en *-ger, -guer, -quer* :

Verbe	Participe présent	Adjectif verbal
Diverger	divergeant	divergent
Négliger	négligeant	négligent
Fatiguer	fatiguant	fatigant
Naviguer	naviguant	navigant
Communiquer	communiquant	communicant
Suffoquer	suffoquant	suffocant

Autres verbes :

Verbe	Participe présent	Adjectif verbal
Adhérer	adhérant	adhérent
Equivaloir	équivalant	équivalent
Influer	influant	influent
Résider	résidant	résident

⚠ ATTENTION Vous retiendrez que pour le verbe trafiquer, le participe présent (en trafiquant) s'écrit de la même façon que l'adjectif verbal (un trafiquant de drogue).

21. Le subjonctif

Le subjonctif permet d'exprimer :

- Un souhait

  Je désire que tu viennes. *J'aimerais que tu viennes.*

  Vive le roi ! (= que le roi vive) *Puisses-tu dire vrai !*

- L'obligation ou l'ordre

  Il faut que tu lui répondes. *Qu'il y aille !*

Dans cet emploi, le subjonctif à la 3e personne remplace l'impératif.

D'une manière plus générale, le subjonctif indique le doute, le virtuel, le possible, alors que l'indicatif indique ce qui est réel, sûr, effectif.

C'est ainsi que l'on dira :

– à l'indicatif : *Je suis certain qu'il changera d'avis.*

– au subjonctif : *Je ne suis pas certain qu'il change d'avis.*

Remarque : le subjonctif s'emploie aussi obligatoirement après des conjonctions de subordination telles que *pour que, avant que, bien que,* etc.

22. Verbes pronominaux

On appelle **verbe pronominal** un verbe qui s'emploie avec un pronom réfléchi *(me, te, se, nous, vous, se).*

Aux temps composés, les verbes pronominaux se conjuguent toujours avec l'auxiliaire *être.*

● **Verbes essentiellement pronominaux**

Ce sont des verbes comme *s'emparer, s'enfuir, se méfier, se souvenir, s'écrier,* etc. Ces verbes n'existent qu'à la forme pronominale et le pronom réfléchi ne représente rien. Il ne s'analyse pas.

Aux temps composés, le participe passé des verbes essentiellement pronominaux s'accorde en genre et en nombre avec le sujet.

Ils se sont enfuis.

Elle s'est souvenue de son adolescence.

Ils se sont abstenus de voter.

Remarques :

Le verbe *s'arroger* se construit avec un complément d'objet direct. L'accord se fait avec le COD s'il est placé avant.

Elle s'est arrogé des subsides. / Les subsides qu'elle s'est arrogés.

Certains verbes sont essentiellement pronominaux uniquement dans un de leurs emplois. C'est le cas par exemple du verbe *s'apercevoir* (= se rendre compte), dont le sens est bien distinct de celui du verbe *apercevoir.*

Elle s'est aperçue de son oubli.

Elle s'est aperçue dans le miroir.

● **Construction pronominale**

La plupart des verbes transitifs (direct, indirects ou à deux compléments) peuvent s'employer à la forme pronominale. Dans ce cas, le pronom réfléchi qui représente le sujet est complément d'objet direct (COD) ou complément d'objet indirect (COI).

● **Verbe transitif direct**

A la forme pronominale, le pronom réfléchi est COD.

Marie se regarde dans le miroir (= elle-même). (Marie observe qui ? – Marie.)

Jean et Marie s'aiment (= l'un l'autre). (Jean aime Marie ; Marie aime Jean.)

Aux temps composés, le participe passé des verbes transitifs directs employés à la forme pronominale s'accorde avec le sujet que le pronom réfléchi reprend.

Marie s'est regardée dans le miroir.

Jean et Marie se sont embrassés (= l'un l'autre).

● **Verbe transitif indirect**

A la forme pronominale, le pronom réfléchi est COI.

Jean se ment (= à lui-même). (Jean ment à qui ? – A Jean.)

Maxime et Sylvie se plaisent (= l'un à l'autre). (Maxime plaît à Sylvie et Sylvie plaît à Maxime.)

Aux temps composés, le participe passé des verbes transitifs indirects employés à la forme pronominale est invariable.

Sylvie s'est menti (= à elle-même).

Maxime et Sylvie se sont plu (= l'un à l'autre).

● **Verbe transitif à deux compléments**

A la forme pronominale, le pronom réfléchi est COI et il y a un complément d'objet direct.

Marie s'offre une jupe. (Marie offre quoi ? – Une jupe. A qui ? – A elle-même.)

Aux temps composés, le participe passé des verbes transitifs à deux compléments employés à la forme pronominale s'accorde avec le COD si celui-ci est placé avant le verbe.

Marie s'est offert une jupe.
verbe COD

La jupe que Marie s'est offerte.
COD verbe

● **Verbe pronominal réfléchi ou réciproque**

On dit d'un verbe pronominal qu'il a un **sens réfléchi** quand on peut dire *lui-même, elle-même, eux-mêmes, elles-mêmes.* Le sujet peut être au singulier ou au pluriel.

Marie se regarde dans le miroir.

Les comédiens s'habillent.

On dit d'un verbe pronominal qu'il a un **sens réciproque** quand on peut dire *l'un l'autre, l'un à l'autre, les uns les autres,* etc. Le sujet a toujours un sens pluriel même s'il s'agit du pronom *on.*

Pierre et Marie se sont enlacés (= l'un l'autre).

Les enfants se sont bagarrés dans la cour (= les uns contres les autres).

Ils se sont écrit des poèmes (= l'un à l'autre).

23. Règles de ponctuation

- **La virgule**

La virgule indique une pause dans la phrase, moins marquée que celle indiquée par un point.

Sylvie mit son écharpe, ouvrit la porte et partit travailler.

La virgule sépare des éléments semblables (même ponctuation, même registre) dans la phrase.

Maxime acheta des légumes, du thé et le journal.

- **Le point**

Le point se place à la fin de la phrase.
Eric alla en Russie.

Le point signale la fin d'une abréviation.
M. pour Monsieur, Abr. pour abrégé…

NB : on ne met pas de point lorsque des lettres sont supprimées à l'intérieur du mot.
Dr pour *Docteur* ou *Mme* pour *Madame.*

- **Le point-virgule**

Le point-virgule s'utilise à l'intérieur d'une phrase.

La valeur de la pause du point-virgule se situe entre celle du point et celle de la virgule. On ne met pas de majuscule après le point-virgule.
Le film était fini ; il était temps de quitter la salle.

- **Le point d'exclamation**

Il s'utilise après une interjection ou une phrase exclamative.

Oh ! (Interjection) / *Je me suis fait avoir !* (Phrase exclamative)

- **Le point d'interrogation**

Le point d'interrogation se place à la fin d'une question.

As-tu entendu ce qu'elle a dit ?

On peut marquer le doute par un point d'interrogation entre parenthèses (?).

Léonard de Vinci est né en 1452 (?) à Vinci.

● **Les points de suspension**

On les appelle aussi « les petits points » ou « trois petits points ». On les utilise pour marquer l'inachèvement dans l'expression d'une idée, d'une énumération.

Il y a retrouvé son père, sa mère, ses frères, ses sœurs…

On peut les utiliser avant ou après un point d'exclamation ou d'interrogation.

Hep !… Toi, là-bas !…

Tu disais… ?

On les emploie aussi après l'initiale d'un nom que l'on veut dissimuler.

Monsieur G. de R… fit son entrée.

Les points de suspension, enfin, marquent une pause, une attente, une surprise dans un texte.

Quand soudain…, il s'aperçut qu'il n'était pas seul.

● **Les deux-points**

Les deux-points annoncent une énumération, une citation, des propos.

Tout l'irritait : ses rires, ses plaisanteries, ses expressions.

Elle s'exclama : « Comme c'est original ! »

Les deux-points annoncent parfois une explication, une justification.

Maxime annula son rendez-vous avec Julie : il n'était pas d'humeur à voir du monde.

● **Les parenthèses et les crochets**

Les parenthèses servent à mettre à part un mot, une remarque ou un passage.

Un horloger suisse (et plus précisément, romand) s'était installé en Auvergne.

Trois points consécutifs placés entre crochets *([…])* indiquent l'omission d'un passage plus ou moins long. Il s'agit souvent d'un extrait de citation.

● **Les guillemets**

Ils ont été imaginés par l'imprimeur Guillaume, dit Guillemet. Les guillemets servent à encadrer une citation.

Baudelaire a écrit : « Homme libre, toujours tu chériras la mer… »

On utilise les guillemets pour mettre en évidence un titre d'article, une expression étrangère, un mot familier.
Il a enfilé ses nouvelles « grolles » pour son premier entretien d'embauche.

On utilise enfin les guillemets pour rapporter des paroles prononcées.

- **Le tiret**

Dans un dialogue, le tiret annonce un nouvel interlocuteur.
« Voulez-vous souper avec moi ?
– Oui, avec plaisir. »

Les tirets peuvent remplacer des parenthèses. Dans le traitement de texte, le tiret est précédé d'un espace. *Nota bene :* le second tiret n'est pas indispensable devant un point ou un point-virgule.
Quand il s'adressa à Shimon Peres – le président de l'Etat d'Israël – Daniel fut submergé par l'émotion.

24. Des terminaisons inattendues

- **Des noms masculins qui se terminent par un** ***-e***

Des noms masculins terminés par **-ée :** *un athée, un caducée, un camée, un apogée, un hyménée, un lycée, un mausolée, un musée, un pygmée, un scarabée, un trophée…*
Des noms masculins terminés par **-ie :** *un amphibie, un génie, un incendie, un parapluie, un sosie, le foie…*
Des noms masculins terminés par **-oire :** *un accessoire, un auditoire, un conservatoire, un interrogatoire, l'ivoire, un laboratoire, un observatoire, un pourboire, un réfectoire, un territoire…*
Des noms masculins terminés par **-eure :** *le beurre, un leurre.*
Un nom masculin terminé par **-ette :** *un squelette.*

- **Des adjectifs au masculin qui se terminent par un** ***-e***

Les adjectifs au masculin terminés par le son **[il]** s'écrivent **-ile :** *habile, débile, futile, sénile, immobile…*
Exceptions : *civil, puéril, subtil, vil, volatil, tranquille.*

- **Des terminaisons inattendues pour des mots au singulier**

Certains noms au singulier se terminent par **-s** : *un croquis, le cambouis, une fois, un héros, un legs, un poids, un puits, un compromis, un remords, un relais, un tiers, un concours, un discours, un parcours, un recours, le velours…*

Certains noms au singulier se terminent par **-x** : *une croix, un crucifix, une faux, le flux, une noix, la paix, une perdrix, le prix, la toux, la voix…*

Tous les adjectifs masculins terminés par le son **[eü]** s'écrivent **-eux,** même au singulier : *ambitieux, mystérieux, précieux, respectueux, chanceux, honteux…*

Exceptions : *un bleu de travail / des bleus de travail ; un pneu de moto / des pneus de moto.*

- **Des terminaisons inattendues pour des mots féminins**

Les noms féminins terminés par le sont **[tje]** s'écrivent **-tié.** Ils ne prennent jamais de *-e* final : *la pitié, l'amitié, la moitié, la piété…*

Quatre noms féminins terminés par le son **[y]** s'écrivent **-u,** sans *-e* final : *la bru, la glu, la tribu, la vertu.*

Les noms féminins terminés par le son **[te]** s'écrivent **-té,** sans *-e* final : *la beauté, la cité, la gaieté, la fierté, l'humanité, la quantité, la propriété, la satiété…*

Exceptions : *la butée, la dictée, la jetée, la montée, la nuitée, la pâtée, la portée, la tétée* ; les noms qui expriment un contenu : *une assiettée, une platée, une potée…*

- **Les noms féminins sans *-e***

Les noms de cette liste sont féminins. Ils se terminent par un « son » voyelle, mais s'écrivent sans *-e* final, contrairement à la majorité des noms féminins.

la brebis	la glu	la paroi	la tribu
la bru	la loi	la perdrix	la vertu
la clé	la nuit	la souris	
la foi	la paix	la toux	

25. Quelques mots invariables

Attention aux mots suivants qui sont invariables et qui doivent le rester !

BEAUCOUP, HIER, SELON, SURTOUT, TANT, TROP, PARMI (et jamais avec un « s » !), ENTRE, DURANT et CERTES (et jamais sans « s » donc !)

26. Masculin ou féminin ?

Dit-on *un* ou *une astérisque ?* Nous donnons ici une liste de noms sur lesquels les erreurs sont les plus nombreuses.

- **Masculin** : un abaque, un abysse, un accessit, un aconit, un acrostiche, un adultère, un aéronef, un agrume, un ail, un amalgame, un ambre, un amiante, un anathème, un animalcule, un antidote, un antipode, un antre, un apanage, un aparté, un apogée, un appendice, un arcane, un archipel, un argent, un armistice, un arôme, un arpège, un artifice, un astérisque, un asphalte, un astragale, un attique, un augure, un auspice, un autoclave, un avorton, un baffle, un balustre, un bastringue, un camée, un codicille, un colchique, un denticule, un effluve, un edelweiss, un édicule, un elfe, un ellébore, un éloge, un embâcle, un emblème, un emplâtre, un épiderme, un épilogue, un épisode, un équinoxe, un esclandre, un escompte, un exergue, un exorde, un farniente, un haltère, un hémisphère, un hospice, un hyménée, un hymne, un impair, un inceste, un intérim, un intermède, un interstice, un intervalle, un libelle, un nocturne, un obélisque, un onyx, un opercule, un opprobre, un orifice, un ovule, un pétale, un pétoncle, un planisphère, un poulpe, un squale, un socque, un stère, un tentacule, un termite, un testicule, un trille, un tubercule.

- **Féminin** : une abscisse, une abside, une acoustique, une acné, une alcôve, une algèbre, une altesse, une amanite, une amnistie, une anagramme, une anicroche, une anode, une antichambre, une apothéose, une arabesque, une arachide, une arche, une aréole, une argile, une artère, une aspirine, une atmosphère, une autoroute, une aurore, une azalée, une bakélite, une bamboche, une campanule, une caténaire, une cathode, une chromo, une cithare, une congère, une coriandre, une dupe, une diatribe, une ébonite, une ecchymose, une échappatoire, une échauffourée, une écritoire, une écumoire, une égide, une embûche, une émeraude, une emphase, une emprise, une encaustique, une encyclique, une enzyme, une éphéméride, une épigramme, une épitaphe, une épithète, une épître, une équivoque, une escarre, une espèce, une étole, une extase, une foulque, une gemme, une gent, une gestuelle, une hécatombe, une hydre, une icône, une immondice, une impasse, une imposte, une interface, une mandibule, une météorite, une moustiquaire, une oasis, une octave, une ode, une odyssée, une omoplate, une oriflamme, une orque, une panacée, une patère, une primeur, une psyché, une réglisse, une rixe, une scolopendre, une spore, une stalactite, une stalagmite, une stèle, une tique, une topaze, une urticaire, une vésicule, une virago.

- **Et voici enfin quelques noms qui s'emploient indifféremment au masculin et au féminin :** un ou une alvéole, un ou une après-guerre, un ou une après-midi, un ou une arsouille, un ou une ébène, un ou une holding (mot anglais), un ou une palabre, un ou une parka, un ou une phalène.

27. Epicènes

Se dit d'un mot dont la forme ne change pas avec le genre qu'il désigne. Du grec *epikoinos,* « possédé en commun ».

Exemples : *cartouche* (<u>une</u> cartouche = une cartouche d'encre ou de cigarettes / <u>un</u> cartouche = un symbole hiéroglyphique ou encore un ornement de pierre taillée portant une inscription gravée), *critique, garde, greffe, livre, manche, mémoire, mode, moule, mousse, page, pendule, platine, poste, somme, tour, vase, voile.*

Il existe également quelques **prénoms épicènes** comme : *Claude, Maxime, Camille* et *Dominique.*

⚠ **ATTENTION** Il peut arriver que dans les épreuves de Raisonnement & argumentation, vous soyez amené par exemple à dénombrer le nombre de filles ou de garçons qu'il y a dans une famille. Attention donc à ne pas tomber dans le piège des prénoms épicènes et de ne pas considérer avec erreur que Dominique est une fille alors que Dominique peut aussi être un garçon !

28. L'écriture des adjectifs numéraux cardinaux et ordinaux

- **Les adjectifs numéraux cardinaux**

On met normalement un trait d'union dans les composés inférieurs à cent sauf s'ils sont coordonnés par *et* : *vingt-deux* mais *vingt et un.*

Les adjectifs numéraux cardinaux sont invariables sauf *un, cent* et *vingt.*
– *Un* s'accorde en genre (masculin ou féminin).

J'ai lu trente et un paragraphes. J'ai lu trente et une pages.

– *Cent* prend un *-s* quand il est multiplié : *deux cents livres,* sauf quand il est suivi d'un autre numéral : *deux cent trois livres,* ou quand il est employé comme ordinal : *page deux cent* (= la deux centième page).

– *Vingt* ne prend un *-s* que dans le nombre *quatre-vingts* : *il a quatre-vingts euros,* sauf quand il est suivi d'un autre numéral : *il a quatre-vingt-cinq ans* ou quand il est employé comme ordinal : *ouvrez vos manuels page quatre-vingt* (= la quatre-vingtième page).

Mille est toujours invariable : *cinq mille hommes.*

⚠ **ATTENTION** *Million* et *milliard* ne sont pas des adjectifs mais des noms. Ils prennent donc la marque du pluriel : *six milliards et cinq cents millions de personnes.*

● **Les adjectifs numéraux ordinaux**

Ces adjectifs indiquent le rang, l'ordre. Ils sont formés d'un numéral cardinal auquel on ajoute la terminaison *-ième* : *deuxième, cinquième, trente et unième.*

Les adjectifs numéraux ordinaux s'accordent en nombre.
Ils sont huitièmes ex-æquo.

Les adjectifs *premier* et *second* s'accordent aussi en genre.
C'est le premier, c'est la première. Ils sont premiers, elles sont premières.

⚠ **ATTENTION** Lorsque deux adjectifs numéraux se rapportent au même nom au pluriel, ils restent au singulier : *les dix-septième* et *dix-neuvième siècles.*

29. Sigles et acronymes

● Un sigle est une abréviation constituée des initiales (ou de certaines lettres) de plusieurs mots.

EDF : Electricité de France / HLM : Habitation à loyer modéré / CNRS : Centre national de la recherche scientifique.

Aujourd'hui, les sigles s'écrivent de plus en plus souvent sans point entre les lettres et même les majuscules ont tendance à disparaître.

- **Un sigle qui peut se lire et se prononcer comme un mot est un acronyme :** *SICAV, SMIC, ONU, OVNI* : *une Sicav monétaire, un Smic brut.*

- Les sigles et les acronymes prennent le genre du mot principal qui les compose.
CFDT est du féminin (= Confédération française démocratique du travail).
CNRS est du masculin (= Centre national de la recherche scientifique).

- Les acronymes peuvent être invariables : *des SICAV,* ou prendre la marque du pluriel quand ils sont devenus de véritables noms communs : *des ovnis* (= objets volants non identifiés), *des radars* (= RAdio Detection And Ranging).

30. Pluriels particuliers

- La plupart des noms qui ont une terminaison en *-ail* ont un pluriel régulier en *-s.* Ils s'écrivent donc *-ails* au pluriel : *un portail/des portails, un caravansérail/des caravansérails.*

Cas particuliers

Certains noms font leur pluriel en *-aux.* Parmi les plus courants, on trouve :

un bail – des baux	un travail – des travaux
un corail – des coraux	un vantail – des vantaux
un émail – des émaux	un vitrail – des vitraux
un soupirail – des soupiraux	

- Seuls sept noms en *-ou* font leur pluriel en *-x.* Il faut les connaître.

des bijoux	des genoux
des choux	des joujoux
des hiboux	des poux
des cailloux	

III. VOCABULAIRE & STYLE

1. VOCABULAIRE : LES PIEGES A EVITER

1. Une liste de mots difficiles

Au TAGE 2, nombreuses sont les questions portant sur du vocabulaire. Il est évident que vous ne pourrez espérer connaître tous les mots du dictionnaire par cœur mais je vous livre quand même ici une liste de mots difficiles que l'on retrouve souvent dans des épreuves de QCM des concours commerciaux ou administratifs. Je vous conseille d'y jeter un œil attentif. Et je vous conseille surtout de compléter cette liste au fil de vos lectures et de votre préparation.

Mots	Définitions
Abhorrer	Eprouver de l'aversion pour quelque chose ou quelqu'un ; détester, exécrer
Abject	Qui inspire le dégoût, le mépris, par sa bassesse, sa dégradation morale
Admonester	Réprimander sévèrement en avertissant de ne pas recommencer
Annihiler	Anéantir un ensemble abstrait, le détruire, le ruiner complètement
Bougon	Qui a l'habitude de bougonner, de maugréer
Carcéral	Relatif aux prisons : le monde carcéral
Cataclysme	Désastre, bouleversement complet dans la situation d'un Etat, d'un groupe, d'une personne ; catastrophe
Chimère	Animal fabuleux ayant la tête et le poitrail d'un lion, le ventre d'une chèvre et la queue d'un serpent / Projet séduisant, mais irréalisable ; idée vaine qui n'est que le produit de l'imagination ; illusion : poursuivre des chimères
Colloque	Entretien entre deux ou plusieurs personnes / Réunion visant à l'étude d'une question scientifique ou à la discussion de problèmes diplomatiques, économiques, politiques, etc. ; congrès
Commensal	Personne qui mange (habituellement) à la même table qu'une autre
Courroux	Vive colère, emportement
Dextérité	Adresse de la main dans l'exécution de quelque chose, adresse d'esprit, ingéniosité dans l'accomplissement d'une action ; habileté
Diatribe	Critique amère et violente ; pamphlet
Emoluments	Traitement, salaire attaché à un emploi ; rétribution des actes effectués par un officier ministériel (notaire, huissier) ou un avocat, tarifés par l'autorité publique.
Emphase	Exagération pompeuse dans le ton, le geste, dans les termes employés

Entomologie	Partie de la zoologie qui traite des insectes et, par extension, des autres arthropodes terrestres
Equinoxe	Epoque de l'année (20 ou 21 mars, 22 ou 23 septembre) où le Soleil, dans son mouvement propre apparent sur l'écliptique, traverse l'équateur céleste et qui correspond à l'égalité de durée du jour et de la nuit
Esclandre	Manifestation bruyante faite en public contre quelqu'un ou quelque chose ; scandale
Euphémisme	Atténuation dans l'expression de certaines idées ou de certains faits dont la crudité aurait quelque chose de brutal ou de déplaisant
Exsangue	Qui a perdu beaucoup de sang / Qui est d'une grande pâleur, livide
Fallacieux	Qui cherche à tromper, à nuire ; perfide
Gageure	Action, projet peu croyable et ressemblant à un pari hasardeux : c'est une gageure de vouloir raisonner cet entêté
Gallicisme	Idiotisme propre à la langue française comme « se mettre en quatre » ou « être sur les dents »
Geôle	Cachot, prison
Gouailleur	Qui gouaille, dénote un esprit railleur ; narquois
Hâbleur	Qui a l'habitude de parler beaucoup et de se vanter, qui cherche à donner une haute idée de sa personne
Harangue	Littéraire : discours solennel prononcé devant une assemblée, une personnalité importante, des troupes, etc. / Familier : discours quelconque, ou discours pompeux, ennuyeux ou moralisateur
Hécatombe	Massacre, destruction d'un grand nombre de personnes ou d'animaux
Héraldique	Discipline ayant pour objet la connaissance et l'étude des armoiries
Impécunieux	Qui a peu d'argent
Incriminer	Mettre quelqu'un, quelque chose en cause, les dénoncer comme responsable d'une action ou d'une situation blâmable ou dommageable
Incurie	Manque d'application ; négligence extrême : incurie administrative
Indigène	Originaire du pays où il vit
Inextinguible	Qu'il est impossible d'éteindre. Qu'on ne peut apaiser, arrêter
Infléchir	Incliner quelque chose, le plier de façon à produire une courbe / Influer sur l'évolution de quelque chose en en modifiant le cours
Insulaire	Relatif aux îles
Intempestif	Qui est fait à contretemps, se produit mal à propos ou apparaît comme inconvenant
Irascible	Qui est prompt à s'irriter
Irrévérencieux	Qui manque de respect
Lilliputien	Personne très petite
Matrimonial	Relatif au mariage

Morbide	Qui relève de la maladie, la caractérise ou en résulte : état morbide / Qui a un caractère malsain, anormal : curiosité morbide. Une littérature morbide
Morigéner	Réprimander quelqu'un en lui faisant une leçon de morale ; sermonner
Népotisme	Abus de quelqu'un qui use de son autorité pour procurer des avantages à sa famille
Obséquieux	Qui manifeste, qui marque un excès de respect, d'égards
Onirique	Relatif au rêve
Onomatopée	Processus permettant la création de mots dont le signifiant est étroitement lié à la perception acoustique des sons émis par des êtres animés ou des objets
Ostracisme	Action de tenir quelqu'un qui ne plaît pas à l'écart d'un groupe, d'une société, d'une manière discriminatoire et injuste
Parangon	Modèle, type accompli : parangon de vertu / En joaillerie : une pierre sans défaut
Paupérisme	Phénomène social caractérisé par un état de pauvreté endémique d'une partie de la population
Pédant	Personne qui fait étalage d'une science souvent superficielle ; cuistre
Pittoresque	Qui, par sa disposition originale, son aspect séduisant, est digne d'être peint / Qui a du relief, de la couleur, qui fait image
Pléiade	Grand nombre de personnes, généralement remarquables : maître entouré d'une pléiade de disciples
Plagiat	Acte de quelqu'un qui, dans le domaine artistique ou littéraire, donne pour sien ce qu'il a pris à l'œuvre d'un autre
Posthume	Qui ne se produit qu'après la mort de la personne intéressée
Quolibet	Raillerie, moquerie
Rasséréner	Rendre sa sérénité, son calme
Rebut	Ce qu'il y a de plus mauvais dans quelque chose et qui est laissé de côté / Ce qu'il y a de plus vil, de plus méprisable dans un groupe
Renégat	Personne qui a abandonné, trahi ses opinions, sa religion, son parti
Sarcasme	Action de railler avec méchanceté
Sérendipité	Capacité / art de faire une découverte, scientifique notamment, par hasard
Sévices	Mauvais traitements exercés sur quelqu'un qu'on a sous son autorité ou sous sa responsabilité
Solécisme	Construction qui n'est pas conforme aux règles de la syntaxe d'une langue à une époque donnée ou qui n'est pas acceptée dans une norme ou un usage jugé correct
Subterfuge	Moyen habile et détourné pour se tirer d'embarras
Succédané	Produit de remplacement
Surseoir	Différer une action, une décision
Tergiverser	User de détours, de faux-fuyants, pour éviter de dire nettement quelque chose, pour retarder une décision

Torpeur	Etat de quelqu'un chez qui l'activité psychique et physique, la sensibilité sont réduites
Tribulations	Suite d'aventures plus ou moins désagréables, de revers, d'obstacles surmontés
Usurper	S'approprier indûment une dignité, un bien
Velléitaire	Qui est incapable de s'en tenir à une décision prise

2. Mots de sens proche et paronymes

Le jour de l'épreuve, on vous demandera dans certaines questions de choisir entre *officiel* et *officieux*, entre *cohérence* et *cohésion* ou encore entre *transparent* et *translucide*. Tout dépendra du contexte bien sûr mais sachez d'ores et déjà que ces questions sont réputées pour vous tendre quelques pièges auxquels vous pouvez pourtant échapper si vous vous donnez la peine de vous attarder sur la liste qui suit !

Analogue Qui présente quelques similarités, qui est semblable.	**Identique** Qui est en tous points pareil à autre chose.
Assurer Certifier, garantir.	**Promettre** S'engager envers quelqu'un, garantir, certifier (mais ne doit être employé que pour faire référence au futur).
Ceci Se réfère à ce qui va être dit.	**Cela** Se réfère à ce qui a été dit.
Cohérence Union étroite d'idées qui s'accordent entre elles.	**Cohésion** Attribut d'un ensemble dont les parties sont solidaires.
Colorer Donner de la couleur (nom dérivé : coloration)	**Colorier** Appliquer des couleurs sur une surface (nom dérivé : coloriage).
La découverte Elle consiste à faire connaître ce qui existe mais qui était occulté ou ignoré jusque-là.	**L'invention** Elle consiste à concevoir une technique ou un appareil qui n'existait pas jusque-là.
Dédicacer Signer l'exemplaire d'une œuvre dont on est l'auteur.	**Dédier** Mettre une œuvre sous le patronage de quelqu'un.

Affleurer Qui sort légèrement de la surface (de l'eau ou du sol).	**Effleurer** Le fait de toucher légèrement quelque chose.
Affliger Causer une grande douleur morale (mauvaise nouvelle). *La triste nouvelle nous a tous **affligés**.*	**Infliger** Faire subir quelque chose de pénible à quelqu'un. *Le tribunal a infligé une amende de 10 000 € à M. Martin.*
Une collision Un choc provoqué par deux choses qui se rencontrent. *Ce matin, un camion est entré en **collision** avec un train.*	**Une collusion** Entente entre un groupe de personnes pour faire du mal à quelqu'un.
Consommer Accorder, donner	**Consumer** Brûler
Dénudé Mis à nu, dépouillé *Elle est dénudée. Fermez les yeux !*	**Dénué** Qui manque de… *Les explications de Méline étaient totalement **dénuées** de sens.*
Une effraction Le fait de forcer une clôture, une serrure, une porte (casser). *Les voleurs sont entrés dans le magasin par **effraction**.*	**Une infraction** Le fait de ne pas respecter le règlement. *En roulant trop vite, Pierre a fait une **infraction** au code de la route.*
Un émigré Une personne qui quitte son pays.	**Un immigré** Une personne qui arrive dans un pays (un étranger).
Enduire Recouvrir une surface avec une autre matière.	**Induire** Avoir pour conséquence, entraîner.
Esquiver Eviter adroitement.	**Esquisser** Dessiner sans donner de détails.
Infecter Prolonger dans le temps.	**Infester** Envahir en grand nombre.

Subvenir Donner à quelqu'un ce qui est vital.	**Survenir** Arriver brusquement.
Coasser Crier pour la grenouille.	**Croasser** Crier pour le corbeau.
Une affectation Un poste, une fonction, une destination.	**Une affection** Attachement, tendresse.
L'excès Ce qu'il y a en trop.	**L'accès** L'entrée.
Désaffecté Qui ne remplit plus le rôle qui lui était attribué.	**Désinfecté** Au sens de retirer une infection.
Des bribes Des petits morceaux.	**Une bride** Pièce du harnais qui permet de diriger un cheval. *Expressions :* *Lâcher la **bride** à quelqu'un : laisser plus de liberté.* *Avoir la **bride** au cou : manquer de liberté.*
Compréhensible Qui peut être compris facilement (se dit d'une chose).	**Compréhensif** Qui peut facilement comprendre (se dit d'une personne). Mon père a été **compréhensif** sur le fait que je ne souhaitais pas venir avec lui.
Décerner Accorder, donner.	**Discerner** Apercevoir, se rendre compte.
Différencier Faire la différence entre plusieurs choses.	**Différer** Reporter à plus tard. Etre différent de…
Elucider Comprendre, clarifier.	**Eluder** Eviter adroitement. Eluder une question : ne pas répondre à une question adroitement.

Eminent Grand, supérieur, remarquable, exceptionnel.	**Imminent** Se dit de quelque chose qui va se produire bientôt.
Une éruption Une apparition soudaine de quelque chose.	**Une irruption** Une entrée brusque dans une pièce.
Evoquer Parler de…	**Invoquer** Appeler à l'aide (une divinité, un saint…).
Prolongation Prolonger dans le temps.	**Prolongement** Prolonger dans l'espace.
Conserver Garder quelque chose en bon état.	**Converser** Parler, discuter.
Une altitude Une hauteur par rapport au niveau de la mer.	**Une attitude** Une manière de se tenir, un comportement.
Affluence Rassemblement d'un grand nombre de gens.	**Influence** Action qu'une personne exerce sur une autre.
Une proposition Action de proposer.	**Une préposition** Mot invariable placé devant un complément.
Un accident Gros évènement ayant des conséquences.	**Un incident** Petit événement ayant peu de conséquence.
Une allocation Une somme attribuée à quelqu'un.	**Une allocution** Un discours.
Inculpé Accusé, suspect.	**Inculqué** Apprendre, enseigner.
Une illusion Une apparence trompeuse, une erreur d'appréciation visuelle.	**Une allusion** Un sous-entendu, un propos qui évoque quelque chose.
Acétique Qui a rapport au vinaigre, à l'acide acétique.	**Ascétique** Austère, rigoriste.

Allogène D'une origine différente de celle de la population autochtone, et installé tardivement dans le pays. Se dit d'un cours d'eau issu d'une région lui imprimant certains caractères.	**Halogène** Chacun des éléments chimiques faisant partie de la colonne VII du tableau de Mendeleïev qui comprend en particulier le chlore. Lampe (à halogène).
Ancrer Retenir (un navire) en jetant l'ancre. Fixer solidement. Fixer avec une ancre, par un procédé d'ancrage.	**Encrer** Enduire d'encre (typographique, lithographique).
Cantique Chant religieux.	**Quantique** Qui est relatif aux quanta, repose sur la théorie des quanta.
Cilice Chemise, ceinture de crin ou d'étoffe rude et piquante, portée par pénitence, par mortification.	**Silice** Oxyde de silicium, corps solide de grande dureté, blanc ou incolore, très abondant dans la nature.
Déférer Porter (une affaire), traduire (un accusé) devant l'autorité judiciaire compétente.	**Déferrer** Dégarnir (qqch.) du fer qui y avait été appliqué.
Placage Application sur une matière d'une plaque de matière plus précieuse ; cette plaque.	**Plaquage** Action de plaquer un adversaire, au rugby.
Taulier Propriétaire ou gérant d'un hôtel.	**Tôlier** Celui qui fabrique, travaille ou vend la tôle.
Tribu Groupe social et politique fondé sur une parenté ethnique réelle ou supposée, chez les peuples à organisation primitive.	**Tribut** Contribution forcée, imposée au vaincu par le vainqueur.

Autres couples à risque : entraînez-vous à les distinguer !

Important ! On vous en demande beaucoup on sait... Mais il est important d'adopter une démarche où vous devenez au fur et à mesure de votre apprentissage l'acteur principal de votre réussite.

Essayez donc, par vous-même, de bien définir les couples de mots proposés afin de bien les distinguer et de les illustrer avec des phrases simples. Et surtout, ne cherchez leur définition que si vous considérez avoir tout « donné » !

- Délivrer / Libérer
- Démythifier / Démystifier
- Dessécher / Assécher
- L'égalité / L'équité
- Emménager / Aménager
- Enfantin / Infantile
- Ephémère / Provisoire
- Gourmand / Gourmet
- La graduation / La gradation
- Hiberner / Hiverner
- Illettré / Analphabète
- Imminence / Immanence
- Immoral / Amoral
- L'inclination / L'inclinaison
- L'intégration / L'assimilation
- L'intégrité / L'intégralité
- Jadis / Naguère
- Judiciaire / Juridique
- La justesse / La justice
- Légal / Légitime
- Marin / Maritime
- La maturité / La maturation
- Médiéval / Moyenâgeux
- La médisance / La calomnie
- Le mobile / Le motif
- Mutuel / Réciproque
- Neuf / Nouveau
- Notable / Notoire
- Officiel / Officieux
- Oppresser / Opprimer
- Original / Originel
- Partial / Partiel
- Pédestre / Piétonnier
- Possible / Probable
- La prévoyance / Une prévision
- La prolongation / Le prolongement
- Le racisme / La xénophobie
- Raisonnable / Rationnel
- Transparent / Translucide
- Vivable / Viable

3. Les homophones

Homophone : se dit de mots qui ont la même prononciation.

- Un abord / Les abords
  Un abord : façon d'aborder quelqu'un ou de s'introduire auprès de quelqu'un. / Les abords (toujours au pluriel) : ce qui donne accès à un lieu, les alentours.
- Un acquis / Acquit
  Un acquis : qui a été gagné, une conquête, un héritage. / Acquit : qui a été payé (par acquit de conscience).
- Une ballade / Une balade
  Une ballade : un poème (souvent mis en musique). / Une balade : une promenade (les dérivés de balade s'écrivent aussi avec un seul l).
- Ver / Vers / Vert / Verre / Vaire
- Un cahot / Un chaos
- Censé / Sensé
- D'avantage / Davantage
- Détoner / Détonner
- Différent / Différend
- Une session / Une cession
- Subi / Subit

Vous trouverez ici une liste d'homophones grammaticaux. Ces homophones peuvent faire l'objet de quelques questions piège au TAGE 2.

Homophones	Indications et exemples
à / a / as	*à :* préposition, indiquant un lieu. Exemple : « Il est à Paris ». *a :* verbe « avoir » conjugué à la troisième personne du singulier au présent de l'indicatif (« il a faim »).

	Vérification : « a » est un verbe conjugué ; il peut donc être remplacé par la troisième personne du singulier du verbe *avoir* à un autre temps sans que la phrase ne devienne incorrecte – ce qui est un bon moyen de le différencier de son homophone « à ». Pour reprendre l'exemple évoqué plus haut, « Il a faim » peut donc être remplacé par « Il avait faim » ; là où « Il est à Paris » ne peut être remplacé par « Il est avait Paris » – la phrase n'ayant alors plus aucun sens. *as :* de même que pour « a », il s'agit de la conjugaison du verbe avoir (mais cette fois-ci, à la seconde personne du singulier).
ce / se / ceux	*ce :* adjectif ou pronom démonstratif, se référant à un objet ou à une personne. Exemple : « Elle regarde ce réacteur ». *ceux :* pronom masculin pluriel, qui désigne des objets ou des personnes dont il a déjà été question précédemment. C'est là le principal élément de différenciation avec « ce ». Attention, donc, à ne pas confondre « ceci » avec « ceux-ci », « cela » avec « ceux-là », « ceux qui » avec « ce qui », etc. *se :* pronom personnel réfléchi, se référant au sujet de la phrase. Exemple : « Elle se remaquille ».
Censé / Sensé	*censé :* il s'agit d'un adjectif qui signifie « supposé » ; et qui est *toujours* suivi d'un infinitif. Exemple : « Ils sont censés arriver dans dix minutes. » *sensé :* cet adjectif est l'antonyme du mot « insensé ». Il dérive donc du mot « sens » et signifie « avoir du bon sens », « être raisonnable ». Exemple : « Si tu étais plus sensé, tu ne sortirais pas faire la fête à la veille de ton examen ».
Est / Ait	*est :* verbe « être » conjugué à la troisième personne du singulier de l'indicatif présent – notez que cette forme est aussi un homographe de l'Est, en tant que point cardinal. *ait :* verbe « avoir » conjugué à la troisième personne du singulier du subjonctif.

Là / La / L'as / L'a	*là :* adverbe de lieu, opposé à « ici » (« Là où tu iras, j'irai ») ; mais aussi démonstratif (« C'est celui-là que je veux »). *la :* article défini féminin (« La table ») ou pronom personnel féminin (« La voilà ! »). *l'a / l'as :* réunion du pronom personnel « le » ou « la » et du verbe avoir conjugué à la seconde ou à la troisième personne du singulier de l'indicatif présent. Exemple : Tu l'as vu, celui-là ?
Ces / c'est / s'est / ses / sais / sait	*ces :* pluriel de « ce » (voir plus haut). *C'est :* réunion d'un pronom démonstratif (*« c' »)*, et du verbe être conjugué à la troisième personne du singulier du présent de l'indicatif. Vérification : comme pour « a » *(voir plus haut)*, le verbe « être » dans cette expression doit pouvoir être conjugué à un autre temps de l'indicatif sans que la phrase ne devienne incohérente. Par exemple, « C'est très élégant » peut être remplacé par « C'était très élégant » ; alors que « Ces oiseaux » ne saurait être remplacé par « C'était oiseaux ». *Ses :* adjectif possessif. Exemple : « Ses livres ». *S'est :* réunion du verbe être et du pronom personnel réfléchi « *s'* ». De même que pour « c'est », le temps du verbe être doit pouvoir être changé sans pour autant que la phrase ne se trouve vidée de sens. *Sais / sait :* verbe « savoir » conjugué, respectivement, à la première ou à la seconde et à la troisième personne du singulier à l'indicatif présent. Puisqu'il s'agit de la forme conjuguée d'un verbe, comme pour « être » et pour « avoir », elle doit pouvoir être remplacée par une forme conjuguée à la même personne, mais à un autre temps de l'indicatif. Exemple : « Tu sais qu'il dit la vérité » peut devenir « Tu savais qu'il disait la vérité » ; tandis que « As-tu vu ses livres ? » ne pourra jamais devenir « Avais-tu vu *savais* livres ? ».

Leur / Leurs	*leur :* pronom personnel invariable. A ce titre, il *désigne* des individus ou des objets déjà évoqués – et ne se greffe pas à un pronom ou à un nom. Exemple : Il faudrait leur demander. *leurs :* adjectif possessif qui s'accorde avec les objets possédés, s'ils sont au pluriel, et qui peut donc prendre un « s ». Il se rattache directement à un nom ou à un pronom. Exemples : « C'est leur droit » ; « Ils ont perdu leurs montres ».
Ma / M'a / M'as	*ma :* adjectif possessif féminin. Comme « leurs », il se greffe à un nom. *m'a / m'as :* réunion du pronom personnel réfléchi « me » et de l'auxiliaire « avoir » conjugué à la deuxième ou à la troisième personne du singulier de l'indicatif présent.
Même / Même(s)	*même :* adverbe invariable induisant l'idée de renforcement ou de gradation ; ou pouvant aussi viser à insister sur l'opposition entre deux propositions contraires. Exemple : « Même si je sais que je devrais, je ne suis pas très inquiet pour les résultats de cet examen ». *mêmes :* adjectif indéfini ou pronom pouvant donc s'accorder au pluriel en fonction du/des objet(s) ou de la/des personne(s) visée(s). Il reflète une idée d'identité, de similitude. Exemple : « Ce sont les mêmes qu'hier ».
Or / Hors / Hors de	*or :* conjonction de coordination, faisant le lien entre deux phrases ou entre deux propositions. Exemple : « Tu m'as dit hier que tu viendrais avec ta guitare. Or, aujourd'hui, je constate que tu ne l'as pas : c'est donc que tu as oubliée. » *hors / hors de :* adverbe (hors) ou préposition (hors de) indiquant une extériorité. « Hors de cette ville, vous ne trouverez pas de station service avant une bonne cinquantaine de kilomètres. »

Où / Ou	*où :* pronom relatif de lieu ou de temps (« C'est l'endroit où je vivais », « A l'époque où je jouais encore au foot ») ; ou adverbe interrogatif (« Où es-tu ? »). *ou :* conjonction de coordination faisant le lien entre deux propositions ou entre deux phrases. Elle exprime l'idée de choix, d'alternative. Exemple : « Tu peux abandonner, ou tu peux prendre sur toi et tenter de continuer ».
Parce que / Par ce que	*parce que :* conjonction de subordination instituant un lien de causalité entre deux propositions. Exemple : « Je suis ébahi parce que je vois ». Ici, on peut supposer que le locuteur a longtemps été aveugle, et qu'il recouvre soudain l'usage de ses yeux. *par ce que :* groupe logique composé d'une préposition (« par »), d'un pronom démonstratif (« ce »), et d'un pronom relatif (« que »). Il induit un lien explicatif, qui peut faire référence à une idée de causalité mais qui a d'abord pour vocation de préciser le propos. Exemple : « Je suis ébahi par ce que je vois ». Ici, ce n'est pas le fait de voir qui surprend le locuteur, mais bien la nature de ce qu'il voit. Le groupe « par ce que » vise donc à *préciser* son propos (il nous explique par quoi il est ébahi) ; mais pas à l'*expliquer*.
Pourquoi / Pour quoi	*pourquoi :* adverbe interrogatif pouvant être remplacé par « *pour quelle raison* », « *dans quelle intention* », ou « *l'intention / la raison pour laquelle…* » Exemples : Pourquoi (*pour quelle raison*) ne vient-il pas ? Je ne comprends pas pourquoi *(dans quelle intention)* il fait tout cela. C'est pourquoi *(la raison pour laquelle)* il a été relâché. *pour quoi :* réunion de « pour » et de « quoi ». S'utilise généralement avec « ce », pour spécifier une cause ou une raison. Sa distinction avec l'usage de « pourquoi » comme « la raison pour laquelle » est assez difficile, retenez donc que le « ce » peut vous servir de repère. Exemple : C'est ce pour quoi je ne suis pas venu.

Quel / Quelle / Qu'elle (et leurs pluriels)	*quel / quels / quelle / quelles :* adjectifs exclamatifs (« Quel spectacle ! ») ou interrogatifs (« Quelle heure est-il ? »). *qu'elle / qu'elles :* réunion du pronom « elle(s) » et d'un « que » qui peut tout aussi bien être un adverbe exclamatif (« Qu'elle accélère ! »), une conjonction de subordination (« Il faut qu'elle nous rejoigne au plus vite »), ou un pronom relatif (« C'est celui qu'elle a acheté »).
Quand / Quant (à / aux) / Qu'en	*quand :* conjonction de temps, qui peut s'apparenter à « lorsque ». Exemple : « Il sortira quand il sera prêt ». *quant (à / aux) :* locution prépositive, qui signifie « en ce qui concerne… » ou « s'agissant de… ». Exemple : « Quant à toi, ne t'avise pas de te débiner ! ». *qu'en… :* Contraction de « que » et de « en » (pronom personnel signifiant dans ce cadre « en cela »). Il peut s'agir d'une forme interrogative se référant à un acte ou une idée ; ou d'une façon d'introduire une proposition restrictive (dans ce cas, il est suivi d'un participe présent). Exemples : « Il propose de t'inviter au cinéma. Qu'en penses-tu ? » (*forme interrogative*) « Ce n'est qu'en travaillant dur que l'on peut obtenir de bons résultats » (*proposition restrictive :* il n'y a qu'une seule façon d'obtenir de bons résultats, et c'est en travaillant).
Quoique / Quoi que	*quoique :* conjonction de subordination, synonyme de « bien que ». Exemple : « Quoiqu'elle soit très belle, cette montre est trop chère pour que je l'achète ». *quoi que :* locution signifiant « quelle que soit la chose que ». Exemple : « Quoi que tu dises, tu auras du mal à le faire changer d'avis ».

Quel(s) que / Quelle(s) que / Quelque / Quelques	*quel(s) que / quelle(s) que :* adjectifs indéfinis, s'accordant donc avec le nom qui les suit. Exemple : « Quels que soient les obstacles, je suis convaincu que nous parviendront à nos fins ». *quelques :* adjectif indéfini, épithète d'un nom – dont il vient qualifier le nombre. Exemple : « Il n'y en a plus que pour quelques minutes ». *quelque :* adverbe invariable pouvant revêtir deux sens : celui d'un synonyme de l'adverbe « si », et celui d'un synonyme de l'expression « un(e) certain(e)… ». Exemples : « Quelque rapides qu'ils soient, ils n'arriveront jamais avant nous » (Ce qui peut être remplacé par : « Si rapides qu'ils soient, ils n'arriveront jamais avant nous »). « Depuis quelque temps, je me lève une heure plus tôt pour pouvoir faire du sport ». (ce qui peut être remplacé par : « Depuis un certain temps, je me lève une heure plus tôt… »)
S'y / Ci / Si	*s'y :* assemblage du pronom réfléchi « *se* » et du pronom adverbial « *y* » (qui se réfèrent tous deux des éléments déjà évoqués précédemment dans le discours). Exemples : « Bertrand est un amoureux de la forêt. Il s'y promène fréquemment ». (« *se* » se réfère à Bertrand, et « *y* » à la forêt) « Ce livre est souvent utilisé par les professeurs pour initier les élèves aux mathématiques. Il est vrai qu'il s'y prête merveilleusement bien ». (« *se* » se réfère au livre, et « *y* » à l'initiation des élèves aux mathématiques). *ci :* adverbe visant à établir une notion de proximité avec le contexte. Exemples : « Ces jours-ci, j'ai beaucoup de temps pour faire du sport ». (proximité temporelle) « Veuillez trouver ci-jointe l'attestation que vous me demandiez dans votre précédent courrier » (proximité « matérielle »).

	si : deux fonctions possibles : *Conjonction* de subordination, introduisant un complément circonstanciel de *condition.* Exemple : « J'irai avec toi si tu promets de te tenir correctement ». *Adverbe*, pouvant marquer la réponse à une négation ou marquer une insistance (dans ce second cas, il est alors synonyme de « tellement »). Exemple : « – Je suis sûr que tu n'as pas fait les courses. Si, je les ai faites ! » (réponse à une négation) « La Tour Eiffel est si grande que son sommet est souvent noyé dans les nuages ». (marque une insistance)
Sitôt / Si tôt	*si tôt :* signifie « tellement tôt ». (un autre moyen de vérification consiste à se demander si la phrase reste cohérente lorsque l'on remplace « si tôt » par « si tard »). Exemple : « Il est arrivé si tôt à la réunion qu'il a dû attendre pendant une demi-heure le temps que les autres arrivent. » *sitôt :* adverbe, synonyme d'« aussitôt » (utilisé surtout dans les proverbes et dans le langage soutenu). Exemples : « Sitôt dit, sitôt fait » « On ne le reverra pas de sitôt » « Sitôt que tu auras débarrassé la table, je pourrai la nettoyer ».
Tant / Temps	*tant :* adverbe, synonyme de « tellement » (et souvent retrouvé dans les proverbes). Exemples : « Tant va la cruche à l'eau qu'à la fin elle se casse » (proverbe, signifiant qu'à force de s'exposer à un danger, on risque de voir survenir un malheur). « Tu m'as tant donné que je serai toujours ton débiteur ». *temps :* nom commun, masculin. Exemples : « Je n'ai pas le temps de te voir aujourd'hui ».

Voir / Voire	*voir :* verbe « voir », qui peut être remplacé par « apercevoir ». Exemple : « Sans mes lunettes, je suis incapable d'y voir quoi que ce soit ». *voire :* conjonction, qui sert à unir deux groupes de mots en introduisant une idée d'accroissement, de gradation. Exemples : « Il y en avait des centaines, voire des milliers ! ». « Le temps sera à la pluie, voire à l'orage ».

4. Des associations à éviter

Vous trouverez au TAGE 2 des questions où il vous faudra trouver la reformulation la plus élégante d'une phrase ou d'un texte proposés en énoncé.

Nous avons consigné ici pour vous une liste d'associations à éviter. A lire attentivement !

Il est important de retenir ces associations peu élégantes afin de répondre au mieux aux questions de « reformulation » des épreuves de langage du TAGE 2.

- **D'avance, avant...** sont incompatibles avec les verbes composés du préfixe, **pré-** qui expriment déjà une action anticipée : *prédire, prévenir, préparer, prévoir...*
- **Ensemble** est incompatible avec les verbes qui expriment déjà la mise en commun, l'action commune : *collaborer, se concerter, débattre, joindre, mélanger, se réunir...*
- **Encore** est incompatible avec les verbes comportant déjà le préfixe de répétition **re-** : *recommencer, refaire, redemander...*
- **Faire en sorte** est inutile et doit être supprimé après les verbes *tâcher, s'efforcer...*
- **Mutuellement, les uns les autres, réciproquement, ensemble...** sont incompatibles avec les verbes composés du préfixe **entre-** qui expriment déjà une action mutuelle : *s'entre-déchirer, s'entremêler, s'entretuer, s'entretenir...*
- **Ne... que** est incompatible avec **seulement, uniquement, juste...** On ne doit pas employer les deux tournures en même temps.
- **Ne... que** et **seulement** sont incompatibles avec les verbes exprimant déjà la restriction : *se borner à, se résumer à, se limiter à, s'en tenir à, se contenter de...*
- **Pouvoir** est incompatible avec **(im)possible** puisque *(im)possible* signifie déjà « (ne pas) pouvoir ».

- **Ou** est incompatible avec **sinon.** On n'emploiera donc pas les deux mots ensemble.
- **Permettre de…** est à éviter avec **pouvoir.**
- **Le superlatif** *(le plus, le moins)* ainsi que **très, entièrement…** sont incompatibles avec des adjectifs qui ont déjà une valeur de superlatif : *excellent, immense, imminent, omniprésent, maximum, minimum, supérieur…*
- **Préférer** est incompatible avec **plutôt, plus, mieux…**
- **Il suffit de** est à éviter avec **simplement.**
- **Trop** est incompatible avec les mots qui expriment déjà l'abus, la quantité excessive : *abuser, exagérer, excessif, extrême…*

5. Synonymes

On dit de deux mots qu'ils sont **synonymes** lorsqu'ils ont le même sens ou à peu près le même sens, un sens voisin, un sens proche.

Ainsi, des termes comme *gendre* et *beau-fils* / *confondre* et *démasquer* / *naviguer* et *voguer* / *diminuer* et *décroître* sont synonymes.

Toutefois, il n'existe pas vraiment de mots que l'on puisse substituer les uns aux autres dans une synonymie parfaite. Tout dépend du contexte d'emploi du mot.

Manger, se sustenter, se nourrir, bouffer ou *becter* désignent la même action mais ne s'emploient pas dans les mêmes circonstances. On peut *confondre* ou *démasquer* un coupable, mais on ne peut pas *démasquer* le sel avec le sucre.

La plupart des synonymes ne sont synonymes d'un mot que pour l'un de ses emplois et il y a presque toujours une nuance ou un degré d'intensité différent.

Exemples :

- *Un bon musicien* : un musicien doué/talentueux/créatif.
- *De bons amis* : des amis chers/loyaux/proches.
- *Un bon rôti* : un rôti excellent/exquis/délicieux.
- *Un homme bon* : un homme altruiste/aimable/charitable, etc.

Si vous souhaitez sincèrement enrichir votre vocabulaire et jouer sur de nombreuses nuances de la langue française, consultez le dictionnaire de synonymes du CNRS… Un véritable bijou !

http://www.atlas-semantiques.eu/

6. Mots de liaison

Ces listes peuvent s'avérer utiles tant pour l'épreuve de Compréhension de textes que celles d'Expression ou de Raisonnement et argumentation.

[1. Comment exprimer…]

- **La conséquence**
  Alors, Ainsi, C'est pourquoi, D'où, Dans ces conditions, De sorte que, Donc, En conséquence, Par conséquent

- **La terminaison**
  Ainsi, Etant donné, Puisque

- **L'introduction**
  D'abord, En premier lieu

- **L'addition**
  Aussi, De même, De plus, Encore, Et, Egalement

- **L'énumération**
  D'abord, Enfin, Ensuite

- **La liaison, la transition**
  Bref, D'ailleurs, Donc, Ensuite, En somme, En outre, Or, Par ailleurs, Puis

- **L'explication**
  Car, C'est-à-dire, En effet, Effectivement, Etant donné que, Puisque

- **L'illustration**
  Entre autres, Notamment, Par exemple

- **L'opposition**
  Au contraire, Néanmoins, Par contre, En revanche, Pourtant, Quoique, Toutefois

[2. Synonymes des mots de liaison]

- **A notre avis**
  En ce qui nous concerne, Pour notre part, Quant à nous

- **Au sujet de**
  A cet égard, A propos de, En ce qui a trait, Pour ce qui est de, Quant à, Relativement à, Sur ce point

- **Car (dans une phrase)**
  En effet, C'est qu'en effet, De fait

- **De plus**
  En outre, De surcroît

- **De toute façon**
  De toute manière, Quoi qu'il en soit

- **D'ailleurs**
  D'un autre côté, Par contre, En revanche, Du reste

- **D'une part… d'autre part**
  A première vue… mais toute réflexion faite, mais à bien considérer les choses, Non seulement… mais encore, mais aussi, mais en outre, Tout d'abord… ensuite

- **En réalité**
  A vrai dire, Effectivement

- **En résumé**
  Au fond, Bref, Dans l'ensemble, En d'autres termes, En définitive, En somme, Essentiellement, Somme toute, Tout compte fait

- **Enfin**
  Finalement, En dernier lieu, En fin de compte

- **Par conséquent**
  Ainsi, Ainsi donc, Aussi, C'est pourquoi, Donc, En conséquence, Partant de ce fait, Pour cette (ces) raison(s)

- **Pourtant**
  Cependant, Néanmoins, Toutefois

7. Figures de style

Les figures de style ont récemment fait leur apparition dans les épreuves de langage du TAGE 2 avec des questions mettant en scène des figures telles que la métonymie, la périphrase ou encore la synecdoque. Ce ne sont pas forcément les questions les plus difficiles, mais elles peuvent être déroutantes si l'on n'a pas revu ne serait-ce qu'une fois les figures de style les plus classiques. Soyez donc attentifs aux définitions qui vont suivre.

[Allégorie]

Personnification d'une idée abstraite.

Exemple : un squelette armé d'une faux pour représenter la mort.

[Allitération]

Répétition d'une ou de plusieurs consonnes dans un groupe de mots.

Exemple : « Pour qui sont ces serpents qui sifflent sur vos têtes »

[Anaphore]

Répétition d'une même expression ou d'un même mot en début de phrase ou de vers.

Exemple :

« Rome, l'unique objet de mon ressentiment !
Rome, à qui vient ton bras d'immoler mon amant !
Rome qui t'a vu naître, et que ton cœur adore !
Rome enfin que je hais parce qu'elle t'honore ! »

[Antithèse]

Rapprochement, à l'intérieur d'une structure syntaxique binaire et équilibrée, de deux termes de même nature qui s'opposent sémantiquement.

Exemples : « Paris est le plus délicieux des monstres : là, vieux et pauvre ; ici, tout neuf comme la monnaie d'un nouveau règne. » ; « Es-tu si las de vivre ? As-tu peur de mourir ? »

[Assonance]

Répétition d'une même voyelle dans un groupe de mots.

Exemple : « Tout m'afflige et me nuit et conspire à me nuire »

[Chiasme]

Structure en croix qui associe deux termes deux à deux sans qu'ils aient nécessairement un rapport de sens.

Exemples : « Ayant le feu pour père, et pour mère la cendre. » ; « La neige fait au nord ce qu'au sud fait le sable. » ; « Rester dans le paradis, et y devenir démon, rentrer dans l'enfer, et y devenir ange ! » ; « Il faut manger pour vivre et non pas vivre pour manger. » (Molière)

[Enumération]

Figure de style dans laquelle on trouve une suite de mots ou de propositions qui sont de même nature (noms, verbes) et de même fonction (sujets, compléments). Les éléments de l'énumération sont parfois séparés par d'autres mots.

Exemple : « Tout l'hiver va rentrer dans mon être : colère, haine, frissons, horreur, labeur dur et forcé »

[Euphémisme]

Cette figure de style consiste à adoucir ou atténuer une idée déplaisante en ayant recours principalement à une litote ou une périphrase.

Exemple : les non-voyants (pour les aveugles) ; il nous a quitté (pour il est mort) ; les pays du sud (pour les pays sous-développés) ; le troisième âge (pour les vieux).

[Gradation]

Succession de mots ou d'expressions de sens voisins et dont l'ordre suit une progression croissante ou décroissante.

Exemples : « Va, cours, vole, et nous venge. » ; « C'en est fait ; je n'en puis plus ; je me meurs ; je suis mort ; je suis enterré. »

[Hyperbole]

Consiste à exagérer l'expression d'une idée ou d'une réalité afin de la mettre en exergue.

Exemple : « C'est un géant ! » pour désigner quelqu'un de grande taille.

[Litote]

La litote est une figure de style qui consiste à déguiser sa pensée de façon à la faire deviner dans toute sa force. Autrement dit, caractériser une expression de façon à susciter chez le récepteur un sens beaucoup plus fort que n'aurait fait la même idée exprimée en toute simplicité. La litote « a une orientation de valeur inverse de celle de l'euphémisme, qui cherche à amoindrir l'information. » L'effet de la litote est principalement produit soit par un vocabulaire « neutralisé », soit par la négation d'un contraire ou autre tournure de contournement (source : *Wikipedia*).

Exemple : « Va, je ne te hais point » (pour je t'aime)

[Métaphore]

Figure de style fondée sur l'analogie et/ou la substitution. C'est un type particulier d'image sans outil de comparaison qui associe un terme à un autre appartenant à un champ lexical différent afin de traduire une pensée plus riche et plus complexe que celle qu'exprime un vocabulaire descriptif concret (source : *Wikipedia*).

Exemples : « Je me suis baigné dans le poème de la mer. » ; « La littérature : un coup de hache dans la mer gelée qui est en nous. » ; « Les lois sont des toiles d'araignées, à travers lesquelles passent les grosses mouches et restent les petites. » ; « Vieil Océan, ô grand célibataire ».

[Métonymie]

Phénomène par lequel un concept est désigné par un terme désignant un autre concept qui lui est relié par une relation nécessaire (source : *Larousse*).

Exemples : une bonne plume pour un bon écrivain ; boire un verre ; faire du piano, jouer aux cartes ; lire un bon Balzac.

[Oxymore]

Figure de style qui consiste à rapprocher deux termes (un nom et un adjectif) que leur sens devrait éloigner, dans une formule en apparence contradictoire. L'oxymore permet de décrire une situation ou un personnage de manière inattendue, suscitant ainsi la surprise (source : *Wikipedia*).

Exemples : une obscure clarté, « A travers la noirceur de l'ombre, qui cache la mer et les cieux, Une clarté blafarde et sombre, fait voir l'une et l'autre à nos yeux » ; aigre-doux ; une réalité virtuelle, « Le soleil noir de la mélancolie ».

[Périphrase]

Consiste à remplacer un mot par sa définition ou par une expression plus longue, mais équivalente.

Exemples : la capitale de la France (pour dire Paris) ; la langue de Goethe (pour dire l'allemand) ; la langue de Molière (pour dire le français) ; le toit du monde (pour l'Himalaya), le billet vert (pour le dollar) ; le roi des animaux (pour désigner le lion) ; le pays des droits de l'homme (pour dire la France).

[Personnification]

Attribuer des qualités humaines à un objet inanimé.

Exemple : « Berlin, Vienne, étaient ses maîtresses » ; « L'habitude venait me prendre dans ses bras, comme un petit enfant. »

[Pléonasme]

Répétition de termes ou expressions ayant le même sens.

Exemples : monter en haut ; descendre en bas ; une bonne aubaine ; s'avérer vrai ; une petite camionnette ; un campus universitaire…

[Synecdoque]

Remplacer un mot par un autre ayant une relation d'inclusion avec celui-ci (la partie pour le tout ou le tout pour la partie). C'est un cas particulier de la métonymie.

Exemples :

Le tout pour la partie : Lille a gagné la finale (pour « l'équipe de foot de Lille »…)

La partie pour le tout : je quitterai bientôt ces murs / Je quitterai bientôt ce toit (pour dire je quitterai bientôt cette maison).

IV. PROVERBES, DICTONS ET EXPRESSIONS

⚠ ATTENTION Les proverbes, dictons et expressions qui suivent n'ont pas été consignés dans cet ouvrage pour faire de la figuration. Il est fréquent au TAGE 2 que ces derniers nourrissent les énoncés de questions ardues. Ne prenez donc pas ce chapitre à la légère...

160 proverbes et dictons

Les proverbes et dictons font régulièrement l'objet de questions dans l'épreuve de langage. Nous ne doutons pas un instant que vous connaissez la majorité des proverbes et dictons qui suivent ; mais sauriez-vous donner pour chacun d'entre eux une explication précise ? **A vous de jouer** !

1. A bon chat bon rat.
Se dit quand celui qui attaque trouve un adversaire capable de lui résister.

2. A beau mentir qui vient de loin.
Celui qui vient d'une contrée lointaine peut, sans craindre d'être démenti, raconter des mensonges.

3. Abondance de biens ne nuit pas.
On accepte souvent, par mesure de prudence, une chose dont on a déjà une quantité suffisante.

4. A bon vin point d'enseigne.
Ce qui est de qualité se recommande de soi-même.

5. A chaque jour suffit sa peine.
Supportons les difficultés d'aujourd'hui sans penser par avance à celles que peut nous réserver l'avenir.

6. A cœur vaillant rien d'impossible.
Avec du courage, on peut venir à bout de tout.

7. L'air ne fait pas la chanson.
L'aspect n'est pas la réalité.

8. A l'impossible nul n'est tenu.
On ne peut attendre de quiconque ce qu'il lui est impossible de faire.

9. A l'œuvre on connaît l'artisan.
C'est par la valeur de son ouvrage que l'on juge celui qui l'a réalisé.

10. Après la pluie, le beau temps.
La joie fait souvent suite à la tristesse, et le bonheur succède souvent au malheur.

11. A père avare, enfant prodigue.
Les enfants contrebalancent souvent les défauts de leurs parents en développant les qualités qui leurs sont opposées.

12. L'appétit vient en mangeant.
Plus on a, plus on veut avoir.

13. L'argent est un bon serviteur et un mauvais maître.
L'argent participe au bonheur de celui qui sait l'employer mais fait le malheur de celui qui se laisse dominer par l'avarice ou la cupidité.

14. A méchant ouvrier, point de bon outil.
Le mauvais ouvrier fait toujours du mauvais travail et met ses erreurs sur le compte de ses outils.

15. L'argent n'a pas d'odeur.
Certains ne se soucient guère de la façon dont ils gagnent de l'argent pourvu qu'ils en gagnent.

16. A tout seigneur, tout honneur.
Il faut faire honneur à chacun suivant son rang.

17. Au royaume des aveugles, les borgnes sont rois.
Avec un mérite ou un savoir médiocre, on brille parmi les sots et les ignorants.

18. Autant en emporte le vent.
Se dit en parlant de serments auxquels on n'ajoute pas foi, ou qui ne se sont pas réalisés.

19. Autres temps, autres mœurs.
Les mœurs évoluent d'une époque à l'autre.

20. Aux grands maux les grands remèdes.
Il faut prendre des mesures énergiques contre les maux graves et dangereux.

21. Avec des « si », on mettrait Paris en bouteille.
A se limiter à des conjectures, tout semble possible mais on perd le sens du réel.

22. A vieille mule, frein doré.
On décore et embellit une vieille bête pour mieux la vendre ; se dit aussi de femmes âgées qui abusent d'artifices et de parures.

23. Beaucoup de bruit pour rien.
Titre d'une comédie de Shakespeare, devenu un proverbe exprimant que telle affaire a pris des proportions sans rapports avec sa (faible) importance.

24. Les beaux esprits se rencontrent.
Se dit plaisamment lorsqu'une même idée, un même raisonnement, une même vérité, est énoncée simultanément par deux personnes.

25. Bien faire, et laisser dire.
Il faut faire son devoir sans s'inquiéter des critiques.

26. Bien mal acquis ne profite jamais.
On ne peut jouir en paix du bien obtenu par des moyens illégitimes.

27. Bonne renommée vaut mieux que ceinture dorée.
Mieux vaut bénéficier de l'estime publique que d'être riche.

28. Bon sang ne peut mentir.
Qui est d'une noble race ne saurait s'en montrer indigne.

29. Les bons comptes font les bons amis.
Pour rester amis, il ne faut pas laisser subsister de dettes entre l'un et l'autre.

30. La caque sent toujours le hareng.
On porte toujours en soi des traces de son origine, de son passé.

31. Ce que femme veut, Dieu le veut.
Les femmes parviennent toujours à leurs fins.

32. C'est en forgeant qu'on devient forgeron.
A force de s'exercer à une chose, on y devient compétent.

33. C'est le ton qui fait la chanson.
C'est la façon dont il dit les choses qui marque l'intention véritable du locuteur.

34. C'est l'hôpital qui se moque de la Charité.
Se dit de celui qui rit de la misère d'autrui, bien qu'il soit lui-même aussi misérable.

35. Chacun pour soi et Dieu pour tous.
Il faut penser à soi, et laisser à Dieu le soin de s'occuper des autres.

36. Charbonnier est maître chez soi.
Le maître de maison est en droit d'agir comme il le souhaite dans sa propre demeure.

37. Charité bien ordonnée commence par soi-même.
Avant de se préoccuper des autres, il faut songer à soi.

38. Chat échaudé craint l'eau froide.
On craint même l'apparence de ce qui vous a déjà nui.

39. Le chat parti, les souris dansent.
Quand maîtres ou chefs sont absents, écoliers ou subordonnés tirent parti de leur liberté.

40. Les chiens aboient, la caravane passe.
Qui est sûr de ses choix ne s'en laisse pas détourner, même par la désapprobation la plus bruyante.

41. Chose promise, chose due.
On est tenu de faire ce que l'on a promis.

42. Cœur qui soupire n'a pas ce qu'il désire.
Les soupirs que l'on pousse prouvent que l'on n'est pas heureux.

43. Comme on connaît les saints on les honore.
On traite chacun selon sa personnalité.

44. Comme on fait son lit on se couche.
Il faut s'attendre, en bien ou en mal, à vivre ce que l'on s'est préparé à soi-même par sa conduite.

45. Comparaison n'est pas raison.
Une comparaison ne prouve rien.

46. Les conseilleurs ne sont pas les payeurs.
Méfions-nous parfois des conseilleurs ; ni leur personne ni leur bourse ne courent le risque qu'ils recommandent.

47. Contentement passe richesse.
Le bonheur vaut mieux que la fortune.

48. Les cordonniers sont les plus mal chaussés.
On néglige souvent les avantages dont on pourrait disposer de par sa condition.

49. Dans le doute, abstiens-toi.
Maxime qui vaut pour le doute pratique pour le doute purement spéculatif.

50. De deux maux, il faut choisir le moindre.
Adage que l'on attribue à Socrate, qui aurait ainsi expliqué pourquoi il avait épousé une femme de très petite taille.

51. Défiance (ou méfiance) est mère de sûreté.
Il ne faut pas être trop confiant, si l'on ne veut pas être dupé.

52. De la discussion jaillit la lumière.
Des opinions débattues contradictoirement se dégage la vérité.

53. Déshabiller saint Pierre pour habiller saint Paul.
Contracter une dette pour en acquitter une autre ; se tirer d'une difficulté en s'en créant une nouvelle.

54. Deux avis valent mieux qu'un.
On fait bien, avant d'agir, de solliciter plusieurs avis.

55. Donner un œuf pour avoir un bœuf.
Faire un petit présent dans l'espoir d'en recevoir un plus conséquent.

56. L'eau va à la rivière.
L'argent va aux riches.

57. En avril, n'ôte pas un fil ; en mai, fais ce qu'il te plaît.
Il ne faut pas mettre de vêtements légers en avril ; on le peut en mai.

58. L'enfer est pavé de bonnes intentions.
Les bonnes intentions ne suffisent pas si elles ne sont pas réalisées ou ne produisent que des résultats fâcheux.

59. Entre l'arbre et l'écorce, il ne faut pas mettre le doigt.
Il ne faut pas s'immiscer dans une dispute entre proches.

60. Erreur n'est pas compte.
Tant que demeure une erreur, un compte n'est pas définitif.

61. L'exception confirme la règle.
Cela même qui est reconnu en tant qu'exception constate une règle, puisque sans la règle, point d'exception.

62. La faim chasse le loup hors du bois.
La nécessité oblige les hommes à faire des choses qui ne sont pas de leur goût.

63. Faute de grives, on mange des merles.
Faute de mieux, il faut savoir se contenter de ce que l'on a.

64. La fête passée, adieu le saint.
Une fois une satisfaction obtenue, on oublie à qui on la doit.

65. La fin justifie les moyens.
Principe d'après lequel un objectif justifierait les entreprises coupables consenties pour l'atteindre.

66. La fortune vient en dormant.
Le meilleur moyen de s'enrichir est d'attendre passivement un heureux coup du sort.

67. Des goûts et des couleurs, il ne faut pas discuter.
Chacun est libre de ses préférences et affectations.

68. Les grandes douleurs sont muettes.
La profonde souffrance morale ne fait entendre aucune plainte.

69. L'habit ne fait pas le moine.
Il ne faut pas juger les autres sur la base de leur apparence.

70. L'habitude est une seconde nature.
L'habitude dirige nos actions aussi profondément que nos instincts naturels.

71. Heureux au jeu, malheureux en amour.
Qui l'emporte souvent au jeu est rarement heureux en ménage.

72. Il faut battre le fer pendant qu'il est chaud.
Lorsqu'une affaire est en bonne voie, il faut poursuivre et persévérer activement.

73. Il faut que jeunesse se passe.
On doit pardonner les fautes que l'insouciance fait commettre aux jeunes.

74. Il faut qu'une porte soit ouverte ou fermée.
Il faut décider dans un sens ou dans un autre.

75. Il faut rendre à César ce qui appartient à César, et à Dieu ce qui est à Dieu.
Il faut donner ou attribuer à chacun ce qui lui est dû.

76. Il faut tourner sa langue sept fois dans sa bouche avant de parler.
Avant de prendre la parole, il faut bien peser ses propos.

77. Il ne faut jamais jeter le manche après la cognée.
Il ne faut jamais se décourager.

78. Il ne faut jurer de rien.
Il ne faut jamais tenir le futur pour certain.

79. Il ne faut pas dire : « Fontaine, je ne boirai pas de ton eau. »
Nul ne peut garantir qu'il ne recourra jamais à une personne ou à une chose.

80. Il n'est pire eau que l'eau qui dort.
Ce sont des personnes d'apparence calme et inoffensive qu'il faut le plus se méfier.

81. Il n'est point de sot métier.
Toutes les professions méritent d'être respectées.

82. Il n'y a pas de fumée sans feu.
Derrière les rumeurs et les apparences, il y a toujours quelque chose de vrai.

83. Il n'y a que la vérité qui blesse.
Les seuls reproches vraiment douloureux sont ceux que l'on a mérités.

84. Il n'y a que le premier pas qui coûte.
Le plus ardu en toute chose est de commencer.

85. Il vaut mieux aller au moulin qu'au médecin.
Se soigner coûte plus cher encore que s'alimenter.

86. Il vaut mieux avoir affaire à Dieu qu'à ses saints.
Il vaut mieux converser directement avec le maître qu'avec ses subalternes.

87. Il vaut mieux tenir que courir.
La possession est préférable à l'espérance.

88. Il y a loin de la coupe aux lèvres.
Il peut se produire beaucoup entre l'élaboration d'un projet et sa réalisation.

89. Le jeu ne vaut pas la chandelle.
Le but dont on parle ne vaut pas la peine que l'on se donne pour l'obtenir.

90. Les jours se suivent et ne se ressemblent pas.
Les circonstances évoluent avec le temps.

91. Loin des yeux, loin du cœur.
L'absence détruit ou fragilise les affections.

92. Les loups ne se mangent pas entre eux.
Les méchants ne se nuisent pas les uns aux autres.

93. Mains froides, cœur chaud.
La froideur des mains indique un caractère amoureux.

94. Mauvaise herbe croît toujours.
Un enfant de mauvais caractère (« mauvaise graine ») grandit toujours vite.

95. Mettre la charrue avant les bœufs.
Caractérise l'acte de commencer par où l'on devrait finir.

96. Le mieux est l'ennemi du bien.
On court le risque de perdre ce qui est bien en voulant obtenir mieux.

97. Mieux vaut tard que jamais.
Il vaut mieux agir tardivement que ne pas agir du tout.

98. Morte la bête, mort le venin.
Une fois mort, un adversaire ou un méchant, ne peut plus nuire

99. Les murs ont des oreilles.
Lors d'une discussion confidentielle, il faut toujours se méfier de ce qui vous entoure.

100. Nécessité fait loi.
En cas de besoin ou de péril extrême, on peut s'exonérer de toutes les obligations conventionnelles.

101. Ne fais pas à autrui ce que tu ne voudrais pas qu'on te fît.
Règle de conduite qui constitue la base d'une morale élémentaire.

102. N'éveillez pas le chat qui dort.
Il ne faut pas raviver une affaire pénible, une menace assoupie.

103. La nuit porte conseil.
La nuit est propice à nous inspirer de sages considérations.

104. La nuit, tous les chats sont gris.
De nuit, il est malaisé de bien distinguer les personnes et les choses.

105. Nul n'est prophète en son pays.
Personne n'est estimé à sa juste valeur là où il vit habituellement.

106. L'occasion fait le larron.
L'occasion suscite des actions répréhensibles auxquelles on n'aurait pas songé.

107. L'oisiveté est mère de tous les vices.
N'avoir rien à faire, c'est être en butte à toutes les tentations.

108. On ne fait pas d'omelette sans casser d'œufs.
On n'atteint pas un objectif sans difficultés ni sacrifices.

109. On ne prête qu'aux riches.
On n'offre d'aide qu'à ceux qui sont en état de la rétribuer ; on attribue volontiers certains actes à ceux qui ont pour habitude de les faire.

110. On reconnaît l'arbre à ses fruits.
C'est à la hauteur de ses actes que l'on évalue la valeur d'un homme.

111. Paris ne s'est pas fait en un jour.
Les grandes choses, les grands projets mettent longtemps à se réaliser.

112. Pauvreté n'est pas vice.
Il n'y a pas de déshonneur à être pauvre.

113. Petit à petit, l'oiseau fait son nid.
A force de persévérance et d'opiniâtreté, on vient à bout d'une entreprise.

114. Petite pluie abat grand vent.
Souvent, il suffit de peu de choses pour apaiser une grande colère.

115. Les petits ruisseaux font les grandes rivières.
Les petits profits engrangés finissent par produire de grands bénéfices.

116. Pierre qui roule n'amasse pas mousse.
On ne fait pas fortune en changeant souvent d'état ou de pays.

117. La pluie du matin réjouit le pèlerin.
La pluie du matin signifie souvent que la journée sera belle.

118. La plus belle fille du monde ne peut donner que ce qu'elle a.
Nul ne peut donner ce qu'il ne possède pas.

119. Plus on est de fous, plus on rit.
La gaîté et les rires sont d'autant plus vifs que ceux qui les partagent sont nombreux.

120. Point de nouvelles, bonnes nouvelles.
En l'absence de nouvelles de quelqu'un, on peut présumer qu'il ne lui est rien arrivé de grave.

121. Quand on veut noyer son chien, on dit qu'il a la rage (ou la gale).
Quand on veut nuire à quelqu'un, on l'accuse faussement.

122. Qui a bu boira.
On ne se débarrasse jamais complètement d'un défaut devenu une habitude.

123. Qui aime bien châtie bien.
L'amour véritable est celui qui n'a pas peur de recourir à une sage sévérité.

124. Quiconque se sert de l'épée périra par l'épée.
Celui qui use de violence mourra par la violence.

125. Qui donne aux pauvres prête à Dieu.
Celui qui fait la charité en sera récompensé dans l'au-delà.

126. Qui dort dîne.
Dormir permet d'apaiser / de faire passer la faim.

127. Qui ne dit mot consent.
Ne pas formuler d'objection, c'est donner son approbation.

128. Qui ne risque rien n'a rien.
Il n'y a pas de victoires sans risques.

129. Qui paye ses dettes s'enrichit.
En réglant ses dettes, on accroît son crédit et sa réputation.

130. Qui peut le plus peut le moins.
Celui qui a les moyens de faire une chose difficile, coûteuse, etc., dispose *a fortiori* des moyens de faire une chose plus aisée, moins coûteuse.

131. Qui sème le vent récolte la tempête.
Quiconque génère le chaos et le désordre ne peut se plaindre de ce qui en découle.

132. Qui se ressemble s'assemble.
Ceux qui ont les mêmes inclinations se recherchent mutuellement.

133. Qui se sent morveux se mouche.
Que celui qui se sent fautif s'applique à lui-même ce qui vient d'être dit.

134. Qui s'y frotte s'y pique.
Celui qui s'y risque le regrette.

135. Qui trop embrasse mal étreint.
Qui entreprend trop de choses à la fois n'en mène à bien aucune.

136. Qui va à la chasse perd sa place.
Qui abandonne sa place doit se préparer à la voir occupée à son retour.

137. Qui veut aller loin ménage sa monture.
Il faut ménager son énergie, ses moyens, etc., si l'on veut tenir, durer longtemps.

138. Rira bien qui rira le dernier.
Qui rit d'autrui pourrait bien se voir moqué à son tour si les circonstances changeaient.

139. Rome ne s'est pas faite en un jour.
Les grandes choses, les grands projets mettent longtemps à se réaliser.

140. Tant va la cruche à l'eau qu'à la fin elle se casse (ou qu'enfin elle se brise).
Toute chose finit un jour par s'user ; à force de s'exposer au danger, on finit par y succomber ; à force de faire la même erreur, on en subit un jour les conséquences.

141. Si jeunesse savait, si vieillesse pouvait.
Les jeunes manquent d'expérience, et les personnes âgées de force et de santé.

142. Le soleil luit pour tout le monde.
Chacun a également droit à ce que la nature offre à tous.

143. Tel est pris qui croyait prendre.
On est souvent victime du mauvais tour que l'on a voulu faire à autrui.

144. Tel père, tel fils.
Les fils tiennent fréquemment de leurs pères.

145. Tous les goûts sont dans la nature.
Se dit lorsque l'on est confronté à une personne dont les goûts sont singuliers.

146. Tous les chemins mènent à Rome.
Il existe de multiples moyens de parvenir à un même but.

147. Toute peine (ou travail) mérite salaire.
Chacun mérite compensation pour sa peine, aussi minime soit-elle.

148. Tout est bien qui finit bien.
Se dit lorsqu'une entreprise réussit après une phase d'incertitude et de doute.

149. Toute vérité n'est pas bonne à dire.
Il n'est pas toujours bon, ou opportun, de dire ce que l'on tient pour vrai.

150. Tout nouveau tout beau.
Ce qui est nouveau a toujours un attrait.

151. Un clou chasse l'autre.
Se dit au sujet de personnes ou de choses qui font suite à d'autres et qui les font oublier.

152. Un de perdu, dix de retrouvés.
Se dit pour assurer que ce qui a été perdu sera aisément remplacé.

153. Une fois n'est pas coutume.
Un acte isolé n'engage pas ; on peut fermer les yeux sur un acte isolé.

154. Une hirondelle ne fait pas le printemps.
Il ne faut pas tirer de conclusions hâtives d'un seul cas ou d'un seul fait.

155. Un homme averti en vaut deux.
Qui a été informé de ce qu'il doit redouter est de ce fait doublement prêt à y faire face.

156. Un mauvais arrangement vaut mieux qu'un bon procès.
S'entendre, sous quelque modalité que ce soit, vaut mieux que d'aller en justice.

157. Un tiens vaut mieux que deux tu l'auras.
Posséder peu (avec certitude) vaut mieux qu'espérer plus (sans garantie de l'obtenir).

158. Ventre affamé n'a point d'oreilles.
Qui est tiraillé par la faim n'entend rien d'autre que son appétit.

159. Le vin est tiré, il faut le boire.
Lorsqu'une entreprise est engagée, il faut en accepter les suites, même déplaisantes.

160. Vouloir, c'est pouvoir.
La volonté est la seule véritable condition de la réussite.

25 expressions historiques tombées dans le langage courant

161. Après moi le déluge !
Se désintéresser de ce qui arrive après soi (même s'il s'agit d'une catastrophe).

162. Aller à Canossa
Se soumettre de façon complète et humiliante aux conditions émises par un adversaire.

163. Balkanisation
Morcellement politique d'une région ou d'un Etat sur des bases instables.

164. Boycotter, boycott
C'est le refus systématique de consommer les produits ou les services d'une entreprise ou d'une nation. On parle aussi de boycott d'élections.

165. C'est reparti comme en quatorze !
Dans un sens ironique, repartir, soit avec entrain, soit au contraire avec résignation, pour la guerre ou une grosse affaire.

166. Cheval de Troie
Don qui s'avère être fatal à celui qui le reçoit ; une ruse de guerre pour s'introduire secrètement chez l'ennemi.

167. Coup de Jarnac
Un coup de Jarnac est un coup violent, habile et imprévu. Il a pris une connotation de coup déloyal qui n'existait pas à l'origine. Dans son sens premier, il s'agit, en escrime, d'un coup à l'arrière du genou ou de la cuisse, rendu célèbre par Gui Chabot de Jarnac, qui le porta lors d'un duel en 1547.

168. Coup de Trafalgar
Accident imprévu et désastreux ; mauvais coup du sort.

169. Jacquerie
Révolte paysanne caractérisée par une grande violence.

170. Lapalissade
La lapalissade, également appelée vérité de La Palice, est une affirmation ridicule énonçant une évidence perceptible immédiatement.
Exemple : *« Certains hommes sont petits, d'autres pas. »* Cette phrase affirme que certains hommes sont petits, ce qui détermine une différence rapportée à une partie de la population. *« D'autres pas »* n'apporte rien de plus à la phrase et ne fait que répéter cette affirmation.

171. Ligne Maginot
L'expression « Ligne Maginot » est aujourd'hui synonyme d'une défense que l'on croit inviolable mais qui s'avère en fait totalement inutile.

172. Limoger, limogeage
Relever un militaire de son commandement ou un fonctionnaire de son poste à titre de sanction.

173. Lynchage
Lyncher signifie exécuter quelqu'un sans l'avoir préalablement jugé. On parle de lynchage dans le cas d'une condamnation suivie d'une exécution sommaire par la foule, en dehors de tout cadre légal.

174. Nouveau Grenelle
Réunion au sommet suivie d'un accord de premier plan entre le gouvernement et des partenaires sociaux ou autres.

175. Nouveau plan Marshall
Plan de financement à grande échelle destiné à résoudre une crise économique à l'échelle internationale.

176. Nouvelle affaire Dreyfus
Décision politique ou judiciaire scandaleusement injuste, reposant sur des présupposés xénophobes et/ou racistes.

177. Nouvelle Bastille à prendre
Abattre le symbole d'un pouvoir tyrannique.

178. Opium du peuple
Croyance qui procure au peuple un bonheur illusoire.

179. Paris vaut bien une messe
Expression utilisée pour justifier une concession plus ou moins déshonorante mais qui permet d'obtenir un succès majeur.

180. Pasionaria
Militante politique extrêmement active.

181. Stalinien
Adjectif péjoratif qui qualifie un régime fondé systématiquement sur la terreur ou des pratiques autoritaires.

182. Tirer à la grosse Bertha
Utiliser l'artillerie lourde ; employer d'importants moyens pour écraser un adversaire.

183. Travail de bénédictin
Minutieux travail d'érudition.

184. Travailler pour le roi de Prusse
Travailler pour rien, ne pas être payé pour ses peines ou sa participation active.

185. Watergate
Scandale politique majeur susceptible de faire chuter un chef d'Etat ou un gouvernement.

15 expressions désuètes

186. Sus aux victuailles !
A table.

187. Courir la gueuse
Draguer.

188. Ramer des gencives
Parler pour ne rien dire.

189. N'avoir que son cul et ses dents
Manquer de personnalité.

190. Avoir des trous dans les bas
Déprimer.

191. Ecluser un gorgeon
Picoler.

192. Jeter son bonnet par dessus les moulins
Se livrer à la débauche.

193. A cheval donné on ne regarde pas les dents
Avoir la politesse élémentaire de ne pas chier là où on mange.

194. Au diable-vauvert
Trifouillis-les-Oies ou le lieu-dit Ronjou, à Saint-Baldoph (Savoie). Loin, quoi !

195. Branler dans le manche
Manquer de stabilité et/ou être défectueux.

196. Croquer le marmot
Poireauter, attendre longtemps.

197. Peigner la girafe
Glander sans scrupules.

198. Etre coiffé avec le loquet de la porte
Etre coiffé n'importe comment (voire pas du tout).

199. Brûler la chandelle par les deux bouts
Sexe, drogue et rock'n'roll…

200. Crier haro sur le baudet
Manifester (bruyamment) son indignation et/ou jeter quelqu'un en pâture à la vindicte populaire.

60 expressions tirées de la Bible et de la mythologie

Les expressions tirées de la mythologie peuvent faire l'objet de questions difficiles au TAGE 2. Pas simple en effet d'improviser le sens d'une expression comme Une voix de Stentor ou Un supplice de Tantale... Allez courage ! C'est bientôt fini.

201. Passer sous les fourches caudines
Subir une épreuve difficile et humiliante.

202. Être riche comme Crésus
Cette expression désigne le fait d'être très riche, d'avoir à sa disposition une fortune considérable.

203. Toucher le pactole
Dans la mythologie grecque, le Pactole était un fleuve où l'on trouvait beaucoup de paillettes d'or. Dionysos promit au roi Midas d'exaucer le vœu de son choix. Le roi lui demanda le pouvoir de transformer tout ce qu'il toucherait en or. Mais cela fit vite son malheur car il ne pouvait plus ni manger ni boire puisque tout ce qu'il touchait se transformait en métal précieux. Il demanda alors à Dionysos d'annuler ce vœu. Pour cela, il dû se laver les mains dans le Pactole, et fut alors l'origine de ces nombreuses pépites d'or que l'on trouvait dans le fleuve. C'est en référence à cet épisode de la mythologie que l'on parle de « pactole » pour désigner une grande richesse.

204. Tomber de Charybde en Scylla
En tentant d'éviter un mal, tomber dans un autre encore plus grand. Synonyme : aller de mal en pis.

205. Être narcissique
Ce terme est issu de la mythologie grecque. Narcisse tombe amoureux de son propre reflet et meurt de cette passion qu'il ne peut assouvir.

206. De la cuisse de Jupiter
La mythologie grecque dit que Jupiter prit Dionysos en sa cuisse pour le protéger d'Héra. Protégé par les Dieux, Dionysos est donc bien né. Quelqu'un qui se croit sorti de la cuisse de Jupiter est donc quelqu'un de bien né, qui se croit supérieur de par sa naissance dans une famille privilégiée.

207. Un travail d'Hercule
Une tâche très rude.

208. La tunique de Nessus
Cette expression fait référence à des passions destructrices.
Blessé par Hercule, le centaure Nessus se vengea en offrant à Déjanire, sa bien-aimée, mais aussi la femme de son ennemi, une tunique sensée ramener son époux infidèle. Mais au lieu de cela, en la revêtant, Hercule se sentit consumé de l'intérieur ; une douleur telle qu'il préféra se brûler lui-même sur le mont Œta.

209. Être médusé
Expression définissant une personne à l'état d'extrême stupéfaction ou qui a peur.

210. Une furie
Femme très méchante et emportée.
Divinité romaine infernale assimilée aux Érinyes.

211. Le lit de Procuste
Un supplice douloureux, une règle mesquine et tyrannique. Une volonté d'imposer un modèle, une uniformisation à tout prix.
Procuste était un terrifiant brigand de l'Attique qui non seulement détroussait ses victimes, mais les faisait étendre sur un lit de fer avant d'étirer leurs membres au moyen de cordages ou leur coupait les pieds pour les mettre à la mesure du lit.

212. Le rocher de Sisyphe
Un travail pénible, mais inutile.
Cette expression mythologique fait allusion à Sisyphe, roi de Corinthe, fils d'Éole, qui fut envoyé aux Enfers et condamné à pousser éternellement un énorme rocher jusqu'au sommet d'une montagne. Chaque fois qu'il y parvenait, le rocher dévalait à nouveau la pente obligeant Sisyphe à sans cesse recommencer ce pénible travail.

213. Une égérie
Conseillère, inspiratrice (d'un homme politique, d'un artiste).

214. Se lancer dans une entreprise prométhéenne
Il s'agit d'une entreprise caractérisée par le goût de l'action et de la foi en l'homme.

215. Une voix de Stentor
Voix forte, retentissante, en parlant de la voix d'un homme uniquement, en référence à Stentor de la mythologie grecque, qui était le crieur de l'armée.

216. Mener une vie de Spartiate
Mener une vie austère.

217. Prononcer des paroles sibyllines
Propos aux sens cachés relevant du mystère. Les sibylles étaient des grandes prêtresses capables de prédire l'avenir aux hommes et de leur faire savoir ce que les dieux allaient leur réserver.

218. Avoir une épée de Damoclès au-dessus de la tête
Être en danger constant.

219. Une réponse laconique
L'adjectif laconique tire son origine de la Laconie, une région de la péninsule du Péloponnèse où était située Sparte, une des cités les plus puissantes de la Grèce antique. Les habitants de cette région étaient reconnus pour être brefs dans leurs propos.

220. Renvoyer quelque chose aux calendes grecques
Les calendes sont le premier jour de chaque mois. Au fil du temps est née l'expression renvoyer aux calendes grecques pour désigner le fait de remettre quelque chose à une date qui n'existe pas.

221. Une bacchanale (ou des bacchanales)
Fêtes débridées que les Romains célébraient en l'honneur de Bacchus.

222. Le supplice de Tantale
Déception d'un individu qui voit ses projets ne pas se réaliser alors qu'il est près du but.
Employée depuis le milieu du XIXe siècle, cette locution fait référence à la mythologie grecque. Tantale, fils de Zeus, était, suite à une punition de son père, condamné à supporter la faim et la soif pour l'éternité. En effet, lorsqu'il s'approchait d'un fruit ou d'une source, le premier se transformait en pierre, quant à la seconde, elle disparaissait. Cette expression symbolise la déception de quelqu'un qui voit ses projets s'envoler si près du but.

223. Suivre le fil d'Ariane
Savoir se diriger, prendre la bonne voie pour arriver à un résultat ou pouvoir s'orienter au milieu des difficultés.

224. Perdre le fil
Perdre les pédales ; s'empêtrer dans un raisonnement ; s'empêtrer dans ses propos ; arrêter de compter ; ne plus savoir la suite ; ne plus savoir où on en est d'un récit.

225. Remplir le tonneau des Danaïdes
Une tâche sans fin, un travail à recommencer sans cesse.
Dans la mythologie grecque, les Danaïdes sont les cinquante filles du roi Danaos. Elles accompagnent leur père à Argos quand celui-ci fuit ses neveux, les cinquante fils de son frère Egyptos. Après qu'ils ont proposé une réconciliation, elles épousent leurs cousins et les mettent à mort le soir même des noces sous l'ordre de leur père. Les Danaïdes sont condamnées, aux Enfers, à remplir sans fin un tonneau sans fond.

226. Céder ou succomber au chant des sirènes
Céder à la tentation ; se laisser séduire ; succomber à la tentation.

227. Se perdre dans un dédale
Se perdre et ne plus savoir se retrouver.
Dédale était un remarquable architecte. C'est lui que le roi de Crète Minos chargea de préparer les plans du labyrinthe, pour y enfermer le Minotaure, monstre carnivore à la tête de taureau. Dédale fut enfermé dans son propre labyrinthe pour avoir dit à Ariane comment sortir du labyrinthe.

228. Nettoyer les écuries d'Augias
Faire un grand nettoyage en employant des méthodes radicales. Le nettoyage des écuries d'Augias était l'un des douze travaux d'Hercule.

229. Un monument cyclopéen
Qualifie un mode de construction primitif, constitué de grosses pierres non équarries.

230. Etre en tenue d'Adam et Eve
Être tout nu

231. S'attirer les foudres (de quelqu'un)
L'expression apparaît au XVIe siècle. La foudre est un phénomène naturel provoquant une décharge électrique importante lors d'un orage. Mais à l'époque, celle-ci apparaît plutôt comme la manifestation de la colère divine. Les foudres renvoient à des reproches importants ou à une condamnation. « S'attirer les foudres de quelqu'un » signifie s'attirer sa colère.

232. C'est David contre Goliath
Combat entre deux personnes de force inégale.

233. Pomme de discorde
Le sujet d'une dispute, le motif d'un désaccord, la source d'une mésentente.

234. Un jugement de Salomon
Un jugement empreint de sagesse et d'équité ; un jugement qui partage les torts entre deux partis.
Le Premier Livre des Rois (3, 16-28) dit que le différend oppose deux femmes ayant chacune mis au monde un enfant, mais l'un était mort étouffé. Elles se disputèrent alors l'enfant survivant. Pour régler ce désaccord, Salomon réclama une épée et ordonna : « Partagez l'enfant vivant en deux et donnez une moitié à la première et l'autre moitié à la seconde ». L'une des femmes déclara qu'elle préférait renoncer à l'enfant plutôt que de le voir mourir. De ce fait, Salomon reconnut la véritable mère de l'enfant. Il lui donna le nourrisson et sauva ainsi la vie de l'enfant.

235. La pomme d'Adam
Caractérise la saillie à l'avant du cou des hommes.
On raconte que si Eve parvint à avaler son morceau de fruit sans aucun mal, celui d'Adam lui, resta coincé dans sa gorge.

236. Un jardin d'Eden
Le jardin d'Éden est défini comme un endroit merveilleux où vivaient Adam et Eve. Il est souvent comparé au Paradis.

237. Un tohu-bohu
Désordre, confusion de choses mêlées.

238. Vieux comme Mathusalem
Souligne la longévité d'une chose ou d'une personne et marque le caractère très ancien du sujet. Elle trouve son origine dans la Bible : Mathusalem est célèbre pour être la personne la plus âgée mentionnée dans l'ancien testament.

239. Le péché originel
Le péché originel, ou péché ancestral pour les orthodoxes, est une doctrine de la théologie chrétienne qui décrit l'état dégradé de l'humanité depuis la Chute, c'est-à-dire la désobéissance d'Adam et Eve, premiers êtres humains créés par Dieu qui, selon le Livre de la Genèse, mangent le fruit défendu de l'arbre de la connaissance du bien et du mal.

240. Etre pauvre comme Job
Pauvre comme la gale ; fauché comme les blés ; très pauvre ; dans un dénuement extrême ; gueux comme un rat d'église.

241. Etre riche comme Hérode
Etre très riche.

242. Une jérémiade
Une jérémiade est une forme péjorative utilisée pour qualifier négativement les gémissements, les soupirs d'une personne. L'utilisation de ce terme implique que l'expression des revendications de cette personne serait incompréhensible et inappropriée.

243. Etre fort comme Samson
Etre très fort. Force surhumaine.

244. Un colosse aux pieds d'argile
Puissance, apparemment invulnérable, mais qui présente une faiblesse fatale. Origine : l'interprétation d'un rêve par le prophète Daniel qui annonçait l'effondrement du royaume de Babylone à Nabuchodonosor II.

245. Qui va à la chasse perd sa place
Formule espiègle souvent lancée à celui qui a quitté sa place et pris le risque de ne pas la retrouver à son retour. Cette expression fait référence à l'épisode biblique de la Genèse entre les frères jumeaux Jacob et Esaü.

246. Toucher du bois
Conjurer le sort pour avoir de la chance.

247. Œil pour œil dent pour dent
Cette expression provient de la Loi du Talion, qui apparaît en 1730 avant J.-C. dans le code d'Hammourabi, alors roi de Babylone. Cette loi incitait à la vengeance individuelle, à condition que la peine soit identique au crime commis.

248. Ne connaître ni d'Eve ni d'Adam
N'avoir jamais entendu parler de quelque chose ou de quelqu'un.

249. Une tour de Babel
Lieu où l'on parle toutes sortes de langues. Origine : le récit biblique explique l'existence de nombreuses langues comme étant la punition divine contre les hommes, qui avaient décidé de construire une tour haute jusqu'au Ciel pour atteindre Dieu.

250. La terre promise
Lieu riche, idéal ou idyllique. Origine : le Pays de Canaan ou Terre d'Israël, que Dieu a promise à Abraham et à sa descendance et où coulent le lait et le miel.

251. Un exode
Départ contraint (d'une foule, d'une population ou d'un peuple). Origine : livre du Pentateuque qui raconte la sortie des Hébreux d'Égypte, sous la conduite de Moïse, et leur marche vers la Terre promise.

252. La manne
Don providentiel. Origine : nourriture miraculeusement envoyée aux Hébreux pendant leur traversée du désert vers la Terre promise.

253. Un bouc émissaire

Personne désignée pour porter la responsabilité d'une faute. Origine : le commandement divin de Dieu aux Israélites, d'envoyer un bouc dans le désert pour expier leurs fautes.

254. Chant du coq

Allusion aux paroles du Christ annonçant à Pierre que celui-ci le reniera trois fois avant le chant du coq.

255. L'Épiphanie

Fête célébrée le 6 janvier. Origine : commémoration de la première révélation de Jésus et de l'adoration des Mages.

256. Vivre un calvaire

Vivre une épreuve interminable et très douloureuse. Origine : le Christ a été mis à mort au lieu-dit Golgotha, ce qui se traduit par « Crâne » ou « Calvaire ».

257. Porter sa croix

La vie est un calvaire et chacun doit endurer des épreuves. Origine : Jésus a porté sa croix, en tombant plusieurs fois, depuis le palais d'Hérode jusqu'au lieu où il sera crucifié.

258. Un chemin de croix

Épreuve particulièrement éprouvante. Origine : parcours du Christ portant la croix de Jérusalem au Golgotha commémoré chaque vendredi saint au cours d'une cérémonie.

259. Le chemin de Damas

Lieu d'un retournement subit de convictions. Origine : au chapitre 9 des Actes des Apôtres, Saül de Tarse, envoyé à Damas pour persécuter les premiers chrétiens, voit le Christ en apparition, change complètement de point de vue, et deviendra saint Paul « apôtre des Nations ».

260. Incrédule comme saint Thomas

Thomas ne croit pas à la résurrection de Jésus-Christ jusqu'à ce qu'il le voie. « Les autres disciples lui dirent donc : Nous avons vu le Seigneur. Mais il leur dit : Si je ne vois dans ses mains la marque des clous, et si je ne mets mon doigt dans la marque des clous, et si je ne mets ma main dans son côté, je ne croirai point. »

V. 20 TABLEAUX DE CONJUGAISON

Nous terminerons ce cours de langage par de la conjugaison ! Il ne faut pas nous en vouloir... « Qui peut le plus peut le moins ! » n'est-ce pas ? Alors courage, et révisez les tableaux qui suivent avec ardeur.

Conjuguer parfaitement les verbes de la langue française est un prérequis nécessaire à tout manager soucieux de **rédiger correctement ses mails** ou de faire mouche **en apportant à ses courriers officiels toute la précision que ces derniers méritent.**

L'usage du futur antérieur, du présent ou de l'imparfait du subjonctif, mais encore de l'impératif, est bien plus fréquent que l'on ne peut l'imaginer. On croit souvent savoir conjuguer des verbes couramment utilisés dans la langue française ; mais il n'en est souvent rien.

NB : les verbes entre parenthèses ont une conjugaison similaire aux verbes en gras.

1. **Avoir**
2. **Etre**
3. **Chanter** (souhaiter, penser, rester, demander, aimer, donner, hésiter, trouver, passer, parler, travailler, intéresser, arriver, profiter, continuer, etc.)
4. **Jeter** (appeler, projeter, renouveler, harceler, rejeter, s'atteler, amonceler, etc.)
5. **Finir** (choisir, réfléchir, définir, subir, investir, garantir, fournir, avertir, réunir, réjouir, remplir, aboutir, nourrir, agir, s'agir, etc.)
6. **Aller**
7. **Cueillir**
8. **Devoir**
9. **Faire** (satisfaire, défaire, parfaire, refaire, contrefaire, etc.)
10. **Prendre** (comprendre, apprendre, surprendre, entreprendre, se méprendre, etc.)
11. **Savoir**
12. **Valoir**
13. **Venir** (tenir, prévenir, soutenir, devenir, obtenir, entretenir, appartenir, etc.)
14. **Voir**
15. **Vouloir**
16. **Connaître** (paraître, apparaître, reconnaître, méconnaître, transparaître, etc.)
17. **Acquérir** (requérir, s'enquérir, conquérir, etc.)
18. **Pouvoir**
19. **Mettre** (permettre, soumettre, transmettre, commettre, admettre, compromettre, émettre, remettre, omettre, etc.)
20. **Falloir**

[1. Avoir – Auxiliaire]

INDICATIF

Présent	Imparfait	Passé simple	Futur
J'ai	J'avais	J'eus	J'aurai
Tu as	Tu avais	Tu eus	Tu auras
Il a	Il avait	Il eut	Il aura
Nous avons	Nous avions	Nous eûmes	Nous aurons
Vous avez	Vous aviez	Vous eûtes	Vous aurez
Ils ont	Ils avaient	Ils eurent	Ils auront

Passé composé	Plus-que-parfait	Passé antérieur	Futur antérieur
J'ai eu	J'avais eu	J'eus eu	J'aurai eu
Tu as eu	Tu avais eu	Tu eus eu	Tu auras eu
Il a eu	Il avait eu	Il eut eu	Il aura eu
Nous avons eu	Nous avions eu	Nous eûmes eu	Nous aurons eu
Vous avez eu	Vous aviez eu	Vous eûtes eu	Vous aurez eu
Ils ont eu	Ils avaient eu	Ils eurent eu	Ils auront eu

SUBJONCTIF

Présent	Passé	Imparfait	Plus-que-parfait
Que j'aie	Que j'aie eu	Que j'eusse	Que j'eusse eu
Que tu aies	Que tu aies eu	Que tu eusses	Que tu eusses eu
Qu'il ait	Qu'il ait eu	Qu'il eût	Qu'il eût eu
Que nous ayons	Que nous ayons eu	Que nous eussions	Que nous eussions eu
Que vous ayez	Que vous ayez eu	Que vous eussiez	Que vous eussiez eu
Qu'ils aient	Qu'ils aient eu	Qu'ils eussent	Qu'ils eussent eu

CONDITIONNEL / IMPERATIF

CONDITIONNEL Présent	CONDITIONNEL Passé	IMPERATIF Présent	IMPERATIF Passé
J'aurais	J'aurais eu	Aie	Aie eu
Tu aurais	Tu aurais eu	Ayons	Ayons eu
Il aurait	Il aurait eu	Ayez	Ayez eu
Nous aurions	Nous aurions eu		
Vous auriez	Vous auriez eu		
Ils auraient	Ils auraient eu		

INFINITIF / PARTICIPE

INFINITIF Présent	INFINITIF Passé	PARTICIPE Présent	PARTICIPE Passé
Avoir	Avoir eu	Ayant	Eu, ayant eu

[2. Etre – Auxiliaire]

INDICATIF

Présent	Imparfait	Passé simple	Futur
Je suis	J'étais	Je fus	Je serai
Tu es	Tu étais	Tu fus	Tu seras
Il est	Il était	Il fut	Il sera
Nous sommes	Nous étions	Nous fûmes	Nous serons
Vous êtes	Vous étiez	Vous fûtes	Vous serez
Ils sont	Ils étaient	Ils furent	Ils seront

Passé composé	Plus-que-parfait	Passé antérieur	Futur antérieur
J'ai été	J'avais été	J'eus été	J'aurai été
Tu as été	Tu avais été	Tu eus été	Tu auras été
Il a été	Il avait été	Il eut été	Il aura été
Nous avons été	Nous avions été	Nous eûmes été	Nous aurons été
Vous avez été	Vous aviez été	Vous eûtes été	Vous aurez été
Ils ont été	Ils avaient été	Ils eurent été	Ils auront été

SUBJONCTIF

Présent	Passé	Imparfait	Plus-que-parfait
Que je sois	Que j'aie été	Que je fusse	Que j'eusse été
Que tu sois	Que tu aies été	Que tu fusses	Que tu eusses été
Qu'il soit	Qu'il ait été	Qu'il fût	Qu'il eût été
Que nous soyons	Que nous ayons été	Que nous fussions	Que nous eussions été
Que vous soyez	Que vous ayez été	Que vous fussiez	Que vous eussiez été
Qu'ils soient	Qu'ils aient été	Qu'ils fussent	Qu'ils eussent été

CONDITIONNEL

Présent	Passé
Je serais	J'aurais été
Tu serais	Tu aurais été
Il serait	Il aurait été
Nous serions	Nous aurions été
Vous seriez	Vous auriez été
Ils seraient	Ils auraient été

IMPERATIF

Présent	Passé
Sois	Aie été
Soyons	Ayons été
Soyez	Ayez été

INFINITIF

Présent	Passé
Etre	Avoir été

PARTICIPE

Présent	Passé
Etant	Eté, ayant été

[3. Chanter – 1er Groupe]

INDICATIF

Présent	Imparfait	Passé simple	Futur
Je chante	Je chantais	Je chantai	Je chanterai
Tu chantes	Tu chantais	Tu chantas	Tu chanteras
Il chante	Il chantait	Il chanta	Il chantera
Nous chantons	Nous chantions	Nous chantâmes	Nous chanterons
Vous chantez	Vous chantiez	Vous chantâtes	Vous chanterez
Ils chantent	Ils chantaient	Ils chantèrent	Ils chanteront

Passé composé	Plus-que-parfait	Passé antérieur	Futur antérieur
J'ai chanté	J'avais chanté	J'eus chanté	J'aurai chanté
Tu as chanté	Tu avais chanté	Tu eus chanté	Tu auras chanté
Il a chanté	Il avait chanté	Il eut chanté	Il aura chanté
Nous avons chanté	Nous avions chanté	Nous eûmes chanté	Nous aurons chanté
Vous avez chanté	Vous aviez chanté	Vous eûtes chanté	Vous aurez chanté
Ils ont chanté	Ils avaient chanté	Ils eurent chanté	Ils auront chanté

SUBJONCTIF

Présent	Passé	Imparfait	Plus-que-parfait
Que je chante	Que j'aie chanté	Que je chantasse	Que j'eusse chanté
Que tu chantes	Que tu aies chanté	Que tu chantasses	Que tu eusses chanté
Qu'il chante	Qu'il ait chanté	Qu'il chantât	Qu'il eût chanté
Que nous chantions	Que nous ayons chanté	Que nous chantassions	Que nous eussions chanté
Que vous chantiez	Que vous ayez chanté	Que vous chantassiez	Que vous eussiez chanté
Qu'ils chantent	Qu'ils aient chanté	Qu'ils chantassent	Qu'ils eussent chanté

CONDITIONNEL

Présent	Passé
Je chanterais	J'aurais chanté
Tu chanterais	Tu aurais chanté
Il chanterait	Il aurait chanté
Nous chanterions	Nous aurions chanté
Vous chanteriez	Vous auriez chanté
Ils chanteraient	Ils auraient chanté

IMPERATIF

Présent
Chante
Chantons
Chantez

INFINITIF

Présent	Passé
Chanter	Avoir chanté

PARTICIPE

Présent	Passé
Chantant	Chanté, ayant chanté

[4. Jeter – 1er Groupe]

INDICATIF

Présent	Imparfait	Passé simple	Futur
Je jette	Je jetais	Je jetai	Je jetterai
Tu jettes	Tu jetais	Tu jetas	Tu jetteras
Il jette	Il jetait	Il jeta	Il jettera
Nous jetons	Nous jetions	Nous jetâmes	Nous jetterons
Vous jetez	Vous jetiez	Vous jetâtes	Vous jetterez
Ils jettent	Ils jetaient	Ils jetèrent	Ils jetteront

Passé composé	Plus-que-parfait	Passé antérieur	Futur antérieur
J'ai jeté	J'avais jeté	J'eus jeté	J'aurai jeté

SUBJONCTIF

Présent	Passé	Imparfait	Plus-que-parfait
Que je jette	Que j'aie jeté	Que je jetasse	Que j'eusse jeté
Que nous jetions	Que nous ayons jeté	Qu'il jetât	Qu'il eût jeté
		Que nous jetassions	Que nous eussions jeté

CONDITIONNEL / IMPERATIF

Présent (Conditionnel)	Passé (Conditionnel)	Présent (Impératif)
Je jetterais	J'aurais jeté	Jette
Nous jetterions	Nous aurions jeté	Jetons
		Jetez

INFINITIF / PARTICIPE

Présent (Infinitif)	Passé (Infinitif)	Présent (Participe)	Passé (Participe)
Jeter	Avoir jeté	Jetant	Jeté, ayant jeté

[5. Finir – 2e Groupe]

INDICATIF

Présent	Imparfait	Passé simple	Futur
Je finis	Je finissais	Je finis	Je finirai
Tu finis	Tu finissais	Tu finis	Tu finiras
Il finit	Il finissait	Il finit	Il finira
Nous finissons	Nous finissions	Nous finîmes	Nous finirons
Vous finissez	Vous finissiez	Vous finîtes	Vous finirez
Ils finissent	Ils finissaient	Ils finirent	Ils finiront

Passé composé	Plus-que-parfait	Passé antérieur	Futur antérieur
J'ai fini	J'avais fini	J'eus fini	J'aurai fini

SUBJONCTIF

Présent	Passé	Imparfait	Plus-que-parfait
Que je finisse	Que j'aie fini	Que je finisse	Que j'eusse fini
Qu'il finisse	Qu'il ait fini	Qu'il finît	Qu'il eût fini
Que nous finissions	Que nous ayons fini	Que nous finissions	Que nous eussions fini

CONDITIONNEL

Présent	Passé
Je finirais	J'aurais fini

IMPERATIF

Présent
Finis
Finissons
Finissez

INFINITIF

Présent	Passé
Finir	Avoir fini

PARTICIPE

Présent	Passé
Finissant	Fini, ayant fini

[6. Aller – 3e Groupe]

INDICATIF

Présent	Imparfait	Passé simple	Futur
Je vais	J'allais	J'allai	J'irai
Tu vas	Tu allais	Tu allas	Tu iras
Il va	Il allait	Il alla	Il ira
Nous allons	Nous allions	Nous allâmes	Nous irons
Vous allez	Vous alliez	Vous allâtes	Vous irez
Ils vont	Ils allaient	Ils allèrent	Ils iront

Passé composé	Plus-que-parfait	Passé antérieur	Futur antérieur
Je suis allé	J'étais allé	Je fus allé	Je serai allé

SUBJONCTIF

Présent	Passé	Imparfait	Plus-que-parfait
Que j'aille	Que je sois allé	Que j'allasse	Que je fusse allé
Qu'il aille	Qu'il soit allé	Qu'il allât	Qu'il fût allé
Que nous allions	Que nous soyons allés	Que nous allassions	Que nous fussions allés

CONDITIONNEL

Présent	Passé
J'irais	Je serais allé

IMPERATIF

Présent
Va
Allons
Allez

INFINITIF

Présent	Passé
Aller	Etre allé

PARTICIPE

Présent	Passé
Allant	Allé, étant allé

[7. Cueillir – 3e Groupe]

INDICATIF

Présent	Imparfait	Passé simple	Futur
Je cueille	Je cueillais	Je cueillis	Je cueillerai
Tu cueilles	Tu cueillais	Tu cueillis	Tu cueilleras
Il cueille	Il cueillait	Il cueillit	Il cueillera
Nous cueillons	Nous cueillions	Nous cueillîmes	Nous cueillerons
Vous cueillez	Vous cueilliez	Vous cueillîtes	Vous cueillerez
Ils cueillent	Ils cueillaient	Ils cueillirent	Ils cueilleront

Passé composé	Plus-que-parfait	Passé antérieur	Futur antérieur
J'ai cueilli	J'avais cueilli	J'eus cueilli	J'aurai cueilli

SUBJONCTIF

Présent	Passé	Imparfait	Plus-que-parfait
Que je cueille	Que j'aie cueilli	Que je cueillisse	Que j'eusse cueilli
Qu'il cueille	Qu'il ait cueilli	Qu'il cueillît	Qu'il eût cueilli
Que nous cueillions	Que nous ayons cueilli	Que nous cueillissions	Que nous eussions cueilli

CONDITIONNEL

Présent	Passé
Je cueillerais	J'aurais cueilli

IMPERATIF

Présent
Cueille
Cueillons
Cueillez

INFINITIF

Présent	Passé
Cueillir	Avoir cueilli

PARTICIPE

Présent	Passé
Cueillant	Cueilli, ayant cueilli

[8. Devoir – 3e Groupe]

INDICATIF

Présent	Imparfait	Passé simple	Futur
Je dois	Je devais	Je dus	Je devrai
Tu dois	Tu devais	Tu dus	Tu devras
Il doit	Il devait	Il dut	Il devra
Nous devons	Nous devions	Nous dûmes	Nous devrons
Vous devez	Vous deviez	Vous dûtes	Vous devrez
Ils doivent	Ils devaient	Ils durent	Ils devront

Passé composé	Plus-que-parfait	Passé antérieur	Futur antérieur
J'ai dû	J'avais dû	J'eus dû	J'aurai dû

SUBJONCTIF

Présent	Passé	Imparfait	Plus-que-parfait
Que je doive	Que j'aie dû	Que je dusse	Que j'eusse dû
Qu'il doive	Qu'il ait dû	Qu'il dût	Qu'il eût dû
Que nous devions	Que nous ayons dû	Que nous dussions	Que nous eussions dû

CONDITIONNEL / IMPERATIF

Présent (Conditionnel)	Passé (Conditionnel)	Présent (Impératif)
Je devrais	J'aurais dû	Dois
		Devons
		Devez

INFINITIF / PARTICIPE

Présent (Infinitif)	Passé (Infinitif)	Présent (Participe)	Passé (Participe)
Devoir	Avoir dû	Devant	Dû, ayant dû

[9. Faire – 3e Groupe]

INDICATIF

Présent	Imparfait	Passé simple	Futur
Je fais	Je faisais	Je fis	Je ferai
Tu fais	Tu faisais	Tu fis	Tu feras
Il fait	Il faisait	Il fit	Il fera
Nous faisons	Nous faisions	Nous fîmes	Nous ferons
Vous faites	Vous faisiez	Vous fîtes	Vous ferez
Ils font	Ils faisaient	Ils firent	Ils feront

Passé composé	Plus-que-parfait	Passé antérieur	Futur antérieur
J'ai fait	J'avais fait	J'eus fait	J'aurai fait

SUBJONCTIF

Présent	Passé	Imparfait	Plus-que-parfait
Que je fasse	Que j'aie fait	Que je fisse	Que j'eusse fait
Qu'il fasse	Qu'il ait fait	Qu'il fît	Qu'il eût fait
Que nous fassions	Que nous ayons fait	Que nous fissions	Que nous eussions fait

CONDITIONNEL

Présent	Passé
Je ferais	J'aurais fait

IMPERATIF

Présent
Fais
Faisons
Faites

INFINITIF

Présent	Passé
Faire	Avoir fait

PARTICIPE

Présent	Passé
Faisant	Fait, ayant fait

[10. Prendre – 3e Groupe]

INDICATIF

Présent	Imparfait	Passé simple	Futur
Je prends	Je prenais	Je pris	Je prendrai
Tu prends	Tu prenais	Tu pris	Tu prendras
Il prend	Il prenait	Il prit	Il prendra
Nous prenons	Nous prenions	Nous prîmes	Nous prendrons
Vous prenez	Vous preniez	Vous prîtes	Vous prendrez
Ils prennent	Ils prenaient	Ils prirent	Ils prendront

Passé composé	Plus-que-parfait	Passé antérieur	Futur antérieur
J'ai pris	J'avais pris	J'eus pris	J'aurai pris

SUBJONCTIF

Présent	Passé	Imparfait	Plus-que-parfait
Que je prenne	Que j'aie pris	Que je prisse	Que j'eusse pris
Qu'il prenne	Qu'il ait pris	Qu'il prît	Qu'il eût pris
Que nous prenions	Que nous ayons pris	Que nous prissions	Que nous eussions pris

CONDITIONNEL

Présent	Passé
Je prendrais	J'aurais pris

IMPERATIF

Présent
Prends
Prenons
Prenez

INFINITIF

Présent	Passé
Prendre	Avoir pris

PARTICIPE

Présent	Passé
Prenant	Pris, ayant pris

[11. Savoir – 3e Groupe]

INDICATIF

Présent	Imparfait	Passé simple	Futur
Je sais	Je savais	Je sus	Je saurai
Tu sais	Tu savais	Tu sus	Tu sauras
Il sait	Il savait	Il sut	Il saura
Nous savons	Nous savions	Nous sûmes	Nous saurons
Vous savez	Vous saviez	Vous sûtes	Vous saurez
Ils savent	Ils savaient	Ils surent	Ils sauront

Passé composé	Plus-que-parfait	Passé antérieur	Futur antérieur
J'ai su	J'avais su	J'eus su	J'aurai su

SUBJONCTIF

Présent	Passé	Imparfait	Plus-que-parfait
Que je sache	Que j'aie su	Que je susse	Que j'eusse su
Qu'il sache	Qu'il ait su	Qu'il sût	Qu'il eût su
Que nous sachions	Que nous ayons su	Que nous sussions	Que nous eussions su

CONDITIONNEL

Présent	Passé
Je saurais	J'aurais su

IMPERATIF

Présent
Sache
Sachons
Sachez

INFINITIF

Présent	Passé
Savoir	Avoir su

PARTICIPE

Présent	Passé
Sachant	Su, ayant su

[12. Valoir – 3e Groupe]

INDICATIF

Présent	Imparfait	Passé simple	Futur
Je vaux	Je valais	Je valus	Je vaudrai
Tu vaux	Tu valais	Tu valus	Tu vaudras
Il vaut	Il valait	Il valut	Il vaudra
Nous valons	Nous valions	Nous valûmes	Nous vaudrons
Vous valez	Vous valiez	Vous valûtes	Vous vaudrez
Ils valent	Ils valaient	Ils valurent	Ils vaudront

Passé composé	Plus-que-parfait	Passé antérieur	Futur antérieur
J'ai valu	J'avais valu	J'eus valu	J'aurai valu

SUBJONCTIF

Présent	Passé	Imparfait	Plus-que-parfait
Que je vaille	Que j'aie valu	Que je valusse	Que j'eusse valu
Qu'il vaille	Qu'il ait valu	Qu'il valût	Qu'il eût valu
Que nous valions	Que nous ayons valu	Que nous valussions	Que nous eussions valu

CONDITIONNEL

Présent	Passé
Je vaudrais	J'aurais valu

IMPERATIF

Présent
Vaux
Valons
Valez

INFINITIF

Présent	Passé
Valoir	Avoir valu

PARTICIPE

Présent	Passé
Valant	Valu, ayant valu

[13. Venir – 3e Groupe]

INDICATIF

Présent	Imparfait	Passé simple	Futur
Je viens	Je venais	Je vins	Je viendrai
Tu viens	Tu venais	Tu vins	Tu viendras
Il vient	Il venait	Il vint	Il viendra
Nous venons	Nous venions	Nous vînmes	Nous viendrons
Vous venez	Vous veniez	Vous vîntes	Vous viendrez
Ils viennent	Ils venaient	Ils vinrent	Ils viendront

Passé composé	Plus-que-parfait	Passé antérieur	Futur antérieur
Je suis venu	J'étais venu	Je fus venu	Je serai venu

SUBJONCTIF

Présent	Passé	Imparfait	Plus-que-parfait
Que je vienne	Que je sois venu	Que je vinsse	Que je fusse venu
Qu'il vienne	Qu'il soit venu	Qu'il vînt	Qu'il fût venu
Que nous venions	Que nous soyons venus	Que nous vinssions	Que nous fussions venus

CONDITIONNEL

Présent	Passé
Je viendrais	Je serais venu

IMPERATIF

Présent
Viens
Venons
Venez

INFINITIF

Présent	Passé
Venir	Etre venu

PARTICIPE

Présent	Passé
Venant	Venu, étant venu

[14. Voir – 3e Groupe]

INDICATIF

Présent	Imparfait	Passé simple	Futur
Je vois	Je voyais	Je vis	Je verrai
Tu vois	Tu voyais	Tu vis	Tu verras
Il voit	Il voyait	Il vit	Il verra
Nous voyons	Nous voyions	Nous vîmes	Nous verrons
Vous voyez	Vous voyiez	Vous vîtes	Vous verrez
Ils voient	Ils voyaient	Ils virent	Ils verront

Passé composé	Plus-que-parfait	Passé antérieur	Futur antérieur
J'ai vu	J'avais vu	J'eus vu	J'aurai vu

SUBJONCTIF

Présent	Passé	Imparfait	Plus-que-parfait
Que je voie	Que j'aie vu	Que je visse	Que j'eusse vu
Qu'il voie	Qu'il ait vu	Qu'il vît	Qu'il eût vu
Que nous voyions	Que nous ayons vu	Que nous vissions	Que nous eussions vu

CONDITIONNEL

Présent	Passé
Je verrais	J'aurais vu

IMPERATIF

Présent
Vois
Voyons
Voyez

INFINITIF

Présent	Passé
Voir	Avoir vu

PARTICIPE

Présent	Passé
Voyant	Vu, ayant vu

[15. Vouloir – 3e Groupe]

INDICATIF

Présent	Imparfait	Passé simple	Futur
Je veux	Je voulais	Je voulus	Je voudrai
Tu veux	Tu voulais	Tu voulus	Tu voudras
Il veut	Il voulait	Il voulut	Il voudra
Nous voulons	Nous voulions	Nous voulûmes	Nous voudrons
Vous voulez	Vous vouliez	Vous voulûtes	Vous voudrez
Ils veulent	Ils voulaient	Ils voulurent	Ils voudront

Passé composé	Plus-que-parfait	Passé antérieur	Futur antérieur
J'ai voulu	J'avais voulu	J'eus voulu	J'aurai voulu

SUBJONCTIF

Présent	Passé	Imparfait	Plus-que-parfait
Que je veuille	Que j'aie voulu	Que je voulusse	Que j'eusse voulu
Qu'il veuille	Qu'il ait voulu	Qu'il voulût	Qu'il eût voulu
Que nous voulions	Que nous ayons voulu	Que nous voulussions	Que nous eussions voulu

CONDITIONNEL

Présent	Passé
Je voudrais	J'aurais voulu

IMPERATIF

Présent
Veux / Veuille
Voulons / Veuillons
Voulez / Veuillez

INFINITIF

Présent	Passé
Vouloir	Avoir voulu

PARTICIPE

Présent	Passé
Voulant	Voulu, ayant voulu

[16. Connaître – 3e Groupe]

INDICATIF

Présent	Imparfait	Passé simple	Futur
Je connais	Je connaissais	Je connus	Je connaîtrai
Tu connais	Tu connaissais	Tu connus	Tu connaîtras
Il connaît	Il connaissait	Il connut	Il connaîtra
Nous connaissons	Nous connaissions	Nous connûmes	Nous connaîtrons
Vous connaissez	Vous connaissiez	Vous connûtes	Vous connaîtrez
Ils connaissent	Ils connaissaient	Ils connurent	Ils connaîtront

Passé composé	Plus-que-parfait	Passé antérieur	Futur antérieur
J'ai connu	J'avais connu	J'eus connu	J'aurai connu

SUBJONCTIF

Présent	Passé	Imparfait	Plus-que-parfait
Que je connaisse	Que j'aie connu	Que je connusse	Que j'eusse connu
Qu'il connaisse	Qu'il ait connu	Qu'il connût	Qu'il eût connu
Que nous connaissions	Que nous ayons connu	Que nous connussions	Que nous eussions connu

CONDITIONNEL

Présent	Passé
Je connaîtrais	J'aurais connu

IMPERATIF

Présent
Connais
Connaissons
Connaissez

INFINITIF

Présent	Passé
Connaître	Avoir connu

PARTICIPE

Présent	Passé
Connaissant	Connu, ayant connu

[17. Acquérir – 3e Groupe]

INDICATIF

Présent	Imparfait	Passé simple	Futur
J'acquiers	J'acquérais	J'acquis	J'acquerrai
Tu acquiers	Tu acquérais	Tu acquis	Tu acquerras
Il acquiert	Il acquérait	Il acquit	Il acquerra
Nous acquérons	Nous acquérions	Nous acquîmes	Nous acquerrons
Vous acquérez	Vous acquériez	Vous acquîtes	Vous acquerrez
Ils acquièrent	Ils acquéraient	Ils acquirent	Ils acquerront

Passé composé	Plus-que-parfait	Passé antérieur	Futur antérieur
J'ai acquis	J'avais acquis	J'eus acquis	J'aurai acquis

SUBJONCTIF

Présent	Passé	Imparfait	Plus-que-parfait
Que j'acquière	Que j'aie acquis	Que j'acquisse	Que j'eusse acquis
Qu'il acquière	Qu'il ait acquis	Qu'il acquît	Qu'il eût acquis
Que nous acquérions	Que nous ayons acquis	Que nous acquissions	Que nous eussions acquis

CONDITIONNEL

Présent	Passé
J'acquerrais	J'aurais acquis

IMPERATIF

Présent
Acquiers
Acquérons
Acquérez

INFINITIF

Présent	Passé
Acquérir	Avoir acquis

PARTICIPE

Présent	Passé
Acquérant	Acquis, ayant acquis

[18. Pouvoir – 3e Groupe]

INDICATIF

Présent	Imparfait	Passé simple	Futur
Je peux	Je pouvais	Je pus	Je pourrai
Tu peux	Tu pouvais	Tu pus	Tu pourras
Il peut	Il pouvait	Il put	Il pourra
Nous pouvons	Nous pouvions	Nous pûmes	Nous pourrons
Vous pouvez	Vous pouviez	Vous pûtes	Vous pourrez
Ils peuvent	Ils pouvaient	Ils purent	Ils pourront

Passé composé	Plus-que-parfait	Passé antérieur	Futur antérieur
J'ai pu	J'avais pu	J'eus pu	J'aurai pu

SUBJONCTIF

Présent	Passé	Imparfait	Plus-que-parfait
Que je puisse	Que j'aie pu	Que je pusse	Que j'eusse pu
Qu'il puisse	Qu'il ait pu	Qu'il pût	Qu'il eût pu
Que nous puissions	Que nous ayons pu	Que nous pussions	Que nous eussions pu

CONDITIONNEL

Présent	Passé
Je pourrais	J'aurais pu

IMPERATIF

Présent
-
-
-

INFINITIF

Présent	Passé
Pouvoir	Avoir pu

PARTICIPE

Présent	Passé
Pouvant	Pu, ayant pu

[19. Mettre – 3e Groupe]

INDICATIF

Présent	Imparfait	Passé simple	Futur
Je mets	Je mettais	Je mis	Je mettrai
Tu mets	Tu mettais	Tu mis	Tu mettras
Il met	Il mettait	Il mit	Il mettra
Nous mettons	Nous mettions	Nous mîmes	Nous mettrons
Vous mettez	Vous mettiez	Vous mîtes	Vous mettrez
Ils mettent	Ils mettaient	Ils mirent	Ils mettront

Passé composé	Plus-que-parfait	Passé antérieur	Futur antérieur
J'ai mis	J'avais mis	J'eus mis	J'aurai mis

SUBJONCTIF

Présent	Passé	Imparfait	Plus-que-parfait
Que je mette	Que j'aie mis	Que je misse	Que j'eusse mis
Qu'il mette	Qu'il ait mis	Qu'il mît	Qu'il eût mis
Que nous mettions	Que nous ayons mis	Que nous missions	Que nous eussions mis

CONDITIONNEL

Présent	Passé
Je mettrais	J'aurais mis

IMPERATIF

Présent
Mets
Mettons
Mettez

INFINITIF

Présent	Passé
Mettre	Avoir mis

PARTICIPE

Présent	Passé
Mettant	Mis, ayant mis

[20. Falloir – Verbe impersonnel]

INDICATIF

Présent	Imparfait	Passé simple	Futur
Il faut	Il fallait	Il fallut	Il faudra

Passé composé	Plus-que-parfait	Passé antérieur	Futur antérieur
Il a fallu	Il avait fallu	Il eut fallu	Il aura fallu

SUBJONCTIF

Présent	Passé	Imparfait	Plus-que-parfait
Qu'il faille	Qu'il ait fallu	Qu'il fallût	Qu'il eût fallu

CONDITIONNEL / **IMPERATIF**

Présent	Passé	Présent	Passé
Il faudrait	Il aurait fallu	(inusité)	(inusité)

INFINITIF / **PARTICIPE**

Présent	Passé	Présent	Passé
Falloir	Avoir fallu	(inusité)	Fallu, ayant fallu

VI. GRAMMAIRE ET ORTHOGRAPHE : 300 APPLICATIONS POUR VOUS ENTRAINER

QUESTIONS

Souligner la ou les bonnes réponses.

1• Est-ce que les **caribous/cariboux** sont couverts de **pou/poux** ?

2• Il émane de ces **tuyaus/tuyaux** des **gaz/gazs** toxiques.

3• Dans les **landaus/landaux** les **nourissons/nourrissons** ont les **cheveus/cheveux** blonds.

4• Ils déchiffraient les **panneaus/panneaux**.

5• Certains **journals/journaux** ne sont pas réellement des **régals/régaux**.

6• Les **ladys/ladies** manipulaient nerveusement leurs **éventails/éventaux**.

7• En amont de ces **lieu/lieux** on pêche des **lieus/lieux**.

8• Il l'irritait avec ses **pourquoi/pourquois** et ses **comment/comments**.

9• Mardi j'ai invité mes deux **aïeuls/aïeux** à souper.

10• A l'abri des **préaus/préaux** flottaient des **drapeaus/drapeaux**.

11• Je vous accueillerai à mon cabinet les **jeudi/jeudis** et **samedi/samedis**.

12• Je serai indisponible les premiers **lundi/lundis** et **mardi/mardis** de chaque mois.

13• Quelques **Ave/Aves** ou **Pater/Paters** de plus n'arrangeront rien.

14• Le poker palliait aux **déficit/déficits**.

15• On lui a adressé les **duplicata/duplicatas**.

16• A la fin des **scénario/scénarios** se situaient des **addenda/addendas**.

17• L'inquisition tripla les **autodafé/autodafés**.

18• Les **matchs/matches** se concluent sous les **flashs/flashes** des journalistes.

19• Les **errata/erratas** sont souvent judicieux dans les ouvrages.

20• Il est **abbérant/aberrant** de croire que nous serons bientôt autonomes d'un point de **vu/vue** énergétique.

21• A deux **miles/milles** du littoral.

22• **Quelque/quelques** astucieuses qu'elles soient, elles n'aboutiront pas.

23• A ce concert nous étions soixante et **quelque/quelques**.

24• **Quelques/quels que** soient les obstacles, nous réussiront.

25• **Quoiqu'/quoi qu'**il m'en coûte, je m'y rendrai.

26• **Quoique/Quoi que** j'accomplisse, il n'est jamais satisfait.

27• **Tel/tels** sont les préceptes que nous assimilerons.

28• Plusieurs langues, **telles que/tels que** l'allemand et l'espagnol.

29• Je vous restitue vos affaires **tel quel/telles quelles**.

30• **Telles quelles/telles qu'elles** furent acceptées, ses motions étaient convenables.

31• **Désormais/Dorénavant**, tu seras mon assistante particulière. Félicitations !

32• **Tout/tous** ceux qui souffrent, **tous/tout** les forçats, **tout/tous** mes camarades rejoignez-nous !

33• Ecoutez messieurs, ils sont **tout/tous** là !

34• Elle est soulagée de savoir sa mère à **l'abri/l'abris** de tout problème **pécunier/pécunière/pécuniaire**.

35• La vieille dame est **tout/toute** étonnée, **tout/toute** abasourdie.

36• Elles étaient **tout/toutes** accaparées (au sens de tout à fait).

37• Elles étaient **tout/toutes** accaparées (au sens de sans exception).

38• C'est d'une **tout/toute** autre histoire qu'il s'agit.

39• Quel est le montant de sa **rénumération/rémunération** ?

40• Je respire mal. Je suis **opprimé/oppressé**.

41• Amoureuse, elle conclut sa lettre par : **tout/toute** à vous.

42• Je prendrai la route **quand/qu'en/quant** il aura cessé de pleuvoir.

43• **Peut être/peut-être** aura-t-elle de la chance ; **peu/peut** importe.

44• **Quelque fois/quelquefois/quelques fois** elle se rend avec son amie au cinéma.

45• Je l'y ai distinguée **quelque fois/quelquefois/quelques fois.**

46• Il **vaut/faut** mieux prévenir que guérir.

47• Il **n'y/ni** avait **n'y/ni** charme **n'y/ni** bien-être dans cet ancien manoir.

48• Il **nie/n'y** catégoriquement **n'y/ni** rien comprendre, mais **ni/n'y** son frère **ni/n'y** sa sœur ne le croient.

49• C'est un violoniste plein d'**entrain/en train** qui est **entrain/en train** de jouer sur cette scène.

50• Un **traficant/trafiquant** de drogue.

51• **Ci/si** tu séjournes dans cette ville-**s'y/ci**, il **si/s'y** trouvera.

52• **On/ont** a été surpris de l'avoir remporté ; mais ils nous **on/ont** confirmé qu'**on/ont** ne rêvait pas.

53• Il **se/ce** peut que **se/ce** soir, il **se/ce** passe des faits inhabituels.

54• Il **s'/c'** arrêta admiratif devant **se/ce** Monet.

55• **Ma/m'a** cousine **ma/m'a** prévenue de votre départ.

56• **Quelle/qu'elle** beauté ! Non mais **quelle/qu'elle** est belle.

57• Dans ce club **ou/où** que tu ailles, il y a tennis **ou/où** golf.

58• Il n'**a/à** qu'**a/à** réfléchir **a/à** autre chose.

59• D'**or/ores** et déjà il est **hors/or** de portée.

60• Si tu **lies/lis** scrupuleusement ce contrat, tu comprendras que tu te **lies/lis** pour dix ans.

61• **C'en/sans/s'en** est fini de ce sujet.

62• Parmi ces couples d'antonymes, lesquels sont corrects ?
cariatyde-atlante / brachycéphale-dolicocéphale / endogamie-exogamie / senestre-dextre / zénith-nadir / levant-ponant.

63• Je lis le **Français/français couramment/courament.**

64• Elle a laissé l'armoire **sens dessus dessous / sans dessus dessous.**

65• La femme les **suivait/suivaient** des yeux.

66• De l'assemblée **jaillit/jaillirent** les applaudissements.

67• C'**était/étaient** eux qui **dansait/dansaient** si gracieusement.

68• C'est toi qui **dis/dit** cela.

69• C'est un des acteurs qui se **démène/démènent** le plus sur scène.

70• Il **recoud/recout** sa veste.

71• Elle l'**absout/absoud**.

72• Les **Anglais/anglais** aiment les **Français/français**.

73• J'**envie/envis** mes voisins et je **choisie/choisis** de les imiter.

74• Je m'**extasie/extasis** devant sa grâce et **crie/cris** mon bonheur.

75• Elle **abhorre/abhort** son collègue et **savoure/savourt** son malheur.

76• On se **dévoue/dévout** à la tâche et l'on **entrevoie/entrevoit** le triomphe.

77• Je m'**enquière/enquiers** de sa forme. Il **profère/profert** des injures.

78• Cœur qui soupire n'a pas ce qu'il **désire/aspire**.

79• Il faut que tu **abjures/adjures**. Cette croyance n'a pas de bon sens.

80• Tes propos véhéments **martellent/martèlent** à mes oreilles et à l'extérieur il **gelle/gèle**.

81• Le cambrioleur **halette/halète**. Il **crochette/crochète** la serrure.

82• Le vigile s'**effraye/effraie**, tire, mais son arme s'**enraye/enraie**.

83• Le peuple **guerroye/guerroie** pendant que les rois **festoyent/festoient**.

84• Je m'**appuye/appuie** sur son épaule et nous **essuyons/essuions** une larme.

85• Surprise, elle **joind/joint** les mains. Tu **peinds/peins** la chambre.

86• L'orage **poind/point** à l'horizon et je **crainds/crains** d'être trempé.

87• Je me **suspens/suspends** à ses lèvres et l'**étreinds/étreins** délicatement.

88• Tu **interomps/interromps** la discussion et **ceinds/ceins** la couronne.

89• L'enfer est pavé de bonnes **personnes/âmes/intentions**.

90• L'argent n'a pas **de saveur/d'odeur**.

91• Tu **geinds/geins**, mais je **feinds/feins** de ne rien comprendre.

92• Un après-midi que nous **fuyons/fuyions** devant la tempête, le ciel se dégagea.

93• Vous **brillez/brilliez** de mille feux dans votre jeunesse.

94• Vous vous **distrayez/distrayiez** pour oublier vos soucis, et après ?

95• L'ouvrage que je **parcours/parcoure** me **parais/paraît** intéressant.

96• Il est fort souhaitable que cette holding **conquiert/conquière** le marché.

97• Quand nous **nettoyions/nettoyons** les vitres, il pleut toujours le lendemain. Est-ce un hasard ou une **fâcheuse/facheuse coïncidence/coincidence** ?

98• Il va falloir qu'il **résoude/résolve** ce mystère.

99• **Va/vas**, je ne te **haïs/hais** point (Corneille).

100• Tu te **repents/repens** de tes fautes passées.

101• Le personnel **naviguant/navigant** est très serviable.

102• Mon chiffre d'affaire **croit/croît** très rapidement à ce qu'il **parait/paraît**.

103• **Soyez/soyiez** disponibles à dix heures.

104• Il est préférable que tu t'**instruis/instruises.**

105• Bien que tu **as/aies** tout assimilé, **révise/révises** ton cours.

106• **Finis/fini** de déjeuner, bien que tu **es/sois** pressé.

107• Par temps dégagé, il se peut que tu **vois/voies** les côtes anglaises.

108• J'ai peur que vous ne vous **habillez/habilliez** pour rien ce soir.

109• J'exige que vous **éteignez/éteigniez** vos consoles de jeux.

110• Il est nécessaire que tu te **pourvois/pourvoies** en cassation ; je n'**entrevois/entrevoie** aucune autre **échapatoire/échappatoire.**

111• Je veux que vous **soyez/soyiez** polis !

112• Arnold, il est temps que tu t'**interromps/interrompes**. Vu ta réaction, je suis sincèrement désolé que tu le **prends/prennes** mal.

113• Il est triste que nous **ayons/ayions** été battus.

114• Parmi ces verbes, lequel n'est pas conjugué au passé simple ? **Il alla/Il acquit/Il mourut/Il tînt/Aucun**

115• Quelle conjugaison est correcte ? **Tu peigneras/Tu peindras**.

116• Il **essuyera/essuiera** ses larmes et tu ne **larmoyeras/larmoieras** pas.

117• A l'avenir, je **serai/saurai/saurais** bien vous faire chanter.

118• **J'aurai/aurais** de la chance s'il m'accueillait.

119• Nous **reverrons/reverrions** Paul avec plaisir, s'il le désirait.

120• Vu ce qu'il m'a dit, je ne **deviendrai/deviendrais** jamais une star !

121• Je n'**aurai/aurais** jamais cru qu'une telle péripétie pût m'arriver.

122• Je suis si heureuse ! Elle m'a **entouré/entourée** de ses bras avec tant de gentillesse !

123• Mon cher et tendre, je **passerai/passerais** mes journées à te contempler, si je le pouvais !

124• Ne **mens/ments** pas !

125• Je **clorerai/clorai/clorais** la réunion à 18 heures et vous **retrouverai/retrouverais** au club.

126• Je me **trouvai/trouvais** hier rue Lafayette où je vis Marie.

127• Chaque matin je **parlai/parlais** au gardien ; ce jour-là je l'**ignorai/ignorais**.

128• Pendant les premières années de ma vie, je **parcourai/parcourais** les prairies, je me **mêlai/mêlais** aux moissonneurs, j'**accompagnai/accompagnais** mon oncle à la pêche.

129• Je me remémore ce printemps où je **rencontrai/rencontrais** mon futur époux. J'**habitais/habitai** alors Lyon.

130• Je **chantai/chantais** une berceuse quand on frappa à la porte.

131• En avouant, je **réclamerai/réclamerais** votre indulgence.

132• Quand son père fut là, elle **retrouva/retrouvait** confiance en elle.

133• Chaque hiver, il ne **sut/savait** comment lui faire comprendre qu'il **détesta/détestait** les sports de glisse.

134• A sa grande déception, il **fut/fût** appelé le dernier.

135• Sa peau était si fine qu'on **eut/eût** dit du duvet d'oiseau.

136• Mon frère **eut/eût** bien des difficultés à apprendre ses leçons.

137• Quand le blessé **fut/fût** soigné, il **eut/eût** le droit de rentrer chez lui.

138• Quand elle **eut/eût** fini son jogging, elle rentra préparer un festin pour sa famille.

139• Le sans domicile fixe se **fut/fût** contenté d'un peu de soupe et de pain.

140• L'étudiant **eut/eût** l'immense bonheur d'être reçu Major.

141• Cette journée **eut/eût** été morose en son absence.

142• Elle **eut/eût** voulu que la saison ne finît pas.

143• Sa mère voulait qu'il **eut/eût** un peu de monnaie.

144• Bonne (…) vaut mieux que ceinture dorée. (Complétez ce proverbe).

145• Il se réveilla tôt afin qu'il ne **fut/fût** pas en retard.

146• Il **fut/fût** si discret qu'on **eut/eût** pensé qu'il s'ennuyait.

147• Il **eut/eût** été souhaitable qu'il **fut/fût** à l'heure pour cette réunion

148• L'argent est un bon serviteur et un mauvais (…). (Complétez ce proverbe).

149• On ne **sut/sût** jamais ce qui le **poussa/poussât** à mentir à toute sa famille.

150• Il aurait fallu qu'elle le **connut/connût** avant de l'épouser.

151• Le voilier ne **put/pût** faire les manœuvres pour **s'amarrer/s'amarer.**

152• J'appréhendais qu'elle **réagit/réagît** violemment.

153• J'ai été très flatté qu'il **voulut/voulût** bien me regarder.

154• Elle se reposa dès que la fièvre **tomba/tombât**.

155• Les enfants sortirent après que l'orage **cessa/cessât**.

156• L'enfant dormait quoique l'histoire **sembla/semblât** passionnante.

157• Il mène une vie **dissolu/dissolute/dissolue**.

158• **Sucré/sucrés** et **rafraîchi/rafraîchis**, ces desserts sont délicieux.

159• Quel participe est mal accordé ? Elle adopte une attitude **réservée**/C'est peine **perdue** de la raisonner/J'ai les oreilles **rebattues** de tes reproches/ Elles ont été **créés** pour consommer/Les collaborateurs ont été **remerciés**.

160• Les conseilleurs ne sont pas les (…). (Complétez ce proverbe).

161• Donner un (…) pour avoir un bœuf. (Complétez ce proverbe).

162• La **conjecture/conjoncture** internationale explique notre faible croissance.

163• Ces pèches seront **confies/confites** dans du sirop.

164• Les cheveux **teins/teints** surprennent toujours, surtout quand ils sont **roux/ rous.**

165• Sur l'avant-scène **éclairé/éclairée** par des projecteurs se tenaient deux acteurs.

166• Sans échappatoire **envisagé/envisagée**, les voleurs se sentaient piégés.

167• Nous sommes fiers de **perpétuer/perpétrer** les traditions de Noël en Provence.

168• Les réserves **terminés/terminées**, elles se laissèrent **mourir/mourrir**.

169• La nouvelle de son décès nous a **atterré/atterrés**.

170• Les légumes qu'elle a **acheté/achetés** au marché ne sont pas frais.

171• Ils ont **pensé/pensés** que vous aviez **retenu/retenue** sa proposition.

172• Mes hortensias ont **flétris/flétri**.

173• Cet étourdi a **perdue/perdu** ses clés.

174• Il faut que jeunesse (…). (Complétez ce proverbe).

175• L'escalade nous a **procuré/procurés** beaucoup de sensations.

176• Des obligations familiales nous ont **empêché/empêchés** de partir.

177• C'est exceptionnellement que nous leur avons **consentis/consenti** un échéancier.

178• Un impondérable nous a **obligé/obligés** à reporter notre réunion.

179• Les anciens marathoniens racontent toujours les courses qu'ils ont **réussi/réussies**.

180• Cet excès de zèle les a **conduit/conduits** à la faillite.

181• Après les chaleurs qu'il a **fait/faites**, les orages qu'il y a **eu/eus** ont **radouci/radoucie** les températures.

182• Le soleil luit pour (…). (Complétez ce proverbe).

183• Je les ai **fait/faits** voyager.

184• Les toiles que tu leurs as **fait/faits** peindre sont remarquables.

185• Quels beaux rêves j'ai **fait/faits** la nuit dernière !

186• C'est la villa que j'ai **vu/vue** dans ce reportage.

187• La pile de romans historiques que j'ai **lue/lus**.

188• Les artistes lyriques que nous avons **entendu/entendus** chanter.

189• Les canards se sont **envolé/envolés**.

190• Ces tableaux se sont bien **vendu/vendus**.

191• La nuit arrivée, des lumières se sont **allumé/allumées**.

192• Les cousines se sont **joué/jouées** de lui.

193• Elles se sont **ri/ries** de leur ami.

194• Ils se sont **aperçu/aperçus** de leurs bêtises.

195• Ils se sont **lavé/lavés** les mains avant de manger. Je ne connaissais pas cette **coutume/coutûme.**

196• Elles se sont **blessé/blessées**.

197• Ils se sont **adressé/adressés** des insultes.

198• Nous nous sommes **assuré/assurés** de cet itinéraire avant de partir.

199• Ils se sont **parlé/parlés**. Et il se sont **plu/plus**.

200• Elle est mélancolique, je l'ai **deviné/devinée**.

201• La somme qu'à **coûté/coûtée** ce voyage.

202• Que d'ennuis cette procédure m'a **coûté/coûtés**.

203• Ils se sont **vu/vus** clouer au pilori.

204• Elle s'est **laissé/laissée** séduire.

205• C'est son honnêteté plus que son esprit qu'on a **admirée/admirées.**

206• C'est en **étudiant/étudiants** que vous réussirez.

207• L'hirondelle voit tous les animaux comme des êtres **rampant/rampants**.

208• Les hommes **errant/errants**, les vagabonds suscitent la peur.

209• Les eaux **courant/courantes** sont plus propres que les eaux des lacs.

210• Les eaux **courant/courantes** vers la mer vont s'y **jetter/jeter.**

211• Les vents **soufflant/soufflants** avec vigueur et **mugissant/mugissants** dans les voiles s'opposaient à la manœuvre.

212• Ces étudiants, **travaillant/travaillants** sans compter, ont fait de **surprenant/surprenants** progrès.

213• Nous contemplons avec délice les moutons **paissant/paissants** dans cette prairie.

214• La libéralité de Charles XII, **dégénérant/dégénérante** à profusion, a ruiné la Suède (Voltaire).

215• Quand on veut noyer son chien, on dit qu'il a (…). (Complétez ce proverbe).

216• **Violant/Violent** la loi, ils firent des efforts **violant/violents** pour rester stoïques.

217• Il passait son temps en compagnie de deux pigeons **becquetant/becquetants**.

218• Le ministre **précédant/précédent** le président. C'est un évènement sans **précédant/précédent**.

219• Ce sont des meubles **flambant neufs/flambants neufs**.

220• **Déléguant/délégant** ses attributions il n'en fut pas plus **compétant/compétent**.

221• Son orgueil n'**équivalent/équivalant** à rien de connu, on le pria de quitter la pièce.

222• Les laits **nourrissant/nourrissants** sont recommandés pour les peaux sèches.

223• C'étaient des collègues **obligeant/obligeants voire/voir complaisant/complaisants**.

224• A la voix **bêlant/bêlante** de l'artiste, les charmes **apaisant/apaisants** de l'animatrice furent d'un grand secours.

225• Tous les goûts sont dans (…). (Complétez ce proverbe).

226• Pièce d'attente située à l'entrée d'un logement : **un antichambre/une antichambre**.

227• L'obélisque **géant/géante** s'élève sur la place.

228• Parmi ces expressions, soulignez celle qui est correcte. **Nul n'est sensé ignorer la loi / Senser s'en rendre compte / Une personne censée / Un plan sensé nous guider / Un homme sensé n'aurait pas agi ainsi**

229• **Un apologue/une apologue** est une fable en prose ou en vers.

230• Sorte de petit pilier façonné : **un balustre/une balustre**.

231• **Un/une** hémistiche, c'est la moitié d'un vers.

232• Convention qui suspend les hostilités sans mettre fin à la guerre : **un armistice/une armistice**.

233• Enfoncement ménagé dans une chambre pour y placer un lit : **un alcôve/une alcôve**.

234• Matière colorante d'un beau rouge : **le pourpre/la pourpre**.

235• Excroissance à l'extrémité des racines de certaines plantes : **un tubercule/ une tubercule**.

236• Pâte médicamenteuse qui s'applique sur la peau : **un emplâtre/ une emplâtre**.

237• Concrétion pierreuse suspendue à la voûte d'une grotte : **un stalactite/ une stalactite**.

238• Emanation qui se dégage des corps de certaines substances : **un effluve/ une effluve**.

239• Il s'offrit chez le fleuriste de son quartier **un bel/une belle** azalée.

240• Signe en forme d'étoile qui indique un renvoi : **un astérisque/une astérisque**.

241• Ces entrepreneurs là sont de **vrais/vraies** honnêtes gens.

242• Ah ! Retourner voir le Caire tout **ensoleillé/ensoleillée** et la Russie **dolent/ dolente**.

243• Les **fous/folles** délices de nos **nouveaux/nouvelles** amours.

244• Dimanche soir les **Durand/Durands** soupaient chez les **Dupont/Duponts**.

245• L'émir s'est offert deux **Jaguar/Jaguars** et trois **Ferrari/Ferraris**.

246• Le vin est tiré, il faut (…). (Complétez ce proverbe).

247• Quels sont les couples mal associés ? **Bélier-Brebis / Jars-Laie / Sanglier-Truie / Cerf-Biche / Daim-Daine**.

248• Atterrir ou Aterrir ?

249• **Mange/Manges** vite !

250• Quel féminin est incorrect ? **Borgne-Borgnesse / Diacre-Diacresse / Esquimau-Esquimaude**.

251• L'expression des **mille/milles** et des **cent/cents** signifie beaucoup d'argent.

252• Tu auras trois **zéro/zéros** hurla le professeur excédé.

253• Des **millier/milliers**, des **million/millions**, que dis-je, des **milliard/ milliards** de pauvres.

254• Les bus **anglo-saxon/anglos-saxons** sont rouges.

255• Il avait la vilaine manie de faire des **croc-en-jambe/crocs-en-jambe**.

256• Alors, arriva dans la salle une dizaine de **sourd-muet/sourds-muets**.

257• Il avait une surprenante collection de **timbres-poste/timbres-postes.**

258• « A bon escient » signifie : **Avec discernement / Sauf erreur / Avec de bonnes raisons / En faisant de l'esbroufe.**

259• Ces **couvre-lit/couvre-lits** sont cousus d'or et d'argent.

260• Avez-vous admiré les célèbres **gratte-ciel/gratte-ciels** de la ville de New York ?

261• « Je suis mort de rire » est une **métaphore/hyperbole/antithèse.**

262• Les invendus sont entassés dans les **arrière-boutique/arrière-boutiques.**

263• Les **réfractères/réfractaires** au projet de loi organisèrent des **contre-manifestation/contre-manifestations.**

264• C'étaient des **garde-malade/garde-malades** très chaleureux.

265• Les **grand-pères/grands-pères** avaient dévalisé les **garde-manger/gardes-manger.**

266• Qui donne aux pauvres prête à (…). (Complétez ce proverbe).

267• Il a réclamé un crédit sans **intérêt/intérêts.**

268• *Ad hoc* signifie **qui convient parfaitement / à volonté, au choix.**

269• C'est un homme sans **préjugé/préjugés** et sans **scrupule/scrupules.**

270• Un bouquet de **brin/brins** de **thym/thyms** parfumera ce plat.

271• Ces amis d'**enfance/enfances** sont des collectionneurs de **tableau/tableaux.**

272• Il peaufine ce rapport avec beaucoup de **calme/calmes** et d'**intelligence/intelligences.**

273• Monsieur Durand est mort au champ d'**honneur/honneurs.**

274• Perclus de **rhumatisme/rhumatismes**, Pierre errait de **rue en rue/rues en rues.**

275• Ecchymose ou Ekymose ?

276• Au goûter, on se régalait avec des **petits-beurres/petits-beurre.**

277• Marie est sans **argent/argents**, sans **beauté/beautés**, son ignorance est sans **limite/limites** ; pourtant elle se marie, mais sans **témoin/témoins.**

278• Dans le Sahara, on passe **de solitude en solitude/solitude en solitudes**, et l'espace se répand sans **borne/bornes.**

279• Elle m'a **amenée/emmenée** à l'**hôpital/hopital.**

280• Relevez l'erreur dans les féminins irréguliers des adjectifs suivants : **Bénigne/Grecque/Oblongue/Maligne/Coite/Turcque**.

281• Son état de santé se **détériore/déterriore**. Il va de mal en **pire/pis**.

282• **Délivrer/Libérer** un prisonnier.

283• **Ci-joint/Ci-joints**, vous trouverez les pieces-jointes attendues.

284• Veuillez trouver les notes **ci-inclus/ci-incluses**.

285• **Excepté/Exceptés** pour les moins de 12 ans, il faut vous **acquittez/acquitter** des entrées.

286• Ma grand-mère a (90) ans. **quatre-vingt-dix/quatre-vingts-dix**.

287• Les accords **francos-italiens/franco-italiens** portent sur la libre circulation des produits.

288• Anna et Sophie échangent des paroles **aigre-douce/aigres-douces**.

289• Elle a tout particulièrement étudié les sciences **micros-économiques/micro-économiques**.

290• Quand **commémores/célèbres**-tu ton anniversaire ?

291• Les opinions **libre-échangistes/libres-échangistes**.

292• Ils participent à des mouvements **socio-démocrates/sociaux-démocrates**.

293• Ils font appel à des agents **contre-révolutionnaires/contres-révolutionnaires**.

294• Nous arrivons **fin/fins** prêts et non **fin/fins** ivres.

295• Les **soi-disant/prétendus** mensonges de Paul.

296• Elle tient des propos **sibyllins/sibillains/sybillins**.

297• Sur les navires **long-courriers/longs courriers** de cette compagnie, tous les passagers étaient **ivre-morts/ivres-morts**.

298• Il est entré dans la catégorie des boxeurs **mi-moyen/mi-moyens**.

299• Ces traitements sont clairement **contres-indiqués/contre-indiqués** si vous vous plaignez de troubles **cardios-vasculaires/cardiovasculaires**.

300• Ces berlines **ultras-rapides/ultra-rapides** sont généralement achetées pour le compte de personnalités **hauts-placées/haut-placées**.

REPONSES

1• Caribous/Poux.
2• Tuyaux/Gaz.
3• Landaus/Nourrissons/Cheveux.
4• Panneaux.
5• Journaux/Régals.
6• Ladies/Eventails.
7• Lieux/Lieus.
8• Pourquoi/Comment.
9• Aïeuls.
10• Préaux/Drapeaux.
11• Jeudis/Samedis.
12• Lundi/Mardi.
13• Ave/Pater.
14• Déficits.
15• Duplicata ou Duplicatas.
16• Scénarios/Addenda.
17• Autodafés.
18• Les deux réponses sont possibles, même si la réponse sans le « e » est recommandée.
19• Errata.
20• Aberrant/Vue.
21• Milles.
22• Quelque.
23• Quelques.
24• Quels que.
25• Quoi qu'.
26• Quoi que.
27• Tels.
28• Telles que.
29• Telles quelles.
30• Telles qu'elles.
31• Dorénavant signifie, comme Désormais, « à partir de ce moment ». Contrairement à Désormais, on l'emploie surtout pour énoncer une prière, une menace ou un ordre.
32• Tous/Tous/Tous.
33• Tous.
34• L'abri/Pécuniaire.
35• Tout/Tout.
36• Tout.
37• Toutes.
38• Tout.
39• Rémunération.
40• Oppressé.
41• Toute.
42• Quand.
43• Peut-être/Peu.
44• Quelquefois.
45• Quelques fois.
46• Vaut.
47• N'y/Ni/Ni.
48• Nie/N'y/Ni/Ni.
49• Entrain/En train.
50• Trafiquant.
51• Si/Ci/S'y.
52• On/Ont/On.

53• Se/Ce/Se.

54• S'/Ce.

55• Ma/M'a.

56• Quelle/Qu'elle.

57• Où/Ou.

58• A/à/à.

59• Ores/Hors.

60• Lis/Lies.

61• C'en.

62• Tous les couples d'antonymes sont corrects.

63• Le français/Couramment.

64• Sens dessus dessous.

65• Suivait (la femme).

66• Jaillirent (sujet inversé).

67• Etaient / Dansaient (remplacer « c'est eux » par « ce sont eux »).

68• Dis. « qui » a pour antécédent « toi » (2e personne du singulier).

69• Démènent. Accord avec l'antécédent du pronom relatif « acteurs ».

70• Recoud (recoudre).

71• Absout (les verbes en « soudre » perdent le « d » au singulier (j'absous, tu absous, il absout).

72• Les Anglais/Les Français.

73• J'envie/Choisis.

74• M'extasie/Crie.

75• Abhorre/Savoure.

76• Dévoue/Entrevoit.

77• Enquiers/Profère.

78• Désire.

79• Abjures

80• Martèlent/Gèle.

81• Halète/Crochète.

82• Toutes les réponses sont justes.

83• Guerroie/Festoient.

84• Appuie/Essuyons.

85• Joint/Peins.

86• Point/Crains.

87• Suspends/L'étreins.

88• Interromps/Ceins.

89• Intentions.

90• D'odeur.

91• Geins/Feins.

92• Fuyions.

93• Brilliez.

94• Distrayez.

95• Parcours/Paraît

96• Conquière.

97• Nettoyons/Fâcheuse/Coïncidence.

98• Résolve.

99• Va/Hais.

100• Repens.

101• Navigant.

102• Croît/Paraît.

103• Soyez.

104• T'instruises.

105• Aies/Révise.

106• Finis/Sois.

107• Voies.

108• Habilliez.

109• Eteigniez.

110• Pourvoies/N’entrevois/Echappatoire.

111• Soyez.

112• Interrompes/Prennes

113• Ayons.

114• Il tînt.

115• Les 2.

116• Essuiera/Larmoieras.

117• Saurai.

118• J’aurais.

119• Reverrions.

120• Deviendrai.

121• N’aurais.

122• Entourée.

123• Passerais.

124• Mens

125• Clorai/Retrouverai.

126• Trouvai.

127• Parlais/L’ignorai.

128• Parcourais/Mêlais/J’accompagnais.

129• Rencontrai/J’habitais.

130• Chantai.

131• Réclamerai.

132• Retrouva.

133• Savait/Détestait.

134• Fut.

135• Eût.

136• Eut.

137• Fut/Eut.

138• Eut.

139• Fut.

140• Eut.

141• Eut.

142• Eut.

143• Eût.

144• Renommée.

145• Fût.

146• Fut/Eût.

147• Eut/Fût.

148• Maître.

149• Sut/Poussa.

150• Connût.

151• Put/S’amarrer.

152• Réagît.

153• Voulût.

154• Tomba.

155• Cessa.

156• Semblât.

157• Dissolue.

158• Sucrés/Rafraîchis.

159• Créés.

160• Payeurs.

161• Œuf.

162• Conjoncture.

163• Confites.

164• Teints/Roux.

165• éclairée.

166• Envisagée.

167• Perpétuer.

168• Terminées/Mourir

169• Atterrés : COD « nous », placé avant le participe passé : accord.

170• Achetés : COD « qu' » mis pour « Les légumes » : accord.

171• Pensé : COD placé après : pas d'accord.
Retenu : COD « Candidature », placé après : pas d'accord.

172• Flétri : Pas de COD : pas d'accord.

173• Perdu : COD « ses clés » placé après : pas d'accord.

174• Se passe.

175• Procuré : COD placé après : pas d'accord (« nous » : COI).

176• Empêchés : COD « nous » : accord.

177• Consenti.

178• Obligés : COD « nous » : accord.

179• Réussies.

180• Conduits.

181• Fait et Eu : Formes impersonnelles invariables.
Radouci : COD « Les températures » placé après : pas d'accord.

182• Tout le monde.

183• Fait : Le participe passé « fait » suivi d'un infinitif est toujours invariable.

184• Fait : Suivi d'un infinitif, est invariable.

185• Faits : COD « Rêves » : accord.

186• Vu : Participe passé suivi d'un infinitif, accord si le COD fait l'action exprimée par l'infinitif.

187• Lus.

188• Entendus.

189• Envolés : Participe passé des verbes qui n'existent qu'a la forme pronominale s'accorde avec le sujet.

190• Vendus : Sens passif à la forme pronominale : accord avec le sujet.

191• Allumées.

192• Jouées : Verbe qui change de sens à la forme pronominale : accord avec le sujet.

193• Ri : Participe passé toujours invariable.

194• Aperçus : Accord avec le sujet « ils » à la forme pronominale.

195• Lavé : Pronominal réfléchis (ils ont lavé quoi « Les mains »)/ coutume.

196• Blessées : Elles ont blessé qui ? « se » (elles-mêmes) : accord.

197• Adressé.

198• Assurés.

199• Parlé et Plu.

200• Deviné : COD pronom neutre « L' » ou « Le » : pas d'accord.

201• Coûté : Varie au sens figuré ainsi que « couru », « pesé », « valu », « vécu » sont invariables au sens propre.

202• Coûtés : Varie au sens figuré ainsi que « couru », « pesé », « valu », « vécu ».

203• Vu.

204• Laissé : Ce n'est pas elle qui fait l'action de séduire.

205• Admirée.

206• Etudiant.

207• Rampants.

208• Errants.

209• Courantes.

210• Courant/Jeter.

211• Soufflant/Mugissant.

212• Travaillant/Surprenants.

213• Paissant.

214• Dégénérant.

215• La rage.

216• Violant/Violents.

217• Becquetant/Volant

218• Précédant/Précédent.

219• Flambant neufs.

220• Déléguant/Compétent.

221• Equivalant.

222• Nourrissants.

223• Obligeants/Voire/Complaisants.

224• Bêlante/Apaisants.

225• La nature.

226• Une antichambre.

227• Géant.

228• Un homme sensé n'aurait pas agi ainsi.

229• Un apologue.

230• Un balustre.

231• Un hémistiche.

232• Un armistice.

233• Une alcôve.

234• La pourpre.

235• Un tubercule.

236• Un emplâtre.

237• Une stalactite.

238• Un effluve.

239• Une belle azalée.

240• Un astérisque.

241• Vrais.

242• Ensoleillé/Dolente.

243• Folles/Nouvelles.

244• Durand/Dupont.

245• Jaguar/Ferrari.

246• Le boire.

247• Jars-Laie/Sanglier-Truie.

248• Atterrir.

249• Mange.

250• Diacre-Diacresse.

251• Mille/Cents.

252• Zéros.

253• Milliers/Millions/Milliards.

254• Anglo-saxon.

255• Crocs-en-jambe.

256• Sourds-muets.

257• Timbres-poste.

258• Avec discernement/Avec de bonnes raisons.

259• Couvre-lits.

260• Gratte-ciel.

261• Antithèse.

262• Arrière-boutiques.

263• Réfractaires/Contre-manifestations.

264• Garde-malades.

265• Grands-pères/Garde-manger.

266• Dieu.

267• Intérêts.

268• Qui convient parfaitement.

269• Préjugés/Scrupules.

270• Brins/Thym.

271• Enfance/Tableaux.

272• Calme/Intelligence.

273• D'honneur.

274• Rhumatismes/Rue en rue.

275• Ecchymose.

276• Petits-beurre.

277• Argent/Beauté/Limites/Témoins.

278• De solitude en solitude/Bornes.

279• Emmenée/Hôpital.

280• Turcque.

281• Détériore/Pis.

282• Libérer.

283• Ci-joint. L'usage se conforme souvent à une règle plus simple qui fait accorder le participe avec le nom auquel il se rapporte uniquement quand il est placé après ce nom : ci-joint les documents, les documents ci-joints.

284• Ci-incluses.

285• Excepté/Acquitter.

286• Quatre-vingt-dix : Les nombres composés inférieurs à cent s'écrivent avec trait d'union.

287• Franco-italiens.

288• Aigres-douces.

289• Micro-économiques.

290• Célèbres.

291• Libre-échangistes.

292• Sociaux-démocrates.

293• Contre-révolutionnaires.

294• Fin/Fin.

295• Prétendus.

296• Sibyllins.

297• Long-courriers/Ivres-morts.

298• Mi-moyens.

299• Contre-indiqués/Cardiovasculaires.

300• Ultra-rapides/Haut-placées.

2. CALCUL
[SOUS-TESTS 2 & 5 DU TAGE 2]

2.1. PRESENTATION DES EPREUVE DE CALCUL ET COURS FONDAMENTAL APPLIQUE

I. PRESENTATION DES EPREUVES DE CALCUL ET CONSEILS PRELIMINAIRES

1. DEUX EPREUVES STRATEGIQUES

Les épreuves de calcul au TAGE 2 convoquent des aptitudes et des réflexes que vous avez généralement peu sollicités au cours de vos études. Pour beaucoup, les derniers calculs de vitesses/temps/distances ou de volumes de cylindres et autres parallélépipèdes remontent à la classe de troisième… Sans parler du fait que pour une grande majorité d'entre vous, poser une division, une multiplication ou un produit en croix est source d'anxiété et tend même parfois à constituer un défi en soi.

Et bien, ne comptez pas sur nous pour vous plaindre !
Vous allez rencontrer dans les pages qui suivent un cours de mathématiques et de calcul complet et dense avec ce qu'il faut de formules, d'applications clés et d'astuces en tous genres… De grâce, ne les fuyez pas et ne les regardez jamais d'un mauvais œil ! Dites-vous toujours que ces pages ont été écrites *pour votre bien* et que la réussite aux épreuves de calcul vous permettra assurément de prendre le large en engrangeant de précieux points d'avance. Notre but est et sera toujours de vous aider à obtenir les meilleurs scores au TAGE 2, et sachez dès maintenant que nous avons la ferme intention de mener notre tâche à bien. Il faut ce qu'il faut pour intégrer les meilleures écoles de commerce et de gestion, non ?

1. Le calcul au cœur de la vie des affaires

Vous vous êtes certainement déjà demandés pourquoi les premiers concepteurs du TAGE 2 avaient inclus dans le test des épreuves de calcul… Et bien la réponse est simple : le calcul est au cœur de la vie des affaires. Si vous souhaitez créer votre entreprise ou travailler comme trader chez JP Morgan ; si vous rêvez d'occuper le poste de directeur marketing de la filiale brésilienne de Total ; ou si vous rêvez d'être la future directrice des achats de la division produits de luxe du groupe L'Oréal… Alors vous êtes condamnés à être bons en calcul !
Le calcul est partout dans la vie des affaires et partout il sera. Voyez donc ! Vous démarrez votre carrière en tant que chef de produit marketing chez Danone, et bien vous devrez très rapidement estimer le potentiel de chiffre d'affaires de la nouvelle

crème dessert dont vous êtes responsable. Et pour cela, vous devrez combiner beaucoup d'informations comme le nombre de consommateurs potentiels, le niveau de consommations moyen de crèmes desserts annuel, mensuel, hebdomadaire ; le chiffre d'affaires en volume et en valeur du marché des crèmes desserts, les parts de marché de vos concurrents… Et surtout, vous devrez faire des hypothèses de ventes moyennes hebdomadaires, de pourcentage de points de vente qui référenceront votre produit, des hypothèses de parts de marché, des hypothèses de proportions de produits non vendus parce qu'ils auront dépassé la date de péremption. Bref, il sera question de moyennes, de pourcentages, de produits en croix, de divisions, de multiplications et même parfois… d'équations ! Alors, oui, vous aurez souvent une calculatrice sous la main… mais pas toujours ! En plein déjeuner d'affaires, il ne fait jamais bon sortir une calculatrice pour estimer ce que valent les 6 % de commission que vous devrez verser à votre invité pour avoir réalisé un chiffre d'affaires de 250 000 euros.

Si le calcul est un prérequis nécessaire au chef de produit marketing d'une multinationale ou au responsable des achats d'une jeune PME, imaginez donc combien **le calcul investit le quotidien du gestionnaire de patrimoine ou de l'analyste financier** qui modélise en continu sur Excel des simulations de valorisation d'entreprise dans le cadre d'une acquisition ou d'une fusion ; mais aussi celui de directeur des ressources humaines qui doit veiller à ce que la masse salariale de l'entreprise ne dépasse jamais les 18,2 % du CA net réalisé par la société. Le calcul est partout et vous ne pourrez jamais y échapper.

Pour terminer, **intéressons-nous de plus près aux premiers mois qui vont suivre votre intégration au sein de l'école de vos rêves.** Ce n'est pas franchement compliqué à imaginer : vous allez tout bonnement et simplement étudier des disciplines comme la comptabilité, la gestion, la finance, l'optimisation sous contraintes, la théorie des jeux, la stratégie d'entreprise, la logistique, le marketing, les études de marché, la microéconomie, le droit des affaires, la fiscalité… Vous devez savoir que toutes ces matières incluent des calculs mathématiques, souvent de base certes, mais des calculs mathématiques quand même. Alors, avouez que c'est finalement normal (pour ne pas dire responsable) si les écoles de commerce exigent des étudiants qui seront amenés à rejoindre leurs bancs qu'ils maîtrisent les notions de base du calcul et qu'ils sachent jongler avec elles.

Voilà, nous espérons sincèrement avoir convaincu les plus réticents d'entre vous à faire la paix (ou à faire le deuil) avec le calcul et à apprendre dès maintenant à vivre et à composer avec Pythagore, V=D/T, le carré de 12 et le cube de 8 !
Sachez en tout cas que de notre côté, **nous ferons tout pour vous donner envie de calculer, calculer et calculer encore !** Dans la joie et dans la paix !

2. Le format des deux épreuves de calcul

- 10 questions à résoudre en 30 minutes.
- Bonne réponse : +3 ; mauvaise réponse : –1 ; pas de réponse : 0.
- Les questions ne sont jamais classées par ordre de difficulté.
- La calculatrice est interdite et vous n'avez pas de feuille de brouillon.

3. Une épreuve de rapidité

3 minutes : c'est le temps moyen dont vous disposez pour répondre à une question de calcul au TAGE 2. C'est court et c'est long quand on sait que deux facteurs entrent en effet en ligne de compte. Le premier, c'est bien entendu le **caractère relatif du temps** dont chacun dispose. Le second, c'est **le type de questions.**

Intéressons-nous au caractère relatif du temps dont vous disposez.
Comment expliquez-vous que certains candidats mettent montre en main 20 secondes pour répondre à une question comme « Que vaut 20 % du double du cube de 4 ? » quand d'autres candidats mettent, toujours montre en main, près de 2 minutes (soit 6 fois plus de temps que les premiers !) ? Sans parler de ceux qui n'ont aucune idée de la façon dont il faut s'y prendre pour y répondre et qui passent à la question suivante… La raison est simple : **il est question de cours et d'automatismes en calcul.** Ceux qui savent, instantanément, que le cube de 4 vaut 64, que le double de 64 vaut 128 et que 20 % de 128 vaut 0,2 multiplié par 128 soit 25,6 mettent montre en main entre 20 et 25 secondes pour répondre à la question. Mais ces 20 secondes peuvent durer près de 2 minutes pour ceux qui doivent passer 40 secondes pour retrouver ce que vaut le cube de 4, puis encore 20 secondes pour calculer le double de 64 et encore 50 secondes pour calculer la valeur de 20 % de 128.
Nous insisterons donc tout au long de ce chapitre sur l'impératif catégorique que constitue l'**apprentissage rigoureux et par cœur du cours** accompagné d'un **entraînement intensif et régulier** sur les grandes questions clés.

Mais vous devez savoir également qu'objectivement, **toutes les questions de calcul du TAGE 2 ne se ressemblent pas en termes de difficulté.** Certaines questions seront courtes et faciles et exigeront que vous y passiez entre 15 et 20 secondes. Certaines, au contraire, seront plus longues ou plus difficiles et vous mettrez vraisemblablement entre deux et trois minutes pour en venir à bout. A vous donc d'identifier ces questions faciles pour les traiter en priorité et **libérer ainsi du temps additionnel** pour celles qui sont difficiles.

2. DEUX CONSEILS PRELIMINAIRES ESSENTIELS

Nous ne saurions que trop vous conseiller de lire scrupuleusement les deux conseils qui suivent si vous souhaitez réussir vos épreuves de calcul, et ce, quel que soit votre niveau initial.

1. Un : apprenez votre cours. Deux : comprenez-le !

Si vous avez la ferme intention d'obtenir les meilleurs scores aux épreuves de calcul du TAGE 2, alors vous n'avez pas le choix : vous devez apprendre votre cours sur le bout des doigts pour être ensuite en mesure de le comprendre parfaitement

Nous tenons à faire ici la distinction entre apprendre et comprendre.

Apprendre son cours convoque un effort de mémoire qui consiste à lire puis à retenir un ensemble de définitions, de formules et autres cas particuliers. Il est certain que lorsqu'il est question de retenir les dates d'anniversaire de vos proches ou les noms de vos amis sur Facebook, cela ne vous pose pas trop de problèmes. En revanche, quand il est question de réciter d'un trait la liste de vos 20 premiers carrés entiers, celle des 50 premiers nombres premiers ou encore toutes les formules relatives aux questions de vitesse, temps et distance… alors là, cela devient tout de suite moins évident.

Et pourtant ! Que vous soyez à l'origine bons ou mauvais en calcul et en mathématiques, cela n'a pas d'importance.
Vous êtes tous égaux devant l'apprentissage par cœur des définitions et des formules mathématiques. Car le fait d'apprendre dans un premier temps n'exige pas que vous compreniez quoi que ce soit ! Il suffit juste de lire et de répéter (bêtement), répéter (simplement) et répéter (inlassablement) encore et toujours… Chaque jour s'il le faut, comme une récitation. **<u>Faites donc des fiches ! Des fiches qui vous ressemblent et qui rassemblent l'ensemble des notions qui vous font défaut.</u>**

Le but final est que toutes les définitions et formules mathématiques soient définitivement ancrées dans votre esprit, une bonne fois pour toutes ! Et ce, afin que vous puissiez les convoquer de façon quasi instantanée le jour du test.

Et vous allez me dire à présent qu'il faut quand même comprendre ce que l'on apprend si l'on souhaite résoudre les questions proposées. La réponse est « oui » bien sûr, mais pas forcément. Car ce qui est assez « bluffant » au TAGE 2, c'est qu'il vous sera possible de résoudre certains énoncés sans pour autant comprendre votre cours, mieux encore, sans comprendre vraiment ce que l'on vous demande de trouver. Cela étant dit, comme votre objectif est, nous l'espérons, d'obtenir d'excellents scores au TAGE 2 (des scores supérieurs à **150 sur 210**), vous allez nécessairement devoir comprendre ce que vous apprenez afin d'être à la hauteur de toutes les situations auxquelles vous serez confrontés.

Prenons donc cette question type TAGE 2.

Que vaut le tiers de 27^4 ?

A. 3
B. 3^{11}
C. 3^{20}
D. 2^{23}

Il s'agit ici d'une simple question de cours ! Et il y a de fortes chances que vous résolviez cette question en 20 secondes, montre en main. En effet, vous avez appris par cœur quatre choses – que vous n'avez pas forcément eu besoin de comprendre.

1) $27^4 = (3^3)^4$ car vous avez appris que 27 était le cube de 3.
2) $(3^3)^4 = 3^{12}$ car vous avez appris que $(A^B)^C = A^{B\times C}$
3) Enfin : le tiers de 3^{12} vaut $3^{12}/3 = 3^{12-1} = 3^{11}$ car vous avez appris que $\frac{A^B}{A^C} = A^{B-C}$

Et le tour est joué !

2. Dopez votre calcul mental

Comme vous le savez, **la calculatrice est strictement interdite** au TAGE 2.

Aussi, vous ne pourrez espérer viser un score maximal si vous n'adoptez pas dès maintenant les réflexes que tous les champions du TAGE 2 acquièrent très tôt au cours de leur entraînement à ce test.

[Réflexe 1 : vous devez connaître vos tables de multiplication]

Pour commencer, apprenez sur le bout des doigts vos **tables de multiplication de 1 à 20** (voir cours). Nous comprenons aisément que cela peut vous paraître un peu « sauvage », mais croyez-nous, cela vous permettra de gagner énormément en rapidité de calcul et surtout d'arriver au test avec des repères calculatoires plus larges et plus denses que ceux définis par les tables de 1 à 10. Il faut ce qu'il faut pour avoir un score de champion, non ?

[Réflexe 2 : calculez de tête dès que vous en avez l'occasion et abandonnez définitivement l'utilisation de la calculatrice]

Toute occasion, toute situation est bonne pour calculer de tête.

Que ce soit au supermarché, au bureau de tabac, à la banque ou au café, **entraînez-vous inlassablement à tout calculer de tête.** Vous conduisez et êtes coincés dans les embouteillages ? Tant mieux ! Profitez-en pour multiplier entre eux les nombres qui figurent sur les plaques d'immatriculation des voitures qui sont devant vous… De tête bien sûr. On ne vous le répétera jamais assez, toute occasion est bonne à prendre pour doper son cerveau.

[Réflexe 3 : quand les calculs sont complexes, posez proprement vos multiplications et autres divisions]

Posez proprement vos additions, vos multiplications, vos divisions lorsqu'un calcul de tête n'a pas été concluant. Soyez combatifs et ne lâchez rien. Si vous ne savez plus poser une division, tapez « poser une division » sur Google et tout rentrera vite dans l'ordre. Surtout, ne baissez jamais les bras quand bien même la division comporte des chiffres après la virgule ou que vos multiplications vous paraissent plus longues que prévues. C'est l'entraînement qui paie et soyez certains que le TAGE 2 fait partie de ces tests standardisés pour lesquels un entraînement rigoureux et intensif porte toujours ses fruits.

[Réflexe 4 : développez des automatismes essentiels à l'obtention des meilleurs scores en apprenant vos tables de carrés et de cubes]

Apprenez enfin vos tables de carrés (de 1 à 20) et vos tables de cubes (de 1 à 10) par cœur (voir cours). Ces tables vous seront utiles non seulement pour les épreuves de calcul mais encore pour les épreuves de logique dans lesquelles les carrés de 12 ou 18 et les cubes de 5 ou 7 jouent régulièrement les *guest stars*. Vous verrez surtout que ces tables représenteront un atout de taille pour gagner en dextérité et en agilité calculatoire.

II. COURS FONDAMENTAL ET APPLICATIONS CLES

1. PARLEZ-VOUS CALCUL ?

Les épreuves de calcul sont d'abord des épreuves de vocabulaire. Inutile de vous lancer dans la résolution de quelque question de calcul que ce soit si vous ne comprenez pas la langue avec laquelle on vous parle, autrement dit si vous ne saisissez pas du premier coup le vocabulaire utilisé dans les énoncés qui vous sont proposés.

Connaissez-vous la définition de *tous* les mots suivants ?

Si ce n'est pas encore le cas, pas d'inquiétude. Le cours qui suit se fixe pour objectif de remédier à cela. N'hésitez pas à revenir sur ces pages au fil de vos révisions pour vérifier que tous ces points sont parfaitement maîtrisés.

Ces listes de mots de vocabulaire vous seront très utiles pour les épreuves de calcul du TAGE 2.

1. Algèbre

- notion de contrainte dans une équation
- développement
- distributivité
- équation du premier degré
- équation du second degré
- factorisation
- inconnues
- inéquation
- résolution d'un système d'équations linéaires par addition
- résolution d'un système d'équations linéaires par substitution
- solutions
- systèmes d'équations linéaires

2. Arithmétique

- chiffre / nombre
- critères de divisibilité de 2 à 11
- décomposition unique en un produit de facteurs premiers
- divisible par…
- division euclidienne
- double, triple, quadruple, quintuple, sextuple, septuple, octuple, nonuple, décuple, centuple
- entier impair
- entier naturel
- entier pair
- entier relatif
- multiple de…
- nombre décimal
- nombre irrationnel
- nombre premier
- nombre réel
- nombres consécutifs
- PGCD / PPCM
- table de carrés de 1 à 20
- table de cubes de 1 à 10
- tables de multiplication de 1 à 20

3. Géométrie

- angle
- angle aigu
- angle obtus
- angle plat
- angle supplémentaire
- angles adjacents
- angles droits
- arc
- arête
- axe
- base
- bissectrice
- carré
- cercle
- circonférence
- circonscrire
- coïncider
- commun

- complémentaire
- concourir
- cône
- cube
- décaèdre
- décagone
- degré
- demi-cercle
- diagonale
- diamètre
- disque
- dodécagone
- équilatéral
- hauteur
- heptagone
- hexagone
- hypoténuse
- intersection
- isocèle
- losange
- médiane
- médiatrice
- milieu
- octogone
- opposé
- parallélépipède
- parallélogramme
- pentagone
- périmètre
- pyramide
- quadrilatère
- rayon
- rectangle
- régulier
- sommet
- sphère
- superficie
- théorème de Pythagore
- théorème de Thalès
- trapèze
- triangle

4. Moyennes

- barycentre
- formule de la moyenne arithmétique
- corollaire de la formule de la moyenne arithmétique
- moyenne harmonique
- moyenne pondérée
- nombre rajouté
- nombre retiré
- somme des termes dans une moyenne arithmétique

5. Opérations usuelles

- addition de fractions
- dénominateur
- fraction irréductible
- fractions
- identités remarquables
- numérateur
- produit de deux racines carrées
- produit de fractions
- puissances
- racines carrées
- simplification de fractions

6. Pourcentages

- augmentation en pourcentage
- baisse en pourcentage
- baisses et/ou hausses successives en pourcentages
- calculer un pourcentage de baisse ou d'augmentation
- formule pourcentage de hausse
- pourcentages de pourcentages
- pourcentages et équivalents décimaux (ex : 10 % = 0,1)
- pourcentages et équivalents fractions (ex : 20 % = 1/5 ou 12,5 % = 1/8)
- retrouver une quantité d'origine

7. Proportionnalité, unités de mesure et conversions

- centi-
- déca-
- déci-
- distances
- hecto-
- kilo-
- masses
- méga-
- micro-
- milli-
- multiples et sous-multiples de conversion
- proportionnalité multiple
- règle de trois
- surfaces
- tableaux de conversion

- temps
- unités d'aires
- unités de longueur
- unités de masse
- unités de volume
- unités légales

8. Vitesses, temps et distances

- convertir des km/h en m/s
- convertir des m/s en km/h
- distance
- le cas aller-retour
- le cas croisement
- le cas de changement de vitesse
- le cas rattrapage
- tableau VTD
- temps / durée
- vitesse

9. Autres

- additivité des tâches
- intérêts composés
- intérêts simples
- nombre de rectangles dans un rectangle
- nombre de rencontres
- nombre de salutations
- progression arithmétique
- progression géométrique
- somme des *n* premiers entiers naturels
- temps de travail et productivité

2. ARITHMETIQUE ET MANIPULATION DES NOMBRES

Il est souvent question de manipuler des chiffres et des nombres pendant les épreuves de calcul du TAGE 2. Des nombres divers et variés, aux propriétés bien définies. **Rassurez-nous !** Vous ne vous aventureriez quand même pas à déchiffrer une partition de musique sans connaître au préalable la signification précise des signes sibyllins que sont les pauses, les demi-soupirs, les blanches, les rondes et autres clés de sol. Il en est de même en arithmétique. Il n'est pas question une seconde que vous vous aventuriez à résoudre les questions qui vous sont posées au TAGE 2 sans maîtriser parfaitement au préalable l'ensemble des définitions et formules relatives à ce chapitre.

Nous vous invitons à apprendre sans plus tarder absolument toutes les définitions, formules et propriétés dont vous aurez besoin le jour J pour répondre à une belle majorité de questions.

Nous attirons enfin votre attention sur le fait que **ce chapitre est assurément le plus important du cours fondamental de calcul et de mathématiques.**

1. Rappels sur les nombres

[1. Chiffres ou nombres ?]

Il n'existe que dix chiffres : **0, 1, 2, 3, 4, 5, 6, 7, 8 et 9.**

En revanche, on dit qu'il existe une infinité de nombres (124, 67 615 273 ou encore 17 387 837 929). Les nombres s'écrivent donc avec un ou plusieurs chiffres et vous aurez donc compris que si les chiffres sont considérés comme des nombres (ainsi 3 est un chiffre mais aussi un nombre), les nombres eux, ne sont pas tous des chiffres !

[2. Entiers naturels]

Il s'agit de l'ensemble des nombres entiers positifs, 0 inclus : 0, 1, 2, 3, 4… 100 050, 185 175 719 617, etc. il y en a une infinité ! C'est avec l'ensemble des entiers naturels que nous avons tous appris à compter.

[3. Entiers relatifs]

L'ensemble des nombres entiers relatifs contient l'ensemble des nombres entiers naturels ***plus*** l'ensemble des nombres entiers naturels précédés du signe « – » (ce sont des nombres entiers *négatifs*).

Exemples : 918 ; –12 ; –2 232 ; –11 ; 176 516 ; –10 013 303 ; etc. Là encore, il en existe une infinité.

[4. Nombres décimaux]

Un nombre décimal est un nombre possédant un développement décimal **limité (*i.e.* que le nombre éventuel de chiffres après la virgule est limité)** et pouvant s'écrire sous la forme a × 10^p (où a et p sont des entiers relatifs).

Ainsi, des nombres comme –12,87 ; 1,783 ; 8,819716517 ou tout simplement 10 003 sont des nombres décimaux.

⚠ **ATTENTION** Le nombre pi n'est pas un nombre décimal car il possède un développement décimal illimité. En revanche, il existe des approximations dites décimales de pi telles que 3,14 ; 3,14159 ou encore 3,1415926.

[5. Nombres rationnels]

Il s'agit de l'ensemble des nombres qui s'écrivent sous forme fractionnaire p/q avec p et q des entiers relatifs, q étant naturellement toujours différent de 0. Ces nombres peuvent admettre un développement décimal **illimité.**

Ainsi : 1/3, 3/4, 2/7, ou encore –12/11 sont des nombres rationnels.

Remarque : les nombres rationnels présentent une particularité qui vous est peut-être déjà familière, à savoir que leur écriture sous la forme de nombres décimaux donne après la virgule une séquence finie de chiffres se répétant continuellement. Ainsi, si vous prenez par exemple la fraction 2/7, vous remarquerez que son écriture décimale donne : 0,285714**<u>285714</u>**28571428… et qu'ici la séquence finie de chiffres qui se répètent continuellement est précisément 285714.

[6. Nombres irrationnels]

Il s'agit de l'ensemble des nombres **que l'on ne peut écrire** sous la forme fractionnaire p/q avec p et q des entiers relatifs (q étant différent de 0).

Les premiers nombres irrationnels découverts sont les racines carrées des entiers qui ne sont pas des carrés parfaits. Vous noterez ainsi que les racines de 2, de 7 ou encore de 11 sont des nombres irrationnels. Mais ce n'est pas tout. D'autres nombres tels que **pi** ou **e** (nombre exponentiel) sont également des nombres irrationnels puisqu'ils ne peuvent s'écrire, eux non plus, sous formes de fractions.

[7. Nombres réels]

L'ensemble des nombres réels est l'ensemble le plus large sur lequel on peut vous demander de travailler aux concours. Cet ensemble contient notamment l'ensemble des nombres entiers naturels et relatifs, des nombres décimaux mais encore l'ensemble des nombres rationnels et irrationnels.

> En résumé :
> 1. L'ensemble des **nombres rationnels** contient l'ensemble des **nombres décimaux** qui comprend **l'ensemble des nombres entiers.**
> 2. L'ensemble des **nombres rationnels** et l'ensemble des **nombres irrationnels** ne contiennent aucun élément commun, mais, ensemble, ils forment **l'ensemble des nombres réels.**

[8. Les nombres premiers]

Un nombre premier est un nombre qui n'est divisible **que par lui-même et par 1.** ⚠ ATTENTION 1 n'est pas considéré comme un nombre premier et 2 est le seul nombre premier pair.

Apprenez par cœur les premiers nombres premiers… jusqu'à 101 : **2, 3, 5, 7, 11, 13, 17, 19, 23, 29, 31, 37, 41, 43, 47, 53, 59, 61, 67, 71, 73, 79, 83, 89, 97, 101.**

2. Décomposition unique en un produit de facteurs premiers

Vous venez d'apprendre vos nombres premiers (n'est-ce pas ?) et vous n'allez pas le regretter puisque nous allons aborder ici *le* théorème fondamental de l'arithmétique, à savoir la décomposition de tout nombre entier en un produit unique de facteurs premiers.

Si les nombres premiers sont des nombres entiers incassables, transparents… qui n'ont rien à cacher, les autres nombres entiers ont pour leur part *tous* une histoire à raconter. Et pour connaître leur histoire, il suffit de les décomposer en produits uniques de facteurs premiers.

> **Tout nombre entier peut se décomposer comme un produit <u>unique</u> de facteurs premiers.**

Autrement dit, 91 par exemple, se décompose en 7×13 avec 7 et 13 qui sont des nombres premiers.

Si l'on qualifie cette décomposition d'**unique,** c'est parce qu'aucun autre nombre ne peut se décomposer de la même façon. On dit ainsi qu'il existe une **correspondance parfaite** entre [7 × 13] et 91. Pour utiliser une jolie image, on pourrait dire que 7 × 13 représente le noyau, l'ADN… l'oxygène de 91.

3. Divisibles par… et multiples de…

Si A est divisible par B alors A est un multiple de B.

Prenons à présent le nombre 42. Si l'on décompose 42 en un produit unique de facteurs premiers, cela nous donne : **42 = 2 × 3 × 7** avec 2, 3 et 7 des nombres premiers.

Comme vous l'aurez deviné, il y a d'autres façons d'écrire 42 en un produit de nombres entiers, mais *une seule* en un produit de nombres premiers. Voici toutes les façons d'écrire 42 comme un produit de nombres entiers :

(1) 42 = 1 × 42	(3) 42 = 3 × 14	(5) 42 = 2 × 3 × 7
(2) 42 = 2 × 21	(4) 42 = 6 × 7	

Si l'on dresse à présent la liste de tous les nombres qui permettent de décomposer 42 en un produit de nombres entiers, cela nous donne : **1, 2, 3, 6, 7, 14, 21 et 42.**

On dira alors que 42 **est divisible par** 1, 2, 3, 6, 7, 14, 21 et 42 puisque la division de 42 par l'un de ces nombres donne un nombre entier.

On dira également que 42 **est un multiple de** 1, 2, 3, 6, 7, 14, 21 et 42 puisqu'il est possible d'écrire 42 comme le produit de l'un des nombres « 1, 2, 3, 6, 7, 21, 42 » par un autre nombre entier.

En règle générale, on dit qu'**un nombre entier A est un multiple d'un nombre entier B s'il existe un entier C tel que A = B × C.**

On dit également qu'**un nombre entier A est divisible par un nombre entier B si le reste de la division de A par B donne un quotient entier et un reste nul.** Cette dernière règle constitue une excellente transition pour notre prochain point : la division euclidienne.

4. Division euclidienne

Si A et B sont deux entiers naturels, B différent de 0, il existe des entiers Q et R déterminés de manière unique par les conditions suivantes :

$$A = B \times Q + R \text{ avec } R \text{ compris entre } 0 \text{ et } B - 1$$

Q s'appelle le quotient de la division de A par B et R s'appelle le reste de cette division. Si le reste est nul, cela signifie qu'il existe un entier Q tel que $A = B \times Q$. On dit alors que B divise A, ou encore que A est un multiple de B.

5. PPCM et PGCD

Le Plus Petit Commun Multiple (PPCM) de deux entiers naturels A et B est le plus petit entier naturel qui soit à la fois multiple de A **et** de B.

[Exemple 1 : quel est le PPCM de 30 et 84 ?]

Prenons les nombres 30 et 84 et décomposons-les en produits de facteurs premiers. Cela nous donne : $30 = \mathbf{2 \times 3 \times 5}$ et $84 = 2 \times 2 \times 3 \times 7 = \mathbf{2^2 \times 3 \times 7}$

Pour calculer le PPCM de ces deux nombres, **nous allons sélectionner les facteurs qui figurent au moins une fois dans l'un des produits. Si ces facteurs figurent avec des exposants, nous leur attribuerons leur plus grand exposant et nous effectuerons alors le produit de tous ces nombres.**
Pour le nombre premier 2, le plus grand exposant est 2. Pour les nombres premiers 3, 5 et 7, le plus grand exposant est 1.

On trouve alors $PPCM [30, 84] = 2^2 \times 3 \times 5 \times 7 = 420$

[Exemple 2 : quel est le PPCM 72 et 132 ?]

Prenons nos deux nombres et décomposons-les en produits de facteurs premiers. Cela nous donne : $72 = 2 \times 2 \times 2 \times 3 \times 3 = \mathbf{2^3 \times 3^2}$ et $132 = 2 \times 2 \times 3 \times 11 = \mathbf{2^2 \times 3^1 \times 11^1}$
Pour le nombre premier 2, le plus grand exposant est 3. Pour le nombre premier 3, le plus grand exposant est 2 ; et pour le nombre premier 11, le plus grand exposant est 1.

On trouve alors : $PPCM [72, 132] = 2^3 \times 3^2 \times 11 = 8 \times 9 \times 11 = 792$

Entraînez-vous à présent à trouver le PPCM des nombres suivants :
[36 et 24] ; [100 et 12] ; [144 et 81] puis [18 et 16]

Réponses : [36 et 24] : 72 ; [100 et 12] : 300 ; [144 et 81] : 1 296 ; [18 et 16] : 144

Le Plus Grand Commun Diviseur (PGCD) de deux entiers naturels A et B est le plus grand entier naturel qui divise à la fois A **et** B.

[Exemple : quel est le PGCD de 72 et 132 ?]

La décomposition de ces deux nombres en produits de facteurs premiers nous donne :
$72 = 2 \times 2 \times 2 \times 3 \times 3 = \mathbf{2^3 \times 3^2}$ et $132 = 2 \times 2 \times 3 \times 11 = \mathbf{2^2 \times 3^1 \times 11^1}$

Pour calculer le PGCD de ces deux nombres, **nous allons sélectionner les facteurs communs (*i.e.* présents dans les deux produits). S'ils figurent avec des exposants, nous leur attribuerons leur plus petit exposant et nous effectuerons alors le produit de tous ces nombres.**

On trouve alors : PGCD [72, 132] = $2^2 \times 3^1 = 4 \times 3 = 12$

Entraînez-vous à présent à trouver le PGCD des nombres suivants :
[36 et 24] ; [100 et 12] ; [144 et 81] puis [18 et 16]

Réponses : [36 et 24] : 12 ; [100 et 12] : 4 ; [144 et 81] : 9 ; [18 et 16] : 2

6. Critères de divisibilité

Vous devez savoir que les épreuves de **calcul** du TAGE 2 font largement appel à votre maîtrise parfaite du calcul mental : vous serez en effet souvent amenés à faire des calculs simples mais rapides de tête (additions, multiplications, puissances, simplification de fractions). Souvenez-vous que vous n'avez jamais le droit à la calculatrice et que vous serez condamnés à identifier rapidement si tel nombre est divisible par 4 ou si tel autre est divisible par 6.

Connaître vos critères de divisibilité est également un prérequis nécessaire si vous souhaitez décomposer rapidement un nombre en un produit de facteurs premiers ou si vous souhaitez simplifier une fraction. Sachez enfin que reconnaître en **logique** (épreuves numéros 3 et 6 du TAGE 2) une série composée de nombres qui sont tous divisibles par 9 ou 11 vous permettra de gagner très facilement des points ô combien précieux.

[1. Critère de divisibilité par 2]

Un nombre N est divisible par 2 si, et seulement si, il se termine par les chiffres 0, 2, 4, 6 ou bien 8… Autrement dit, si, et seulement si, il est pair.

Exemples de nombres divisibles par 2 : **0 ; 14 ; 898 ; 123456.**

[2. Critère de divisibilité par 3]

Un nombre N est divisible par 3 si, et seulement si, la somme de ses chiffres est divisible par 3.

Exemples de nombres divisibles par 3 : **0 ; 12 ; 45 ; 99 ; 111 ; 189 ; 768 ; 123456.**

[3. Critère de divisibilité par 4]

Un nombre N est divisible par 4 si, et seulement si, il se termine par 2 chiffres AB constituant un nombre divisible par 4.

Exemples de nombres divisibles par 4 : **0 ; 12 ; 96 ; 144 ; 2028 ; 162536 ; 7115308.**

[4. Critère de divisibilité par 5]

Un nombre N est divisible par 5 si, et seulement si, il finit par 0 ou 5.

Exemples de nombres divisibles par 5 : **0 ; 10 ; 125 ; 121175 ; 1971860.**

[5. Critère de divisibilité par 6]

Un nombre N est divisible par 6 si, et seulement si, il est divisible par 2 et par 3.

Exemples de nombres divisibles par 2 : **0 ; 42 ; 54 ; 114 ; 594 ; 612 ; 6172194.**

[6. Critère de divisibilité par 9]

Un nombre N est divisible par 9 si, et seulement si, la somme de ses chiffres est divisible par 9.

Exemples de nombres divisibles par 9 : **0 ; 18 ; 54 ; 117 ; 234 ; 504 ; 927 ; 617891751.**

[7. Critère de divisibilité par 10]

Un nombre N est divisible par 10 si, et seulement si, il se termine par 0.

Exemples de nombres divisibles par 10 : **0 ; 10 ; 110 ; 278270.**

[8. Critère de divisibilité par 11]

Critère général : un nombre N est divisible par 11 si, et seulement si, la différence entre la somme de ses chiffres de rang impair et celle de ses chiffres de rang pair est un multiple de 11 (0, 11, 22, etc.). Ainsi, le nombre 1 485 est divisible par 11 puisque que l'on a bien (1 + 8) – (4 + 5) = 9 – 9 = 0

Exemples de nombres divisibles par 11 : **0 ; 22 ; 88 ; 99 ; 275 ; 451 ; 704 ; 814 ; 72556.**

Attention ! Erreur fréquente : 111 ou 333 ne sont pas divisibles par 11.

7. Pair ou impair ?

Un nombre pair est un entier positif qui se termine par 0, 2, 4, 6 ou 8.
Un nombre impair est un entier positif qui se termine par 1, 3, 5, 7 ou 9.

[Addition de nombres pairs / impairs]

Soit P un nombre pair et I un nombre impair ; on a :

P + P = P	P + I = I	I + I = P

[Multiplication de nombres pairs / impairs]

Soit P un nombre pair et I un nombre impair ; on a :

P × P = P	P × I = P	I × I = I

8. Nombres consécutifs

On dit que deux nombres entiers sont consécutifs s'ils… se suivent ! Ainsi : 3 et 4 sont consécutifs, de même que 167 et 168.

On dit également que 9, 10, 11 et 12 (par exemple) sont des **nombres entiers consécutifs croissants,** tandis que 19, 18, 17, 16 et 15 (par exemple) sont des **nombres entiers consécutifs décroissants.**

On dit enfin que 22, 24, 26, 28 et 30 (par exemple) sont des **nombres entiers pairs consécutifs croissants** et que 87, 85, 83 et 81 (par exemple) sont des **nombres entiers impairs consécutifs décroissants.**

Concernant les nombres consécutifs, nous vous invitons à connaître les propositions suivantes qui pourront vous être utiles dans les épreuves de calcul au TAGE 2 :

(1) La somme de deux nombres entiers consécutifs (croissants ou décroissants) est toujours **impaire.** Ainsi, 16 + 17 = 33 et 224 + 223 = 447. **Rappel : P + I = I.**

(2) La somme de quatre nombres entiers consécutifs (croissants ou décroissants) est toujours **paire.** Ainsi, 2 + 3 + 4 + 5 = 14.

(3) La moyenne de trois nombres entiers consécutifs (croissants ou décroissants) est égale au deuxième d'entre eux. Ainsi, la moyenne des nombres 3, 4 et 5 est égale à 4 et la moyenne de 98, 97 et 96 est égale à 97.

(4) Le produit de deux nombres entiers consécutifs (croissants ou décroissants) est toujours **pair. Rappel : P × I = P.**

9. Jargon arithmétique

Dans certains énoncés du TAGE 2, vous aurez affaire à du jargon arithmétique qui pourra parfois s'avérer quelque peu déstabilisant.

Si vous savez en effet ce que signifie « le double de », « le triple de » ou le « le quadruple de », vous hésitez parfois sur la signification des mots « quintuple », « nonuple » ou « décuple ». Petit rappel donc :

– Quadruple	4 fois
– Quintuple	5 fois
– Sextuple	6 fois
– Septuple	7 fois
– Octuple	8 fois
– Nonuple	9 fois
– Décuple	10 fois
– Dodécuple ou Duodécuple	12 fois
– Centuple	100 fois

10. Tables de multiplication, de carrés et de cubes

Aussi bizarre que cela puisse vous paraître, vous devez absolument connaître par cœur vos carrés de 1 à 20 et vos cubes de 1 à 10, absolument par cœur ! **Et oui, que ce soit en calcul ou en logique, vous devrez dans de nombreux cas faire appel à eux pour gagner en rapidité et en efficacité.**

Prenez donc cette question tombée au TAGE 2 dont l'énoncé commençait par : « Y est un cube de trois chiffres. Que vaut Y ? ». Et bien, dans la salle, il y avait ceux qui connaissaient leurs cubes par cœur et qui en un coup de crayon, notaient sur le sujet : 125, 216, 343, 512 et 729 ; et il y avait les autres… qui s'évertuaient à calculer à la main 6 × 6 × 6 ou 9 × 9 × 9.

Ainsi, pendant que ces derniers terminaient de calculer le cube de 9, les plus malins étaient déjà passés à la question suivante. Ce type de détails peut vous paraître dérisoire, mais croyez-moi, si vous avez la ferme intention d'obtenir un excellent score et de figurer parmi les meilleurs candidats, vous comprendrez que gagner 45 secondes dans une épreuve de 30 minutes est clairement ce qui peut vous permettre de faire la différence le jour du test. D'ailleurs, si l'on réfléchit un peu, gagner 45 secondes dans une épreuve de 30 minutes, c'est comme gagner 6 minutes dans une épreuve de dissertation ou de synthèse de 4 heures. Avouez quand même que parfois, on rêverait bien de pouvoir « gratter » 6 minutes supplémentaires pour terminer la rédaction de sa conclusion, non ? Assez parlé. Au travail maintenant ! **Tournez la page et apprenez sans plus tarder vos tables de multiplication, vos cubes et vos carrés.**

[Astuce 1 : calculer les carrés de nombres qui se terminent par 5]

Pour calculer le carré d'un nombre qui se termine par **5,** il suffit dans un premier temps d'isoler le chiffre ou le nombre qui se trouve avant le dernier chiffre (5, donc) et de le multiplier par son suivant. Et il suffit ensuite d'associer au résultat obtenu le nombre 25.

Premier exemple : si vous désirez calculer 25^2, il suffit de multiplier le premier chiffre (qui vaut 2) par son suivant (qui vaut 3) : 2 × 3 = <u>6</u> puis d'associer **25** à <u>6</u> pour obtenir <u>6</u>**25**. Ainsi, 25 au carré est égal à 625.

Deuxième exemple : calculons 115^2 (pourquoi pas !). Pour cela, on multiplie 11 par son suivant (12) pour obtenir 11 × 12 = 132 et on associe ensuite 25 à 132 soit 13 225 et on trouve donc que le carré de 115 est égal à 13 225.

[Astuce 2 : calculer des carrés consécutifs]

Si vous connaissez le carré d'un entier N, il suffit d'**ajouter $2N + 1$** à ce carré pour trouver la valeur du carré de l'entier suivant.
Ainsi, si vous connaissez le carré de 20 (soit $N = 20$ et $N^2 = 400$) alors il est très facile de trouver le carré de 21 qui vaut $400 + \mathbf{(2 \times 20 + 1)} = 441$.

[Astuce 3 : jouer les écarts !]

Cette astuce est absolument géniale !
En fait, lorsque vous connaissez vos carrés par cœur, il devient très facile de calculer certains produits de nombres entiers.

Exemple 1 : si vous connaissez par exemple le carré de 12, alors 12×13 ne doit plus avoir de secret pour vous puisqu'il suffit d'ajouter 12 au carré de 12. En effet : $12 \times 13 = 12 \times (12 + 1) = 12^2 + 12 = 144 + 12 = 156$. Mais ce n'est pas tout.

Exemple 2 : disons que vous souhaitiez calculer à présent 13×17.
Dans ce cas, vous devez constater que 13 comme 17 sont « écartés » de 15 de façon égale ($17 = \mathbf{15} + 2$ et $13 = \mathbf{15} - 2$) pour conclure que $13 \times 17 = 221$. Il suffit en effet de constater simplement que $13 \times 17 = (15 - 2) \times (15 + 2) = 15^2 - 2^2 = 225 - 4 = 221$.

Exemple 3 : calculons à présent 19×21.
19 et 21 sont « écartés » de 20 de façon égale. On peut donc appliquer l'astuce des écarts puisque $19 \times 21 = (20 - 1) \times (20 + 1) = 20^2 - 1^2 = 400 - 1 = 399$.

Quelques applications pour terminer **(rappel : $A^2 - B^2 = (A - B)(A + B)$) :**

13×14

$13 \times 14 = 13^2 + 13 = 169 + 13 = 182$

12×16

$12 \times 16 = 14^2 - 4 = 196 - 4 = 192$

23×27

$23 \times 27 = 25^2 - 4 = 625 - 4 = 621$

26×34

$26 \times 34 = 30^2 - 16 = 900 - 16 = 884$

97×103

$97 \times 103 = 100^2 - 9 = 10\,000 - 9 = 9\,991$

17×19

$17 \times 19 = 18^2 - 1 = 324 - 1 = 323$

Tables de multiplication, carrés et premiers nombres premiers

	1	**2**	**3**	**4**	**5**	**6**	**7**	**8**	**9**	**10**	**11**	**12**	**13**	**14**	**15**	**16**	**17**	**18**	**19**	**20**
1	**1**	**2**	**3**	4	**5**	6	**7**	8	9	10	**11**	12	**13**	14	15	16	**17**	18	**19**	20
2	**2**	**4**	6	8	10	12	14	16	18	20	22	24	26	28	30	32	34	36	38	40
3	**3**	6	**9**	12	15	18	21	24	27	30	33	36	39	42	45	48	51	54	57	60
4	4	8	12	**16**	20	24	28	32	36	40	44	48	52	56	60	64	68	72	76	80
5	**5**	10	15	20	**25**	30	35	40	45	50	55	60	65	70	75	80	85	90	95	100
6	6	12	18	24	30	**36**	42	48	54	60	66	72	78	84	90	96	102	108	114	120
7	**7**	14	21	28	35	42	**49**	56	63	70	77	84	91	98	105	112	119	126	133	140
8	8	16	24	32	40	48	56	**64**	72	80	88	96	104	112	120	128	136	144	152	160
9	9	18	27	36	45	54	63	72	**81**	90	99	108	117	126	135	144	153	162	171	180
10	10	20	30	40	50	60	70	80	90	**100**	110	120	130	140	150	160	170	180	190	200
11	**11**	22	33	44	55	66	77	88	99	110	**121**	132	143	154	165	176	187	198	209	220
12	12	24	36	48	60	72	84	96	108	120	132	**144**	156	168	180	192	204	216	228	240
13	**13**	26	39	52	65	78	91	104	117	130	143	156	**169**	182	195	208	221	234	247	260
14	14	28	42	56	70	84	98	112	126	140	154	168	182	**196**	210	224	238	252	266	280
15	15	30	45	60	75	90	105	120	135	150	165	180	195	210	**225**	240	255	270	285	300
16	16	32	48	64	80	96	112	128	144	160	176	192	208	224	240	**256**	272	288	304	320
17	**17**	34	51	68	85	102	119	136	153	170	187	204	221	238	255	272	**289**	306	323	340
18	18	36	54	72	90	108	126	144	162	180	198	216	234	252	270	288	306	**324**	342	360
19	**19**	38	57	76	95	114	133	152	171	190	209	228	247	266	285	304	323	342	**361**	380
20	20	40	60	80	100	120	140	160	180	200	220	240	260	280	300	320	340	360	380	**400**

Table de carrés

CARRES									
1^2	1	6^2	36	11^2	121	16^2	256	21^2	441
2^2	4	7^2	49	12^2	144	17^2	289	22^2	484
3^2	9	8^2	64	13^2	169	18^2	324	23^2	529
4^2	16	9^2	81	14^2	196	19^2	361	24^2	576
5^2	25	10^2	100	15^2	225	20^2	400	25^2	625

Table de cubes

CUBES			
1^3	1	7^3	343
2^3	8	8^3	512
3^3	27	9^3	729
4^3	64	10^3	1 000
5^3	125	11^3	1 331
6^3	216	12^3	1 728

Fiche 9

Arithmétique : ce que vous devez retenir

1. Apprenez vos nombres premiers et apprenez à décomposer rapidement un nombre en un produit de facteurs premiers.

C'est la base de l'arithmétique.

Exemple : décomposer 204.

204 = 2 × 102 = 2 × 3 × 34 (car 102 est divisible par 3, la somme des chiffres de 102 étant divisible par 3) = 2 × 3 × 2 × 17. La décomposition est terminée car nous sommes face à un produit exclusivement constitué à des nombres premiers.

2. Apprenez vos carrés jusqu'à 20^2 et vos cubes jusqu'à 10^3.

3. La calculatrice étant interdite, habituez-vous à faire tous vos calculs à la main !

Soyez vigilant. Habituez-vous à poser des multiplications, des divisions et à faire vos petites sommes et vos petits produits de tête.

3. ARITHMETIQUE : APPLICATIONS CLES

Les applications clés qui suivent ont pour objectif de vous familiariser avec l'ensemble des notions exposées dans le point de cours précédent. N'oubliez jamais qu'un excellent score au TAGE 2 se gagne avec une agilité et une dextérité qui doit toujours résister à l'épreuve du temps. Ne négligez donc jamais ces applications.

Rappel : vous n'avez jamais le droit à la calculatrice. Essayez donc autant que possible de répondre aux questions qui suivent en faisant vos calculs de tête.

1. Enoncés

1. Parmi les nombres suivants, soulignez ceux qui sont divisibles par 7 :
   1 484 – 786 – 128 – 429 – 567 – 111 – 198 – 81 – 91 – 101 – 113 – 1 897 – 896

2. Parmi les nombres suivants, soulignez ceux qui sont divisibles par 13 :
   716 – 403 – 123 – 373 – 918 – 767 – 818 – 156 – 838 – 119 – 8 163 – 91

3. Que vaut 9 999 + 99 + 9 999 ?

4. Que vaut 654 – 98 ?

5. Que vaut 6 760 – 95 ?

6. Décomposez 716, 123, 365 et 868 en produits uniques de facteurs premiers.

7. Que vaut W sachant que $W + W = W^2$?

8. Que vaut la somme de tous les entiers naturels qui divisent 28 hormis lui-même ? Que remarquez-vous ?

9. Parmi les nombres suivants, lesquels sont divisibles par 11 ?
   222 – 465 – 909 – 671 – 704 – 869 – 99 – 4 404 – 3212 – 8 107 – 817 – 762

10. Que vaut la somme de tous les diviseurs de 220 ? Et que vaut la somme de tous les diviseurs de 284 ? Que remarquez-vous ?

11. Vous avez 6 minutes pour effectuer les opérations suivantes, et pas une de plus !

25 + 7 =	25 + 8 =	51 + 73 =
42 × 59 =	56 + 13 =	79 + 14 =
58 + 69 =	77 + 9 =	76 + 67 =
41 + 63 =	90 + 77 =	42 + 49 =
22 + 24 =	62 + 19 =	20 + 63 =
66 + 74 =	46 + 16 =	100 + 43 =
62 + 13 =	86 × 88 =	65 × 80 =
47 + 82 =	93 + 45 =	32 + 21 =
55 + 9 =	9 + 12 =	68 + 46 =
98 + 86 =	87 + 67 =	55 + 31 =
100 + 34 =	72 × 5 =	46 × 33 =
20 + 28 =	60 + 58 =	56 + 4 =
78 + 23 =	99 + 56 =	37 + 25 =
32 + 27 =	88 + 40 =	42 + 39 =
70 + 20 =	81 + 66 =	82 + 6 =
44 × 71 =	32 + 9 =	53 + 13 =
13 + 71 =	39 + 39 =	96 + 40 =
27 × 25 =	86 + 59 =	6 × 63 =
38 + 7 =	48 + 16 =	61 + 53 =
28 + 23 =	56 + 60 =	92 + 47 =
65 + 88 =	58 + 44 =	20 + 61 =
6 × 78 =	24 + 77 =	95 + 46 =
79 + 19 =	48 × 73 =	67 × 53 =
18 + 24 =	11 + 15 =	27 + 76 =
80 + 8 =	19 + 34 =	81 + 23 =
86 + 6 =	76 + 19 =	64 + 56 =
9 + 10 =	85 + 54 =	27 + 64 =
73 × 9 =	98 + 30 =	63 + 60 =
103 + 56 =	8 + 23 =	63 + 75 =
56 + 55 =	37 + 70 =	63 + 37 =

12. Le signe « : » signifie « divisé par » et vous avez 8 minutes, et pas une de plus, pour effectuer les opérations suivantes.

100 : 5 =	60 – 3 =	63 : 7 =
144 : 12 =	84 : 12 =	60 : 10 =
36 : 2 =	33 : 11 =	14 : 7 =
36 : 4 =	72 × 6 =	80 × 8 =
84 × 12 =	64 : 8 =	100 : 10 =
88 : 8 =	54 : 9 =	16 × 8 =
16 – 4 =	21 : 7 =	45 : 5 =
99 × 9 =	27 × 3 =	91 : 13 =
60 : 12 =	132 : 12 =	30 : 5 =
38 : 2 =	28 : 7 =	50 × 21 =
77 : 11 =	14 – 2 =	36 : 4 =
120 : 12 =	14 : 1 =	22 × 2 =
35 + 7 =	36 : 9 =	12 : 4 =
132 : 11 =	24 × 8 =	121 : 11 =
96 : 12 =	77 : 11 =	48 : 12 =
40 : 10 =	40 – 8 =	27 : 9 =
42 – 6 =	60 : 10 =	132 : 12 =
28 × 4 =	65 : 13 =	66 : 11 =
36 : 9 =	66 : 11 =	10 : 5 =
10 : 5 =	121 : 11 =	42 : 6 =
110 : 10 =	60 × 19 =	16 : 4 =
72 × 12 =	42 : 7 =	77 : 7 =
143 : 13 =	48 : 12 =	88 : 22 =
60 : 10 =	54 : 6 =	35 : 7 =
56 – 7 =	100 – 10 =	36 : 4 =
81 : 9 =	40 : 4 =	22 : 11 =
108 : 9 =	12 : 2 =	65 : 13 =
34 : 2 =	24 : 3 =	24 × 4 =
20 : 4 =	40 : 8 =	56 : 7 =
50 : 5 =	70 : 10 =	30 : 2 =

13. Que vaut le reste de la division euclidienne de 12 718 par 17 ?

14. Que vaut le quotient de la division euclidienne de 12 345 par 12 ?

15. Que vaut le PPCM de 102 et 124 ?

16. Que vaut le PGCD de 36 et 54 ?

17. Ecrivez trois nombres qui sont à la fois des carrés et des cubes.

18. Que vaut 15 × 17 ?

19. Que vaut 18 × 22 ?

20. Que vaut le carré de 23 sachant que le carré de 22 vaut 484 ?

21. Que vaut la moitié du quart du cube de 8 ?

22. Le carré de 64 est-il plus grand ou plus petit que le cube de 16 ?

23. Parmi les nombres suivants, soulignez ceux qui sont égaux à trois fois la valeur d'un cube entier :
2 187 – 3 – 91 – 192 – 75 – 648 – 865 – 325 – 24 – 375 – 81 – 1 024 – 1 029
Ne sortez pas la calculatrice ! Non ! Rangez-la immédiatement.

24. Les **3 C** en action ! Calcul mental / Concentration / Combativité. C'est parti !

51 754 536	+	52 636 239	=
6 536 725 435	+	6 554 541	=
876 352 637	+	626 712 761	=
64 352 435	+	920 893	=
275 324 176	+	716 526	=
63 526 356 827	+	6 152 415 524	=
86 375 263	+	712 767 162	=
8 637 627	+	15 251 652	=
5 623 452	+	162 761	=
7 536 526	+	72 465 785 555	=

2. Corrigés

1. **<u>1 484</u>** – 786 – 128 – 429 – **<u>567</u>** – 111 – 198 – 81 – **<u>91</u>** – 101 – 113 – **<u>1 897</u>** – **<u>896</u>**

   S'il existe bien un critère de divisibilité par 7, nous éviterons bien sûr de l'utiliser dans le cadre du TAGE 2. L'application de ce critère sur des nombres à trois chiffres prend plus de temps qu'une simple division à la main ou qu'un calcul mental à tâtons (voir la question suivante pour ce qui concerne la technique de calcul mental à tâtons).

2. 716 – **<u>403</u>** – 123 – 373 – 918 – **<u>767</u>** – 818 – **<u>156</u>** – 838 – 119 – 8 163 – **<u>91</u>**

   Pour savoir si un nombre est multiple de 13, nous allons raisonner à tâtons. Autrement dit, pour savoir si 716 est multiple de 13, nous allons commencer par multiplier 13 par 10 (ce qui nous donne 130), multiplier ensuite 130 par 5 pour obtenir 650 et remarquer enfin que pour aller de 650 à 716, il faut ajouter 66, autrement dit un nombre qui n'est pas divisible par 13 (puisque les premiers multiples de 13 sont : 13, 26, 39, 52, 65, 78…). En conclusion 716 ne pouvant s'écrire du début à la fin comme une **composition** de nombres multiples de 13, ce nombre n'est donc pas multiple de 13. En revanche, vous aurez noté que 715 est bien un multiple de 13 puisque 715 = 13 × 10 × 5 + 65 (soit une composition de nombres divisibles par 13).

3. Que vaut **9 999 + 99 + 9 999** ?

   Il suffit ici d'ajouter 1 à chacun des trois nombres et on retranchera 3 du total facilement obtenu. Soit : 10 000 + 100 + 10 000 – 3 = 20 100 – 3 = 20 097

4. Que vaut **654 – 98** ?

   On ajoute 2 à chaque nombre, ce qui ne change rien au résultat.

   Soit 656 – 100 = 556

5. Que vaut **6 760 – 95** ?

   On ajoute 5 à chaque nombre, ce qui ne change rien au résultat. Soit 6 765 – 100 = 6 665

6. Décomposez 716, 123, 365 et 868 en **produits uniques de facteurs premiers.**

   716 = 2 × 358 = 2 × 2 × 179. Stop ! Car 179 est un nombre premier.

   123 = 3 × 41. Stop ! Car 41 est un nombre premier.

   365 = 5 × 73. Stop ! Car 73 est un nombre premier.

   868 = 2 × 434 = 2 × 2 × 217 = 2 × 2 × 7 × 31. Stop ! Car 31 est un nombre premier.

   Toute la question est maintenant de savoir comment on reconnaît un nombre premier autre que ceux que l'on connaît déjà par cœur.

   Et bien il suffit en fait de tester la divisibilité de ce nombre par les nombres premiers inférieurs ou égaux à la racine carrée du premier carré entier supérieur à ce nombre (ouf !).

   Ainsi, pour 179, le premier carré supérieur est 196 et la racine carrée de 196 vaut 14. On teste alors la divisibilité de 179 par les nombres premiers inférieurs à 14, soit 13, 11, 7, 5, 3 et 2. Pour cela, il suffit d'appliquer quand c'est possible les différents critères de divisibilité ou de poser tout simplement une division. Ici, la division de 179 par 13 ne donne pas un nombre entier (179 n'est donc pas divisible par 13) et l'application des critères de divisibilité par 11, 7, 5, 3 et 2 nous permet de conclure que 179 n'est divisible par aucun de ces nombres. 179 est par conséquent un nombre premier !

7. Que vaut W sachant que $W + W = W^2$?

W = 0 ou 2 ! Ecrivez par exemple : $2W = W^2$ soit $W (W – 2) = 0$. Concluez ensuite qu'un produit de facteurs est nul si l'un ou l'autre des facteurs est nul, soit W = 0 ou W = 2.

8. Que vaut la somme de tous les entiers naturels qui divisent 28 (hormis lui-même) ?

Les entiers naturels qui divisent 28 sont (hormis lui-même) : 1, 2, 4, 7 et 14.

Vous remarquez alors que 1 + 2 + 4 + 7 + 14 = **28.** Autrement dit, 28 est égal à la somme de ses diviseurs. On dit alors que 28 est un **nombre parfait.**

Autres nombres parfaits : 6 ; 496 ; 8 128 ou encore 33 550 336.

9. Parmi les nombres suivants, lesquels sont divisibles par 11 ?

222 – 465 – 909 – **<u>671</u>** – **<u>704</u>** – **<u>869</u>** – **<u>99</u>** – 4 404 – **<u>3 212</u>** – **<u>8 107</u>** – 817 – 762

10. Que vaut la somme de tous les diviseurs de 220 ? Et que vaut la somme de tous les diviseurs de 284 ? Que remarquez-vous ?

220 a pour diviseurs : 1, 2, 4, 5, 10, 11, 20, 22, 44, 55 et 110. La somme de tous ces nombres est égale à **284.**

284 a quant à lui pour diviseurs : 1, 2, 4, 71 et 142 dont la somme est égale à **220.**

Vous ne remarquez toujours rien ?

11. Si vous avez répondu juste à moins de 75 % des opérations, alors cela signifie que vous avez du mal en calcul ! Entraînez-vous encore et encore, chaque jour, sans cesse en calculant tout de tête.

12. Si vous avez répondu juste à plus de 60 % des opérations, alors vous avez toutes les chances de réussir à conduire de nombreux calculs de tête le jour du test, ce qui est de bonne augure pour vous !

13. Que vaut le **reste** de la division euclidienne de 12 718 par 17 ?

12 718 = 17 × 748 + **2**. Le reste est donc égal à 2.

14. Que vaut le quotient de la division euclidienne de 12 345 par 12 ?

12 345 = **1 028** × 12 + 9. Le quotient est donc égal à 1 028.

15. Que vaut le PPCM de 102 et 124 ? PPCM [102 ; 124] = 6 324

16. Que vaut le PGCD de 36 et 54 ? PPCM [36 ; 54] = 18

17. Ecrivez trois nombres qui sont à la fois des carrés et des cubes : **0, 1 et 64** !

18. Que vaut **15 × 17** ?

$15 \times 17 = (16 – 1) \times (16 + 1) = 16^2 – 1 = 255$

19. Que vaut **18 × 22** ?

$18 \times 22 = (20 – 2) \times (20 + 2) = 20^2 – 2^2 = 400 – 4 = 396$

20. Que vaut le carré de 23 sachant que le carré de 22 vaut 484 ?

    Rappel : deux carrés entiers consécutifs N^2 et $(N + 1)^2$ sont distants de $2N + 1$ unités. Ici $N = 22$ et 22^2 et 23^2 sont donc distants de $2 \times 22 + 1$ soit 45.

    En conclusion : $23^2 = 484 + 45 =$ **529**

21. Que vaut la moitié du quart du cube de 8 ?

    On cherche le huitième (la moitié du quart signifie $1/2 \times 1/4 = 1/8$) du cube de 8… Autrement dit le carré de 8, *i.e.* **64.**

22. Le carré de 64 est-il plus grand ou plus petit que le cube de 16 ?

    Voici des jeux d'écriture. Très TAGE 2 !

    $16^3 = (2 \times 8)^3 = 2^3 \times 8^3 = 8 \times 8^3 = 8^{3+1} = 8^4$

    $64^2 = (8^2)^2 = 8^{2\times2} = 8^4$

    En conclusion : le carré de 64 est EGAL au cube de 16 !

23. Parmi les nombres suivants, soulignez ceux qui sont égaux à trois fois la valeur d'un cube entier :

    2 187 – **3** – 91 – **192** – 75 – **648** – 865 – 325 – **24** – **375** – **81** – 1 024 – **1 029**

24.

51 754 536	+	52 636 239	=	104 390 775
6 536 725 435	+	6 554 541	=	6 543 279 976
876 352 637	+	626 712 761	=	1 503 065 398
64 352 435	+	920 893	=	65 273 328
275 324 176	+	716 526	=	276 040 702
63 526 356 827	+	6 152 415 524	=	69 678 772 351
86 375 263	+	712 767 162	=	799 142 425
8 637 627	+	15 251 652	=	23 889 279
5 623 452	+	162 761	=	5 786 213
7 536 526	+	72 465 785 555	=	72 473 322 081

4. OPERATIONS USUELLES

Au TAGE 2, les opérations usuelles recouvrent les fractions, les puissances, ainsi que les racines carrées. Si vous êtes condamnés à maîtriser parfaitement ces opérations, c'est parce que l'on vous demandera ici et là de simplifier la fraction 91/14, de donner une expression équivalente à 27^9, de calculer le quart du douzième du cube de 6 ou encore de vous servir de l'inégalité $\sqrt{a+b} < \sqrt{a} + \sqrt{b}$ avec a et b des nombres réels positifs non nuls. Nous comptons sur vous pour connaître ces opérations **par cœur** !

1. Fractions

[A retenir !]

Dans la fraction $\frac{a}{b}$, a est appelé **numérateur** et b est appelé **dénominateur.**

Soient a, b, c et d des nombres entiers non nuls, alors :

$$\frac{a}{b} = \frac{c}{d} \Leftrightarrow a \times d = b \times c$$

Soient a, b et x des nombres entiers non nuls, alors :

$$x = a \times b \Leftrightarrow a = \frac{x}{b} \Leftrightarrow b = \frac{x}{a} \Leftrightarrow \frac{a}{x} = \frac{1}{b} \Leftrightarrow \frac{b}{x} = \frac{1}{a}$$

[Manipulations fondamentales]

Soient a, b, x et y des nombres entiers non nuls.

(1) $\frac{a}{b} + \frac{x}{y} = \frac{a \times y + b \times x}{b \times y}$ (2) $a \times \frac{x}{y} = \frac{a \times x}{y}$ (3) $\frac{a}{b} \times \frac{x}{y} = \frac{a \times x}{b \times y}$

(4) $\frac{1}{\frac{1}{a}} = a$ (5) $\frac{\frac{a}{b}}{x} = \frac{a}{b \times x} = \frac{a}{b} \times \frac{1}{x}$ (6) $\frac{\frac{a}{b}}{\frac{x}{y}} = \frac{a}{b} \times \frac{y}{x}$

[Simplifier une fraction]

Simplifier une fraction consiste à transformer une fraction en une autre **avec un numérateur et un dénominateur qui sont les plus petits possibles.**

Si les fractions 2/3 ou 13/7 ne sont pas simplifiables (2 et 3 comme 13 et 7 n'ont pas de facteur commun), des fractions comme 14/4 ou 21/105 en revanche le sont !

Pour simplifier une fraction, on utilise le principe suivant :

> **On ne change pas la valeur d'une fraction si l'on divise ou multiplie le numérateur et le dénominateur par un même nombre non nul.**

Ainsi : $\frac{3}{5}=\frac{3\times 4}{3\times 4}=\frac{12}{20}$; $\frac{3}{5}=\frac{3\times 7}{3\times 7}=\frac{21}{35}$ et $\frac{3}{5}=\frac{3\times 2}{5\times 2}=\frac{6}{10}$

Aussi : $\frac{14}{4}=\frac{\cancel{2}\times 7}{\cancel{2}\times 2}=\frac{7}{2}$ et $\frac{21}{105}=\frac{\cancel{7}\times 3}{\cancel{7}\times 15}=\frac{3}{15}=\frac{\cancel{3}\times 1}{\cancel{3}\times 5}=\frac{1}{5}$

7/2 et 1/5 sont appelées **fractions irréductibles,** *i.e.* on ne peut simplifier davantage.

2. Puissances

Soit n un entier naturel supérieur ou égal à deux et A un nombre réel.

$$A^n = A \times A \times \ldots \times A \ (n \text{ fois})$$

A^n est lu « A puissance n » ou « A exposant n ». En particulier, le **carré** et le **cube** sont des puissances d'exposant 2 et 3 respectivement.

[Manipulations fondamentales]

Soit A, B et C des nombres réels non nuls ; soit n et p des entiers naturels.

(1) $A^0 = 1$ (2) $A^{-n} = \frac{1}{A^n}$ (3) $A^n \times A^p = A^{n+p}$ (4) $\frac{A^n}{A^p} = A^{n-p}$

(5) $(A^n)^p = A^{n\times p}$ (6) $\frac{A^n}{B^n} = \left(\frac{A}{B}\right)^n$ (7) $\sqrt{A} = A^{\frac{1}{2}}$ (A positif)

(8) $A^n \times B^n \times C^n = (A \times B \times C)^n$ (9) $A^n \times A^{-n} = 1$ (10) $\sqrt[n]{A^p} = A^{\frac{p}{n}}$

A savoir !

(1) Notez bien que $0^0 = 1$

(2) Si vous tombez sur la notation : $\sqrt[3]{64}$, pas de panique ! Il vous suffit de comprendre que l'on vous demande de trouver la racine cubique de 64. Et comme 64 est le cube de 4, vous répondez donc que $\sqrt[3]{64} = 4$. Profitons-en pour comprendre la formule : $\sqrt[n]{A^p} = A^{\frac{p}{n}}$.

Dans notre cas présent : $\sqrt[3]{64} = \sqrt[3]{4^3} = 4^{\frac{3}{3}} = 4^1 = 4$

(3) Si vous tombez sur l'expression $X^5 \times X^3$, vous savez désormais que vous pouvez la simplifier en écrivant : $X^5 \times X^3 = X^{5+3} = X^8$. Mais si vous tombez disons sur : $X^5 - X^3$ et bien il n'y a malheureusement aucune formule qui permet de simplifier cela. Sachez toutefois qu'il existe un lot de consolation qui peut s'avérer très utile dans certaines questions. En effet, vous devez savoir qu'il vous est possible de factoriser $X^5 - X^3$ de la façon suivante : $X^5 - X^3 = X^3 (X^2 - 1)$. Mais ce n'est pas fini car comme vous le découvrirez juste après : $X^2 - 1 = (X - 1)(X + 1)$. En conclusion, l'expression $X^5 - X^3$ s'écrit aussi : $X^3 (X - 1)(X + 1)$. Pas mal non ?

[Identités remarquables]

Trois petites égalités à connaître par cœur !

Soit A et B des nombres réels.

(1) $(A + B)^2 = A^2 + B^2 + 2AB$ (2) $(A - B)^2 = A^2 + B^2 - 2AB$

(3) $(A - B)(A + B) = A^2 - B^2$

3. Racines carrées

La racine carrée d'un nombre réel positif A est le nombre positif dont le carré vaut A.

[Manipulations fondamentales]

Soit A et B deux nombres réels positifs non nuls et C un nombre réel quelconque.

(1) $\sqrt{C^2} = C$ si C est positif ou $-C$ si C est négatif

(2) $\sqrt{A} = A^{\frac{1}{2}}$ (3) $\sqrt{A} \times \sqrt{B} = \sqrt{A \times B}$ (4) $\frac{\sqrt{A}}{\sqrt{B}} = \sqrt{\frac{A}{B}}$

(5) $(\sqrt{A})^n = A^{\frac{n}{2}}$ (6) $\sqrt{A+B} < \sqrt{A} + \sqrt{B}$ (7) $\sqrt[n]{A^p} = A^{\frac{p}{n}}$

Quelques approximations pour terminer :

$\sqrt{2} \approx 1{,}414$ $\sqrt{3} \approx 1{,}732$ $\sqrt{5} \approx 2{,}236$ $\sqrt{7} \approx 2{,}646$ $\sqrt{10} \approx 3{,}162$

ARITHMETIQUE : 150 APPLICATIONS POUR VOUS ENTRAINER

Les 150 applications qui suivent sont selon moi absolument essentielles. La manipulation des fractions, par exemple, est un exercice que vous devez maîtriser avec une grande dextérité car les fractions sont et demeureront toujours partout dans les épreuves de calcul au Tage 2.

N'oubliez pas en outre que l'utilisation de la calculatrice est interdite. Vous devrez donc être capable d'additionner, soustraire, multiplier et diviser des fractions à la main, sans faire la moindre erreur. Si vous pensez que vous êtes déjà un champion des fractions alors lancez-vous le défi de résoudre les 50 premières applications en moins de 10 minutes. Pour les autres, prenez tout le temps dont vous avez besoin. Vous verrez que cet entrainer vous fera progresser énormément.

Enoncés

Questions	Votre réponse
1 Que vaut 1/3 + 2/3 ?	
2 Que vaut en fraction 1 + 1/2 ?	
3 Que vaut en fraction 2 + 1/3 ?	
4 Que vaut en fraction 4 – 1/5 ?	
5 Que vaut en fraction 1/2 + 1/2 ?	
6 Que vaut en fraction 1/4 + 1/2 ?	
7 Que vaut en fraction 1/3 – 1/6 ?	
8 Que vaut en fraction 3/4 + 1/2 ?	
9 Que vaut en fraction 1/4 + 2/5 ?	
10 Que vaut en fraction 1/3 + 1/7 ?	
11 Que vaut en fraction 2/9 + 1/18 ?	
12 Que vaut en fraction 1/12 – 3 ?	
13 Que vaut en fraction 12 + 11/12 ?	

14 Que vaut en fraction 13 – 11/2 ?

15 Que vaut en fraction 3 × (1/4 – 1/2) ?

16 Que vaut en fraction (3/4)/(5/6) ?

17 Que vaut en fraction 4 × (2/3 – 7/2) ?

18 Que vaut en fraction (3/2)/(9/2) ?

19 Que vaut en fraction 3/2 × (9/4 – 13/3) ?

20 Que vaut en fraction 1/(3/7) ?

21 Dans la fraction $\frac{a}{b}$, comment appelle-t-on a ?

22 Dans la fraction $\frac{a}{b}$, comment appelle-t-on b ?

23 Vrai ou faux : dans la fraction $\frac{a}{b}$, a et b peuvent être n'importent quels nombres réels.

24 Mettre $\frac{a}{b} + \frac{x}{y}$ au même dénominateur.

25 Sachant que $a > c$, quel nombre est le plus grand : $\frac{b}{a}$ ou $\frac{b}{c}$?

26 Qu'appelle-t-on une fraction irréductible ?

27 Simplifier les fractions suivantes :

$\frac{14}{4}$; $\frac{305}{1\,525}$

28 Parmi les fractions suivantes, lesquelles sont irréductibles ?

$\frac{10}{100}$; $\frac{2}{3}$; $\frac{220}{330}$; $\frac{2}{50}$; $\frac{7}{13}$; $\frac{154}{143}$

29 Si n et p sont des entiers naturels et A un nombre réel, que vaut $A^n \times A^p$?

30 Si n et p sont des entiers naturels et A un nombre réel, que vaut $\frac{A^n}{A^p}$?

31 Si n et p sont des entiers naturels et A un nombre réel, que vaut $(A^n)^p$?

32 Si A est un nombre réel, que vaut A^0 ?

33 Si n est un entier naturel et A, B et C des nombres réels, que vaut $A^n \times B^n \times C^n$?

34 Si A est un nombre réel, que vaut $A^{1/2}$?

35 Si A et B sont des nombres réels, factoriser $A^2 + B^2 + 2AB$.

36 Si A et B sont des nombres réels, factoriser $A^2 + B^2 - 2AB$.

37 Si A et B sont des nombres réels, factoriser $A^2 - B^2$.

38 Pour un réel C, que vaut $\sqrt{C^2}$?

39 A quelle puissance de C correspond $\sqrt{C}$?

40 Pour tous réels positifs A et B, que vaut $\sqrt{A} \times \sqrt{B}$?

41 Pour tout réel positif A, que vaut $\sqrt{A} \times \sqrt{A}$?

42 Pour tout réel positif A, que vaut $(\sqrt{A})^n$?

43 Vrai ou faux : pour tous réels positifs A et B, si A > B, alors $\sqrt{A} < \sqrt{B}$?

44 Que vaut $\sqrt{256}$?

45 Pour deux réels positifs A et B, factoriser l'expression suivante :

$A + B + 2\sqrt{A \times B}$

46 Parmi les nombres suivants, lesquels sont des entiers naturels ?

$\sqrt{16}$; $\sqrt{33}$; $\sqrt{1\,000}$; $\sqrt{100}$; $\sqrt{361}$; $\sqrt{(-81)^2}$; $\sqrt{101}$

47 Que vaut $\dfrac{2^3}{\sqrt{256}}$?

48 Calculer : $(\sqrt{81} - \sqrt{289}) \times (3^2 + 17)$.

49 Que vaut $\dfrac{\frac{2}{3}}{\frac{9}{12}}$?

50 Vrai ou faux : pour *a*, *b*, *x* et *y* des réels non nuls,

$\dfrac{\frac{a}{b}}{\frac{x}{y}} = \dfrac{a}{b} \times \dfrac{y}{x}$?

51 Que vaut : $\left(\dfrac{\sqrt{25}}{\sqrt{2}}\right)^2$?

52 Que vaut $2^{10} - 2^9$?

53 Calculer : $\dfrac{16}{18} + \dfrac{3}{4}$.

54 Que vaut $\dfrac{2}{\sqrt{2}}$?

55 Pour tous réels A et B positifs, factoriser :

$A^3 + B^3 - 2(AB)^{3/2}$.

56 Calculer : $\dfrac{3}{4} \times \dfrac{2}{5}$.

57 Calculer : $4 \times \frac{1}{3^{-2}}$.

58 Pour deux nombres réels positifs A et B, quel est le signe de $\sqrt{A+B} - \sqrt{A} + \sqrt{B}$?

59 Vrai ou faux : $\frac{\sqrt{A+B}}{\sqrt{A}+\sqrt{B}} \geq 1$?

60 Calculer : $\frac{\sqrt{64}}{\sqrt{8}}$.

61 Parmi ces nombres, combien sont premiers ?
3, 11, 81, 17, 57, 91, 97, 41, 43, 27

62 Quelle est la seule condition pour que le nombre $\sqrt{A}$ existe ?

63 Que vaut $A^n \times A^{-n}$?

64 Que vaut 0^0 ?

65 Quel nombre est le plus grand : $(-25)^2$ ou $(-25)^3$?

66 Calculer l'expression suivante : $(A+B)^2 \times (A-B)^2$.

67 Calculer : $\frac{2}{3} - 4 \times \frac{1}{\sqrt{2}} \times \sqrt{8} + 1$.

68 Calculer : $(A^2)^3 - (A^3)^2$.

69 Calculer : $(A^2)^3 - A^2 \times A^3$.

70 Trouver A tel que pour tout nombre n, $A^n = A$.

71 Quel nombre est le plus grand : $(-45\,635)^3$ ou $(-3)^3$?

72 Soit x un nombre réel. Que vaut $(2+x)^2 - 4x$?

73 Calculer $3^6 - 12^2$ en utilisant une identité remarquable.

74 Soient A et B deux nombres positifs, quel est le signe de $(A - B)^2 - (A^2 + B^2)$?

75 Calculer $(A - B)^3$.

76 Combien y a-t-il de nombres dont le carré est égal au cube ?

77 Vrai ou faux : $\sqrt{12} = 2\sqrt{3}$?

78 Simplifiez l'expression suivante : $\sqrt{60} + \sqrt{135}$.

79 Calculer : $\dfrac{3}{\sqrt{2}} + \dfrac{7}{4}$.

80 Quel est le signe de $\sqrt{17} + \sqrt{16} - \sqrt{33}$?

81 Que vaut : $\dfrac{1}{\dfrac{2}{\sqrt{8}}}$?

82 Existe-t-il des nombres dont la racine carrée est supérieure au carré ? C'est-à-dire, existe-t-il des nombres tels que : $\sqrt{x} > x^2$?

83 Que vaut $\left(\dfrac{2}{3}\right)^3$?

84 Soit A un réel positif, simplifier $\sqrt{A} \times A^3$.

85 Calculer : $\dfrac{8^3}{3^{-2}}$.

86 Quelle est la racine carrée du cube du double de 2 ?

87 Soit A un nombre réel non nul, que vaut : $\left(\dfrac{A^{12}}{A^7}\right)^{-2}$?

88 X et Y sont des entiers positifs. Lequel de ces nombres est le plus grand : $2XY$ ou $X^2 + Y^2$?

89 Existe-t-il des nombres dont le cube est strictement inférieur au carré ?

90 Combien un nombre A a-t-il de racines carrées ?

91 Quel est le nombre le plus proche de 1 : $\frac{12}{13}$ ou $\frac{13}{14}$?

92 Trois frères se partagent un gâteau. Le premier en prend six seizièmes, le deuxième en prend un tiers, combien reste-t-il au troisième ?

93 Des amis se partagent les frais pour un dîner au restaurant. Le premier en paie la moitié, le deuxième un tiers, le troisième un quart du reste. Que doit payer le quatrième ?

94 Que vaut la moitié du quart de 100 € ?

95 Aux élections municipales, il y avait quatre partis. Un tiers des habitants du village ont voté pour le parti A et un sixième pour le parti B. Sachant que le parti C a eu exactement le triple de voix de la partie D, quelle proportion des voix a eu le parti D ?

96 Mon grand-père a le cube de mon âge, et j'ai moi-même un neuvième de l'âge de mon père qui a le carré de l'âge de mon frère, qui a 6 ans. Quel âge a mon grand-père ?

97 Je possède une somme d'argent égale à la racine carré de la somme que possède ma sœur, qui correspond au triple d'un sixième de 200 €. Quelle somme d'argent ai-je donc ?

98 Que vaut $(\sqrt{16})^4$?

99 Quel est le triple du double de la racine carrée de 225 ?

100 Calculer : $\left(\frac{22}{6}\right)^{-1} + \frac{23}{13}$.

101 Que vaut un tiers de sept douzièmes de la racine carrée de 144 ?

102 Simplifier l'expression suivante : $(\sqrt{16})^3 \times 100^{3/2}$.

103 Que vaut $\sqrt{147} + 4\sqrt{3}$?

104 Calculer $\frac{91}{14} + 3^3$.

105 Soient A et B deux réels positifs, peut-on écrire que $\frac{A^2 + B^2}{2AB} \leq 1$?

106 Quel est le carré de l'inverse de l'opposé de la racine carrée de 81 ?

107 Que vaut $\left(\frac{2}{3}\right)^{-1}$?

108 Que vaut le cube du huitième de la racine cubique de 512 ?

109 Soit A un nombre réel. Que dire du signe de $A^2 + 3 - 2\sqrt{3}A$?

110 Que vaut : $(\sqrt{2} + \sqrt{3})(\sqrt{2} - \sqrt{3})$?

111 Que vaut : $(\sqrt{5} + 1)^2$?

112 Une voiture qui consomme 5 litres pour 100 km consommera combien de litres en 50 km ?

113 Une voiture qui consomme 7 litres pour 100 km consommera combien de litres en 150 km ?

114 Une voiture qui consomme 6 litres pour 100 km consommera combien de litres en 90 km ?

115 Une voiture qui consomme 6 litres pour 100 km consommera combien de litres en 170 km ?

116 Une voiture qui consomme 4,5 litres pour 100 km consommera combien de litres en 300 km ?

117 Une voiture qui consomme 5 litres pour 100 km consommera combien de litres en 220 km ?

118 Une voiture qui consomme 4 litres pour 100 km consommera combien de litres en 125 km ?

119 Une voiture qui consomme 12 litres pour 100 km consommera combien de litres en 60 km ?

120 Une voiture qui consomme 9 litres pour 100 km consommera combien de litres en 90 km ?

121 La consommation d'essence d'un camion est proportionnelle à sa vitesse. Sachant qu'il consomme 21 litres pour 100 km lorsqu'il roule à 80 km/h, quelle sera sa consommation s'il roule à 88 km/h ?

122 La consommation d'essence d'un camion est proportionnelle à sa vitesse. Sachant qu'il consomme 16 litres pour 100 km lorsqu'il roule à 100 km/h, quelle sera sa consommation s'il roule à 120 km/h ?

123 La consommation d'essence d'un camion est proportionnelle à sa vitesse. Sachant qu'il consomme 20 litres pour 100 km lorsqu'il roule à 80 km/h, quelle sera sa consommation s'il roule à 100 km/h ?

124 La consommation d'essence d'un camion est proportionnelle à sa vitesse. Sachant qu'il consomme 15 litres pour 100 km lorsqu'il roule à 60 km/h, quelle sera sa consommation s'il roule à 80 km/h ?

125 La consommation d'essence d'une voiture est proportionnelle à sa vitesse. Sachant qu'elle consomme 12 litres pour 100 km lorsqu'il roule à 140 km/h, quelle sera sa consommation s'il roule à 210 km/h ?

126 La consommation d'essence d'une voiture est proportionnelle à sa vitesse. Sachant qu'elle consomme 14 litres pour 100 km lorsqu'il roule à 52 km/h, quelle sera sa consommation s'il roule à 39 km/h ?

127 La consommation d'essence d'une voiture est proportionnelle à sa vitesse. Sachant qu'elle consomme 10 litres pour 100 km lorsqu'il roule à 60 km/h, quelle sera sa consommation s'il roule à 120 km/h ?

128 La consommation d'essence d'une voiture est proportionnelle à sa vitesse. Sachant qu'elle consomme 7 litres pour 100 km lorsqu'il roule à 120 km/h, quelle sera sa consommation s'il roule à 144 km/h ?

129 La consommation d'essence d'une voiture est proportionnelle à sa vitesse. Sachant qu'elle consomme 6 litres pour 100 km lorsqu'il roule à 150 km/h, quelle sera sa consommation s'il roule à 100 km/h ?

130 La consommation d'essence d'une voiture est proportionnelle à sa vitesse. Sachant qu'elle consomme 8 litres pour 100 km lorsqu'il roule à 90 km/h, quelle sera sa consommation s'il roule à 135 km/h ?

131 Si je gagne 4 200 € en trois mois, alors que vais-je gagner en 5 mois ?

132 Si je gagne 2 700 € en trois mois, alors que vais-je gagner en 7 mois ?

133 Si je gagne 4 000 € en quatre mois, alors que vais-je gagner en 26 mois ?

134 Si je gagne 5 500 € en onze mois, alors que vais-je gagner en 5 mois ?

135 Si je gagne 9 600 € en douze mois, alors que vais-je gagner en 6 mois ?

136 Si je gagne 9 600 € en douze mois, alors que vais-je gagner en 5 mois ?

137 Si je gagne 1 800 € en trois mois, alors que vais-je gagner en 4 mois ?

138 Si je gagne 3 000 € en cinq mois, alors que vais-je gagner en 3 mois ?

139 Si je gagne 4 200 € en sept mois, alors que vais-je gagner en 13 mois ?

140 Si je gagne 4 200 € en deux mois, alors que vais-je gagner en 3 ans ?

141 Un auteur écrit 12 pages par heure, combien en écrit-il en 5 minutes ?

142 Un auteur écrit 20 pages par heure, combien en écrit-il en 12 minutes ?

143 Un auteur écrit 12 pages par heure, combien en écrit-il en une heure et demie ?

144 Un auteur écrit 18 pages par heure, combien en écrit-il en 30 minutes ?

145 Un auteur écrit 45 pages par heure, combien en écrit-il en 20 minutes ?

146 Un ordinateur effectue 30 millions d'opérations en 15 secondes. Combien en fait-il en 6 secondes ?

147 Un ordinateur effectue 24 millions d'opérations en 20 secondes. Combien en fait-il en 5 secondes ?

148 Un ordinateur effectue 50 millions d'opérations en 60 secondes. Combien en fait-il en 24 secondes ?

149 Si trois hommes plantent quarante clous en dix heures et que quatre enfants peuvent faire le travail de deux hommes, combien de clous seront plantés en cinq heures avec une équipe de six hommes et six enfants ?

150 Pierre, Paul et Jacques découvrent un trésor d'une valeur de 1 431 € qu'ils se partagent en trois parts égales. Lors d'une partie de poker à laquelle Jacques ne participe pas, Pierre perd les trois quarts de sa part au profit de Paul. Paul possède alors à l'issue de la partie … fois plus d'argent que Paul.

Corrigés

1 $1/3 + 2/3 = (1 + 2)/3 = 3/3 = 1$

2 $1 + 1/2 = 2/2 + 1/2 = (2 + 1)/2 = 3/2$

3 $2 + 1/3 = 6/3 + 1/3 = 7/3$ (comme toujours, on cherche toujours à mettre les deux fractions sur un même dénominateur).

4 $4 – 1/5 = 20/5 – 1/5 = 19/5$

5 $1/2 + 1/2 = 2/2 = 1$

6 $1/4 + 1/2 = 1/4 + 2/4 = 3/4$

7 $1/3 – 1/6 = 2/6 – 1/6 = 1/6$

8 $3/4 + 1/2 = 3/4 + 2/4 = 5/4$

9 $1/4 + 2/5 = 5/20 + 8/20 = 13/20$

10 $1/3 + 1/7 = 7/21 + 3/21 = 10/21$

11 $2/9 + 1/18 = 4/18 + 1/18 = 5/18$

12 $1/12 – 3 = 1/12 – 36/12 = –35/12$

13 $12 + 11/12 = 144/12 + 11/12 = 155/12$

14 $13 – 11/2 = 26/2 – 11/2 = 15/2$

15 $3 \times (1/4 – 1/2) = 3 \times (1/4 – 2/4) = 3 \times (– 1/4) = – 3/4$

16 $(3/4)/(5/6) = 3/4 \times 6/5 = (3 \times 6)/(4 \times 5) = 18/20 = 9/10$

17 $4 \times (2/3 – 7/2) = 4 \times (4/6 – 21/6) = 4 \times (– 17/6) = 2 \times (– 17/3) = – 34/3$

18 (3/2)/(9/2) = 3/2 × 2/9 = 6/18 = 1/3

19 3/2 × (9/4 – 13/3) = 3/2 × (27/12 – 52/12) = 3/2 × (– 25/12) = – 75/24

20 1/(3/7) = 7/3

21 Le numérateur.

22 Le dénominateur.

23 Faux, dans une fraction le dénominateur ne peut pas être nul.

24 $\frac{a}{b} + \frac{x}{y} = \frac{ay + bx}{by}$.

25 C'est $\frac{b}{c}$, car on divise b par un nombre plus petit.

26 C'est une fraction qu'on ne peut simplifier, car le numérateur et le dénominateur n'ont aucun facteur commun ! Exemple : 2/3

27 $\frac{14}{4} = \frac{7 \times 2}{2 \times 2} = \frac{7}{2}$

$\frac{305}{1\,525} = \frac{5 \times 61}{5 \times 305} = \frac{61}{305}$. 61 étant un nombre premier, on ne peut simplifier davantage.

28 Seules $\frac{2}{3}$ et $\frac{7}{13}$ sont irréductibles !

29 A^{n+p}.

30 A^{n-p}.

31 $A^{n \times p}$.

32 Quelque soit A, $A^0 = 1$.

33 $A^n \times B^n \times C^n = (A \times B \times C)^n$.

34 $\sqrt{A}$.

35 $A^2 + B^2 + 2AB = (A + B)^2$

36 $A^2 + B^2 - 2AB = (A - B)^2$

37 $A^2 - B^2 = (A + B)(A - B)$

38 $\sqrt{C^2} = C$ si C est positif, et $-C$ si C est négatif.

39 $\sqrt{C} = C^{1/2}$.

40 $\sqrt{A} \times \sqrt{B} = \sqrt{A \times B}$.

41 $\sqrt{A} \times \sqrt{A} = \sqrt{A \times A} = \sqrt{A^2} = A$ (rappel : A est positif).

42 $(\sqrt{A})^n = A^{n/2}$.

43 Faux, si $A > B$, alors $\sqrt{A} > \sqrt{B}$. On dit que la fonction racine carrée est croissante !

44 16. En effet 256 est le carré de 16.

45 On se rend compte qu'on a affaire à une identité remarquable :
$A + B + 2\sqrt{A \times B} = \sqrt{A}^2 + \sqrt{B}^2 + 2\sqrt{A} + \sqrt{B} = (\sqrt{A} + \sqrt{B})^2$.

46 $\sqrt{16} = 4$; $\sqrt{100} = 10$; $\sqrt{361} = 19$ et $\sqrt{(-81)^2} = 81$ sont des entiers naturels, contrairement aux autres !

47 $2^3 = 8$ et $\sqrt{256} = 16$, donc $\frac{2^3}{\sqrt{256}} = \frac{8}{16} = \frac{1}{2}$.

48 $(\sqrt{81} - \sqrt{289})(3^2 + 17) = (9 - 17)(9 + 17) = 9^2 - 17^2 = 81 - 289 = -208$.

49 $\dfrac{\frac{2}{3}}{\frac{9}{12}} = \dfrac{2}{3} \times \dfrac{12}{9} = \dfrac{24}{27} = \dfrac{3 \times 8}{3 \times 9} = \dfrac{8}{9}.$

50 Vrai : diviser par un nombre, c'est multiplier par son inverse, alors diviser par $\frac{x}{y}$ revient à multiplier par $\frac{y}{x}$!

51 $\left(\dfrac{\sqrt{25}}{\sqrt{2}}\right)^2 = \left(\dfrac{5}{\sqrt{2}}\right)^2 = \dfrac{25}{2}$. On ne peut pas plus simplifier cette fraction !

52 Factorisons cette expression : $2^{10} - 2^9 = 2^9(2 - 1) = 2^9 = 512$.

53 $\dfrac{16}{18} + \dfrac{3}{4} = \dfrac{16 \times 2}{18 \times 2} + \dfrac{3 \times 9}{4 \times 9} = \dfrac{32}{36} + \dfrac{27}{36} = \dfrac{59}{36}$

Comme 59 est un nombre premier, on ne peut pas simplifier cette fraction, qui est donc dite irréductible.

54 $\dfrac{2}{\sqrt{2}} = \dfrac{\sqrt{2} \times \sqrt{2}}{\sqrt{2}} = \sqrt{2}.$

55 $A^3 + B^3 - 2(AB)^{3/2} = (A^{3/2} - B^{3/2})^2$.

56 $\dfrac{3}{4} \times \dfrac{2}{5} = \dfrac{3 \times 2}{4 \times 5} = \dfrac{6}{20} = \dfrac{3 \times 2}{10 \times 2} = \dfrac{3}{10}.$

57 $4 \times \dfrac{1}{3^{-2}} = 4 \times 3^2 = 4 \times 9 = 36.$

58 On sait que $\sqrt{A + B} \leq \sqrt{A} + \sqrt{B}$, donc $\sqrt{A + B} - (\sqrt{A} + \sqrt{B}) \leq 0$.

59 Faux, en effet : $\sqrt{A + B} \leq \sqrt{A} + \sqrt{B}$, donc $\dfrac{\sqrt{A + B}}{\sqrt{A} + \sqrt{B}} \leq 1$.

60 $\dfrac{\sqrt{64}}{\sqrt{8}} = \sqrt{\dfrac{64}{8}} = \sqrt{8} = \sqrt{4 \times 2} = 2\sqrt{2}.$

61 Parmi ces nombres, 6 sont premiers. **3**, **11**, 81, **17**, 57, 91, **97**, **41**, **43**, 27

62 Il faut que A soit un nombre positif.

63 $A^n \times A^{-n} = A^{n+(-n)} = A^{n-n} = A^0 = 1.$

64 Comme tous les nombres élevés à la puissance 0, $0^0 = 1$!

65 Le carré d'un nombre négatif est un nombre positif, alors que le cube d'un nombre négatif est un nombre négatif. Donc $(-25)^2 > (-25)^3$.

66 $(A+B)^2 \times (A-B)^2 = [(A+B)(A-B)]^2 = (A^2 - B^2)^2 = A^4 + B^4 - 2(AB)^2.$

67 $\frac{2}{3} - 4 \times \frac{1}{\sqrt{2}} \times \sqrt{8} + 1 = \frac{2}{3} - \frac{\sqrt{2} \times \sqrt{2} \times 2}{\sqrt{2}} + 2\sqrt{2} + 1 = \frac{2}{3} - 2\sqrt{2} + 2\sqrt{2} + 1$
$= \frac{2}{3} + 1 = \frac{5}{3}.$

68 $(A^2)^3 - (A^3)^2 = A^{2\times3} - A^{3\times2} = A^6 - A^6 = 0.$

69 $(A^2)^3 - A^2 \times A^3 = A^{2\times3} - A^{2+3} = A^6 - A^5 = A^5(A-1).$

70 La bonne réponse est $A = 1$. Attention, $A = 0$ ne fonctionne pas, car $0^0 = 1$.

71 C'est $(-3)^3$. La fonction cube est croissante pour tous les nombres réels.

72 $(2+x)^2 - 4x = 4 + x^2 + 2 \times 2x - 4x = 4 + x^2.$

73 $3^6 - 12^2 = (3^3 - 12)(3^3 + 12) = (27 - 12)(27 + 12) = 15 \times 39 = 15 \times (40 - 1)$
$= 600 - 15 = 585.$

74 $(A-B)^2 - (A^2 + B^2) = A^2 + B^2 - 2AB - A^2 - B^2 = -2AB$
Sachant que A et B sont positifs, $-2AB$ est négatif et donc $(A-B)^2 \leq 0$.

75 $(A-B)^3 = (A-B)^2(A-B) = (A^2 + B^2 - 2AB)(A-B)$
$= A^3 - A^2B + AB^2 - B^3 - 2A^2B + 2AB^2$
Donc : $(A-B)^3 = A^3 - 3A^2B + 3AB^2 - B^3$.

76 Il y en a deux : 0 et 1 !

77 Vrai : $\sqrt{12} = \sqrt{4 \times 3} = 2\sqrt{3}$.

78 $\sqrt{60} + \sqrt{135} = \sqrt{4 \times 15} + \sqrt{9 \times 15} = 2\sqrt{15} + 3\sqrt{15} = 5\sqrt{15}$.

79 $\frac{3}{\sqrt{2}} + \frac{7}{4} = \frac{3 \times 2\sqrt{2}}{\sqrt{2} \times 2\sqrt{2}} + \frac{7}{4} = \frac{6\sqrt{2} + 7}{4}$.

80 On remarque que $33 = 17 + 16$, et on sait que $\sqrt{17} + \sqrt{16} \geq \sqrt{33}$.
Donc : $\sqrt{17} + \sqrt{16} - \sqrt{33} \geq 0$.

81 $\frac{1}{\frac{2}{\sqrt{8}}} = \frac{\sqrt{8}}{2}$ car diviser par un nombre revient à multiplier par son inverse.
Donc : $\frac{1}{\frac{2}{\sqrt{8}}} = \frac{\sqrt{8}}{2} = \frac{2\sqrt{2}}{2} = \sqrt{2}$.

82 Oui, tous les nombres compris entre 0 et 1 ont cette propriété !
Exemple : $\sqrt{0{,}25} = 0{,}5$ et $0{,}25^2 = 0{,}125$.

83 $\left(\frac{2}{3}\right)^3 = \frac{2^3}{3^3} = \frac{8}{27}$!

84 $\sqrt{A} \times A^3 = A^{1/2} \times A^3 = A^{1/2+3} = A^{7/2}$.

85 $\frac{8^3}{3^{-2}} = 8^3 \times 3^2 = 512 \times 9 = 4\,608$.

86 Le double de 2 est 4. Le cube de 4 est 64. La racine carrée de 64 est 8 !

87 $\left(\frac{A^{12}}{A^7}\right)^{-2} = (A^{12-7})^{-2} = (A^5)^{-2} = A^{5\times(-2)} = A^{-10} = \frac{1}{A^{10}}$.

88 $(X - Y)^2 = X^2 + Y^2 - 2XY$. Sachant qu'un nombre au carré est toujours positif, on sait que $X^2 + Y^2 - 2XY$ est positif. Ainsi, $X^2 + Y^2$ est supérieur à $2XY$!

89 Oui, tous les nombres négatifs sont dans ce cas, car leurs carrés sont positifs mais leurs cubes sont négatifs !

90 Chaque nombre A n'a qu'une racine carrée, c'est le nombre positif dont le carré est égal à A. Mais il existe aussi un nombre négatif dont le carré est égal à A !

91 Seul un quatorzième sépare $\frac{13}{14}$ de 1, alors que un treizième sépare $\frac{12}{13}$ de 1.

Comme un quatorzième est inférieur à un treizième, c'est $\frac{13}{14}$ qui est le plus proche de 1 !

92 Le troisième aura une part égale à :

$$1 - \frac{6}{16} - \frac{1}{3} = 1 - \frac{3}{8} - \frac{1}{3} = \frac{24}{24} - \frac{9}{24} - \frac{8}{24} = \frac{24 - 9 - 8}{27} = \frac{7}{24}.$$

Ainsi, il aura sept vingt-quatrièmes du gâteau !

93 Le quatrième doit payer :

$$1 - \frac{1}{2} - \frac{1}{3} - \frac{1}{4} \times \left(1 - \frac{1}{2} - \frac{1}{3}\right) = \frac{6}{6} - \frac{3}{6} - \frac{2}{6} - \frac{1}{4} \times \left(\frac{6}{6} - \frac{3}{6} - \frac{2}{6}\right) = \frac{3}{4} \times \left(\frac{6}{6} - \frac{3}{6} - \frac{2}{6}\right)$$

$$= \frac{3}{4} \times \frac{1}{6} = \frac{3}{24} = \frac{1}{8}.$$

Il doit payer un huitième de l'addition !

94 $\frac{1}{2} \times \frac{1}{4} \times 100 = \frac{1}{8} \times 100 = \frac{100}{8} = 12{,}50$ €.

95 C et D se sont partagés $1 - \frac{1}{3} - \frac{1}{6} = \frac{6 - 2 - 1}{6} = \frac{3}{6}$, soit la moitié des voix ! D en a eu trois fois moins que C. Donc D a eu un quart de cette moitié (et C les trois quarts de la moitié), soit un huitième des voix !

96 Mon frère a 6 ans. Mon père a donc $6^2 = 36$ ans.

J'ai donc moi-même $\frac{36}{9} = 4$ ans. Ainsi mon grand-père a $4^3 = 64$ ans !

97 Un sixième de 200 € s'écrit $\frac{200}{6}$.

Le triple de cette somme s'écrit donc : $3 \times \frac{200}{6}$.

Je possède donc : $\sqrt{3 \times \frac{200}{6}} = \sqrt{\frac{3 \times 200}{6}} = \sqrt{\frac{600}{6}} = \sqrt{100} = 10$ €.

98 $(\sqrt{16})^4 = (\sqrt{16})^2 \times (\sqrt{16})^2 = 16 \times 16 = 256.$

99 $\sqrt{225} = 15$

$15 \times 2 \times 3 = 90$

La réponse est donc 90 !

100 $\left(\frac{22}{6}\right)^{-1} + \frac{23}{13} = \frac{6}{22} + \frac{23}{13} = \frac{3}{11} + \frac{23}{13} = \frac{3 \times 13}{11 \times 13} + \frac{23 \times 11}{13 \times 11} = \frac{39 + 253}{143} = \frac{292}{143}$

La fraction est irréductible, donc on s'arrête ici !

101 $\sqrt{144} = 12$

$\frac{7}{12} \times 12 = 7$

$\frac{1}{3} \times 7 = \frac{7}{3}.$

102 $(\sqrt{16})^3 \times 100^{3/2} = 16^{3/2} \times 100^{3/2} \times = (16 \times 100)^{3/2} = 1\,600^{3/2}.$

103 $\sqrt{147} + 4\sqrt{3} = \sqrt{49 \times 3} + 4\sqrt{3} = 7\sqrt{3} + 4\sqrt{3} = 11\sqrt{3}.$

104 $\frac{91}{14} + 3^3 = \frac{7 \times 13}{7 \times 2} + 27 = \frac{13}{2} + \frac{54}{2} = \frac{67}{2}.$

105 Non, en effet $(A - B)^2 \geq 0$,

donc $A^2 + B^2 + 2AB \geq 0$,

donc $A^2 + B^2 \geq 2AB$ et comme A et B sont positifs, 2AB l'est aussi,

donc $\frac{A^2 + B^2}{2AB} \geq 1.$

106 La racine carrée de 81 est 9. Son opposé est donc – 9. L'inverse de – 9 est $-\frac{1}{9}$. Et $\left(-\frac{1}{9}\right)^2 = \frac{1}{81}.$

107 $\left(\frac{2}{3}\right)^{-1} = \frac{3}{2}.$

108 La racine cubique de 512 est le nombre positif dont le cube est 512. C'est donc 8. Un huitième de 8 vaut 1, et le cube de 1 vaut 1 !

109 En s'apercevant qu'on a affaire à la forme développée d'une identité remarquable, on peut écrire $A^2 + 3 - 2\sqrt{3}A = (A - \sqrt{3})^2$. Or, $(A - \sqrt{3})^2$ est un nombre positif, donc $A^2 + 3 - 2\sqrt{3}A$ est aussi positif !

110 On reconnaît l'identité remarquable :
$(\sqrt{2} + \sqrt{3})(\sqrt{2} - \sqrt{3}) = (\sqrt{2})^2 - (\sqrt{3})^2 = 2 - 3 = -1$.

111 $(\sqrt{5} + 1)^2 = (\sqrt{5})^2 + 1^2 + 2 \times 1 \times \sqrt{5} = 5 + 1 + 2\sqrt{5} = 6 + 2\sqrt{5}$.

112 Elle consommera 5 × (50/100) = 5 × 0,5 = 2,5 litres.

113 Elle consommera 7 × (150/100) = 7 × 1,5 = 10,5 litres.

114 Elle consommera 6 × (90/100) = 6 × 0,9 = 5,4 litres.

115 Elle consommera 6 × (170/100) = 6 × 1,7 = 10,2 litres.

116 Elle consommera trois fois plus qu'en 100 km, soit 4,5 × 3 = 13,5 litres !

117 Elle consommera 5 × (220/100) = 5 × 2,2 = 11 litres.

118 Elle consommera 4 × (125/100) = 4 × 1,25 = 5 litres.

119 Elle consommera 12 × (60/100) = 12 × 0,6 = 7,2 litres.

120 Elle consommera 9 × (90/100) = 9 × 0,9 = 8,1 litres.

121 Il consommera 21 × (88/80) = 21 × 1,1 = 23,1 litres pour 100 km.

122 Il consommera 16 × (120/100) = 16 × 1,2 = 19,2 litres pour 100 km.

123 Il consommera 20 × (100/80) = 20 × 1,25 = 25 litres pour 100 km.

124 Il consommera 15 × (80/60) = 15 × 4/3 = 20 litres pour 100 km.

125 Elle consommera 12 × (210/140) = 12 × 1,5 = 18 litres pour 100 km.

126 Elle consommera 14 × (39/52) = 14 × 0,75 = 10,5 litres pour 100 km.

127 Elle consommera 10 × (120/60) = 10 × 2 = 20 litres pour 100 km.

128 Elle consommera 7 × (144/120) = 7 × 1,2 = 8,4 litres pour 100 km.

129 Elle consommera 6 × (100/150) = 6 × 2/3 = 4 litres pour 100 km.

130 Elle consommera 8 × (135/90) = 8 × 1,5 = 12 litres pour 100 km.

131 Je vais gagner 4 200 × (5/3) = 7 000 €.

132 Je vais gagner 2 700 × (7/3) = 6 300 €.

133 Je vais gagner 4 000 × (26/4) = 26 000 €.

134 Je vais gagner 5 500 × (5/11) = 2 500 €.

135 Ici, il suffit de diviser par 2 ! Je vais gagner 4 800 €.

136 Je vais gagner 9 600 × (5/12) = 4 000 €.

137 Je vais gagner 1 800 × 4/3 = 2 400 €.

138 Je vais gagner 3 000 × 3/5 = 1 800 €.

139 Je vais gagner 4 200 × 13/7 = 600 × 13 = 7 800 €.

140 Ici, il suffit de diviser par deux. Je vais donc gagner 4 200/2 = 2 600 €.
Le rapport entre 2 mois et 3 ans est de 1 pour 18. En effet, il y a 18 fois 2 mois dans trois ans. Il suffit donc de multiplier 4 200 par 18 ce qui donne : 75 600 €

141 Il en écrit $12 \times 5/60 = 1$ par minute !

142 Il en écrit $20 \times 12/60 = 4$.

143 Il en écrit $12 \times 1,5/1 = 18$.

144 Il en écrit $18 \times 30/60 = 9$.

145 Il en écrit $45 \times 20/60 = 15$.

146 Il effectue $30 \times 6/15 = 12$ millions d'opérations en 6 secondes.

147 Il effectue $24 \times 5/20 = 6$ millions d'opérations en 5 secondes.

148 Il effectue $50 \times 24/60 = 20$ millions d'opérations en 24 secondes.

149 60. 6 hommes et 6 enfants = 6 hommes + 3 hommes = 9 hommes.
Or en 10 heures, 9 hommes plantent $3 \times 40 = 120$ clous,
soit $120/2 = 60$ clous en 5 heures.

150 7 fois plus. En effet, si Pierre perd les 3/4 du trésor au profit de Paul, alors Pierre ne possède plus que 1/4 du trésor et Paul possède désormais $1 + 3/4 = 7/4$. On a donc 1/4 pour Pierre, 7/4 pour Paul… Autrement dit, Paul possède alors à l'issue de la partie 7 fois plus d'argent que Paul.

Fiche 10

Opérations usuelles : ce que vous devez retenir

1. Vous devez être des virtuoses dans la manipulation des fractions.

80 % des questions de calcul au TAGE 2 impliquent des manipulations de fractions.

Vous devez en faire et en refaire.

Si vous vous sentez faible sur ce sujet, n'hésitez pas à consulter le site :

www.mathematiquesfaciles.com/calculs-avec-les-fractions_2_97188.htm

2. Pensez à exprimer vos carrés et cubes sous forme de puissances.

Exemple : $16^4 \times 4^{16} = (4^2)^4 \times 4^{16} = 4^8 \times 4^{16} = 4^{8+16} = 4^{24} = (2^2)^{24} = 2^{48}$

3. Manipulez vos racines carrées à la perfection.

Exemple 1 : supprimer la racine carrée au dénominateur.

$$\frac{10}{\sqrt{5}} = \frac{10\sqrt{5}}{\sqrt{5}\sqrt{5}} = \frac{10\sqrt{5}}{5} = 2\sqrt{5}$$

Exemple 2 : supprimer les racines carrées du dénominateur.

$$\frac{2}{\sqrt{3}-\sqrt{2}} = \frac{2(\sqrt{3}+\sqrt{2})}{(\sqrt{3}-\sqrt{2})(\sqrt{3}+\sqrt{2})} = \frac{2(\sqrt{3}+\sqrt{2})}{3-2} = 2(\sqrt{3}+\sqrt{2})$$

A la troisième étape du calcul, on a appliqué au dénominateur la formule :

$(a - b) \times (a + b) = a^2 - b^2$

5. POURCENTAGES

1. Les trois définitions du pourcentage

[1. Un pourcentage est une fraction]

Un pourcentage permet d'exprimer un nombre comme une fraction de cent, généralement en utilisant le signe « % ». Un pourcentage permet alors de comparer une quantité par rapport à la quantité de référence 100 :

$$X\ \% = \frac{X}{100}$$

Ainsi, n'oubliez jamais qu'un pourcentage est d'abord une fraction. Justement, transformez donc **80 %, 72 %, 36 %, 44 %** en fractions irréductibles (*i.e.* en fractions qui ne peuvent pas être simplifiées davantage).

80 % = 80/100 = (4 × 4 × 5)/(4 × 5 × 5) = 4/5
36 % = 36/100 = (4 × 9)/(4 × 25) = 9/25

72 % = 72/100 = (9 × 2 × 4)/(5 × 5 × 4) = 18/25
44 % = 44/100 = (4 × 11)/(4 × 25) = 11/25

[2. Un pourcentage est une part]

Le pourcentage représente une proportion, une part d'un ensemble.

Le total est en fait ramené à 100 et le pourcentage représente donc le rapport d'un *sous-ensemble* à son ensemble :

$$\text{Pourcentage} = [(\frac{\text{Part}}{\text{Total}}) \times 100]\ \%$$

Exemple :

Une galette des rois est coupée en 16 parts. Joe prend 2 parts de galette. Quel pourcentage de la galette Joe a-t-il mangé ?
Réponse : 2 parts = (2/16) × 100 % = (1/8) × 100 % = 12,5 %

Dans une classe de 30 élèves, il y a 12 garçons. Quel pourcentage de la classe, les garçons représentent-ils ?
Réponse : part des garçons = 12/30 × 100 % = 40 %

[3. Un pourcentage est un nombre décimal]

Le pourcentage est un **nombre décimal** compris entre 0 et 1 lorsque le pourcentage est inférieur à 100 %, et au-dessus de 1 lorsque le pourcentage est supérieur à 100 %.

Exemple :

> Transformez 25 % ; 112 % ; 72 % ; 0,5 % en nombres décimaux.
>
> Réponse : 25 % = 0,25 ; 112 % = 1,12 ; 72 % = 0,72 ; 0,5 % = 0,005.

2. Tableau fondamental de correspondances

Voici les principales correspondances pourcentages / fractions / nombres décimaux que vous devez absolument connaître sur le bout des doigts et entre lesquelles vous serez amenés à jongler régulièrement en calcul !

N'oubliez jamais qu'un bon candidat est un candidat qui sait en une fraction de seconde que 1/8 est égal à 12,5 % et que 80 % est égal à 4/5 ! C'est à ce prix que l'on devient une « bête » dans les épreuves de calcul des concours.

1 % = 1/100 = 0,01	2 % = 1/50 = 0,02	4 % = 1/25 = 0,04
5 % = 1/20 = 0,05	10 % = 1/10 = 0,1	12,5 % = 1/8 = 0,125
16,66 % ≈ 1/6 ≈ 0,166	20 % = 1/5 = 0,2	25 % = 1/4 = 0,25
33,33 % ≈ 1/3 ≈ 0,333	40 % = 2/5 = 0,4	50 % = 1/2 = 0,5
60 % = 3/5 = 0,6	66,6 %… = 2/3 = 0,66…	70 % = 7/10 = 0,7
75 % = 3/4 = 0,75	80 % = 4/5 = 0,8	100 % = 1
200 % = 2	250 % = 2,5	1 000 % = 10

Doubler revient à multiplier par **2** ou à ajouter **100 %.**
Tripler revient à multiplier par **3** ou à ajouter **200 %.**
Quadrupler revient à multiplier par **4** ou à ajouter **300 %.**
Décupler revient à multiplier par **10** ou à ajouter **900 %.**
Augmenter du **cinquième** revient à ajouter **20 %** ou à multiplier par **1,2.**
Diminuer du **cinquième** revient à baisser de **20 %** ou à multiplier par **0,8.**
Augmenter du **quart** revient à ajouter **25 %** ou à multiplier par **1,25.**
Diminuer du **quart** revient à baisser de **25 %** ou à multiplier par **0,75.**

3. Les grands classiques du TAGE 2

[1. Appliquer une augmentation ou une baisse en pourcentage]

Si on **augmente** X (ex. : un prix) de *a* %, alors on obtient une valeur X^+ telle que :

$$X^+ = (1 + \frac{a}{100}) \times X$$

X^+ signifie que l'on a fait subir à X une augmentation en pourcentage.

Retenez ainsi par exemple qu'augmenter X de 35 % revient à multiplier X par 1,35 et qu'augmenter X de 12,8 % revient à multiplier X par 1,128.

Si on **diminue** X (ex. : un prix) de *a* %, alors on obtient une valeur X^- telle que :

$$X^- = (1 - \frac{a}{100}) \times X$$

X^- signifie que l'on a fait subir à X une baisse en pourcentage.

Retenez ainsi par exemple que diminuer X de 35 % revient à multiplier X par 0,65 et que diminuer X de 12,8 % revient à multiplier X par 0,872.

Exemple :

> L'action d'une entreprise cotée à 42 € en ouverture du marché gagne 5 % lors de la séance. Quelle est la côte de l'action à la clôture ?
>
> Réponse : 42 € + 5 % × 42 € = 42 € × 1,05 = 42 € + 2,1 € = 44,1 €

[2. Appliquer des augmentation(s)/baisse(s) successives en pourcentages]

Lors d'augmentations ou de baisses successives en pourcentages, **les pourcentages se multiplient entre eux, mais ne s'ajoutent pas !**

Augmentations successives :

Si on **augmente** X de *a* % et qu'on **augmente** ensuite la quantité obtenue de *b* %, alors on obtient une valeur X^{++} telle que :

$$X^{++} = (1 + \frac{a}{100}) \times (1 + \frac{b}{100}) \times X$$

Baisses successives :

Si on **diminue** X de *a* % et qu'on **diminue** ensuite la quantité obtenue de *b* %, alors on obtient une valeur X^{--} telle que :

$$X^{--} = (1 - \frac{a}{100}) \times (1 - \frac{b}{100}) \times X$$

Augmentation et baisse successives :

Si on **augmente** X de *a* % et qu'on **diminue** ensuite la quantité obtenue de *b* %, alors on obtient une valeur X^{+-} telle que :

$$X^{+-} = (1 + \frac{a}{100}) \times (1 - \frac{b}{100}) \times X$$

Si on applique à X une **augmentation** de *a* % suivie d'une **baisse** de *b* %, suivie d'une **baisse** de *c* %, suivie d'une **hausse** de *d* %, alors on obtient une valeur X^{+--+} telle que :

$$X^{+--+} = (1 + \frac{a}{100}) \times (1 - \frac{b}{100}) \times (1 - \frac{c}{100}) \times (1 + \frac{d}{100}) \times X$$

Remarque : dans des augmentations/baisses successives en pourcentages, l'ordre des variations n'importe pas. Cela revient ainsi strictement au même d'appliquer une hausse de *a* % suivie d'une hausse de *b* % que l'inverse (*i.e.* une hausse de *b* %, puis une hausse de *a* %). Aussi, cela revient strictement au même d'appliquer une baisse de *a* % suivie d'une hausse de *b* % que l'inverse (*i.e.* une hausse de *b* % suivie d'une baisse de *a* %).

Par exemple, si vous effectuez une hausse de 10 % suivie d'une baisse de 20 % en partant d'une valeur égale à 100, alors les deux ordres possibles sont :

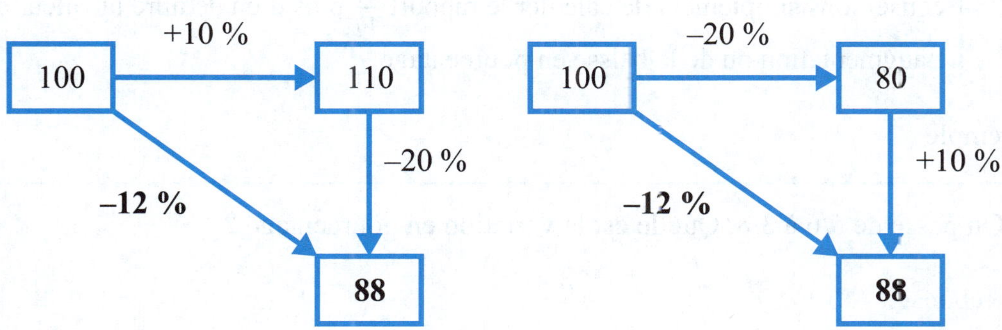

[3. Trouver un pourcentage d'augmentation ou de baisse]

Un problème classique aux concours consiste à vous demander de calculer l'évolution en pourcentage d'une valeur. La variation en pourcentage d'une valeur est égale à :

$$\left[\frac{Vf - Vi}{Vi} \times 100\right] \%$$

Avec ***Vf* la valeur finale** (après la baisse ou l'augmentation en pourcentage) et ***Vi* la valeur initiale** (avant la baisse ou l'augmentation en pourcentage).

Si $Vf > Vi$ alors on trouvera un pourcentage d'augmentation.

Si $Vf < Vi$ alors on trouvera un pourcentage de baisse.

Exemple :

Hier, le prix du litre d'essence à la pompe était égal à 1,40 €. Aujourd'hui, il est égal à 1,428 €. Quel est le pourcentage d'augmentation du prix du litre d'essence entre hier et aujourd'hui ?

Réponse : ici, $Vf = 1{,}428$ et $Vi = 1{,}4$.
Le pourcentage d'augmentation est donc égal à :

$$\left[\frac{1{,}428 - 1{,}4}{1{,}4} \times 100\right] \% = \left[\frac{0{,}028}{1{,}4} \times 100\right] \% = \frac{2{,}8}{1{,}4} \% = 2 \%$$

ASTUCE

Lorsque vos valeurs finale et initiale Vf et Vi sont des fractions, nous vous conseillons simplement de calculer le rapport $\frac{Vf}{Vi}$ puis d'en déduire la valeur de l'augmentation ou de la baisse en pourcentage.

Exemple :

On passe de 5/6 à 3/8. Quelle est la variation en pourcentage ?

Réponse : –55 %.

En effet : $\frac{Vf}{Vi} = \frac{\frac{3}{8}}{\frac{5}{6}} = \frac{3}{8} \times \frac{6}{5} = \frac{18}{40} = \frac{9}{20} = 1 - \frac{11}{20} = 1 - 55\ \%$

Rappel : si 1/20 = 5 %, alors 11/20 = 55 %.

[4. Retrouver une quantité d'origine]

Nous attirons ici votre attention sur une erreur terrible que nous continuons de rencontrer régulièrement en tant que professeurs. Cette erreur consiste à penser curieusement que si l'on diminue X de *a* % et que l'obtient alors une valeur Y, alors il suffit d'augmenter Y de *a* % pour retrouver la valeur X.

Cette erreur n'est pas acceptable ! Imaginez en effet que vous perdiez **50 %** des 100 € que vous possédez, alors il vous reste 50 €, n'est-ce pas ? A présent, augmentez ces 50 € de **50 %,** quelle somme retrouvez-vous ? Vous ne retrouvez certainement pas les 100 € que vous aviez au départ, mais la somme de 75 € puisque 50 € + 50 % × 50 € = 1,5 × 50 € = 75 €. Attention donc à ne pas tomber dans ce vieux piège.

Une jolie astuce :

- Si vous retranchez $\frac{1}{N}$ à une valeur, alors vous devez ajouter $\frac{1}{N-1}$ pour retrouver la valeur d'origine. (*N* étant ici un entier naturel strictement plus grand que 1)

- Si vous ajoutez $\frac{1}{N}$ à une valeur, alors vous devez retrancher $\frac{1}{N+1}$ pour retrouver la valeur d'origine. (*N* étant ici un entier naturel strictement plus grand que 1)

Exemple :

Une action perd 25 % à la clôture ce mardi. Combien l'action devra-t-elle gagner mercredi en pourcentage pour effacer ses pertes de la veille ?

Réponse : vous avez appris grâce au tableau fondamental de correspondances que 25 % est égal à 1/4. Autrement dit, l'action a perdu 1/4 de sa valeur. Aussi, pour effacer ses pertes, l'action devra regagner 1/(4 – 1) = 1/3 de sa valeur, autrement dit environ 33,33 %. Vous l'avez compris, dans cet exemple : *N* = 4.

Le problème maintenant c'est lorsqu'une action perd 23,2 % par exemple, il ne nous est plus possible d'appliquer l'astuce vue précédemment. En effet, cette dernière s'applique avec efficacité lorsque l'on est en mesure de transformer un pourcentage en fraction dont le numérateur est 1. (ex. : 20 % = 1/5 ou 10 % = 1/10, etc.)

Voici donc comment nous ferons avec les pourcentages qui ne figurent pas dans le tableau fondamental de correspondances :
Soit X le prix initial et *Y* le prix final (*i.e.* après la baisse ou l'augmentation de *a* %).
L'énoncé vous donne les valeurs de *a* et de *Y*. Vous résoudrez alors les équations :

$X = \frac{Y}{\left(1 - \frac{a}{100}\right)}$ dans le cas où X a subi une baisse en pourcentage.

$X = \frac{Y}{\left(1 + \frac{a}{100}\right)}$ dans le cas où X a subi une augmentation en pourcentage.

Exemple :

Après une **baisse** de 15 %, un produit coûte 89,70 €. Quel était son prix initial ?

Réponse : soit X le prix initial, *Y* = 89,70 et *a* % = 15 % = 0,15.

On pose $X = \frac{Y}{\left(1 - \frac{a}{100}\right)} = \frac{89{,}70}{1 - 0{,}15} = \frac{89{,}70}{0{,}85} = \frac{8\,970}{85} = 105{,}53$

[5. Calculer des pourcentages de pourcentages]

Exemple :

15 % de la population française habite en Ile-de-France. Parmi les habitants d'Ile-de-France, 20 % habitent Paris intra-muros. Quel est le pourcentage de la population française qui habite Paris intra-muros ?

Réponse : le pourcentage de Français franciliens est égal à 20 % de 15 %, soit : 20 % × 15 % = 1/5 × 15 % = 15 %/5 = 3 % (facile non, quand on connaît son tableau de correspondances ?).

POURCENTAGES : 30 APPLICATIONS POUR VOUS ENTRAINER

Enoncés

Questions **Votre réponse**

1 Complétez :
Diviser par 2 revient à baisser de … %.

2 Des chaussures valaient 120 €, mais aujourd'hui elles sont en promotion à – 20 %. Quel est leur nouveau prix ?

3 En deux ans, ma taille a augmenté de 10 %. Avant je mesurais 1 m 40. Quelle taille fais-je aujourd'hui ?

4 Pour calculer des augmentations ou des baisses successives, doit-on additionner les pourcentages entre eux, ou les multiplier ?

5 Vrai ou faux : si un prix augmente de 10 % puis de 10 % à nouveau, alors il aura augmenté de 20 % au total.

6 Une chemise vendue 100 € voit son prix augmenter de 10 %, puis baisser de 5 %. Quel est son nouveau prix ?

7 Le prix du litre d'essence, qui est de 1,50 €, va subir une augmentation de 20 % cette année puis de 10 % l'année suivante. Quel sera alors son prix ?

8 Quelle hausse est la plus grande : une seule de 30 % ou bien deux hausses successives de 15 % chacune ?

9 Vrai ou faux : augmenter un prix de 10 % puis le baisser de 20 % revient à commencer par baisser le prix de 20 % puis à l'augmenter de 10 % ?

10 Si j'augmente le prix d'un produit de 10 % puis le baisse ensuite de 10 %, est-ce que je reviens au prix initial ?

11 Quel prix sera le plus faible : si je baisse deux fois de 10 % ou bien une seule fois de 20 % ?

12 Si un produit est vendu d'abord au prix A puis au prix B, quelle est la formule permettant de connaître la variation en pourcentage ?

13 Hier, une tonne de sucre valait 42 €. Aujourd'hui elle en vaut 49. Quel est le pourcentage d'augmentation du prix de la tonne de sucre ?

14 Il y a 20 ans, un café au restaurant valait 2,50 €. Aujourd'hui, il vaut 1,50 €. Quel est le pourcentage d'augmentation du prix du café ?

15 Après avoir acheté des actions, ma participation dans l'entreprise passe de cinq huitièmes à cinq sixièmes.
Quelle est la variation de ma participation en pourcentage ?

16 J'augmente une quantité de 1/N et j'obtiens donc une nouvelle quantité. Si je veux retrouver ma quantité d'origine, alors quelle fraction de ma nouvelle quantité dois-je retirer ?

17 Je diminue une quantité de 1/N et j'obtiens donc une nouvelle quantité. Si je veux retrouver ma quantité d'origine, alors quelle fraction de ma nouvelle quantité dois-je rajouter ?

18 Quelle est la hausse en pourcentage quand je passe de 2/3 à 3/4 ?

19 Lorsqu'un prix passe de 120 € à 95 €, il subit une baisse de … % ?

20 Si le prix d'un produit baisse de 20 %, de combien faudra-t-il l'augmenter pour revenir au prix initial ?

21 Les revenus d'exportation du Brésil se répartissent en trois catégories principales : le café, la viande et les céréales. Sachant que le café représente cinq huitièmes des revenus et que la viande représente deux fois plus que les céréales.
Quel est le pourcentage des revenus dus aux céréales ?

22 Le prix de l'immobilier à New York a baissé de 5,6 % pour atteindre 10 000 $ par mètre carré.
A combien s'élevait-il avant cette baisse ?

23 Le cours du baril du pétrole qui était à 104 $ subit deux hausses successives de 5 % puis de 7 %.
Quel est le nouveau prix du baril ?

24 A cause de la spéculation, le cours de l'action d'une société, qui était à 91 $, monte d'abord de 7 %, puis baisse de 7 % pour le lendemain. Quelle est la nouvelle cotation ?

25 Classer ces nombres par ordre croissant :
12 % ; 1,5 ; 1/3 ; 1/8 ; 0,46 ; 25 %

26 Si je parviens à économiser ce mois-ci 12 % de mon salaire net, qui vaut les trois quarts de mon salaire brut qui s'élève à 1 500 €, quelle somme aurai-je mis de côté ?

27 Quelle augmentation est la plus forte : deux augmentations successives de 5 % ou bien une de 7 % et une de 3 % ?

28 Quelle est la baisse la plus forte : une de 6 % puis une de 7 % ou bien une de 12 % puis une de 1 % ?

29 Avec sa promotion de 23 % et un bon de réduction de 50 €, un téléviseur vaut 478 €. Quel est son prix initial ?

30 Un objet qui valait 250 € a vu son prix baisser de un huitième.
A quel pourcentage du prix initial correspond le nouveau prix ?

Corrigés

1 Diviser par 2 revient à baisser de 50 %.

2 Baisser de 20 %, c'est multiplier par 0,8. Ainsi, les chaussures coûtent maintenant : $120 \times 0{,}8 = 96$ €.

3 Augmenter de 10 %, c'est multiplier par 1,1. Ainsi, je mesure maintenant : $140 \times 1{,}1 = 154$ cm, soit 1 m 54 !

4 On doit les multiplier, et surtout pas les additionner !

5 Faux, on ne peut additionner les pourcentages ! Augmenter de 10 % c'est multiplier par 1,1, donc deux hausses de 10 % successives correspondent à une multiplication par $1{,}1 \times 1{,}1 = 1{,}21$. C'est donc une hausse de 21 % !

6 Son nouveau prix se calcule en effectuant l'opération suivante : $100 \times 1{,}1 \times 0{,}95 = 110 \times 0{,}95 = 104{,}50$ €.

7 Le nouveau prix sera de : $1{,}5 \times 1{,}2 \times 1{,}1 = 1{,}8 \times 1{,}1 = 1{,}98$ €.

8 Il n'y a pas besoin de faire de calculs, deux hausses de 15 % sont supérieures à une seule hausse de 30 %, car leur effet est supérieur à la simple addition de leurs taux !

9 Vrai, augmenter de 10 % puis baisser de 20 % revient à multiplier par $1{,}1 \times 0{,}8$, ce qui est exactement la même chose que multiplier par $0{,}8 \times 1{,}1$!

10 Non. Exemple : si le prix est de 100 €, en augmentant de 10 % j'obtiens $100 \times 1{,}1 = 110$ €, et en baissant de 10 % j'obtiens $110 \times 0{,}9 = 99$ € !

11 En baissant deux fois de 10 %, j'opère une baisse moins forte que si je baissais une seule fois de 20 %. Le prix sera donc plus faible si je baisse deux fois de 10 %.

12 La formule est : $\frac{B - A}{A} \times 100$ %.

On remarque que si $B < A$, la variation est négative !

13 Le pourcentage d'augmentation est égal à :
$\frac{49-42}{42} \times 100\ \% = \frac{7}{42} \times 100\ \% = \frac{1}{6} \times 100\ \% = 16{,}6666...\ \%$.

14 0,768.

15 Pour ces évolutions, nous vous conseillons de calculer le rapport entre la participation finale et la participation initiale puis d'en déduire la variation :
$\frac{\frac{5}{6}}{\frac{5}{8}} = \frac{5}{6} \times \frac{8}{5} = \frac{8}{6} = \frac{4}{3} = 1{,}333$. La variation est donc de 33 % !

16 Il faut retirer 1/(N + 1).

17 Il faut rajouter 1/(N – 1).

18 (3/4)/(2/3) = 3/4 × 3/2 = 9/8 = 1 + 1/8 soit une hausse de 1/8, autrement dit une hausse de 12,5 %.

19 La baisse est de 25 € soit, en pourcentage : $\frac{25}{120} = \frac{5}{24} = 21\ \%$ environ.

20 Le prix baisse de 20 %, c'est-à-dire d'un cinquième. Aujourd'hui il vaut donc $\frac{4}{5}$ du prix initial, et il va donc devoir reprendre $\frac{1}{5}$ du prix initial,

soit $\frac{\frac{1}{5}}{\frac{4}{5}} = \frac{1}{5} \times \frac{5}{4} = \frac{1}{4}$ de son prix actuel.

21 La café représente cinq huitièmes, soit 62,5 % des ventes. La viande et les céréales représentent donc 37,5 %. Comme la viande compte deux fois plus que les céréales, on en déduit que les céréales représente 37,5/3 = 12,5 % des revenus du pays.

22 On pose : $X = \frac{10\,000}{1 - 5{,}6\ \%} = \frac{10\,000}{0{,}944} = 10\,593$ \$ par mètre carré.

23 Le nouveau cours est à : 104 × 1,05 × 1,07 = 116,8 \$.

24 La nouvelle cotation est : 91 × 1,07 × 0,93 = 90,55 $.

25 12 % ; 1/8 ; 25 % ; 1/3 ; 0,46 ; 1,5.

26 J'économise : 12 % × 75 % × 1 500 = 135 €.

27 Deux hausses de 5 % reviennent à multiplier par : 1,05 × 1,05 = 1,1025, soit une hausse de 10,25 %. Une hausse de 7 % puis une hausse de 3 % correspondent à : 1,07 × 1,03 = 1,1021, soit une hausse de 10,21 %. L'augmentation la plus forte est donc atteinte avec deux hausses de 5 % !

28 Une baisse de 6 % puis de 7 % revient à multiplier par : 0,94 × 0,93 = 0,8742, soit une baisse de 12,58 %. Une baisse de 12 % puis de 1 % revient à multiplier par : 0,88 × 0,99 = 0,8712, soit une baisse de 12,88 %. La baisse la plus forte a donc lieu en baissant d'abord de 12 % puis de 1 % !

29 Sans le bon de réduction, le téléviseur en promotion vaut 478 + 50 = 528 €. Pour trouver le prix initial hors promotion, on pose :

$$X = \frac{528}{1 - 23\ \%} = \frac{528}{0,77} = 685,7\ €.$$

30 Baisser de un huitième c'est enlever 12,5 %. Le nouveau prix est donc 87,5 % du prix initial.

6. MOYENNES

1. Moyennes arithmétiques

[Définition]

La **moyenne arithmétique** est la moyenne « ordinaire », c'est-à-dire, par définition, la somme des valeurs numériques divisée par le nombre de ces valeurs numériques :

$$\text{Moyenne arithmétique} = \frac{\text{somme des termes}}{\text{nombre de termes}}$$

Exemple :

Trois amies vont faire du shopping : la première dépense 50 €, la deuxième 70 € et la troisième 120 €. Combien ces trois amies ont-elles dépensé en moyenne ?

Réponse : ici, on vous demande de calculer une moyenne arithmétique. La somme des dépenses est égale à 50 + 70 + 120 = 240. La dépense moyenne (moyenne arithmétique) est donc égale à : (50 + 70 + 120) / 3 = 80 €.

[Deux corollaires de la moyenne arithmétique à connaître par cœur !]

Somme des termes = moyenne arithmétique × nombre de termes
Nombre de termes = somme des termes / moyenne arithmétique

Exemple :

La moyenne des âges des frères de David est 23 ans. David a trois frères. Quelle est la somme des âges des frères de David ?

Réponse : pour trouver la somme des âges des frères de David, il suffit d'appliquer le corollaire de la moyenne arithmétique suivant :
Somme des âges = moyenne × nombre de frères = 23 × 3 = 69

2. Moyennes pondérées

[Définition]

Soient N termes $T_1, T_2, T_3 \ldots, T_N$, auxquels on associe des poids respectifs $P_1, P_2, P_3 \ldots P_N$. Alors la moyenne (M) pondérée des N termes est égale à :

$$M = \frac{T_1 \times P_1 + T_2 \times P_2 + T_3 \times P_3 + \ldots + T_N \times P_N}{P_1 + P_2 + P_3 + \ldots + P_N}$$

Exemple :

> Au cours du dernier trimestre, Frédéric a obtenu la moyenne de 12 en maths, 11 en français, 11 en histoire et 15 en anglais. Sachant que les coefficients des matières sont respectivement 6, 4, 2 et 2 en maths, français, histoire et anglais, quelle est la moyenne générale de Frédéric au dernier trimestre ?
>
> Réponse :
> Moyenne = (12 × 6 + 11 × 4 + 11 × 2 + 15 × 2) / (6 + 4 + 2 + 2) = 168 / 14 = 12

[L'approche par la notion de barycentre]

En géométrie, la moyenne pondérée prend le nom de **barycentre. Le barycentre est le centre de gravité de plusieurs points auxquels des poids différents ont été associés.**

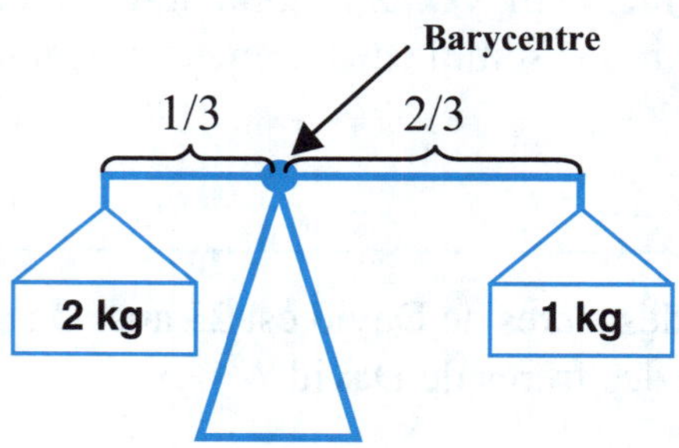

Comme vous le voyez sur ce schéma, le barycentre (appelé aussi point d'équilibre ou point moyen) est situé à 1/3 de la distance du poids de 2 kg et 2/3 de la distance du poids de 1 kg. En d'autres termes, pour atteindre le point d'équilibre, le poids de 1 kg doit compenser le poids de 2 kg par un écart de distance au point d'équilibre deux fois plus grand.

Par une approche analogue, le barycentre permet de trouver une moyenne pondérée grâce aux écarts à la moyenne de chaque terme et en comparant les poids des termes entre eux.

Exemple :

1. Dans une classe de 42 élèves, les garçons ont obtenu 12 de moyenne à un contrôle et les filles ont obtenu 15 de moyenne au même contrôle. La moyenne générale de la classe s'élève à 14. Combien y a-t-il de filles dans la classe ?

Réponse : raisonnons à partir de la notion du barycentre.

Le barycentre est ici égal à 14 (c'est la moyenne générale, **le point d'équilibre** de la classe pour ce qui concerne ce contrôle). La moyenne des filles étant plus proche de la moyenne générale que ne l'est celle des garçons, on en déduit que les filles seront plus nombreuses que les garçons. Plus précisément, elles seront **deux fois plus nombreuses** que les garçons. **En effet, comme elles sont deux fois plus proches de la moyenne générale que ne le sont les garçons, elles sont donc deux fois plus nombreuses** (elles pèsent deux fois plus « lourd » que les garçons !). En d'autres termes, **il faut deux filles pour un garçon,** soit : **28 filles et 14 garçons.** Pour trouver 28 et 14, on a simplement multiplié 2 (filles) et 1 (garçon) par 14… Le but étant d'arriver à un nombre total d'élèves égal à 42 !

2. Dans une classe de 30 élèves, les garçons ont obtenu 9 de moyenne à un contrôle et les filles ont obtenu 14 de moyenne au même contrôle. La moyenne générale de la classe s'élève à 12. Combien y a-t-il de filles dans la classe ?

Réponse : raisonnons à nouveau à partir de la notion du barycentre.

Le barycentre est ici égal à 12. La moyenne des filles étant plus proche de la moyenne générale que ne l'est celle des garçons (ah ! les filles !), on en déduit là encore que **les filles seront plus nombreuses que les garçons.** Etant donné que la moyenne des filles est à 2 points de la moyenne générale (**14** vs 12) et que celle des garçons est à 3 points de la moyenne générale (**9** vs 12), on comprend qu'**il va falloir 3 filles pour 2 garçons** pour que le barycentre soit bien à 12. En conclusion, **la classe est composée de 18 filles et de 12 garçons.** Pour trouver 18 et 12, on a simplement multiplié 3 (filles) et 2 (garçons) par 6… Le but étant d'arriver à un nombre total d'élèves égal à 30 !

MOYENNES : 20 APPLICATIONS POUR VOUS ENTRAINER

Enoncés

Questions	Votre réponse
1 Au mois de mai, j'ai lu en moyenne 67 pages par jour. Combien de pages ai-je lu au total ?	
2 Mes sœurs ont dépensé en moyenne 31,14 € pour mon cadeau d'anniversaire. Elles m'ont fait un cadeau d'une valeur de 155 € et 70 centimes. Combien ai-je de sœurs ?	
3 Au cours de mes 20 premières années, j'ai pris 49 fois l'avion. Combien de fois l'ai-je pris par an en moyenne ?	
4 Quelle est la moyenne de 17 ; 0,2 ; 13 et – 200 ?	
5 Quelle est la moyenne de 1/2, 1/4, 1/3, 1/8 ?	
6 Quelle est la moyenne de 6, 89 et – 13,3 ?	
7 Dans un livre il y a en moyenne environ 32,86 pages par chapitres, et il y a au total 756 pages. Combien y a-t-il de chapitres ?	
8 Dans une classe de 23 élèves, les 12 filles ont 13,5 de moyenne, et les garçons 12,8. Quelle est la moyenne générale de classe ?	
9 Voici mes notes : 13 à un contrôle de coefficient 3, 11 à un contrôle de coefficient 1, et 18 à une interrogation de coefficient 0,5. Quelle est ma moyenne ?	
10 Mes 4 frères me prêtent 53 € chacun, et mes 3 sœurs seulement 35 €. Combien d'argent me prêtent-ils tous en moyenne ?	

11 La moyenne de 8 nombres vaut 11. Si je retire un nombre, la moyenne tombe à 10. Quel nombre ai-je retiré ?

12 Dans le village il y a 254 femmes et 270 hommes. Les femmes pèsent en moyenne 61,2 kg, et les hommes 83,67. Quel est le poids moyen dans le village ?

13 J'ai deux jeans à 76 € et un jean à 134 €.
Quelle est la valeur moyenne de mes jeans ?

14 Les six filles mesurent en moyenne 1 m 65, et le seul garçon mesure 1,88. Quelle est la taille moyenne ?

15 Thomas a eu un 17 coefficient 4, un 12 coefficient 2 et un 8 coefficient 5. Quelle est sa moyenne ?

16 Eleonore a eu un 16 coefficient 1, un 20 coefficient 2, et un 0 coefficient 4 car elle était absente. Quelle est sa moyenne ?

17 Daniel achète trois cravates à 38 euros chacune et deux ceintures à 67 euros chacune. Combien lui coûte un objet en moyenne ?

18 Du lundi au vendredi je cours 7 km par jour, et le week-end je cours 15 km par jour. Quelle est ma distance de course moyenne par jour ?

19 Au lycée, les 65 filles ont une moyenne générale de 14. Les 49 garçons ont quant à eux une moyenne générale de 16. Quelle est la moyenne générale du lycée ?

20 Deux tiers des trains mesurent 100 mètres de long, et un tiers seulement 85 mètres. Quelle est la longueur moyenne d'un train ?

Corrigés

1 Somme des termes = Nombre de termes × Moyenne = 31 × 67 = 2 077 pages au total.

2 $\text{Nombre de termes} = \dfrac{\text{Somme des termes}}{\text{Moyenne}} = \dfrac{155{,}7}{31{,}14} = 5$ sœurs !

Bien évidemment ici, il n'était pas nécessaire de simplifier consciencieusement votre fraction. Comme nous cherchions un nombre entier et bien rond de sœurs, le bon sens nous engageait à répondre ni 4, ni 6 mais bien 5.

3 $M = \dfrac{49}{20} = 2{,}45$ fois par an en moyenne.

4 $M = \dfrac{17 + 0{,}2 + 13 + (-200)}{4} = 42{,}45.$

5 $M = \dfrac{1/2 + 1/4 + 1/3 + 1/8}{4} = 0{,}30.$

6 $M = \dfrac{6 + 89 + (-13{,}3)}{3} = 27{,}2333\ldots.$

7 $\text{Nombre de termes} = \dfrac{\text{Somme des termes}}{\text{Moyenne}} = \dfrac{756}{32{,}86} = 23$ chapitres.

8 $M = \dfrac{12 \times 13{,}5 + 11 \times 12{,}8}{23} = 13{,}16$ de moyenne générale.

9 $M = \dfrac{13 \times 3 + 11 \times 1 + 18 \times 0{,}5}{3 + 1 + 0{,}5} = 13{,}11$ de moyenne.

10 $M = \dfrac{4 \times 53 + 3 \times 35}{4 + 3} = 45{,}29$ € chacun en moyenne.

11 Il suffit d'appliquer le corollaire de la moyenne arithmétique :
- La somme des 8 nombres vaut : 11 × 8 = **88**
- La somme des 7 nombres après en avoir enlevé un vaut : 10 × 7 = **70**

On en déduit alors que le nombre que l'on a retiré n'est autre que **18** (i.e. 88 – 70)

12 $M = \dfrac{254 \times 61{,}2 + 270 \times 83{,}67}{254 + 270} = 72{,}78$ kg en moyenne.

13 $M = \dfrac{2 \times 76 + 1 \times 134}{2 + 1} = 95{,}33$ € en moyenne.

14 $M = \dfrac{6 \times 1{,}65 + 1 \times 1{,}88}{6 + 1} = 1$ m 68.

15 $M = \dfrac{17 \times 4 + 12 \times 2 + 8 \times 5}{4 + 2 + 5} = 12$ de moyenne.

16 $M = \dfrac{16 \times 1 + 2 \times 2 + 0 \times 4}{1 + 2 + 4} = 8$ de moyenne.

17 $M = \dfrac{38 \times 3 + 67 \times 2}{3 + 2} = 49{,}6$ euros par objet en moyenne.

18 $M = \dfrac{7 \times 5 + 15 \times 2}{5 + 2} = 9{,}28$ km en moyenne par jour.

19 $M = \dfrac{65 \times 14 + 49 \times 16}{65 + 49} = 14{,}86$ de moyenne générale.

20 $M = \dfrac{100 \times 2/3 + 85 \times 1/3}{2/3 + 1/3} = 95$ mètres de long en moyenne.

7. PROPORTIONNALITE

Les questions de proportionnalité sont fréquemment posées au TAGE 2. Soyez donc attentifs aux notions qui vont suivre.

On dit que deux grandeurs sont proportionnelles à partir du moment où l'on peut trouver un *« facteur de proportionnalité »* les liant.
Rien de mieux qu'un exemple pour illustrer cela :

> On dit souvent que la consommation d'essence C tous les 100 km d'une voiture est **proportionnelle** à sa vitesse V. C'est-à-dire que l'on peut trouver un « facteur de proportionnalité » F tel que $C = V \times F$. Imaginons que F soit égal à 0,1. Alors si la voiture roule à 100 km/h, elle consommera $C = 0{,}1 \times 100 = 10$ L tous les 100 km. Si elle roule à 200 km/h, elle consommera $C = 0{,}1 \times 200 = 20$ L tous les 100 km, et ainsi de suite.

Ainsi, lorsque deux grandeurs sont proportionnelles, il suffit de connaître la valeur de l'une pour immédiatement connaître la valeur de l'autre, à condition de connaître le facteur de proportionnalité.

La question qui vient alors naturellement est : **que faire si l'on ne connaît pas ce fameux facteur par lequel il faut multiplier une grandeur pour obtenir la valeur de l'autre ?** C'est là qu'intervient la très célèbre *règle de trois*.

1. La règle de trois ou « produit en croix »

Reprenons l'exemple de la consommation d'essence C proportionnelle à la vitesse V. Imaginons que l'on ne vous donne pas la valeur de F mais que l'on vous présente les choses ainsi :

> Une voiture parcourt la distance de Paris à Marseille. Sa consommation d'essence est proportionnelle à sa vitesse. Sachant qu'elle consomme 10 L tous les 100 km lorsqu'elle roule à 100 km/h, quelle sera sa consommation d'essence si elle roule à 125 km/h ?

Vous savez ici que les deux grandeurs sont proportionnelles mais vous ne connaissez pas la valeur du facteur de proportionnalité F. Qu'à cela ne tienne, calculons-le !
Première approche : sachant que V et C sont proportionnelles, il existe un réel F tel

que C = V × F. En remplaçant C et V par leur valeur dans la première ligne du tableau vous trouvez : 10 = 100 × F, soit F = 10 / 100 = 0,1

Ayant la valeur de F, il ne vous reste plus qu'à écrire que :

C = 125 × 0,1 = 12,5 L tous les 100 km.

Seconde approche : heureusement, il existe une méthode beaucoup plus systématique et rapide pour s'en sortir dans ce genre de situations. En effet, la situation peut se représenter ainsi :

Vitesse	Consommation
100	10
125	*C*

La règle de trois nous dit que les produits des cases diagonales doivent être égaux. Soit : 10 × 125 = 100 × C ; soit : C = 125 × 10 / 100 = 12,5 L

2. La proportionnalité « multiple »

Ce que l'on appelle **proportionnalité multiple** est la mise en parallèle de trois grandeurs proportionnelles deux à deux dont il faut trouver la valeur de l'une d'entre elles. Autrement dit, vous allez devoir modifier la valeur de deux grandeurs pour obtenir la troisième, alors que les deux premières varient déjà l'une en fonction de l'autre ! Un vrai casse-tête ? Pas vraiment !

Prenons un exemple :

Un camion consomme 8 litres aux 100 km quand il roule à 80 km/h. Consommation et vitesse sont proportionnelles. Sachant qu'il a consommé 32 litres en roulant à la vitesse de 40 km/h, quelle distance ce camion a-t-il parcourue ?

En retranscrivant la situation dans un tableau, cela donne :

Vitesse	Consommation	Distance
80 km/h	8 L	100 km
40 km/h	32 L	?

Vous commencez à saisir la difficulté de la chose : pour passer de la première à la seconde ligne, il faudrait diviser la vitesse par 2 (de 80 à 40 km/h) et par conséquent la consommation aussi :

Vitesse	Consommation
80 km/h	8 L
40 km/h	4 L

Mais celle-ci passerait alors à 4 L et non pas 32 L. Il suffirait alors de multiplier le tout par 8 pour tomber sur la bonne consommation :

Vitesse	Consommation
80 km/h	8 L
320 km/h	32 L

Mais la vitesse deviendrait alors égale à 320 km/h ! On tourne en rond.

> Pour résoudre ce problème, il faut se dire que pour consommer 8 fois plus, il suffit de rouler 8 fois plus vite… Ou encore rouler sur 8 fois plus de distance (à la même vitesse bien sûr). La clé de la proportionnalité multiple est donc de **toujours changer deux grandeurs en laissant la troisième fixe**.

Dans notre exemple, nous allons d'abord diviser la vitesse du camion par 2 et impacter cela sur la consommation. La distance, elle, ne bouge pas. Si je roule 2 fois moins vite **sur la même distance,** le camion consomme 2 fois moins d'essence.

Vitesse	Consommation	Distance
40 km/h	4 L	100 km

Enfin, **s'il roule à la même vitesse** mais consomme 8 fois plus d'essence, c'est qu'il a alors roulé sur 8 fois plus de distance. Réponse : 800 km.

Vitesse	Consommation	Distance
40 km/h	32 L	800 km

8. EQUATIONS ET SYSTEMES D'EQUATIONS

Ce chapitre est fondamental puisqu'il va vous permettre de résoudre un grand nombre de questions des épreuves de calcul du TAGE 2.

1. Définitions

[1. Inconnues]

Il est vrai qu'avant de parler d'équations, il vaut mieux introduire la raison d'être de celles-ci : les inconnues. En effet, elles peuvent être multiples, et leur définition commune serait la suivante :

> « Une inconnue est une valeur que l'on ne connaît pas *a priori,* souvent définie par une lettre, mais qu'il ne faut pas forcément trouver. »

Et c'est là toute la subtilité. **Pour trop de personnes, une inconnue doit au bout du compte se transformer en valeur numérique connue, même si on ne leur demande pas de trouver cette valeur.** C'est une erreur à ne pas commettre au TAGE 2 où le temps vaut de l'or : reconnaissez vos inconnues, classez-les, déterminez celles dont vous aurez besoin et celles qui sont purement accessoires. Et, surtout, comme nous allons le voir, résolvez vos systèmes intelligemment, *i.e.* de façon à faire ressortir avant tout la valeur des inconnues que vous cherchez.

[2. Equations]

> « Une équation est une égalité liant une ou plusieurs inconnues. »

Ainsi, toute égalité mettant en jeu des inconnues, quel que soit leur nombre, sera une équation, comme par exemple :

> $X = Y$
>
> $X + Y - Z = 265$
>
> $X^2 - 2ab + 7u = -576 + X - 2z^3$

Cette notation particulière possède également son propre vocabulaire : on parlera, de part et d'autre du signe « = », des deux membres d'une équation : le membre de gauche (situé à gauche du « = ») et le membre de droite (à droite du « = » !). Dans une équation, les deux membres sont totalement interchangeables, autrement dit :
$X + 2Y - Z = 7 + 3T$ équivaut à : $7 + 3T = X + 2Y - Z$

[3. Inéquations]

> « Une inéquation est une inégalité liant une ou plusieurs inconnues. »

Voici quelques exemples d'inéquations :

> $X \leq Y$
> $X + Y - Z \geq 265$
> $X^2 - 2ab + 7u < -576 + X - 2z^3$

Comme vous le voyez, les inégalités peuvent être de **quatre types** :

> 1. Supérieur ou égal : ≥
> 2. Inférieur ou égal : ≤
> 3. Strictement supérieur : >
> 4. Strictement inférieur : <

Attention à la symétrie rencontrée dans les équations ; **elle n'est pas valable dans les inéquations.** Vous avez ici :

$X + 2Y - Z < 7 + 3T$ équivaut à : $7 + 3T > X + 2Y - Z$. Le signe a changé de sens.

Explication : « **Pierre** a le même âge [=] que **Paul** » est équivalent à « **Paul** a le même âge [=] que **Pierre** ». Mais, « **Pierre** est plus grand [>] que **Paul** » n'est pas équivalent à « **Paul** est plus grand [>] que **Pierre** ». L'équivalent de « **Pierre** est plus grand [>] que **Paul** » est « **Paul** est plus petit [<] que **Pierre** ».

[4. Systèmes]

Les inconnues sont liées par des (in)équations et les (in)équations sont à leur tour liées entre elles par des… Systèmes ! En effet, la définition la plus simple d'un système d'(in)équations est :

> « Un système d'(in)équations est une suite d'(in)équations mettant en jeu les mêmes inconnues. »

Ainsi, en continuant avec les exemples précédents, on peut considérer que :

$\begin{cases} X = Y \\ X + Y - Z = 265 \end{cases}$ est un système d'équations.

L'**accolade** sur la gauche sert à réunir toutes les (in)équations d'un même système.

Les systèmes possèdent également leur propre terminologie et même plus : leur propre classification. **En effet, vous pouvez classer les systèmes *en fonction de leur nombre d'inconnues et de leur nombre d'équations*.** Par exemple, on dira du système présenté plus haut qu'il s'agit d'un système de deux équations à trois inconnues.

[5. Contraintes]

En plus des équations et des inéquations, vous pourrez rencontrer au sein d'un système ce que l'on nomme des contraintes.

> « Une contrainte est une qualité possédée par une ou plusieurs inconnues réduisant le nombre de valeurs que ces dernières peuvent prendre. »

Les plus perspicaces auront déjà compris qu'équations et inéquations étaient elles-mêmes des contraintes. Mais vous pouvez encore en trouver beaucoup, comme par exemple : X est un entier ; X est un multiple de 3 ; X est un carré d'entier ou encore X est pair.

Il est vrai que certaines de ces contraintes peuvent se traduire sous la forme d'équations, mais il sera bien souvent plus pratique de les voir telles qu'elles sont pour diminuer petit à petit le nombre de solutions possibles du système.

[6. Equations liées, incompatibles, indépendantes]

Jalouses, les équations ont également développé leur propre classification les unes par rapport aux autres. En effet, deux équations se rencontrant au sein d'un système peuvent être liées, incompatibles ou indépendantes. Voici les trois classes :

> **Classe 1 :** « Deux équations **liées** sont deux équations donnant exactement la même information. »

Exemple : les équations $X + Y = 2Z$ et $Z = (X + Y) / 2$ sont liées.

> **Classe 2 :** « Deux équations **incompatibles** sont deux équations donnant deux informations contradictoires. »

Exemple : les équations $X + Y = 0$ et $2X + 2Y = 2$ sont incompatibles.

> **Classe 3 :** « Deux équations **indépendantes** sont deux équations qui ne sont ni liées, ni incompatibles ! »

Exemple : les équations $X + 5Y - 3Z = 0$ et $X / Y = 4$ sont indépendantes.

Mais attention, tout cela sera rarement visible du premier coup d'œil. Un petit calcul sera souvent nécessaire pour se rendre compte que des équations sont indépendantes, liées ou incompatibles.

2. Résolution par étapes

Modèle :

> Roland va au marché. Il achète 10 pommes et 7 bananes, et paye un montant total de 24 €. S'il avait acheté 4 pommes et 12 bananes, il aurait payé 28 €. Combien coûte une banane ?

Inconnues à trouver	Inconnues-outils
B = prix d'une banane	P = prix d'une pomme

A vous !

1. La somme des âges de trois frères donne un diviseur de 121. Quelle est la différence d'âge entre les deux plus vieux sachant qu'il n'y a pas de jumeaux et qu'ils ont tous moins de 20 ans et plus de 2 ans ?

Inconnues à trouver	Inconnues-outils

2. Ce matin, on m'a livré un bouquet de 33 fleurs : 12 roses, des tulipes et des marguerites. Sachant que si l'on m'avait livré 7 tulipes de plus, j'aurais eu deux fois plus de tulipes que de roses, combien de marguerites ai-je reçues ?

Inconnues à trouver	Inconnues-outils

3. Sachant que l'équipe des filles est plus nombreuse que celles des garçons mais que si l'on retirait 10 % de leur groupe il y aurait exactement le même nombre de joueurs dans les deux équipes, combien vaut le rapport du nombre de filles sur le nombre de garçons ?

Inconnues à trouver	Inconnues-outils

Réponses :

1.

Inconnues à trouver	Inconnues-outils
$X - Y$ = Différence d'âge entre les deux plus vieux frères	X = âge du frère le plus âgé Y = âge du deuxième frère Z = âge du troisième frère

2.

Inconnues à trouver	Inconnues-outils
M = nombre de marguerites	R = nombre de roses T = nombre de tulipes

3.

Inconnues à trouver	Inconnues-outils
F/G = rapport du nombre de filles sur le nombre de garçons	F = nombre de filles G = nombre de garçons

[L'art de la traduction]

Après l'analyse de vos inconnues vient la fameuse mise en équation. Et là, aucun secret : seul l'entraînement vous apprendra à faire cela plus rapidement. Attention, en plus de traduire les équations et inéquations proposées, nous vous invitons également à mettre en forme toutes les contraintes vérifiées par les inconnues.

Pour bien commencer, nous vous proposons de reprendre les trois questions présentées plus haut et de traduire à présent les énoncés sous la forme de systèmes d'une ou plusieurs équations mettant en jeu toutes ces inconnues.
Pour vous aider, nous avons traité l'exemple :

> Roland va au marché. Il achète 10 pommes et 7 bananes, et paye un montant total de 24 €. S'il avait acheté 4 pommes et 12 bananes, il aurait payé 28 €. Combien coûte une banane ?

Cela nous donne le système d'équations suivant : $\begin{cases} 10P + 7B = 24 \\ 4P + 12B = 28 \end{cases}$

Réponses :

1. $\begin{cases} X + Y + Y \textit{ est un diviseur de } 121 \\ X \neq Y \\ Y \neq Z \\ X \neq Z \\ 2 \leq X, Y, Z \leq 20 \\ X, Y \textit{ et } Z \textit{ sont des entiers} \end{cases}$

2. $\begin{cases} 12 + T + M = 33 \\ T + 7 = 2 \times 12 \\ M \textit{ et } T \textit{ sont des entiers} \end{cases}$

3. $\begin{cases} F > G \\ F - F \times 10\ \% = G \\ F \textit{ et } G \textit{ sont entiers} \end{cases}$

[Opérations autorisées sur les équations et inéquations]

Maintenant que vous savez traduire des énoncés sous forme d'équations, il va vous falloir les résoudre. Mais avant cela, un petit rappel sur les opérations « autorisées » dans un système d'équations :

1. Dans une équation, vous avez le droit de :

- **Ajouter** la même quantité aux deux membres : $X+Y=Z \Leftrightarrow X+Y+2=Z+2$
- **Soustraire** la même quantité aux deux membres : $X+Y=Z \Leftrightarrow X+Y-7=Z-7$
- **Multiplier** les deux membres par la même quantité : $X+Y=Z \Leftrightarrow 2\times(X+Y)=2\times Z$
- **Diviser** les deux membres par la même quantité non nulle : $X+Y=Z \Leftrightarrow \frac{X+Y}{21}=\frac{Z}{21}$

En revanche, attention, dans une inéquation, vous devez prendre vos précautions au moment de multiplier ou diviser. En effet, réaliser ce genre d'opérations avec une quantité négative inversera le sens de l'inégalité alors qu'une quantité positive conservera celui-ci. Par exemple :

$X+Y\leq Z \Leftrightarrow 2(X+Y)\leq 2\times Z$ mais $X+Y\leq Z \Leftrightarrow -2\times(X+Y)\geq -2\times Z$

2. Aussi, vous pouvez appliquer des opérations entre les équations elles-mêmes. En effet, dans un système vous avez le droit de :

- **Sommer** deux équations
- **Soustraire** deux équations
- **Multiplier** deux équations
- **Diviser** deux équations à condition que les membres soient non nuls

En revanche, une seule opération est autorisée sur des inéquations : vous ne pouvez que **sommer** deux inéquations, à condition qu'elles soient **dans le même sens.** Par exemple, vous avez :

$$\begin{cases} X+Y\leq Z \\ X-Y\leq 2Z \end{cases} \Leftrightarrow \begin{cases} X+Y+X-Y\leq Z+2Z \\ X-Y\leq 2Z \end{cases} \Leftrightarrow \begin{cases} 2X\leq 3Z \\ X-Y\leq 2Z \end{cases}$$

Bien évidemment, la dernière opération autorisée dans une équation (et jamais dans une inéquation) est de remplacer une inconnue par sa valeur dans une autre équation. Par exemple :

$$\begin{cases} X + Y = Z \\ Y = 2X \end{cases} \Leftrightarrow \begin{cases} X + 2X = Z \\ Y = 2X \end{cases}$$

Vous voici avec toutes les cartes en main pour résoudre un système : des inconnues intelligemment posées, des mises en équations raisonnées et une liste d'opérations autorisées et maîtrisées. Il ne vous reste plus qu'à appliquer une méthode…

[Résolution d'un système d'équations]

La première des choses que vous devez déterminer est la classification de votre système : combien d'inconnues, combien d'équations, combien de contraintes (à partir de maintenant les inéquations seront considérées comme des contraintes) ? A partir de là, vous pouvez en tirer quelques règles :

- Si le système a plus d'inconnues que d'équations et aucune contrainte, vous ne pourrez pas trouver une unique valeur pour toutes les inconnues (mais peut-être pour certaines).
- Si le système a autant d'équations que d'inconnues et aucune contrainte, alors vous pourrez trouver une unique valeur pour toutes les inconnues à condition que les équations soient toutes indépendantes.
- Si le système a plus d'équations que d'inconnues, c'est que deux équations au moins sont forcément liées.

Grâce à ces observations, vous pourrez aisément vous débarrasser du superflu si vous avez trop d'informations, ou au contraire vous concentrer sur les inconnues les plus importantes si vous savez que toutes n'auront pas une valeur unique.

Le deuxième point capital est celui des contraintes : elles peuvent être très puissantes. N'oubliez jamais que, par exemple, dire que A × B = 2 signifie qu'il existe une infinité de valeurs possibles pour A comme B, **alors que si l'on précise** que A et B sont des entiers naturels, et bien il ne nous reste plus que deux couples de solutions possibles à savoir : A = 1 et B = 2 ou A = 2 et B = 1. Ainsi, des contraintes apparemment insignifiantes peuvent limiter de façon drastique le nombre de solutions et vous amener à trouver la solution en deux coups de cuillère à pot ! Ne négligez donc jamais ces contraintes.

Enfin, dernier point, et pas des moindres : il va falloir résoudre votre système de façon intelligente, à savoir en faisant en sorte de trouver en priorité la valeur des inconnues que vous recherchez. Reprenons notre exemple :

> Roland va au marché. Il achète 10 pommes et 7 bananes, et paye un montant total de 24 €. S'il avait acheté 4 pommes et 12 bananes, il aurait payé 28 €. Combien coûte une banane ?

Comme nous l'avons vu, le système correspondant à cette question est :

$$\begin{cases} 10P + 7B = 24 \\ 4P + 12B = 28 \end{cases}$$

Méthode de résolution par substitution :

Sachant que nous cherchons la valeur de B, nous allons tenter d'y arriver le plus rapidement possible en exprimant P en fonction de B dans la seconde équation :

$$\begin{cases} 10P + 7B = 24 \\ 4P + 12B = 28 \end{cases} \Leftrightarrow \begin{cases} 10P + 7B = 24 \\ 4P = 28 - 12B \end{cases} \Leftrightarrow \begin{cases} 10P + 7B = 24 \\ P = 7 - 3B \end{cases}$$

Il ne vous reste plus qu'à remplacer P par sa valeur dans la première équation pour obtenir :

$$\begin{cases} 10 \times (7 - 3B) + 7B = 24 \\ P = 7 - 3B \end{cases}$$

Votre première équation ne comporte donc plus qu'une inconnue *(B)*. Etant donné que c'est celle que vous cherchez, vous pouvez à présent faire abstraction de la seconde équation. En faisant l'inverse, c'est-à-dire en exprimant B en fonction de P dans la seconde, le calcul aurait duré deux fois plus longtemps : il aurait fallu trouver la valeur de P (dont on n'a pas besoin) puis la remplacer dans la seconde équation pour obtenir B.

Vous trouvez donc au final : $70 - 30B + 7B = 24 \Leftrightarrow -23B = -46 \Leftrightarrow B = 2$ €

Pour clore ce chapitre somme toute assez dense, nous vous proposons de résoudre, si l'énoncé le permet, les trois questions dont vous avez déjà analysé les inconnues et posé les systèmes. Si vous trouvez plus d'une réponse mais que vous pouvez lister les solutions possibles, faites-le. Non ! Ne regardez pas encore les réponses ! Revenez en arrière, retroussez vos manches et trouvez des réponses à ces trois questions !

On compte sur vous.

Réponses :

1. Ici, la situation est très particulière car vous n'avez que des contraintes. Cela va nous permettre de vous démontrer leur puissance : sachant que $X + Y + Z$ divise 121 et que 121 ne possède que 3 diviseurs, vous savez déjà que :

$X + Y + Z = 1$ ou $X + Y + Z = 11$ ou $X + Y + Z = 121$

De plus, comme chaque frère a entre 2 et 20 ans et qu'il n'y a aucun jumeau, c'est donc que : $2 + 3 + 4 \leq X + Y + Z \leq 18 + 19 + 20$ soit encore : $9 \leq X + Y + Z \leq 57$

Vous en déduisez donc forcément que $X + Y + Z = 11$

Le plus vieux peut, au plus, avoir 6 ans. En effet, s'il avait 7 ans, alors les deux autres frères auraient 4 ans à se partager et :

– soit les deux ont 2 ans, ce qui est impossible car il n'y a pas de jumeaux ;

– soit l'un a 3 ans et l'autre 1 an, ce qui est impossible car $1 < 2$

Si le plus vieux a 6 ans, la répartition est donc forcément la suivante : $X = 2$, $Y = 3$ et $Z = 6$. Mais il peut également avoir 5 ans, auquel cas une seconde répartition est possible : $X = 2$, $Y = 4$ et $Z = 5$

Finalement, vous trouvez deux valeurs possibles pour $Z - Y$, qui peut valoir 2 ou 3. Le système a donc deux solutions distinctes.

2. $\begin{cases} 12 + T + M = 33 \\ T + 7 = 2 \times 12 \end{cases} \Leftrightarrow \begin{cases} T + M = 21 \\ T = 17 \end{cases} \Leftrightarrow \begin{cases} M = 21 - 17 = 4 \\ T = 17 \end{cases}$

3. La première inéquation est contenue dans l'équation. Cette inéquation est donc inutile. Vous avez donc une équation et deux inconnues. Impossible ? Attention à ne pas baisser les bras trop vite ! Nous vous rappelons que l'inconnue cherchée est F/G.

$$F - F \times 10\ \% = G \Leftrightarrow 0{,}9F = G \Leftrightarrow \frac{F}{G} = \frac{1}{0{,}9} = \frac{10}{9}$$

3. Equation du second degré

[1. $X^2 = A$]

Soit l'équation $X^2 = A$ avec A un nombre réel positif ou nul.
Les solutions de cette équation du second degré sont $X = \sqrt{A}$ ou $-\sqrt{A}$.

[2. Trinôme du second degré]

Même si la notion de trinôme de second degré se fait de plus en plus rare au TAGE 2, voici ce que vous devez savoir :

Soit a, b et c, trois nombres réels. L'équation : $aX^2 + bX + c = 0$ est appelée équation du second degré.

Pour résoudre cette équation, vous devez d'abord calculer son discriminant $\boldsymbol{D}$, qui est égal à : $D = b^2 - 4 \times a \times c$

Trois cas se présentent alors à vous :

(1) : $D < 0$
Dans ce cas, l'équation $aX^2 + bX + c = 0$ n'admet **aucune solution réelle.**

(2) : $D = 0$
Dans ce cas, l'équation $aX^2 + bX + c = 0$ admet une **solution** réelle **unique.**
Cette solution unique vaut : $\dfrac{-b}{2a}$

(3) : $D > 0$
Dans ce cas, l'équation $aX^2 + bX + c = 0$ admet **deux solutions réelles distinctes.**

La première solution vaut : $\dfrac{-b + \sqrt{D}}{2a}$

Et la seconde solution vaut : $\dfrac{-b - \sqrt{D}}{2a}$

9. VITESSES, TEMPS ET DISTANCES

1. Trois lettres : V, T et D

On considère les trois variables suivantes :

- **V**, la vitesse d'un objet pendant une durée **T** pour parcourir une distance **D**.
- **T**, le temps/la durée mis par l'objet pour parcourir une distance **D** à la vitesse **V**.
- **D**, la distance parcourue par objet à une vitesse **V** pendent un temps/une durée **T**.

Les problèmes VTD s'appuient sur **les trois formules suivantes** :

(1) V = D/T (2) D = V × T (3) T = D/V

Dans chaque problème, posez-vous d'abord la question suivante : quelle est précisément la variable que je cherche ?

- Si vous cherchez une vitesse, utilisez la formule (1).
- Si vous cherchez une distance, utilisez la formule (2).
- Si vous cherchez un temps, utilisez la formule (3).

Ensuite, **soyez toujours attentifs aux unités** avant d'utiliser ces formules, et assurez-vous toujours que les unités soient bien homogènes (identiques) au sein de la formule. Par exemple, si la vitesse est exprimée en km/h, alors le temps doit être exprimé en heures et la distance en kilomètres.

Exemples :

1. Un avion reliant Paris à New York a parcouru la distance de 5 200 km en 6 heures et 30 minutes. Quelle a été sa vitesse de vol ?

Réponse : ici, vous cherchez une vitesse et vous devez donc bien sûr appliquer la formule : V = D/T = 5 200 km / 6,5 h = 800 km/h. (Attention ! 6 h 30 = 6,5 h… Pas 6,3 h (erreur fréquente).

2. Un marcheur parcourt 13 km à la vitesse de 4 km/h. Combien de temps a-t-il mis pour parcourir cette distance ?

Réponse : on remplace tout simplement la distance et la vitesse dans la formule : T = D/V = 13 km / 4 km/h = 3,25 h = 3 h 15 min.

3. Une voiture roule pendant 2 h 20 min à 90 km/h. Quelle distance a-t-elle parcourue ?

Réponse : vous devez convertir les minutes en heures (ici 2 h 20 = 7/3 h) puis appliquer la formule : D = V × T = 7/3 h × 90 km/h = 210 km.

[Conversion des km/h en m/s]

Voici une astuce très utile :

> Pour passer des m/s aux km/h, on multiplie les m/s par le coefficient 3,6.
> Pour passez des km/h aux m/s, on divise les m/s par le coefficient 3,6.

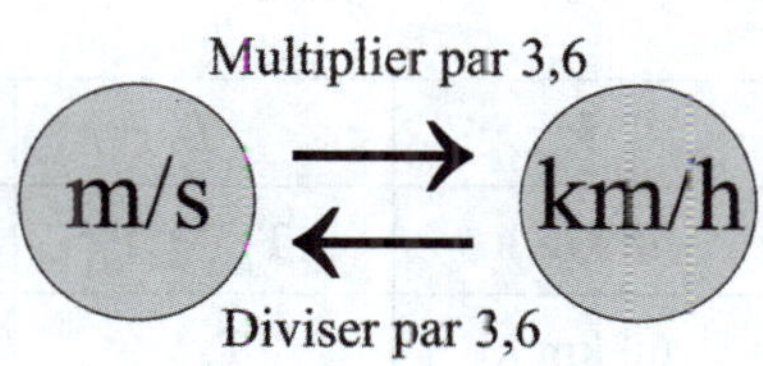

2. Le tableau VTD

Le tableau VTD est un outil très utile pour simplifier la compréhension d'un énoncé. Il n'est pas obligatoire pour résoudre une question, mais il s'avère souvent utile pour celles et ceux qui ont besoin de « tout mettre à plat ». Voici ce tableau :

	V	***T***	***D***
Acteur 1	V_1	T_1	D_1
Acteur 2	V_2	T_2	D_2

3. Les grands classiques du TAGE 2

[1. Le cas de rattrapage]

Deux objets quittent le même lieu à deux moments différents et avec deux vitesses différentes. Ils se dirigent vers le même endroit. L'un des objets est parti en avance et le second rattrape le premier, grâce à une vitesse supérieure. **Dans un cas de rattrapage, vous devez appliquer l'équation clé :**

$$D_1 = D_2$$

Exemple :

> Jeanne part en voiture de la ville A en direction de la ville B à 12 h à la vitesse de 48 km/h. A 13 h, Jean part de la ville A en direction de la ville B à la vitesse de 60 km/h. A quelle heure Jean va-t-il rattraper Jeanne ?

Utilisons dans un premier temps un tableau VTD.

On applique l'égalité $D_1 = D_2$. On sait en outre que comme Jean part avec une heure de retard par rapport à Jeanne : $T_{Jean} + 1 = T_{Jeanne}$.

	V	***T***	***D***
Jeanne	48 km/h	$T_{Jean} + 1$	$D_{rattrapage}$
Jean	60 km/h	T_{Jean}	$D_{rattrapage}$

Pour trouver T_{Jeanne}, on applique l'égalité suivante :

$D_{Jean} = D_{Jeanne} \Leftrightarrow V_{Jean} \times T_{Jeanne} = V_{Jeanne} \times T_{Jeanne} \Leftrightarrow \mathbf{60T_{Jean} = 48(T_{Jean} + 1)}$

Par conséquent, $T_{Jean} = 4$ h et $T_{Jeanne} = 5$ h.

Vous auriez pu également raisonner autour de la vitesse de rattrapage.

Jean va à la vitesse de 60 km/h et Jeanne à la vitesse de 48 km/h. Par conséquent, la vitesse de rattrapage est de 12 km/h (60 – 48 = 12). Cela signifie qu'en 1 heure, Jean rattrape Jeanne de 12 km. Etant donné que Jeanne a 48 km d'avance sur Jean (la distance parcourue par Jeanne à la vitesse de 48 km/h pendant 1 heure), il faut 4 heures (48 / 4 = 12) à Jean pour rattraper Jeanne. Jean rattrape donc bien Jeanne à 17 h.

[2. Le cas croisement]

Deux acteurs partent de deux endroits éloignés d'une distance D_{Total}.
Dans un cas de croisement, vous devez résoudre l'équation clé suivante :

$$D_{Total} = D_1 + D_2$$

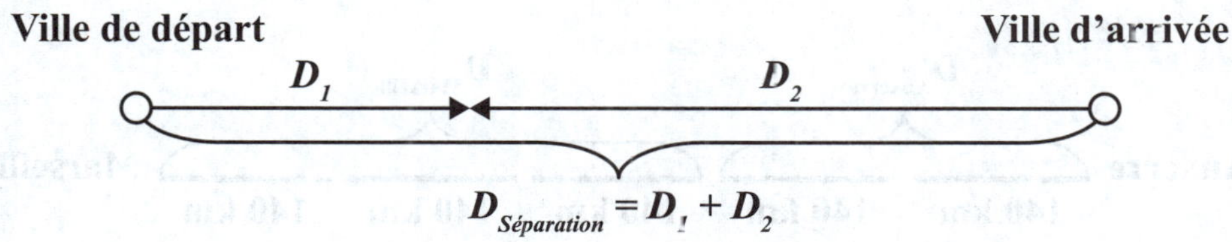

Exemple :

Un train part d'Auxerre à 10 h et roule à la vitesse de 200 km/h. A la même heure, un train part de Marseille et roule à 300 km/h. A quelle distance de Marseille les trains se croisent-ils, sachant que les deux villes sont éloignées de 700 km ?

Vous cherchez ici la distance entre le point de rencontre des deux trains et la ville de Marseille, soit la distance $D_{Marseille}$. Utilisez là encore un tableau VTD :

	V	*T*	*D*
Auxerre	200 km/h	$T_{Auxerre}$	$700 - D_{Marseille}$
Marseille	300 km/h	$T_{Marseille}$	$D_{Marseille}$

Les deux trains se croisent au même moment, soit $T_{Auxerre} = T_{Marseille}$, ou encore :

$D_{Auxerre} / V_{Auxerre} = D_{Marseille} / V_{Marseille} \Leftrightarrow (700 - D_{Marseille}) / 200 = D_{Marseille} / 300$

Après résolution, vous obtenez $D_{Marseille} = 420$ km.

Vous pouviez également raisonner à partir du rapport des vitesses (la notion utilisée étant celle du barycentre, étudiée dans le chapitre consacré aux Moyennes).

Le train d'Auxerre roule à 200 km/h et le train de Marseille roule à 300 km/h. Par conséquent, le rapport est de 2 pour 3. Entre autres, quand le train d'Auxerre parcourt 200 km en 1 heure, le train de Marseille parcourt 300 km. Ou encore, quand le train de Marseille parcourt 3 tronçons, le train d'Auxerre parcourt 2 tronçons (voir schéma ci-dessous). Donc, si l'on divise la distance de séparation en 5 tronçons de même distance, alors chaque tronçon est égal à 140 km. Le train de Marseille doit parcourir 3 tronçons de 140 km, soit 420 km.

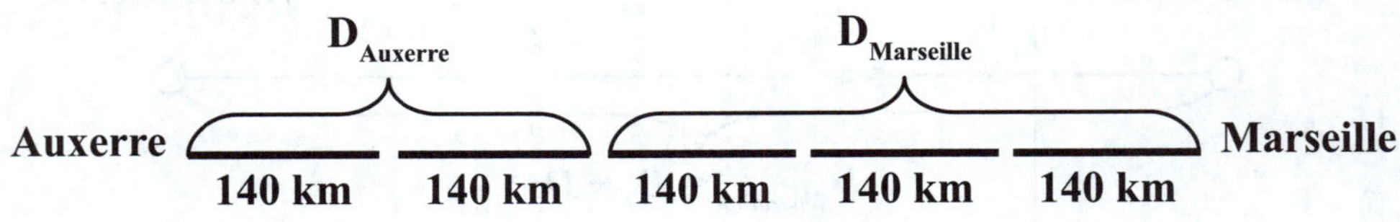

[3. Le cas aller-retour]

On considère un objet effectuant l'aller d'un parcours à une vitesse V_1, puis le retour du même parcours à la vitesse V_2.
Alors la vitesse moyenne de l'objet sur l'aller-retour est donnée par :

$$\textit{Vitesse moyenne} = H = \frac{2 \times V_1 \times V_2}{V_1 + V_2}$$

Cette vitesse moyenne est également appelée **moyenne harmonique.**

Exemple :

Un coureur part de Paris pour aller à Versailles, puis revient par le même chemin. Il effectue l'aller à 8 km/h et le retour à 14 km/h. Quelle est la vitesse moyenne du coureur sur l'ensemble du parcours ?

Réponse : la vitesse moyenne du coureur l'aller-retour Paris Versailles est égale à :

$$\textit{Vitesse moyenne} = \frac{2 \times 8 \times 14}{8 + 14} = 10{,}2 \ \textit{km/h}$$

[4. Le cas changement de vitesse]

On considère un objet parcourant une distance D_1 à la vitesse V_1, puis une distance D_2 à une vitesse V_2. On étudie donc l'impact d'une accélération, ou d'une décélération, sur une vitesse moyenne. La vitesse moyenne de l'objet sur la distance $D_1 + D_2$ est égale à la moyenne harmonique des vitesses, donnée par la formule suivante :

$$Vitesse\ moyenne = \frac{D_1 - D_2}{\frac{D_1}{V_1} + \frac{D_2}{V_2}}$$

Application :

Une voiture roule pendant 1 heure à la vitesse de 80 km/h, puis accélère et roule pendant 60 km à la vitesse de 120 km/h. Quelle est la vitesse moyenne de l'automobiliste sur l'ensemble du parcours ?

Réponse : l'automobiliste a effectué dans un premier temps 80 km à la vitesse de 80 km/h, puis dans un second temps 60 km à la vitesse de 120 km/h. Il a roulé au total 1,5 heure pour parcourir une distance totale de 140 km. La vitesse moyenne est donc égale à 140 / 1,5 = 93,33 km/h.
La vitesse moyenne était aussi directement calculable par la formule suivante :

$$Vitesse\ moyenne = \frac{80 + 60}{\frac{80}{80} + \frac{60}{120}} = 93{,}33\ km/h$$

10. UNITES ET CONVERSIONS

[1. Les unités de longueur]

Les unités de longueur sont utilisées pour mesurer une distance entre deux points.

km	Kilomètre	1 000 m
hm	Hectomètre	100 m
dam	Décamètre	10 m
m	Mètre	1 m
dm	Décimètre	0,1 m
cm	Centimètre	0,01 m
mm	Millimètre	0,001 m
nm	Nanomètre	10^{-9} m

Les multiples vont de 10 en 10 car l'unité légale (le mètre) est de dimension 1 (à la puissance 1).

[2. Les unités d'aire]

L'aire est la mesure d'une surface et l'unité légale d'aire est le mètre carré dans le système métrique.

km^2	Kilomètre carré	10^6 m^2
hm^2	Hectomètre carré	10^4 m^2
dam^2	Décamètre carré	10^2 m^2
m^2	Mètre carré	1 m^2
dm^2	Décimètre carré	10^{-2} m^2
cm^2	Centimètre carré	10^{-4} m^2
mm^2	Millimètre carré	10^{-6} m^2

Les multiples vont de 10^2 (100) en 10^2 (100) car l'unité légale (le mètre carré) est de dimension 2 (à la puissance 2). Retenez bien que les mètres carrés sont des mètres multipliés par des mètres.

[3. Les unités agraires]

Vous serez parfois confrontés aux unités agraires pour mesurer des surfaces agricoles. L'unité de base est l'are (a), qui possède comme seul multiple l'hectare (ha), principalement utilisé. Les équivalences avec les mesures d'aire du système métrique sont les suivantes :

1 are = 1 a = 100 m² 1 hectare = 1 ha = 10 000 m²
1 centiare = 1ca = 1 m² 1 verge = 0,25 a 1 préau = 30 a

Exemple :

Rangez par ordre décroissant :
2 m² 0,00002 km² 0,02 ha 2 000 cm²

Convertissez toutes les surfaces en m² pour pouvoir comparer les expressions :
2 m² 0,00002 km² = **20 m²** 0,02 ha = **200 m²** 2 000 cm² = **0,2 m²**
En conclusion : 0,02 ha > 0,00002 km² > 2 m² > 2 000 cm²

[4. Les unités de volume]

Le volume d'un objet est son « extension dans l'espace ». L'unité de base du volume est le mètre cube.

km³	Kilomètre cube	10^9 m³
hm³	Hectomètre cube	10^6 m³
dam³	Décamètre cube	10^3 m³
m³	Mètre cube	1 m³
dm³	Décimètre cube	10^{-3} m³
cm³	Centimètre cube	10^{-6} m³
mm³	Millimètre cube	10^{-9} m³

Les multiples vont de 10^3 (1 000) en 10^3 (1 000) car l'unité légale (le mètre cube) est de dimension 3 (à la puissance 3).

[5. Les unités de capacité]

Le litre est une unité de contenance. Elle est utilisée pour mesurer un volume de liquide ou de gaz contenu dans un récipient.

hL	Hectolitre	100 L
daL	Décalitre	10 L
L	Litre	1 L
dL	Décilitre	0,1 L
cL	Centilitre	0,01 L
mL	Millilitre	0,001 L

Par convention, le litre est défini comme la capacité de contenance d'un cube de 10 cm de côté, soit un volume de 1 dm^3.
Retenez les correspondances litre/mètre cube suivantes :

1 kL = 1 m^3 = 1 000 L   1 L = 1 dm^3 = 1 000 cm^3 1 mL = 1 cm^3

[6. Les unités de masse]

Le tableau ci-dessous résume les principaux multiples et sous-multiples de la masse.

kg	Kilogramme	1 000 g
hg	Hectogramme	100 g
dag	Décagramme	10 g
g	Gramme	1 g
dg	Décigramme	0,1 g
cg	Centigramme	0,01 g
mg	Milligramme	0,001 g

Dans l'industrie et le commerce, il arrive d'utiliser la tonne (T) et le quintal (q) pour exprimer une masse. Les correspondances tonne/quintal/kilogramme sont les suivantes :

1 T = 10 q   1 T = 1 000 kg   1 q = 100 kg

[7. Les unités de temps]

Pour les unités de temps, à la place des multiples et des sous-multiples habituels, on utilise des heures, des minutes et des secondes qui suivent une base 60. Les correspondances sont les suivantes :

1 h = 60 min   1 min = 60 s   1 h = 3 600 s

Dans les conversions heures/minutes/secondes, la méthode essentielle consiste à former des ensembles de 60 minutes et de 60 secondes pour les convertir ensuite respectivement en heures et en minutes.

Le tableau suivant vous rappelle les principales correspondances heures / minutes / secondes / jours **à connaître par cœur** :

1 h = 60 min	1 h = 3 600 s	1 j = 24 h = 1 440 min	**0,1 h = 6 min**
1/6 h = 10 min	1/5 h = 12 min	1/4 h = 15 min	1/3 h = 20 min
1/2 h = 30 min	1 an = 365 jours (366 pour les années bissextiles)		

Application :

Convertissez les données suivantes :

72 min en h	192 s en min	84 s en min	1,4 h en min
1,2 j en min	36 min en h	1 h 06 min en s	4 j 4 h en h

Réponses :

72 min = 1,2 h	192 s = 3,2 min
84 s = 1,4 min	1,4 h = 1 h 24 min
1,2 j = 1 728 min	36 min = 0,6 h
1 h 06 min = 3 960 s	4 j 4 h = 100 h

11. PROGRESSIONS ARITHMETIQUES ET GEOMETRIQUES

1. Progression arithmétique

[Définition]

Soit U_n une suite arithmétique, définie par $\mathbf{U_n = U_0 + \textit{n} \times \textit{r}}$

U_0 est le premier terme de la suite U_n, ***n*** le nombre de termes de la suite U_n et ***r*** la raison de la suite U_n.

Exemple : dans la suite $U_n = 4 + 3n$, le premier terme vaut 4, et la raison vaut 3. Ainsi, la suite progressera de la façon suivante : **4 – 7 – 10 – 13 – 16 – 19 – 22…**

[Somme des termes d'une suite arithmétique]

La somme des termes d'une suite arithmétique vaut :

1/2 × (premier terme + dernier terme) × nombre de termes

Ainsi, si l'on vous demande de calculer par exemple la somme de tous les nombres suivants : 7, 13, 19, 25, 31, 37, 43, 49, 55, 61 et bien c'est très simple puisqu'il vous suffit de remarquer que le premier terme de cette suite de nombre est 7, que le dernier est 61 et qu'il y en a 10.

Ce qui nous donne :

$$\frac{7+61}{2} \times 10 = \frac{68}{2} \times 10 = \frac{680}{2} = 340$$

[Un cas particulier : la somme des *N* premiers entiers naturels]

La somme des N premiers entiers naturels est égale à : $\dfrac{N \times (N+1)}{2}$

2. Progression géométrique

[Définition]

Soit U_n une suite géométrique, définie par $\mathbf{U_n = U_0 \times q^n}$

U_0 est le premier terme de la suite U_n, ***n*** le nombre de termes de la suite U_n et ***q*** la raison de la suite U_n.

Exemple : dans la suite $U_n = 5 \times 3^n$, le premier terme vaut 5, et la raison vaut 3. Ainsi, la suite progressera de la façon suivante : **5 – 15 – 45 – 135 – 675 – 3 375 …**

[Somme des termes d'une suite géométrique]

La somme des termes d'une suite géométrique vaut :

$$\text{Premier terme} \times [(q^{\text{nombre de termes}} - 1) / (q - 1)]$$

Ainsi, si l'on vous demande de calculer par exemple la somme de tous les nombres suivants : 8, 40, 200, 1 000, 5 000, 25 000 et bien c'est encore très simple puisqu'il vous suffit de remarquer que le premier terme de cette suite de nombre est 8, que la raison vaut 5 et qu'il y a 6 nombres (ou termes) différents.

Ce qui nous donne :

$$8 \times \frac{5^6 - 1}{5 - 1} = 8 \times \frac{15\,625 - 1}{4} = 2 \times 15\,624 = 31\,248$$

Dans ce cas précis, il est vrai que l'on aurait fait plus vite de calculer de tête la somme 8 + 40 + 200 + 1 000 + 5 000 + 25 000… Mais bon, au moins maintenant, vous savez comment appliquer cette formule !

12. GEOMETRIE

1. Présentation des figures usuelles et de leurs caractéristiques

[1. Cercle]

Courbe formée de points situés à la même distance *r* (appelée « rayon ») d'un point nommé « centre ». La longueur *2r* est appelée « diamètre du cercle ». Un arc de cercle est la portion d'un cercle, définie par un angle. Dans la figure ci-dessous, *a* représente l'angle relatif à la portion du cercle.

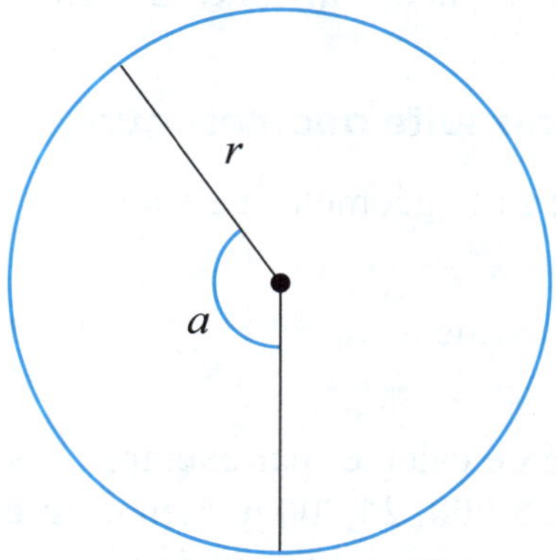

[2. Triangle]

Figure à 3 côtés.

- **Triangle rectangle :** triangle possédant un angle droit.
- **Triangle isocèle :** triangle possédant 2 côtés égaux.
- **Triangle équilatéral :** triangle possédant 3 côtés égaux et 3 angles égaux, chacun égal à 60°.

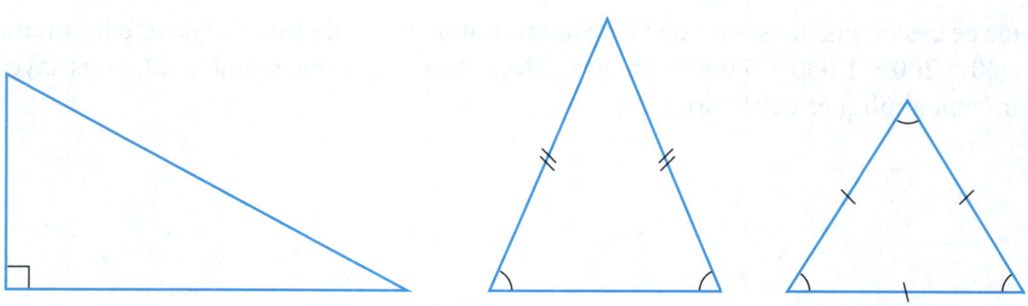

[3. Quadrilatère]

En géométrie plane, un quadrilatère (parfois appelé ou tétragone) est un polygone à quatre côtés. Les trapèzes, parallélogrammes, losanges, rectangles, carrés et cerfs-volants sont des quadrilatères particuliers.

- **Trapèze :** quadrilatère possédant 2 côtés opposés parallèles.

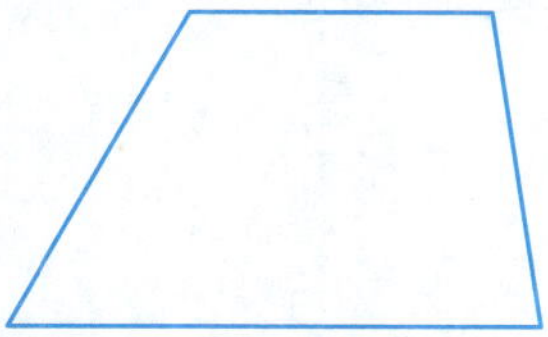

- **Parallélogramme :** un parallélogramme est un quadrilatère dont les côtés opposés sont parallèles deux à deux. Les diagonales du parallélogramme se coupent en leur milieu.

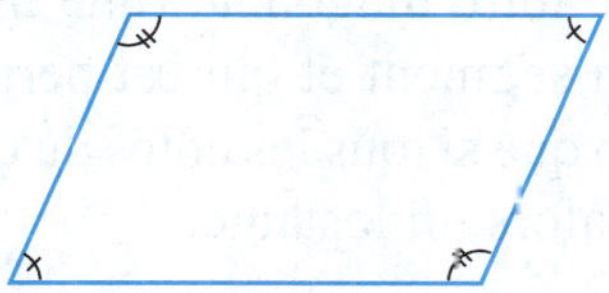

- **Losange :** un losange est un parallélogramme particulier ayant deux côtés consécutifs de même longueur. Notez aussi que ses diagonales se coupent en leur milieu et qu'elles sont perpendiculaires.

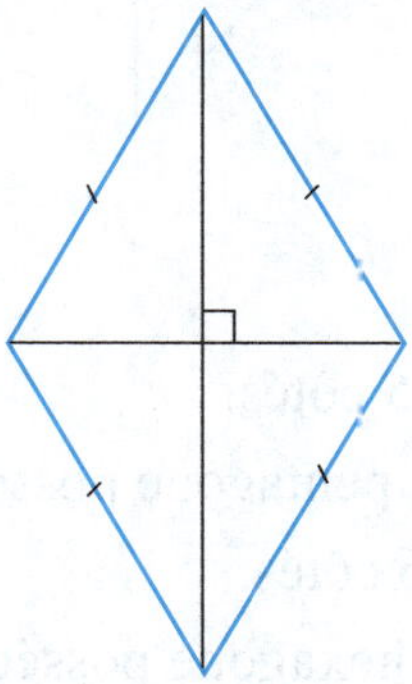

- **Rectangle :** quadrilatère qui possède quatre angles droits.

- **Carré :** rectangle dont les 4 côtés sont égaux, avec 4 angles droits. C'est donc un quadrilatère qui est à la fois un losange, un rectangle, et par conséquent aussi un parallélogramme particulier. Notez que ses diagonales se coupent en leur milieu en formant un angle droit.

- **Cerf-volant :** le cerf-volant est un quadrilatère dont une des diagonales est un axe de symétrie. La diagonale qui est un axe de symétrie, divise le cerf-volant en deux triangles isométriques (identiques). Cette diagonale est la médiatrice de l'autre diagonale (une médiatrice étant une droite passant par le milieu d'un segment et qui est perpendiculaire à ce même segment). Vous noterez enfin que si tous les côtés du cerf-volant sont de même longueur, le cerf-volant est alors un losange.

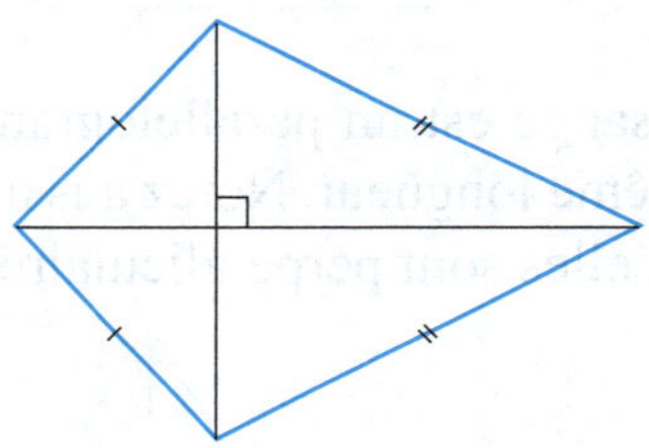

[4. Autres figures]

- **Pentagone :** figure à 5 côtés.
- **Pentagone régulier :** pentagone possédant 5 côtés égaux.
- **Hexagone :** figure à 6 côtés.
- **Hexagone régulier :** hexagone possédant 6 côtés égaux.
- **Heptagone :** figure à 7 côtés.
- **Heptagone régulier :** heptagone possédant 7 côtés égaux.
- **Octogone :** figure à 8 côtés.
- **Octogone régulier :** octogone possédant 8 côtés égaux.

2. Périmètres, aires, volumes : définitions, formules et méthodes

[1. Périmètres]

- Cercle de rayon r : $2\pi r$
- Arc de cercle de rayon r et d'angle a : (voir illustration ci-dessous) $2\pi r \times \frac{a}{360}$
- Triangle isocèle de base b et de côté c : $b + 2c$
- Triangle équilatéral de côté c : $3c$
- Parallélogramme de largeur l et de longueur L : $2 \times (l + L)$
- Losange de côté c : $4c$
- Rectangle de largeur l et de longueur L : $2 \times (l + L)$
- Carré de côté c : $4c$

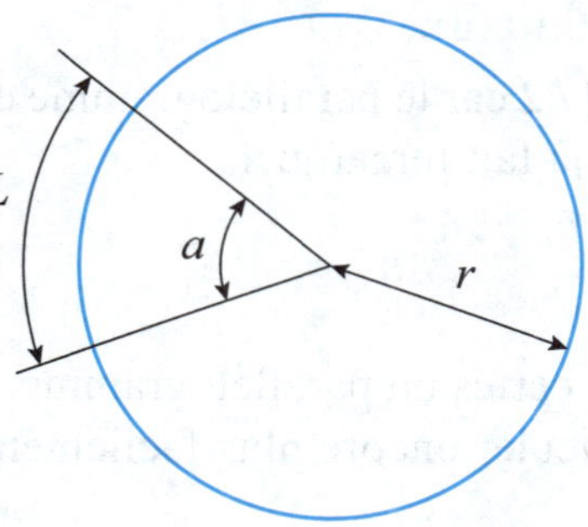

Longueur d'un arc de cercle de rayon r et d'angle a

[2. Aires]

1. Les triangles

La formule à retenir est, en toutes lettres **« Base fois hauteur divisé par 2 ».**

Attention cependant au terme de **base** : dans un triangle quelconque, quel côté doit être considéré comme la base ? La réponse est simple : à vous de choisir en fonction des longueurs dont vous disposez ! Une chose est sûre : **la base est perpendiculaire à la hauteur.** Et selon le sens dans lequel vous aurez orienté votre triangle, l'aire pourra se calculer de deux façons différentes, comme le montrent les deux figures ci-dessous :

Base choisie : c

Aire = $\frac{(h_1 \times c)}{2}$

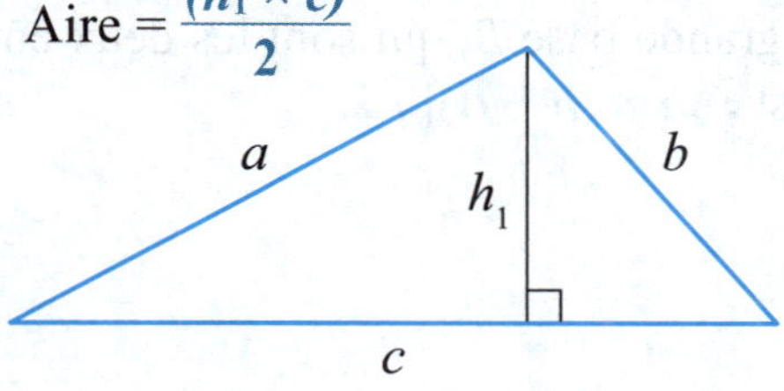

Base choisie : b

Aire = $\frac{(h_2 \times b)}{2}$

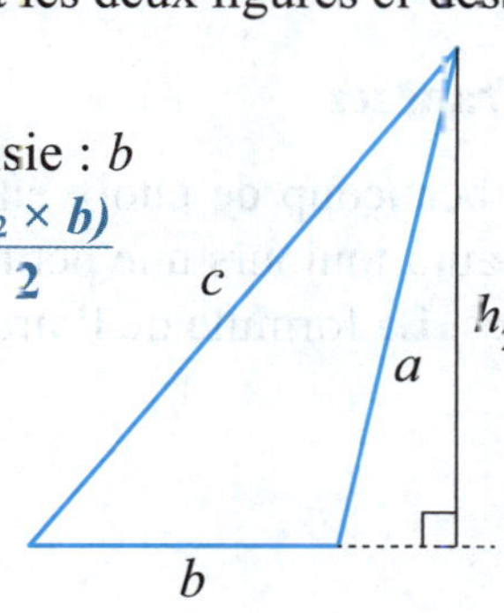

Les cas particuliers des triangles rectangle et isocèle sont remarquables :

• Dans un **triangle rectangle,** la hauteur est confondue avec l'un des deux côtés de l'angle droit, l'autre jouant le rôle de base. Vous pouvez également remarquer qu'un triangle rectangle est la moitié d'un rectangle et retrouver ainsi le résultat.

• Dans un **triangle isocèle,** à condition de choisir la bonne base (aucun des deux côtés égaux), la hauteur sera également la bissectrice, la médiane et la médiatrice de la base. Cela peut servir.

2. Les parallélogrammes

L'aire d'un parallélogramme se calcule de diverses manières : tout dépend une fois de plus des longueurs dont vous disposez. Le plus simple est de remarquer qu'un parallélogramme peut se séparer en deux triangles égaux en coupant le long de la diagonale. Il suffit alors de choisir une base (la diagonale ou l'un des deux côtés) et de calculer la hauteur correspondante.

La formule qui en découle est alors **Base × Hauteur.**

Cette formule vient de [2 × (Base × Hauteur)] / 2 car le parallélogramme est formé de deux triangles égaux comme nous l'avons déjà fait remarquer.

3. Les rectangles

Un rectangle de longueur L et de largeur l est certes un parallélogramme, mais le fait qu'il possède des angles droits permet de calculer encore plus facilement son aire à l'aide de la formule $L \times l$.

On peut bien évidemment la retrouver en considérant qu'un rectangle est formé de deux triangles rectangles de base L et de hauteur l.

4. Les losanges

Pour les losanges, vous aurez remarqué qu'ils sont constitués de quatre triangles rectangles réunis. L'aire d'un losange est égale au produit des diagonales divisé par deux, autrement dit avec d la petite diagonale et D la grande diagonale, l'aire est égale à $(d \times D) / 2$.

5. Les trapèzes

Ici, pas beaucoup de choix en ce qui concerne le sens à donner à votre figure : un trapèze aura toujours une petite base b et une grande base B, qui sont les deux côtés parallèles. La formule de l'aire d'un trapèze est : $[h \times (b + B)] / 2$.

6. Les disques et portions de disques

L'aire d'un disque de rayon r est égale à πr^2 tandis que l'aire d'une portion de disque de même rayon et d'angle a est donnée par la formule $\pi r^2 \times \frac{a}{360}$

[3. Volumes et aires latérales]

Si vous savez ce qu'est un « volume », vous ignorez parfois ce qu'est l'aire latérale d'une figure. L'**aire latérale** d'une figure est égale à la somme des aires de tous les côtés de la figure.

1. Parallélépipède rectangle (pavé droit)

Volume = $L \times l \times h$

Aire latérale = $2 \times (L \times l + l \times h + L \times h)$

2. Cône

Volume = $1/3 \times \pi r^2 h$

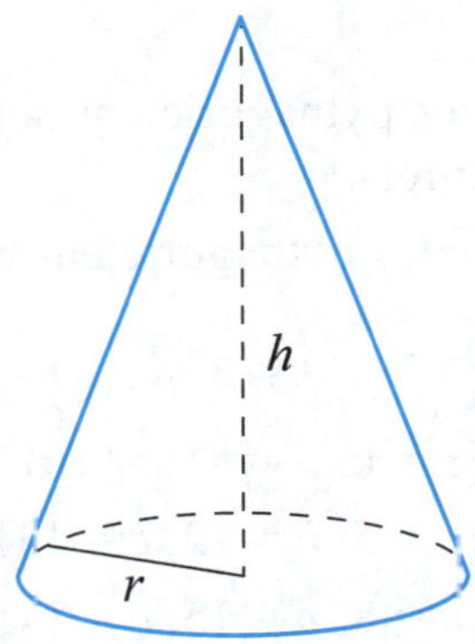

3. Sphère

Volume = $4/3 \times \pi r^3$

Aire latérale = $4\pi r^2$

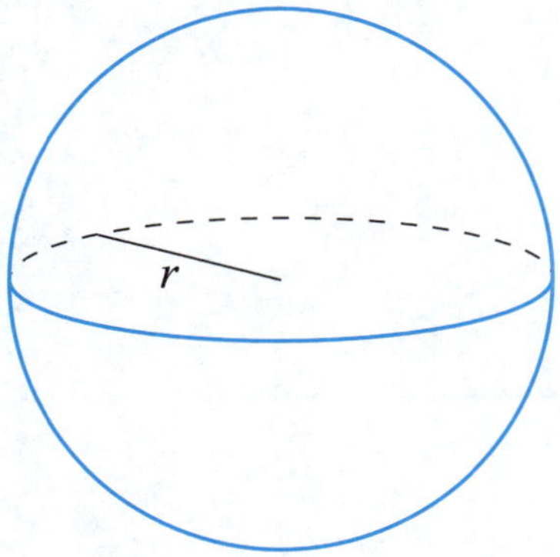

4. Cylindre

Volume = $\pi r^2 h$

Aire latérale = $2\pi r(r + h)$

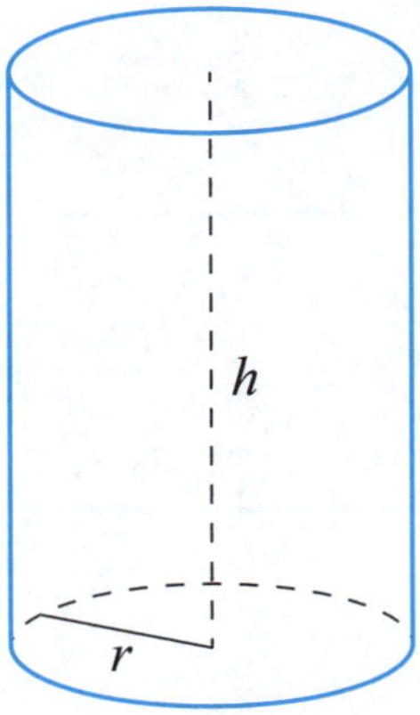

3. Des formules très pratiques...

[1. Théorème de Pythagore et triangles pythagoriciens]

Dans un triangle rectangle, la somme des carrés des côtés de l'angle droit est égale au carré de l'hypoténuse. Autrement dit : $a^2 + b^2 = c^2$

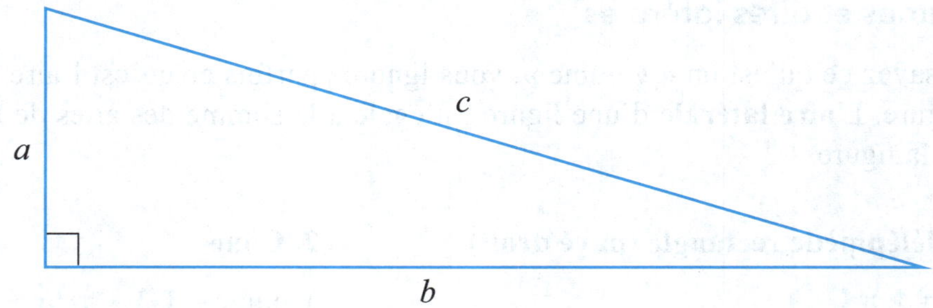

Triangles pythagoriciens

Les triangles pythagoriciens sont des triangles dont les longueurs des côtés sont des entiers naturels.

Les 4 triangles pythagoriciens à connaître par cœur sont les suivants :

1. $[a = 3, b = 4, c = 5]$
2. $[a = 6, b = 8, c = 10]$
3. $[a = 5, b = 12, c = 13]$
4. $[a = 8, b = 15, c = 17]$

[2. Théorème de Thalès]

Toute droite parallèle au côté d'un triangle sépare ce dernier en un triangle de mêmes proportions.

$$\frac{AD}{AC} = \frac{AE}{AB} = \frac{DE}{CB}$$

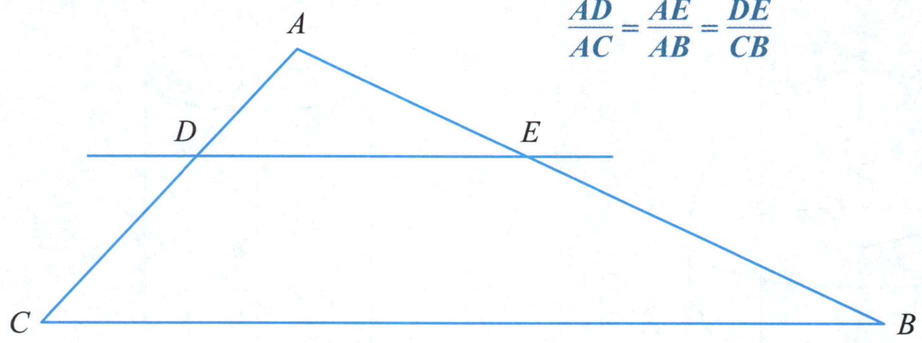

[3. Pythagore et les triangles équilatéraux]

Sachez qu'un triangle équilatéral est totalement défini par la longueur de l'un de ses côtés. Il est alors possible d'en déduire la totalité des informations souhaitées (aire, périmètre, hauteur, médiane, bissectrice, médiatrice…). En effet, comme le montre la formule suivante, on a :

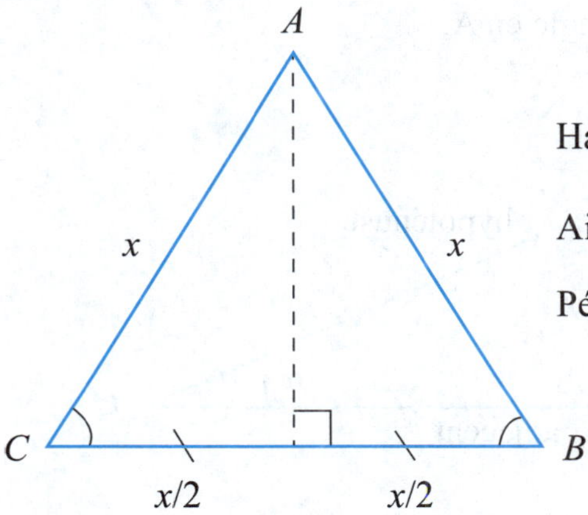

Hauteur = Médiatrice = $\frac{x\sqrt{3}}{2}$

Aire = $\frac{\sqrt{3}}{4} \times x^2$

Périmètre = $3x$

[4. Angles]

Les angles alternes internes

Si deux droites parallèles sont toutes deux coupées par une même autre droite, les angles formés sont égaux deux à deux.

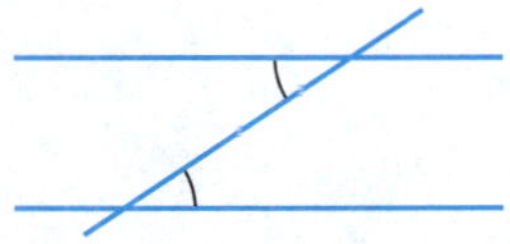

Les angles opposés par le sommet

Lorsque deux droites se croisent, elles forment des angles opposés par le sommet égaux deux à deux. On peut le voir sur la figure :

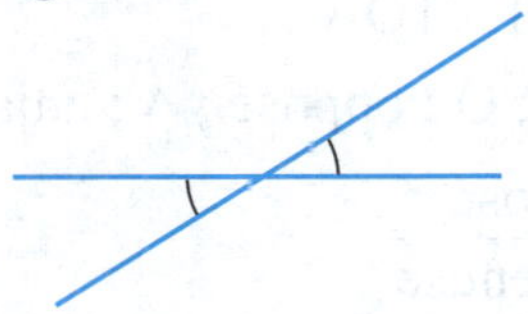

La somme des angles d'un **triangle** vaut toujours **180°**.
La somme des angles d'un **quadrilatère** vaut toujours **360°**.
D'un point à l'autre d'un **cercle**, on parcourt **360°**.

[5. Cosinus, Sinus, Tangente]

Les formules de cosinus, sinus et tangente figurent au programme de la classe de Troisième et peuvent donc faire l'objet de questions au TAGE 2, notamment dans le cadre de l'épreuve de conditions minimales.

Soit un triangle rectangle ABC rectangle en A.

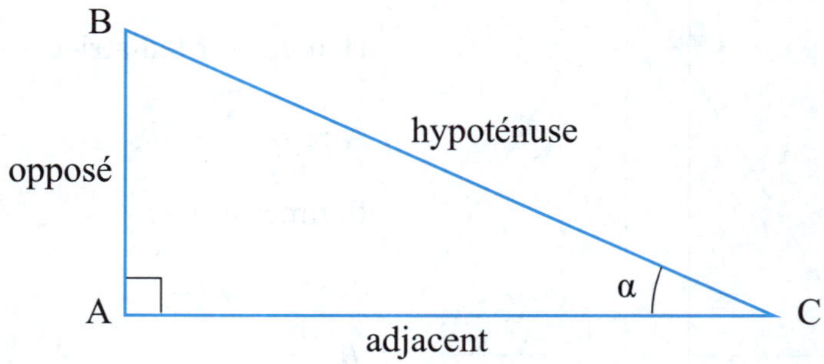

Soit α l'angle $\widehat{ACB}$.
On a :

$$\cos \alpha = \frac{AC}{BC}$$

$$\sin \alpha = \frac{AB}{BC}$$

$$\tan \alpha = \frac{AB}{AC}$$

Retenez bien que ces formules ne s'appliquent que dans le cadre d'un triangle rectangle.

Astuce : SOH – CAH – TOA
avec H : hypoténuse ; O : opposé ; A : adjacent.

SOH : sinus $= \frac{\text{opposé}}{\text{hypoténuse}}$

CAH : cosinus $= \frac{\text{adjacent}}{\text{hypoténuse}}$

TOA : tangente $= \frac{\text{opposé}}{\text{adjacent}}$

[6. Le théorème de Pythagore généralisé]

Dans le cas des triangles non rectangles, les cosinus nous sont encore d'une grande aide pour calculer la longueur d'un triangle.
Le célèbre mathématicien Al-Kashi nous propose en effet de nous appuyer sur son théorème de Pythagore généralisé que voici :

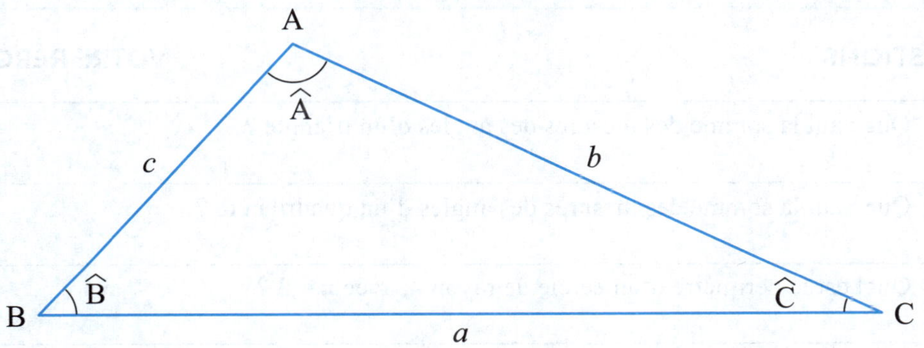

$$a^2 = b^2 + c^2 - 2b.c\cos(\widehat{A})$$

GEOMETRIE : 80 APPLICATIONS POUR VOUS ENTRAINER

Je sais que vous avez surement un peu la flemme (pardonnez-moi l'expression !) de vous attaquer à ces 80 applications... Mais faites-moi confiance : en travaillant dessus, je suis convaincu que les plus réfractaires à la géométrie finiront enfin par y voir clair et seront désormais en mesure de se frotter sereinement à n'importe quelle question de géométrie dans l'épreuve de calcul comme dans celle de conditions minimales. Bon courage à vous !

Enoncés

QUESTIONS **VOTRE RÉPONSE**

1 Que vaut la somme des mesures des angles d'un triangle ?

2 Que vaut la somme des mesures des angles d'un quadrilatère ?

3 Quel est le périmètre d'un cercle de rayon 4, avec $\pi = 3$?

4 Quel est le périmètre d'un carré de côté $c = 6$?

5 Quel est le périmètre d'un parallélogramme de longueur $L = 6$ et de largeur $l = 3$?

6 Quel est le périmètre d'un rectangle de longueur $L = 8$ et de largeur $l = 5$?

7 Quel est le périmètre d'un losange de côté $c = 5$?

8 Quelle est l'aire d'un triangle rectangle dont les côtés adjacents à l'angle droit mesurent respectivement 6 cm et 3 cm ?

9 Quelle est l'aire du triangle ci-dessous ?

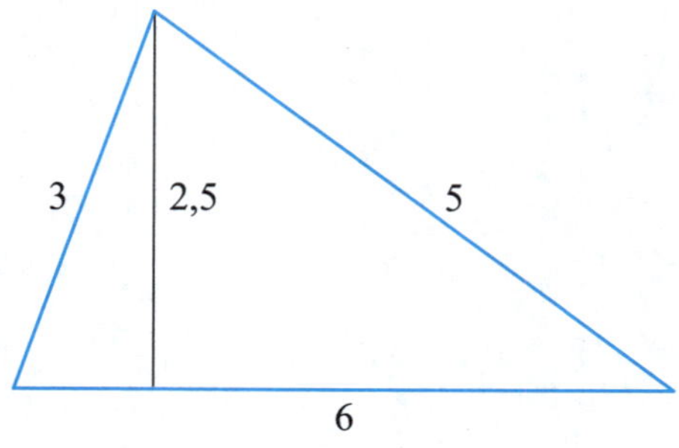

10 Quelle est l'aire d'un rectangle de longueur $L = 8$ cm et de largeur $l = 6$ cm ?

11 Quelle est la surface du losange ci-dessous ?

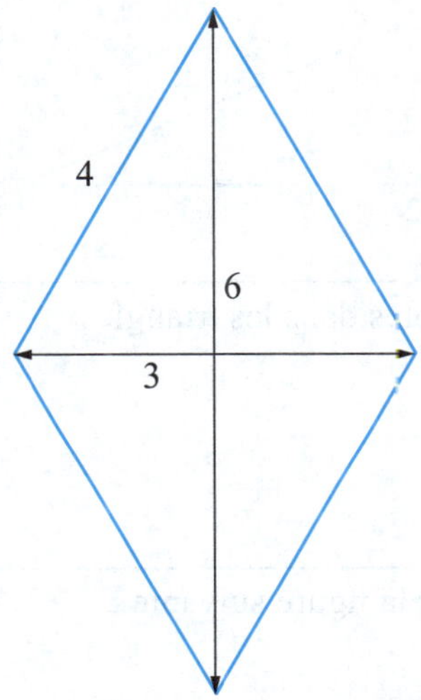

12 Quel est le volume d'un parallélépipède rectangle de longueur $L = 7$ cm, de largeur $l = 5$ cm et de hauteur $h = 6$ cm ?

13 Quel est le volume d'un cône dont le rayon de la base est $r = 4$ cm et la hauteur $h = 6$ cm ? Nous prendrons $\pi = 3$.

14 Quel est le volume d'une sphère de rayon $r = 3$ cm ? Nous prendrons $\pi = 3$.

15 Quel est le volume d'un cylindre de rayon $r = 7$ cm, et de hauteur $h = 9$ cm ? Nous prendrons $\pi = 3$.

16 Quel est le volume d'un cube dont la plus grande diagonale intérieur vaut $5\sqrt{3}$?

17 Quelle est l'aire latérale d'une sphère de rayon $r = 5$ cm ? Nous prendrons $\pi = 3$.

18 Quelle est l'aire latérale d'un cylindre de rayon $r = 5$ cm et de hauteur $h = 6$ cm ? Nous prendrons $\pi = 3$.

19 Que vaut la longueur c dans le triangle rectangle ci-dessous ?

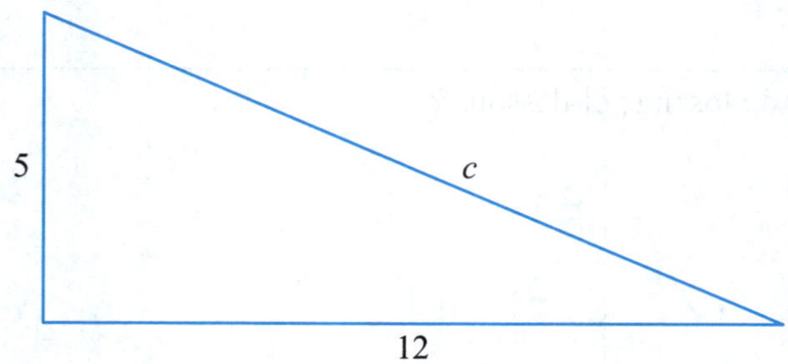

20 Compléter les longueurs manquantes dans les triangles Pythagoriciens suivants :

$a = 3$; $b = 4$; $c = \ldots$

$a = 6$; $b = \ldots$; $c = 10$

21 Ecrire le théorème de Thalès pour la figure suivante :

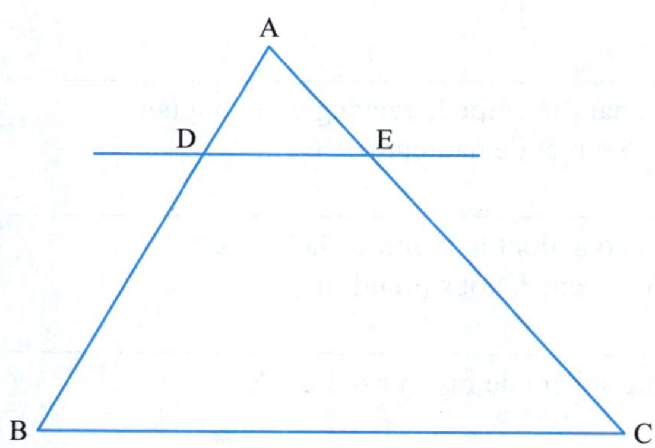

22 Un triangle est à la fois isocèle et rectangle.
Quelle est la mesure de ses deux angles non droits ?

23 Indiquer la longueur de la diagonale du carré ci-dessous.

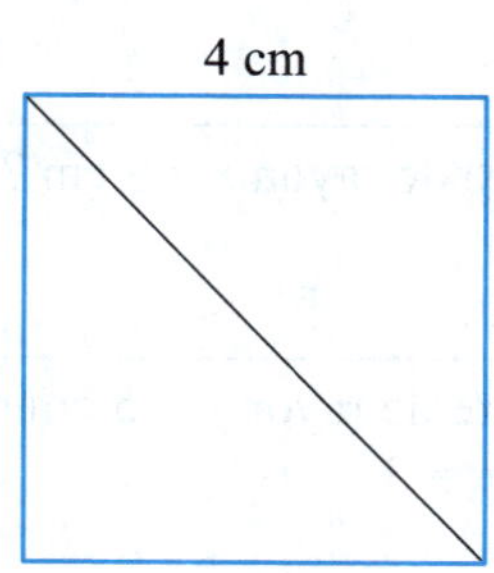

24 Que vaut le cosinus de l'angle A dans le triangle rectangle ci-dessous ?

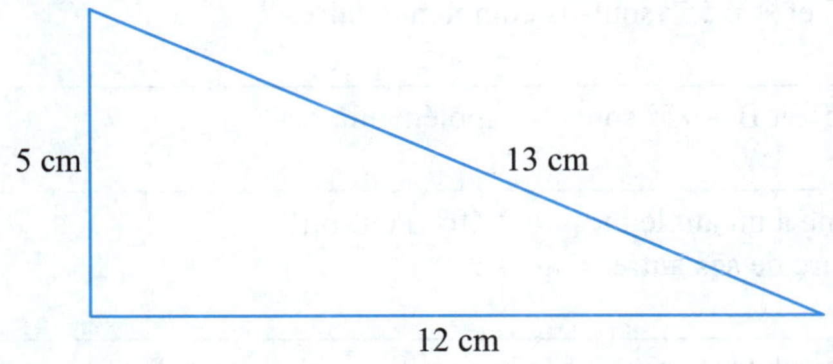

25 Que vaut le sinus de l'angle A dans le triangle rectangle ci-dessous ?

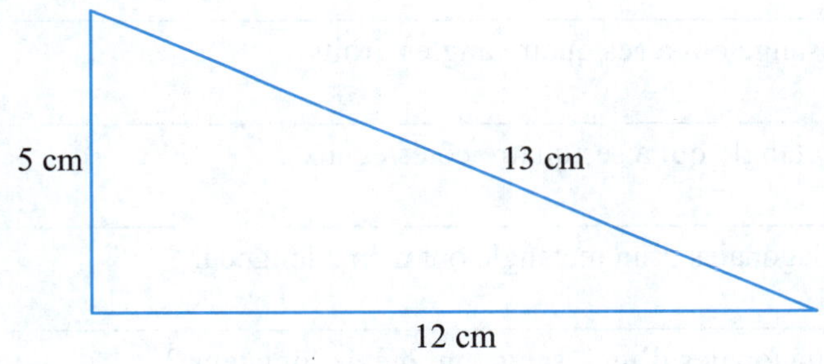

26 Que vaut la tangente de l'angle A dans le triangle rectangle ci-dessous ?

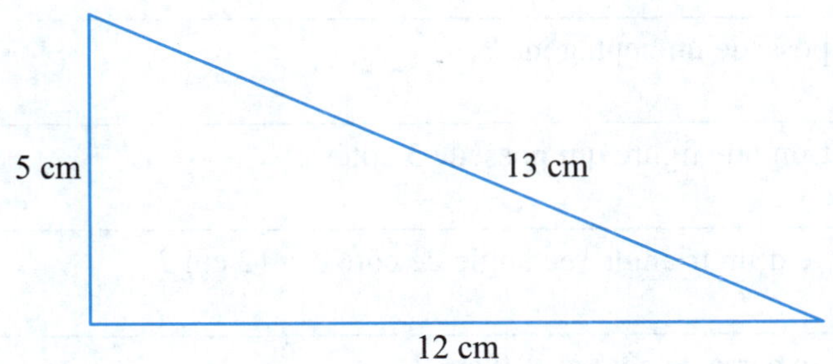

27 Un triangle possède un angle de 70° et un angle de 85°. Quelle est la mesure de son troisième angle ?

28 L'angle A = 75° est-il aigu ou obtus ?

29 L'angle B = 107° est-il aigu ou obtus ?

30 Quelle est la mesure des angles d'un triangle équilatéral ?

31 Les angles A = 45° et B = 55° sont-ils complémentaires ?

32 Les angles A = 105° et B = 75° sont-ils supplémentaires ?

33 Un parallélogramme a un angle mesurant 40°. Peut-on déterminer la mesure de ses autres angles ?

34 Qu'est-ce qu'un parallélogramme qui a ses quatre angles droits ?

35 Qu'est-ce qu'un parallélogramme qui a ses quatre côtés égaux ?

36 Qu'est-ce qu'un losange qui a ses quatre angles droits ?

37 Qu'est-ce qu'un rectangle qui a ses quatre côtés égaux ?

38 Vrai ou faux : les diagonales d'un rectangle ont même longueur ?

39 Vrai ou faux : les diagonales d'un losange ont même longueur ?

40 Vrai ou faux : les diagonales d'un losange sont perpendiculaires ?

41 Combien de côtés possède un heptagone ?

42 Comment appelle-t-on une figure qui possède 5 côtés ?

43 Quel est le périmètre d'un triangle rectangle de côté $c = 12$ cm ?

44 Quelle est l'aire d'un carré de côté $c = 10$ cm ?

45 Quel est le périmètre d'un cercle de diamètre $d = 10$ cm ? On prendra $\pi = 3$.

46 Quel est le périmètre d'un cercle de rayon $r = 6$ cm ? On prendra $\pi = 3$.

47 Quelle est l'aire d'un disque de rayon $r = 8$ cm ?
On prendra $\pi = 3$.

48 Quelle est l'aire d'un disque de diamètre $d = 4$ cm ?
On prendra $\pi = 3$.

49 Quel est le volume d'un cube dont l'arête vaut 5 ?

50 Quelle est l'aire latérale d'un cube de côté $c = 5$ cm ?

51 Quelle est la longueur du côté d'un cube de volume
$V = 512\ cm^3$?

52 Quelle est la longueur du côté d'un carré de périmètre
$P = 28$ cm ?

53 Quelle est la longueur du côté d'un carré d'aire $A = 144\ cm^2$?

54 Quelle est la largeur d'un rectangle de périmètre $P = 36$ et de longueur $L = 10$?

55 Quelle est la hauteur d'un cylindre dont la base a pour surface $B = 10\ cm^2$ et pour volume $V = 89\ cm^3$?

56 Quelle est la longueur d'un parallélogramme de largeur $l = 6$ cm et de périmètre $P = 48$ cm ?

57 Quelle est la surface de la base d'un cône de volume $V = 125\ cm^3$ et de hauteur $h = 25$ cm ?

58 Le troisième angle d'un triangle possédant un angle de 120° et un angle de 40° est-il aigu ou obtus ?

59 Vrai ou faux : un triangle ne peut avoir plus d'un angle obtus ?

60 Quelle est la longueur d'un parallélépipède rectangle dont la largeur $l = 4$ cm, la hauteur $h = 5$ cm, et de volume $V = 120\ cm^3$?

61 Vrai ou faux : d'un point à l'autre d'un cercle, on parcourt 180° ?

62 Vrai ou faux : le cosinus et le sinus d'un angle sont compris entre 0 et 1.

63 Que vaut la longueur *c* sur le triangle ci-dessous ?

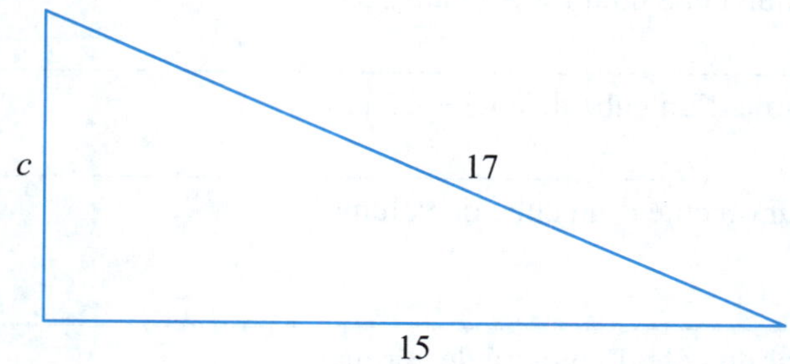

64 Quelle est l'aire du triangle ci-dessous ?

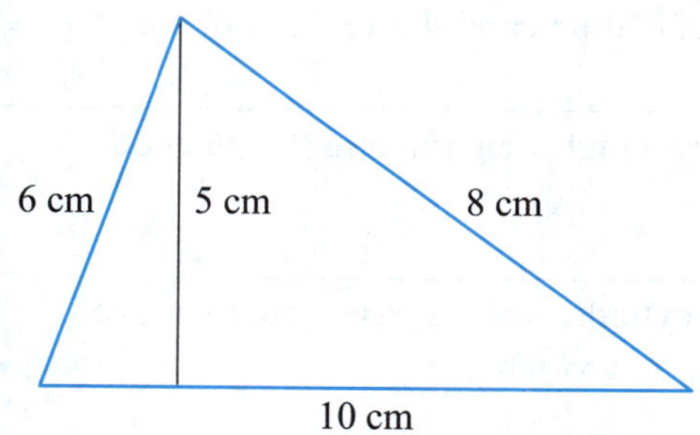

65 Que vaut l'arête d'un cube de volume 1 331 mètres cubes ?

66 Quelle est la longueur de la base d'un triangle d'aire 27 cm² et de hauteur 3 cm ?

67 Quelle est la longueur d'un arc de cercle de rayon 5 cm et d'angle $a = 120°$? On prendra $\pi = 3$.

68 Quelle est l'aire du parallélogramme ci-dessous ?

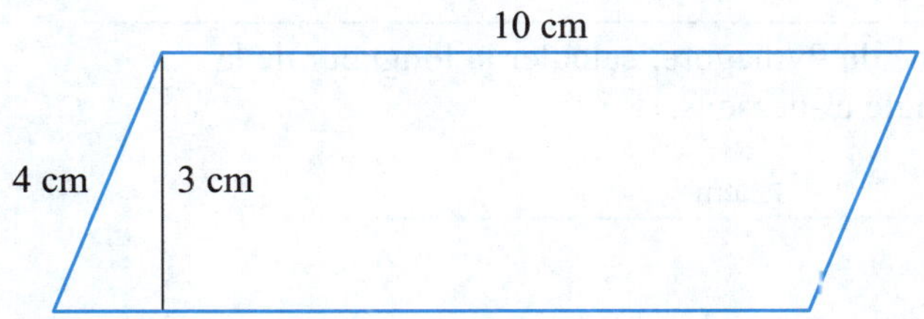

69 Vrai ou faux : les deux angles marqués sont égaux.

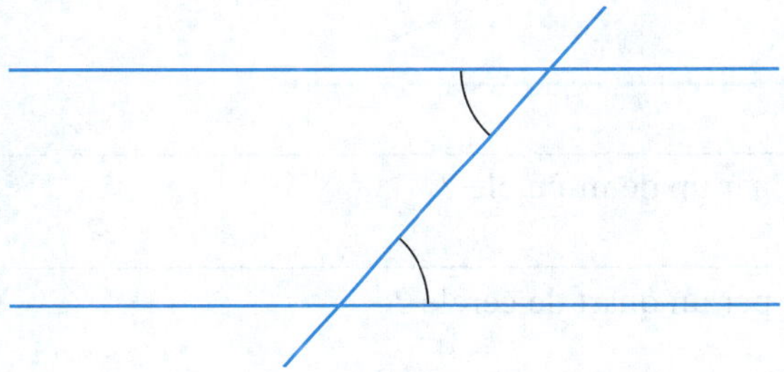

70 Que vaut l'angle *a* ?

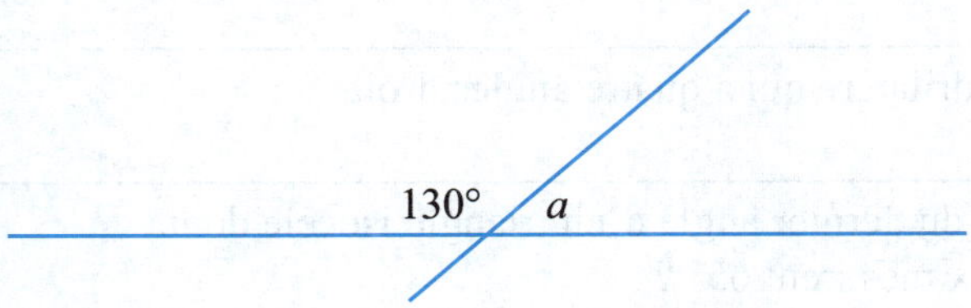

71 Dans un triangle, un angle mesure 60°, le deuxième 50°.
Que mesure le troisième ?

72 Que vaut la longueur AD sachant que AC = 10 cm ?

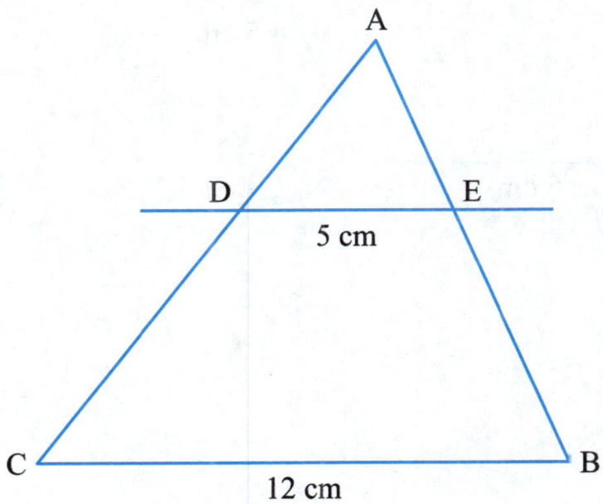

73 Quel est le périmètre d'un triangle équilatéral de côté $c = 5$ cm ?

74 A l'aide du théorème de Pythagore, calculer la longueur de la diagonale du rectangle ci-dessous.

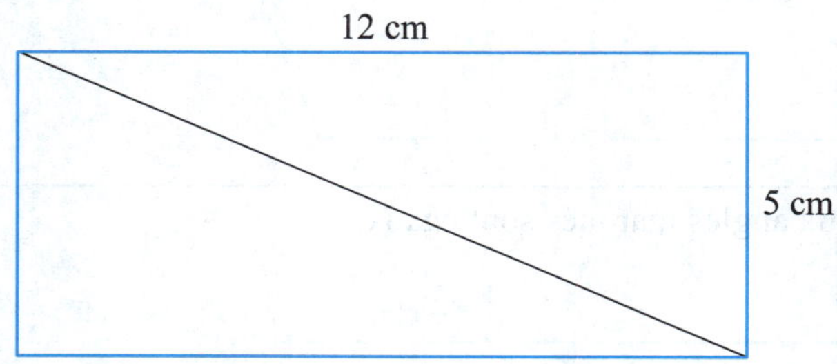

75 Quel est l'angle formé par un demi-cercle ?

76 Quel est l'angle formé par un quart de cercle ?

77 Un quadrilatère possède un angle de 26°, un angle de 100° et un angle de 45°. Quelle est la mesure de son dernier angle ?

78 Qu'est-ce qu'un quadrilatère qui a quatre angles droits ?

79 Quelle est la mesure du dernier angle d'un triangle isocèle dont les deux angles égaux mesurent 65° ?

80 Quelle est l'aire du trapèze ci-dessous ?

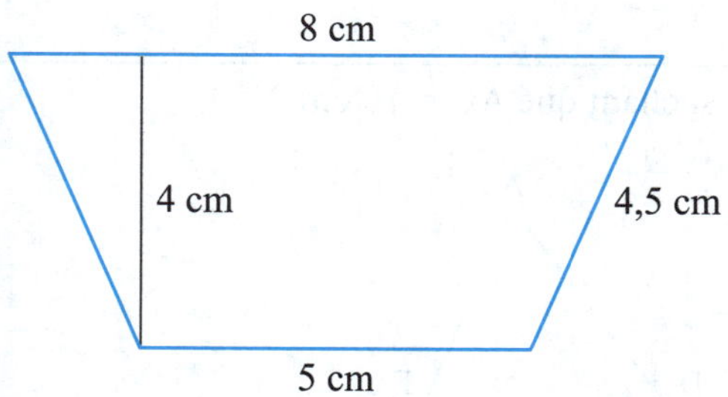

Corrigés

1 180°.

2 360°.

3 $2\pi r = 2\pi \times 4 = 2 \times 3 \times 4 = 24$.

4 $P = 4 \times c = 4 \times 6 = 24$.

5 $P = 2\,(L + l) = 2 \times (6 + 3) = 18$.

6 $P = 2\,(L + l) = 2 \times (8 + 5) = 26$.

7 $P = 4 \times c = 4 \times 5 = 20$.

8 $A = 1/2 \times b \times h = 1/2 \times 6 \times 3 = 9$ cm².

9 $A = 1/2 \times b \times h = 1/2 \times 6 \times 2{,}5 = 7{,}5$.

10 $A = L \times l = 8 \times 6 = 48$ cm².

11 L'aire d'un losange est égale à la moitié du produit des longueurs de ses diagonales, ainsi $A = 6 \times 3/2 = 9$ cm².

12 $V = L \times l \times h = 7 \times 5 \times 6 = 210$ cm³.

13 $V = (\pi r^2 \times h)/3 = 3 \times 4^2 \times 6/3 = 96$ cm³.

14 $V = 4/3 \times \pi \times r^3 = 4/3 \times 3 \times 3^3 = 108$ cm³.

15 $V = \pi r^2 h = 3 \times 7^2 \times 9 = 1\,323$ cm³.

16 Sachant que la plus grande diagonale intérieure d'un cube d'arête X a pour longueur $X\sqrt{3}$ on en déduit par identification que l'arête a pour longueur 5 et que le volume du cube est donc égal à 5 au cube soit 125.

17 Aire latérale = $4\pi r^2 = 4 \times 3 \times 5^2 = 300$ cm².

18 Aire latérale = $2\pi r \times (r + h) = 2 \times 3 \times 5 \times (5 + 6) = 330$ cm².

19 D'après le théorème de Pythagore, c'est tel que : $c^2 = 5^2 + 12^2$.
Donc : $c^2 = 25 + 144 = 169$. Donc : $c = 13$ cm.

20 $a = 3$; $b = 4$; $c = 5$
$a = 6$; $b = 8$; $c = 10$.

21 D'après le théorème de Thalès, comme les droites (DE) et (AB) sont parallèles :
$\frac{AD}{AB} = \frac{AE}{AC} = \frac{DE}{BC}$.

22 La somme des mesures des angles d'un triangle est de 180°. Comme ce triangle est isocèle et a un angle droit, on en déduit donc que la somme des mesures de ses deux angles égaux vaut 180 – 90 = 90°. Comme ils sont égaux, chacun vaut par conséquent 90/2 = 45°.

23 D'après le théorème de Pythagore, le carré de la longueur de la diagonale vaut la somme des carrés de deux côtés. Donc $d^2 = 4^2 + 4^2 = 32$.
Donc $d = \sqrt{32} = 4\sqrt{2}$ cm, soit environ 5,6 cm.

24 $\cos A = \frac{AB}{AC} = \frac{12}{13} = 0{,}92$.

25 $\sin A = \frac{BC}{CA} = \frac{5}{13} = 0{,}38$.

26 $\tan A = \frac{CB}{AB} = \frac{5}{12} = 0{,}42$.

27 Son troisième angle mesure 180° – 70° – 85° = 25°.

28 A est un angle aigu, car sa mesure est inférieure à 90°.

29 B est un angle obtus, car sa mesure est supérieure à 180°.

30 Un triangle équilatéral a ses trois angles égaux, donc ils mesurent chacun 180°/3 = 60°.

31 Non, car leur somme fait 100°, et pas 90°.

32 Oui, car leur somme fait 180°.

33 Oui, car les angles d'un parallélogramme sont égaux deux à deux. Il a donc un autre angle de 40°. Et comme la somme des angles d'un quadrilatère mesure 360°, la somme de ses deux autres angles est 360 – 40 – 40 = 280°. Les deux derniers angles mesurent donc 140° chacun.

34 C'est un rectangle.

35 C'est un losange.

36 C'est un carré.

37 C'est un carré.

38 Vrai.

39 Faux.

40 Vrai.

41 7 côtés !

42 Un pentagone.

43 $P = 3 \times c = 3 \times 12 = 36$ cm.

44 $A = c^2 = 10^2 = 100$ cm².

45 Le diamètre est le double du rayon, donc $r = 5$ cm, et ainsi :
$P = 2\pi r = 2 \times 3 \times 5 = 30$ cm.

46 $P = 2\pi r = 2 \times 3 \times 6 = 36$ cm.

47 $A = \pi r^2 = 3 \times 8^2 = 192$ cm².

48 Le diamètre est le double du rayon, donc $r = 2$ cm.
Ainsi, $A = \pi r^2 = 3 \times 2^2 = 12$ cm^2.

49 $V = 5 \times 5 \times 5 = 125$

50 Un cube possède six faces identiques, donc son aire latérale vaut 6 fois l'aire d'une de ses faces. $A = 6 \times c^2 = 6 \times 5^2 = 150$ cm^2.

51 Comme le volume d'un cube est égal au cube de la longueur du côté c, on cherche c tel que : $c^3 = 512$. Donc $c = 8$ cm.

52 Le périmètre d'un carré vaut quatre fois la longueur de son côté.
Donc $c = 28/4 = 7$ cm !

53 L'aire d'un carré est égale à la longueur de son côté au carré.
Donc c est tel que $c^2 = 144$. Donc $c = 12$ cm.

54 $P = 2L + 2l$
donc $2l = P - 2L = 36 - 20 = 16$.
Donc $l = 8$ cm.

55 Comme $V = B \times h$, alors $h = V/B = 89/10 = 8{,}9$ cm.

56 Comme $P = 2L + 2l$, alors :
$2L = P - 2l = 48 - 12 = 36$
Donc $L = 18$ cm.

57 On sait que $V = B \times h$, donc $B = V/h = 125/25 = 5$ cm^2.

58 La somme des mesures des angles d'un triangle mesure 180°. Donc le troisième angle mesure 180 – 120 – 40 = 20°. Il est donc aigu.

59 Vrai, car si il avait deux angles obtus, alors leur somme serait supérieure à 180°, ce qui est impossible.

60 $V = L \times l \times h$, donc $L = V/l/h = 120/4/5 = 6$ cm !

61 Faux, on parcourt 360°.

62 Vrai.

63 D'après le théorème de Pythagore, la somme des carrés des côtés adjacents à l'angle droit est égale au carré de l'hypoténuse. Ici, on cherche à savoir la longueur d'un des côtés adjacents.
Ainsi : $c^2 = 17^2 - 15^2 = 64$. Donc $c = 8$ cm.

64 $A = b \times h/2 = 10 \times 5/2 = 25$ cm².

65 $V = 1331 = 11 \times 11 \times 11$.
L'arête du cube a donc pour longueur 11 mètres.

66 $A = B \times h/2$, donc $B = A \times 2/h = 27 \times 2/3 = 18$ cm.

67 $L = 2\pi r \times a/360 = 2 \times 3 \times 5 \times 120/360 = 10$ cm.

68 $A = B \times h = 10 \times 3 = 30$ cm².

69 Vrai, ce sont les angles alternes internes.

70 L'angle a vaut $180° - 130 = 50°$.

71 Il mesure $180° - 60 - 50 = 70°$.

72 D'après le théorème de Thalès :
$$\frac{AD}{AC} = \frac{DE}{BC} = \frac{AE}{AB}.$$
Donc, $AD = \frac{DE}{BC} \times AC = \frac{5}{12} \times 10 = \frac{50}{12} = \frac{25}{6} = 4{,}166\ldots$ cm.

73 Pour un triangle équilatéral : $P = 3 \times c = 3 \times 5 = 15$ cm.

74 On retrouve un triangle rectangle formé par une longueur, une largeur et la diagonale.
D'après le théorème de Pythagore :
$d^2 = 12^2 + 5^2 = 144 + 25 = 169$.
Donc $d = 13$ cm.

75 $360°/2 = 180°$.

76 $360°/4 = 90°$.

77 Son dernier angle mesure $360° – 26° – 100° – 45° = 189°$.

78 C'est un rectangle.

79 Il mesure $180° – 2 \times 65 = 180 – 130 = 50°$.

80 $A = h \times (b + B)/2 = 4 \times (8 + 5)/2 = 26\ cm^2$.

13. QUELQUES NOTIONS DE MATHEMATIQUES FINANCIERES

Lorsque vous placez votre argent sur un compte bancaire, quatre variables entrent en jeu dans le calcul du capital final et des intérêts obtenus :

- **Le capital initialement placé,** ou la somme d'argent de départ notée C_0.
- **La durée du placement,** qui correspond au nombre de périodes de capitalisation noté n.
- **La valeur acquise par le capital de départ au bout de n périodes** de placement notée C_n.
- **Le taux d'intérêt fixe du placement** noté r, souvent exprimé en pourcentage.

1. Les intérêts simples

Un capital est placé à intérêts simples lorsque les intérêts sont calculés en fin de placement proportionnellement au capital, au taux et à la durée du placement. Dans le cas simple, les intérêts ne sont pas capitalisés au cours des périodes suivantes, et par conséquent ils ne rapportent pas d'intérêts supplémentaires. La valeur acquise C_n du capital initial C_0 est définie par :

$$C_n = C_0 \times (1 + n \times r)$$

Les intérêts sont dits « simples » car à chaque période, les intérêts se calculent par la formule :

$$I = r \times C_0$$

Remarquez que <u>les intérêts sont toujours constants</u> d'une période à l'autre, qu'ils soient calculés à la première ou à la $n^{\text{ième}}$ période.

La somme des intérêts reçus au cours de n périodes vaut :

$$I = n \times r \times C_0 = C_n - C_0$$

Comprenez bien que dans le cas des intérêts simples, les intérêts ne sont pas réinvestis aux périodes suivantes et sont en fait « mis sur un compte séparé non rémunéré ». En résumé, comme les intérêts simples ne sont pas placés, **il n'y a pas d'intérêts sur les intérêts.**

Application :

> On place 1 000 € sur un compte rémunéré à 10 % par an pendant 8 ans. Que vaut la somme au bout de 8 ans de placement ?
>
> Réponse :
> $C_8 = C_0 \times (1 + n \times r) = 1\,000\,€ \times (1 + 8 \times 10\,\%) = 1\,000\,€ \times 1{,}8 = 1\,800\,€$

2. Les intérêts composés

Un placement est dit à intérêts composés **lorsque le montant des intérêts produits à la fin de chaque période de capitalisation s'ajoute au capital placé pour devenir lui-même productif d'intérêts à la période suivante.** La valeur acquise C_n par le capital initial C_0 au bout de n périodes de placement est égale à :

$$C_{n+1} = C_n \times (1 + r) \quad \text{et} \quad C_n = C_0 \times (1 + r)^n$$

Dans le cas des intérêts composés, les intérêts produits à chaque période augmentent la base à partir de laquelle on calcule les intérêts par la suite. Il faut bien comprendre que contrairement au cas des intérêts simples, les intérêts restent sur le compte bancaire, et par conséquent les intérêts obtenus par le placement sont croissants période après période.

Application :

> On place 1 000 € à un taux d'intérêt de 10 % par an pendant 3 ans. Que vaut la somme placée au bout de 3 ans de placement ?
>
> Réponse : $C_3 = C_0 \times (1 + r)^3 = 1\,000\,€ \times (1 + 10\,\%)^3 = 1\,000\,€ \times 1{,}331 = 1\,331\,€$

14. ANALYSE COMBINATOIRE

La FNEGE a dernièrement remis l'analyse combinatoire et les probabilités au goût du jour… pour le plus grand malheur des candidats !

N'ayez crainte cependant, les concepts qui suivent seront à votre portée.

1. Cardinal d'un ensemble

[Définition]

Soit E un ensemble fini de n éléments. On appelle cardinal de l'ensemble E, noté Card(E), le nombre d'éléments de E.

[Propriétés]

– Si E et F sont deux ensembles finis, alors :
$\text{Card}(E \cup F) = \text{Card}(E) + \text{Card}(F) - \text{Card}(E \cap F)$

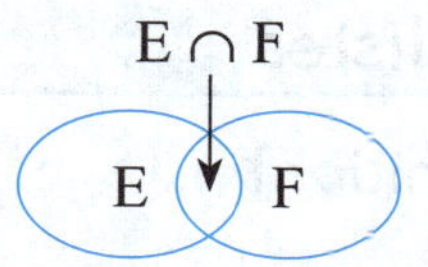

– Si E et F sont des ensembles finis disjoints, alors :
$\text{Card}(E \cup F) = \text{Card}(E) + \text{Card}(F)$
car dans ce cas $(E \cap F) = \varnothing$ donc $\text{Card}(E \cap F) = 0$.

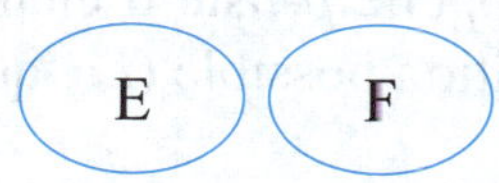

Application :

Dans une classe de 35 étudiants auxquels on a proposé de faire du sport (choix possibles : judo et karaté), 10 ont choisi de pratiquer le judo, 18 du karaté et 6 ont choisi de pratiquer les deux sports.
Combien d'étudiants ont choisi de ne pratiquer aucun sport ?

A. 25 B. 13 C. 19 D. 17

Soit E l'ensemble fini des étudiants ayant choisi de pratiquer le judo et F l'ensemble fini des étudiants ayant choisi de pratiquer le karaté. D'après l'énoncé :
$\text{Card}(E) = 10$, $\text{Card}(F) = 18$ et $\text{Card}(E \cap F) = 6$

Commençons par calculer Card(E ∪ F), c'est-à-dire le nombre d'étudiants qui font du sport. On pourra ainsi en déduire le nombre d'étudiants qui ont choisi de ne rien faire car leur nombre sera égal à : tous les étudiants *moins* ceux qui font du sport.

Card(E ∪ F) = Card(E) + Card(F) – Card(E ∩ F) = 10 + 18 – 6 = 22

Par conséquent, le nombre d'étudiants qui ont décidé de ne pratiquer **aucun** sport est égal à 35 – 22 c'est-à-dire 13. **Réponse B.**

Dans toute la suite du cours de combinatoire, on désignera par E_n, un ensemble fini de n éléments.

2. *p*-listes

[Définition]

Soit *p*, un entier naturel non nul.

On appelle *p*-liste d'éléments de E_n, une liste ordonnée de *p* éléments de E_n, avec répétition possible (*i.e.* qu'une *p*-liste peut contenir plusieurs fois le même élément)

[Nombre de *p*-listes]

Soit *n* et *p*, des entiers naturels non nuls. Le nombre de *p*-listes d'éléments de E_n est égal à n^p.

Application :

Combien y a-t-il de nombres de 7 chiffres ne comportant aucun 0 ?

A. 4 782 969 B. 4 799 563 C. 4 893 675 D. 4 981 654

Un nombre de 7 chiffres ne comportant aucun zéro est une 7-liste d'éléments de : E = {1, 2, 3, 4, 5, 6, 7, 8, 9}.

Card(E) = 9 et il y a donc 9^7 = 4 782 969 nombres de 7 chiffres ne comportant aucun zéro. **Réponse A.**

ASTUCE Ne vous amusez surtout pas à calculer précisément la valeur de 9^7, vous perdriez trop de temps ! Ecrivez juste que $9^7 = 9^2 \times 9^2 \times 9^2 \times 9 = 81 \times 81 \times 81 \times 9$ et déduisez-en que le nombre résultat sera un nombre qui terminera nécessairement par 9 ! ($8\underline{1} \times 8\underline{1} \times 8\underline{1} \times \underline{9}$) Et seule la réponse A donne un nombre dont le dernier chiffre est 9 et c'est donc la bonne réponse ! Ne cherchez pas plus loin : **Réponse A.**

3. Permutations

[Définition]

On appelle permutation de E_n tout arrangement de n éléments de E_n.

ATTENTION On parle aussi d'« anagramme » au TAGE 2 pour désigner une permutation. Ainsi, les anagrammes ou permutations de AIMER sont : MARIE, ARIME, AREMI, EIMAR, etc.

[Propriété]

Le nombre de permutations de E_n est noté $n!$ et est égal à :

$$n! = n \times (n - 1) \times \ldots \times 2 \times 1$$

Applications :

Combien d'anagrammes au total (ayant un sens ou non) peut-on former avec les lettres du mot CLAMER ?

A. 360 B. 520 C. 640 D. 680 E. 720

CLAMER est un mot de 6 lettres. Une anagramme est une permutation des 6 lettres qui composent ce mot soit : $6! = 6 \times 5 \times 4 \times 3 \times 2 \times 1 = 720$. **Réponse E.**

Combien d'anagrammes qui ont un sens ou non pouvez-vous composer avec le mot PAS ?

Nombre d'anagrammes avec le mot PAS : **3! = 3 × 2 × 1**.

Combien d'anagrammes qui ont un sens ou non pouvez-vous composer avec le mot PASSE ?

Nombre d'anagrammes du mot PASSE : $\mathbf{\frac{5!}{2!} = 5 \times 4 \times 3 \times 2 \times 1 / 2 \times 1 = 60}$

On divise ici par 2! car il y a 2 fois la lettre S dans le mot PASSE.

Combien d'anagrammes qui ont un sens ou non pouvez-vous composer avec le mot PASSEES ?

Nombre d'anagrammes du mot PASSEES : $\mathbf{\frac{7!}{(3! \times 2!)}}$

On divise par 3! et 2! soit par (3! × 2!) car il y a 3 fois la lettre S et 2 fois la lettre E dans le mot PASSEES.

4. Arrangements

[Définition]

Soit p, un entier naturel non nul, tel que p soit inférieur ou égal à n.
On appelle arrangement de p éléments de E_n une p-liste d'éléments de E_n *où les éléments de la p-liste sont deux à deux distincts*.

[Nombre d'arrangements]

Le nombre d'arrangements de p éléments de E_n, noté A_n^p, est tel que :

$$A_n^p = \frac{n!}{(n-p)!} = n \times (n-1) \times (n-2) \times \ldots \times (n-p+1)$$

Application :

Combien y a-t-il de nombres de 7 chiffres ne comportant aucun zéro *et* ayant 7 chiffres différents ?

A. 181 444 B. 187 764 C. 167 872 D. 181 440

Un nombre de 7 chiffres ne comportant aucun zéro et ayant 7 chiffres différents est un arrangement de 7 éléments de E = {1, 2, 3, 4, 5, 6, 7, 8, 9}. Il y a donc :

$A_9^7 = \frac{9!}{2!} = \frac{9 \times 8 \times 7 \times 6 \times 5 \times 4 \times 3 \times 2 \times 1}{2 \times 1} = 9 \times 8 \times 7 \times 6 \times 5 \times 4 \times 3 = 181\,440$ nombres qui répondent aux contraintes énoncées dans la question. **Réponse D.**

ASTUCE Il faut remarquer ici que le produit 9 × 8 × 7 × 6 × 5 × 4 × 3 donne un nombre qui finit nécessairement par 0 puisque le sous produit **5 × 4** est égal à 20 et que tout multiple de 20 donne un nombre qui finit par 0.

Application :

De combien de façons peut-on former un comité de direction composé d'un Directeur général, d'un Directeur marketing et d'un Directeur commercial sachant que 14 personnes sont aptes à pourvoir un de ces postes et que l'on ne peut bien entendu pas cumuler les fonctions ?

A. 3 200 B. 2 184 C. 1 960 D. 320

On veut former un comité composé de 3 personnes à choisir parmi 14 personnes. Pour ce faire, il faut compter le nombre d'arrangements possibles, soit :

$A_{14}^3 = \frac{14!}{11!} = \frac{14 \times 13 \times 12 \times 11!}{11!} = 14 \times 13 \times 12 = 2\,184$ arrangements possibles pour former ce comité de direction. **Réponse B.**

5. Combinaisons

[Définition]

Soit p un entier naturel, tel que p soit inférieur ou égal à n. On appelle combinaison de p éléments de E_n un sous ensemble de p éléments **(2 à 2 distincts)** de E_n.

[Propriété]

Le nombre de combinaisons de p éléments de E_n, noté C_n^p est égal à :

$$C_n^p = \frac{n!}{p!(n-p)!}$$

Application :

On désire constituer un jury composé de 2 experts-comptables et 5 avocats. On peut choisir les membres du jury parmi 6 experts comptables et 7 avocats. De combien de façons peut-on constituer le jury en sachant que n'importe quel expert-comptable et n'importe quel avocat peut être choisi ?

A. 420 B. 380 C. 315 D. 210

Il y a C_6^2 combinaisons de 2 experts-comptables pris parmi 6, puis pour chacune de ces combinaisons, C_7^5 combinaisons de 5 avocats pris parmi 7… soit : $C_6^2 \times C_7^5$ façons de constituer un jury composé de 2 experts-comptables et 5 avocats. Ce qui donne : $\frac{6!}{2!\,4!} \times \frac{7!}{5!\,2!} = \frac{6 \times 5}{2} \times \frac{7 \times 6}{2} = 3 \times 5 \times 7 \times 3 = 15 \times 21$ = 315 combinaisons. **Réponse C.**

6. Modèles d'urnes

Imaginons une urne contenant n boules numérotées de 1 à n (chacune des boules s'interprète comme un élément de E_n) et supposons que nous tirons p boules dans cette urne. Voici les 3 modèles d'urnes les plus classiques :

[Tirages successifs et avec remise]

On tire au hasard une boule dans l'urne, puis on la remet dans l'urne avant d'opérer le tirage suivant. Si on effectue p tirages avec remise entre chaque tirage, le résultat global s'interprète comme une p-liste et il y a donc n^p tirages avec remise (de p éléments) possibles.

[Tirages successifs et sans remise]

On tire au hasard une boule dans l'urne que l'on conserve : la boule n'est donc pas remise dans l'urne qui contient ainsi après chaque tirage une boule de moins. Si on effectue ainsi p tirages sans remise (p inférieur ou égal à n), le résultat global s'interprète comme une p-liste d'éléments deux à deux distincts ou encore comme un arrangement de p éléments de E_n. Il y a donc A_n^p tirages sans remise (de p éléments) possibles.

[Tirages simultanés]

On tire simultanément p boules de l'urne (l'ordre de tirages des boules est donc sans importance). Un tel tirage s'interprète comme un sous-ensemble de E_n et donc comme une combinaison de p éléments de E_n. Il y a donc C_n^p tirages simultanés (de p éléments) possibles.

15. PROBABILITES

1. Définition d'une probabilité

Dans toute la suite, l'univers Ω représente l'ensemble de tous les résultats possibles (ou éventualités) liés à une expérience ; et $P(\Omega)$ représente l'ensemble des sous-ensembles de Ω (on dit aussi que $P(\Omega)$ représente l'ensemble des événements – ***un événement étant un ensemble de résultats possibles d'une expérience****).*

[Définition]

On appelle probabilité sur Ω, une application P de $P(\Omega)$ dans [0 ; 1] qui vérifie :

- $P(\Omega) = 1$
- Si A et B sont deux événements incompatibles (*i.e.* $A \cap B) = \varnothing$, $\varnothing$ étant l'événement impossible) alors : $P(A \cup B) = P(A) + P(B)$

[Propriétés]

- Pour tout événement A, $0 \leq P(A) \leq 1$
- $P(\varnothing) = 0$
- Pour tout événement A, on note $\overline{A}$, l'événement contraire de A et on a : $P(\overline{A}) = 1 - P(A)$
- Si $A_1, A_2, \ldots, A_n$ sont des événements **incompatibles (on dit aussi disjoints) deux à deux**, alors :

$$P(A_1 \cup A_2 \cup \ldots \cup A_n) = P(A_1) + P(A_2) + \ldots + P(A_n)$$

- Si A et B sont deux événements, alors :

$$P(A \cup B) = P(A) + P(B) - P(A \cap B)$$

2. Probabilité conditionnelle

[Définition]

Considérons deux événements A et B avec $P(B) \neq 0$.
On note $P(A/B)$ la **probabilité conditionnelle de A sachant B**, telle que :

$$P(A/B) = \frac{P(A \cap B)}{P(B)}$$

On dit que les événements A et B sont **indépendants** si :

$$P(A \cap B) = P(A) \times P(B)$$

[Propriété]

- Si A et B sont deux événements non impossibles (*i.e.* $P(A) \neq 0$ et $P(B) \neq 0$), alors : $P(A \cap B) = P(A/B) \times P(B) = P(B/A) \times P(A)$

[Formule des probabilités totales]

Soit A_1, A_2 et A_3 un système complet d'événements, alors pour tout événement B :

$$P(B) = P(A_1) \times P(B/A_1) + P(A_2) \times P(B/A_2) + P(A_3) \times P(B/A_3)$$

3. Notion d'équiprobabilité

[Propriété fondamentale]

Dans la cas d'équiprobabilité (ceci signifie que chacun des résultats possibles de l'expérience a la même probabilité/chance de se réaliser) des événements élémentaires, si A est un événement quelconque, on a :

$$P(A) = \frac{\text{nombre des cas favorables}}{\text{nombre des cas possibles}}$$

Application :

Une urne contient 9 boules numérotées de 1 à 9.

La probabilité de tirer simultanément 2 boules qui portent des numéros de même parité (*i.e.* 2 boules avec numéros pairs, ou 2 boules avec numéros impairs.) est égale à…

A. $\frac{2}{9}$ B. $\frac{3}{4}$ C. $\frac{4}{9}$ D. $\frac{1}{9}$

On associe à chaque tirage une combinaison de 2 éléments de $E = \{1, 2, 3, \ldots, 9\}$.
Toutes ces combinaisons sont équiprobables, donc :

$P = \frac{\text{nombre des cas favorables}}{\text{nombre des cas possibles}}$ et il y a $C_9^2 = 36$ cas possibles.

Dénombrons maintenant les cas favorables. Il y a $C_5^2 = 10$ combinaisons de 2 nombres impairs de E et $C_4^2 = 6$ combinaisons de deux nombres pairs possibles.

D'où : $P = \frac{10 + 6}{36} = \frac{16}{36} = \frac{4}{9}$. **Réponse C.**

Application :

Une urne contient 9 boules numérotées de 1 à 9.

La probabilité de tirer 2 boules qui portent des numéros de même parité en remettant dans l'urne la première boule tirée avant de tirer la deuxième est égale à…

A. $\frac{41}{81}$ B. $\frac{1}{2}$ C. $\frac{11}{21}$ D. $\frac{5}{9}$

On associe à chaque tirage un couple de 2 éléments de $E = \{1, 2, 3, \ldots, 9\}$. Tous ces couples sont équiprobables, donc :

$P = \frac{\text{nombre des cas favorables}}{\text{nombre des cas possibles}}$ et il y a donc $9^2 = 81$ cas possibles.

Dénombrons maintenant les cas favorables :

Il y a 5^2 couples de nombres impairs de E et 4^2 de couples de nombres pairs de E.

En conclusion : $P = \frac{25 + 16}{81} = \frac{41}{81}$. **Réponse A.**

COMBINATOIRE ET PROBABILITES : 20 APPLICATIONS POUR VOUS ENTRAINER

Enoncés

QUESTIONS **VOTRE RÉPONSE**

1 Dans une classe de 15 élèves, 10 pratiquent du football, 7 du tennis, et 6 font les deux sports. Combien ne pratiquent aucun sport ?

2 Parmi 30 acteurs, 20 ont déjà joué pour Spielberg, 16 pour Cameron et 9 avec les deux. Combien n'ont tourné avec aucun de ces deux réalisateurs ?

3 Combien d'anagrammes ayant un sens ou non peut-on former avec les lettres du mot POSER ?

4 Combien de codes différents peut-on composer avec les chiffres 1 2 3 4 ?

5 Combien y a-t-il de possibilités pour un code d'immeuble à 5 chiffres, dans lequel aucun chiffre ne se répète ?

6 Je possède 8 DVD différents, combien ai-je de façons de les empiler ?

7 Combien existe-t-il de mots de 3 lettres ne comportant aucun Y et ayant 3 lettres différentes ?

8 Combien existe-t-il de nombres de 5 chiffres ne comprenant ni 0, ni chiffre pair ?

9 Combien existe-t-il de mots de 2 lettres ?

10 Combien existe-t-il d'anagrammes ayant un sens ou non du mot APPARAT ?

11 Combien existe-t-il de nombres à 3 chiffres qui ne contiennent pas le chiffre 0 et dont tous les chiffres sont distincts deux à deux ?

12 Lors d'une réunion, les 15 membres présents se serrent tous la main une fois. Combien de poignées de mains sont échangées ?

13 Pour le tournoi de football du lycée, toutes les équipes se sont affrontées une fois, et il y a eu 45 matchs au total. Combien d'équipes y avait-il ?

14 Combien de groupes de trois élèves peut-on constituer dans une classe de 8 élèves ?

15 Je possède 6 chemises. Pour partir en voyage, je dois en emporter 4. De combien de façons puis-je composer ma valise ?

16 Je possède 6 chemises et 4 polos. Pour mon voyage, je dois prendre 3 chemises et 3 polos. De combien de façons puis-je composer ma valise ?

17 Je tire au hasard une boule dans une urne contenant 10 boules différentes, note son numéro, puis la remets dans l'urne, et ce, cinq fois de suite. Combien de listes différentes de 5 numéros puis-je tirer ?

18 Je plonge ma main dans une urne contenant 12 boules et en sort 7 d'un seul coup. Combien existe-t-il de possibilités de tirages différents ?

19 De combien de façons les élèves d'une classe de 9 élèves peuvent-ils se mettre en file indienne ?

20 Combien d'équipes de pétanque différentes de 4 individus peut-on créer avec les 9 membres de notre club ?

Corrigés

1 10 – 6 = 4 élèves font seulement du foot. 7 – 6 = 1 élève fait seulement du tennis, et 6 font les deux. 4 + 1 + 6 = 11 élèves font du sport. Donc 15 – 11 = 4 élèves ne font aucun sport.

2 20 – 9 = 11 ont juste tourné avec Spielberg, 16 – 9 = 7 ont juste tourné avec Cameron et 9 ont tourné avec les deux. Donc 11 + 7 + 9 = 27 acteurs ont tourné avec au moins l'un des deux. Donc 30 – 27 = 3 n'ont tourné avec aucun des deux.

3 Il y a 5 lettres, donc il y a 5! anagrammes.
$5! = 5 \times 4 \times 3 \times 2 \times 1 = 120$ anagrammes !

4 Comme il y a 4 chiffres, on peut faire $4! = 4 \times 3 \times 2 \times 1 = 24$ codes différents.

5 C'est le nombre d'arrangements de 5 éléments d'un ensemble de 10 éléments. Il y a donc :

$$A_{10}^{5} = \frac{10!}{5!} = \frac{10 \times 9 \times 8 \times 7 \times 6 \times 5 \times 4 \times 3 \times 2 \times 1}{5 \times 4 \times 3 \times 2 \times 1} = 10 \times 9 \times 8 \times 7 \times 6$$

= 30 240 codes possibles.

6 C'est une permutation d'un ensemble à 8 éléments. J'ai donc 8! façons de les empiler, soit :
$8 \times 7 \times 6 \times 5 \times 4 \times 3 \times 2 \times 1 = 40\ 320$ possibilités !

7 C'est un arrangement de 3 éléments de l'ensemble E qui est l'alphabet sans Y, et qui a donc 25 éléments. Il y a donc :

$$A_{25}^{3} = \frac{25!}{22!} = 25 \times 24 \times 23 = 13\ 800 \text{ mots possibles.}$$

8 C'est le nombre de 5-listes d'éléments de {1; 3; 5; 7; 9}, qui possède lui-même 5 éléments. Il y a donc : $5^5 = 3\ 125$ nombres de 5 chiffres qui ne comprennent aucun chiffre pair !

9 C'est le nombre de 2-listes de lettres de l'alphabet. Comme il y a 26 lettres dans l'alphabet, on en déduit qu'il y a $26^2 = 676$ mots de 2 lettres !

10 APPARAT est composé de 7 lettres dont 3 identiques (le A) et encore 2 identiques (le P).
Il existe donc : $\frac{7!}{3! \times 2!} = \frac{7 \times 6 \times 5 \times 4 \times 3 \times 2 \times 1}{3 \times 2 \times 1 \times 2 \times 1} = 420$ anagrammes.

11 C'est le nombre d'arrangements de 3 éléments de l'ensemble {1; 2; 3; 4; 5; 6; 7; 8; 9} qui contient 9 éléments.

Il y a donc : $A_9^3 = \frac{9!}{6!} = 9 \times 8 \times 7 = 504$ nombres à trois chiffres qui ne contiennent pas le chiffre 0 et dont tous les chiffres sont distincts deux à deux.

12 Il y a 15 × 14/2 = 105 poignées de mains !

13 Pour N équipe, il y a N × (N – 1)/2 = 45 rencontres. Donc N × (N – 1) = 90. Donc N = 10 équipes !

14 C'est le nombre de combinaisons de 3 élèves parmi 8.

Il y a donc : $C_8^3 = \frac{8!}{5! \times 3!} = \frac{8 \times 7 \times 6}{3 \times 2 \times 1} = 56$ groupes différents possibles.

15 C'est le nombre de combinaisons de 4 chemises parmi 6.

Il y a donc : $C_6^4 = \frac{6!}{4! \times 2!} = \frac{6 \times 5}{2 \times 1} = 15$ façons de composer ma valise !

16 C'est le produit du nombre de combinaisons de 3 parmi 6 et de 3 parmi 4. Il y a donc :

$C_6^3 \times C_4^3 = \frac{6!}{3! \times 3!} \times \frac{4!}{3! \times 1!} = \frac{6 \times 5 \times 4}{3 \times 2 \times 1} \times \frac{4}{1} = 80$ façons de composer ma valise !

17 Je cherche en fait le nombre de 5-listes d'un ensemble de 10 éléments.

Il y en a $10^5 = 100\,000$!

18 On tire en fait 7 éléments d'un ensemble de 12 éléments.

Il y a donc : $C^7_{12} = \frac{12!}{7! \times 5!} = \frac{12 \times 11 \times 10 \times 9 \times 8}{5 \times 4 \times 3 \times 2 \times 1} = 792$ possibilités de tirages différents !

19 Nous cherchons le nombre de permutations qui est donc égal à 9!

Il y a ainsi 9 × 8 × 7 × 6 × 5 × 4 × 3 × 2 × 1 = 362 880 façons de mettre ces élèves en file indienne.

20 On cherche le nombre de façons de prendre 4 éléments parmi 9.

Il y a donc : $C_9^4 = \frac{9!}{4! \times 5!} = \frac{9 \times 8 \times 7 \times 6}{4 \times 3 \times 2 \times 1} = 126$ équipes possibles !

16. FORMULES HORS PROGRAMME

1. Temps de travail

Pour connaître le temps T que vont mettre N personnes **ensemble** pour réaliser un travail, il vous suffit d'appliquer la formule suivante :

$$\frac{1}{T} = \sum_{k=1}^{N} \frac{1}{T_k} = \frac{1}{T_1} + \frac{1}{T_2} + \ldots + \frac{1}{T_N}$$

Avec T_1, T_2,…, T_N sont les temps respectifs mis par les N personnes pour réaliser ce même travail, **mais** seules.

Voici un exemple pour illustrer tout cela :

Sacha doit ranger sa chambre. Il sait que tout seul, cela lui prendra 3 h. Son ami Ilan, qui vient l'aider, est capable de ranger la chambre en 2 h sans l'aide de personne. S'ils s'y mettent ensemble, la formule vous indique qu'ils mettront un temps total T de :

$$\mathbf{\frac{1}{\mathit{T}}} = \frac{1}{3} + \frac{1}{2} = \frac{2}{6} + \frac{3}{6} = \mathbf{\frac{5}{6}}$$

Soit : $T = 6/5 = 1{,}2$ h = 1 h 12

Attention à ne pas vous dire que si l'un met 2 h et l'autre 3 h, alors ensemble ils mettront 2 h 30, soit plus de temps qu'Ilan tout seul !

Ainsi, si vous connaissez le temps mis indépendamment par chacun des membres du groupe pour réaliser la tâche, vous pouvez en déduire le temps total mis par le groupe s'ils la réalisent tous ensemble. Et réciproquement, vous pouvez déduire le temps mis seul par une personne parmi le groupe à condition de connaître le temps de tous les autres membres, ainsi que le temps total mis par le groupe.

2. Combien de rectangles ?

Pour cette question, il existe une astuce qui permet de calculer directement le nombre de rectangles différents qu'il y a dans le grand rectangle.

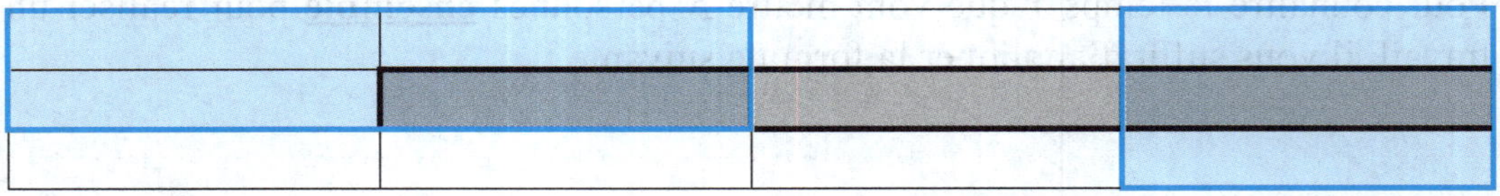

Soit C le nombre de colonnes et L le nombre de lignes qu'il y a dans le grand rectangle. Le nombre total de rectangles différents est égal à :

$$\frac{C \times (C+1) \times L \times (L+1)}{4}$$

Ici, $C = 4$ et $L = 3$, ce qui nous donne : $\frac{4 \times (4+1) \times 3 \times (3+1)}{4} = 60$ rectangles différents. Oui, oui ! Vous avez bien lu : 60 rectangles différents.

3. Combien de salutations ?

Imaginons que l'on vous demande de trouver le nombre de salutations que s'échangent N personnes (en supposant bien sûr qu'une personne ne salue toutes les autres personnes qu'une seule fois), ou encore le nombre de matchs que se disputent N équipes de football (en supposant là encore qu'une équipe ne rencontre toutes les autres équipes qu'une seule fois), ou enfin le nombre de couples différents qu'il est possible de constituer au cours d'une soirée parmi N personnes.
Alors vous devez savoir que le nombre total de salutations échangées ou encore le nombre total de matchs disputés est égal à :

$$\frac{N \times (N-1)}{2}$$

Ainsi, si vous allez à une soirée où il y a 22 invités, en supposant que chacun des invités salue une fois tous les autres invités, il y aura eu au total :

$\frac{22 \times (22-1)}{2} = 231$ salutations.

4. Combien de rencontres ?

Imaginons que l'on vous demande par exemple de trouver le nombre total de matchs disputés au cours d'un tournoi de tennis (en simple, un joueur contre un joueur) où dès qu'un joueur perd un match, celui-ci est directement éliminé du tournoi et ne joue alors plus à aucun match.

Vous devez savoir que si N joueurs participent à un tel tournoi, le nombre total de matchs disputés est égal à :

$$N - 1$$

Ainsi, si 128 joueurs participent à un tournoi de tennis (comme c'est le cas par exemple lors du premier tour du tournoi simple hommes ou simple dames de Roland-Garros), alors un total de 127 matchs auront été disputés au cours du tournoi.

A présent, que se passe-t-il si 17 joueurs participent à un tournoi ? Et bien le raisonnement sera le même et vous trouverez un total de 17 – 1 = 16 matchs disputés. En effet, lorsqu'il y a 17 joueurs, il n'y aura eu que 8 matchs disputés au premier tour éliminatoire car le « 17e » joueur devra sagement attendre qu'une place se libère pour entrer dans la compétition. Au deuxième tour, les 8 joueurs sortis gagnants à l'issue du premier tour se rencontrent et on compte alors 4 matchs. Au troisième tour, les 4 joueurs sortis gagnants à l'issue du deuxième tour se rencontrent et on compte alors 2 matchs. Au quatrième tour, les 2 joueurs sortis gagnants à l'issue du troisième tour se rencontrent et on compte alors 1 match et c'est là que le 17e joueur (veinard) entre dans la partie et rencontre en finale le joueur sorti gagnant au quatrième tour, ce qui nous fait un dernier match à comptabiliser.

Faisons nos comptes : premier tour : 8 matchs ; deuxième tour : 4 matchs ; troisième tour : 2 matchs ; quatrième tour : 1 match ; finale : 1 match.

On retrouve bien un total de 16 matchs.

Fiche 11

Focus sur quelques formules importantes à retenir

1. **$D = V \times T$ $\quad V = \frac{D}{T}$ $\quad T = \frac{D}{V}$**

   Si vos vitesses sont en km/h, alors faites en sorte que vos distances soient bien en kilomètres et vos temps en heures.

2. **Pour passer des m/s aux km/h, on multiplie les m/s par 3,6**
   Pour passer des km/h aux m/s, on divise les km/h par 3,6

3. **Un hectare = 10 000 mètres carrés**
   Un are = 100 mètres carrés
   Un litre = 1 décimètre cube

4. La somme $1 + 2 + 3 + \ldots + N = \frac{N(N+1)}{2}$

   La somme $1^2 + 2^2 + 3^2 + \ldots + N^2 = \frac{N(N+1)(2N+1)}{6}$

   La somme $1^3 + 2^3 + 3^3 + \ldots + N^3 = \frac{N^2(N+1)^2}{4}$

5. **Aire d'un losange = $\frac{1}{2}$ × petite diagonale × grande diagonale**

6. **Volume du cône = $\frac{\text{base} \times \text{hauteur}}{3}$**

   Volume du cylindre = base × hauteur

7. Nombre d'anagrammes du mot PAS : **$3! = 3 \times 2 \times 1$**

   Nombre d'anagrammes du mot PASSE : **$\frac{5!}{2!} = \frac{5 \times 4 \times 3 \times 2 \times 1}{2 \times 1}$**

   On divise par 2! car il y a 2 fois la lettre S dans le mot PASSE.

   Nombre d'anagrammes du mot PASSEES : **$\frac{7!}{2! \times 3!}$**

   On divise par 2! et 3! soit par (2! × 3!) car il y a 2 fois la lettre E

2.2. METHODES, TECHNIQUES, SAVOIR-FAIRE ET ASTUCES

I. METHODE DE LECTURE & TECHNIQUES D'APPROCHE ET DE RESOLUTION DES QUESTIONS

Comme vous le savez à présent, trop de candidats échouent aux épreuves de calcul du fait que le cours a été appris à la va-vite et de façon superficielle. Mais l'expérience montre que les candidats échouent par-dessus tout à cause d'un manque évident de méthode dans l'approche et la résolution des questions qui leur sont posées.
Ce chapitre va donc nous permettre d'aborder précisément les méthodes d'approche et de résolution des questions des épreuves de calcul car il est possible d'augmenter très sensiblement son score au TAGE 2 en adoptant les comportements des champions, ceux qui parviennent à répondre à au moins 8 ou 9 questions sur 10 en moyenne aux deux sous-épreuves de calcul.

1. LIRE LE SUJET DANS SON INTEGRALITE

Si ce savoir-faire apparaît aux premières loges de ce chapitre, c'est parce que nous constatons avec regret **que les élèves que nous préparons chaque année au TAGE 2 font de la résistance et s'entêtent terriblement à ne jamais l'appliquer !**

Vous vous souvenez pourtant que dès la classe de troisième au collège, vos professeurs de mathématiques vous conseillaient avec plus ou moins de fermeté de « parcourir » tout le sujet avant de vous lancer tête baissée dans sa résolution. Sans parler des professeurs que vous avez eus en terminale qui vous ont forcément conseillé de procéder ainsi afin de gagner du temps et de limiter nombre d'erreurs qui résultent souvent d'une précipitation injustifiée.

Alors pourquoi êtes-vous si nombreux à résister ?

Notre expérience montre que c'est souvent parce que vous redoutez la montre ; que le temps d'une épreuve, le temps devient sacré et vous avez le sentiment que si vous ne démarrez pas à toute vitesse, comme dans une course de Formule 1, alors vous perdez toute chance de terminer le sujet. Sauf que c'est là que vous vous trompez, parce qu'à la veille d'une guerre comme à la veille d'une course de Formule 1, les protagonistes font du repérage : quelles sont les contours du champ de bataille ? Qui sont les autres pilotes de la course ? A quel endroit faudra-t-il tenter de doubler un concurrent ? Dans quelle région faudra-t-il éviter de se battre ? Et à quel moment de la bataille faudra-t-il craindre l'adversaire ?… Vous n'iriez pas en guerre sans connaître les contours du champ de bataille, n'est-ce pas ? Vous ne participeriez pas non plus à une course de Formule 1 sans découvrir au préalable le parcours qui vous attend.

Et bien au TAGE 2, c'est pareil ! Il faut faire du repérage ! C'est là un impératif catégorique. **On ne peut pas ne pas parcourir un sujet de calcul au TAGE 2 avant de s'attaquer à la résolution d'une question.**

Repérer les questions courtes, les questions longues, les questions qui vous font peur, celles qui vous semblent *a priori* faciles, celles qui vous rappellent vaguement une question déjà vue dans un livre ou pendant un stage de préparation, celles encore que vous ne ferez pas (souhaitons qu'il n'y en ait jamais plus de 2 !), par choix et non parce que vous manquerez de temps à l'approche des 30 minutes fatidiques… Autant de raisons donc de prendre 1 minute pour faire du repérage. Pendant ces 60 secondes, et 60 secondes, c'est long (faites le test lorsque vous travaillerez sur les tests blancs de la deuxième partie de cet ouvrage), vous serez en mesure de lire les questions en diagonale, d'entourer celles que vous ferez en premier ou encore celles que vous ferez en dernier, s'il vous reste du temps ! Vous verrez, vous pouvez espérer améliorer très sensiblement votre score en procédant ainsi. A bon entendeur…

2. NE JAMAIS RESTER BLOQUE PLUS DE 4 MINUTES SUR UNE QUESTION

Il peut être tentant au TAGE 2 de se battre corps et âme avec une question, surtout lorsque l'on croit que l'on tient la réponse ; qu'elle est là, tout près… Bien sûr, on veut bien croire que vous finirez par venir à bout de cette question. Mais la question est *« quand ? »*. Quand finirez-vous par résoudre cette question ?

Il ne fait pas de doute que si vous disposez en moyenne de 5 ou 6 minutes par question, vous parvenez généralement à résoudre quasiment toutes les questions d'une épreuve. **Le problème, c'est que vous ne disposez que de 3 minutes en moyenne par question** et que dès lors que vous passez plus de 4 minutes sur une question, vous mettez sérieusement en péril vos chances de répondre à une majorité de questions. Ne restez donc jamais bloqués plus de 4 minutes sur une question. Et croyez-nous, 4 minutes… C'est quand même déjà très long, pour peu que vous soyez sereins et concentrés.

3. COMMENT LIRE UNE QUESTION DE CALCUL AU TAGE 2 ?

Notre expérience dans l'enseignement du TAGE 2 à Aurlom nous a montré que les candidats abordent les épreuves de calcul dans un étrange état d'excitation et de frénésie, prêts à en découdre, comme si tout le test se jouait au terme de cette épreuve. On découvre ainsi malheureusement trop souvent des comportements qui n'ont pas leur place ici : précipitation extrême où l'on passe d'un énoncé à l'autre à toute vitesse, lecture partielle des énoncés où l'on réalise après coup que l'on est passé à côté de la question parce que l'on a sauté un mot-clé ou parce que l'on a confondu un mot avec un autre, découragement total cinq minutes après le début de l'épreuve… Tous ces comportements et ces erreurs sont bien sûr à bannir au TAGE 2 et **s'il y a bien une erreur qu'il vous est strictement interdit de commettre durant l'épreuve, c'est de vous précipiter… d'aller trop vite.**

Retenez donc que **plus vous irez lentement dans la lecture et la résolution des questions, et plus vous irez vite !**

Voici deux réflexes qui vous permettront assurément d'améliorer votre score. Veillez bien à adopter ces réflexes en toutes circonstances.

- Lire le plus lentement possible chacune des questions de l'épreuve.
- Injecter, pendant la lecture, un maximum de valeur ajoutée.

[Réflexe 1 : lire le plus lentement possible chacune des questions de l'épreuve]

Le plus lentement possible signifie ici que **vous devez lire votre question comme si cette dernière devait disparaître de votre vue à la fin d'une première et unique lecture.**

L'expérience montre que les questions de calcul posées au TAGE 2 sont le plus souvent composées d'énoncés relativement courts (jamais plus de 3 ou 4 lignes) que les candidats abordent souvent de façon superficielle en les lisant vite ; ce comportement s'expliquant par la pression du temps alloué à l'épreuve (seulement 30 minutes pour 10 questions à résoudre).

Nous pensons que la meilleure façon de comprendre au mieux la question qui vous est posée est de la lire le plus lentement possible, **mot à mot,** comme si vous n'étiez autorisés à lire la question qu'une seule fois. Ainsi, vous serez sûrs de ne perdre aucune information en cours de route et de disposer de tous les éléments nécessaires à la bonne résolution de la question.

Surtout, en lisant lentement la question, vous n'aurez plus besoin de la relire une deuxième ou une troisième fois car c'est précisément pendant ces moments de relecture que l'on panique à la vue du temps qui file et que l'on perd vraiment du temps. N'oubliez donc jamais qu'à vouloir aller trop vite, vous brûlerez assurément vos chances de répondre juste à une majorité de questions.

[Réflexe 2 : injecter un maximum de valeur ajoutée pendant la lecture]

A la lecture trop rapide des énoncés vient s'ajouter une erreur que commettent beaucoup de candidats pendant qu'ils lisent la question, à savoir la retranscription quasi automatique des informations contenues dans l'énoncé, et ce, dès les premiers mots qui sont lus. Ainsi, un énoncé qui débuterait par exemple par : *« Aurélie est actuellement âgée de 8 ans… »* est immédiatement retranscrit sur le brouillon en *« Aurélie : 8 ans »* et ce, en plein pendant la lecture.

Alors, est-ce bien grave de faire cela ? Non, évidemment, ce n'est pas très grave en soi, mais l'expérience montre que les meilleurs candidats, ceux qui obtiennent des scores supérieurs à 160 au TAGE 2, ne lisent pas leurs énoncés comme les autres… **Les meilleurs candidats injectent en effet au cours de leur lecture une valeur ajoutée exceptionnelle qui consiste à « traduire », « raffiner » et « mettre en relation » l'ensemble des informations des éléments mis en avant dans la question.**

Ce que vous devez comprendre, c'est qu'écrire sur son brouillon *« Aurélie : 8 ans »* ou *« A = 8 »* quand l'énoncé dit *« Aurélie est actuellement âgée de 8 ans »,* ou encore *« X > 0 »* quand l'énoncé dit *« X est un nombre réel strictement positif »* **n'apporte aucune valeur ajoutée à votre lecture** et c'est la raison pour laquelle vous devez éviter ce type de retranscription frénétique sur votre brouillon.

La bonne attitude à adopter est en fait la suivante : **en lisant lentement votre énoncé, vous devez être capables « de convoquer dans le même temps un maximum de connaissances et d'injecter de la valeur ajoutée » à ce que vous lisez.**

Ainsi, par exemple, quand vous lisez un énoncé qui débute par *« Le périmètre d'un carré de 24 cm est découpé en 2 rectangles »,* vous devez immédiatement faire une pause afin de comprendre mentalement absolument tout ce que cette phrase implique. Autrement dit, ici, vous devez mobiliser, de tête, le fait que le périmètre d'un carré est égal à $4a$ avec a la longueur d'un côté et que si $4a = 24$, alors $a = 6$ cm. Il s'ensuit donc que si ce carré est découpé en 2 rectangles, alors ces 2 rectangles auront nécessairement deux de leurs côtés dont la longueur sera égale à 6 cm.

Vous admettrez que l'on est beaucoup mieux armé ainsi pour découvrir la suite de l'énoncé que si l'on avait simplement dessiné dans un coin de notre brouillon un carré séparé en 2 rectangles avec écrit à côté : « P = 24 cm ».

Nous terminerons ce chapitre par l'analyse d'un nouvel énoncé, tombé tel quel au TAGE 2, lu sous l'influence de nos deux réflexes. Voici l'énoncé :

Dans une école, 65 % des élèves sont des filles. Parmi les garçons, 75 % ont l'âge normal pour leur classe ; 15 % sont en avance et 20 garçons sont en retard scolaire. Quel est le pourcentage de garçons en retard scolaire par rapport au nombre total d'élèves ?

En lisant lentement cet énoncé et en y injectant un maximum de valeur ajoutée, vous allez voir qu'il est possible de le résoudre **de tête** en moins de 40 secondes et sans trop d'efforts. En gras, en italiques et entre crochets, la valeur ajoutée injectée de tête pendant que l'on lit l'énoncé.

Dans une école, 65 % des élèves sont des filles ***[j'en déduis que (100 – 65) % = 35 % sont des garçons]***. Parmi les garçons ***[qui représentent donc 35 % de la classe]***, 75 % ont l'âge normal pour leur classe ; 15 % sont en avance et 20 garçons sont en retard scolaire ***[ces 20 garçons en retard scolaire représentent donc (100 – 75 – 15) % = 10 % des garçons de la classe]***. Quel est le pourcentage de garçons en retard scolaire par rapport au nombre total d'élèves ? ***[On me demande donc en fait de calculer ce que vaut 10 % de 35 %, soit 10 % × 35 % = 0,1 × 35 % = 3,5 %, et un rapide coup d'œil sur les réponses m'apporte la satisfaction espérée puisque 3,5 % figure parmi les réponses proposées !]***

4. ANALYSE DES DIFFERENTS TYPES DE QUESTIONS

Nous vous proposons ici de lister tous les types de questions qui peuvent vous être proposées dans une épreuve de calcul au TAGE 2.

1. Les questions courtes

Qu'elles soient posées sous une forme textuelle ou numérique, les questions courtes (une à deux lignes au maximum) trouvent toujours leur place au sein d'une épreuve de calcul au TAGE 2. D'un niveau relativement facile, elles permettent aux candidats de trouver leurs marques et d'éviter ainsi un flop total en assurant un score « minimal ». Malheureusement, ces questions courtes et faciles demeurent assez minoritaires dans une épreuve classique de calcul.

Nous pensons clairement que **ces questions doivent être traitées en priorité,** puisqu'elles ne laissent pas de place à quelque tergiversation que ce soit. Autrement dit, *on sait* ou *on ne sait pas* ! Et c'est pour cette raison qu'il faut « aller les chercher » où qu'elles se trouvent – pour rappel : au TAGE 2, les questions ne sont jamais posées par ordre de difficulté croissante ou décroissante et il est donc possible de trouver une question courte et facile en début, en milieu ou en fin d'épreuve.

Voici quelques exemples de questions courtes d'un niveau facile…

1. Que vaut la moyenne de 2 008 et 8 002 ?

2. Que vaut le quart du tiers de vingt-quatre ?

3. La somme de trois nombres entiers consécutifs est égale à 9. Que vaut le plus petit de ces trois nombres ?

4. Que vaut l'octuple du cinquième de 135 ?

5. Quel est le 1er terme, représenté par le point d'interrogation, dans cette série ?

? 4 6 10 18

1. La moyenne de 2 008 + 8 002 est égale à : (2 008 + 8 002)/2 ou encore (2 000 + 8 000 + 10)/2 = 5 005

2. Le quart du tiers de vingt-quatre est égal à (1/4) × (1/3) × 24 = 2

3. Si la somme de trois nombres A, B et C est égale à 9, on a alors A + (A + 1) + (A + 2) = 9, le plus petit des nombres vaut donc 2.

4. 135 divisé par 5 donne 27. L'octuple de 27 est égal à 27 × 8 = 216

5. On a une succession de +2, +4, +8 entre les nombres : on comprend que **l'écart entre les nombres est multiplié par deux à chaque itération**. Il faut donc un écart de +1 entre le premier et le deuxième nombre, on aura donc le nombre 3 au début de la suite.

Comme vous le voyez, les questions des épreuves de calcul mettent déjà en scène des notions diverses et variées : calcul mental, arithmétique, calcul de moyenne, progressions géométriques. Attendez-vous donc à tomber sur à peu près tout et… n'importe quoi ! Dans la limite du programme bien sûr !

Si vous venez de découvrir – avec une joie à peine dissimulée – un échantillon de questions courtes d'un niveau facile, nous attirons à présent votre attention sur le fait que **certaines questions courtes peuvent être difficiles, voire très difficiles.**
Ne modifiez pas pour autant votre stratégie d'approche des questions et essayez de les traiter en priorité, car elles ont le mérite d'être courtes et ne sont pas gourmandes en temps de lecture. Vous serez ainsi très vite fixés sur le sort que vous leur réserverez.

Voici quelques exemples de questions courtes d'un niveau assez difficile :

1. Dans la multiplication SM × NZ = 840, S, N, M et Z sont dans cet ordre des nombres consécutifs croissants. Que vaut N ?

2. A est un entier positif non nul et strictement inférieur à 7.
Quelle est la valeur de H sachant que $H^2 – A^3 = A^2$?

3. Que vaut $1/3^8 + 1/3^9 + 1/3^9 + 1/3^9$?

4. Après avoir scié 5 bûches en deux, un bûcheron se retrouve avec 22 bûches. Combien avait-il de bûches au départ ?

1. Pour ce type de questions, **testez les réponses à partir de la première réponse possible**, S = 1. Si S = 1, on a la multiplication 13 × 24 qui donne 312 et pas 840.

En revanche, si on a S = 2, on a l'équation 24 × 35 qui donne bien 840. Le nombre N est le deuxième des quatre nombres consécutifs, il vaut 3.

2. Ici encore, on teste les différentes solutions possibles pour A compris entre 1 et 6. On a l'équation $H^2 = A^3 + A^2$.

$A^3 + A^2$ vaut 12, 36, 80, 150, 252 pour A qui vaut respectivement 2, 3, 4, 5 ou 6. Seul le nombre 36 est un carré de nombre : **on a donc forcément A = 3 et H = 6.**

3. $1/3^8 + 1/3^9 + 1/3^9 + 1/3^9 = 1/3^8 + 31/39 = 1/3^8 + 1/3^8 = 2/3^8$

4. Si le bûcheron scie 5 bûches en deux, **il se retrouve avec 5 bûches de plus qu'initialement**. Comme il a 22 bûches après ce travail, on en conclut qu'il avait donc 22 – 5 = 17 bûches au départ.

2. Les questions longues

Si les questions longues ne sont pas forcément les plus difficiles, elles exigent en revanche toujours **une lecture lente, attentive et efficace.**

Nous vous conseillions un peu plus haut de lire lentement les énoncés de calcul, très lentement même, comme si la question disparaissait au terme de la première lecture. Et bien ce conseil est encore plus valable pour les questions longues. Il n'est en effet pas question que vous relisiez 2 ou 3 fois un énoncé long… Vous risqueriez de perdre beaucoup de temps et de vous priver alors des précieuses minutes nécessaires à la résolution des autres questions.

En plus de lire lentement les énoncés des questions longues, nous ne saurions que trop vous conseiller de convoquer **une lecture critique et sélective** devant ces questions qui contiennent parfois des informations périphériques qui ne vous seront d'aucune utilité… Pire, ces questions peuvent même vous faire perdre du temps.

Voici deux exemples de questions longues :

1. Valérie, Yaëlle et Danielle entrent dans une bijouterie du cours Mirabeau à Aix-en-Provence. Danielle achète 2 broches et 1 collier. Le collier coûte 520 €. Yaëlle achète 1 broche et 1 bague. Elle a dépensé plus que Danielle. La bague coûte 1 100 €. Valérie achète 3 broches et 1 bracelet. Valérie a dépensé plus que Danielle. Le bracelet coûte 110 €. Sachant que toutes les broches sont au même prix, parmi les 5 propositions suivantes, quelle est la seule qui pourrait correspondre au prix d'une broche ?

A. 570 B. 590 C. 610 D. 630

2. Deux automobilistes partent en même temps, l'un de la ville A vers la ville B, l'autre de la ville B vers la ville A. Ces deux villes sont distantes de 8 km. Le premier roule à 20 km/h et le second à 60 km/h.

Une mouche volant à 100 km/h part en direction de B en même temps que le premier automobiliste. Arrivée à destination, elle repart en sens inverse. Elle continue ainsi à faire la navette entre les deux villes jusqu'à ce que les deux automobilistes se rencontrent. Quelle distance en tout la mouche aura-t-elle parcourue ?

A. 5 km B. 8 km C. 10 km D. 12 km

Ces deux questions sont riches d'enseignement.

La première **illustre l'exigence d'une lecture critique et sélective** visant à mettre de côté certaines informations périphériques parasitaires. La seconde question illustre quant à elle la nécessité de lire lentement les énoncés afin de procéder aux bons calculs du premier coup.

1. Vous aurez remarqué ici que la mise en scène est digne d'un court métrage avec son lot de petits détails tels que les prénoms des trois jeunes filles qui entrent dans la bijouterie. Mais attention, pas n'importe quelle bijouterie, puisqu'il s'agit quand même de celle du cours Mirabeau à Aix !
Vous aurez donc compris que de tels détails ne vous sont d'absolument aucune utilité et que **vous devez par conséquent être capables de faire le tri entre les informations utiles et celles qui sont purement et simplement parasitaires.**

Si l'on s'attache à présent à la résolution de la question, on remarque que l'on nous demande de choisir, parmi les 4 propositions données, celle qui est la seule à pouvoir correspondre au prix d'une broche, sachant que toutes les broches sont au même prix.
Et bien c'est là qu'une lecture lente et critique prend tout son sens puisque certains d'entre vous auront remarqué que l'on n'a que faire des achats de Valérie et du fait que cette dernière a dépensé plus que Danielle. Il est en effet possible ici de répondre à la question sur la seule base des informations suivantes : *« Danielle achète 2 broches et 1 collier. Le collier coûte 520 €. Yaëlle achète 1 broche et 1 bague. Elle a dépensé plus que Danielle. La bague coûte 1 100 € »*, que l'on peut traduire par l'inéquation : $B + 1\,100 > 2B + 520$ soit $B < 580$ avec B le prix d'une broche. Réponse A.

Attention donc à ne pas vous laisser distraire par des mises en scène farfelues. Attention également à ne pas toujours chercher à exploiter absolument toutes les informations fournies par un énoncé long.

2. Cette question est *a priori* assez difficile. Vous allez pourtant voir que grâce à une lecture lente et « digérée » de l'énoncé, la situation décrite est somme toute assez simple à comprendre. Sachez de toute façon que notre expérience des questions des épreuves de calcul du TAGE 2 nous conduit à affirmer sans l'ombre d'un doute que **vous disposez objectivement d'un temps suffisant à la résolution des 10 questions de l'épreuve.** Autrement dit, les questions ne sont pas « impossibles » à résoudre et n'exigent jamais que l'on sorte l'artillerie lourde pour en venir à bout.

Bon alors, quelle réponse avez-vous trouvée ?

Il y a en fait deux choses à trouver ici : l'heure de rencontre des automobilistes, puis la distance parcourue par la mouche. Les deux automobilistes roulent à une vitesse conjuguée de 60 + 20 = 80 km/h. Autrement dit, en s'appuyant sur la formule $t = d/v$, on déduit qu'en 8/80 = 1/10 d'heure, soit 6 minutes, ils auront parcouru à eux deux les 8 km séparant les deux villes. Et de conclure qu'en 6 minutes, la mouche aura parcouru une distance égale à $d = v \times t$ = 100 km/h × (6/60) h = 10 km.

3. Les questions ou les réponses proposées sont plus importantes que les énoncés...

Ce qu'il y a d'intolérable et de très dur à accepter dans une question à choix multiples avec réponse unique, **c'est que la réponse est devant vous, sous vos yeux !** On ne vous la cache jamais... Et c'est bien là le problème.

Lorsque malgré tous vos efforts, vous ne parvenez pas à répondre à une question de calcul (ce que nous allons dire s'applique tout aussi bien à une question de raisonnement, de logique ou d'expression), vous vous retrouvez alors soudainement, et malgré vous, dans un incontrôlable état émotionnel qui résulte de l'empêchement à atteindre votre but ultime qui n'est autre que répondre juste à la question qui vous est posée... Pour faire simple, **vous développez ce que l'on appelle un sentiment de frustration** et ça, c'est très dur à vivre !

Alors au lieu d'accumuler ces inutiles sentiments de frustration, efforcez-vous plutôt d'acquérir les quelques réflexes développés dans cet ouvrage. Ces réflexes vous permettront assurément de gagner en confiance et de déjouer ainsi la majorité des difficultés et pièges qui vous seront tendus... Surtout, même si par le plus grand des malheurs vous ne parvenez pas à répondre à une question, pire encore, si vous répondez faux, vous aurez au moins gagné le sentiment d'avoir mis tout en œuvre pour y arriver (bon, évitez tout de même de gagner ce type de sentiments trop souvent !). Savoir que l'on a tout mis en œuvre pour parvenir à ses fins n'a pas de prix car s'il y a bien un impératif catégorique à respecter le jour du test, c'est de préserver son moral au beau fixe pendant toute la durée des épreuves.

Dans le chapitre 1 « Comment lire une question de calcul ? », vous avez abordé deux réflexes essentiels qui consistent à lire vos questions très lentement et à apporter à votre lecture un « supplément d'âme » qui se traduit par une lecture active, valorisée, raffinée. **A présent, nous allons étudier un nouveau réflexe très important, celui qui consiste à regarder attentivement les réponses qui accompagnent l'énoncé.**

En identifiant en amont (*i.e.* avant d'entamer quelque résolution que ce soit) le type des réponses proposées ou encore leur format, vous gagnerez assurément du temps.

Vous pourrez en effet parfois éliminer certaines réponses absurdes ou impossibles et ainsi mieux conduire votre raisonnement. Vous verrez également qu'en vous attardant par exemple sur le dernier chiffre d'une réponse, vous aurez vite fait de mettre un terme à vos calculs et de passer à la question suivante.

Voyez donc les exemples qui suivent !

1. J'ai acheté une collection de disques au prix de 845,75 € sur laquelle il y avait une réduction de 13 %. Quel était le prix initial de cette collection ?

A. 921,36 €
B. 943,61 €
C. 964,11 €
D. 972,13 €

Pour résoudre cette question, on peut par exemple poser une règle de trois. Soit :

X €	100 % [prix normal]
845,75 €	87 % [du prix normal (100 % – 13 %)]

Sachant que 100 % = 1 et 87 % = 0,87, on pose alors la division à la main suivante : X = (845,75 × 1) / 0,87

Cette division avec des virgules vous semble compliquée ? Et bien ne vous inquiétez pas. Regardez plutôt ! Tout d'abord, vous transformez (845,75 × 1) / 0,87 en 84 575 / 87. Vous prenez ensuite 845 que vous divisez par 87. Pas besoin de calculer ce que cela vaut puisque cela vaut 9. Et oui, regardez vos réponses ! Elles commencent toutes par le chiffre 9 ! Le chiffre des centaines du résultat ne peut donc valoir que 9. Ensuite, vous calculez 9 × 87, qui vaut 783 et vous faites 845 – 783 = 62. Vous abaissez alors 5 et vous divisez 625 par 87… Et cela y va 7 fois. Et maintenant, **STOP !**

Vous savez en effet que le chiffre des dizaines de votre résultat vaut 7 et que la seule et unique solution qui démarre par les chiffres 9 et 7 est la solution D. La division est donc déjà terminée et cela nous a pris entre 30 et 40 secondes.

Nous espérons que cela vous donne envie à présent de regarder un peu mieux à quoi ressemblent vos réponses avant de commencer à conduire quelque calcul que ce soit. Quelqu'un qui n'avait pas regardé ses réponses serait encore en train de résoudre la division à l'heure où vous lisez ces lignes… Et croyez-nous : un jour de test, où

vous êtes stressés par le temps qui passe à toute allure, une simple division peut vite devenir un cauchemar tant il y a de chances que vous vous emmêliez les pinceaux… Alors autant en faire le moins possible et assurer un maximum de bonnes réponses.
NB : vous n'aurez peut-être pas toujours des réponses qui commencent toutes avec le même chiffre, mais vous aurez certainement des solutions avec des chiffres des dizaines ou des unités différents… Tout concepteur de tests qui se respecte (et nous en faisons partie) n'oublie jamais de favoriser l'étudiant qui aura eu la lucidité de regarder attentivement ses réponses.

2. Le produit de 3 entiers consécutifs est 2 184. Que vaut la somme des deux plus grands entiers ?

A. 24
B. 25
C. 27
D. 28

La question que l'on vous pose ici est « que vaut la somme des deux plus grands entiers ? ». Ces deux plus grands entiers sont, comme le dit l'énoncé, consécutifs. Or si l'on regarde de plus près deux nombres consécutifs, on remarque qu'il y en a toujours un qui est pair quand l'autre est impair (prenez 7 et 8 ou 12 et 13). **Aussi, la somme de deux nombres consécutifs est-elle nécessairement un nombre impair !**

Si vous regardez à présent attentivement vos réponses, il n'y en a que deux qui sont impaires : **25** et **27.** Vous éliminez donc sans vous poser de question les réponses A et D.

Si la bonne réponse est 25, alors cela veut dire que les deux nombres sont 12 et 13. Le troisième, qui est le plus petit, vaut alors 11, et 11 × 12 × 13 n'est pas égal à 2 184 mais à un nombre qui finit par 6 (nous vous expliquerons un peu plus tard comment on arrive à savoir que c'est un nombre qui finit par 6… Soyez patients).
Nous concluons donc par élimination que la bonne réponse n'est pas 25 mais 27 (réponse C) et qu'encore une fois, en prenant le temps de regarder soigneusement les réponses proposées, nous sommes parvenus à raisonner sans équations ni calculs superflus et à répondre rapidement à la question.

En conclusion, n'oubliez jamais que vos réponses contiennent des informations qui valent de l'or et qui sont tout aussi importantes (sinon plus importantes) que votre énoncé lui-même. Apportez-leur donc toute l'attention qu'elles méritent !

II. DES TECHNIQUES ET DES ASTUCES

1. LE « *BACKSOLVING* » OU COMMENT RESOUDRE UNE QUESTION EN TESTANT LES REPONSES PROPOSEES

Le *backsolving* est une technique fondamentale de résolution des questions.

Les concepteurs aiment beaucoup cette technique qu'ils utilisent fréquemment pour concevoir de nouvelles questions, que vous retrouverez ici et là dans un test TAGE 2.

Le *backsolving* consiste à **trouver la bonne réponse en testant avec méthode les réponses qui vous sont proposées.**

En plus de vous expliquer la façon dont vous devez vous y prendre pour tester vos réponses, nous tenterons d'identifier dans quelle mesure il est possible, sinon fortement recommandé, d'utiliser la technique du *backsolving*.

Appliquons la technique du *backsolving* sur deux exemples :

> 1. Une somme de 6 500 € est composée de 79 billets de 50 et 100 €. Quel est le nombre de billets de 100 € ?
>
> A. 35 C. 51
> B. 42 D. 55

A première vue, nous avons affaire à un problème qui peut se résoudre en posant un système de deux équations à deux inconnues… A première vue !

Un rapide coup d'œil sur nos réponses indique qu'elles donnent le nombre de billets de 100 € et que l'on peut ainsi en déduire le nombre de billets de 50 €. En effet, s'il y a 51 billets de 100 €, alors il y a 79 – 51 = 28 billets de 50 €.

Posons-nous à présent la question suivante : peut-on dans cette question, tester nos réponses pour trouver la bonne réponse ? La réponse est oui !

Souvenez-vous que dans une question de calcul, **il est recommandé de tester les réponses <u>lorsque vous êtes en mesure de vérifier quelque chose</u>.**

Ici, en testant les réponses, vous êtes en mesure de vérifier que vous obtiendrez au final la somme de 6 500 € (51 × 100 + 28 × 50 = 6 500).

1. Comment tester les réponses ?

La méthode est simple :

1. Vous classez vos réponses par ordre croissant (ce qui sera déjà souvent le cas au TAGE 2).

2. Vous commencez toujours par tester une des « **réponses du milieu** », autrement dit, la réponse B ou la réponse C. Disons donc que vous testez la réponse C (tout simplement parce qu'*a priori*, elle vous paraît meilleure que la B) :

   2.1. La réponse C est la bonne réponse ? Vous passez à la question suivante.

   2.2. La réponse C n'est pas la bonne réponse ? Dommage. Mais rien d'inquiétant puisque vous allez tester à présent l'une des deux réponses qui se trouvent « au-dessus » de la réponse C (la A ou la B) ou bien répondre la réponse d'« en dessous » (la D). Imaginons donc que vous testiez une réponse d'au-dessus comme la A par exemple, alors deux cas de figure se présentent à vous : (1) la A est la bonne réponse, tant mieux et vous passez à la question suivante ; (2) la A n'est pas la bonne réponse… Mais par élimination, vous en déduisez finalement que la bonne réponse est la B.

> **A retenir !**
>
> Grâce à cette méthode efficace de résolution, vous effectuez au mieux une seule vérification (quand la bonne réponse est la B ou la C selon celle que vous avez choisie de tester) et au pire seulement deux.
>
> **Autrement dit, vous n'avez jamais besoin de vérifier toutes les réponses une à une lorsque vous testez les réponses.** Et c'est en cela que cette méthode est efficace.
>
> La seule difficulté consistera à choisir quelles réponses tester après avoir vérifié que la réponse C n'est pas la bonne réponse : **les réponses d'au-dessus ou les réponses d'en dessous ?**

Levons cette difficulté en appliquant notre méthode à notre premier exemple.

Comme vous le savez maintenant, nous devons tester dans un premier temps la réponse B ou la réponse C. Testons la réponse B !

Supposons donc qu'il y ait effectivement 42 billets de 100 € (4 200 €). Cela signifie alors qu'il y a 79 – 42 = 37 billets de 50 € (1 850 €). Nous obtenons ainsi la somme de 4 200 € + 1 850 € = 6 050 € et concluons que la somme de 6 500 € n'est pas vérifiée. La réponse B n'est donc pas la bonne réponse et il faut aller chercher du côté des réponses d'en dessous (les réponses C et D). **En effet, pour passer de 6 050 € à 6 500 € avec un nombre total de billets identiques, il faut « charger » un peu plus en billets de 100 € (*i.e.* avoir plus de billets de 100 € et moins de 50 €).**

Nous testons donc la réponse C qui marche alors parfaitement puisque s'il y a 51 billets de 100 €, alors il y a :

79 – 51 = 18 billets de 50 € et 51 × 100 + 28 × 50 = 5 100 + 1 400 = **6 500 € !**

Une remarque importante : si nous avions testé la réponse D, nous aurions trouvé une somme de 6 700 € avec 55 billets de 100 € et 79 – 55 = 24 billets de 50 € et nous aurions alors conclu que la bonne réponse était nécessairement la C.

Un autre exemple :

2. Un concours comporte 20 questions. Chaque bonne réponse rapporte 2 points mais chaque mauvaise réponse fait perdre 1 point. Danielle a passé ce concours et a obtenu 19 points. Elle a répondu à toutes les questions mais est sûre de s'être trompée au moins une fois. A quel intervalle appartient le nombre de réponses fausses ?

A. [0 ; 2]
B. [2 ; 4]
C. [5 ; 8]
D. [10 ; 13]

Si l'on regarde de près les réponses que l'on a sous les yeux, on remarque que le nombre de réponses fausses appartient à un intervalle de nombres entiers. Ainsi, la réponse D dit par exemple que le nombre de mauvaises réponses est compris entre 10 et 13 et que Danielle a répondu à 10, 11, 12 ou 13 mauvaises réponses.

Testons nos réponses en commençant par la réponse C. Le nombre de mauvaises réponses est dans ce cas compris entre 5 et 8.

Si c'est 5, alors le nombre de bonnes réponses est 15 (20 – 5) et le score total obtenu est : 15 × 2 – 5 × 1 = 25.

Si c'est 8, le nombre de bonnes réponses est 12 (20 – 8) et le score total obtenu est : 12 × 2 – 8 × 1 = 16.

Conclusion : la solution C nous dit que le nombre total de points obtenus par Danielle est compris entre 16 et 25. Or comme Danielle a obtenu 19 et que 19 est bien compris entre 16 et 25, c'est que la réponse C est la bonne réponse. Et c'est terminé.

2. Une remarque importante

Il n'y a jamais qu'une seule et unique façon de répondre à une question de calcul au TAGE 2.

Si le *backsolving* était ici une technique bienvenue, il n'en demeurait pas moins que pour le dernier exemple traité (exemple 2), une méthode de résolution plus classique était possible.

Comme d'après l'énoncé une bonne réponse apporte +2 points et une mauvaise réponse fait perdre 1 point ; le score maximal (meilleur score) est donc potentiellement égal à 20 × 2 = 40 points et le score minimal (pire score) égal à 20 × (–1) = –20 points. Vous avez donc dans l'absolu un stock de 60 points (entre –20 et 40, il y a bien 60 points) à gérer. Et ce que vous devez comprendre, c'est que lorsque vous répondez faux à une question, vous perdez effectivement 1 point, mais dans l'absolu, vous vous privez en fait de 3 points (les 2 points que vous auriez pu avoir en répondant juste *plus* le point que l'on vous retire). En conclusion : si Danielle a eu 19 points sur un total maximal de 40, c'est qu'elle s'est privée de 40 – 19 = 21 points, soit l'équivalent de 21/3 = **7 questions.** Elle a donc répondu faux à 7 questions. Et comme 7 appartient à l'intervalle [5 ; 8], c'est que C est bien la bonne réponse.

Si nous vous avons recommandé de lire le sujet dans son intégralité avant de démarrer la résolution des questions, de résoudre en priorité les questions courtes ou encore d'utiliser la technique du *backsolving* pour ne pas rester pantois face à une question à l'allure délicate, et bien nous devons à présent vous apprendre à **minimiser le temps passé sur chacune des questions que vous traiterez,** car n'oubliez jamais qu'au TAGE 2, votre principal adversaire s'appelle le temps.

Les astuces qui suivent sont reconnues pour être redoutablement efficaces dans bon nombre de situations et il est relativement facile de reconnaître le moment où il va falloir les utiliser. Notez toutefois que ces astuces ne sauraient se suffire à elles seules pour venir à bout d'une question. Une excellente maîtrise du cours et une lecture attentive des chapitres précédents sont en effet indispensables au bon apprentissage de ce qui va suivre.

2. LE DERNIER CHIFFRE

Le dernier chiffre du produit de deux nombres est le même que le dernier chiffre du produit des derniers chiffres des deux nombres en question.

Prenons par exemple le produit de 12 673 267 et 7 812 763 789.

En notant X le dernier chiffre du produit de deux nombres, la phrase en gras devient, après traduction :

X est égal au dernier chiffre du produit des derniers chiffres des deux nombres.

Dans notre cas, les deux nombres dont nous cherchons le produit sont 12 673 267 et 7 812 763 789, soit après une nouvelle traduction : **X est égal au dernier chiffre du produit des derniers chiffres de 12 673 267 et 7 812 763 789.** Soit enfin : **X est égal au dernier chiffre du produit de 7 et 9.**

Et comme le produit de 7 et 9 est 7 × 9 = 63, on conclut que X est égal au dernier chiffre de 63… *i.e.* : **3** !!!

Retenez donc la méthode à appliquer pour trouver le dernier chiffre du produit de nombres :

1. Isolez les derniers chiffres des deux nombres dont vous souhaitez faire le produit.
2. Calculez ensuite le produit de ces deux derniers chiffres.
3. Identifiez enfin le dernier chiffre de ce produit.

Application :

1. Jean a décidé de repeindre les quatre murs de son sous-sol. Les quatre murs sont hauts de 2,6 mètres. Deux murs ont pour largeur 13,7 mètres et deux autres murs ont pour largeur 11,9 mètres. Sachant qu'il faut 0,3 litre de peinture pour 1 mètre carré de mur à peindre, quelle quantité de peinture Jean utilisera-t-il pour repeindre les murs de son sous-sol ?

A. 33,713 litres
B. 37,768 litres
C. 39,762 litres
D. 39,936 litres

Il n'est pas question ici de calculer précisément la quantité de peinture dont Jean a besoin pour repeindre les murs de son sous-sol. Nous remarquons en effet – comme par hasard – que les derniers chiffres de nos solutions sont tous différents. Nous allons donc appliquer l'astuce du dernier chiffre et trouver la bonne réponse en… 15 secondes !

Surface totale des quatre murs à peindre : **2** × 2,**6** × 13,**7** + **2** × 2,**6** × 11,**9**.
En appliquant l'astuce du dernier chiffre, on trouve que **2** × 2,**6** × 13,**7** se termine par le chiffre **4** [**2** × **6** se termine par 2 et un nombre qui se termine par 2 fois un nombre qui se termine **7** est un nombre qui se termine par 4] et que **2** × 2,**6** × 11,**9** se termine par le chiffre **8**.
La somme **2** × 2,**6** × 13,**7** + **2** × 2,**6** × 11,**9** se termine donc par le dernier chiffre de **4 + 8**, c'est-à-dire 2. Il ne nous reste plus qu'à multiplier 2, le dernier chiffre de la surface totale des quatre murs, par 3 (le dernier chiffre de 0,3) pour trouver 6. Et on sait à présent avec certitude que le nombre de litres de peinture dont Jean a besoin pour repeindre son sous-sol est un nombre dont **le dernier chiffre est 6.** Réponse D.

Cette astuce vous permet donc de gagner des secondes précieuses et d'abréger rapidement vos souffrances. Mais ce n'est pas tout. **Car ce qui est prodigieux avec cette astuce, c'est qu'elle fonctionne également dans l'autre sens**, c'est-à-dire lorsque vous cherchez non pas le dernier chiffre du produit de deux nombres mais celui de l'un des (ou même des deux) nombres que vous multipliez entre eux.

Application :

2. Que vaut N + P sachant que le produit des nombres à trois chiffres 48N et 87P est égal à 42 853 ?

A. 16
B. 13
C. 8
D. 7

Lorsque l'on vous demande de trouver les chiffres N et P sachant que le nombre de trois chiffres **48N** multiplié par le nombre de trois chiffres **87P** vaut **42 853,** votre premier réflexe doit être de vous dire que le produit N × P se termine nécessairement par le chiffre. Vous obtenez alors les valeurs suivantes pour N et P :

N	P	Dernier chiffre de N × P
1	3	3
3	1	3
7	9	3
9	7	3

L'on comprend donc que pour obtenir un nombre qui se termine par 3 en faisant le produit de deux nombres, ces deux nombres doivent nécessairement et respectivement se terminer par 1 et 3 ou 3 et 1 ou 7 et 9 ou 9 et 7.

La somme N + P vaut donc 1 + 3 = **4** ou 7 + 9 = **16**. Réponse A !

Surtout ne nous inquiétez pas, vous n'aurez jamais deux réponses possibles au TAGE 2 puisque le format même de ce test consiste à n'avoir qu'une seule et unique réponse possible à une question. Autrement dit, ici, parmi les réponses proposées, il ne pouvait y avoir que 4 ou que 16, mais pas les deux en même temps !

3. LES INCONNUES ENTIERES

Arrêt sur lecture : l'astuce des inconnues entières est tout simplement géniale, alors suivez bien ce qui va suivre.

S'il y a bien un type de questions sur lesquelles vous devez vous arrêter particulièrement, ce sont celles où les inconnues sont entières. En effet, avec des nombres entiers comme inconnues, et à condition bien sûr de connaître son cours sur le bout des doigts (ce dont nous ne doutons pas, n'est-ce pas ?), il est possible de traiter certaines questions en un temps éclair grâce aux astuces relatives aux inconnues entières.

1. Mais d'abord, une inconnue entière, c'est quoi ?

Une majorité de questions au TAGE 2 vous demandent de trouver la valeur d'une inconnue : *Que vaut X ? Quel est l'âge de Robert ? Quel est le prix d'une figue ? Que vaut* $R^2 - G^3$ *? Quelle somme a été placée sur le compte C ? A quelle heure les deux trains se croiseront-ils ?...*

Quelle que soit l'inconnue, vous devrez toujours vous demander si cette dernière est entière ou non ; car si elle est entière, vous pourrez dans la majorité des cas, appliquer l'une des astuces qui suivent. Si l'on vous demande par exemple de trouver l'âge d'un adulte, et bien vous devez savoir que vous êtes face à une inconnue entière.

Nous voyons déjà les puristes parmi vous allumer leur ordinateur pour trouver nos coordonnées et nous indiquer qu'une faute s'est glissée dans le livre : oui, vous avez raison, un âge peut être un nombre à virgule si l'on considère qu'avoir 10,5 ans revient à avoir 10 ans et demi. Mais ce n'est pas le cas au TAGE 2. Eteignez donc votre ordinateur et permettez-nous de dresser une liste non exhaustive d'inconnues entières sur lesquelles vous pouvez être amenés à travailler. Cette liste est le fruit d'un long travail d'analyse des questions tombées au TAGE 2.

- Les êtres et les objets sont toujours des inconnues entières : des hommes, des femmes, des voitures, des chats, des chiens, des chaussettes, des abeilles, des bonbons, des enfants, des livres…
- Les âges : toujours entiers (10 ans, 37 ans).
- Les distances : très souvent entières (30 km ; 200 m).
- Les vitesses : très souvent entières (12 km/h ; 5 m/s).
- Les aires et les volumes : très souvent entiers (34 m^2 ; 100 m^3).
- Les sommes d'argent : très souvent entières (1 200 euros ; 432 yens).

En plus de cette liste, vous devez retenir une règle majeure qui s'applique en particulier aux prix et aux distances : **si toutes les données de l'énoncé ainsi que les réponses proposées sont entières, c'est que les données implicites le sont aussi.**

Prenons un exemple : si l'on vous parle de trois amis, Pierre, Paul et Jacques, qui ont commandé au restaurant des plats différents avec des prix différents et qui ont réglé à eux trois une addition s'élevant à 124 euros ; que l'inconnue est le prix du plat commandé par Paul et que les cinq propositions sont des nombres entiers, alors vous pouvez, sans prendre trop de risque, en déduire que les prix respectifs des plats commandés par Pierre et par Jacques sont, eux aussi, des nombres entiers.

2. Et si les inconnues ne sont pas entières ?

Si votre énoncé ne contient pas d'inconnues entières, pourquoi vous priveriez-vous d'en créer vous-mêmes ?

En effet, si l'on vous parle d'une distance de 12,56 km, personne ne vous empêche de convertir cette distance en 12 560 m. Si vous découvrez qu'un coureur a mis 1 h 45 pour parcourir un chemin, pourquoi ne pas vous dire tout simplement qu'il a mis exactement 105 min pour faire ce parcours ? Nous vous invitons donc à bien vous imprégner du cours de mathématiques relatif aux conversions heures/minutes, mètres/kilomètres, etc. Cela vous sera très utile pour transformer si nécessaire vos inconnues en inconnues entières.

Entrons à présent dans le vif du sujet : **pourquoi le fait que vos énoncés contiennent des inconnues entières va vous permettre de gagner des secondes précieuses tout au long de l'épreuve ?**

3. Tables de multiplication

Vos pires ennemies sont de retour, sorties tout droit de vos livres de primaire : les tables de multiplication ! Mais bon, nous sommes sûrs qu'elles vous sont à présent plus douces et plus dociles et qu'elles sont même en passe de devenir vos meilleures amies…

Si l'on vous dit par exemple que A × B = 42 et qu'il vous faut trouver la valeur de la somme A + B et ce, sans aucune précision particulière, il est tout simplement impossible ne serait-ce que de se rapprocher de la solution du fait qu'il en existe une infinité. En revanche, si l'on vous précise dans l'énoncé de la question que les nombres A et B sont des nombres entiers, alors dans ce cas, le nombre de possibilités diminue considérablement. Voyez donc !

A	B	A	B
1	42	7	6
2	21	14	3
3	14	21	2
6	7	42	1

Et voilà comment d'une infinité de valeurs possibles pour A et B nous sommes passés à seulement 8 valeurs possibles. Il ne vous reste plus qu'à trouver parmi les 4 réponses proposées la seule qui vaut 43 (1 + 42), 23 (2 + 21), 17 (3 + 14) ou 13 (6 – 7).

Une autre application :

Si vous devez résoudre l'équation du second degré suivante : $N^2 - N - 42 = 0$, au lieu de calculer le discriminant delta et tout ce qui s'ensuit, écrivez tout simplement que $N^2 - N - 42 = 0$ équivaut à N (N – 1) = 42 et déduisez-en alors que les seuls nombres consécutifs (N – 1 et N sont consécutifs) dont le produit vaut 42 sont 6 et 7 et –7 et –6. Ainsi N = –6 ou N = 7.

4. Critères de divisibilité

Tout comme vos tables de multiplication, il vous faut connaître ces critères sur le bout des doigts pour espérer augmenter votre vitesse de résolution des questions.

Prenons un exemple :

Un libraire a liquidé ce mois-ci tous ses livres. Un tiers des livres vendus a été payé en chèques, trois dixièmes par carte bancaire et les 704 livres restants ont été payés en espèces. Combien de livres le libraire a-t-il vendus ?

A. 1 803
B. 1 920
C. 2 565
D. 3 110

La méthode classique consiste à poser et résoudre l'équation :
$N = (1/3)\,N + (3/10)\,N + 704$. Nous ne voulons pas de cette méthode, trop longue et trop risquée en termes de calculs, et nous vous proposons donc de résoudre la question en appliquant vos critères de divisibilité.

Sachant qu'un livre est un nombre entier (on ne peut pas acheter de quart ou de tiers de livre… non, même en déchirant les pages, oubliez !), **il faut bien que le nombre de livres payés en chèque soit lui même un nombre entier,** autrement dit qu'un tiers de N soit un nombre entier et que N soit donc divisible par 3.

En appliquant le même raisonnement aux livres payés par carte bancaire, vous trouvez que N doit être divisible par 10.

Si vous regardez à présent les réponses proposées : 1 803, 1 920, 2 565 et 3 110, vous en avez terminé puisqu'il n'y en a qu'une parmi les quatre **qui est à la fois divisible par 3** (vérifiez que la somme des chiffres du nombre proposé en réponse est divisible par 3) **et par 10** (vérifiez que le dernier chiffre du nombre proposé en réponse doit être égal à 0)… Vous retenez alors **1 920** ! Et c'est donc la bonne réponse.

Alors, ils ne sont pas beaux nos nombres entiers ?

Formulaire de calcul

NOMBRES PREMIERS
(Divisibles que par 1 et eux-mêmes)

2, 3, 5, 7, 11, 13, 17, 19, 23, 29, 31, 37, 41, 43, 47, 53, 59, 61, 67, 71, 73, 79, 83, 89, 97, 101

CARRÉS
(de 1 à 20)

1, 4, 9, 16, 25, 36, 49, 64, 81, 100, 121, 144, 169, 196, 225, 256, 289, 324, 361, 400

CUBES
(de 1 à 10)

1, 8, 27, 64, 125, 216, 343, 512, 729, 1000

POURCENTAGES

1 = 100%	2/3 = 67%
1/2 = 50%	1/3 = 33%
1/4 = 25%	1/5 = 20%
1/6 = 17%	1/7 = 14%
1/8 = 12,5%	1/10 = 10%
p/100 = p%	

- Produit payé Y € dont 22% de remise… **alors** Prix **sans remise** : Y / (1 – 0,22) = Y / 0,78
- Faire +20 revient à faire x 1,2
- Faire -30% revient à faire x 0,7
- Doubler c'est faire x 2 ou +100%

PUISSANCES

$a^0 = 1$ $\quad \frac{a^n}{a^m} = a^{n-m}$

$a^{-n} = \frac{1}{a^n}$ $\quad a^{m+n} = a^m \times a^n$

$a^{\frac{n}{m}} = \sqrt[m]{a^n}$ $\quad a^{m \times n} = (a^m)^n$

IDENTITÉS REMARQUABLES

$(A + B)^2 = \mathbf{A^2 + B^2 + 2AB}$

$(A - B)^2 = \mathbf{A^2 + B^2 - 2AB}$

$(A - B)(A + B) = \mathbf{A^2 - B^2}$

FACTORIELLE

$n! = n(n - 1)(n - 2) \times ... \times 2 \times 1$

PROPORTIONS

Si AD || BE || CF alors $\frac{AB}{DE} = \frac{BC}{EF}$ et de même $\frac{AB}{AC} = \frac{DE}{DF}$

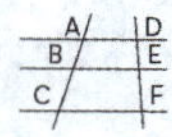

TRIANGLES

L'aire d'un triangle de base a et de hauteur h est égale à : $\frac{a \times h}{2}$

Théorème de Pythagore :
Dans un triangle rectangle ABC (voir figure ci-contre) s'applique la loi suivante :
$AC^2 = AB^2 + BC^2$

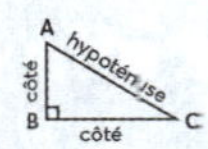

Dans tout triangle rectangle dont les angles mesurent 30°, 60° et 90°, la longueur du côté opposé à l'angle de 30° vaut la moitié de l'hypoténuse.

POLYGONES

L'aire d'un rectangle de longueur a et de largeur b est a × b

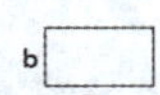

L'aire d'un trapèze de grande base a, de petite base b et de hauteur h est $\frac{(a + b) \times h}{2}$

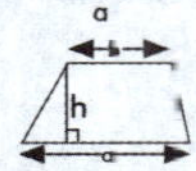

Angles internes d'un polygone de n côtés :

a. La somme des angles est (180n – 360) degrés.

b. Dans un polygone régulier, chaque angle interne mesure $(180 - \frac{360}{n}) = (\frac{180n - 360}{n})$ degrés

CERCLE

L'aire d'un cercle de rayon r est πr^2 (π = 3,14...)

Le périmètre d'un cercle de rayon r est $2\pi r$

L'aire d'un secteur angulaire intercepté par un angle au centre de x° est $\pi r^2 \times \frac{x}{360}$

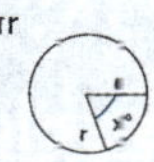

PAVÉ, CUBE

Le volume d'un pavé de longueur a, de largeur b et de hauteur c est a × b × c

L'aire totale du pavé est 2ab + 2bc + 2ac

Dans un **cube**, a = b = c

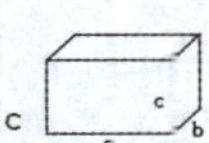

CYLINDRE, CÔNE, PYRAMIDE

L'aire latérale d'un cylindre de rayon r et de hauteur h est $2\pi r \times h$

L'aire totale du cylindre est $2\pi r^2 + 2\pi r \times h = 2\pi r\,(r + h)$

Le volume du cylindre est $\pi r^2 \times h$

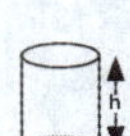

Le volume d'un cône de rayon r et de hauteur h est $\frac{\pi r^2 \times h}{3}$

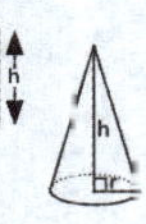

Le volume d'une pyramide dont l'aire de la base est S et dont la hauteur est h est $\frac{S \times h}{3}$

TRINÔMES

$\mathbf{a}X^2 + \mathbf{b}X + \mathbf{c} = 0$

$D = b^2 - 4ac$

- Si D < 0 alors aucune sol réelle
- Si D = 0 alors 1 sol réelle : -b/2a
- Si D > 0 alors 2 sol réelles : $\frac{-b - \sqrt{D}}{2a}$ et $\frac{-b + \sqrt{D}}{2a}$

MOYENNES

- Somme des termes = moyenne arithmétique x nombre de termes
- Moyenne pondérée = $\frac{N_1K_1 + N_2K_2}{K_1 + K_2}$
- Moyenne harmonique = $\frac{2V_1V_2}{V_1 + V_2}$

VTD

D = V x T **T** = D / V **V** = D / T

K Minutes = K/60 Heures

K Heures = 60 x K Minutes

1m/s = 3,6 km/h

Cas RATTRAPAGE : $\mathbf{D_1 = D_2}$

Cas PARKING / GARES : $\mathbf{D_1 + D_2 = D_{Séparation}}$

PROBABILITÉS

- **Pour tout événement A et tout événement B :**
  $P(A \cup B) = P(A) + P(B) - P(A \cap B)$
  $P(\bar{A}) = 1 - P(A)$
  $\overline{A \cup B} = \bar{A} \cap \bar{B}$, $\overline{A \cap B} = \bar{A} \cup \bar{B}$
- **Probabilité conditionnelle :**
  $P_B(A) = P(A/B) = \frac{P(A \cap B)}{P(B)}$
- **Probabilités totales :** soit $A_1, A_2, ..., A_n$ des évènements de probabilité formant une partition de l'univers Ω
  Alors, pour tout évènement B :
  $P(B) = P(B \cap A_1) + P(B \cap A_2) + ... + P(B \cap A_n)$

AUTRES FORMULES

- **Somme des n premiers entiers naturels :** (1+2+...+n) = n(n + 1) / 2
- **Problèmes de rendement**
  $\frac{\text{quantité de travail}}{\text{temps}}$ = rendement
- **Partage du travail**
  $\mathbf{1/T_{Ensemble} = 1/T_1 + 1/T_2 + ... + 1/T_N}$
- N personnes se saluent toutes une fois ou N équipes se rencontrent toutes une fois au cours d'un championnat de foot ? Alors, comptez : **N(N – 1)/2** salutations/matchs.

Fiche 12

Techniques et astuces pour maximiser son score en calcul

1. **Prenez absolument 2 minutes pour parcourir le sujet dans son intégralité afin de repérer et traiter en priorité et dans cet ordre :**

   – Les questions courtes (celles qui tiennent sur 2 lignes maximum)
   – Les questions d'arithmétique (calcul de fractions, de racines, de puissances)
   – Les questions qui abordent des thèmes sur lesquels vous êtes à l'aise.

2. **Divisez votre vitesse de lecture par deux afin d'atteindre un niveau maximal de concentration.**

3. **Pensez à partir des solutions pour résoudre certaines questions.**

4. **N'oubliez pas d'appliquer les techniques relatives au dernier chiffre et aux inconnues entières.**

3. LOGIQUE

[SOUS-TESTS 3 & 6 DU TAGE 2]

3.1. PRESENTATION DES EPREUVES DE LOGIQUE ET METHODOLOGIE GENERALE

I. PRESENTATION DES EPREUVES DE LOGIQUE

[Visez un score maximal !]

Au TAGE 2, la logique se retrouve en sous-épreuve numéro 3 (logique de séries doubles – **10 questions / 15 minutes**) et en sous-épreuve numéro 6 (logique de séries graphiques – **10 questions / 10 minutes**).
Ces deux sous-épreuves souvent redoutées des candidats représentent pourtant deux **occasions uniques de se démarquer des autres candidats.** Il est tout à fait envisageable d'obtenir un score compris entre 22 et 27 sur 30 à chacune des deux sous-épreuves de logique et ce, grâce à une bonne préparation. Il vous sera même possible d'obtenir le score maximal de 30 sur 30 (nombreux sont les étudiants d'Aurlom à obtenir ce score au TAGE 2).

1. POURQUOI DES EPREUVES DE LOGIQUE ?

Les épreuves de logique au TAGE 2 sont certainement celles qui déclenchent le plus de polémiques auprès de nos étudiants. *« Mais pourquoi ces épreuves ? » « Quel rapport entre la logique et les études de gestion ? » « Que cherchent-ils à évaluer en nous faisant travailler sur des suites de lettres ou de nombres ? »*. Nous comprenons ces questions. Si les épreuves de langage ou de calcul trouvent toujours grâce aux yeux des étudiants, l'épreuve de logique peine, elle, à justifier sa vocation à évaluer les aptitudes à la gestion.

Nous pensons pourtant que les épreuves de logique ont a tout à fait sa place au TAGE 2 et que sans elles, certaines aptitudes du manager ne seraient pas évaluées. Parmi ces aptitudes ou ces qualités : **l'observation, la rigueur et la combativité.**

1. L'observation

Il sera question d'observer, de scruter, d'examiner sous toutes les coutures des séries de nombres et de lettres, ainsi que des séries graphiques et spatiales. Le but ultime étant de trouver des liens analogiques entre plusieurs nombres, entre plusieurs lettres, entre plusieurs cadres graphiques et figures spatiales.

L'observation est une qualité très recherchée chez tous les profils débutants en entreprise, et ce, quel que soit le métier. En marketing, l'observation fine des comportements du consommateur aide toujours au développement des nouveaux produits. En audit comptable et financier, la détection quasi obsessionnelle d'écarts non conformes est quant à elle indispensable à la bonne conduite d'une mission. Etre un bon manager, c'est donc aussi être un bon observateur.

Qu'observez-vous donc dans le nombre suivant ?
6152639846166739

Et bien vous remarquez notamment qu'il est long ! Et qu'il contient 16 chiffres. Qu'il est impair. Que son premier chiffre est 6 et que son dernier chiffre est 9. Qu'il contient une majorité de 6. Et qu'il y en a 5 précisément. Qu'il contient autant de chiffres pairs que de chiffres impairs. Que les nombres/séquences 61 et 39 reviennent deux fois. Et que la somme des chiffres est égale à 82 (mais bon, ça, c'était pour les plus motivés !).

2. La rigueur

Il sera également question de rigueur en logique puisque vous devrez appliquer un ensemble de critères d'observation dans un ordre précis, et qui sera toujours le même.

Car il ne sera jamais question d'improviser en logique et vous devrez donc toujours être à même d'appliquer rigoureusement les savoir-faire et les astuces que vous découvrirez ci-après. Plus vous serez rigoureux et meilleures seront vos chances de venir à bout de cette épreuve.

3. La combativité

S'il est deux épreuves où vous devrez redoubler d'effort et de concentration, ce sont bien celles de logique (séries doubles et séries graphiques).

Et oui, après avoir travaillé sur des tests de langage et de calcul, **on vous demande, dans un dernier souffle, de trouver les ressources nécessaires pour venir à bout de deux épreuves arbitraires** dans lesquelles il est question de trouver **LA réponse,** celle que l'on parvient à trouver à force d'appliquer les bons critères d'observation, sans rechigner, sans relâche !

2. 10 SERIES DOUBLES ET 10 SERIES GRAPHIQUES

Vous devrez, en logique, travailler sur **10 séries doubles (sous-épreuve 3) et 10 séries graphiques (sous-épreuve 6).**

Les séries doubles seront de deux types : les séries doubles de lettres (5 séries) et les séries doubles de chiffres (5 séries).

Pour faire simple, les **séries doubles** sont composées de deux séries de 4 éléments (les éléments sont des nombres dans le cas des séries doubles de chiffres et des « mots » de plusieurs lettres dans le cas des séries doubles de lettres) qui se croisent en un point d'interrogation. Vous devez alors trouver l'élément manquant commun aux deux séries. Les séries doubles convoquent un sens aigu de l'observation ainsi que l'application quasi mécanique d'une méthode rigoureuse qui devra vous permettre de maximiser le nombre de bonnes réponses.

Les **séries graphiques** sont composées quant à elles de 3 éléments (appelés aussi « cadres »). Vous devez alors trouver le 4e cadre qui complète la série.

Les séries graphiques exigent que vous conduisiez différents types de raisonnements analogiques. En comprenant ce qui se passe dans un cadre et/ou entre les cadres, vous serez capables d'identifier parmi les réponses proposées celle qui complète idéalement la série.

Pour les séries doubles comme pour les séries graphiques, il existe un nombre important de techniques et d'astuces que nous aurons plaisir à vous dévoiler tout au long de ce chapitre. Mais avant cela, penchons-nous sur ce que sont précisément une **série double** et une **série graphique.**

II. PRESENTATION DES SERIES DOUBLES

1. COMMENT SE PRESENTENT LES SERIES DOUBLES ?

Une série double est toujours structurée de la façon suivante :

	V_1			
H_1	?	H_2	H_3	H_4
	V_2			
	V_3			
	V_4			

Avec V_1, V_2, V_3 et V_4 les éléments de la **série verticale,** et H_1, H_2, H_3 et H_4 les éléments de la **série horizontale.**

La série verticale, que l'on notera toujours **V** dans le présent ouvrage, respecte une règle d'identité (une logique) que vous devrez identifier.

Dans une série de lettres, il s'agira par exemple d'observer que dans un même élément, deux lettres se suivent (ex. : H**BC**, **HG**Z) ou que les lettres se suivent d'un élément à l'autre (ex. : **A**GV ; **B**RA ; **C**QP). Dans une série de chiffres, il s'agira encore de remarquer que tous les nombres de la série sont des carrés entiers ou que tous les nombres sont des multiples de 7.

La série horizontale, que l'on notera toujours **H** dans le présent ouvrage, respecte elle aussi une règle d'identité (une logique) que vous devrez identifier.

> Le but de l'exercice, vous l'aurez compris, consiste à trouver l'élément « ? » qui respecte tout à la fois la règle d'identité de la série verticale V et celle de la série horizontale H.

Qu'est-ce qu'une règle d'identité ?

Une règle d'identité est une règle qui « fédère » les différents éléments d'une série sous une règle commune, un trait commun, un caractère particulier.

Il existe bien entendu une très grande variété de règles d'identité au TAGE 2. Nous en citerons ici quelques-unes qui ne doivent en aucun cas vous effrayer car soyez assurés que nous allons vous transmettre des méthodes très efficaces qu'il vous faudra appliquer religieusement pour sortir vainqueurs de l'épreuve de logique.

Voici donc ces quelques règles :

- « Tous les nombres de la série sont des carrés entiers. »
- « Toutes les deuxièmes lettres des éléments de la série sont des voyelles. »
- « Tous les nombres de la série sont des multiples de 13. »
- « Les deux premiers chiffres des nombres de la série forment un nombre divisible par 9. »
- « Les troisièmes lettres des éléments de la série se suivent d'un élément à l'autre. »
- « La somme des chiffres des nombres de la série est toujours égale à 20. »
- « Les troisième et deuxième lettres de la série se suivent avec un saut de 3 lettres. »
- « Les éléments de la série sont tous des cubes entiers auxquels on a soustrait 1. »
- « Les première et troisième lettres de la série se suivent avec un saut d'une lettre et un mouvement de type gauche/droite. »
- « Les premiers chiffres des nombres de la série multipliés par 7 donnent le nombre composé des deuxième et troisième chiffres. »
- Etc.

Exemple 1 :

23				
678				
?	81	909	36	117
789				
56				

Dans cet exemple, il suffit d'observer que les éléments de H sont tous des multiples de 9. En effet, le critère de divisibilité par 9 nous apprend que si la somme des chiffres d'un nombre est égale à un multiple de 9 (9, 18, 27…), alors ce nombre est lui-même divisible par 9. Quant à la série V, il suffit d'observer que tous les nombres de cette série sont des chiffres successifs croissants (123, 456…).

Une solution possible à cette question pourrait ainsi être **234** ou encore **567,** qui sont bien deux nombres qui respectent à la fois la règle d'identité de la série H et celle de la série V.

Exemple 2 :

			RZS	
			BGC	
UHJ	NIB	VJX	?	PLO
			LHM	
			VRW	

Dans cet exemple, il suffit d'observer que les deuxièmes lettres des éléments de H se suivent d'un élément à l'autre (U**H**J, N**I**B, V**J**X…).

Quant à la série V, il suffit d'observer qu'au sein d'un même élément, les première et troisième lettres se suivent (**R**Z**S**, **B**G**C**…).

Ainsi, une solution possible à cette question pourrait être **DKE** ou encore **TKU,** qui sont bien deux « mots » qui respectent à la fois la règle d'identité de la série H et celle de la série V.

NB 1 : dans la majorité des cas, la règle d'identité de la série verticale s'avère être différente de la série horizontale.

NB 2 : les séries horizontale et verticale peuvent se croiser en n'importe quel endroit de la série double (ici, c'est entre H_1 et H_2 puis V_1 et V_2 que les séries se croisent, mais ces dernières pourraient aussi très bien se croiser entre H_3 et H_4 puis V_2 et V_3). Retenez simplement qu'il y a toujours quatre éléments horizontaux et quatre éléments verticaux, avec des éléments composés de nombres dans le cas des séries doubles de chiffres, et de lettres… dans le cas des séries doubles de lettres !

2. METHODE D'APPROCHE DES SERIES DOUBLES

Nous vous proposons ici une méthode simple en 4 étapes, pleine de bon sens et qui a naturellement fait ses preuves sur les séries doubles de chiffres comme sur les séries doubles de lettres.

Nous vous conseillons vivement d'appliquer à chaque fois ces étapes dans cet ordre. L'expérience montre en effet qu'à vouloir brûler une ou deux étapes, vous finissez par perdre en efficacité et en rapidité de résolution.

Appuyons-nous sur un exemple :

324	81	400	?	49	(A)	144
			808		(B)	664
			763		(C)	716
			178		(D)	196
			457			

Voici les 4 étapes :

1. Choisissez une série

Il revient strictement au même de commencer par raisonner sur H ou sur V. Ce qui importe en revanche, c'est que lorsque vous décidez de vous attaquer à une série, *vous devez alors absolument ignorer l'autre série* et ce, afin de ne pas vous laisser déconcentrer ou influencer par ses éléments.

> Dans notre exemple, nous choisissons de commencer par trouver la règle d'identité de V.

2. Trouvez la règle d'identité de la série choisie

Cette deuxième étape est fondamentale. Vous devez en effet considérer un à un chacun des éléments de V et trouver la règle d'identité qui les fédère. C'est là que vous devrez tester dans un ordre bien précis l'ensemble des règles que nous vous exposerons ci-après.

Surtout, lorsque vous travaillez sur V, soyez persévérants et évitez de baisser trop vite les bras en louchant sur H. Tester plusieurs règles prend un peu de temps (moins d'1 minute 30 en moyenne, pas de panique !) et ce temps peut vous paraître long. Ce n'est pas pour autant une raison valable pour « laisser tomber » V et passer vite à H en espérant alors trouver quelque chose.

> Dans notre exemple, la règle d'identité de V est la suivante : « La somme des chiffres des nombres de la série est toujours égale à 16. »

3. Eliminez parmi les réponses proposées celles qui ne suivent pas la règle d'identité trouvée

Une fois que vous avez trouvé la règle d'identité de V, vous devez la tester sur les différentes réponses proposées afin de ne retenir que celles qui suivent la même règle. Vous réduisez ainsi le nombre de réponses possibles et si vous rencontrez par la suite des difficultés avec la série H, vous pourrez vous appuyer sur les réponses restantes et trouver peut-être une dernière source d'inspiration. Il n'est pas rare en effet que l'inspiration vienne parfois de l'une des réponses pour ce qui concerne la règle d'identité d'une série.

> Dans notre exemple, nous gardons les réponses B (664) et D (196) qui affichent bien des nombres dont la somme des chiffres est égale à 16.

4. Trouvez la règle d'identité de la seconde série et choisissez la bonne réponse !

Pour terminer, il ne vous reste plus qu'à trouver la règle d'identité de la série H. Une fois la règle trouvée, testez-la sur les réponses qui restent et cochez la bonne réponse !

> Dans notre exemple, la règle d'identité de H est la suivante : « Les nombres de la série sont tous des carrés entiers. »
> Nous retenons donc la réponse D qui est bien un carré entier (196 est en effet le carré de 14). Réponse D !

III. PRESENTATION DES SERIES GRAPHIQUES

1. COMMENT SE PRESENTENT LES SERIES GRAPHIQUES ?

Une série graphique est composée de 3 cadres. La consigne est simple : trouver le 4e cadre qui complète la série.

Exemple de série graphique :

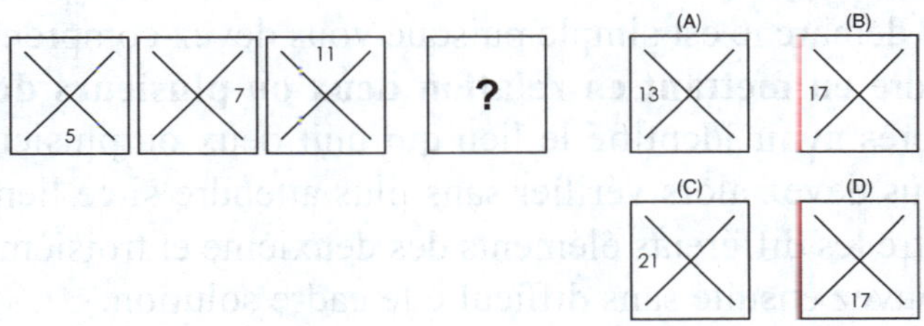

Cet élément s'appelle un cadre.

Les séries graphiques **peuvent être composées d'éléments divers et variés :** lettres, chiffres, nombres, figures géométriques, flèches et signes en tout genre (£, /, €, *, ¥, §, $, &…). Si dans un même cadre, plusieurs signes cohabitent, c'est que chacun des signes joue un rôle différent.

La résolution de ces séries implique **l'identification de critères d'identité** (appartenance à une famille d'éléments) ainsi que deux principaux types de raisonnements : un raisonnement de type **« analogique »** et/ou un raisonnement de type **« déductif »**.

1. L'identification de critères simples d'identité

Certaines séries graphiques sont vraiment très simples à résoudre. Il suffit en effet pour cela d'identifier un critère d'identité de base que l'on retrouve dans chacun des cadres. On déduit alors sans trop de difficulté le 4e cadre qui complète la série.

Voici quelques règles (on dit aussi critères) d'identité qui font régulièrement l'objet de questions au TAGE 2 :

- « Chaque cadre contient une lettre à deux barres (L, X, V ou T). Il doit donc en être de même pour le cadre solution. »
- « Chaque cadre contient un nombre qui est le carré d'un entier impair (49, 81, 121, 169, 289, 361). »
- « Chaque cadre contient un nombre dont la somme des chiffres est égale à 13. »

2. Les raisonnements de type « analogique »

Les raisonnements de type « analogique » sont des raisonnements par association d'idées que l'on retrouve souvent dans les épreuves de logique du TAGE 2. La démarche est simple puisque vous devez comprendre ce qui se passe au sein d'un cadre **en mettant en relation deux ou plusieurs des éléments qui le composent.** Après avoir identifié le lien qui unit deux ou plusieurs éléments d'un même cadre, vous devez alors vérifier sans plus attendre si ce lien fonctionne de façon identique entre les différents éléments des deuxième et troisième cadres. Et si c'est le cas, vous trouvez ensuite sans difficulté le cadre solution.

Voici deux exemples de raisonnements de type « analogique » que vous retrouverez dans les épreuves de logique du TAGE 2 :

1. Eléments : **une figure/un nombre** (qui se trouve par exemple à l'intérieur de la figure).

• **Raisonnement 1 :** le nombre de côtés de la figure au carré est égal au nombre qui se trouve à l'intérieur de la figure.

• **Raisonnement 2 :** le nombre de côtés de la figure moins le nombre qui se trouve à l'intérieur de la figure est égal à 3 dans le premier cadre, à 2 dans le deuxième cadre, à 1 dans le troisième cadre et donc à 0 dans le cadre solution.

2. Eléments : **deux lettres/un nombre**.

• **Raisonnement 1 :** le nombre est égal à la différence, à la somme ou encore au produit des rangs des deux lettres.

• **Raisonnement 2 :** le nombre est égal à la différence, à la somme ou encore au produit des « barres » des deux lettres.

• **Raisonnement 3 :** les lettres représentent les initiales du nombre.

• **Raisonnement 4 :** le nombre est égal au carré de la somme des rangs des deux lettres.

3. Les raisonnements de type « déductif »

Dans les épreuves de logique du TAGE 2, les raisonnements de type « déductif » concernent ce que l'on appelle communément les **« logiques de mouvement ».**

Ces logiques de mouvement vous sont généralement familières puisque l'on vous en proposait déjà un nombre important lors des tests de QI que vous passiez en classe de sixième.

La démarche est simple : vous devez comprendre comment les éléments d'une série progressent d'un cadre à l'autre et en déduire alors la position des éléments dans le cadre solution.

Exemples :

- Une figure subit une rotation de 45 degrés cadre après cadre.
- Une lettre se déplace dans le sens des aiguilles d'une montre.
- Un nombre se déplace dans le sens inverse des aiguilles d'une montre.
- Un nombre suit un mouvement de type gauche/droite.

2. UNE REGLE FONDATRICE DES SERIES GRAPHIQUES : LES 3 OCCURRENCES

Nous attirons ici votre attention sur le fait que certaines séries graphiques, qui ont l'air très simples à résoudre au premier abord, posent au final quelques soucis aux étudiants, qui découvrent avec effroi qu'ils n'ont pas répondu juste à une question pour laquelle ils étaient sincèrement « sûrs de leur coup ».

La source d'erreur majeure provient du fait que vous extrapolez parfois vos raisonnements de façon erronée et cela a pour conséquence de vous faire répondre « à côté » tout en étant persuadés que vous avez raison !

Appuyons-nous sur l'exemple donné au début de ce chapitre.

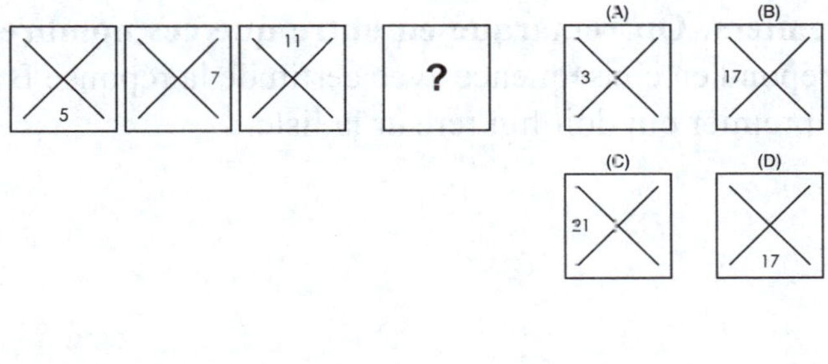

Au niveau de la « logique de mouvement », il n'y a pas de problème majeur. Vous remarquez en effet que les nombres progressent d'un cadre à l'autre dans le sens inverse des aiguilles d'une montre. Il faut donc éliminer la réponse D.

Toute la question à présent est : faut-il garder la réponse A, B ou C ?
Lorsque l'on soumet cette série à un groupe de candidats de niveau homogène, l'on obtient des réponses divergentes quoique toujours assumées et justifiées. Il n'existe pourtant qu'une et une seule réponse si l'on respecte les règles de construction des séries logiques.

En effet, certains parmi vous soutiendront avec ferveur qu'il faut compléter la série avec le nombre 17. Pourquoi ? Parce que de 5 à 7, on progresse en faisant « +2 », de 7 à 11, on progresse en faisant « +4 » (+2, +2) et de 11 à 17, on progresse en faisant « +6 » (+2, +2, +2).

D'autres diront aussi qu'il faut répondre le nombre 13 parce que l'on a ajouté « +2 », « +4 » et de nouveau « +2 ».

Et bien, sachez qu'aucune de ces justifications n'est recevable… **En effet, pour qu'une série logique simple force l'unanimité, elle se doit de contenir au moins 3 occurrences ou « répétitions »**.

Ici, nous n'avons pas assez d'occurrences pour répondre 17. Si nous avions eu la série logique 5 --- 7 --- 11 --- 17 --- ?, alors nous aurions répondu sans hésiter le nombre 25 en solution car il ne fait alors plus aucun doute que la série suit le tempo (+2, +4, +6, +8), les trois occurrences qui initient la série étant ici +2, +4 et +6.

Bon, alors… Quelle est la solution ici ?

Et bien, il s'agit de la réponse A (13), mais pas pour la raison citée précédemment. Car pour justifier notre réponse et être vraiment sûrs de notre coup, nous devons en identifier les trois occurrences. Ici, **les nombres 5, 7 et 11 sont tous les trois des nombres premiers. On remarque en outre que ces nombres premiers sont successifs.** L'on répond en conséquence avec certitude la réponse B puisque 13 est le prochain nombre premier qui doit figurer sur la liste.

3.2. METHODES, SAVOIR-FAIRE, ASTUCES ET APPLICATIONS FONDAMENTALES

I. LES SERIES DOUBLES DE LETTRES

Tout commence avec EJOTY…

Enfin… Presque !

Nous allons vous proposer ici une toute nouvelle méthode que nous avons expérimentée auprès de milliers d'étudiants à la Prépa Aurlom. Cette méthode a largement fait ses preuves et nous y croyons beaucoup. Alors croyez-y aussi !

Cette méthode consiste à convertir systématiquement vos séries doubles de lettres en séries doubles de nombres.

Naturellement, avec l'expérience, vous serez souvent capables – du moins on l'espère – d'identifier certaines règles d'identité du premier coup d'œil, en moins de 5 secondes ! Dans ce cas, inutile de préciser que vous ne devrez surtout pas (même si on parie que vous allez y prendre goût) convertir vos séries de lettres en séries de nombres. Vous n'avez pas une minute à perdre au TAGE 2.
Cela étant dit, il arrivera souvent que vous ne verrez rien du premier coup d'œil, mais alors rien du tout. Aussi, dans ce cas-là, vous n'aurez plus la moindre seconde à perdre et devrez alors convertir votre série, sans vous poser de question, et appliquer l'ensemble des critères que nous allons très bientôt vous exposer.

Le secret réside donc dans la traduction des lettres en nombres. Nous voyons déjà vos mines sceptiques. Nous savons que vous vous dites que ça a l'air un peu long et tiré par les cheveux pour pas grand-chose tout ça… Et bien détrompez-vous ! Avec un peu d'entraînement, convertir une série de $4 \times 3 = 12$ lettres en nombres deviendra rapidement une vraie partie de plaisir (toutes choses égales par ailleurs bien sûr).

Comme vous le savez déjà certainement, chaque lettre occupe une position précise dans l'alphabet (le A est en 1re position, le N en 14e, le X en 24e, etc.). Ces positions des lettres dans l'alphabet sont également connues sous le terme de « **rangs des lettres** ».

EJOTY va donc précisément nous aider à trouver rapidement les rangs de toutes les lettres de l'alphabet, et ce, afin de **convertir instantanément les séries de lettres en séries de nombres.**

Essayez donc ! Quel est le rang de la lettre N ? Le rang de la lettre N est 14 puisque si le rang de O est 15 alors celui de N est 14 (récitez dans votre tête la mini-séquence … M N **O** P… comme lorsque vous récitez naturellement l'alphabet). Le rang de W ? 23 ! … V W X **Y.** Si le rang de Y est 25 alors celui de W est 23 !

Vous verrez, grâce à EJOTY, vous allez très vite connaître par cœur les rangs de toutes les lettres de l'alphabet. D'ailleurs, quand vous en serez arrivés à ce stade, évitez d'en parler autour de vous, cela peut vite vous faire passer pour quelqu'un de relativement « bizarre ».

E	J	O	T	Y
5	10	15	20	25

Une précision avant de tester EJOTY sur un exemple.
Si ce chapitre démarre par « Tout commence avec EJOTY… Enfin… Presque ! », c'est parce qu'il existe une règle d'identité qui résiste à EJOTY. Heureusement, cette règle est simple et vous ne manquerez donc pas de la tester avant toute conversion : **« toutes les premières lettres des éléments de la série sont des voyelles »**, ou encore : **« toutes les deuxièmes lettres des éléments de la série sont des voyelles ».** On aurait pu vous conseiller d'apprendre les rangs des voyelles… Mais on n'a pas osé. N'oubliez donc pas de tester cette règle d'identité avant de convertir vos séries.

Exemple :

			ATC	
			FLH	
			ILK	
SGY	BOT	UBC	?	WSZ
			VDX	

Commençons par convertir la série verticale. Cela nous donne :

<u>1</u>	20	**<u>3</u>**
<u>6</u>	12	**<u>8</u>**
<u>9</u>	12	**<u>11</u>**
?	?	?
<u>22</u>	4	**<u>24</u>**

Vous aurez remarqué ici que les première et troisième lettres des éléments de cette série se suivent avec un saut de deux nombres (c'est-à-dire un saut d'une lettre).

Convertissons ensuite la série horizontale. Cela nous donne :

<u>19</u>	7	25
2	15	**<u>20</u>**
<u>21</u>	2	3
?	?	?
<u>23</u>	19	26

Vous aurez remarqué que les lettres des éléments se suivent d'un élément à l'autre avec un mouvement gauche/droite sur la grande diagonale. Le rang de la troisième lettre de la solution sera donc égal à 22. Autrement dit, il nous faudra un V.

NB : comme vous l'avez remarqué, nous avons converti la série horizontale de lettres en série verticale de nombres. Suivez donc ce conseil : convertissez toujours vos séries verticales de lettres **en séries verticales de nombres** ET convertissez toujours vos séries horizontales de lettres **en séries verticales de nombres.** En effet, convertir les séries horizontales de lettres en séries verticales de nombres vous permettra de mieux repérer les règles d'identité impliquant un mouvement.

A partir de maintenant, nous ne travaillerons plus dans ce cours qu'avec des séries déjà converties et nous nous concentrerons sur des extraits de séries composés de 3 éléments (cela suffit à comprendre les différentes règles d'identité).

1. LES CAS PARTICULIERS

Nous vous conseillons de commencer à tester ces quelques critères. Il ne vous prendra que quelques secondes pour les passer toutes en revue.

1. Voyelles

Certaines séries s'appuient sur des voyelles (A, E, I, O, U, Y) qui peuvent se trouver par exemple toutes en première, deuxième ou troisième colonne ou bien se retrouver tantôt à gauche tantôt à droite (mouvement gauche-droite).

Exemple 1	
SKE	SK**E**
ZSY	ZS**Y**
QDI	QD**I**
KBO	KB**O**
GDA	GD**A**

Exemple 2	
YP	**Y**P
WI	W**I**
OC	**O**C
XA	X**A**
UD	**U**D

2. Barres et courbes

Certaines lettres sont considérées comme des lettres à BARRES. Ainsi, le A, le F ou le Z sont des lettres qui contiennent 3 barres. Le W ou le M contiennent quant à elles 4 barres. Le T, le V ou le X contiennent, elles, 2 barres. Quant au I, c'est la seule lettre à 1 barre.

Lettres	Nombre de barres
I	1
L - T - V - X	2
A - F - H - K - N - Y - Z	3
E - M - W	4

Exemple 1 Mouvement gauche droite portant sur des lettres à 3 barres	
AD	**A**D
CZ	C**Z**
RH	**H**R
FX	X**F**
MN	**N**M

Exemple 2 La somme des barres est toujours égale à 5	
YT	**YT**
MI	**MI**
ZL	**ZL**
IE	**IE**
XA	**XA**

Plus rarement, des questions vous demandent de compter le nombre de COURBES d'une lettre.

Lettres	Nombre de courbes
C	1
J	1
O	1
S	1
U	1

D'autres questions, encore plus rares, vous demandent de compter BARRES et COURBES.

Lettres	Nombre de barres	Nombre de courbes
B	1	2
D	1	1
G	2	1
P	1	1
Q	1	1
R	2	1

3. Symétries

Une symétrie est une transformation géométrique qui modélise un « pliage » ou un « effet miroir » : deux figures sont symétriques par rapport à une droite lorsqu'elles se superposent après pliage le long de cette droite.

Lettres avec symétrie horizontale : **B, C, D, E, H, I, O, X**

Lettres avec symétrie verticale : **A, H, I, M, O, T, U, V, W, X, Y**

4. Extrémités

Les extrémités d'une lettre sont les bords d'une lettre qui ne sont pas prolongés par un angle.

Lettres	Nombre d'extrémités	Lettres	Nombre d'extrémités
A	2	**N**	2
B	0	**O**	0
C	2	**P**	1
D	0	**Q**	2
E	3	**R**	2
F	3	**S**	2
G	3	**T**	3
H	4	**U**	2
I	2	**V**	2
J	2	**W**	2
K	4	**X**	4
L	2	**Y**	3
M	2	**Z**	2

3 exemples

Trouvez la règle logique qui infère chacune des séries suivantes :

1.	2.	3.
OC	IO	AF
PZ	ER	TC
UD	UB	ER
TW	DS	JY
XO	ZX	XP

1. Le nombre d'extrémités des premières lettres augmente d'un élément à l'autre. O : pas d'extrémité, P : 1, U : 2, T : 3, X : 4.
2. Mouvement inter gauche droite portant sur des éléments exclusivement composées de lettres avec 2 extrémités : I, R, U, S, Z
3. Le nombre total d'extrémités des lettres de chaque élément est toujours égal à 5.

5. Sigles et vrais mots

Exemples de mots/sigles de deux lettres : **BU – AH – LA – JE – MU – NI – NE – RI – TA – US – UT – VS – VA – OU – AG – BO – BD – BP**…

Exemples de mots/sigles de trois lettres : **AME – AIS – AIE – ARC – ARE – ART – BEL – BOA – PDG – ADN – CAC – PIB – IVG**…

2. RANGS ET OPÉRATIONS ASSOCIÉES

Dans certaines questions, vous devrez utiliser EJOTY et les rangs associées aux lettres pour identifier des opérations de type somme / produit.

Opération	Exemple
Somme constante	DF – IA – EE – CG – BH La somme des rangs de D et F vaut 4 + 6 = 10… De même que pour IA, puisque I = 9 et A = 1 et 9 + 1 = 10 JBH – KCF – JEJ – PBB – MCD La somme des rangs de J, B et H vaut 10 + 2 + 8 = 20… De même que pour KFC (et tous les autres), puisque K = 11, F = 6 et C = 3 et 11 + 6 + 3 = 20
Séparation somme	**<u>H</u>**CE **H**(8) = C(3) + E(5) C**<u>O</u>**L C(3) + L(12) = **O**(15) DF**<u>J</u>** D(4) + F(6) = **J**(10)
Séparation produit	**<u>P</u>**DD **P**(16) = D(4) x D(4) C**<u>L</u>**D C(3) x D(4) = **L**(12) BE**<u>J</u>** B(2) x E(5) = **J**(10)

3. PREMIERE FAMILLE DE REGLES : LES INTRA

En latin, *intra* signifie « à l'intérieur de ».

Cette première famille de règles s'appuie donc sur ce qui se passe à l'intérieur des éléments d'une même série.

Il existe trois types d'INTRA :

1. L'INTRA sur les deux premières lettres.
2. L'INTRA sur les deux dernières lettres.
3. L'INTRA entre la première et la dernière lettre.

1. L'INTRA sur les deux premières lettres

1	**3**	9
6	**8**	4
2	**4**	15

Nous dirons ici qu'il y a un **INTRA de +2 sur les deux premières lettres**.

2. L'INTRA sur les deux dernières lettres

5	**12**	**9**
3	**8**	**5**
7	**21**	**18**

Nous dirons ici qu'il y a un **INTRA de –3 sur les deux dernières lettres**.

3. L'INTRA entre la première et la dernière lettre

Exemple 1 :

3	1	**6**
7	9	**10**
17	12	**20**

Nous dirons ici qu'il y a un **INTRA de +3 entre la première et la dernière lettre.**

Exemple 2 :

5	12	**10**
24	8	**3**
7	21	**12**

Nous dirons ici qu'il y a un **INTRA de +5 entre la première et la dernière lettre.**

Nous attirons votre attention sur une particularité de cette série que vous n'aurez pas manqué de noter : 24 + 5 = 3 ! Eh oui ! En effet, n'oubliez pas que derrière ces nombres se cachent des lettres et que :

24 + 1 = 25 = Y

24 + 2 = 26 = Z

24 + 3 = 1 = A

24 + 4 = 2 = B…

Cela s'appelle le **retour dans l'alphabet,** pensez-y !

Exemple 3 :

3	22	**4**
18	12	**20**
13	4	**16**

Nous dirons ici qu'il y a un **INTRA progressif entre la première et la dernière lettre.** En effet, on fait +1 en passant de 3 à 4 ; +2 en passant de 18 à 20 et +3 en passant de 13 à 16.

Vous venez donc de découvrir trois règles d'identité fréquemment posées au TAGE 2. Ces règles propres aux séries doubles de lettres s'appuient sur une **logique dite « statique »**, car elles ne font pas interagir les éléments entre eux.

Nous allons à présent passer aux règles **INTER**, qui s'appuient quant à elles sur une **logique dite « dynamique »**.

4. DEUXIEME FAMILLE DE REGLES : LES INTER

En latin, *inter* signifie « entre ».
Il existe neuf types d'**INTER** répartis en trois sous-familles :

1. L'INTER VERTICAL
- Première colonne
- Deuxième colonne
- Troisième colonne

2. L'INTER GRANDE DIAGONALE
- Droite
- Gauche

3. L'INTER PETITE DIAGONALE
- Première-gauche
- Première-droite
- Deuxième-gauche
- Deuxième-droite

1. L'INTER vertical

[Première colonne]

5	12	10
7	8	3
9	21	12

On dira qu'il y a un **INTER vertical de +2 sur la première colonne**.

[Deuxième colonne]

5	**12**	10
1	**7**	3
9	**2**	12

On dira qu'il y a un **INTER vertical de –5 sur la deuxième colonne**.

[Troisième colonne]

5	12	**10**
1	8	**14**
9	21	**18**

On dira qu'il y a un **INTER vertical de +4 sur la troisième colonne**.

2. L'INTER grande diagonale

[Gauche]

2	12	10
7	8	**3**
4	21	12

On dira qu'il y a un **INTER grande diagonale gauche de +1**.

[Droite]

5	12	**10**
7	8	3
12	21	**4**

On dira qu'il y a un **INTER grande diagonale droite de –3**.

3. L'INTER petite diagonale

[Première-gauche]

5	12	10
7	**2**	3
25	21	4

On dira qu'il y a un **INTER petite diagonale première-gauche de –3**.

[Première-droite]

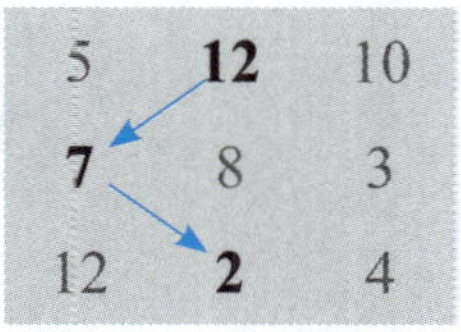

On dira qu'il y a un **INTER petite diagonale première-droite de –5**.

[Deuxième-gauche]

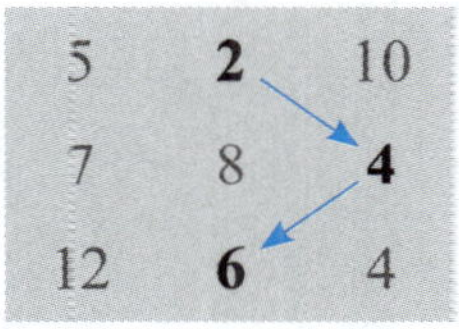

On dira qu'il y a un **INTER petite diagonale deuxième-gauche de +2**.

[Deuxième-droite]

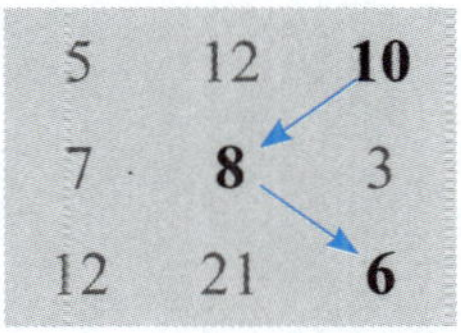

On dira qu'il y a un **INTER petite diagonale deuxième-droite de –2**.

Avant de conclure, nous ajouterons une dernière règle que vous serez amenés à rencontrer : au lieu d'être constantes, les progressions peuvent être évolutives. Autrement dit, vous pourrez vous retrouver avec un **INTER petite diagonale deuxième-droite évolutif.** Là, comme ça, ça peut paraître un peu compliqué, mais ça veut juste dire qu'au lieu d'avoir toujours la même progression de **+2 ; +2 ; +2, on aura une évolution du type +1 ; +2 ; +3.**

II. LES SERIES DOUBLES DE CHIFFRES

Remarque préliminaire : si les éléments d'une série double de lettres sont « stables » pour ce qui concerne le nombre de lettres qui les composent (tous les éléments d'une série sont composés du même nombre de lettres), il n'en est pas de même pour les séries doubles de chiffres dont les éléments peuvent être composés d'un nombre variable de chiffres. Ainsi, dans une même série double de chiffres, il vous sera possible de travailler sur des nombres composés de 1, 2, 3 ou 4 chiffres (exemple : la série de carrés 1, 64, 289, 361).

1. MOUVEMENTS DE CHIFFRES (LOGIQUE DYNAMIQUE)

La **logique dynamique** est aux séries de chiffres ce que les **INTER** sont aux séries de lettres. Notez simplement que cette famille de règles est très simple à tester puisque vos séries sont déjà converties en nombres !

Rappelons les différentes règles et arrêtons-nous sur quelques-unes d'entre elles :

1. L'INTER VERTICAL
- Première colonne
- Deuxième colonne
- Troisième colonne

2. L'INTER GRANDE DIAGONALE
- Droite
- Gauche

3. L'INTER PETITE DIAGONALE
- Première-gauche
- Première-droite
- Deuxième-gauche
- Deuxième-droite

Si nous vous conseillons de convertir vos séries horizontales de lettres en colonnes verticales de nombres, nous ne pensons pas en revanche qu'il soit utile

que vous transposiez vos séries horizontales de nombres en colonnes verticales de nombres.

Exemple 1 :

103
46**2**
389

Nous avons ici un **INTER grande diagonale gauche droite.**

Exemple 2 :

1**6**7 2**5**0 8**4**1 4**3**2

Nous avons ici un **INTER vertical deuxième colonne**.

Exemple 3 :

61**3**
9**4**5
42**5**
1**6**9

Nous avons ici un **INTER petite diagonale deuxième-droite**.

Nous terminerons par deux cas devenus très rares au TAGE 2, mais nous nous devons de les signaler. Il s'agit de **l'INTER grande diagonale supérieure** et de **l'INTER grande diagonale inférieure**.

Exemple 4 (INTER grande diagonale supérieure) :

683
1**5**5
12**4**
1**3**9
209

Exemple 5 (INTER grande diagonale inférieure) :

61**1**
9**2**5
325
1**4**9
16**5**

2. SUCCESSIONS INTRA

Voici un critère très simple : deux ou trois chiffres se suivent au sein de chaque élément. **Attention, ces successions peuvent impliquer tous les chiffres du nombre, comme elles peuvent n'impliquer qu'une partie du nombre.**

Exemple 1 :

456
123
789

Dans cet exemple, tous les chiffres sont impliqués dans la succession. Notez bien que la succession peut être croissante (456) comme décroissante (654).

Exemple 2 :

42**3**
29**1**
85**7**

Dans cet exemple, seuls les premier et dernier chiffres sont impliqués dans la succession. Le deuxième chiffre, lui, ne sert à rien. Il est surtout là pour vous déconcentrer.

3. ECARTS

Il s'agit d'identifier des écarts entre les chiffres d'un nombre. Cette technique est souvent oubliée par les candidats. Alors notez-la bien !

Les différents cas :

Cas 1	**Cas 2**	**Cas 3**	**Cas 4**
69	25	10	**376**
14	107	64	**297**
58	96	96	**141**
36	129	73	**326**
Ecart constant de 3	Ecart constant en valeur absolue Abs (2 – 5) = 3 Abs (10 – 7) = 3 Abs (9 – 6) = 3 Abs (12 – 9) = 3	Ecart progressif	Ecart progressif en valeur absolue sur une sélection

4. PROPRIETES DES NOMBRES

1. Somme constante / Somme progressive

Somme constante : la somme des chiffres des éléments de la série est toujours la même. Exemple :

124

70

2311

On a : 1 + 2 + 4 = 7 + 0 = 2 + 3 + 1 + 1 = **7**
Nous dirons que l'on a une **somme constante égale à 7.**

Somme progressive : la somme des chiffres d'un élément à l'autre est progressive.

Exemple :

234
55
803

On a : 2 + 3 + 4 = **9** ; 5 + 5 = **10** et 8 + 0 + 3 = **11**.
Nous dirons que l'on a une **somme progressive**.

2. Produit constant / Produit progressif

Produit constant : le produit de tous les chiffres des éléments de la série est le même. Exemple :

234
83
416

On a bien : 2 × 3 × 4 = 8 × 4 = 4 × 1 × 6 = **24**
Nous dirons que l'on a un **produit constant.**

Produit progressif : le produit des chiffres d'un élément à l'autre est progressif. Exemple :

251
1252
325

On a : 2 × 5 × 1 = **10** ; 1 × 2 × 5 × 2 = **20** et 3 × 2 × 5 = **30**
Nous dirons que l'on a un **produit progressif**.

3. Carrés / Cubes

Ici, la règle est simple : tous les éléments de la série sont des carrés, ou, tous les éléments de la série sont des cubes.

NB : dans certains cas, tous les carrés/tous les cubes de la série seront pairs ou tous les carrés/tous les cubes de la série seront impairs.

Exemples :

Carrés	**Carrés impairs**	**Carrés pairs**	**Cubes**	**Cubes pairs**	**Cubes impairs**
121	121	144	1	1000	729
4	169	64	125	8	125
81	289	36	64	216	343

Nous dirons ici que **tous les nombres sont des carrés** ou que **tous les nombres sont des cubes**.

4. Nombres premiers

La règle est simple ici : repérer des nombres premiers. Ils peuvent apparaître en entier (exemple 1) ou bien de façon isolée au sein d'un nombre (exemple 2).

Exemple 1 : 13 – 19 – 29 – 11 – 37

Exemple 2 : **411** – **829** – **707** – **317** – **223** (ici, bien sûr, ce sont les deux derniers chiffres forment un nombre premier).

Rappel des nombres premiers jusqu'à 97 (vous ne serez interrogé que sur ces nombres-là). Souvenez-vous qu'il y en a 25 : **2, 3, 5, 7, 11, 13, 17, 19, 23, 29, 31, 37, 41, 43, 47, 53, 59, 61, 67, 71, 73, 79, 83, 89 et 97**.

5. Multiples simples (3, 5, 6, 8, 9, 11)

Cette règle nous invite à identifier **des nombres multiples de 3, de 5, de 6, de 8, de 9 ou encore de 11**.

Ces multiples sont dits « simples » car il existe des critères de divisibilité (que vous connaissez maintenant) et qui permettent de vérifier en un rien de temps si un nombre est multiple de l'un de ces entiers.

Exemple 1 :

111
63
117

On dira que l'on a des **multiples de 3.**

Exemple 2 :

1**18**
3**36**
8**12**

Cet exemple est assez difficile. En effet, il faut voir **que seuls les nombres composés des deuxième et troisième chiffres sont à prendre en considération** et remarquer que ce sont des multiples de 6.

6. Multiples complexes (7, 13, 17, 19)

Cette règle nous invite à identifier des **nombres multiples de 7, de 13, de 17 ou de 19**.

Ces multiples sont dits « complexes » car il n'existe pas de critères permettant de vérifier rapidement si les nombres de la série sont multiples de l'un de ces entiers. Rassurez-vous… il existe quand même quelques astuces !

Exemple 1 :

34
153
51

On dira que **tous les nombres sont des multiples de 17**.

Nous sommes donc en présence de nombres multiples de 17. Comment le savons-nous ? Et bien, il existe deux astuces.

La première astuce consiste à identifier d'éventuels écarts égaux à 17. Cette astuce sera très souvent utile au TAGE 2. Ainsi, dans notre exemple, 34 et 51 sont distants de 17, ce qui doit naturellement nous mettre la puce à l'oreille et nous inciter à vérifier que 34 n'est autre que le double de 17 et 51, le triple ! On vérifie enfin que 153 est également multiple de 17, ce qui est naturellement le cas puisque 153 est le triple de 51, un nombre qui est déjà divisible par 17.

La seconde astuce consiste à décomposer le plus petit nombre de la série en un produit unique de facteurs premiers afin de voir émerger un entier complexe. Ici, il fallait écrire que $34 = 2 \times 17$ pour voir apparaître le multiple complexe 17 et vérifier ensuite que les autres nombres étaient également des multiples de 17.

Exemple 2 :

284
569
143

Dans cet exemple, les nombres en gras et soulignés sont des multiples de 7.

TRES IMPORTANT

- N'oubliez pas que vous devez identifier les différentes propriétés sur tout le nombre ou seulement sur une sélection (les deux derniers chiffres, les deux premiers, les chiffres du milieu, etc.).
- N'oubliez pas aussi de lire les nombres ou votre sélection de nombres **à l'envers** (ainsi pouvez-vous tomber sur la série : 46 – 61 – 94 – 52 qui sont des carrés entiers écrits à l'envers).

5. SEPARATIONS

1. Séparations somme

Il existe trois types de « séparations somme » :

- Séparation par la gauche : XX/X ou XXX/X
- Séparation par la droite : X/XX ou X/XXX
- Séparation par les côtés : X/X/X ou XX/XX ou X/XX/X

Exemple 1 :

134	⇒	13 / 4	⇒	1	+	3	=	4
6814	⇒	68 / 14	⇒	6	+	8	=	14
257	⇒	25 / 7	⇒	2	+	5	=	7

Nous dirons ici que l'on a une **séparation somme par la gauche.**
Exemple 2 :

4139	⇒	4 / 13 / 9	⇒	4	+	9	=	13
385	⇒	3 / 8 / 5	⇒	3	+	5	=	8
8146	⇒	8 / 14 / 6	⇒	8	+	6	=	14

Nous dirons ici que l'on a une **séparation somme par les côtés.**

Un cas particulier de séparation somme

Ce type de séparation fonctionne exactement comme les autres, sauf que le résultat de la somme ou du produit de deux chiffres ne donne pas un chiffre ou un nombre présent dans le même élément, mais un autre totalement extérieur et qui est constant.

Voici un exemple :

178	⇒	**17** / 8	⇒	1	+	7	=	8
807	⇒	**80** / 7	⇒	8	+	0	=	8
352	⇒	**35** / 2	⇒	3	+	5	=	8

Les chiffres 4, 7 et 2 apparaissent en gris car ils sont « laissés pour compte » et ne servent absolument à rien, sinon à vous déconcentrer.

Nous dirons ici que l'on a une **séparation somme constante par la gauche**.

2. Séparations produit

Les « séparations produit » reposent exactement sur le même principe que les « séparations somme ».

Exemple 1 :

632	⇒	6 / 32	⇒	3	×	2	=	6
933	⇒	9 / 33	⇒	3	×	3	=	9
414	⇒	4 / 14	⇒	1	×	4	=	4

Nous dirons ici que l'on a une **séparation produit par la droite**.

Exemple 2 :

2555	⇒	**2** / <u>55</u> / **5**	⇒	5	×	5	=	25
4762	⇒	**4** / <u>76</u> / **2**	⇒	7	×	6	=	42
2397	⇒	**2** / <u>39</u> / **7**	⇒	3	×	9	=	27

Nous dirons ici que l'on a une **séparation produit par les côtés**.

3. Séparations puissance

Les « séparations puissance » fonctionnent sur le même modèle que les séparations sommes et produits :

Exemple 1 :

313 ⇒ 3/1/**3** ⇒ 3 puissance 1 = **3**
238 ⇒ 2/3/**8** ⇒ 2 puissance 3 = **8**
329 ⇒ 3/2/**9** ⇒ 3 puissance 2 = **9**
224 ⇒ 2/2/**4** ⇒ 2 puissance 2 = **4**

Exemple 2 :

210 ⇒ 2/**1**/0 ⇒ 2 puissance 0 = **1**
392 ⇒ 3/**9**/2 ⇒ 3 puissance 2 = **9**
441 ⇒ 4/**4**/1 ⇒ 4 puissance 1 = **4**
113 ⇒ 1/**1**/3 ⇒ 1 puissance 3 = **1**

4. Séparations cachées

Les séparations cachées ne sont pas simples à trouver. Voici deux exemples qui ont fait les malheurs de nos préparationnaires.

Exemple 1 :

246	⇒	24 / 6	⇒	24	=	6	×	**4**
41	⇒	4 / 1	⇒	4	=	1	×	**4**
328	⇒	32 / 8	⇒	32	=	8	×	**4**

Vous remarquez ici que la multiplication par 4 est « cachée ».

Exemple 2 :

103	⇒	10 / 3	⇒	10	–	3	=	**7**
81	⇒	8 / 1	⇒	8	–	1	=	**7**
136	⇒	13 / 6	⇒	13	–	6	=	**7**

Dans cet exemple, vous remarquez qu'il s'agit finalement d'un cas identique à celui du chapitre 3. ECARTS.

III. LES SERIES GRAPHIQUES

[Une règle d'or]

Avant toute chose, nous vous invitons à appliquer systématiquement la règle d'or suivante : **traduisez et inscrivez sous forme numérique le maximum d'informations mises à votre disposition.**
Autrement dit :

- Inscrivez les nombres de côtés des figures.
- Inscrivez les rangs des lettres.
- Inscrivez les nombres de « barres » des lettres.
- Calculez et inscrivez les écarts qu'il y a entre les nombres.
- Calculez et inscrivez les écarts entre les rangs des lettres.
- Calculez et inscrivez les écarts qu'il y a entre les côtés des figures et les nombres.
- **Inscrivez tout !** Plus vous écrirez d'informations autour de vos séries graphiques et plus vous verrez se profiler les règles logiques à trouver.

Efforcez-vous d'appliquer cette règle. **Vous gagnerez beaucoup de temps.**

1. SERIES GRAPHIQUES ET FIGURES

Qui dit *figures* dit :

- Inscrire le nom de la figure et l'initiale de son nom.
- Compter le nombre de côtés.
- Compter le nombre de côtés parallèles.
- Compter le nombre d'angles droits.
- Compter le nombre de points d'intersection qu'il y a entre deux figures.

Exemples :

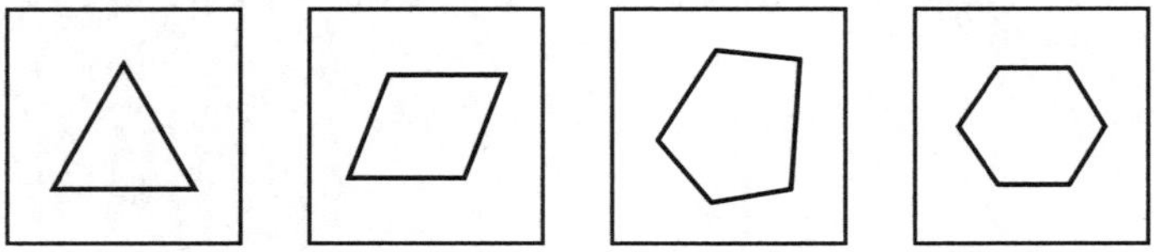

Dans ce premier exemple, le nombre de côtés est simplement croissant : 3 côtés pour le triangle, 4 côtés pour le parallélogramme, etc. Le nombre de côtés peut bien sûr suivre des progressions plus subtiles.

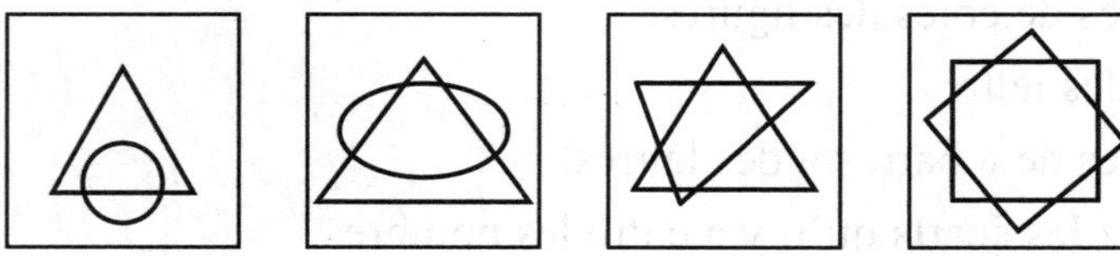

Dans ce deuxième exemple, le nombre de points d'intersections entre les deux figures est croissant : 2, puis 4, puis 6 et enfin 8.

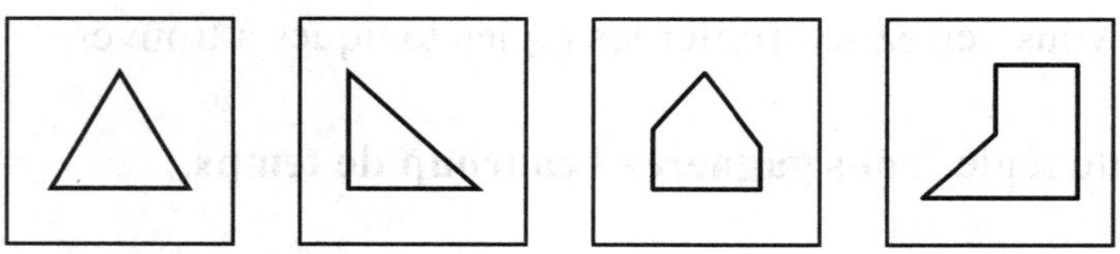

Dans ce dernier exemple, vous observez que le nombre d'angles droits est croissant : d'abord aucun angle droit pour le premier triangle, puis un angle droit pour la deuxième figure, puis 2 et enfin 3. Un rectangle pourrait ainsi compléter la série…

Retenez qu'il est essentiel de tout compter lorsque vous vous retrouvez face aux figures des séries graphiques. Ne laissez rien au hasard !

2. SERIES GRAPHIQUES ET NOMBRES

Qui dit *nombres* dit :

- Revoir toutes les règles qui ont été étudiées dans le cadre des séries doubles de chiffres et que vous devez donc connaître sur le bout des doigts
- Appliquer les opérations suivantes :
  – Somme de chiffres/nombres
  – Différence de chiffres/nombres
  – Produit de chiffres/nombres
  – Quotient de chiffres/nombres
  – Puissance de chiffres/nombres
  – Somme de tous les chiffres d'un nombre
- Attention aux nombres dans leurs formes « séparées ».
- Attention aux sommes et produits des nombres pris « deux à deux » ou « un à trois », « un à quatre »…

Exemple 1 :

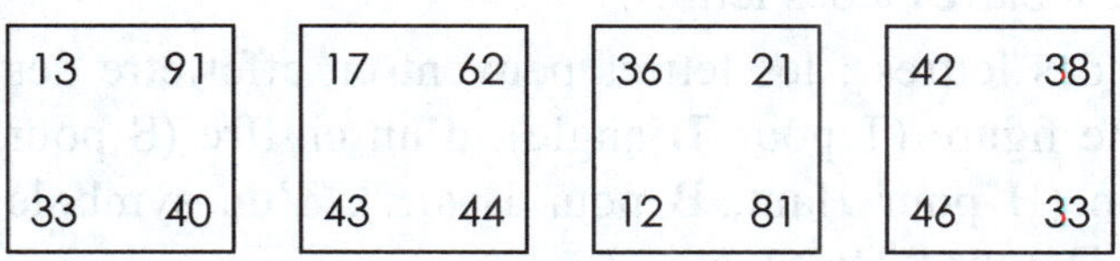

Les nombres sont ici considérés « deux à deux » dans leurs formes « séparées ». Vous devez donc **séparer** les chiffres de chaque nombre. Dans le premier cadre, sur la diagonale allant du côté en haut à gauche au côté en bas à droite, la somme des chiffres est identique aux deux extrémités de la diagonale : $1 + 3 = 4 + 0$. Sur l'autre diagonale, le produit des chiffres à chaque extrémité est égal : $3 \times 3 = 9 \times 1$. On retrouve cette même somme et ce même produit dans les autres cadres : $1 + 7 = 4 + 4$ et $4 \times 3 = 6 \times 2$, etc.

Exemple 2 :

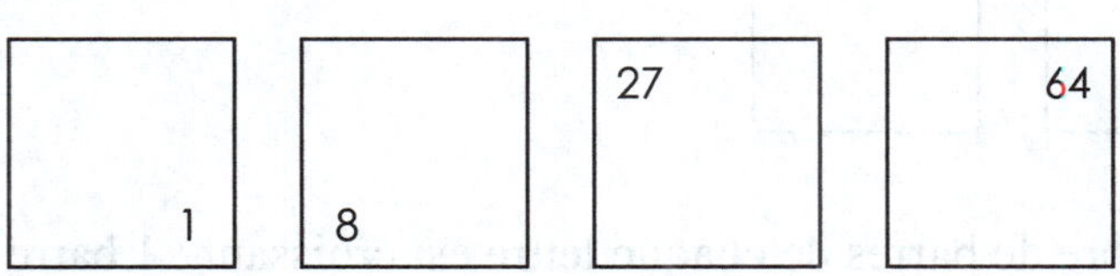

Vous reconnaissez naturellement une suite de cubes.

Exemple 3 :

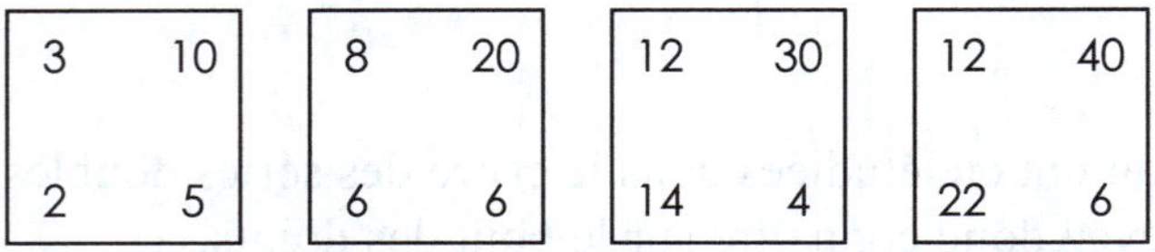

Dans cet exemple, le nombre en haut à droite de chaque cadre est la somme des trois autres nombres. Ainsi, 10 = 3 + 5 + 2 ; 20 = 8 + 6 + 6 ; 30 = 12 + 4 + 14 et enfin 40 = 12 + 6 + 22.

3. SERIES GRAPHIQUES ET LETTRES

Qui dit *lettres* dit :

- **Revoir toutes les règles qui ont été étudiées dans le cadre des séries doubles de lettres et que vous devez donc connaître sur le bout des doigts.**
- Attention au nombre de « barres » des lettres.
- Attention au « sens » des lettres : les lettres peuvent en effet être des initiales : initiale d'une figure (T pour Triangle), d'un chiffre (S pour 7/Sept), d'une position (H pour Haut, B pour Bas…), d'un symbole (A pour */Astérisque ; D pour #/Dièse, etc.).

Tableau des lettres « à barres » :

Lettres	A	E	F	H	I	K	L	M	N	T	V	W	X	Y	Z
Barres	3	4	3	3	1	3	2	4	3	2	2	4	2	3	3

Exemples :

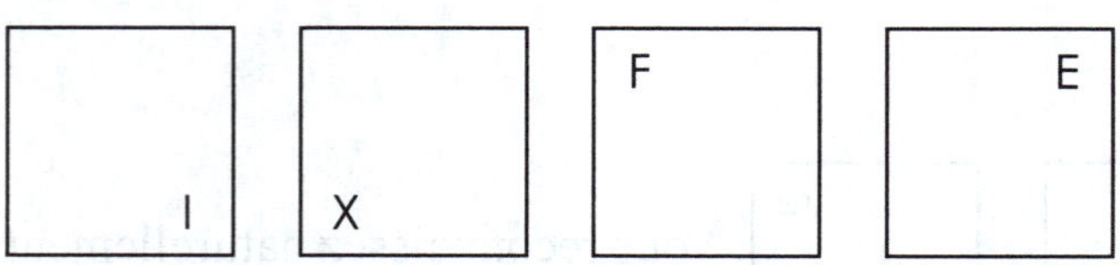

Dans ce premier exemple, le nombre de barres de chaque lettre est croissant : 1 barre pour I, 2 barres pour X, 3 barres pour F et 4 barres pour E.

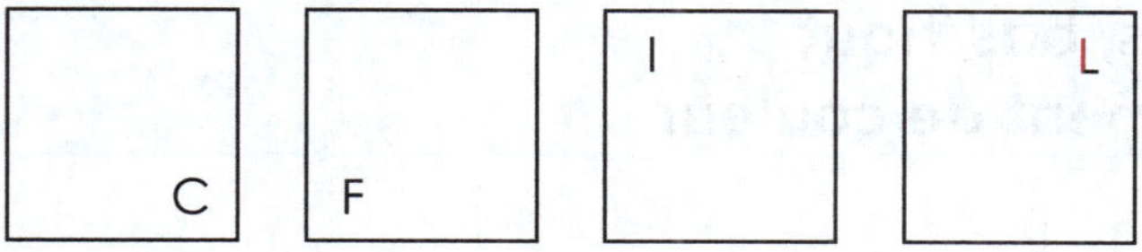

Dans ce deuxième exemple, il y a un saut de deux lettres lorsque l'on passe d'un cadre à l'autre : **CDEFGHIJKL**.

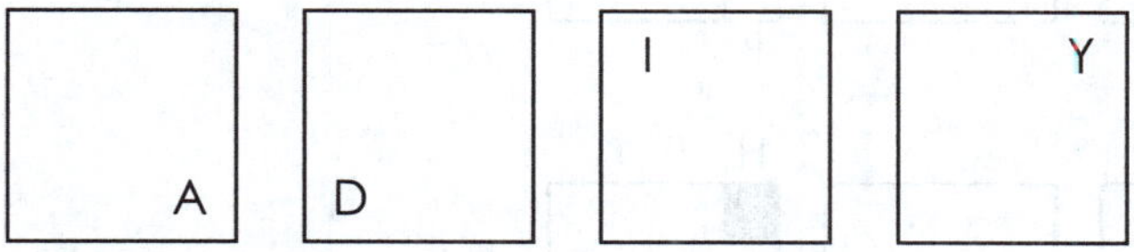

Ici, inscrivez les rangs des lettres au-dessus de chaque cadre : 1 – 4 – 9 – 25. Vous reconnaissez alors la suite des carrés parfaits.

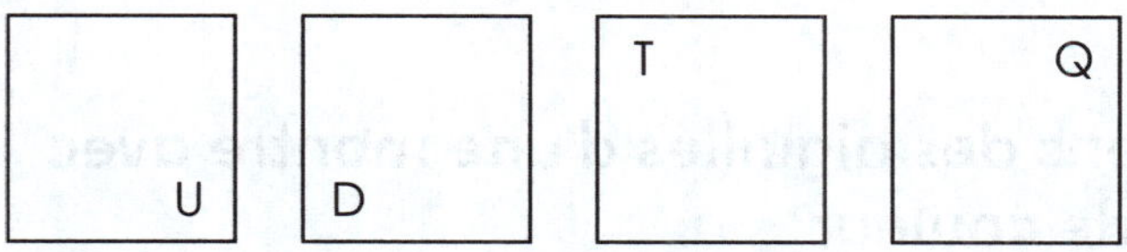

Enfin, vous devez reconnaître ici une suite d'initiales : U pour Un – D pour Deux – T pour Trois – et Q pour Quatre.

4. MOUVEMENTS (OU DEPLACEMENTS)

1. Mouvements gauche/droite, droite/gauche avec ou sans changement de couleur

1)

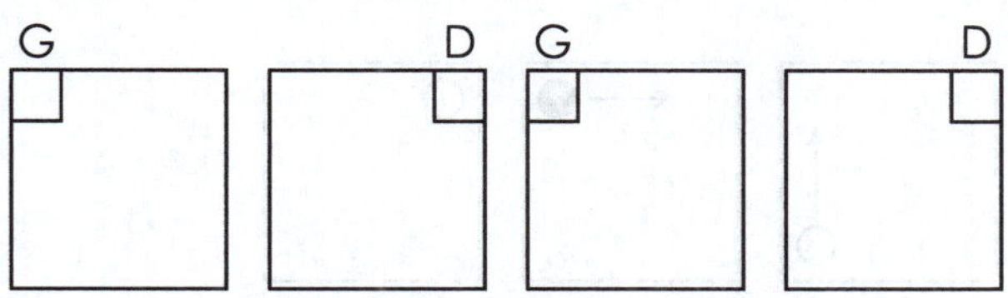

2)

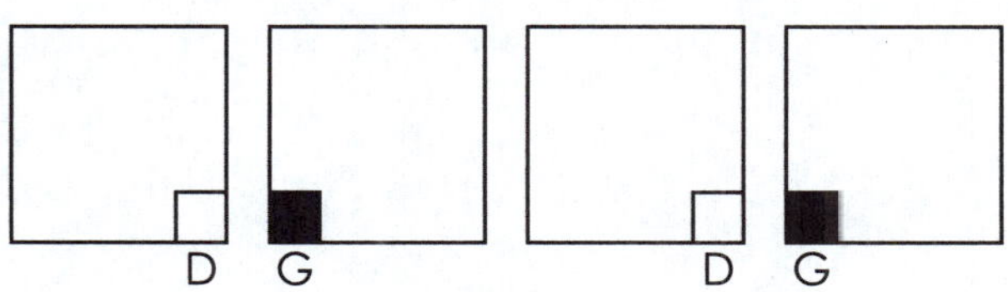

2. Mouvements haut/bas, bas/haut avec ou sans changement de couleur

1)

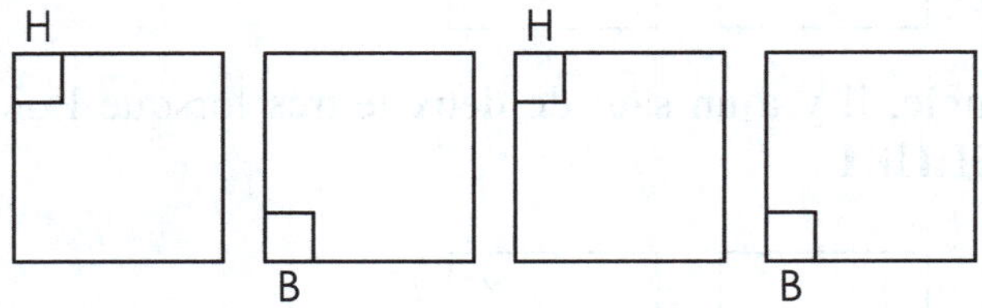

2)

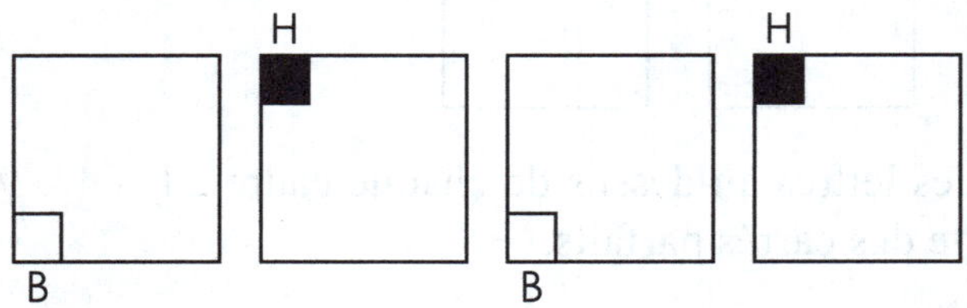

3. Mouvement dans le sens des aiguilles d'une montre avec ou sans changement de couleur

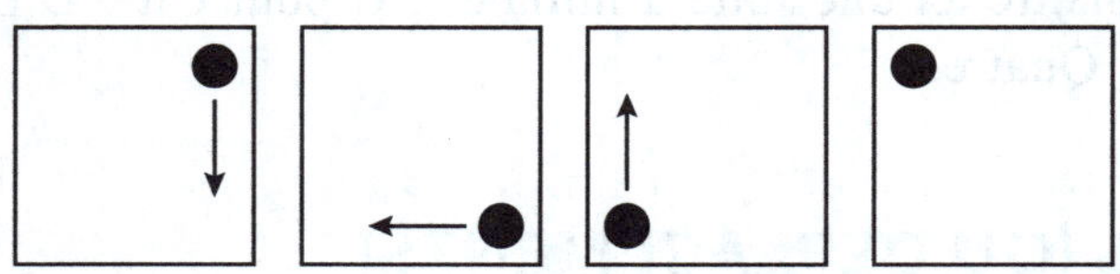

4. Mouvement dans le sens inverse des aiguilles d'une montre avec ou sans changement de couleur

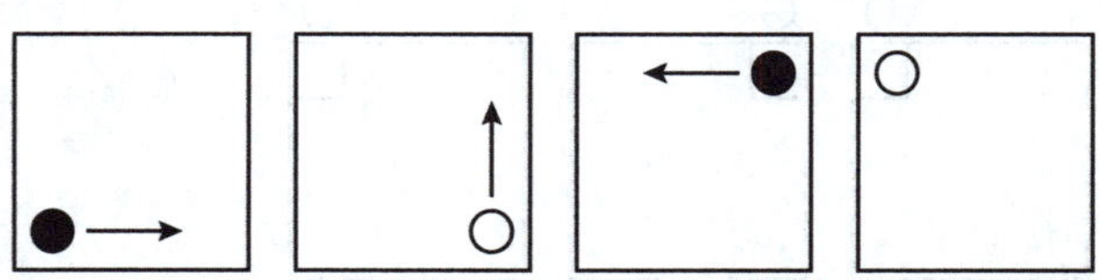

5. Mouvement 1 coin, 2 coins, 3 coins

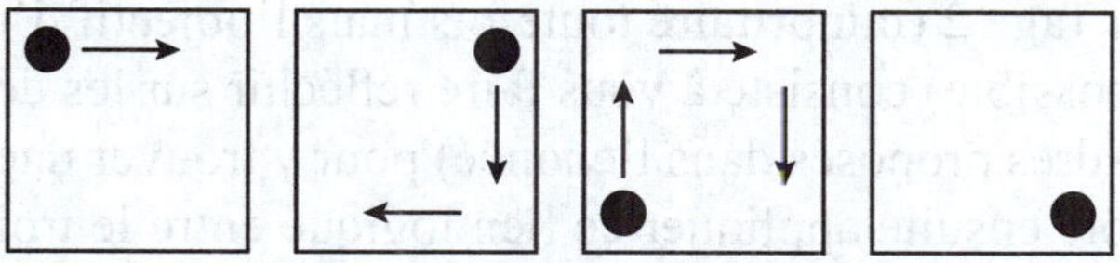

Le rond se déplace d'abord sur le coin d'après. Puis, il progresse en se logeant 2 coins après. Puis 3 coins après.

6. Mouvement serpentin

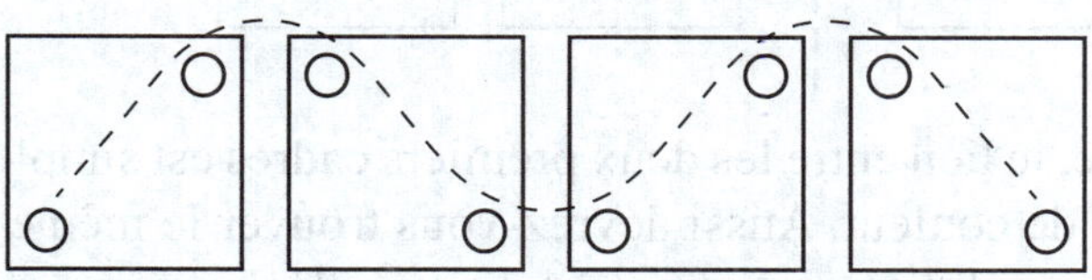

7. Mouvements lents

1)

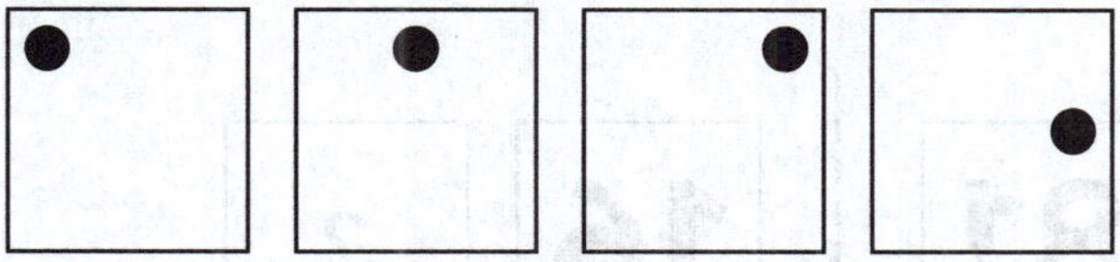

2)

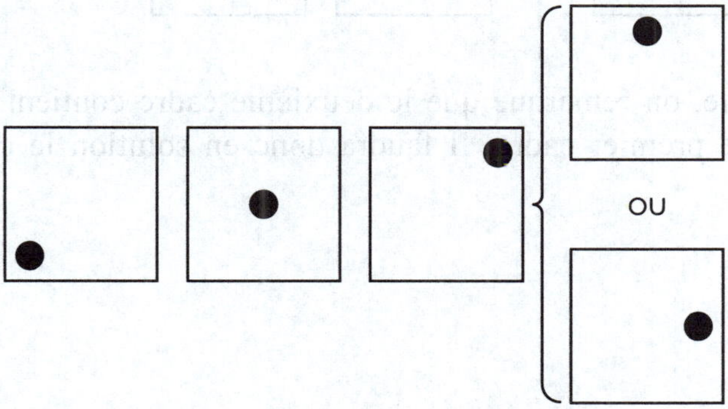

5. PAIRES DE CADRES

Une tendance récente au Tage 2 (minoritaire toutefois mais l'objectif d'une bible est d'être le plus exhaustif possible) consiste à vous faire réfléchir sur les deux premiers cadres (parmi les trois cadres proposés dans l'énoncé) pour y trouver une logique qui les lie. Il vous faudra alors ensuite appliquer ce lien logique entre le troisième cadre et le cadre solution.

1)

Dans ce premier exemple, le lien entre les deux premiers cadres est simple : le triangle est renversé et il change de couleur. Aussi devrez-vous trouver le même lien entre le troisième cadre et le cadre solution… Autrement dit, une flèche renversée de couleur blanche.

Nota Bene : vous n'aurez évidemment pas la ligne de démarcation après le deuxième cadre au Tage 2 :)

2)

Dans ce second exemple, on remarque que le deuxième cadre contient le carré du nombre présent dans le premier cadre. Il faudra donc en solution le carré de 16, autrement dit 256.

Fiche 13

Séries doubles : appliquer les critères avec un maximum d'efficacité

Séries doubles de chiffres

Pour les séries doubles de chiffres, retenez le process de résolution suivant. C'est de loin le plus facile à retenir et surtout le plus efficace !

1. **Commencez par repérer les mouvements et les écarts en intra comme en inter.**
2. **Puis vérifiez les propriétés des nombres :**
   - sommes, produits ;
   - carrés, cubes, nombres premiers, multiples.
3. **Terminez enfin par les séparations :**
   - sommes, produits, puissances.

- N'oubliez pas que vous devez identifier les propriétés sur tout le nombre ou sur une sélection.
- N'oubliez pas aussi de lire les nombres ou votre sélection de nombres à l'envers.

Séries doubles de lettres

Pour les séries doubles de lettres, apprenez par cœur ce process de résolution suivant. Vous parviendrez à résoudre ainsi toutes les séries qui se présenteront à vous.

1. **Identifier les cas particuliers :**
   – voyelles, barres, courbes, symétries horizontales et verticales, extrémités, sigles et vrais mots.
2. **Puis travaillez sur les rangs des lettres :**
   – transformer 2 mots en rangs avec EJOTY et vérifiez : sommes, produits, séparations somme, séparations produits.
3. **Repérez ensuite les INTRA et INTER avec et sans mouvement.**

- N'oubliez pas que vous devez à chaque étape raisonner sur tout le mot ou sur une sélection de lettres.
- Pensez aussi aux différents mouvements.
- Pensez à lire de bas en haut, de haut en bas, de gauche à droite et de droite à gauche.
- N'oubliez pas enfin le retour dans l'alphabet (après Z, il y a A !).

Fiche 14

Séries graphiques : appliquer les critères avec un maximum d'efficacité

Pour les séries graphiques, voici le process de résolution :

1. **Vous voyez des lettres, alors pensez aux :**
   - barres, courbes, symétries horizontales et verticales, extrémités ;
   - initiales ;
   - rangs ;
   - sigles, mots faisant sens, chiffres romains.

2. **Vous voyez des chiffres ou des nombres, alors pensez aux :**
   - carrés, cubes, nombres premiers, multiples, sommes et produits ;
   - séparations.

3. **Vous voyez des figures, pensez à :**
   - compter le nombre de côtés ;
   - compter les angles ouverts, fermés et angles droits.

4. **Attention aux mouvements :**
   - gauche/droite, droite/gauche ;
   - sens des aiguilles d'une montre et sens inverse ;
   - mouvements lents.

5. **Mettez tout en relation !**
   - lettres et nombres, lettres et figures, nombres et figures…

IV. APPLICATIONS FONDAMENTALES

1. LA PYRAMIDE EJOTY

Une fois n'est pas coutume, nous vous proposons ici une application originale et riche en émotions. Nous souhaitons en effet que vous vous entraîniez à convertir des séries de lettres en séries de chiffres… à toute vitesse !

Votre mission, si vous l'acceptez, est donc de convertir **les 31 lignes qui suivent en <u>31 minutes</u>… et pas une de plus !**

Mettez-vous en condition ! Eteignez les téléphones portables, les ordinateurs et surtout munissez-vous d'un chronomètre sur lequel vous pouvez jeter un œil sur le temps qui passe.

La « pyramide EJOTY » est une application qui permet de tester à la fois votre endurance et votre rapidité.

Le principe est simple : voici face à vous une pyramide de lettres composée de 31 lignes avec un nombre de lettres croissant puis décroissant. Vous disposez en moyenne d'une minute pour convertir chaque ligne de la pyramide et noter les chiffres sur la pyramide de la page d'en face.

⚠ ATTENTION Si au bout d'une minute vous n'avez pas terminé une ligne, vous vous arrêtez et passez immédiatement à la ligne suivante. De même, si vous terminez une ligne avant la fin de la minute, vous ne devez pas commencer la ligne suivante mais attendre que la minute se soit écoulée avant de continuer.

Le but est donc que vous parveniez à tout convertir en 31 minutes (ou moins). Et si vous réussissez à convertir la seizième ligne formée de 45 lettres en une minute, alors cela veut dire que vous êtes prêts à relever tous les défis avec succès !

Bon courage !

E	J	O	T	Y
5	10	15	20	25

15 lettres. DGSTCYUEKNCBQHE

17 lettres. AXSWDYJPCNQHECLQN

19 lettres. QWPMNQVEUCNQPOHAXUJ

21 lettres. SLFNCTQPOTBCSDLKANJQN

23 lettres. AUQBCGMPLJHGWBVSTKENCGT

25 lettres. MDNCQYENUIGQCEHWMAPCUENDF

27 lettres. SJWHPLQHEUCVSGWOKRNEYSTCVHP

29 lettres. AQUEFRGHSTOIJNCGQHRUDXKPQMRNS

31 lettres. NHWCFSMQWPOYENSTUJDCPQOENCHQJEM

33 lettres. JHQDENBCGQHUEIRKQPORMLNCHAQFYUHDN

35 lettres. MQPURNJFGAZLUXCSDHUGJFMQPANECDGQJIU

37 lettres. KQGETDUCNGQTARZUIOLKNWVCSJEMQPYERBJKS

39 lettres. FQTEGCNQHUENMJPRKNQTEYCBQGACEPWINRHSFCJ

41 lettres. GQTAREVCBHWJMOPIUYHENBQFEPCUERTJKMQNCYEKQ

43 lettres. YHEVSFWJPUNYGRMSONCGQFAEMPCNATIENTKFGSMAINR

45 lettres. ARWMPVNDGSTQUEMCNQJUEMAPWFECIKFVATMCNQTEJYIBF

43 lettres. HQYANEMCKIQUENFGHPDIQNEMQNQHEYCUDIQASMLKWJF

41 lettres. JQUEBCGQFEUIPMLTGEBRHUWIAPSDRGMDNCBWGAPRM

39 lettres. ATGEKCPSFVHJQPJWOAMEPOCNHQATEYIKFDSPWNT

37 lettres. IQNSTEVHKMQPOANCXVGEJSKAMQYEXDPSNSKQO

35 lettres. SYABEGCMQPOENCJQGEJSIPAMSLKQFGWHYJN

33 lettres. QUANDJREGCYQMOENFJVYGQKSJPWNEJCTQ

31 lettres. LQHAYCTSGELCPOWNQBEJDITMEISNTGZ

29 lettres. JQUAYEBDHSJAMPQUENCTQUENJDLQO

27 lettres. UEJCMPQJEUHGACXWKPTNRUIENQS

25 lettres. QKPQOYEHBNWGSJFPAZKWINRMD

23 lettres. RQCETDSYUICOPKNQJHDTQRN

21 lettres. ATQHENCMQPLENQTYSHDIP

19 lettres. QGATEUCNQMPEIRNCGQS

17 lettres. APNETHJQPOICBSYWK

15 lettres. HXCWGYUEIPSKNQI

E	J	O	T	Y
5	10	15	20	25

15. ______________________________
17. ______________________________
19. ______________________________
21. ______________________________
23. ______________________________
25. ______________________________
27. ______________________________
29. ______________________________
31. ______________________________
33. ______________________________
35. ______________________________
37. ______________________________
39. ______________________________
41. ______________________________
43. ______________________________
45. ______________________________
43. ______________________________
41. ______________________________
39. ______________________________
37. ______________________________
35. ______________________________
33. ______________________________
31. ______________________________
29. ______________________________
27. ______________________________
25. ______________________________
23. ______________________________
21. ______________________________
19. ______________________________
17. ______________________________
15. ______________________________

2. LA PLANCHE DE CHIFFRES

Comme vous allez le découvrir, il sera très souvent question de repérage pour les séries doubles de chiffres dans l'épreuve de logique au TAGE 2.

Si nous ne doutons pas une seconde que vous appliquerez consciencieusement et scrupuleusement les différents critères propres aux séries doubles de chiffres, nous doutons en revanche que vous soyez capables à ce stade d'identifier les logiques propres à chacune des séries doubles de chiffres **du premier coup d'œil !**

C'est pour cette raison que nous avons souhaité vous soumettre l'entraînement de spartiate qui suit, et ce, afin de nous assurer que vous serez capables de mobiliser les meilleures capacités de concentration et de résoudre ainsi les questions les plus difficiles du TAGE 2.

La consigne est simple : vous disposez de **25 minutes** pour travailler sur le tableau de chiffres qui suit et repérer une bonne centaine de nombres que vous retrouverez inlassablement dans les épreuves de logique du TAGE 2.

Voici la liste des nombres que vous devez trouver :

- 15 carrés : les carrés des nombres 10, 11, 12, 13, 14, 15, 16, 17, 18, 19, 20, 21, 22, 23, 24, 25 ;
- 10 cubes : les cubes des nombres 3, 4, 5, 6, 7, 8, 9, 10, 11 et 12 ;
- 10 nombres entiers divisibles par 7 compris entre 700 et 850 ;
- 10 nombres premiers compris entre 30 et 80 ;
- 5 nombres entiers divisibles par 13 compris entre 360 et 460 ;
- 5 nombres différents de 3 chiffres avec des chiffres successifs croissants ;
- 5 nombres différents de 3 chiffres avec des chiffres successifs décroissants ;
- 3 nombres différents de 3 chiffres avec des chiffres impairs successifs décroissants ;
- 2 nombres différents de 3 chiffres avec des chiffres pairs successifs croissants.

NB 1 : les nombres doivent impérativement être identifiés sur des lignes horizontales et peuvent éventuellement être à cheval sur deux lignes.

NB 2 : certains des nombres que vous devez trouver peuvent apparaître plusieurs fois.

NB 3 : il ne peut y avoir deux nombres (ou plus) qui se croisent. Ex. : **2256.**

Remarque bienveillante : si à ce stade de la compétition, vous ne connaissez toujours pas vos carrés ou vos cubes par cœur ou si vous peinez encore à dresser la liste des nombres multiples de 13 compris entre 300 et 500… Retour à la case départ, *i.e.* à votre cours fondamental d'arithmétique et de manipulation des nombres. 345

5789340056711456780987654234507894679743234567896543248718909775434 35
6899810053423467689809977654543438980997676453232491767989776545343 46
8988615345678987654323456711434511181214567243213456542325386635497 35
4673152465135465414247867317864538473784573824755227213564768123064 96
7732804766523473645153376218377126633333367241365222291277835671243 56
5218372819830921703798512634625368271084354845612855817536121376127 14
4342178131134157819634561783754267397656718909876098805613145634255 32
5296565655522298980109090187871676738776762554375290286757125778155 15
6568725187626478697471645658100015101413272951651651992730038837735 46
3626633746354755422553767657676763212839808361723654173708380803133 13
8981637681273852654365293479384907723572437671208308938108310983712 76
3757673782786756765567417284564253129010010109800090809312312321837 72
5615454362172818973987168988607817386278133177956524357821812735126 73
6209488915545346721563452145345214354524111097635274849623870481987 15
3542368729489048971894791274752615352537183790218082148772546152125 47
1087176214763746376473646345377488324387463747912590878946736413049 87
1384707576614543656463567533697565347349819084786893236347369497677 67
3467346773864783748979847893748903100100010117297374673647634563564 56
2875766518543516476312897374653645625347179031473714836275736475645 73
6674514311232432477647673624723656546364518346154635487970837483470 90
0000001989843333263654196735147334676327465653467634753764757513454 2
1003000191089498387467647364756345573467364779009998493974814030490 49
5638289066644416461901775973846851898468387817381735513611573791893 77
1552315371039019397186375153441321573791839861435187345153761534671 73
5324132515381636143651638193980193019838616321728324617638193749901 39
0938725735468627915367215628974015716812781274971904892184912882135 45
4261571938910371452163791930193091040036761561451453421851228827876 17
5717687162382071627156524112535132431423152788972998981920990219029 14
1341251325144295143675147643671435146735414367143671816175761287129 12
8102801920120901960190291029014557726154345676143456700134565434505 43
2345432321121912123401185656576897656789512867657776767989878777612 19
1313234224245452273497728256635400905514973020994520988255133100360 36
3798535659486543300635524097355538434730556186469854735332740512929 51
5806959251793863547454625342460804292311641897805117600396633438870 43
8143725314434210811169069331508695753001465427287942160510132672395 96
0370352906438759220390703087575894435309284734343651062453343899161 71
3765103594860416578639697964303469568768746340536694596257183323245 6
8235591324975041319509775297741643192676616258302079245883567474593 9
5597257844139663075865404295868764659925348418879813805914592863246 3
6667314514283357499378939480332136949118274322986483126269796225962 76

REPONSES

3455789340056711456780987654234507894679743234567896543248718909775433
435689981005342346768980997765454343898099767645323249176798977654534
3468988615345678987654323456711434511181214567243213456542325386635494
735467315246513546541424786731786453847378457382475522721356476812306
496773280476652347364515337621837712663333336724136522229127783567124
356521837281983092170379851263462536827108435484561285581753612137612
71443421781311341578196345617837542673976567189098760988056131456342 5
5325296565655522298980109090187871676738776762554375290286757125777815
5156568725187626478697471645658100015101413272951651651992730038837 73
546362663374635475542255376765767676321283980836172365417370838080313
31389816376812738526543652934793849077235724376712083089381083109837 1
2763757673782786756765567417284564253129010010109800090809312312321833
7725615454362172818973987168988607817386278133177956524357821812735 12
67362094889155453467215634521453452143545241110976352748496238704819 8
7153542368729489048971894791274752615352537183790218082148772546152 12
54710871762147637463764736463453774883243874637479125908789467364 1304
98713847075766145436564635675336975653473498190847868932363473694976 7
7673467346773864783748979847893748903100100010117297374673647634563566
4562875766518543516476312897374653645625347179031473714836275736475 64
57366745143112324324776476736247236565463645183461546354879708374834 7
09000000019898433333263654196735147334676327465653467634753764757513 4
54210030001910894983874676473647563455734673647790099984939748140304 9
04956382890666444164619017759738468518984683878173817355136115737918 9
37715523153710390193971863751534413215737918398614351873451537615346 7
17353241325153816361436516381939801930198386163217283246176381937499 0
13909387257354686279153672156289740157168127812749719048921849128821 3
54542615719389103714521637919301930910400367615614514534218512288278 7
6175717687162382071627156524112535132431423152788972998981920990219022
914134125132514429514367514764367143514673541436714367181617576128712
91281028019201209019601902910290145577261543456761434567001345654345 0
5432345432321121912123401185656576897656789512867657776767989878777 61
2191313234224245452273497728256635400905514973020994520988255133100036
0363798535659486543300635524097355538434730556186469854735332740512 92
95158069592517938635474546253424608042923116418978051176003966334388 7
04381437253144342108111690693315086957530014654272879421605101326723 9
5960370352906438759220390703087575894435309284734343651062453343899 16
1713765103594860416578639697964303469568768746340536694596257183323 24
56823559132497504131950977529774164319267661625830207924588366747459 3
955972578441396630758654042958687646599253484188798138059146928632463
6667314514283357499378939480332136949118274322986483126269796225962 76

DEUXIEME PARTIE

7 TESTS BLANCS ORIGINAUX ET INEDITS ACCOMPAGNES DE LEURS CORRIGES

Fiche 15

Vous voulez vraiment progresser ?

Découvrez comment tirer le meilleur profit des tests blancs

1. Ne traitez pas forcément les questions dans l'ordre.

Vous ne serez jamais obligé de traiter les questions d'un sous-test dans un ordre défini. N'oubliez donc pas que vous pouvez commencer par une question qui se trouve à la fin du sujet comme en plein milieu. **Vous devrez par conséquent toujours penser à parcourir rapidement le sujet en début de test pour repérer les questions courtes ainsi que les questions qui vous semblent familières (pas forcément faciles, juste familières).** Vous traiterez alors ces questions en priorité. L'expérience montre que cette stratégie paye toujours car elle vous aide à vous mettre vite en confiance et à mieux gérer votre stress.

2. Soyez courageux.

Essayez de respecter autant que possible la limite de temps conseillé pour résoudre une batterie de questions. **Mettez-vous dans de bonnes conditions :** éteignez votre portable, prévenez votre entourage que vous ne souhaitez pas être dérangé et soyez courageux ! Autrement dit, ne baissez pas les bras à la première difficulté rencontrée. **Le TAGE 2 teste aussi votre persévérance et votre capacité à ne pas lâcher prise.** Alors, même si vous butez sur deux, trois ou quatre questions d'affilée, restez courageux. Passez vite à une autre question et revenez à la fin sur les questions auxquelles vous n'avez pas répondu s'il vous reste un peu de temps.

3. Faites corriger vos batteries par une autre personne.

A en croire mes étudiants, ce conseil est tout simplement révolutionnaire !

Si vous voulez vraiment progresser au TAGE 2, alors vous devez faire corriger vos tests **par une autre personne que vous-même** qui vous dira quelles sont les questions pour lesquelles vous avez répondu juste, quelles sont les questions auxquelles vous n'avez pas répondu et quelles sont les questions auxquelles vous avez répondu faux… **Cette personne ne devra surtout pas vous dévoiler les réponses qu'il fallait trouver ! Elle devra juste vous donner la liste des questions que vous n'avez pas réussi à résoudre.** Ainsi, vous aurez le droit à une seconde chance et pourrez réfléchir à nouveau sur ces questions, sans limite de temps. Il vous faudra alors être persévérant et vous creuser la tête autant de temps que nécessaire pour venir à bout de ces questions. C'est à ce prix que les progrès seront irrésistiblement au rendez-vous.

TEST BLANC TAGE 2

#1

TEST TAGE 2 #1 : VOTRE GRILLE DE REPONSES

Sous-test 1
Langage / Lexiphrase

	A	B	C	D
1				
2				
3				
4				
5				
6				
7				
8				
9				
10				
11				
12				
13				
14				
15				

Sous-test 2
Calcul

	A	B	C	D
16				
17				
18				
19				
20				
21				
22				
23				
24				
25				

Sous-test 3
Logique / Séries doubles

	A	B	C	D
26				
27				
28				
29				
30				
31				
32				
33				
34				
35				

Sous-test 4
Langage / Paratexte

	A	B	C	D
36				
37				
38				
39				
40				
41				
42				
43				
44				
45				
46				
47				
48				
49				
50				

Sous-test 5
Calcul

	A	B	C	D
51				
52				
53				
54				
55				
56				
57				
58				
59				
60				

Sous-test 6
Logique / Séries graphiques

	A	B	C	D
61				
62				
63				
64				
65				
66				
67				
68				
69				
70				

TEST BLANC TAGE 2
SOUS-TEST 1 : LANGAGE [lexiphrase]

1

Consignes

15 questions / 15 minutes

Barème

Réponse juste : + 3 points / Réponse fausse : – 1 point / Aucune réponse : 0 point

Question 1. A quel vocabulaire appartient aujourd'hui le terme fiduciaire, du latin *fiducia* qui signifie confiance ?

(A) Au vocabulaire économique
(B) Au vocabulaire religieux
(C) Au vocabulaire philosophique
(D) Au vocabulaire sociologique

Question 2. Trouvez le synonyme d'opprobre :

(A) Opposition
(B) Déshonneur
(C) Méchanceté
(D) Ironie

@@@@@@@@@@@@@@@@@@@@@@@@@@@@@@@@@@@@@@
@@@@@@@@@@@@@@@@@@@@@@@@@@@@@@@@@@@@@@
@@@@@@@@@@@@@@@@@@@@@@@@@@@@@@@@@@@@@@

Question 3. Trouvez un synonyme d'actuel :

(A) Présent
(B) Obsolète
(C) Toujours en acte
(D) Virtuel

Question 4. Que désignent, dans le vocabulaire religieux, les limbes ?

(A) L'enfer
(B) Le paradis
(C) Le séjour des âmes avant la mort du Christ et de celles des enfants morts sans baptême
(D) L'emplacement de la crucifixion du Christ

Question 5. Mener une affaire de manière expéditive, c'est la mener de manière :

(A) Injuste
(B) Illégale
(C) Brutale
(D) Rapide

Question 6. L'adjectif carcéral caractérise quelque chose de :

(A) Relatif à la peine de mort
(B) Relatif aux tribunaux
(C) Relatif aux cimetières
(D) Relatif aux prisons

@@
@@
@@

Question 7. Etre aux abois signifie :

(A) Manquer d'argent
(B) Etre réduit à la dernière extrémité
(C) Etre poursuivi
(D) Etre placé en première ligne

Question 8. A bon escient signifie :

(A) Après réflexion
(B) Remarquablement
(C) Avec discernement
(D) Consciemment

Question 9. Dire *aréoport* pour *aéroport*, *pantomine* pour *pantomime*, *je mourrirai* pour *je mourrai*, sont des fautes de langage qui consistent à se servir de mots altérés et, par extension, de mots forgés ou employés dans un sens contraire au bon usage. Ces fautes sont des :

(A) Barbarismes
(B) Paronymes
(C) Aphorismes
(D) Solécismes

Questions 10 à 14 : complétez en choisissant la solution optimale.

Question 10. Assurer la sécurité extérieure par la diplomatie et la défense du territoire, assurer la sécurité intérieure et le maintien de l'ordre public, avec, notamment, des forces de police, définir le droit et rendre la justice ; détenir la souveraineté économique et financière en émettant de la monnaie, notamment par le biais d'une banque centrale… Telles sont les fonctions (…) de l'Etat.

(A) agrégées
(B) universelles
(C) traditionnelles
(D) régaliennes

@@

Question 11. Aujourd'hui, les chiffres disponibles et crédibles autour d'Internet sont rares. Les données sont très imprécises et souvent (...), car traitées et diffusées par des acteurs économiques liés à ces nouvelles technologies. C'est pourquoi les équipes régionales chargées du développement des nouvelles technologies ont souhaité d'un commun accord mettre à disposition du grand public un dossier sur ces nouvelles technologies et sur leur impact dans les sphères professionnelles et privées, basé sur des données objectives et avérées.

(A) indistinctes
(B) tendancieuses
(C) erronées
(D) complexes

Question 12. Bien (...) de traduire un ouvrage rempli de termes professionnels et militaires de façon (...) l'esprit du texte, le traducteur du livre *Et après moi, le déluge !* (...). Il semble donc que le lecteur de cette traduction ressentira une impression (...) celle ressentie par le lecteur de la version originale.

(A) qu'il soit presque impossible / à ne rien perdre de / n'est pas parvenu à le faire / différente de

(B) qu'il n'y ait rien de plus facile que / à ne presque rien préserver de / n'est pas tombé dans ce piège / totalement différente de

(C) qu'il soit difficile / à préserver non seulement le contenu mais également / est parvenu à le faire / fort similaire à

(D) qu'il soit très important / à ne rien perdre de / s'est efforcé dans ce sens / similaire à

@@
@@
@@

Question 13. Certains individus affirment que la vie (…) et la réalité, comme nous la vivons, (…). Ces individus basent leurs affirmations sur le fait que nous sommes incapables (…) au moment (…).

(A) n'est pas une fable / n'est pas déformée dans notre imagination / de distinguer la vérité du faux / où nous avons des hallucinations

(B) est une illusion / est déformée dans notre imagination / de comprendre que nous hallucinons / où nous sommes pris d'hallucinations

(C) est une illusion / n'est qu'une déformation de notre imagination / de comprendre ce qui se passe / où nous rêvons

(D) n'est pas une illusion / n'est pas dépendant de notre imagination / de comprendre que nous hallucinons / où nous sommes éveillés

Question 14. Le système éducatif finlandais (…) problèmes personnels des adolescents (…) leurs difficultés. C'est pourquoi (…), fait qui prouve (…) système.

(A) n'est pas attentif aux / qui, estime-t-on, ont tendance à exagérer / leurs problèmes sont traités avec efficacité / la grande sensibilité du

(B) s'efforce également de résoudre les / qui ont du mal à exprimer / ils s'abstiennent de les communiquer / leur grande confiance dans le

(C) ne traite avec efficacité que les / qui font part aux adultes de / le traitement des autres adolescents est inopérant / la grande sensibilité du

(D) se montre aveugle face aux / qui souhaitent surmonter / ils hésitent à les communiquer / leur manque de confiance dans le

@@@@@@@@@@@@@@@@@@@@@@@@@@@@@@@@@
@@@@@@@@@@@@@@@@@@@@@@@@@@@@@@@@@
@@@@@@@@@@@@@@@@@@@@@@@@@@@@@@@@@

Question 15. Trouvez parmi les cinq phrases ci-dessous les deux seules qui soient orthographiquement et/ou grammaticalement incorrectes.

1. Elise est celle qui a fait le plus de bêtises possibles.
2. Quoiqu'elle fût jolie, elle n'était aimée de personne.
3. Cette jeune entreprise a été remise à flot après une période de difficultés financières.
4. Cette grande ville américaine compte dix millions et demi d'habitants.
5. Le système pénitencier français fera toujours couler beaucoup d'encre.

(A) phrase 2 et phrase 3
(B) phrase 1 et phrase 4
(C) phrase 1 et phrase 5
(D) phrase 3 et phrase 5

Si vous avez terminé, vous n'êtes pas autorisé(e) à revenir sur une épreuve précédente.
Vous n'êtes pas non plus autorisé(e) à travailler sur une épreuve suivante avant la fin du temps imparti.

STOP !

TEST BLANC TAGE 2
SOUS-TEST 2 : CALCUL

1

Consignes

Cette épreuve comporte 10 questions pour chacune desquelles il est proposé 4 réponses possibles. Ces questions visent à évaluer la maîtrise de connaissances simples dans le domaine de l'arithmétique, de la géométrie, de l'algèbre et du calcul.

Le temps imparti à cette épreuve est de 30 minutes.

Barème

Réponse juste :	+ 3	points
Réponse fausse :	– 1	point
Aucune réponse :	0	point

L'utilisation de la calculatrice n'est pas autorisée.

//
//
//

Question 16. Paul et Jean ne se sont pas vus depuis plus de 10 ans. Ils décident donc de se retrouver quelque part entre leurs deux villes. Paul vit à Arles tandis que Jean vit à Avignon. Ils choisissent de faire le trajet en vélo et quittent chacun leur ville, distantes de 120 km. Ils se croisent à 70 km d'Arles. Quelle est l'expression de la vitesse du plus rapide des deux en fonction de la vitesse de l'autre, notée V1 ?

(A) 1,1 × V1
(B) 1,2 × V1
(C) 1,3 × V1
(D) 1,4 × V1

Question 17. Une urne contient 80 boules : des bleues, des noires et des rouges. Le nombre de boules bleues est égal au tiers de la somme du nombre de boules noires et rouges. Stéphane décide de rajouter 10 boules noires dans l'urne et il obtient le même nombre de boules noires que de boules rouges. Combien y a-t-il de boules rouges ?

(A) 20
(B) 25
(C) 30
(D) 35

Question 18. Noémie construit une pyramide avec des sphères identiques. La base « carrée » est constituée de 4 × 4 sphères (comme sur la figure). Les étages ont 3 × 3 sphères, 2 × 2 sphères, et il y a une sphère au sommet. À chaque point de contact entre deux sphères, Noémie place un point de colle. Combien de points de colle va-t-elle mettre ?

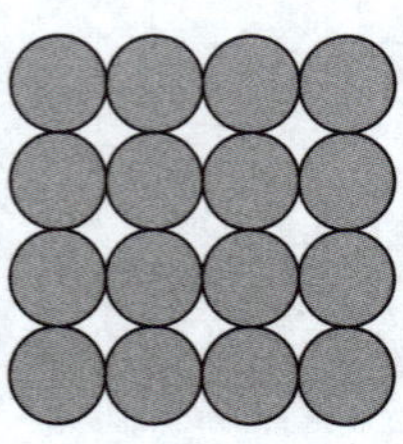

(A) 72
(B) 85
(C) 88
(D) 96

Question 19. On dispose de deux bouteilles d'une mayonnaise composée uniquement d'huile et de jaunes d'œufs. La première contient un litre de mayonnaise composée à 20 % de jaunes d'œufs tandis que la seconde, d'une contenance d'un litre et demi, est composée de 75 % d'huile. On mélange les deux mayonnaises dans une seule bouteille : quel pourcentage de jaunes d'œufs obtient-on ?

(A) 18 %
(B) 20 %
(C) 23 %
(D) 25 %

Question 20. Dans une petite ville du Cambodge vivent 3 333 familles qui ont chacune au moins une bicyclette. Aucune famille ne possède plus de 3 bicyclettes. Il y a autant de familles propriétaires de 3 bicyclettes que de familles qui n'en ont qu'une, et le nombre de familles qui possèdent 2 bicyclettes est 9 fois plus grand que le nombre de celles qui en possèdent 3. Combien y a-t-il de bicyclettes dans cette ville ?

(A) 5 555
(B) 6 666
(C) 7 777
(D) 8 888

Question 21. Une fameuse banque suisse décide de proposer une offre de crédit à un taux fixe particulièrement avantageux. Monsieur Hamod décide d'y souscrire et, en 2010, il place donc une somme N à taux fixe. Son placement rapporte 400 euros la première année et 416 euros l'année suivante. Quelle somme Monsieur Hamod a-t-il initialement placée ?

(A) 2 000 euros
(B) 4 000 euros
(C) 8 000 euros
(D) 10 000 euros

//
//
//

Question 22. Le périmètre d'un carré de 24 centimètres est découpé en 2 rectangles. L'un des rectangles a alors pour périmètre 20 centimètres. Quel est le périmètre du second rectangle ?

(A) 4 (B) 9 (C) 14 (D) 16

Question 23. Au 42 de la rue d'Hauteville, un nouvel ascenseur est installé, le syndicat de copropriété s'étant plaint de la trop faible capacité de l'ancien. Ce nouvel ascenseur peut contenir en même temps 12 adultes ou 20 enfants. La famille Locke au grand complet, composée de 9 adultes et 10 enfants, organise un dîner de famille et se retrouve bien embêtée, ne sachant à combien ils peuvent entrer dans l'ascenseur. Combien d'enfants au maximum peuvent monter avec les 9 adultes ?

(A) 3 (B) 4 (C) 5 (D) 6

Question 24. Mélanie, Stéphanie et Julie vont faire les soldes. Tandis que Mélanie achète des chaussures soldées à –10 %, Stéphanie opte pour un chemisier à –50 % et Julie achète une robe en solde à –28 %, qu'elle a payée 236,50 euros. Quel était le prix initial de la robe ?

(A) 308,19 euros
(B) 319,51 euros
(C) 328,47 euros
(D) 335,84 euros

Question 25. Cécile a dessiné 4 triangles. Le premier est équilatéral, le deuxième est rectangle, le troisième a un ange obtus et enfin le dernier n'a que des angles aigus. Elle a écrit les mesures de 4 angles des deux derniers triangles : 120°, 75°, 55° et 10°. Combien mesure le plus petit angle du triangle qui n'a que des angles aigus ?

(A) 10°
(B) 50°
(C) 55°
(D) On ne peut pas savoir.

Si vous avez terminé, vous n'êtes pas autorisé(e) à revenir sur une épreuve précédente.
Vous n'êtes pas non plus autorisé(e) à travailler sur une épreuve suivante avant la fin du temps imparti.

STOP !

TEST BLANC TAGE 2
SOUS-TEST 3 : LOGIQUE [séries doubles]

1

Consignes

Cette épreuve est constituée de 10 séries doubles de chiffres ou de lettres, dont chacune est composée d'une liste de données possédant entre elles un lien logique. Le but est de trouver les règles de ces liens logiques et ainsi déterminer parmi les 4 réponses proposées celle qui respecte le lien de chacune des deux séries.

Le temps imparti à cette épreuve est de 15 minutes.

Barème

Réponse juste :	+ 3	points
Réponse fausse :	– 1	point
Aucune réponse :	0	point

Question 26.

	33			
16	?	56	49	78
	56			
	26			
	70			

(A) 36
(B) 44
(C) 54
(D) 46

Question 27.

	FG			
	MN			
YI	?	OC	EJ	GL
	JH			
	ZW			

(A) KX
(B) AV
(C) LR
(D) EW

Question 28.

	91			
	104			
	26			
	65			
720	?	522	108	153

(A) 78
(B) 213
(C) 342
(D) 117

Question 29.

			UHB	
			VGF	
QXP	JNI	NJM	?	PLO
			LER	
			BDC	

(A) YFX
(B) TDS
(C) ZFV
(D) TCW

>>>

Question 30.

?	6592	7144	3975	2213
3426				
4428				
6329				
2222				

(A) 4655
(B) 9261
(C) 2418
(D) 1331

Question 31.

?	MOS	ZBF	VXE	NPT
BHP				
WSS				
MPV				
RDY				

(A) YCG
(B) FHM
(C) OQG
(D) HJN

Question 32.

		187		
		825		
		682		
		220		
324	441	?	196	289

(A) 111
(B) 121
(C) 209
(D) 144

Question 33.

	UXH			
	SJN			
QCB	?	ZUT	AML	GWV
	OPX			
	MIZ			

(A) PWZ
(B) QYZ
(C) QHG
(D) RED

Question 34.

		87			(A)	88
27	15	?	79	23	(B)	68
		55			(C)	58
		42			(D)	69
		13				

Question 35.

	GN				(A)	WZ
	TA				(B)	XD
	PK				(C)	TR
GY	?	OW	VM	TU	(D)	XZ
	CF					

Si vous avez terminé, vous n'êtes pas autorisé(e) à revenir sur une épreuve précédente.
Vous n'êtes pas non plus autorisé(e) à travailler sur une épreuve suivante avant la fin du temps imparti.

STOP !

1

TEST BLANC TAGE 2

SOUS-TEST 4 : LANGAGE [paratexte]

Consignes

15 questions / 15 minutes

Barème

Réponse juste : + 3 points / Réponse fausse : – 1 point / Aucune réponse : 0 point

Questions 36 à 47 : choisissez la reformulation dont le sens se rapproche le plus du (des) passage(s) souligné(s).

Question 36. Cette région du monde connaît des changements politiques majeurs, <u>toujours répétés</u>.

(A) récurrents
(B) renaissants
(C) régressant
(D) recrudescents

##
##
##

Question 37. Le bois est une matière renouvelable, facile à transformer et peu coûteux si l'on utilise les ressources locales.

(A)	un matériel	dispendieux
(B)	une substance	expansive
(C)	un matériau	onéreux
(D)	une matrice	expansée

Question 38. Le parfum des cédratiers rendait encore plus lourde l'exhalaison de la foule en sueur…

(A) Le relent
(B) La senteur
(C) L'émanation
(D) L'odeur

Question 39. Même quand le chômage devient endémique, les plus actifs de ceux qu'il touche consacrent toute leur énergie à échapper à la condition de chômeur, non à l'assumer ou à le revendiquer.

(A) Même quand le chômage est équitablement réparti
(B) Même quand le chômage est composé par des indemnités
(C) Même quand le chômage devient populaire
(D) Même quand le chômage sévit de manière permanente

Question 40. Monsieur, vous devez savoir qu'à cette charge sont attachées d'importantes prérogatives.

(A) d'importantes clauses
(B) d'importantes conditions
(C) de vastes connaissances de nature générale indispensables pour mener à bien vos missions
(D) d'importants avantages et privilèges particuliers

##
##
##

Question 41. Ce magnat de la finance a été lourdement condamné pour avoir incité des témoins à produire des déclarations mensongères.

(A) séduit des témoins
(B) gangréné des témoins
(C) vicié des témoins
(D) suborné des témoins

Question 42. De nos jours, dans notre vie professionnelle, seuls comptent l'efficacité, la rentabilité… Les chiffres ! Nous vivons sous le règne des valeurs du matérialisme, de la compétition, de la domination, de la force, de la possession. Sur ces valeurs se fondent nos actions. Femmes et hommes s'inclinent bien bas devant la dictature de la performance. Ils s'obligent à être fidèles aux seules et uniques valeurs masculines.

(A) s'astreignent à s'assujettir définitivement
(B) font allégeance
(C) se font violence pour adhérer
(D) se forcent à se soumettre comme des vassaux

Question 43. En dépit des dernières prévisions communiquées aux organismes étatiques de surveillance du territoire, il semblerait qu'une catastrophe naturelle est sur le point de se produire sur le continent européen.

(A) éminente
(B) imminente
(C) rémanente
(D) immanente

Question 44. La tectonique des plaques provoque une libération soudaine d'énergie qui se traduit en surface par des tremblements de terre. Ce phénomène physique peut avoir des conséquences terribles, tant matérielles qu'humaines.

(A) secousses
(B) séismes
(C) tsunamis
(D) mouvements brusques

##
##
##

Question 45. Derrière le stéréotype du « pays du sourire », les Philippines demeurent un pays complexe et souvent difficile d'accès pour les européens.

(A) le pieux dicton
(B) le lieu convenu
(C) l'image d'Epinal
(D) la parfaite photographie

Question 46. Le plus souvent saisie par l'esprit à travers les trois partis « trotskistes » qui la représentent, l'extrême gauche en France s'analyse aussi comme une famille politique allant chercher dans des répertoires d'action et des histoires très différents.

(A)	appréhendée	puisant dans
(B)	invoquée	pompant dans
(C)	conceptualisée	siphonnant
(D)	entrevue	empruntant

Question 47. Jonathan a toujours été un élève brillant : après avoir passé avec succès les concours de la haute fonction publique, il se dirige vers une carrière de personnalité politique. Cependant, il sait que la route est encore longue et semée d'embuches avant d'atteindre son objectif.

(A) de politicien
(B) d'homme d'Etat
(C) de ministre
(D) d'homme politique

##
##
##

Question 48. Choisissez la meilleure formulation pour le texte souligné, en vérifiant la correction grammaticale et en valorisant l'élégance stylistique. Le choix A reprend la formulation initiale.

Avril 2011 : le gouvernement grec fixe au pays une nouvelle « feuille de route » de sortie de crise, durcissant et prorogeant la rigueur jusqu'en 2015. Il est question de réduire au maximum les dépenses et de prévoir à l'avance les différents projets d'avenir qui se dessinent pour le pays.

(A) Avril 2011 : le gouvernement grec fixe au pays une nouvelle « feuille de route » de sortie de crise, durcissant et prorogeant la rigueur jusqu'en 2015. Il est question de réduire au maximum les dépenses et de prévoir à l'avance les différents projets d'avenir qui se dessinent pour le pays.

(B) Le gouvernement grec fixe en avril 2011 pour le pays une nouvelle stratégie de sortie de crise, durcissant et prolongeant la rigueur jusqu'en 2015. Au programme : réduction maximale des dépenses et prévision à l'avance des différents projets d'avenir qui se dessinent pour le pays.

(C) Avril 2011 : le gouvernement grec fixe les étapes d'un nouveau plan d'actions pour sortir le pays de la crise, durcissant et prorogeant la rigueur jusqu'en 2015. Il est question de réduire au minimum les dépenses et de prévoir les différents projets d'avenir qui se dessinent pour le pays.

(D) Avril 2011 : le gouvernement grec fixe au pays une nouvelle stratégie opérationnelle de sortie de crise, radicalisant et prorogeant jusqu'en 2015 la politique de rigueur. Il est question de réduire au minimum les dépenses et de prévoir autant que possible les différents projets d'avenir qui se dessinent pour le pays.

##
##
##

Questions 49 et 50 : choisissez la reformulation dont le sens se rapproche le plus du passage souligné.

Question 49. La politique a toujours été un sujet important pour lui et il considère la participation au débat politique comme un devoir citoyen. C'est d'ailleurs pour cela qu'il est adhérent à un parti politique depuis plusieurs années.

(A) militant
(B) partisan
(C) cotisant
(D) sympathisant

Question 50. C'est toujours comme cela et l'on ne peut rien y faire ! Dès l'arrivée de la saison hivernale, Léa ne peut s'empêcher de jouer les Cassandre.

(A) d'entrer en dépression
(B) prophétiser des malheurs
(C) se lancer dans des tirades lyriques
(D) se plaindre

Si vous avez terminé, vous n'êtes pas autorisé(e) à revenir sur une épreuve précédente.
Vous n'êtes pas non plus autorisé(e) à travailler sur une épreuve suivante avant la fin du temps imparti.

STOP !

1

TEST BLANC TAGE 2
SOUS-TEST 5 : CALCUL

Consignes

Cette épreuve comporte 10 questions pour chacune desquelles il est proposé 4 réponses possibles. Ces questions visent à évaluer la maîtrise de connaissances simples dans le domaine de l'arithmétique, de la géométrie, de l'algèbre et du calcul.

Le temps imparti à cette épreuve est de 30 minutes.

Barème

Réponse juste :	+ 3	points
Réponse fausse :	– 1	point
Aucune réponse :	0	point

L'utilisation de la calculatrice n'est pas autorisée.

§§
§§
§§

Question 51. Paul a rencontré Virginie durant les vacances. Ils habitent deux villes différentes distantes de 450 km. Ils décident de passer le week-end ensemble dans un petit village situé entre leurs deux villes. La voiture de Paul consomme 9 litres aux 100 et roule à 90 km/h. La voiture de Virginie consomme 6 litres aux 100 et roule à 90 km/h. A quelle distance de la ville de Paul se trouve le petit village, sachant qu'en roulant à 90 km/h, ils consomment tous les deux la même quantité de carburant pour s'y rendre ?

(A) 210 km
(B) 200 km
(C) 190 km
(D) 180 km

Question 52. Dans l'addition $wx54 + 27yz = x2x0$, les chiffres manquants sont remplacés par des lettres. Quelle est la valeur de $w + x + y + z$, sachant que $wx54$, $27yz$ et $x2x0$ sont des nombres à quatre chiffres ?

(A) 12
(B) 19
(C) 22
(D) 27

Question 53. Une boîte contient des chaussettes de trois couleurs différentes : 2 rouges, 3 bleues et 4 noires. Certaines chaussettes sont trouées et deux tiers sont en bon état, mais je n'arrive pas à me souvenir de leur couleur ! Combien de chaussettes au minimum dois-je tirer pour être certain d'obtenir au moins une paire de chaussettes de la même couleur et sans trou ?

(A) 4
(B) 5
(C) 6
(D) 7

§§§
§§§
§§§

Question 54. Etienne dessine un repère orthonormé sur son cahier de mathématiques. En plus de la courbe de diverses fonctions, il trace également la droite affine F qui passe par le point A d'abscisse 1 et d'ordonnée 3 et par le point B d'abscisse –1 et d'ordonnée 0. Quelle est l'équation de la droite F ?

(A) F(X) = 2X – 3
(B) F(X) = 1/3 X – 1
(C) F(X) = 4X – 4
(D) F(X) = 3/2 X + 3/2

Question 55. Quel est le plus petit nombre à deux chiffres qui n'est pas la somme de trois nombres à un chiffre, tous différents ?

(A) 10
(B) 15
(C) 23
(D) 25

Question 56. Sachant que 17x + 51y = 102, combien vaut 9x + 27y ?

(A) 54
(B) 36
(C) 34
(D) 18

Question 57. Pour organiser le mariage de sa fille, Jean a dû faire appel à un traiteur, une serveuse et un photographe. L'ensemble lui a coûté 1 540 euros. La rémunération du traiteur est le double de la rémunération de la serveuse, et celle du photographe est la moitié de celle de la serveuse. Quelle est la rémunération du traiteur ?

(A) 690 euros
(B) 770 euros
(C) 830 euros
(D) 880 euros

§§§
§§§
§§§

Question 58. Les côtés d'un triangle JKL sont prolongés et, comme sur la figure, on construit les points P, Q, R, S, T et U tels que : PJ = JK = KS, TL = LJ = JQ, UL = LK = KR. Si l'aire du triangle JKL est 1, quelle est l'aire de l'hexagone PQRSTU ?

(A) 9
(B) 10
(C) 13
(D) Il est impossible de répondre.

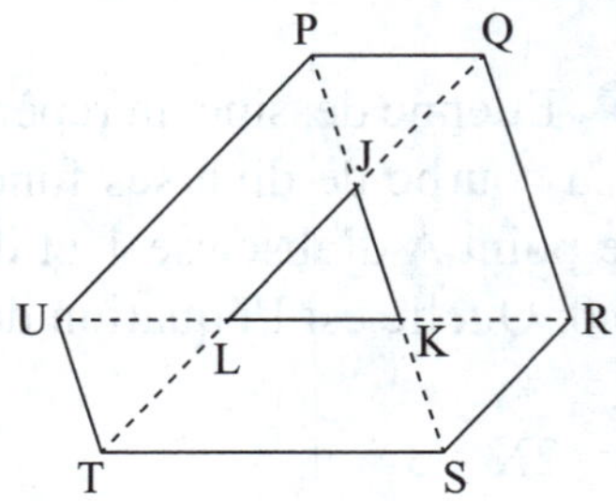

Question 59. Dans un lycée, la moyenne obtenue à une session préparatoire à l'examen du baccalauréat par les 36 élèves d'une classe de terminale scientifique est de 14 sur 20. Les filles ont obtenu en moyenne la note de 15 sur 20 et les garçons, ont, eux, obtenu en moyenne la note de 9 sur 20. Combien y a-t-il de filles dans cette classe de terminale scientifique ?

(A) 18
(B) 24
(C) 28
(D) 30

Question 60. Dans un pays, la TVA était au 1er janvier 2018 de 20 %. Au 1er janvier 2019 la TVA passera à 22,5 %. Quel sera le prix d'un produit au 1er janvier 2019 qui coûte 24 euros au 31 décembre 2018 ?

(A) 30 euros
(B) 32 euros
(C) 26 euros
(D) 24,5 euros

Si vous avez terminé, vous n'êtes pas autorisé(e) à revenir sur une épreuve précédente.
Vous n'êtes pas non plus autorisé(e) à travailler sur une épreuve suivante avant la fin du temps imparti.

STOP !

TEST BLANC TAGE 2

SOUS-TEST 6 : LOGIQUE [séries graphiques]

Consignes

Cette épreuve est constituée de 10 séries spatiales, dont chacune est composée d'une liste de données possédant entre elles un lien logique. Le but est de trouver la règle de ce lien logique et ainsi déterminer parmi les 4 réponses proposées celle qui respecte ce lien.

Le temps imparti à cette épreuve est de 10 minutes.

Barème

Réponse juste : + 3 points
Réponse fausse : – 1 point
Aucune réponse : 0 point

Question 61.

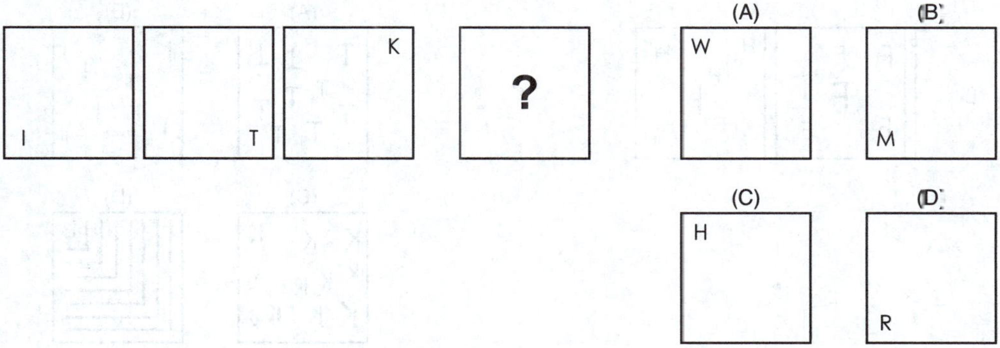

****
****
****

Question 62.

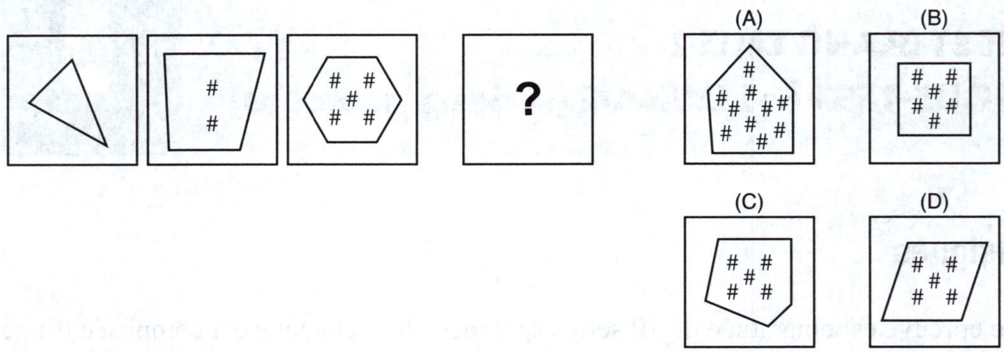

Question 63.

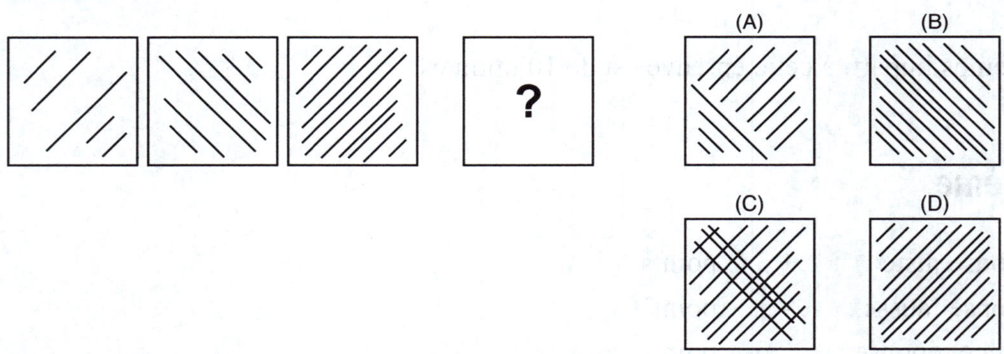

Question 64.

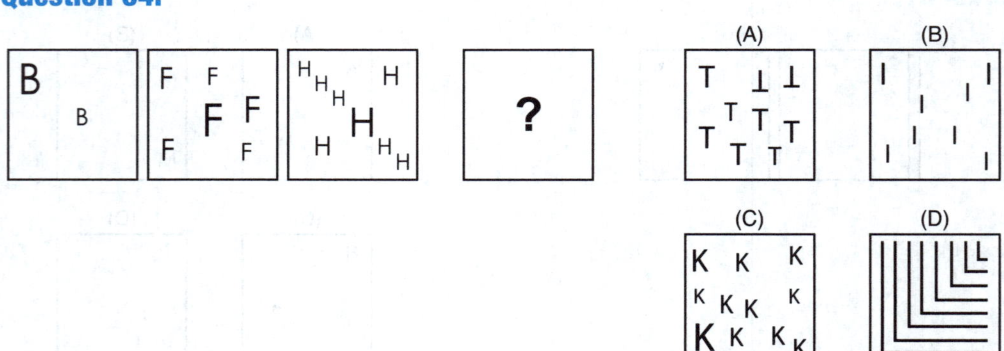

****
****
****

Question 65.

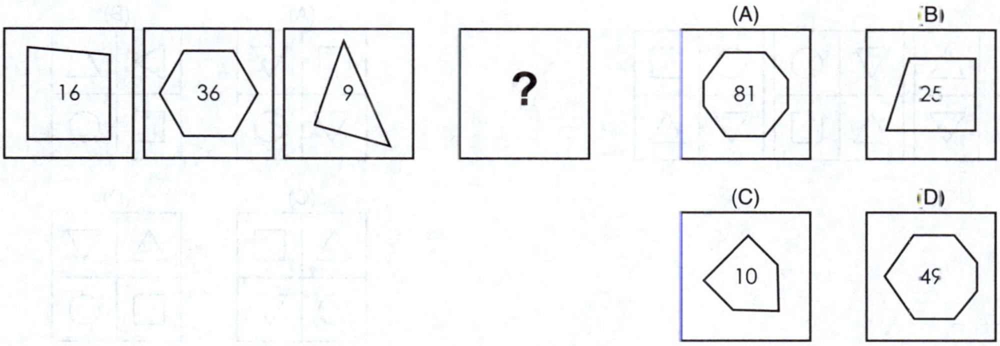

Question 66.

Question 67.

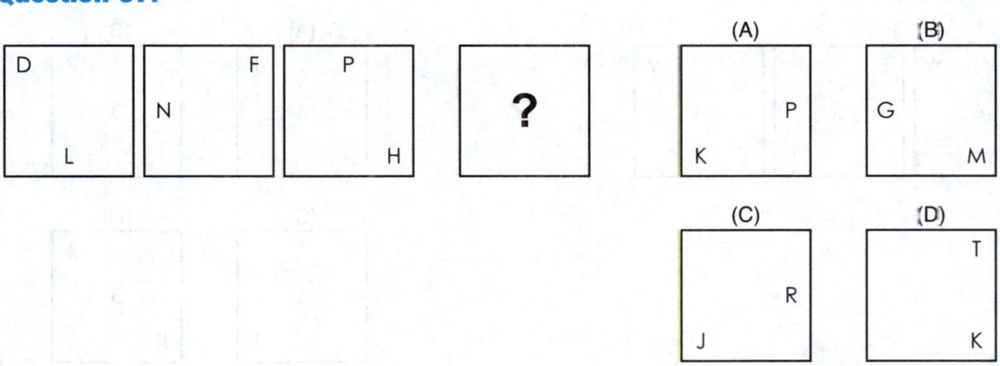

****

****

****

Question 68.

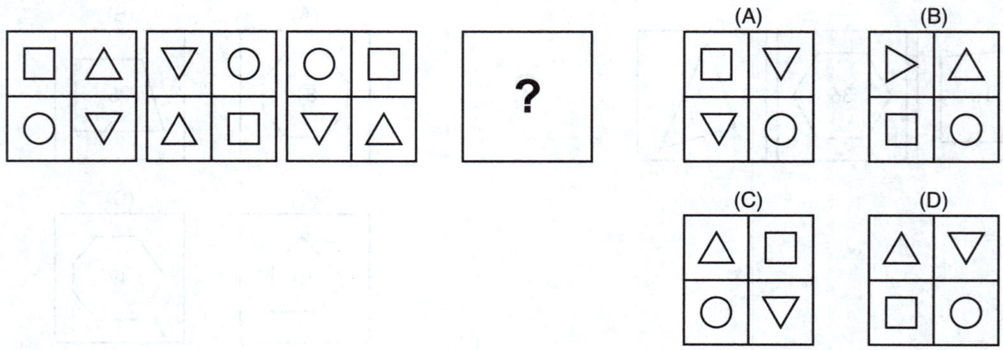

Question 69.

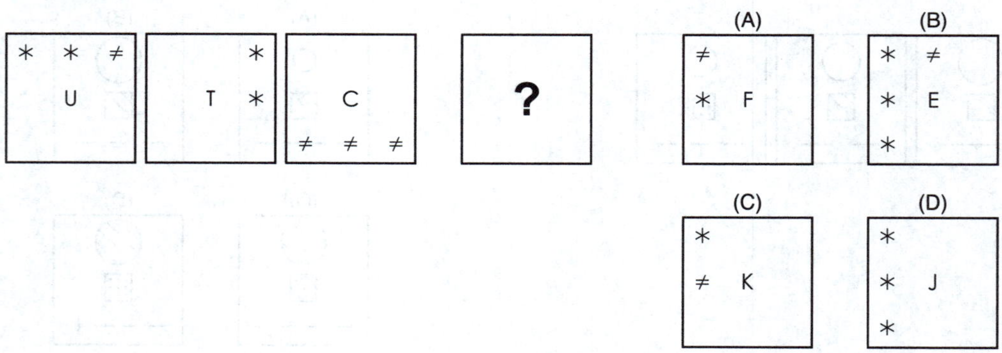

Question 70.

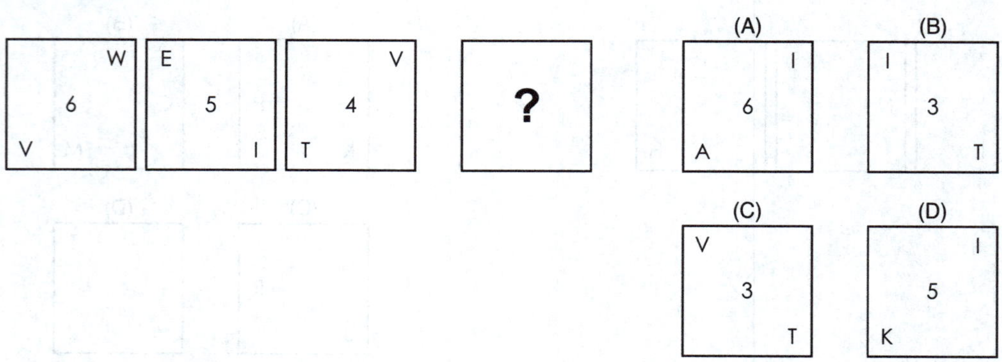

TEST TAGE 2 #1 : GRILLE DES REPONSES JUSTES

Sous-test 1
Langage / Lexiphrase

	A	B	C	D
1	X			
2		X		
3			X	
4			X	
5				X
6				X
7		X		
8			X	
9	X			
10				X
11		X		
12			X	
13		X		
14				X
15			X	

Sous-test 2
Calcul

	A	B	C	D
16				X
17				X
18				X
19			X	
20		X		
21				X
22				X
23			X	
24			X	
25		X		

Sous-test 3
Logique / Séries doubles

	A	B	C	D
26			X	
27		X		
28				X
29	X			
30				X
31		X		
32		X		
33			X	
34				X
35				X

Sous-test 4
Langage / Paratexte

	A	B	C	D
36	X			
37			X	
38		X		
39				X
40				X
41				X
42		X		
43		X		
44		X		
45			X	
46	X			
47				X
48			X	
49			X	
50		X		

Sous-test 5
Calcul

	A	B	C	D
51				X
52		X		
53				X
54				X
55				X
56	X			
57				X
58			X	
59				X
60				X

Sous-test 6
Logique / Séries graphiques

	A	B	C	D
61	X			
62			X	
63		X		
64			X	
65				X
66	X			
67			X	
68				X
69			X	
70		X		

TEST BLANC TAGE 2
CORRIGES DU TEST BLANC #1

1

1. Langage [1]

Question 1. Réponse A

Question 2. Réponse B

Question 3. Réponse C

Question 4. Réponse C

Question 5. Réponse D

Question 6. Réponse D

Question 7. Réponse B

Question 8. Réponse C

Question 9. Réponse A

Question 10. Réponse D

Question 11. Réponse B

Question 12. Réponse C

Question 13. Réponse B

Question 14. Réponse D

Question 15. Réponse C

2. Calcul [1]

Question 16. Réponse D

Pour bien interpréter l'énoncé, nous vous conseillons de représenter un maximum d'informations sur un axe :

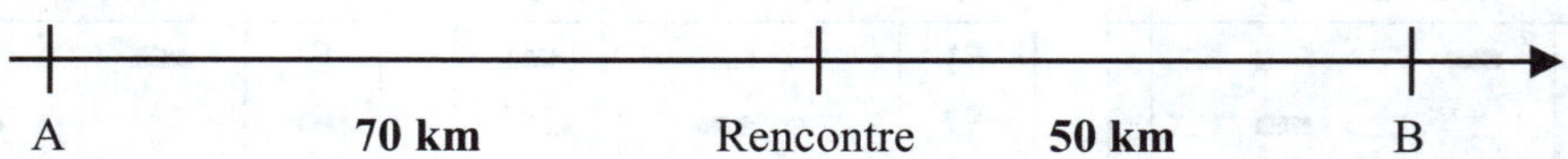

Ce qu'il faut bien comprendre ici, c'est que les deux cyclistes mettent le même temps pour arriver jusqu'au point de rencontre (ils sont en effet partis au même moment !).
Il suffit donc d'écrire que $T_1 = T_2$, soit : $D_1/V_1 = D_2/V_2$, soit encore $50/V_1 = 70/V_2$ et de conclure que $V_2 = 70/50 \times V_1 = 7/5 \times V_1 = \mathbf{1{,}4 \times V_1}$.
On aurait pu tout aussi bien appliquer une règle de trois :

	Distance parcourue	Vitesse
Cycliste 1	50 km	V_1
Cycliste 2	70 km	V_2

Soit : $V_2 = 70/50 \times V_1 = 7 / 5 \times V_1 = \mathbf{1{,}4 \times V_1}$.

Question 17. Réponse D

Il vous suffit de **lire et traduire lentement l'énoncé** sous la forme d'équations, en notant B, N et R respectivement le nombre de boules bleues, noires et rouges.
Vous savez dans un premier qu'il y a 80 boules dans l'urne et que les seules couleurs présentes sont les trois citées ci-dessus, ce qui vous donne donc :
(1) B + N + R = 80

De plus, l'énoncé vous indique que :
(2) B = (N + R)/3 soit **3 × B = N + R**

Enfin, le nombre de boules noires auquel on ajoute 10 doit être égal au nombre de boules rouges soit :
(3) N + 10 = R

La résolution du système donne alors :
(1) & (2) : B + 3B = 80, soit 4B = 80, soit B = 20.
(2) & (3) : **60** = N + R = **R – 10 + R** soit 60 + 10 = 2R soit **R = 35.**

Question 18. Réponse D

Décompte des points de colle entre boules du même niveau :
- entre les boules du 1er étage (base), 12 × 2 soit 24 points de colle ;
- entre les boules du 2e étage (de 9 sphères), 12 points de colle ;
- entre les boules du 3e étage (de 4 sphères), 4 points de colle.

Décompte des points de colle entre boules de niveaux différents :
- entre le 1er et le 2e étage, 4 × 9, soit 36 points de colle ;
- entre le 2e et le 3e étage, 4 × 4, soit 16 points de colle ;
- entre le 3e étage et la boule au sommet, 4 points de colle.

Le total de points de colle est donc 24 + 12 + 4 + 36 + 16 + 4, soit 96.

Question 19. Réponse C

Nous allons ici vous proposer deux méthodes de résolution pour cette question de moyennes.

<u>Méthode 1 : un calcul</u>
La bouteille 1 contenant 20 % de jaunes d'œufs dans 1 L de mayonnaise, elle est donc composée de 0,2 × 1 = 0,2 L de jaunes d'œufs.
La bouteille 2 contenant 75 % d'huile elle contient 25 % (100 – 75) de jaunes d'œufs dans 1,5 L de mayonnaise, elle est donc composée de 0,25 × 1,5 = 0,375 L de jaunes d'œufs.
En mélangeant les deux bouteilles, on obtient donc 0,2 + 0,375 = 0,575 L de jaunes d'œufs dans 1 + 1,5 = 2,5 L de mayonnaise. En écrivant le rapport, on obtient que le pourcentage P que l'on recherche est égal à :

P = 0,575/2,5 × 100, ce qui après un laborieux calcul nous donne bien 23 %.

Cette méthode permet en effet d'arriver au résultat mais après des calculs souvent peu évidents et donc après un temps relativement important. Nous vous proposons ici de découvrir une méthode faisant entrer en ligne de compte des moyennes pondérées.

Méthode 2 : la moyenne pondérée

Sachant que l'une des 2 bouteilles est composée de 20 % de jaunes d'œufs et l'autre de 25 %, on sait que la réponse finale va se situer quelque part entre 20 % et 25 %.

En effet, si la première bouteille avait été d'une contenance de 1 000 L et la seconde de 1 L, on se doute bien que la proportion de jaunes d'œufs après mélange aurait été proche de 20 %. De même, si les deux bouteilles avaient été de même contenance, vous auriez naturellement répondu que le pourcentage final de jaunes d'œufs était la moyenne de 25 et 20, soit 22,5 %. On comprend donc qu'ici tout est affaire de « poids » à accorder à chacune de nos bouteilles dans le « poids » total afin de savoir si le curseur penchera plus vers la bouteille 1 ou vers la bouteille 2.

Afin de répondre à cette question, cherchons le « poids » total ainsi que le « poids » alloué à chacune des bouteilles.

La bouteille 1 représente 1/2,5 = 2/5 de la contenance totale tandis que la bouteille 2 représente 1,5/2,5 = 3/5 de celle-ci. On peut traduire cela en disant que sur un « poids » total de 5 (le dénominateur), la bouteille 1 a un « poids » de 2 et la bouteille 2 un « poids » de 3.

On sent immédiatement que le curseur penchera davantage vers la bouteille 2, celle-ci ayant un « poids » plus important dans le total (3 contre 2).

Il ne nous reste plus qu'à segmenter un axe en 5 parties (« poids » total) entre 20 et 25 % et de placer le curseur à 3 longueurs de la bouteille 1 (soit à 2 longueurs de la bouteille 2). En représentant cela sur un axe, cela donne :

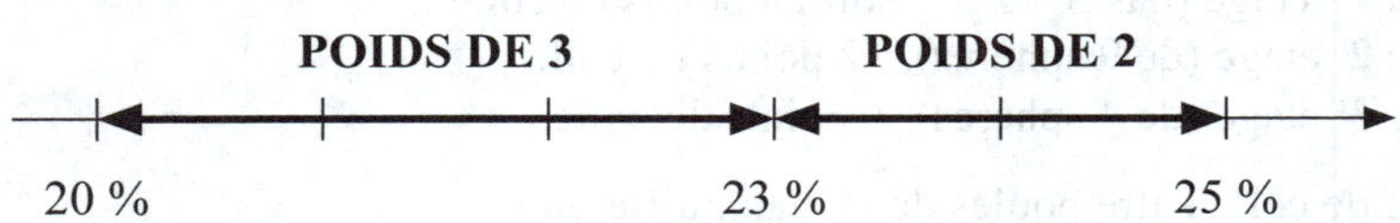

On retrouve donc la réponse C : 23 %.

Question 20. Réponse B

Soient A, B et C les nombres respectifs de familles ayant une, deux et trois bicyclettes. D'après l'énoncé, vous avez :

(1) A + B + C = 3 333 (2) A = C (3) B = 9 × C

Ainsi, en remplaçant A et B par leur valeur en fonction de C dans k, on obtient :

(1) C + 9 × C + C = 3 333, soit C = 3 333/11 = 303

Ainsi, A = C = 303, et B = 9 × C = 9 × 303 = 2 727. Il y a donc dans cette petite ville du Cambodge : 303 + 2 × 2 727 + 3 × 303 bicyclettes. Au lieu d'effectuer le calcul, n'oubliez jamais que le temps manque cruellement aux concours : on peut s'intéresser uniquement au chiffre des unités, puisque l'on voit que parmi les réponses ces chiffres sont tous distincts. En utilisant la technique du dernier chiffre, vous savez que celui de 2 × 2 727 est le même que celui de 2 × 7 = 14, soit 4 et que celui de 3 × 303 est le même que celui de 3 × 3, soit 9. Donc en sommant les chiffres des unités, vous trouvez 3 + 4 + 9 = 16, donc le dernier chiffre de la solution sera 6. La seule solution possible est ainsi 6 666.

Question 21. Réponse D

En utilisant la formule de placement d'un capital N à taux fixe *t* pendant un certain nombre d'années vous obtenez, avec les données de l'énoncé :

(1) N × t = 400 pour la première année
(2) (N + 400) × t = 416 pour la seconde année

En divisant la seconde équation membre à membre par la première vous trouvez, les t se simplifiant :

(N + 400)/N = 416/400 ⇔ 1 + 400/N = 416/400 ⇔ 400/N = (416 – 400)/400
⇔ 1/N = 16/(400 × 400) ⇔ N = 160 000/16 ⇔ N = 10 000

Question 22. Réponse D

Pour cette question de géométrie, nous vous conseillons de dessiner la figure, tout sera beaucoup plus clair :

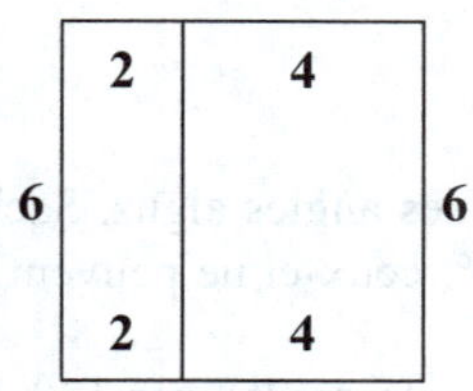

On sait tout d'abord que le périmètre du carré est de 24 cm, soit que chaque côté fait 6 cm. On découpe ce carré en 2 rectangles, dont la longueur est forcément de 6 cm également. On sait que l'un des deux rectangles a pour périmètre 20 cm. Ayant une longueur égale à 6 cm, on en déduit que sa largeur vaut 4 cm. Le côté du carré faisant toujours 6 cm, la largeur de l'autre rectangle est donc de 6 – 4 = 2 cm, et son périmètre de 2 × 6 – 2 × 2 = 16 cm.

Question 23. Réponse C

Lorsqu'il y a 9 adultes dans la salle, alors celle-ci est remplie au 9/12 = 3/4 de sa capacité. Il reste donc 1/4 de disponible, ce qui représente en termes d'enfants 20 × 1/4 = 5 enfants.
Une autre façon de voir les choses était une règle de trois. En effet, si 9 adultes sont dans la salle, alors 12 – 9 = 3 peuvent encore y entrer. Sachant que 12 adultes correspondent à 20 enfants, alors vous avez le tableau suivant, X étant l'inconnue recherchée :

	Adultes	Enfants
Scénario 1	12	20
Scénario 2	3	X

Vous trouvez encore que $X = 5$.

Question 24. Réponse C

En effet, vous connaissez la formule :
PRIX INITIAL = PRIX FINAL / (1 – POURCENTAGE DE BAISSE)

De plus, vous devez avoir le réflexe de traduire l'énoncé en transformant 28 % (soit 0,28) en 72 % (soit 1 – 0,28). Il ne reste alors plus qu'à remplacer nos inconnues dans l'équation qui devient, en notant P le prix initial recherché :
P = 236,5/0,72 = 23 650/72
Réflexe 1 : traduire l'énoncé en transformant 28 % (soit 0,28) en 72 % (soit 1 – 0,28). Il ne reste alors plus qu'à remplacer nos inconnues dans l'équation qui devient, en notant P le prix initial recherché : P = 236,5/0,72 = 23 650/72 ; soit encore en multipliant par 100 au numérateur et au dénominateur : P = 23 650/72.
Les plus doués (voire surdoués à ce stade) en calcul mental auront déjà arrêté la lecture de la correction… quoique l'on puisse douter de la faisabilité immédiate de ce calcul ! En

effet, il n'y a pas de honte au TAGE 2 à prendre son courage à deux mains et à poser une belle division comme on avait l'habitude de le faire plus jeune. Ainsi, plutôt que de toujours chercher l'astuce de décomposition des deux membres d'une fraction (ce qui peut s'avérer bien pratique mais qui en l'occurrence a peu de chance d'aboutir au vu des réponses, toutes à virgule), mieux vaut écrire :

23 650 ↓	72	(1) Dans 236 vous pouvez mettre 3 fois 72 et il reste 20.
205	32	(2) Vous abaissez le 5. Dans 205 vous pouvez mettre 2 fois 72 et… stop !

En effet, en tant qu'étudiants consciencieux, vous aurez pris la précaution de garder un œil sur les réponses et, ô miracle, une seule commence par un 3 et un 2, c'est la réponse (C), qui se trouve donc être la bonne réponse !

Question 25. Réponse B

Notons T_1 le triangle ayant un angle obtus et T_2 celui n'ayant que des angles aigus. Sachant que T_2 n'a que des angles aigus dont la somme fait forcément 180°, ceux-ci ne peuvent être 75°, 55° et 10° car 75 + 55 + 10 = 140 < 180.

Ainsi, l'un de ces trois angles appartient à T_1. Ce ne peut être l'angle de 75° car 120 + 75 = 190 > 180. Il ne s'agit pas non plus de l'angle égal à 55° car cela signifierait que le troisième angle de T_2 serait égal à 180 – 75 – 10 = 95 > 90.

Finalement, la seule répartition qui convient est la suivante :

T_1 = {**120°**, **10°**, 180 – 120 – 10 = **50°**}

T_2 = {**75°**, **55°**, 180 – 75 – 55 = **50°**}

3. Logique [1] : séries doubles

Question 26. Réponse C

H : La somme des chiffres vaut : 7, puis 9 (la solution), puis 11, puis 13 et 17.

V : Mouvement gauche droite : 3, 4, 5, 6, 7.

Question 27. Réponse B

H : Les deuxièmes lettres ont toutes 2 extrémités.

V : Mouvement gauche droite (F, N, A, H, Z) avec des lettres exclusivement composées de 3 barres.

Question 28. Réponse D

H : Tous les nombres sont des multiples de 9.

V : Tous les nombres sont des multiples de 13.

Question 29. Réponse A

H : Intra de –1 entre la première et la dernière lettre.

V : Inter vertical de –1 sur la lettre du milieu.

Question 30. Réponse D

H : Séparation somme constante par le centre (la somme des deux chiffres de gauche est égale à celle des deux chiffres de droite).

V : Séparation produit constante par le centre (le produit des deux chiffres de gauche est égal à celui des deux chiffres de droite).

Question 31. Réponse B

H : Intra de +2 entre la première et la deuxième lettre.

V : Inter Vertical de +3 sur la dernière lettre.

Question 32. Réponse B

H : Tous les nombres sont des carrés.

V : Tous les nombres sont des multiples de 11.

Question 33. Réponse C

H : Intra de –1 entre la deuxième et la troisième lettre.

V : Inter Vertical de –2 sur la première lettre.

Question 34. Réponse D

H : Les écarts entre les chiffres des nombres diminue progressivement. Dans 27, l'écart vaut 5. Dans 15, l'écart vaut 4. Dans 69, l'écart vaut 3. Dans 79, l'écart vaut 2. Et dans 23, l'écart vaut 1.

V : Progression avec mouvement droite gauche en partant du bas : 3, 4, 5, 6, 7.

Question 35. Réponse D

H : Gauche-droite : GY XZ OW VM TU.

V : Une série originale : les secondes lettres sont toutes des lettres à 3 barres.

4. Langage [2]

Question 36. Réponse A

Question 37. Réponse C

Question 38. Réponse B

Question 39. Réponse D

Question 40. Réponse D

Question 41. Réponse D

Question 42. Réponse B

Question 43. Réponse B

Question 44. Réponse B

Question 45. Réponse C

Question 46. Réponse A

Question 47. Réponse D

Question 48. Réponse C

Question 49. Réponse C

Question 50. Réponse B

5. Calcul [2]

Question 51. Réponse D

Nous allons voir ensemble deux méthodes différentes de parvenir à la solution :

<u>Méthode 1 : un système d'équations</u>

En notant P la distance séparant le village de Paul de la destination et V la distance séparant le village de Virginie de cette même destination, l'énoncé permet d'écrire les équations suivantes :

(1) $P + V = 450$ car leurs villages sont distants de 450 km

(2) $6/100 \times V = 9/100 \times P$ car ils consomment la même quantité d'essence pour s'y rendre.

Soit, après calculs :

(1) $P + V = 450$

(2) $V = 9/6 \times P = 3/2 \times P$

En remplaçant alors V par sa valeur en fonction de P dans l'équation (1) :

(1) $3/2 \times P + 2/2 \times P = 450$, soit encore : $P = (2 \times 450)/5 = 2 \times 90 = 180$ km

<u>Méthode 2 : le barycentre</u>

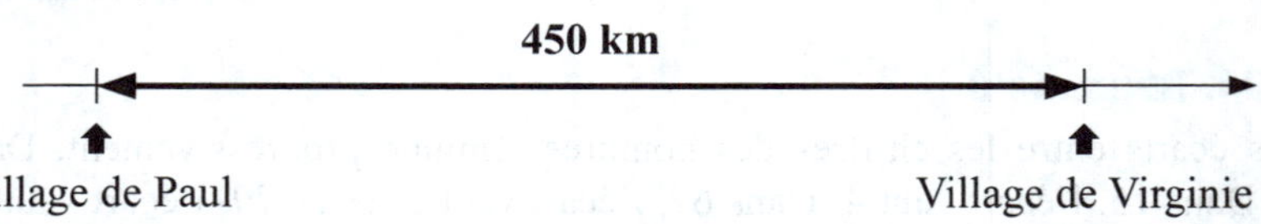

Sachant que la voiture de Paul est plus gourmande en essence que celle de Virginie et que chacun consomme la même quantité d'essence pour arriver au village, c'est donc naturellement que Virginie aura roulé plus que Paul et donc que le barycentre penchera davantage vers le village de Paul que vers celui de Virginie.

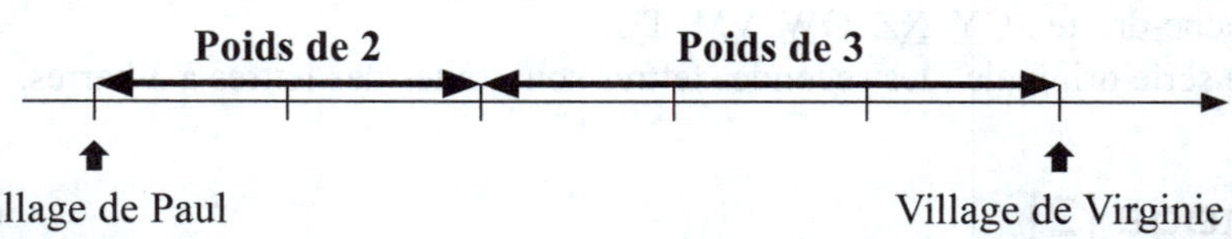

La voiture de Paul étant $9/6 = 3/2$ fois plus gourmande que celle de Virginie, on peut traduire cela en disant que sur un poids total de 5 (3 + 2), Paul pèse 3 et Virginie 2. Ainsi, en segmentant l'axe en 5 parties de 90 km, on trouve la position du barycentre qui se situe à 2 segments du village de Paul, soit $90 \times 2 = 180$ km.

Question 52. Réponse B

Nous vous invitons à poser l'addition :

$$\begin{array}{ccccc} & w & x & 5 & 4 \\ + & 2 & 7 & y & z \\ \hline & x & 2 & x & 0 \end{array}$$

Résolvons cette opération étape par étape :

1. La somme $4 + z$ doit se terminer par un 0. La seule possibilité est $z = 6$ et donc $4 + z = 10$: il faut penser à la retenue de 1.

2. La somme 1 (retenue) $+ 5 + y$ doit se terminer par x. Sachant que y peut valoir entre 0 et 9, cette somme vaut entre 6 et 15 donc la retenue R sera 0 ou 1.

3. La somme R (retenue) $+ x + 7$ doit se terminer par un 2. Il faut ici distinguer 2 cas :
– Si R = 0, alors $x + 7$ doit se terminer par un 2 soit forcément $x + 7 = 12$ et $x = 5$. Donc en revenant à l'étape précédente, si $x = 5$ c'est que $6 + y = 15$, ce qui est impossible car la retenue serait alors de 1.
– Si R = 1, alors $x + 8$ doit se terminer par un 2 soit forcément $x + 8 = 12$ et $x = 4$. Donc en revenant à l'étape précédente, si $x = 4$ c'est que $6 + y = 14$ et donc forcément que $y = 8$.
Vous en déduisez donc que $x = 4$ et $y = 8$, et que la retenue sera de nouveau 1.

4. La somme 1 (retenue) $+ w + 2$ doit se terminer par un 4, soit on a $w + 3 = 4$ et donc $w = 1$.

Finalement, $w + x + y + z = 1 + 4 + 8 + 6 = 19$.

Question 53. Réponse D

Avant tout, il vous faut connaître les quantités exactes de chaque « famille » de chaussettes. En ce qui concerne les couleurs, l'énoncé vous dit tout. En revanche, un petit calcul est nécessaire pour trouver qu'il y a $(2 + 3 + 4)/3 = 9/3 = 3$ chaussettes trouées. Ainsi, pour être certains d'obtenir au moins deux chaussettes en bon état, il vous faudra tirer au minimum 5 chaussettes.

En revanche, si parmi ces 5 chaussettes se trouvent les 3 chaussettes trouées ainsi que 2 chaussettes de couleur différente, la paire de même couleur et sans trou ne sera pas obtenue. Vous remarquez donc immédiatement que le même problème se pose si vous ne tirez que 6 chaussettes : vous pouvez tomber sur les 3 trouées et 3 de couleur différente. Mais comme il n'y a que 3 couleurs, en tirant une 7e chaussette vous serez assurés qu'elle sera en bon état et de la même couleur qu'une chaussette sans trou que vous avez déjà.

Question 54. Réponse D

L'équation d'une droite affine est : $F(X) = aX + b$

Nous vous rappelons de plus que a, autrement appelé « coefficient directeur », se calcule de la façon suivante, en notant X_1 et X_2 deux abscisses et Y_1 et Y_2 leurs ordonnées respectives : $a = (Y_2 - Y_1)/(X_2 - X_1)$

En prenant les points que l'on vous propose, cela donne :
$X_1 = 1$ et $Y_1 = 3$ $X_2 = -1$ et $Y_2 = 0$

Donc $a = (0 - 3)/(-1 - 1) = (-3)/(-2) = 3/2$

Il est alors inutile de calculer b car seule une solution a pour coefficient directeur 3/2.

Question 55. Réponse D

Attention ! « **QUI N'EST PAS** la somme de trois nombres à un chiffre, tous différents ». Lisez bien l'énoncé ! 10 = 5 + 3 + 2 (par exemple), 15 = 4 + 5 + 6, 23 = 9 + 8 + 6 ; 25 en revanche ne peut s'écrire comme la somme de trois nombres à un chiffre tous différents. Et comme c'est le plus petit des deux nombres qui restent en solution, c'est la bonne réponse.

Question 56. Réponse A

En divisant par 17 chaque membre de l'égalité $17x + 51y = 102$, elle devient $x + 3y = 6$. Et en multipliant alors chaque membre par 9, on obtient $9x+ 27y=54$. La réponse est donc 54.

Question 57. Réponse D

Vous avez ici trois inconnues : les rémunérations respectives T, S et P du traiteur, de la serveuse et du photographe. Voici deux méthodes de résolution pour cette question.

<u>Méthode 1 : Un calcul</u>

Les équations liant ces trois inconnues données par l'énoncé sont les suivantes :

(1) $T + S + P = 1\,540$	(1) $T + S + P = 1\,540$	(1) $T + T/2 + T/4 = 1\,540$
(2) $T = 2S$	(2) $S = T/2$	(2) $S = T/2$
(3) $P = 1/2 \times S$	(3) $P = T/4$	(3) $P = T/4$

$\Leftrightarrow$ (1) $7T/4 = 1\,540$
(2) $S = T/2$
(3) $P = T/4$

Vous trouvez donc que $T = 880$ €, sans avoir besoin de calculer les autres rémunérations qui ne sont pas demandées.

<u>Méthode 2 : Critères de divisibilité</u>

Sachant que tous les montants ici sont exprimés en € entiers, sans centimes, il est légitime de supposer que S et P sont également des nombres entiers. Or l'énoncé vous dit que :

(1) $S = T/2$
(2) $P = S/2 = T/4$

La seconde équation vous indique que T doit être un multiple de 4, ce qui n'est le cas que de la solution (D).

Question 58. Réponse C

Face à ce genre de question, l'idéal est de réfléchir sur la figure, en découpant la forme dont la formule de l'aire est inconnue (un hexagone) en formes dont on peut calculer facilement la surface.

On nous parle d'un triangle JKL dont on connaît l'aire, qui est 1. Or, si l'on découpe l'hexagone de la façon dont c'est indiqué sur la figure ci-dessous, voici ce que l'on obtient :

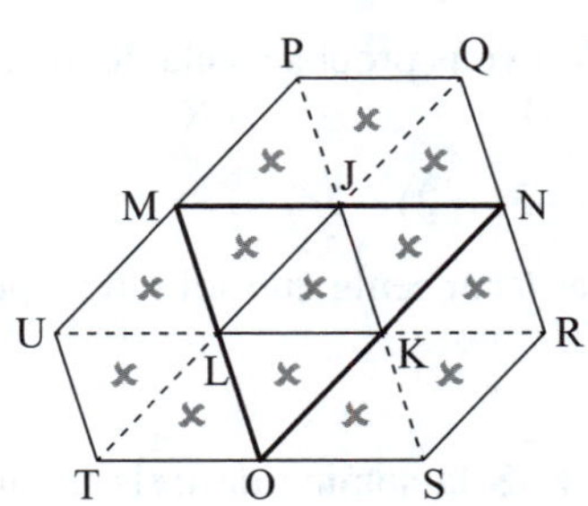

On remarque ainsi que la figure est découpée en 13 petits triangles (marqués d'une croix grise) tous égaux au triangle JKL. L'aire de l'hexagone vaut donc 13 fois celle du triangle JKL, soit 13.

Pour les férus de mathématiques, voici l'explication rigoureuse, qui permet de comprendre comment on peut avoir l'idée de découper l'hexagone de cette manière là et pas d'une autre. Concentrons-nous sur la partie haute de la figure et traçons la droite parallèle à PQ et passant par le point J. Elle coupe les côtés PU et QR respectivement en M et N :

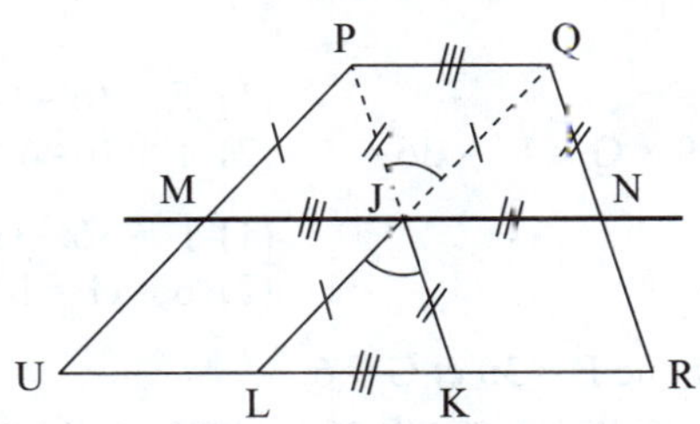

On remarque alors que PQJM est un parallélogramme et par conséquent on a PM = JQ. Or on sait d'après l'énoncé que JQ = JL, donc on en déduit finalement que PM = JQ = JL. En faisant de même avec le parallélogramme PQNJ, on trouve que PJ = JK = QN. Les angles PJQ et LJK étant opposés, ils sont égaux et par conséquent les triangles LJK et PJQ sont également égaux car ils ont un angle et deux côtés identiques.

Enfin, en utilisant nos deux parallélogrammes PQJM et PQNJ, on trouve que PQ = MJ = JN. Or les triangles LJK et PQJ étant égaux, on a également PQ = LK. Donc finalement on trouve que PQ = MJ = JN = LK et donc que les triangles PJM, QJN et PJQ sont tous égaux au triangle JKL. En « tournant » la figure et en faisant de même pour chaque côté de l'hexagone, on retrouve l'égalité entre nos treize triangles.

Question 59. Réponse D

Nous vous invitons à découvrir deux méthodes de résolution :

Méthode 1 : Ces bonnes vieilles équations…

Notons F le nombre de filles et G le nombre de garçons. On a, d'après l'énoncé :

(1) $F + G = 36$	(1) $F = 36 - G$
(2) $(15 \times F + 9 \times G)/(F + G) = 14$	(2) $(15 \times (36 - G) + 9 \times G)/(F + G) = 14$

$\Leftrightarrow$

(1) $F = 36 - G$	(1) $F = 36 - G$
(2) $15 \times 36 - 15 \times G + 9 \times G = 14 \times 36$	(2) $1\,800 - 6 \times G = 1\,764$

$\Leftrightarrow$

(1) $F = 36 - G$

(2) $6 \times G = 1\,800 - 1\,764 = 36$

Vous trouvez finalement que F = 30 et G = 6.
Il y a donc 30 filles dans la classe, ce qui nous amène naturellement à la réponse D.

Méthode 2 : L'écart à la moyenne…

On se retrouve ici face à une question de moyenne, qui va nous permettre de travailler sur la notion d'**écart à la moyenne.** Si on positionne le problème sur un axe représentant les notes de la classe on obtient :

En se concentrant sur la partie de l'axe comprise entre 9 (moyenne des garçons) et 15 (moyenne des filles), on remarque que la moyenne générale de la classe penche bien plus du côté les filles que du côté des garçons. La question centrale va alors être : « combien de fois plus ? » En effet, intuitivement, nous sommes amenés à dire que s'il y avait autant de garçons que de filles dans cette classe, alors la moyenne générale serait exactement de 12 ((9 + 15)/2) soit l'exact milieu de 9 et 15). Du coup, on comprend que dans notre cas, il y a plus de filles que de garçons dans la classe car ces dernières « pèsent plus lourd » dans la moyenne générale. Et pour savoir précisément combien de fois plus, il suffit de calculer les écarts à la moyenne, qui sont de 5 (14 – 9) pour les garçons et de 1 (15 – 14) pour les filles. On peut donc affirmer que les filles pèsent 5 fois plus lourd que les garçons dans la classe, c'est-à-dire qu'il y a 5 fois plus de filles que de garçons dans cette classe.
Autrement dit, il faut 5 filles pour 1 garçon sur un total de 6 élèves. En multipliant ce rapport par 6 (le but étant de totaliser 36 élèves), on trouve que le rapport est de 30 filles pour 6 garçons, et nous voilà parvenus à la réponse D sans poser la moindre équation ! Efficace, non ?

Question 60. Réponse D

Vous êtes ici face à une question d'augmentation de prix : en appliquant les équations du cours on s'en sort parfaitement. Nous vous rappelons celle qui lie le prix HT (hors taxe) au prix TTC (toutes taxes comprises, après application de la TVA) :

Prix TTC = Prix HT × (1 + TVA en % /100)

L'exercice suppose bien évidemment que le prix HT ne change pas. En notant P_{2018} le prix TTC en 2018, P_{2019} le prix TTC en 2019, TVA_{2018} et TVA_{2019} les pourcentages de TVA en 2018 et 2019 divisés par 100 on obtient ces deux équations :

(1) P_{2018} = Prix HT × (1 + TVA_{2018})
(2) P_{2019} = Prix HT × (1 + TVA_{2019})

Soit :

(1) 24 = Prix HT × 1,2
(2) P_{2019} = Prix HT × 1,225

Après calcul et en remarquant que 24/1,2 = 20, on obtient :

(1) Prix HT = 20
(2) P_{2019} = 20 × 1,225 = 2 × 10 × 1,225 = 2 × 12,25 = 24,5 €

Le prix du produit sera donc de 24,5 € en 2019.

6. Logique [2] : séries graphiques

Question 61. Réponse A

Le mouvement de la lettre vous indique que, sur la prochaine figure, celle-ci se trouve en haut à gauche. De plus, le I possédant une barre, le T deux et le K trois, c'est donc que la solution en possède quatre.

Question 62. Réponse C

Une suite décroissante s'établit en calculant le nombre de côtés moins le nombre de dièses dans la figure :

3 – 0 = 3 4 – 2 = 2 6 – 5 = 1

Cette différence doit donc valoir 1 – 1 = 0 dans l'élément solution, qui comporte ainsi une figure avec autant de côtés que de dièses à l'intérieur.

Question 63. Réponse B

Le mouvement des traits vous indique qu'ils sont orientés vers la gauche. De plus, leur nombre est un extrait du début de la suite des nombres premiers : 5, 7, 11. La solution doit donc comporter 13 barres.

Question 64. Réponse C

S'il y a 2 fois la lettre B dans le premier cadre c'est parce que B est la 2e lettre de l'alphabet (on dit aussi que le rang de B est 2). De même si vous avez compté 6 fois la lettre F dans le second cadre c'est parce que le rang de F dans l'alphabet est 6. Et il en est de même pour le troisième cadre avec H.

C'est donc la réponse C avec la lettre K dont le rang est 11 et qui est bien représentée 11 fois.

Question 65. Réponse D

Le nombre de côtés au carré doit donner le nombre inscrit au milieu de la figure :
$4^2 = 16$, $6^2 = 36$, $3^2 = 9$

Question 66. Réponse A

Il faut 4 segments en bas. Il faut un cercle vide et un carré rempli de quelque chose. Seule la réponse A remplit tous ces critères.

Question 67. Réponse C

Il y a deux mouvements de lettres dans cette série : la suite L – N – P et la suite D – F – H. Il s'agit d'une progression arithmétique de 2 pour chacune des suites, les lettres suivantes sont donc respectivement R et J. En suivant les mouvements, vous trouvez qu'elles doivent être placées à droite et dans le coin inférieur gauche de la figure.

Question 68. Réponse D

Il vous suffit de regarder la seule case parmi les 4 disponibles où chacune des figures ne s'est jamais retrouvée :
Carré = coin inférieur gauche
Triangle = coin supérieur gauche
Rond = coin inférieur droit
Triangle inversé = coin supérieur droit.

Question 69. Réponse C

Il s'agit d'un code pour représenter le rang de la lettre avec des sigles.
La signification de ceux-ci est la suivante :

* = 10
≠ = 1
Vous avez bien, pour les trois premiers éléments de la série :

U = 21 = 10 + 10 + 1 = * * ≠
T = 20 = 10 + 10 = * *
C = 3 = ≠ ≠ ≠

Question 70. Réponse B

Le mouvement des lettres vous indique qu'elles doivent se trouver sur le coin supérieur gauche et le coin inférieur droit. De plus, la somme du nombre de barres des deux lettres présentes donne toujours le chiffre du milieu, qui suit lui-même une progression arithmétique de un. Ainsi, la solution doit avoir un 3 au milieu avec deux lettres dont la somme du nombre de barres donne également 3.

TEST BLANC #1 – CORRIGES

TEST BLANC TAGE 2

#2

TEST TAGE 2 #2 : VOTRE GRILLE DE REPONSES

Sous-test 1
Langage / Lexiphrase

	A	B	C	D
1	⬭	⬭	⬭	⬭
2	⬭	⬭	⬭	⬭
3	⬭	⬭	⬭	⬭
4	⬭	⬭	⬭	⬭
5	⬭	⬭	⬭	⬭
6	⬭	⬭	⬭	⬭
7	⬭	⬭	⬭	⬭
8	⬭	⬭	⬭	⬭
9	⬭	⬭	⬭	⬭
10	⬭	⬭	⬭	⬭
11	⬭	⬭	⬭	⬭
12	⬭	⬭	⬭	⬭
13	⬭	⬭	⬭	⬭
14	⬭	⬭	⬭	⬭
15	⬭	⬭	⬭	⬭

Sous-test 2
Calcul

	A	B	C	D
16	⬭	⬭	⬭	⬭
17	⬭	⬭	⬭	⬭
18	⬭	⬭	⬭	⬭
19	⬭	⬭	⬭	⬭
20	⬭	⬭	⬭	⬭
21	⬭	⬭	⬭	⬭
22	⬭	⬭	⬭	⬭
23	⬭	⬭	⬭	⬭
24	⬭	⬭	⬭	⬭
25	⬭	⬭	⬭	⬭

Sous-test 3
Logique / Séries doubles

	A	B	C	D
26	⬭	⬭	⬭	⬭
27	⬭	⬭	⬭	⬭
28	⬭	⬭	⬭	⬭
29	⬭	⬭	⬭	⬭
30	⬭	⬭	⬭	⬭
31	⬭	⬭	⬭	⬭
32	⬭	⬭	⬭	⬭
33	⬭	⬭	⬭	⬭
34	⬭	⬭	⬭	⬭
35	⬭	⬭	⬭	⬭

Sous-test 4
Langage / Paratexte

	A	B	C	D
36	⬭	⬭	⬭	⬭
37	⬭	⬭	⬭	⬭
38	⬭	⬭	⬭	⬭
39	⬭	⬭	⬭	⬭
40	⬭	⬭	⬭	⬭
41	⬭	⬭	⬭	⬭
42	⬭	⬭	⬭	⬭
43	⬭	⬭	⬭	⬭
44	⬭	⬭	⬭	⬭
45	⬭	⬭	⬭	⬭
46	⬭	⬭	⬭	⬭
47	⬭	⬭	⬭	⬭
48	⬭	⬭	⬭	⬭
49	⬭	⬭	⬭	⬭
50	⬭	⬭	⬭	⬭

Sous-test 5
Calcul

	A	B	C	D
51	⬭	⬭	⬭	⬭
52	⬭	⬭	⬭	⬭
53	⬭	⬭	⬭	⬭
54	⬭	⬭	⬭	⬭
55	⬭	⬭	⬭	⬭
56	⬭	⬭	⬭	⬭
57	⬭	⬭	⬭	⬭
58	⬭	⬭	⬭	⬭
59	⬭	⬭	⬭	⬭
60	⬭	⬭	⬭	⬭

Sous-test 6
Logique / Séries graphiques

	A	B	C	D
61	⬭	⬭	⬭	⬭
62	⬭	⬭	⬭	⬭
63	⬭	⬭	⬭	⬭
64	⬭	⬭	⬭	⬭
65	⬭	⬭	⬭	⬭
66	⬭	⬭	⬭	⬭
67	⬭	⬭	⬭	⬭
68	⬭	⬭	⬭	⬭
69	⬭	⬭	⬭	⬭
70	⬭	⬭	⬭	⬭

TEST BLANC TAGE 2
SOUS-TEST 1 : LANGAGE [lexiphrase]

2

Consignes

15 questions / 15 minutes

Barème

Réponse juste : + 3 points / Réponse fausse : – 1 point / Aucune réponse : 0 point

Question 1. Parmi les quatre adages populaires ci-dessous, trouvez le seul dont le sens est en contradiction avec l'énoncé suivant : « Les voyages forment la jeunesse ».

(A) Si tu trouves une route, suis-la longtemps.
(B) Quand on change le tam-tam de place, on invente un nouveau son.
(C) Traverse le lac et tu auras changé tes habitudes.
(D) Les vérités existent au-delà des montagnes.

@@@

Question 2. Que signifie l'expression « payer en monnaie de singe » ?

I. Payer sa dette avec de faux billets.
II. Faire du troc.
III. S'en tirer à bon compte avec quelques plaisanteries.
IV. Payer avec des billets qui ne sont plus en circulation.
V. Ne pas payer.

(A) I seulement
(B) II seulement
(C) I ou IV
(D) III ou V

Question 3. Lorsque l'on parle de mécanismes du « fait du prince », à quoi fait-on référence ?

(A) A des mécanismes d'anticipation qui conduisent à répercuter immédiatement sur un prix de vente une augmentation future d'un coût de facteur de production.
(B) A des mécanismes imposés à une entreprise par une instance supérieure, qui s'opposent généralement à l'évolution naturelle de l'environnement de l'entreprise.
(C) A des mécanismes inflationnistes imposés à des sociétés cotées en bourse par la Banque Centrale Européenne en vue de contrôler en amont la hausse des prix des biens de consommation courante.
(D) A des mécanismes financiers imposés par les monarchies des pays de l'OPEP en vue de maintenir les cours nominaux du pétrole à un niveau efficient.

Questions 4 à 9 : complétez en choisissant la solution optimale.

Question 4. « Ventre affamé n'a point (...). »

(A) de procès
(B) d'oreilles
(C) de droit
(D) d'espoir

@@@@@@@@@@@@@@@@@@@@@@@@@@@@@@@@@@@@@
@@@@@@@@@@@@@@@@@@@@@@@@@@@@@@@@@@@@@
@@@@@@@@@@@@@@@@@@@@@@@@@@@@@@@@@@@@@

Question 5. (…) cyclables réservées aux vélos et autres vélibs (…) cyclistes (…) piétons (…) se heurter aux vélos sur les trottoirs.

(A) Le fait qu'il soit impossible de rouler sur des voies / est désagréable aux / mais aide les / qui ne doivent plus

(B) Le fait de rouler sur des voies / est aussi difficile pour les / que pour les / qui doivent

(C) Le fait de rouler sur des voies / est aussi bien agréable aux / qu'aux / qui ne craignent plus de

(D) Le fait qu'il soit impossible de rouler sur des voies / est aussi bien agréable aux / qu'aux / qui doivent

Question 6. (…) la technique qui consiste à insérer des textes dans différentes œuvres d'art de premier plan accentue (…) l'importance du mot écrit dans notre société, et cela (…) de l'image visuelle qui devient (…) dans l'importance de l'œuvre prise dans son intégralité.

(A) La hausse de popularité de / la diminution sensible de / grâce à la hausse de la centralisation / primordiale

(B) La diminution de l'usage de / la hausse de / parallèlement à la hausse de popularité / primordiale

(C) La diminution de l'usage de / baisse de / parallèlement à la baisse de la centralisation / primordiale

(D) L'intérêt grandissant pour / l'inflation de / parallèlement à la baisse de popularité / moins essentielle

@@@

Question 7. Lorsque j'ai remarqué pendant la fête du carnaval que Karim, mon ami du lycée, avait les cheveux blancs, (…) persuadé qu'ils (…) ses cheveux naturels. Mais après m'être souvenu que (…) j'ai pensé à l'éventualité que ces cheveux (…).

(A) j'étais / ne faisaient pas partie de son déguisement mais que c'étaient / nous étions à un bal costumé / n'étaient pas du tout teints

(B) j'étais / faisaient partie de son déguisement et que ce n'étaient pas / je ne l'avais pas vu depuis dix ans / étaient les siens et avaient blanchi

(C) je n'étais pas / étaient teints et que ce n'étaient pas / nous étions à un bal costumé / étaient les siens et avaient blanchi

(D) je n'étais pas / ne faisaient pas partie de son déguisement mais que c'étaient / nous n'étions plus très jeunes / n'étaient pas naturels mais teints en blanc

Question 8. Viktor Novoorsk est l'un de ces milliers de touristes, venus des quatre coins du monde, qui débarquent chaque jour à l'Aéroport JFK de New York. Mais, à quelques heures de son arrivée, voilà qu'un coup d'Etat bouleverse sa petite république d'Europe Centrale, mettant celle-ci au ban des nations et faisant de Viktor un (…). Les portes de l'Amérique se ferment en effet devant lui, alors même que se bouclent les frontières de son pays.

(A) apatride
(B) rebelle
(C) orphelin
(D) apathique

Question 9. Aurélie manifeste une aptitude réelle à apprécier des choses très diverses, sans aucun esprit exclusif. On dit qu'elle est (…).

(A) éclectique
(B) dilettante
(C) tolérante
(D) lymphatique

TEST BLANC #2 – ENONCES

@@@@@@@@@@@@@@@@@@@@@@@@@@@@@@
@@@@@@@@@@@@@@@@@@@@@@@@@@@@@@
@@@@@@@@@@@@@@@@@@@@@@@@@@@@@@

Question 10. L'expression « choix cornélien » a quelle origine ?

(A) Le nom de l'auteur dramatique Pierre Corneille en raison des dilemmes auxquels sont confrontés ses personnages

(B) Le mot corneille qui désigne un oiseau de la famille des corbeaux, réputé être de mauvais augure

(C) Le nom de l'auteur dramatique Pierre Corneille qui dut faire un choix difficile entre la troupe de l'Hôtel de Bourgogne (la plus réputée à l'époque) et la troupe de Molière pour faire représenter ses œuvres

(D) Le mot cornée qui désigne la partie transparente de l'œil (l'expression signifiant un choix lucide)

Question 11. Une faute d'orthographe s'est glissée dans l'un des mots suivants. Lequel ?

(A) Accrocher
(B) Accoustique
(C) Accéder
(D) Accident

Question 12. Une faute d'orthographe s'est glissée, laquelle ?

(A) Des rouge-gorges
(B) Des oiseaux-mouches
(C) Des réveille-matin
(D) Des sous-sols

Question 13. Largesse est synonyme de :

(A) Laxisme
(B) Gaspillage
(C) Démesure
(D) Générosité

@@@@@@@@@@@@@@@@@@@@@@@@@@@@@@@@@@@@@
@@@@@@@@@@@@@@@@@@@@@@@@@@@@@@@@@@@@@
@@@@@@@@@@@@@@@@@@@@@@@@@@@@@@@@@@@@@

Question 14. Qu'est-ce qu'un audit ?

(A) Un examen médical
(B) Une procédure de contrôle
(C) Une transaction commerciale
(D) Un jeu

Question 15. Un de ces mots ne désigne pas une religion. Lequel ?

(A) Orthodoxe
(B) Mystique
(C) Maronite
(D) Catholique

Si vous avez terminé, vous n'êtes pas autorisé(e) à revenir sur une épreuve précédente.
Vous n'êtes pas non plus autorisé(e) à travailler sur une épreuve suivante avant la fin du temps imparti.

STOP !

2

TEST BLANC TAGE 2
SOUS-TEST 2 : CALCUL

Consignes

10 questions / 30 minutes / Calculatrice interdite

Barème

Réponse juste : + 3 points / Réponse fausse : – 1 point / Aucune réponse : 0 point

Question 16. Vous demandez l'heure à un voisin. Il vous répond : « Si vous ajoutez au quart de temps écoulé depuis minuit la moitié du temps qu'il reste jusqu'à minuit, vous saurez l'heure qu'il est. » Quelle heure est-il ?

(A) 8 h 24
(B) 9 h 36
(C) 11 h 22
(D) 14 h 54

Question 17. Un couple a décidé de recouvrir les parois de sa piscine, y compris le fond, avec un tissu noir isolant. Les dimensions de la piscine sont les suivantes : une longueur de 22 mètres, une largeur de 15 mètres et une profondeur unique de 3 mètres. Quelle surface de tissu noir sera nécessaire pour effectuer cette tâche ?

(A) 304 m²
(B) 360 m²
(C) 552 m²
(D) 564 m²

//
//
//

Question 18. Demitri, collectionneur d'espèces rares, a fait l'acquisition d'un aquarium qui contient 200 poissons, tous plus exotiques les uns que les autres. Ces poissons sont de 2 couleurs différentes : jaune et bleu. 1 % des poissons de son aquarium sont bleus, les autres sont jaunes. Combien de poissons jaunes faut-il enlever de l'aquarium de telle sorte que l'aquarium contienne 2 % de poissons bleus ?

(A) 4
(B) 20
(C) 50
(D) 100

Question 19. Dans un lycée, la classe de terminale scientifique contient des élèves tous nés à des dates différentes. Parmi ces élèves, certains ont redoublé une fois, d'autres ont sauté une classe et une dernière partie est au niveau normal pour son âge. Il y a plus de filles que de garçons qui ont déjà redoublé. De plus, en divisant le nombre de filles par le nombre de garçons présents dans une salle, on obtient exactement 0,24. Quel est le plus petit nombre possible d'élèves dans la classe ?

(A) 25
(B) 31
(C) 36
(D) 48

Question 20. Mon père a acheté des fruits : des pommes, des poires, des bananes et des oranges. Il a 44 fruits dans son panier. Il y a 2 pommes de plus que de poires. Il y a 8 poires de plus que de bananes et 2 bananes de plus que d'oranges. Dans son panier, mon père a :

(A) 12 poires
(B) 14 poires
(C) 15 poires
(D) 16 poires

Question 21. Sur la figure, l'aire du triangle est 80 m^2 et le rayon de chaque cercle centré sur les trois sommets du triangle est 2 mètres. Combien mesure, en m^2, la surface grisée sur la figure ?

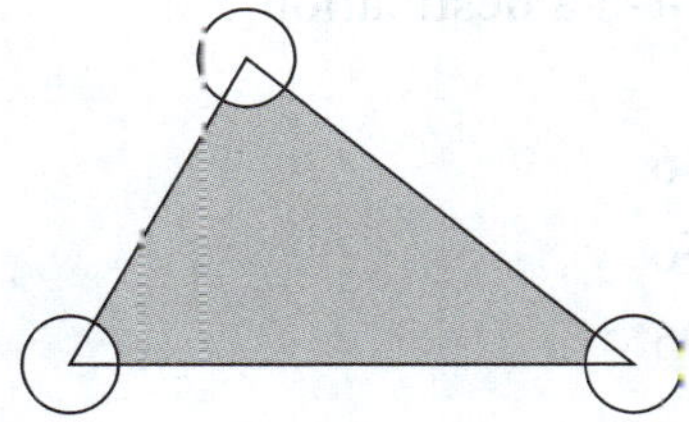

(A) 76
(B) $80 - 2\pi$
(C) $40 - 4\pi$
(D) $80 - \pi$

Question 22. Soit x, y et z trois nombres entiers consécutifs croissants impairs tels que : $20 < x < y < z < 30$ et tel que x est un nombre premier. Que vaut le reste de la division de $(y + z)$ par x ?

(A) 3
(B) 4
(C) 5
(D) 6

Question 23. A un marathon, il y avait à l'arrivée 2 fois plus de participants derrière Alain que devant Ben et 1,5 fois plus de participants derrière Ben que devant Alain. Sachant qu'Alain a fini 21e, combien de participants ont fini ce marathon ?

(A) 31
(B) 51
(C) 41
(D) 61

//
//
//

Question 24. Un TGV part à 21 h 30 et doit parcourir la distance de 2 800 km. Il parcourt le premier cinquième du trajet à la vitesse moyenne de 280 km/h et il parcourt le reste du trajet à la vitesse moyenne de 400 km/h. A quelle heure le train parviendra-t-il à destination ?

(A) 4 h 36
(B) 4 h 56
(C) 5 h 06
(D) 5 h 16

Question 25. Pendant un repas d'anniversaire, les personnes présentes ont toutes trinqué ensemble. Chacun a trinqué exactement une fois avec tous les autres convives. On a compté 45 tintements de verre. Combien y avait-il de convives ?

(A) 8
(B) 10
(C) 12
(D) 15

Si vous avez terminé, vous n'êtes pas autorisé(e) à revenir sur une épreuve précédente.
Vous n'êtes pas non plus autorisé(e) à travailler sur une épreuve suivante avant la fin du temps imparti.

STOP !

TEST BLANC TAGE 2

SOUS-TEST 3 : LOGIQUE [séries doubles]

2

Consignes

10 questions / 15 minutes

Barème

Réponse juste : + 3 points / Réponse fausse : – 1 point / Aucune réponse : 0 point

Question 26.

3437
644
11
5128
328 ? 246 164 82

(A) 645
(B) 123
(C) 76
(D) 82

Question 27.

MNI
TUB
VWS
KNV ROL MNK ? OUP
IJA

(A) EFM
(B) HJN
(C) NOP
(D) BCN

>>
>>
>>

Question 28.

143				
104				
?	618	26	515	824
117				
195				

(A) 412
(B) 403
(C) 39
(D) 91

Question 29.

?	JLK	NUT	PIH	NFE
MNP				
VWD				
LMR				
STT				

(A) NOY
(B) LOP
(C) RSR
(D) TKJ

Question 30.

			21	
35	92	31	?	71
			32	
			18	
			25	

(A) 34
(B) 41
(C) 18
(D) 14

Question 31.

				POU
				XWS
				ZSQ
				KLO
AZR	SAI	ZSA	AQW	?

(A) MOM
(B) AMA
(C) BAA
(D) BAM

TEST BLANC #2 – ENONCES

Question 32.

		648		
		216		
		432		
		324		
160	524	?	968	443

(A) 756
(B) 493
(C) 540
(D) 608

Question 33.

			OM	
PD	GM	BR	?	KI
			RQ	
			SG	
			VU	

(A) OE
(B) HL
(C) JS
(D) HS

Question 34.

		561		
		429		
		682		
		330		
64	225	?	100	361

(A) 111
(B) 121
(C) 209
(D) 144

Question 35.

?	MOF	PVS	SZP	VNA
XSW				
ZSU				
NHS				
DSQ				

(A) JLP
(B) LPO
(C) JCY
(D) MDY

Si vous avez terminé, vous n'êtes pas autorisé(e) à revenir sur une épreuve précédente.
Vous n'êtes pas non plus autorisé(e) à travailler sur une épreuve suivante avant la fin du temps imparti.

STOP !

TEST BLANC TAGE 2
SOUS-TEST 4 : LANGAGE [paratexte]

2

Consignes

15 questions / 15 minutes

Barème

Réponse juste : + 3 points / Réponse fausse : – 1 point / Aucune réponse : 0 point

Questions 36 et 37 : choisissez la reformulation dont le sens se rapproche le plus du passage souligné.

Question 36. Depuis le 27 janvier dernier, Jean est infirme. Dorénavant, il ne pourra plus travailler comme ouvrier dans l'usine où il a passé la moitié de sa vie.

(A) ingambe
(B) handicapé
(C) éclopé
(D) invalide

Question 37. Adam a toujours été très doué en affaires. Il a connu le succès dès l'âge de quinze ans et n'a pas tardé à devenir dans les Années folles la fierté de l'Angleterre.

(A) du Royaume Uni
(B) de la Grande Nation
(C) de la perfide Albion
(D) du pays à la fleur de lys

##
##
##

Question 38. « Tout d'abord, cette mesure a le plus <u>touchée</u> les catégories qui visitent traditionnellement les musées, même si le taux de fréquentation de ceux qu'on peut <u>qualifier</u> de socialement <u>exclu</u> a augmenté. Les titulaires d'un diplôme ont quatre fois plus de chances que les personnes non <u>qualifiées</u> de <u>déclarer</u> qu'ils sont au courant de la gratuité et qu'elles les a <u>motiver</u> à se rendre plus souvent dans les musées. Le choix <u>auquelle</u> ces établissements continuent d'être <u>confronté</u> est de savoir s'ils doivent en priorité <u>essayé</u> d'attirer le public qui <u>continue</u> de ne pas <u>fréquenté</u> ou se <u>concentrer</u> sur celui qui <u>leurs</u> est déjà fidèle. »

ANDY MARTIN, mars 2003

Dans le texte ci-dessus, quel est le nombre total de mots soulignés correctement orthographiés ?

(A) trois
(B) quatre
(C) cinq
(D) six

Question 39. Choisissez la reformulation dont le sens se rapproche le plus du passage souligné.

Pour les fatalistes, on ne peut que subir les <u>événements heureux ou malheureux qui affectent les moments</u> de notre vie.

(A) caprices
(B) vicissitudes
(C) inconstances
(D) turpitudes

##
##
##

Question 40. Parmi les quatre propositions ci-dessous, quel est le titre le plus approprié au texte suivant :

« Il n'y a que deux tables et six chaises, mais c'est devenu le café de la discorde à Pékin. Depuis qu'un minuscule café a été ouvert par une chaîne américaine dans l'enceinte même de la Cité interdite, l'ancienne résidence impériale située au cœur de la capitale chinoise, la polémique ne fait qu'enfler. Ce symbole d'américanisation et de mondialisation dans le lieu le plus emblématique de Pékin est très contesté : dans la presse comme sur Internet, de nombreux chinois crient au scandale et à l'infamie, à la grande surprise des administrateurs de la cité interdite, qui n'y voyait qu'une source de revenus. Le café a aussi ses défenseurs, appartenant à la petite élite chinoise mondialisée, qui se tourne vers le café, au détriment du thé, comme symbole de son nouveau statut, ouvert sur le monde ».

(A) La culture traditionnelle chinoise en voie de « macdonaldisation »
(B) Un café sacrilège dans la Cité interdite
(C) Une classe sociale privilégiée émerge à Pékin
(D) La cité interdite : entre thé et café

Question 41. (…) est à CHAUD ce que CHAUD est à (…)

(A)	BRULANT	FROID
(B)	CAFE	THE
(C)	SOLEIL	TEMPERATURE
(D)	ASTRE	ROUGE

##
##
##

Questions 42 à 46 : choisissez la reformulation dont le sens se rapproche le plus du (des) passage(s) souligné(s).

Question 42. L'Union européenne ne sera ni forte ni même efficace tant qu'elle ne disposera pas d'une véritable autorité nantie d'une légitimité démocratique et capable de transcender les intérêts nationaux des Etats membres.

(A) Aussi longtemps qu'elle ne reposera pas sur des décisions prises de façon démocratique qui lui permettent de dépasser les intérêts nationaux des Etats membres, l'Union européenne sera privée de force et d'efficacité.

(B) Le manque de force et d'efficacité de l'UE sera tellement grand qu'elle n'aura pas cette autorité fondée sur la démocratie, suffisante pour dépasser les intérêts nationaux des Etats membres.

(C) Dans la mesure où l'Union européenne disposera d'une législation démocratique, elle obtiendra un pouvoir fort capable de neutraliser les égoïsmes nationaux des Etats membres.

(D) L'Union européenne n'aura ni force ni efficacité, tandis qu'avec une légitimité démocratique, elle sera capable de dépasser les intérêts nationaux.

Question 43. A Téhéran, les influences religieuses préislamiques ont provoqué la dissension théologique et le messianisme révolutionnaire.

(A)	les inspirations religieuses	distension
(B)	les contrepoids religieux	zizanie
(C)	les pressions exercées par les religions	guerre
(D)	les forces religieuses	discorde

##
##
##

Question 44. Aujourd'hui, le niveau de bonheur d'un pays se calcule à l'aune du taux de croissance de son produit intérieur brut.

(A) à l'éclairage du
(B) grâce au
(C) *via* le
(D) en mesurant le

Question 45. Lamartine était écrivain, poète et historien en même temps qu'un homme politique de premier plan. Cet auteur productif a laissé derrière lui une œuvre exceptionnelle.

(A) généreux
(B) très doué
(C) pullulant
(D) prolifique

COMPREHENSION DE TEXTE

***Sciences Humaines* : Les hommes se sont toujours adonnés à des exercices physiques, sous forme de démonstrations ou de compétitions… Quelles formes prenait ce que vous appelez « le jeu ancien » dans la société de l'Ancien Régime ?**

Georges Vigarello : Sous l'Ancien Régime, le jeu est l'objet d'une véritable passion.

Les activités de paris peuvent surgir n'importe quand et les modalités en sont réinventées à chaque fois. Par exemple, à la fin du XVIe siècle, les habitants d'Amiens peuvent voir un soldat suisse, l'épée au côté, escaladant la flèche de la cathédrale, à la suite d'un pari… On s'affronte ici sur une barque pour traverser la Tamise, là à cheval pour franchir un pont, ou en patin sur un canal gelé l'hiver, dans une partie de paume contre le mur de l'église, à la course ou encore au tir à l'arc…

Les paris se font bien évidemment entre gens du même univers social : il y a les jeux des pauvres et les jeux des nobles qui sont, eux, beaucoup plus structurés : parties de paume, de quilles, de mail… Très prisé des aristocrates, le mail, sorte de jeu à mi-chemin entre le golf et le croquet, se passe sur une grande bande de terrain en terre battue et a ses règles bien définies…

##
##
##

Les jeux de prix, plus organisés, ont lieu lors des fêtes paroissiales sous l'égide du saint local : cela peut être la lutte en Bretagne, la course ou le saut en Provence, le lancer de pierre… Parfois ce sont les collectivités qui s'affrontent comme à la soule par exemple, très populaire dans les villages. Dans ce jeu de ballon – qui est l'ancêtre du football –, tous les coups sont permis, les affrontements et les chocs des corps peuvent être très violents ; les règles en sont assez floues, les terrains mal délimités et les combats chaotiques peuvent se finir dans la rivière ou dans la mer, comme à Vologne en 1557 où les joueurs se battent dans les vagues de la Manche !

Les équipes sont constituées par communauté : affrontements entre villages, entre célibataires et mariés… Chez les nobles, les jeux de prix, organisés lors de grandes occasions (naissance d'un dauphin, mariage à la cour), renvoient aux vieilles appartenances militaires : jeux de lance, de bague (qui consiste à faire passer la lance dans un anneau)…

En quoi consiste la rupture du XIXe siècle, qui fait naître les formes modernes de loisir et plus particulièrement le sport ?

Cette rupture porte sur plusieurs points. Le système sportif commence à s'organiser. D'une part, les jeux de paris vont être évincés au profit de formes plus réglées, hiérarchisées et institutionnalisées. Apparaissent alors les clubs et les fédérations (de natation par exemple) qui établissent des règlements pour tous ceux qui pratiquent ; alors que les règles de la soule par exemple variaient d'un lieu à l'autre.

D'autre part, apparaît un principe démocratique selon lequel n'importe qui peut participer.

Ce principe n'est en fait que théorique car, dans la réalité, il existe des distinctions sociales qui font que les activités sportives sont au départ réservées à la bourgeoisie. Quoi qu'il en soit, les clubs – qui naissent en Angleterre – organisent des compétitions et des sélections à différents niveaux : local, régional, national… Ils vont très vite chercher à se fédérer et à regrouper les pratiquants de différents sports : le Racing Club, par exemple, prétendait favoriser *« la pratique de tous les exercices de plein air, propres à développer les forces physiques, tels que football, lawn-tennis, jeu de paume, escrime, patinage… »*

##
##
##

Question 46. Les jeux de prix sont organisés pour… (cochez la réponse fausse)

(A) une naissance royale
(B) des fêtes religieuses locales
(C) un mariage à la Cour
(D) obtenir la reconnaissance de la Cour

Question 47. La « rupture » du XIXe siècle provoque :

1. l'instauration de règles
2. une démocratisation des jeux
3. l'abandon des jeux de paris

(A) uniquement 1
(B) uniquement 2
(C) 1 + 2 + 3
(D) 1 + 3

Question 48. Quel nom propre n'est pas cité dans ce texte ?

(A) Paris
(B) Bretagne
(C) Manche
(D) Tamise

##
##
##

Question 49. Qu'est ce que les habitants d'Amiens ont pu voir ?

(A) Une course de patins sur un canal gelé
(B) Une compétition de tir à l'arc
(C) Un soldat grimpant sur la cathédrale
(D) Une partie de jeu de paume

Question 50. Quelle proposition est fausse ?

(A) Les règles de la soule sont fixées au XIXe siècle
(B) Au Moyen Age, on constitue des équipes de personnes mariées et de célibataires
(C) Au Moyen Age, tout est permis lorsqu'on joue à la soule
(D) Les paris, au Moyen Age se font entre personnes de même classe sociale

Si vous avez terminé, vous n'êtes pas autorisé(e) à revenir sur une épreuve précédente.
Vous n'êtes pas non plus autorisé(e) à travailler sur une épreuve suivante avant la fin du temps imparti.

STOP !

TEST BLANC TAGE 2
SOUS-TEST 5 : CALCUL

2

Consignes

10 questions / 30 minutes / Calculatrice interdite

Barème

Réponse juste : + 3 points / Réponse fausse : – 1 point / Aucune réponse : 0 point

Question 51. Une moto consomme 12 litres aux 100 km quand elle roule à 100 km/h. La consommation est strictement proportionnelle à la vitesse. Quelle est la distance parcourue par cette moto sachant qu'elle a consommé 60 litres en roulant à la vitesse de 20 km/h ?

(A) 1 000 km
(B) 1 500 km
(C) 2 000 km
(D) 2 500 km

Question 52. Au cours d'une réunion, chaque homme a serré une fois la main de chaque autre homme et les hommes ont tous embrassé chacune des femmes présentes. On a ainsi compté 28 poignées de main et 72 embrassades. Combien y avait-il de femmes à cette réunion ?

(A) 5
(B) 8
(C) 7
(D) 9

§§
§§
§§

Question 53. Supposons que six cent treize joueurs de tennis participent à un tournoi par élimination. A chaque tour, le tirage au sort des rencontres est fait au hasard ; si le nombre de joueurs est impair, l'un d'entre eux, choisi au hasard, ne participe pas à ce tour. Les gagnants de chaque tour et éventuellement le joueur qui n'y a pas participé jouent le tour suivant, jusqu'à ce que finalement, il n'y ait plus qu'un gagnant. Quel est le nombre de matchs joués au total dans le tournoi ?

(A) Trois cent six
(B) Six cent douze
(C) Six cent treize
(D) Mille deux cent vingt-cinq

Question 54. La surface totale d'un cube est de 384 m². Alors, le chiffre des unités de la valeur de son volume représente environ quel pourcentage de la somme des chiffres des dizaines et du chiffre des centaines de la valeur de son volume ?

(A) 200 %
(B) 33 %
(C) 16,5 %
(D) 20 %

Question 55. Dans une compétition de tir à l'arc, Gad réussit trois fois plus de tirs au centre de la cible que John. John réussit quatre tirs de moins que Kyla, et Ely réussit un tir de moins que le double du nombre de tirs réussis de Kyla. Noa réussit le même nombre de tirs que John et Gad ensemble. Si Kyla réussit à toucher le centre de la cible, alors combien de fois le centre a-t-il été touché ?

(A) 24
(B) 42
(C) 54
(D) 66

§§
§§
§§

Question 56. Si Flavien joue au basket et qu'il enregistre une moyenne de points par partie de 29 après 100 parties, combien de points a-t-il besoin de marquer au cours des 50 parties restantes pour finir l'année avec une moyenne de 30 points par partie ?

(A) 1 000
(B) 1 500
(C) 1 600
(D) 3 000

Question 57. Aujourd'hui nous discutons de la vie de mon arrière-grand-père avec ma mère et quelle n'est pas ma surprise d'apprendre une anecdote très étonnante à son sujet. Un jour, celui de son anniversaire très précisément, mon arrière-grand-père s'est exclamé : « Comme c'est curieux, nous sommes dans l'année X^2 et j'ai X ans ! » Sachant que mon arrière-grand-père est mort en 1899, en quelle année est-il né ?

(A) 1806
(B) 1848
(C) 1899
(D) Une autre réponse.

Question 58. Chez le fleuriste de la rue Monge, une rose coûte 4 euros, un géranium en pot coûte 20 euros et un bouquet de tulipes jaunes coûte 25 euros. Quel est le prix du pot en céramique sachant que le géranium contenu à l'intérieur coûte 19 euros de plus que le pot en céramique ?

(A) 0,5 euro
(B) 0,75 euro
(C) 1 euro
(D) 1,5 euro

§§
§§
§§

Question 59. Quelle fraction du grand carré est grisée ?

(A) 1/4
(B) 1/2
(C) π/2
(D) 2π/3

Question 60. Si 3 hommes plantent 40 choux en 10 heures et que ça prend 4 enfants pour faire le travail de 2 hommes, combien de choux seront plantés en 5 heures avec une équipe de 6 hommes et 6 enfants ?

(A) 32
(B) 48
(C) 60
(D) 72

Si vous avez terminé, vous n'êtes pas autorisé(e) à revenir sur une épreuve précédente.
Vous n'êtes pas non plus autorisé(e) à travailler sur une épreuve suivante avant la fin du temps imparti.

STOP !

TEST BLANC TAGE 2

SOUS-TEST 6 : LOGIQUE [séries graphiques]

2

Consignes

10 questions / 10 minutes

Barème

Réponse juste : + 3 points / Réponse fausse : – 1 point / Aucune réponse : 0 point

Question 61.

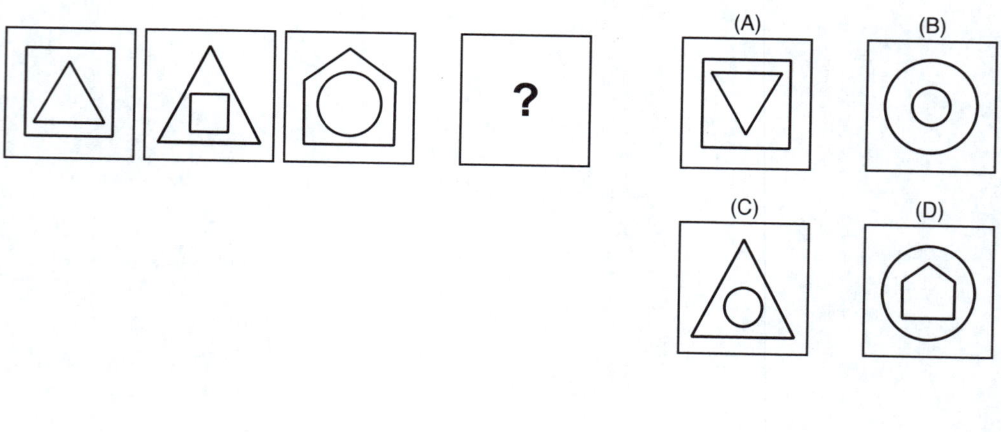

****
****
****

Question 62.

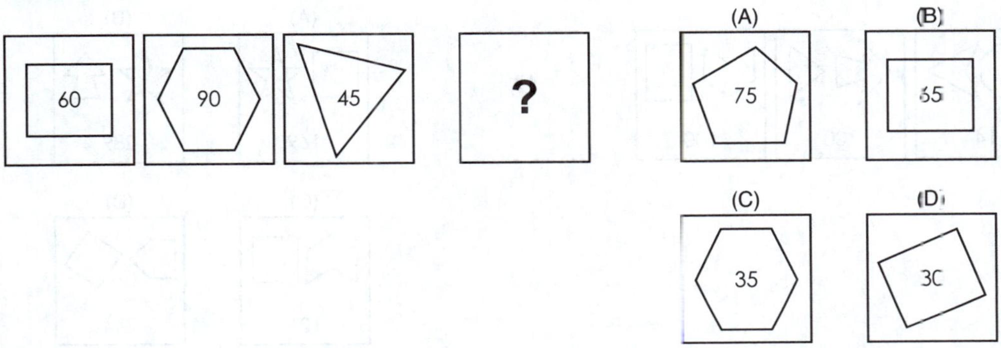

Question 63.

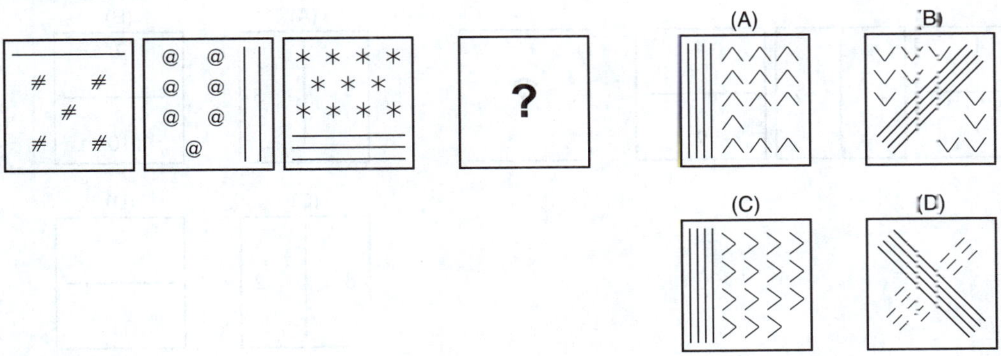

Question 64.

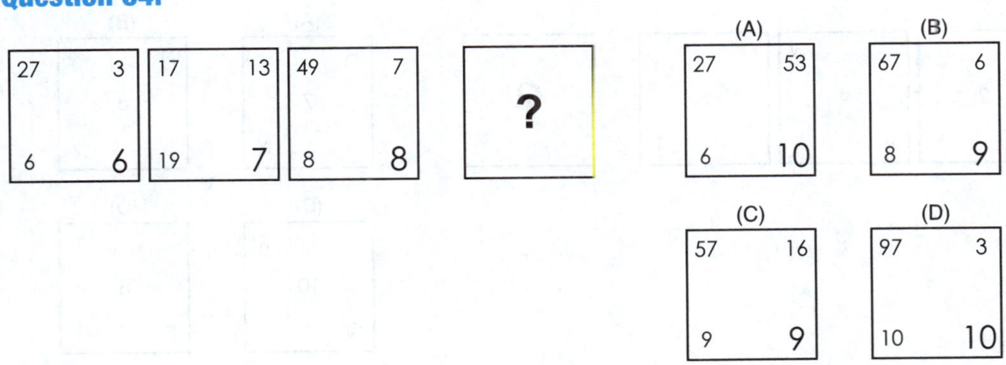

****
****
****

Question 65.

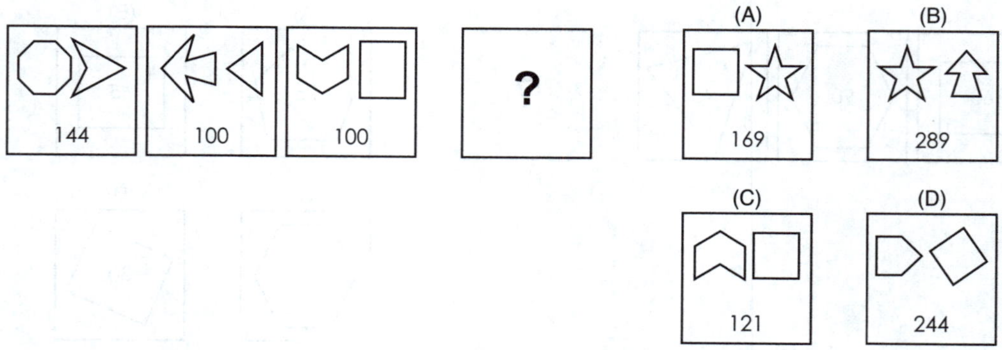

Question 66.

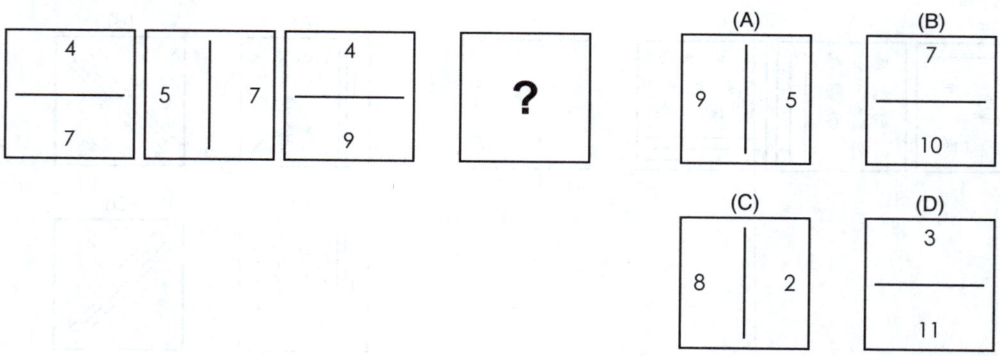

Question 67.

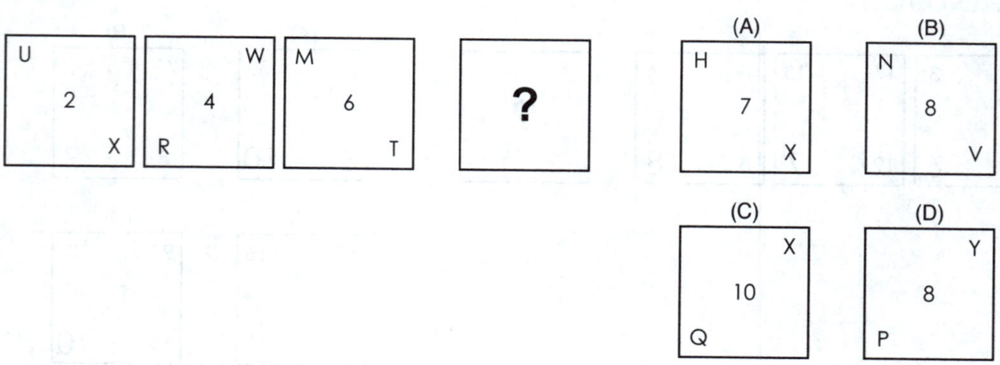

****
****
****

Question 68.

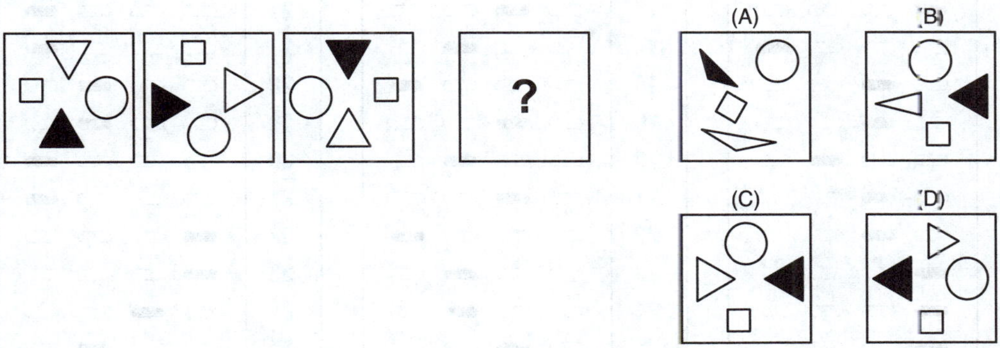

Question 69.

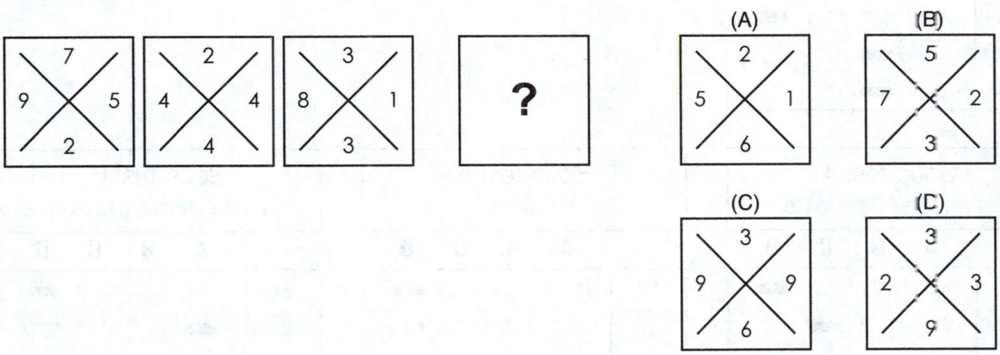

Question 70.

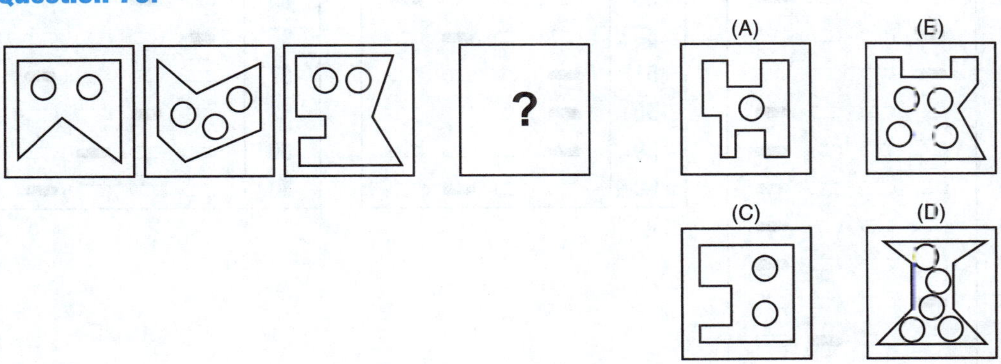

TEST TAGE 2 #2 : GRILLE DES REPONSES JUSTES

Sous-test 1
Langage / Lexiphrase

	A	B	C	D
1	●	○	○	○
2	○	○	○	●
3	○	●	○	○
4	○	●	○	○
5	○	○	●	○
6	○	●	○	○
7	○	●	○	○
8	●	○	○	○
9	●	○	○	○
10	●	○	○	○
11	○	●	○	○
12	●	○	○	○
13	○	○	○	●
14	○	●	○	○
15	○	●	○	○

Sous-test 2
Calcul

	A	B	C	D
16	○	●	○	○
17	○	○	●	○
18	○	○	○	●
19	○	●	○	○
20	○	○	●	○
21	○	●	○	○
22	○	○	○	●
23	○	○	●	○
24	○	○	●	○
25	○	●	○	○

Sous-test 3
Logique / Séries doubles

	A	B	C	D
26	○	○	○	●
27	○	○	○	●
28	○	○	●	○
29	○	○	●	○
30	○	○	○	●
31	○	○	○	●
32	●	○	○	○
33	●	○	○	○
34	○	●	○	○
35	○	○	●	○

Sous-test 4
Langage / Paratexte

	A	B	C	D
36	○	○	○	●
37	○	○	●	○
38	○	○	●	○
39	○	●	○	○
40	○	○	○	●
41	●	○	○	○
42	●	○	○	○
43	○	○	○	●
44	○	○	○	●
45	○	○	○	●
46	○	○	○	●
47	○	○	○	●
48	●	○	○	○
49	○	○	●	○
50	●	○	○	○

Sous-test 5
Calcul

	A	B	C	D
51	○	○	○	●
52	○	○	○	●
53	○	●	○	○
54	○	●	○	○
55	○	○	○	●
56	○	○	●	○
57	●	○	○	○
58	●	○	○	○
59	●	○	○	○
60	○	○	●	○

Sous-test 6
Logique / Séries graphiques

	A	B	C	D
61	○	○	○	●
62	●	○	○	○
63	●	○	○	○
64	○	●	○	○
65	○	●	○	○
66	●	○	○	○
67	○	○	○	●
68	○	●	○	○
69	○	○	●	○
70	○	○	○	●

TEST BLANC TAGE 2
CORRIGES DU TEST BLANC #2

2

1. Langage [1]

Question 1. Réponse A
Question 2. Réponse D
Question 3. Réponse B
Question 4. Réponse B
Question 5. Réponse C
Question 6. Réponse B
Question 7. Réponse B
Question 8. Réponse A
Question 9. Réponse A
Question 10. Réponse A
Question 11. Réponse B
Question 12. Réponse A
Question 13. Réponse D
Question 14. Réponse B
Question 15. Réponse B

2. Calcul [1]

Question 16. Réponse B

Remarque : s'il est 8 h 30 du matin par exemple, cela veut dire que 8 heures et 30 minutes se sont écoulées **depuis minuit** et qu'il reste 24 – 8,5 = 17,5 h (17 h 30 min) **jusqu'à minuit.**

Soit x l'heure qu'il est.

On peut écrire d'après l'énoncé :

$$\frac{1}{4}x + \frac{1}{2}(24 - x) = x \Leftrightarrow \frac{1}{4}x + 12 - \frac{1}{2}x = x \Leftrightarrow \frac{5}{4}x = 12 \Leftrightarrow x = \frac{12 \times 4}{5} = 9 \text{ h}\ldots$$

Il n'était pas nécessaire de calculer l'heure exacte ici (*i.e.* l'heure à la minute près). En effet, le seul fait de savoir qu'il est « 9 heures quelque chose » suffisait au vu des solutions proposées.

Question 17. Réponse C

Il est possible de découper la piscine en un patron comme indiqué dans la figure suivante :

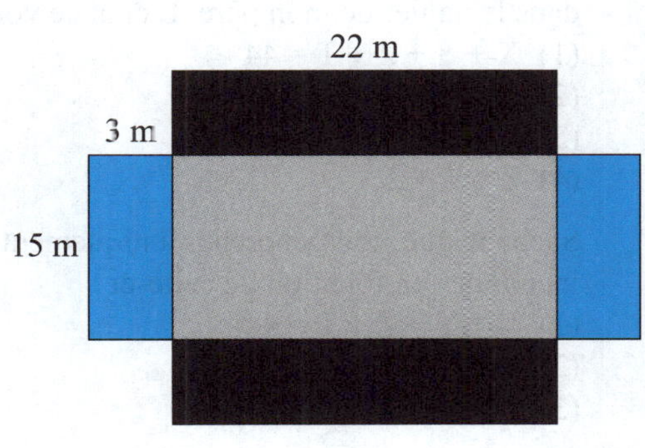

La partie grise représente le fond ; la partie noire le long côté de la piscine et enfin la partie bleue le plus petit côté. Il ne vous reste plus qu'à additionner les aires de ces 5 rectangles :
$(22 \times 15) + 2 \times (15 \times 3) + 2 \times (22 \times 3) = 2 \times 11 \times 15 + 2 \times 45 + 2 \times 66$
$= 2 \times 165 + 90 + 132 = 330 + 222 =$ **552** (m^2)

ASTUCE Pensez à la technique du dernier chiffre. En effet, lorsque vous devez calculer $2 \times 11 \times 15 + 2 \times 45 + 2 \times 66$, pensez au fait que $2 \times 11 \times 15$ se termine par 0, que 2×45 se termine également par 0, et que $2 \times (22 \times 3)$ se termine par 2 ; soit au final un nombre qui se termine par 2. Seule la réponse C se termine par 2 et c'est donc la bonne réponse.

Question 18. Réponse D

Sachant que 1 % des poissons sur 200 sont bleus, il y a donc $200 \times 1/100 = 2$ poissons bleus et par conséquent $200 - 2 = 198$ poissons jaunes.
Voici deux méthodes de résolution :

Méthode 1 : Calcul direct
Si l'on enlève **X poissons jaunes**, alors il n'y aura plus que 200 – X poissons dans l'aquarium et l'équation indiquant que celui-ci devra contenir 2 % de poissons bleus est : 2/(**200 – X**) = 2/**100**. Vous trouvez alors immédiatement par identification que $200 - X = 100$ soit **X = 100**.

Méthode 2 : Du bon sens…
Si l'on souhaite avoir 2 % de poissons bleus, c'est que l'on doit avoir dans l'aquarium **2 poissons bleus tous les 100 poissons**. Le nombre de poissons jaunes devra donc être égal à 98 et pour obtenir 98 poissons jaunes, il faut en enlever 100 (198 – 98).

Question 19. Réponse B

En notant F et G les nombres respectifs de filles et de garçons présents dans la classe, l'équation donnée par l'énoncé est la suivante :
$F/G = 0,24 = 24/100 = 12/50 = 6/25$
La fraction F/G simplifiée vaut donc 6/25. Sachant qu'il est impossible de diminuer le numérateur ou le dénominateur sans changer le résultat, il y a donc 6 filles et 35 garçons, soit 31 élèves au minimum.

Question 20. Réponse C

Notons X, Y, Z et T les nombres respectifs de pommes, de poires, de bananes et d'oranges dans le panier de mon père. L'énoncé vous donne les équations suivantes :
(1) $X + Y + Z + T = 44$
(2) $X = Y + 2$
(3) $Y = Z + 8$
(4) $Z = T + 2$

Sachant que vous cherchez uniquement la valeur de Y, il vaut mieux exprimer toutes les inconnues en fonction de celle-ci :
(1) $X + Y + Z + T = 44$
(2) $X = Y + 2$
(3) $Z = Y - 8$

(4) T = Z – 2 = Y – 10

Ainsi, en remplaçant X, Z et T par leur valeur en fonction de Y dans l'équation (1), vous obtenez :

$Y + 2 + Y + Y - 8 + Y - 10 = 44 \Leftrightarrow 4Y - 16 = 44 \Leftrightarrow 4Y = 60 \Leftrightarrow Y = 15$

Il y a donc bien 15 poires dans le panier de mon père. Vous pouviez également tester les solutions pour arriver à cette réponse.

Question 21. Réponse B

Tentons d'exprimer l'aire de la partie grisée en fonction d'aires que l'on connaît ou que l'on peut facilement calculer. De façon intuitive, cette aire, notée A, vaut l'aire du triangle (80 m^2 selon l'énoncé) moins la somme des aires des trois arcs de cercle.

Or on sait que les trois cercles sont égaux (puisqu'ils ont le même rayon) et que la somme des angles d'un triangle est 180°. **Ainsi, les trois arcs de cercle réunis forment en réalité un demi-cercle de rayon deux mètres.**

Retenez que l'aire d'un arc de cercle vaut M/360 × AIRE DU CERCLE, avec M la mesure de l'angle de l'arc en degré. M valant ici 180°, on retrouve bien que la somme des aires des trois arcs de cercle est égale à la moitié de la surface d'un cercle de rayon de deux mètres.

En conclusion, comme l'aire d'un demi-cercle de rayon de deux mètres vaut $1/2 \times P \times (2)^2$ m^2 soit 2π m^2, on en déduit que l'aire recherchée vaut **80 – 2π m²**.

Question 22. Réponse D

Les seuls nombres premiers strictement compris entre 20 et 30 sont 23 et 29. En revanche, si $x = 29$, alors $y = 31 > 30$ ce qui est impossible, donc vous avez forcément :

$x = 23$ $y = 25$ $z = 27$

Ainsi, $y + z = 25 + 27 = 52$. En posant la division de 52 par 23, vous trouvez que $52 = 2 \times 23 + 6$, soit que le reste de cette division est 6.

Question 23. Réponse C

Alain a fini 21e ; il y a donc 20 participants avant lui. Il y a donc 1,5 × 20, soit 30 participants derrière Ben à l'arrivée. Si on appelle n le nombre de participants devant Ben à l'arrivée, alors il y a $2n$ derrière Alain à l'arrivée. En écrivant de deux manières le nombre de participants à l'arrivée, on obtient : $30 + 1 + n = 2n + 1 + 20$. D'où $n = 10$. Il y a donc 41 participants à l'arrivée de ce marathon. On peut vérifier qu'il y a 20 participants devant Alain et 20 derrière ; et 10 participants devant Ben et 20 derrière.

Question 24. Réponse C

Le plus simple dans ce genre de question est de représenter la situation sur un axe, en supposant que le TGV doit aller du point A au point B, distants de 2 800 km :

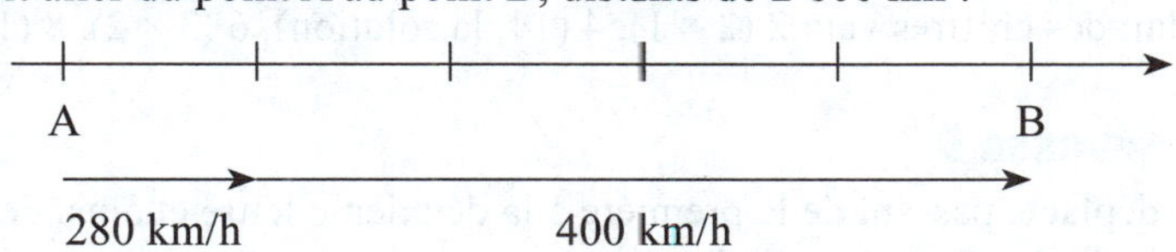

Réfléchissons ensuite étape par étape :

1. D'abord, le TGV parcourt une distance de 1/5 × 2 800 = 560 km à une vitesse de 280 km/h. Son temps de trajet est alors de 560/280 = 2 h.

2. Ensuite, il parcourt la distance restante, égale à 2 800 – 560 = 2 240 km, à une vitesse de 400 km/h. Son temps de trajet est alors de 2 240/400 = (2 000 + 240)/400 = 5 + 3/5 h. Or 3/5 h = 36 min donc le temps total est 5 h 36.

Finalement, le train met 7 h 36 pour parcourir les 2 800 km. Comme il part à 21 h 30, il arrive bien à 5 h 06.

Question 25. Réponse B

Soit P le nombre de personnes présentes (autrement dit les convives). Le nombre de fois où ces convives ont trinqué tous une fois les uns avec les autres est égal à [P(P – 1)]/2.
On a donc ici : [P(P – 1)]/2 = 45. On trouve alors, en testant les solutions, que (10 × 9)/2 = 45.
Conclusion : le nombre de convives est égal à 10.

3. Logique [1] : séries doubles

Question 26. Réponse D

H : Séparation produit par la droite (le dernier chiffre multiplié par 4 donne le ou les chiffres précédents).
V : Séparation cube par la droite.

Question 27. Réponse D

H : Inter Grande diagonale gauche de +1.
V : Intra de +1 entre la première et la deuxième lettre.

Question 28. Réponse C

H : Séparation produit par la gauche (le premier chiffre multiplié par 3 donne le ou les chiffres suivants).
V : Tous les nombres sont des multiples de 13.

Question 29. Réponse C

H : Intra de –1 entre la deuxième et la troisième lettre.
V : Intra de +1 entre la première et la deuxième lettre.

Question 30. Réponse C

H : Nombres premiers écrits à l'envers.
V : Le produit des chiffres vaut 2 (2 × 1), 4 (14, la solution), 6 (3 × 2), 8 (1 × 8) et 10 (2 × 5).

Question 31. Réponse D

H : Le A se déplace, passant de la première à la deuxième lettre et ainsi de suite.
V : Inter Vertical de –2 sur la troisième lettre.

Question 32. Réponse A

H : Intra de –1 entre le premier et le dernier chiffre.

V : Séparation produit constante par la gauche (le premier chiffre multiplié par huit donne le ou les chiffres suivants).

Question 33. Réponse A

H : La somme des rangs est toujours égale à 20 (PD : P + D = 16 + 4 = 20 ; GM : G + M = 7 + 13 = 20, etc.).

V : Inter droite gauche avec saut d'une lettre : M, O, Q, S, U.

Question 34. Réponse B

H : Tous les nombres sont des carrés d'entiers.

V : Tous les nombres sont des multiples de 11.

Question 35. Réponse C

H : Inter Vertical de +3 sur la première lettre.

V : Inter Vertical de –2 sur la dernière lettre.

4. Langage [2]

Question 36. Réponse D

Question 37. Réponse C

Question 38. Réponse C

Question 39. Réponse B

Question 40. Réponse D

Question 41. Réponse A

Question 42. Réponse A

Question 43. Réponse D

Question 44. Réponse D

Question 45. Réponse D

Question 46. Réponse D

Question 47. Réponse D

Question 48. Réponse A

Question 49. Réponse C

Question 50. Réponse A

5. Calcul [2]

Question 51. Réponse D

Prenez garde à ce genre de question qui peut être piégeuse car on doit faire évoluer plusieurs unités. Le principal risque est de vouloir tout faire en même temps : faites les modifications unité par unité.

Résumons la situation initiale sous forme de tableau : la moto consomme 12 L tous les 100 km lorsqu'elle roule à 100 km/h.

Consommation	Distance parcourue	Vitesse
12 L	100 km	100 km/h

Intéressons-nous uniquement à la partie gauche du tableau pour commencer, c'est-à-dire considérons que la vitesse reste égale à 100 km/h tandis que la consommation passe à 60 L. Vous voyez ici apparaître un produit en croix pour trouver la distance parcourue :

Consommation	Distance parcourue
12 L	100 km
60 L	?

Après un calcul, qui est pour rappel $(60 \times 100)/12 = 500$, on trouve qu'en roulant à 100 km/h, il faut parcourir 500 km pour consommer 60 L. Cela ne nous surprend pas puisque l'on peut traduire cette phrase en se disant qu'à vitesse constante, pour consommer 5 fois plus d'essence, il faut parcourir 5 fois plus de distance.
Passons désormais à la partie droite du tableau en considérant que la consommation (proportionnelle à la vitesse) reste égale à 60 L tandis que la vitesse passe à 20 km/h.
On voit de nouveau apparaître cela sur un tableau pour trouver la distance parcourue :

Distance parcourue	Vitesse
500 km	100 km/h
?	20 km/h

De même, on se dit qu'en roulant 5 fois moins vite, on devrait en théorie consommer 5 fois moins d'essence, pourtant on veut toujours en consommer 60 L. Ainsi, on doit pour cela parcourir 5 fois plus de distance, c'est-à-dire rouler sur $5 \times 500 = 2\,500$ km.

Question 52. Réponse D

En effet, la réunion se passe en deux temps :

1. D'abord, tous les hommes se saluent entre eux. En notant H le nombre d'hommes, la formule du cours vous donne immédiatement :
$H(H-1)/2 = 28$, soit $H(H-1) = 56$

Ici, interdiction formelle de perdre du temps à calculer le Δ d'une hypothétique équation du second degré qui serait $H^2 - H - 56 = 0$! En effet, vous savez que le nombre d'hommes est forcément un nombre entier et donc que $H(H-1)$ représente le produit de deux nombres entiers consécutifs. Vous en connaissez beaucoup des entiers consécutifs dont le produit fait 56 ? Et bien non ! Cela ne fonctionne que pour $H = 8$. Si ce n'est pas un réflexe pour vous, nous vous invitons à vous replonger sans plus attendre dans vos tables de multiplication…

2. Maintenant que l'on sait qu'il y a 8 hommes à cette réunion, passons à la seconde étape : la rencontre avec les femmes. On vous dit que chaque homme embrasse chacune des femmes présentes, soit F femmes en notant F le nombre de femmes. L'équation donnée par cette information est alors, sachant que l'on compte 72 embrassades :
$H \times F = 72$

TEST BLANC #2 – CORRIGES

En effet, en représentant cela sur un schéma avec H1, H2… H8 les 8 hommes et une croix représentant une femme (F croix en tout), cela donne :

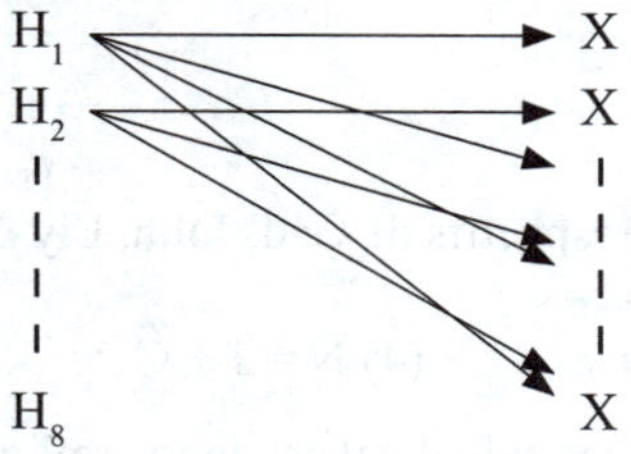

On voit bien que chaque homme a F flèches (chaque flèche représentant une embrassade) partant de lui, autrement dit qu'il y a $\underbrace{F + F + \ldots + F}_{8\ fois}$, c'est-à-dire 8 × F embrassades.

En conclusion, $H \times F = 72 \Leftrightarrow 8 \times F = 72 \Leftrightarrow \mathbf{F = 9}$

Question 53. Réponse B

Voici un QCM intéressant puisqu'il fait appel à beaucoup de bon sens. En fait, il faut se dire ici qu'**à chaque match joué, il y a un perdant** (qui ne jouera naturellement plus les prochains matchs) et un gagnant (qui lui jouera le prochain match à l'issue duquel il y aura de nouveau un gagnant et un perdant.)

Finalement, dire : *« Ce soir je vais voir un match de tennis »* revient à dire d'un point de vue mathématico-logique : *« Ce soir je vais voir qui va perdre. »*

A chaque match son unique perdant *(je ne peux avoir aucun perdant ni plus d'un perdant à l'issue d'un match)* et à chaque perdant son unique match *(un perdant ne peut perdre aucun match ni en perdre plus d'un) :* on dit qu'il y a **bijection** entre l'ensemble des matchs joués dans le tournoi et l'ensemble des perdants.

Ce qui veut dire finalement que pour connaître le nombre total de matchs joués dans le tournoi, il suffit de connaître le nombre total de perdants et que pour connaître le nombre total de perdants, il suffit de connaître le nombre total de matchs joués.

En conclusion : étant donné qu'il y a 1 unique vainqueur et 612 perdants à l'issue de la compétition, 612 matchs ont donc été joués dans le tournoi.

Question 54. Réponse B

Il s'agit d'une question de traductions successives. En effet, la surface d'un cube est égale à six fois l'aire d'une de ses faces. Donc on a, en notant A l'aire d'une face :

$6A = 384 \Leftrightarrow A = 64$

De plus, l'aire de la face d'un cube est simplement le carré de l'un de ses côtés de longueur C. Ainsi vous trouvez :

$64 = C^2$ donc $C = 8$

Enfin, le volume V d'un cube est égal au cube de son côté, soit :

$V = C^3 = 8^3 = 512$

Finalement, il ne vous reste plus qu'à comparer 2 (le chiffre des unités de 512) et $5 + 1 = 6$ (la somme du chiffre des dizaines et de celui des centaines de 512). Vous trouvez facilement que $2/6 = 1/3 = 33$ %.

Question 55. Réponse D

Notons G, J, E, N et K le nombre de tirs au centre de la cible respectifs de Gad, John, Ely, Noa et Kyla. D'après l'énoncé, vous avez les équations suivantes :

(1) $G = 3J$ (2) $J = K - 4$ (3) $E = 2K - 1$ (4) $N = J + G$

L'inconnue recherchée étant $G + J + E + N + K$. Pour faciliter les calculs, il est donc préférable que toutes les inconnues soient exprimées en fonction de l'une d'entre elles, disons par exemple K. Cela donne donc :

(1) $G = 3J = 3K - 12$
(2) $J = K - 4$
(3) $E = 2K - 1$
(4) $N = J + G = 4K - 16$

Le nombre total de tirs au centre de la cible est égal à :

$G + J + E + N + K = 3K - 12 + K - 4 + 2K - 1 + 4K - 16 + K = 11K - 33 = 11\ (K - 3)$

Ainsi, on s'aperçoit que le nombre de tirs au centre de la cible est un multiple de 11, et parmi les réponses proposées, seul 66 est un multiple de 11.

Question 56. Réponse C

S'il doit jouer encore 50 matchs, alors Flavien aura joué 150 matchs en tout dans l'année. Or, enregistrer une moyenne de 30 points par partie sur 150 matchs, c'est avoir marqué en tout $30 \times 150 = 4\,500$ paniers. Sachant qu'il en a déjà marqué $29 \times 100 = 2\,900$, alors il devra encore en marquer $4\,500 - 2\,900 = 1\,600$ sur les 50 matchs restants.

Question 57. Réponse A

Vous savez que $40^2 = 1\,600$ tandis que $45^2 = (3 \times 15)^2 = 3^2 \times 15^2 = 9 \times 225 = 2\,025$. Ainsi, l'âge de mon arrière-grand-père sera compris entre 41 et 44, afin que l'année où il s'exclame ça soit une année où il a vécu. En calculant, l'on trouve :

$42^2 = 1764$, ce qui le ferait vivre jusqu'à 177 ans !
$43^2 = 1849$, ce qui est possible
$44^2 = 1936 > 1899$, impossible

C'est donc que $x = 43$, donc s'il avait 43 ans en 1849, c'est que mon arrière-grand-père est né en $1849 - 43 = 1806$.

Question 58. Réponse A

Attention à ne pas répondre 1 € sans réfléchir ! En effet, en testant les réponses, ce qui est la première méthode de résolution, vous trouvez que si le pot coûte 1 € et la plante 19 € de plus, alors elle coûtera $19 + 1 = 20$ et le total sera de $20 + 1 = 21$ €.

L'équation donnée par l'énoncé, en notant x le prix du pot en céramique, est :

$x + (19 + x) = 20$

En effet, la plante coûte $19 + x$. Après calcul vous trouvez :
$19 + 2x = 20$, soit $2x = 1$ et $x = 0,5$ €.

Question 59. Réponse A

Tentons d'exprimer l'aire de la partie grisée (notée A) en fonction d'aires que l'on connaît ou que l'on peut facilement calculer. Cependant, il ne faut pas perdre de vue que l'on nous demande une fraction, une proportion : il faudra donc exprimer cette aire en fonction de celle du grand carré.

Commençons donc par appeler C la longueur d'un côté du grand carré, tout en notant dans un coin de notre tête que l'aire de ce grand carré est C^2. Intéressons-nous maintenant à la partie grisée : elle est composée de 8 arcs de cercles égaux dont on peut calculer la surface à condition d'en connaître l'angle (et d'une sorte de rosace dont il risque d'être compliqué de trouver l'aire. En revanche, on peut aussi remarquer que cette surface vaut l'aire du petit carré moins l'aire de 4 arcs de cercle d'angle 90° (puisqu'il s'agit de l'angle d'un carré).

On a donc :
(*) A = Aire du petit carré – Aire de la partie noire + Aire de la partie gris foncé

Faisons le calcul étape par étape :

<u>1. Calcul de l'aire du petit carré en fonction de celle du grand carré</u>
Sachant que les quatre cercles sont parfaitement inscrits dans le grand carré, c'est que leur diamètre vaut C/2 et par conséquent leur rayon vaut C/4. Le côté du petit carré étant formé de deux rayons de ces cercles mis bout à bout, on trouve qu'il vaut $2 \times C/4 = C/2$. Pour finir, l'aire du petit carré est égale à $(C/2)^2 = C^2/4$.

<u>2. Calcul de l'aire de la partie noire</u>
Vous êtes face à 8 arcs de cercle égaux. On cherche donc simplement à trouver la mesure de l'angle dont ils sont constitués. Sachant que deux de ces arcs accolés à l'angle du petit carré (90°) forment un demi-cercle (d'angle 180°), c'est donc que chaque arc de cercle est d'angle $(180 - 90)/2 = 45°$.

On pourrait bien évidemment calculer l'aire en fonction de C, le rayon d'un cercle étant de C/4, mais en tant qu'étudiants consciencieux, vous aurez remarqué que deux arcs de cercle noirs mis bout à bout (formant ainsi un angle de 45 + 45 = 90°) étaient exactement égaux à un arc de cercle gris (d'angle 90°). Ainsi, l'aire de la partie gris foncé est égale à celle de la partie noire, ce qui nous évite de nombreux calculs puisque les deux quantités s'annulent dans l'équation (*) pour finalement donner :
A = Aire du petit carré = $C^2/4$ = Aire du grand carré / 4
On trouve donc bien que **1/4 du grand carré est grisé.**

Question 60. Réponse C

Si 3 hommes plantent 40 choux en 10 heures, c'est donc que ces mêmes 3 hommes vont planter 20 choux en 5 heures (deux fois moins de choux en deux fois moins de temps) et que par conséquent 6 hommes vont planter 40 choux en 5 heures (deux fois plus de choux pour deux fois plus de main-d'œuvre). De même, si cela prend 4 enfants pour faire le travail de

2 hommes, c'est que 2 enfants vont faire le travail d'un homme et donc que 6 enfants vont faire le travail de 3 hommes. Or on vient de voir que 3 hommes plantaient 20 choux en 5 heures donc, de même, 6 enfants vont planter 20 choux en 5 heures. Il ne vous reste alors plus qu'à mettre les hommes et les enfants ensemble pour se dire que l'équipe de 12 personnes plante 20 + 40 = 60 choux en 5 heures.

6. Logique [2] : séries graphiques

Question 61. Réponse D

Au Tage 2, il arrive parfois qu'au niveau des séries graphiques, les énoncés fonctionnent avec ce que l'on appelle des paires de cadres. Autrement dit les deux premiers cadres de votre énoncé sont liés et les 3e et 4e cadres (le 4e cadre étant la solution) sont également liés. Naturellement, le lien qui unit les cadres 1 et 2 est le même que celui qui unit les cadres 3 et 4.

Ici, vous remarquez que dans le cadre 1, le triangle est à l'intérieur du carré. Et dans le cadre 2, c'est l'inverse : c'est en effet le carré qui est dans le triangle. Aussi, si l'on applique le même lien entre le cadre 3 et le cadre solution, on s'attend nécessairement à avoir un grand rond avec un pentagone à l'intérieur et c'est précisément ce que nous dévoile la réponse D.

Question 62. Réponse A

Vous remarquez que le nombre du milieu divisé par le nombre de côté donne toujours 15 : 60/4 = 90/6 = 45/3 = 15.

Question 63. Réponse A

Le mouvement des barres vous indique qu'elles sont verticales et sur la gauche de la figure. De plus, leur nombre suit une progression arithmétique de un : il y a d'abord une barre, puis deux, puis trois. Ainsi, la solution doit en comporter quatre. En ce qui concerne les sigles, leur nombre est un extrait du début de la suite des nombres premiers : 5, 7, 11. Le nombre suivant est 13, ce qui correspond donc au nombre de sigles que doit contenir la solution.

Question 64. Réponse B

Le chiffre du coin inférieur droit suit une progression arithmétique de un, la solution doit donc contenir le chiffre 9 en ce même endroit. De plus, la somme des trois autres nombres donne un carré d'entier :

$3 + 27 + 6 = 36 = 6^2$

$13 + 17 + 19 = 49 = 7^2$

$7 + 49 + 8 = 64 = 8^2$

On remarque que les carrés se suivent, cette somme doit donc être égale à $9^2 = 81$ dans l'élément solution.

Question 65. Réponse B

La somme du nombre de côtés des figures présentes élevée au carré donne toujours le nombre inscrit en bas :

$(8 + 4)^2 = 12^2 = 144$ $(7 + 3)^2 = 10^2 = 100$ $(6 + 4)^2 = 10^2 = 100$

TEST BLANC #2 – CORRIGES

Question 66. Réponse A

Le mouvement de la barre vous indique qu'elle est verticale. Quant aux deux chiffres, leur somme suit une progression arithmétique de 1 :

4 + 7 = 11 5 + 7 = 12 4 + 9 = 13

La somme des deux prochains chiffres doit donc donner 14.

Question 67. Réponse D

Le mouvement des lettres vous indique qu'elles doivent se trouver dans le coin supérieur droit et le coin inférieur gauche. De plus, le chiffre du milieu suit une progression arithmétique de 2 et doit donc être un 8. Enfin, ce chiffre représente également l'écart entre les deux lettres inscrites :

U – ***V*** – ***W*** – X
R – ***S*** – ***T*** – ***U*** – ***V*** – W
M – ***N*** – ***O*** – ***P*** – ***Q*** – ***R*** – ***S*** – T

Question 68. Réponse B

Les objets progressent dans le sens des aiguilles d'une montre. On remarque en outre que le triangle blanc tourne sur lui-même dans le sens inverse des aiguilles d'une montre. Quant au triangle noir il tourne aussi sur lui-même mais dans le sens des aiguilles d'une montre.

Question 69. Réponse C

Dans le 1er cadre, on voit que 7 × 2 = 9 + 5. Il en va de même dans les autres cadres.

Question 70. Réponse D

La somme du nombre de côtés de la figure et du nombre de cercles dessinés à l'intérieur suit une progression arithmétique de +2 :

5 + 2 = **7** 6 + 3 = **9** 9 + 2 = **11**

Cette somme doit donc être de **13** pour la solution.

TEST BLANC TAGE 2

#3

TEST TAGE 2 #3 : VOTRE GRILLE DE REPONSES

Sous-test 1
Langage / Lexiphrase

	A	B	C	D
1				
2				
3				
4				
5				
6				
7				
8				
9				
10				
11				
12				
13				
14				
15				

Sous-test 2
Calcul

	A	B	C	D
16				
17				
18				
19				
20				
21				
22				
23				
24				
25				

Sous-test 3
Logique / Séries doubles

	A	B	C	D
26				
27				
28				
29				
30				
31				
32				
33				
34				
35				

Sous-test 4
Langage / Paratexte

	A	B	C	D
36				
37				
38				
39				
40				
41				
42				
43				
44				
45				
46				
47				
48				
49				
50				

Sous-test 5
Calcul

	A	B	C	D
51				
52				
53				
54				
55				
56				
57				
58				
59				
60				

Sous-test 6
Logique / Séries graphiques

	A	B	C	D
61				
62				
63				
64				
65				
66				
67				
68				
69				
70				

3

TEST BLANC TAGE 2
SOUS-TEST 1 : LANGAGE [lexiphrase]

Consignes

15 questions / 15 minutes

Barème

Réponse juste : + 3 points / Réponse fausse : – 1 point / Aucune réponse : 0 point

Question 1. Un régime politique dont les dirigeants sont les plus puissants s'appelle :

(A) Oligarchie
(B) Théocratie
(C) Anarchie
(D) Aristocratie

Question 2. Un oxymore désigne :

(A) Une oxydation
(B) Un insecte
(C) Le rapprochement de deux mots qui semblent s'opposer
(D) Le fait de dire moins pour suggérer davantage

@@@@@@@@@@@@@@@@@@@@@@@@@@@@@@@@@@@@@
@@@@@@@@@@@@@@@@@@@@@@@@@@@@@@@@@@@@@
@@@@@@@@@@@@@@@@@@@@@@@@@@@@@@@@@@@@@

Question 3. Une nomination officieuse est une nomination :

(A) Demandée secrètement
(B) Annoncée à tort
(C) A un poste honorifique
(D) Qui n'a pas été encore rendue officielle

Question 4. Quel est l'intrus ?

(A) Vivre un calvaire
(B) Le supplice de Tantale
(C) Le chemin de Damas
(D) La terre promise

Question 5. Qu'est-ce qu'une expression idiomatique ?

(A) Une expression qui n'a pas de sens littéral
(B) Une expression particulière à une langue, qui n'a pas d'équivalent dans les autres langues
(C) Une expression inventée de toutes pièces
(D) Aucune des solutions proposées n'est bonne

Question 6. Un bailleur de fonds est celui qui :

(A) Récupère l'argent prêté
(B) Loue un appartement
(C) Met à disposition gratuitement un lieu
(D) Prête de l'argent

@@@@@@@@@@@@@@@@@@@@@@@@@@@@@@@@@@@@@@@
@@@@@@@@@@@@@@@@@@@@@@@@@@@@@@@@@@@@@@@
@@@@@@@@@@@@@@@@@@@@@@@@@@@@@@@@@@@@@@@

Question 7. Quel est l'intrus ?

(A) Autoroute
(B) Planisphère
(C) Réglisse
(D) Oasis

Questions 8 à 10 : complétez en choisissant la solution optimale.

Question 8. (…) efforts du gouvernement, la vie augmente, (…) hausses saisonnières, (…) affecter sérieusement l'indice des prix.

(A)	Contrairement aux	et au vu des	il faut
(B)	En dépit des	du fait des	au point d'
(C)	A l'inverse des	compte tenu des	cela ne peut qu'
(D)	Peu importent les	à la suite des	de sorte qu'il est nécessaire d'

Question 9. Les raisons pour lesquelles le whisky (…) en vente libre ne sont pas des raisons (…) car tout le monde sait que le whisky (…). Ce sont donc des raisons (…).

(A) n'est pas permis / de sécurité publique / entraîne une accoutumance et de nombreux problèmes de santé / médicales qui ont pour but de minimiser les dégâts
(B) est permis / de sécurité / n'est pas dangereux / médicales qui ont pour but de minimiser les dégâts
(C) n'est pas permis / de sécurité / entraîne une accoutumance et de nombreux problèmes de santé / économiques et sociales qui ne prennent pas en compte le danger encouru
(D) est permis / médicales / entraîne une accoutumance accompagnée de nombreux problèmes de santé / économiques et sociales qui ne prennent pas en compte le danger encouru

@@@@@@@@@@@@@@@@@@@@@@@@@@@@@@@@@@@
@@@@@@@@@@@@@@@@@@@@@@@@@@@@@@@@@@@
@@@@@@@@@@@@@@@@@@@@@@@@@@@@@@@@@@@

Question 10. Nestor préfère toujours acheter un produit français plutôt qu'un produit étranger, sauf si le produit étranger est moins cher (...) de meilleure qualité que le produit français. C'est pourquoi, il préféra acheter une voiture (...) plutôt qu'une (...) car (...) et (...).

(A) et / française / coréenne / la première était relativement chère / n'était pas de bonne qualité

(B) ou / espagnole / française / cette dernière était relativement bon marché / de très bonne qualité

(C) et / française / américaine / cette dernière était bon marché / n'était pas de bonne qualité

(D) ou / française / américaine / la première était très chère / n'était pas de bonne qualité

Question 11. Que signifie l'expression « la faim fait sortir le loup du bois » ?

(A) Dans une situation difficile, on n'hésite pas à prendre les risques qui s'imposent.

(B) Il faut parfois agir contre ses propres convictions ou sa volonté.

(C) Se mettre inconsciemment dans une situation dangereuse.

(D) Avoir une sacrée fringale.

Question 12. Combien de fautes d'orthographe et/ou de grammaire le passage suivant contient-il ?

Nous avons passé une soirée cahotique. Un soit-disant fabriquant a réussi à nous convaincre d'acheter du tissu en lain noir de jais à un prix défiant toute concurrence.

(A) Une

(B) Deux

(C) Trois

(D) Quatre

TEST BLANC #3 – ENONCES

@@@

Question 13. Parmi les quatre propositions suivantes, une seule est correctement orthographiée. Laquelle ?

(A) Le président en exercice dispose de nombreux avantages pécuniaires

(B) Ce soit-disant médecin conventionné est un authentique trafiquant.

(C) En l'occurence, rien ne t'interdit de porter plainte.

(D) Ce porte-avion est visible à des kilomètres.

Question 14. Parmi les propositions suivantes, quelle est celle qui compose exactement la 3e strophe de ce poème de Charles Baudelaire, intitulé *Harmonie du soir* ?

Voici venir les temps où vibrant sur sa tige
Chaque fleur s'évapore ainsi qu'un encensoir,
Les sons et les parfums tournent dans l'air du soir,
Valse mélancolique et langoureux vertige !

Chaque fleur s'évapore ainsi qu'un encensoir ;
Le violon frémit comme un cœur qu'on afflige ;
Valse mélancolique et langoureux vertige !
Le ciel est triste et beau comme un grand reposoir.

(…)

Un cœur tendre, qui hait le néant vaste et noir,
Du passé lumineux recueille tout vestige !
Le soleil s'est noyé dans son sang qui se fige…
Ton souvenir en moi luit comme un ostensoir !

(A) Le violon frémit comme un cœur qu'on afflige ;
Un cœur tendre, qui hait le néant vaste et noir !
Le ciel est triste et beau comme un grand reposoir ;
Le soleil s'est noyé dans son sang qui se fige.

(B) Le soleil s'est noyé dans son sang qui se fige.
Le ciel est triste et beau comme un grand reposoir.
Ton souvenir en moi luit comme un ostensoir ;
Du passé lumineux recueille tout vestige !

@@@@@@@@@@@@@@@@@@@@@@@@@@@@@@@@@@@@@@@
@@@@@@@@@@@@@@@@@@@@@@@@@@@@@@@@@@@@@@@
@@@@@@@@@@@@@@@@@@@@@@@@@@@@@@@@@@@@@@@

(C) Un cœur tendre, qui hait le néant vaste et noir !
Le violon frémit comme un cœur qu'on afflige,
Le soleil s'est noyé dans son sang qui se fige.
Le ciel est triste et beau comme un grand reposoir.

(D) Le ciel est triste et beau comme un grand reposoir
Du passé lumineux recueille tout vestige !
Le soleil s'est noyé dans son sang qui se fige.
Ton souvenir en moi luit comme un ostensoir !

Question 15. Un propos sans ambages est un propos :

(A) Sans détour
(B) Sans emphase
(C) Sans précaution
(D) Sans plan préétabli

Si vous avez terminé, vous n'êtes pas autorisé(e) à revenir sur une épreuve précédente.
Vous n'êtes pas non plus autorisé(e) à travailler sur une épreuve suivante avant la fin du temps imparti.

STOP !

3

TEST BLANC TAGE 2
SOUS-TEST 2 : CALCUL

Consignes

10 questions / 30 minutes / Calculatrice interdite

Barème

Réponse juste : + 3 points / Réponse fausse : – 1 point / Aucune réponse : 0 point

Question 16. Annie a 3 fois plus de sucettes que Zazie. Si elle lui en donnait 15, elle en aurait deux fois plus qu'elle. Combien devrait-elle lui en donner pour qu'elles en aient toutes les deux le même nombre ?

(A) 15
(B) 30
(C) 45
(D) 60

Question 17. AA est un nombre à deux chiffres et BBC un nombre à trois chiffres. On donne AA + AA = BBC. B et C sont des chiffres compris entre 0 et 9. Que vaut $(A + B + C)^2$?

(A) 25
(B) 36
(C) 64
(D) 81

//
//
//

Question 18. A la suite d'une inondation, trois granges appartenant à trois agriculteurs différents sont endommagées. L'assurance décide d'indemniser en fonction de la surface de chacune des granges. La première a une superficie de 25 m^2, la deuxième de 18 m^2 et la troisième de 15 m^2. Quelle est la somme totale versée par l'assurance aux trois agriculteurs sachant que celui qui possède la grange de 25 m^2 a touché la somme de 13 750 euros ?

(A) 18 150 euros
(B) 23 650 euros
(C) 31 900 euros
(D) 7 550 euros

Question 19. Un certain nombre d'abeilles, en nombre égal à la racine carrée de la moitié de l'essaim, se sont posées sur un arbre de jasmin, laissant derrière elles les huit neuvièmes de l'essaim en plus du roi abeille et de la reine abeille. Combien d'abeilles y a-t-il en tout ?

(A) 72
(B) 76
(C) 92
(D) 96

Question 20. On verse 209 litres d'eau dans les tonneaux A, B et C. Le tonneau B contient 50 % plus d'eau que A et le tonneau C contient 50 % plus d'eau que le tonneau B. Combien y a-t-il d'eau dans le tonneau B ?

(A) 40 litres
(B) 44 litres
(C) 60 litres
(D) 66 litres

Question 21. Lors d'une réunion de famille, il y a 3 fois plus d'enfants que d'adultes et il y a 2 fois plus de personnes de sexe masculin que féminin. Parmi les nombres suivants, lequel ne peut pas correspondre au nombre de personnes présentes dans cette réunion ?

(A) 12
(B) 24
(C) 36
(D) 44

//
//
//

Question 22. Aujourd'hui, Henri a remarqué que s'il échange les chiffres de son âge, il obtient exactement l'âge de la fille du cousin du meilleur ami de son frère. Quand elle est née, Henri avait entre 20 et 30 ans. Quel était son âge quand la fille est née ?

(A) 25 (B) 26 (C) 27 (D) 28

Question 23. Un nénuphar, dont la surface double tous les jours, met 400 jours pour couvrir la surface d'un lac. Combien de temps mettront 4 nénuphars pour couvrir à eux quatre la moitié de la surface de ce lac ?

(A) 100 jours (C) 396 jours
(B) 200 jours (D) 397 jours

Question 24. Valérie, Yaëlle et Danielle entrent dans une bijouterie. Danielle achète 2 broches et 1 collier. Le collier coûte 520 €. Yaëlle achète 1 broche et 1 bague. Elle a dépensé plus que Danielle. La bague coûte 1 100 €. Valérie achète 3 broches et 1 bracelet. Valérie a dépensé plus que Danielle. Le bracelet coûte 110 €.
Sachant que toutes les broches sont au même prix, parmi les 4 propositions suivantes, quelle est la seule qui pourrait correspondre au prix d'une broche ?

(A) 570 € (B) 590 € (C) 610 € (D) 620 €

Question 25. La mairie de Lorient organise une immense fête pour le Nouvel An. Les responsables disposent de deux tonneaux de cidre remplis à ras bord de volume respectifs Z et T. Sachant que Z est égal à 150 % de T, alors $0{,}5 \times T$ est égal à :

(A) 50 % de Z (C) $1{,}5 \times Z$
(B) 3/2 de Z (D) 1/3 de Z

Si vous avez terminé, vous n'êtes pas autorisé(e) à revenir sur une épreuve précédente.
Vous n'êtes pas non plus autorisé(e) à travailler sur une épreuve suivante avant la fin du temps imparti. **STOP !**

TEST BLANC TAGE 2
SOUS-TEST 3 : LOGIQUE [séries doubles]

3

Consignes

10 questions / 15 minutes

Barème

Réponse juste : + 3 points / Réponse fausse : – 1 point / Aucune réponse : 0 point

Question 26.

	33			
85	?	?	34	102
	24			
	15			
	42			

(A) 119
(B) 60
(C) 68
(D) 51

Question 27.

			347	
			658	
			260	
			879	
495	910	366	?	178

(A) 261
(B) 524
(C) 686
(D) 782

Question 28.

			CE		(A)	GK
			GH		(B)	KD
RD	DS	CE	?	IJ	(C)	RD
			DN		(D)	GR
			PQ			

Question 29.

			441		(A)	123
			270		(B)	876
127	780	341	?	672	(C)	450
			342		(D)	711
			216			

Question 30.

		MMK			(A)	GAS
		JOM			(B)	JLS
		ZSQ			(C)	FQO
		OVT			(D)	GJH
CZX	RAE	?	RSI	KTB		

Question 31.

35					(A)	210
210					(B)	420
336					(C)	114
56					(D)	140
?	430	254	879	193		

Question 32.

		EUV			(A)	GUN
		FMN			(B)	GFG
XKB	PJB	?	SHU	DGP	(C)	GIJ
		HRS			(D)	CIK
		IDE				

Question 33.

		693			(A)	675
		217			(B)	465
297	483	?	261	650	(C)	839
		108			(D)	475
		940				

Question 34.

		SO			(A)	GB
		MC			(B)	EI
RS	BD	?	GK	UZ	(C)	CP
		DS			(D)	RU
		RD				

Question 35.

			324		(A)	264
			289		(B)	280
139	246	752	?	279	(C)	169
			144		(D)	324
			400			

Si vous avez terminé, vous n'êtes pas autorisé(e) à revenir sur une épreuve précédente.
Vous n'êtes pas non plus autorisé(e) à travailler sur une épreuve suivante avant la fin du temps imparti.

STOP !

3

TEST BLANC TAGE 2
SOUS-TEST 4 : LANGAGE [paratexte]

Consignes

15 questions / 15 minutes

Barème

Réponse juste : + 3 points / Réponse fausse : – 1 point / Aucune réponse : 0 point

COMPREHENSION DE TEXTE

Peut-on museler les dissidents, orienter les opinions, empêcher la critique et la circulation des informations indésirables lorsqu'on vit à l'ère d'Internet ? Le Parti communiste chinois (PCC) est confronté à un défi de taille : développer sa propagande alors qu'il doit composer avec une population de 1,34 milliard de personnes, dont 500 millions d'internautes et 300 000 blogeurs.

Une police du Web, composée d'environ 40 000 personnes, contrôle en permanence les sites, médias ou blogs qui diffusent des informations jugées « néfastes », ou qui critiquent le gouvernement, et n'hésitent pas à les bloquer si besoin. Ainsi, plusieurs sites occidentaux au succès planétaires sont inaccessibles en Chine, comme Facebook, Youtube ou Twitter. Les autorités chinoises ont une peur bleue d'Internet, car c'est un outil difficilement contrôlable. Du coup, plusieurs médias étrangers, comme RFI en France, la BBC ou des médias coréens, sont inaccessibles. Des sites d'ONG comme Reporters sans frontières ou des sites ou blogs d'indépendantistes tibétains sont carrément bloqués. Si Facebook et Twitter sont inaccessibles, pas question de priver les Chinois de ces réseaux sociaux. A la place, les internautes se connectent à

##
##
##

Renren et Weibo (les alternatives chinoises à Facebook et Twitter), qui ressemblent à s'y méprendre à leurs homologues occidentaux. Autre site de microbloging très populaire : Red Microblog. Tous sont activement contrôlés par le Parti.

Restent les forums de discussion. Depuis 2004, le PCC a embauché des milliers de « honkers », c'est-à-dire des internautes professionnels, payés 5 maos (50 centimes) par commentaire, dont la mission est de défendre et relayer le point de vue officiel. Ces « honkers » sont, pour la plupart, des étudiants rompus aux techniques du web, et membres du PCC.

Néanmoins, des parades existent. Beaucoup de Chinois, notamment des jeunes, trouvent des moyens pour avoir accès aux sites interdits. Pour contourner les pare-feux instaurés par le régime, ceux qui savent utiliser l'informatique adoptent des logiciels pour comme Little Dragon pour accéder aux sites et blogs non autorisés. Jusqu'à ce que les autorités les repèrent, et il faut en changer.

Le principe de la « vigilance tournante » (*weiguan*) tend aussi à se répandre. Le principe : tweeter un cas de violation des lois ou une information interdite en le transmettant immédiatement sur Weibo. Les « followers » font suivre le message comme une traînée de poudre.

Les internautes chinois ont également mis au point un vocabulaire spécifique pour contourner le système de censure par mots-clés : dès que certains mots apparaissent, par exemple des insultes, ils sont effacés par les autorités chinoises. Les jeunes ont donc développé un langage propre à Internet, souvent incompréhensible par leurs parents, pour partager leurs points de vue et opinions sur des sujets sensibles, comme la politique chinoise.

Concrètement, les internautes utilisent des mots en Anglais ou des homonymes en chinois pour remplacer les mots interdits. Par exemple, le mot « *He Xie* », qui signifie « harmonie », est censuré sur Internet, même sur les réseaux sociaux comme Renren (le facebook chinois), car ce mot fait référence à la politique du président chinois Hu Jin Tao, celle d'une « société harmonieuse » (« *hexie shehui* »). Ne pouvant plus utiliser les idéogrammes du mot « harmonie », les internautes utilisent alors un homonyme : le mot « crabe de rivière », qui se prononce également *He Xie*.

##
##
##

Question 36. Pourquoi l'idéogramme du mot « harmonie » ne peut-il plus être utilisé ?

(A) Il est devenu le symbole de la dissidence chinoise.
(B) Ce mot est censuré par les autorités chinoises.
(C) Il fait référence à la politique des autorités.
(D) Il est utilisé par les autorités pour repérer les dissidents.

Question 37. Comment les Chinois peuvent-ils contourner la censure ?

1. Par les Honkers
2. Par la vigilance tournante
3. Par la maîtrise des langues étrangères
4. Par les logiciels

(A) 1 + 2 + 3 + 4
(B) 1 + 2 + 3
(C) 2 + 3 + 4
(D) 2 + 4

Question 38. Lequel de ces chiffres est faux ?

(A) La Chine comporte 500 000 internautes.
(B) Les honkers sont payés 5 maos.
(C) Il y a 300 000 blogueurs en Chine.
(D) La population chinoise s'élève à 1,34 milliard de personnes.

##
##
##

Question 39. Quels médias sont interdits en Chine ?

1. Facebook
2. RFI
3. BBC
4. Twitter

(A) 1 + 2 + 3 + 4
(B) 1 + 2 + 3
(C) 2 + 3
(D) 3 + 4

Question 40. Comment peut-on définir un honker ?

1. Un internaute
2. Un membre du PPC
3. Un étudiant
4. Une personne rémunérée

(A) 1 + 2 + 3 + 4
(B) Uniquement 1
(C) 1 + 3 + 4
(D) 1 + 4

##
##
##

Questions 41 à 47 : choisissez la reformulation dont le sens se rapproche le plus du (des) passage(s) souligné(s).

Question 41. « Pouvons-nous sans folle outrecuidance croire que l'avenir ne nous jugera pas ? » (RENAN)

(A) modestie
(B) mégalomanie
(C) présomption
(D) naïveté

Question 42. L'Occupation fut une période très importante pour notre pays.

(A) fondamentale
(B) capitale
(C) fabuleuse
(D) cruciale

Question 43. L'incendie a dévasté la commune et causé de grandes pertes. C'est un drame : on ne compte plus le nombre de morts. La population est très choquée.

(A) une catastrophe — de cadavres
(B) une tragédie — de dépouilles
(C) une horreur — d'âmes perdues
(D) une malédiction — d'âmes fauchées

Question 44. Ce sommet tombe à pic ! Nous pourrons y traiter des problèmes structurels, en vue de trouver des solutions concrètes.

(A) formels
(B) fondamentaux
(C) récurrents
(D) spécieux

###
###
###

Question 45. Ce nouveau parti d'extrême droite exacerbe les tensions politiques à Marseille.

(A) rosse
(B) émonde
(C) accroît
(D) ravive

Question 46. Le joueur batave a placé un coup de tête puissant au premier poteau mais sa tentative a heurté le poteau gauche du but suédois. Ce fait de jeu marque sans aucun doute le tournant du match.

(A) belge
(B) bulgare
(C) albanais
(D) néerlandais

Question 47. Cette organisation séditieuse originaire d'Ecosse a été défaite au cours de l'été dernier.

(A)	mutine	battue
(B)	révolutionnaire	dissolue
(C)	contestataire	arrêtée
(D)	rebelle	dissoute

##
##
##

Questions 48 à 50 : complétez en choisissant la solution optimale.

Question 48. Beaucoup d'individus (...) qu'il ne faut pas (...) au moment de prononcer le verdict, cependant (...) sans nul doute (...).

(A) pensent / se préoccuper de l'état de santé de l'accusé / celui qui connaît le système judiciaire / renforcera son opinion
(B) prétendent / cacher au public les détails de l'affaire / s'ils savaient que ceci révélerait des secrets d'Etats / cela renforcerait leur opinion
(C) croient de tout cœur / tenir compte des caractéristiques personnelles du criminel / s'ils étaient à la place de l'accusé / leur opinion aurait été différente
(D) sont prêts à accepter le fait / se référer à des arrêts précédents / si ceux-ci n'ont pas de rapport avec le cas / il ne faut pas s'y référer

Question 49. Ce chauffard, (...) du cannabis a mortellement percuté les deux personnes âgées qui attendaient à l'arrêt du bus.

(A) sous l'effet
(B) sous l'empire
(C) sous la mainmise
(D) sous l'emprise

Question 50. La grève des urologues s'est achevée (...) satisfait leurs revendications. Ceux qui s'imaginent que la grève actuelle des radiologues aboutira à un résultat (...) oublient que dans la mesure où les revendications des radiologues (...) justifiées que celles des urologues, (...) que le gouvernement se montre conciliant.

(A) sans qu'on ait / semblable / ne sont pas moins / il n'y a pas de raison
(B) après qu'on eut / semblable / sont moins / il est probable
(C) sans qu'on ait / différent / sont plus / il est probable
(D) après qu'on eut / différent / ne sont pas moins / il est probable

Si vous avez terminé, vous n'êtes pas autorisé(e) à revenir sur une épreuve précédente.
Vous n'êtes pas non plus autorisé(e) à travailler sur une épreuve suivante avant la fin du temps imparti.

STOP !

TEST BLANC TAGE 2
SOUS-TEST 5 : CALCUL

3

Consignes

10 questions / 30 minutes / Calculatrice interdite

Barème

Réponse juste : + 3 points / Réponse fausse : – 1 point / Aucune réponse : 0 point

Question 51. Le trajet d'un marathon consiste à aller jusqu'à un relais puis à revenir à son point de départ par le même chemin. L'aller est en descente et le retour en montée. Un coureur a mis 360 min pour parcourir la distance. Il a parcouru l'aller à 10 km/h et le retour à 5 km/h. Quelle est la longueur de la distance de ce marathon ?

(A) 44 km
(B) 30 km
(C) 38 km
(D) 40 km

Question 52. Un club de sport propose à ses clients 20 % de réduction sur leur première facture s'ils adhèrent à la Boutique Club en s'acquittant d'un droit d'entrée de 65 €. Un client adhère à la Boutique Club et achète pour 930 € de produits avant réduction. Quelle est la réduction réelle accordée au client si l'on tient compte des 65 € d'abonnement dont il s'est acquitté ?

(A) 11 %
(B) 12 %
(C) 13 %
(D) 15 %

§§
§§
§§

Question 53. Pierre, Halim et Chloé possèdent à eux trois 207 billes, chacun le même nombre. Ils s'affrontent. A la fin de la partie, Chloé possède le même nombre de billes qu'au début et Pierre a perdu les deux tiers de ses billes au profit d'Halim. Quelle est la proportion possédée par Halim en fin de partie par rapport au nombre de billes possédées par Pierre ?

(A) 4 fois plus
(B) 5 fois plus
(C) 6 fois plus
(D) 7 fois plus

Question 54. Deux points W et U sont donnés sur les côtés [AS] et [SH] du rectangle ASHX. Le rectangle est alors divisé en plusieurs parties. La figure ci-contre, qui représente ce découpage, indique les aires de trois de ces parties. Que vaut l'aire du quadrilatère marqué par le point d'interrogation ?

(A) 20
(B) 21
(C) 25
(D) 26

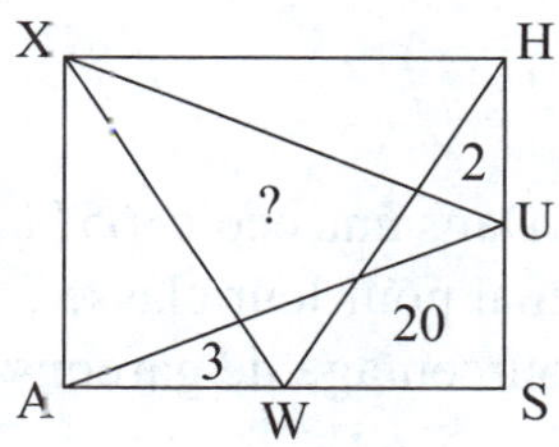

Question 55. Nina a additionné six nombres de deux chiffres, tous différents. Le plus petit d'entre eux est supérieur à 80 mais inférieur à 90. Le total exact trouvé par Nina figure ci-dessous. C'est :

(A) 491 (B) 500 (C) 573 (D) 576

Question 56. Un concessionnaire a liquidé ce mois-ci tous les modèles de voiture de sa concession. 60 % des voitures vendues étaient de modèle essence, deux septièmes de modèle diesel et 92 de modèle hybride. Combien de voitures ce concessionnaire a-t-il vendues ?

(A) 790 (B) 805 (C) 812 (D) 827

§§
§§
§§

Question 57. Il y a 6 ans, Daniel avait 4 fois l'âge de Nicolas. Aujourd'hui, Daniel a 2 fois l'âge de Nicolas. Quel est l'âge Nicolas ?

(A) 7
(C) 12
(B) 9
(D) 15

Question 58. Dans le triangle ci-dessous, on a tracé les bissectrices. L'un des angles du triangle mesure 68°. Combien mesure l'angle marqué d'un point d'interrogation ?

(A) 112°
(B) 124°
(C) 128°
(D) 132°

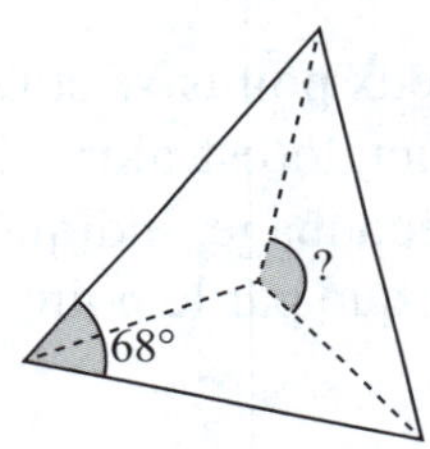

Question 59. Dans une école, 65 % des élèves sont des filles. Parmi les garçons, 75 % ont l'âge normal pour leur classe ; 15 % sont en avance et 20 garçons sont en retard. Quel est le pourcentage de garçons en retard par rapport au nombre total d'élèves ?

(A) 1,5 %
(C) 3,5 %
(B) 2,75 %
(D) 7,5 %

Question 60. Sur un examen constitué de 100 questions, on donne 9 points pour chaque bonne réponse et on soustrait 5 points par mauvaise réponse. Les questions sans réponse ne figurent pas dans le calcul de la note. Quel est le nombre maximal de questions auquel on peut répondre afin d'obtenir une note de 0 ?

(A) 84 (B) 90 (C) 98 (D) 99

Si vous avez terminé, vous n'êtes pas autorisé(e) à revenir sur une épreuve précédente.
Vous n'êtes pas non plus autorisé(e) à travailler sur une épreuve suivante avant la fin du temps imparti.

STOP !

3

TEST BLANC TAGE 2
SOUS-TEST 6 : LOGIQUE [séries graphiques]

Consignes

10 questions / 10 minutes

Barème

Réponse juste : + 3 points / Réponse fausse : – 1 point / Aucune réponse : 0 point

Question 61.

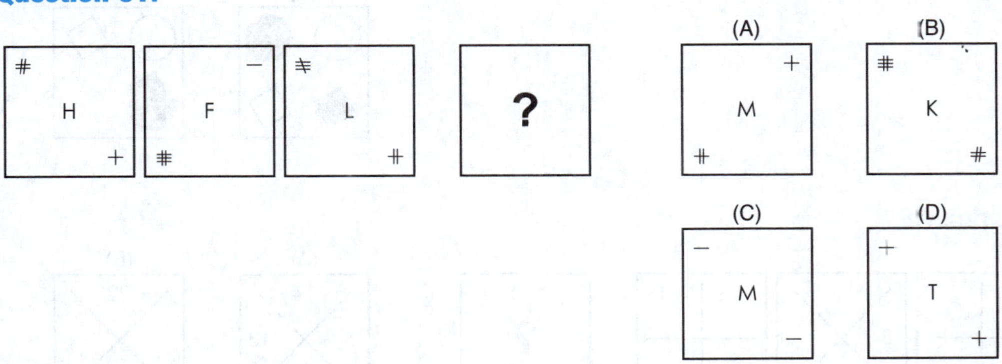

****
****
****

Question 62.

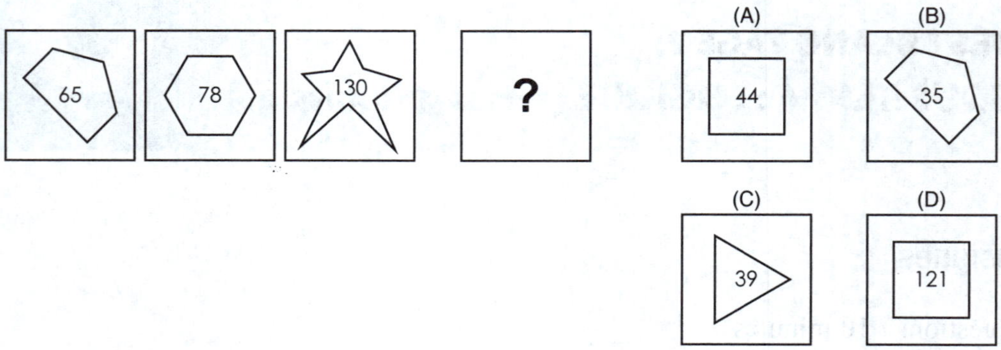

Question 63.

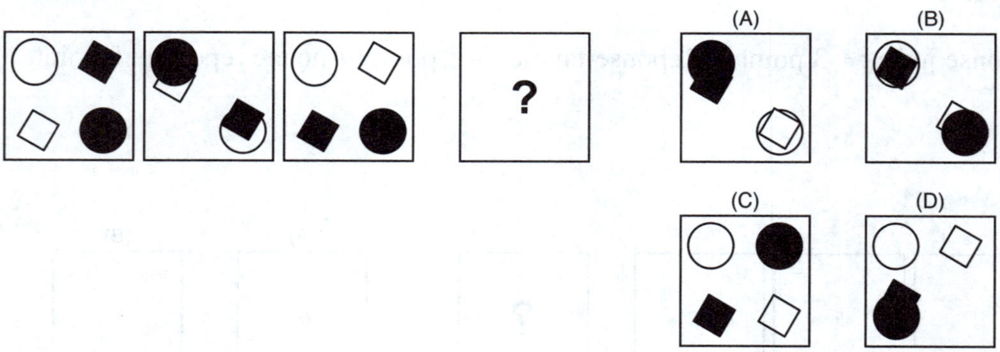

Question 64.

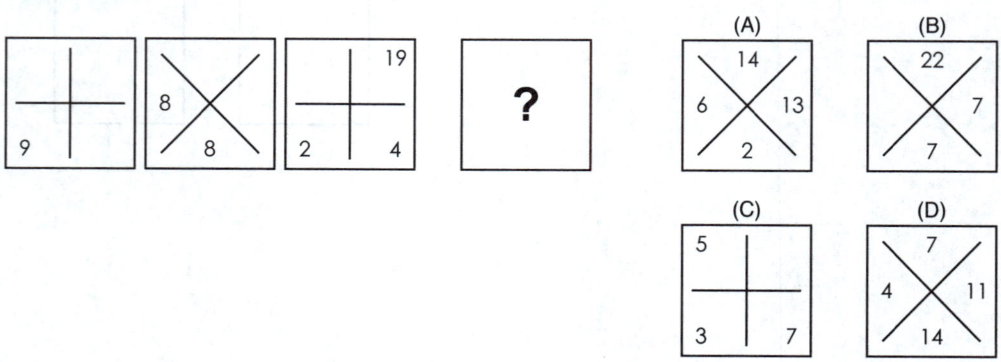

****
****
****

Question 65.

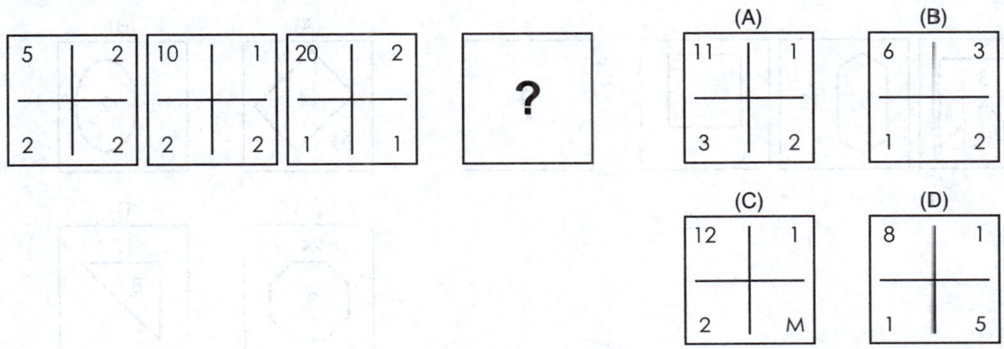

Question 66.

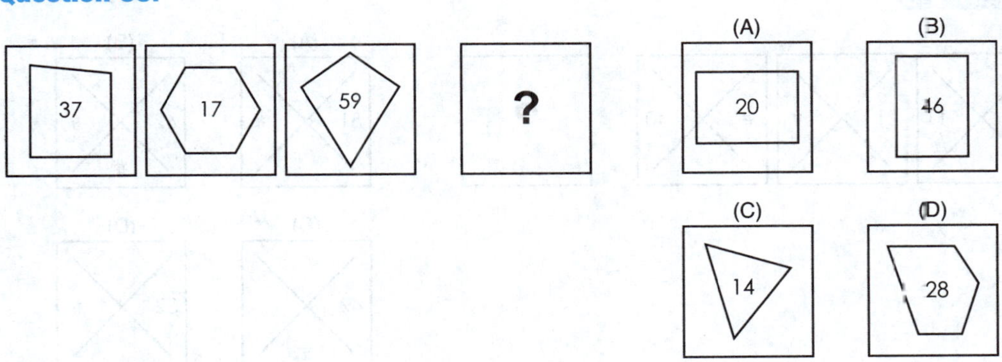

Question 67.

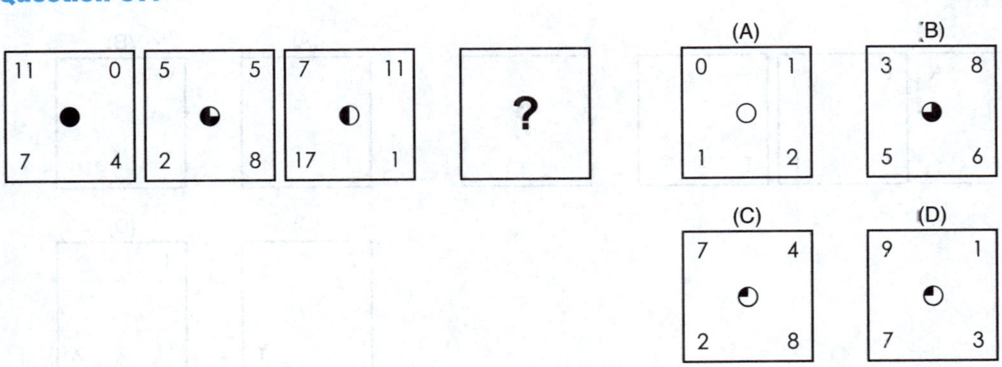

****
****
****

Question 68.

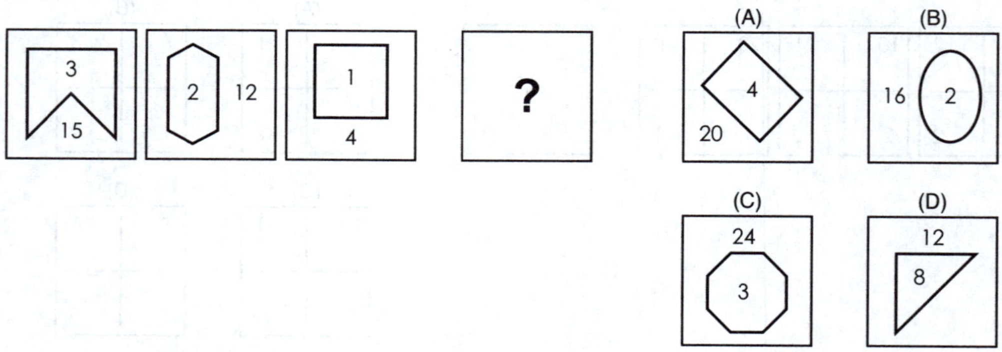

Question 69.

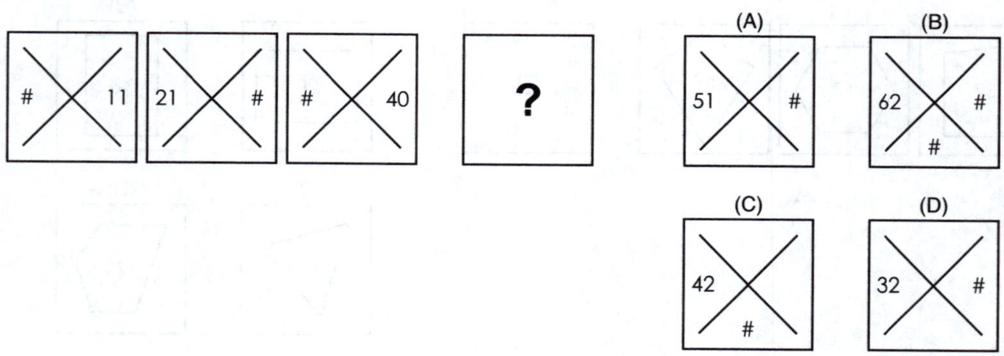

Question 70.

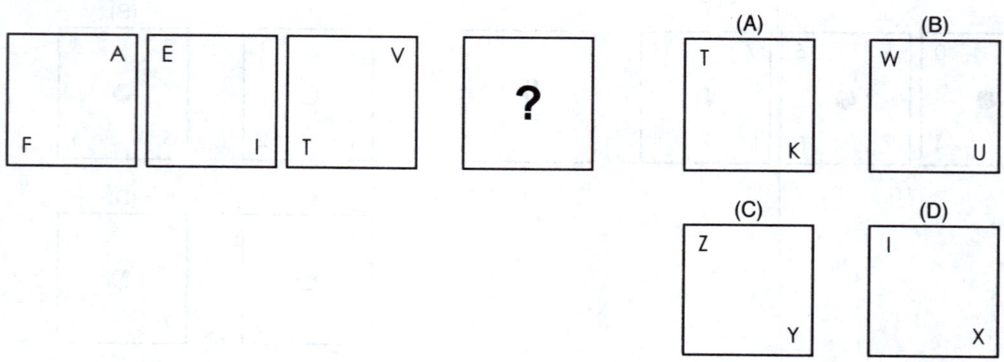

TEST TAGE 2 #3 : GRILLE DES REPONSES JUSTES

Sous-test 1 – Langage / Lexiphrase

	A	B	C	D
1	X			
2			X	
3				X
4		X		
5		X		
6				X
7		X		
8		X		
9				X
10			X	
11		X		
12				X
13	X			
14	X			
15	X			

Sous-test 2 – Calcul

	A	B	C	D
16			X	
17		X		
18			X	
19	X			
20				X
21				X
22			X	
23				X
24	X			
25				X

Sous-test 3 – Logique / Séries doubles

	A	B	C	D
26				X
27				X
28	X			
29			X	
30				X
31	X			
32			X	
33				X
34				X
35			X	

Sous-test 4 – Langage / Paratexte

	A	B	C	D
36		X		
37				X
38	X			
39			X	
40			X	
41			X	
42	X			
43	X			
44	X			
45			X	
46				X
47				X
48			X	
49		X		
50				X

Sous-test 5 – Calcul

	A	B	C	D
51				X
52			X	
53		X		
54			X	
55			X	
56		X		
57		X		
58		X		
59			X	
60			X	

Sous-test 6 – Logique / Séries graphiques

	A	B	C	D
61	X			
62			X	
63	X			
64				X
65				X
66			X	
67				X
68			X	
69				X
70				X

TEST BLANC TAGE 2
CORRIGES DU TEST BLANC #3

3

1. Langage [1]

Question 1. Réponse A

Question 2. Réponse C

Question 3. Réponse D

Question 4. Réponse B

Question 5. Réponse B

Question 6. Réponse D

Question 7. Réponse B

Question 8. Réponse B

Question 9. Réponse D

Question 10. Réponse C

Question 11. Réponse B

Question 12. Réponse D

Question 13. Réponse A

Question 14. Réponse A

Question 15. Réponse A

2. Calcul [1]

Question 16. Réponse C

Voilà une question très intéressante.

Soit A le nombre de sucettes que possède Annie et Z celles que possède Zazie. On sait d'après l'énoncé que $\boldsymbol{A = 3Z}$ et $A - 15 = 2 \times (Z + 15) \Leftrightarrow \boldsymbol{A = 2Z + 45}$. En soustrayant les deux équations on obtient $\boldsymbol{Z = 45}$ et $\boldsymbol{A = 135}$.

A présent, testons nos réponses… Nous vérifierons ainsi si Annie et Zazie finissent avec le même nombre de sucettes. Partons de la solution du milieu : si Annie donne 45 sucettes à Zazie, alors Annie se retrouve avec 90 sucettes (145 – 35)… tout comme Zazie (45 + 45) !

Question 17. Réponse B

Sachant que AA + AA doit donner un nombre à trois chiffres, c'est forcément que A > 4 car pour A = 4, AA + AA = 44 + 44 = 88 qui n'a que deux chiffres. Les deux premiers chiffres devant être identiques, il s'agit forcément de deux 1 car même si A = 9, alors AA + AA = 99 + 99 = 198 < 200. Vous en déduisez ainsi que AA + AA = 11C, et donc aisément que AA = 55 car 66 + 66 = 132 > 110. Finalement, 55 + 55 = 110 et vous avez donc : A = 5, B = 1 et C = 0.

Ainsi, $(A + B + C)^2 = (5 + 1 + 0)^2 = 6^2 = 36$.

Question 18. Réponse C

Il s'agit d'une simple règle de trois. En effet, un agriculteur est indemnisé à hauteur de 13 750 € pour une surface de 25 m^2 et il vous faut trouver combien les trois agriculteurs touchent pour une surface totale de 25 + 18 + 15 = 58 m^2. Résumons cela dans un tableau :

Surface	Indemnisation
25 m^2	13 750 €
58 m^2	x

Ainsi, en appliquant le produit en croix, vous trouvez : x = 13 750 × 58/25

Vous pouvez poser l'addition ou remarquer que les valeurs proposées sont relativement éloignées et qu'une approximation peut suffire. En effet, si 25 m^2 permettent de toucher 13 750 €, alors 25 × 2 = 50 m^2 permettront d'être indemnisé à la hauteur de 13 750 × 2 = 27 500 €. De plus, 8 m^2 représentent environ 1/3 de 25 m^2 donc l'indemnisation pour cette surface sera d'environ 1/3 de 13 750 soit moins de 5 000 €. La somme totale sera donc strictement comprise entre 27 500 et 32 500 € : seul 31 900 € fonctionne.

Question 19. Réponse A

Si l'on vous parle à un moment des huit neuvièmes de l'essaim, c'est donc que 8/9 × N (avec N le nombre total d'abeilles, autrement dit l'essaim) doit forcément être un nombre entier, car on ne peut pas envisager de tiers ou de quart d'abeille ! Autrement dit, N doit forcément être divisible par 9, et une seule solution l'est… La A ! Et oui c'était aussi simple que cela.

Question 20. Réponse D

Notons A, B et C les volumes respectifs contenus dans les tonneaux du même nom. En vous rappelant que contenir « 50 % de plus » revient à multiplier la quantité par 1,5 = 3/2, l'énoncé vous donne les équations suivantes :

(1) A + B + C = 209 (2) B = 3A/2 (3) C = 3B/2

Sachant que vous cherchez uniquement la valeur de B, il vaut mieux exprimer toutes les inconnues en fonction de celle-ci en inversant l'équation (2) :

(1) A + B + C = 209 (2) A = 2B/3 (3) C = 3B/2

Ainsi, en remplaçant A et C par leur valeur en fonction de B dans l'équation (1), vous obtenez :
2B/3 + B + 3B/2= 209 ⇔ 4B + 6B + 9B = 6 × 209 ⇔ B = 6 × 209/19
Vous remarquez que 209 = 190 + 19 donc 209/19 = 10 + 1 = 11. Finalement, vous avez bien : B = 11 × 6 = 66 L.

NB : il était également possible d'utiliser la méthode du *backsolving* (tester les solutions).

Question 21. Réponse D

Notons E, A, F et M les nombre respectifs d'enfants, d'adultes, de personnes de sexe féminin et de personnes de sexe masculin à cette réunion, ainsi que T le nombre total de personnes présentes. Vous avez donc les équations suivantes :

(1) T = E + A (2) T = F + M (3) E = 3A (4) M = 2F

En remplaçant E et M par leur valeur en fonction de A et F dans les équations (1) et (2), vous trouvez :
(1) T = 4A (2) T = 3F

Au lieu de calculer, pensez au fait que vous êtes face à des inconnues entières : vous ne pouvez pas avoir de demi-personne. Ainsi, pour être entier, T devra être :
(1) Divisible par 4 (2) Divisible par 3

Une autre façon d'aboutir à ce résultat était de vous dire que s'il y a trois fois plus d'enfants que d'adultes, c'est qu'il y a 3 enfants pour un adulte, soit forcément un multiple de $3 + 1 = 4$. En faisant de même pour les personnes de sexe masculin, vous retombez sur le fait que T doit être un multiple de 3 et 4, donc de $3 \times 4 = 12$. 44 est le seul nombre parmi les solutions qui ne le soit pas.

Question 22. Réponse C

En notant X le chiffre des dizaines de l'âge d'Henri et Y celui des unités, on obtient que son âge est égal à $10X + Y$. De plus, l'âge de la fille a pour chiffre des unités X et pour chiffre des dizaines Y, et est donc égal à $10Y + X$.
Pour connaître la différence d'âge D d'Henri avec la fille, qui représente exactement l'âge qu'il avait à sa naissance, il faut résoudre l'équation suivante :
$D = (10X + Y) - (10Y + X) = 9X - 9Y = 9(X - Y)$

D est donc forcément un multiple de 9 compris entre 20 et 30, autrement dit vous avez forcément $D = 27$.

Question 23. Réponse D.

Prenons le cas d'**1** nénuphar.
Au terme du 400e jour, il a couvert tout le lac.
Au terme du 399e, il a couvert la moitié du lac.
Au terme du 398e jour, il a couvert la moitié de la moitié du lac, soit le quart du lac.
Au terme du 397e jour, il a couvert la moitié du quart du lac, soit le huitième du lac.

Si l'on prend 4 nénuphars à présent : arrivés au **397e jour,** chacun d'entre eux aura couvert un huitième du lac, soit à eux quatre, quatre huitièmes du lac, autrement dit, la moitié du lac.

Question 24. Réponse A

Vous voici face à une question où la traduction de l'énoncé au fur et à mesure de sa lecture est primordiale, car elle vous noie vite dans une marée d'informations plus inutiles les unes que les autres.

En notant D la dépense de Danielle, V celle de Valérie et Y celle de Yaëlle, l'énoncé nous dit que :
(1) $D = 2 \times \text{Broche} + 1 \times \text{Collier}$
(2) Collier = 520
(3) $Y = 1 \times \text{Broche} + 1 \times \text{Bague}$
(4) $Y > D$
(5) Bague = 1 100

En prenant un peu de recul à ce moment de la résolution, vous vous rendez compte que vous avez 5 équations et 5 inconnues. Et si cela suffisait ? Remplaçons le Collier et la Bague par leurs valeurs respectives dans les équations (1) et (3) :

(1) D = 2 × Broche + 520

(2) Y = 1 × Broche + 1 100

(3) Y > D

En remplaçant de même Y et D par leurs valeurs dans l'équation (3), on obtient :
1 × Broche + 1 100 > 2 × Broche + 520
Soit encore après calcul :
Broche < 1 100 – 520 = 580

Or, comme vous gardez toujours un œil sur les réponses proposées, vous aurez remarqué que la seule réponse inférieure à 580 est la A !

Question 25. Réponse D

Vous devez être capables de traiter ce genre de question de façon quasi immédiate si vous avez appris vos correspondances : T = 2Z/3.
Sinon, vous pouvez toujours reposer le calcul :
Z = 150 % × T ⇔ Z = 1,5T ⇔ Z = 3T/2 ⇔ T = 2Z/3.
En conclusion : T/2 = 1/2 × 2(Z/3) = Z/3.

3. Logique [1] : séries doubles

Question 26. Réponse D

H : Tous les nombres sont des multiples de 17.
V : Somme constante égale à 6.

Question 27. Réponse D

H : Séparation somme constante égale à 9 par les côtés (la somme des deux chiffres situés aux extrémités est toujours égale à 9).
V : Inter Vertical de +1 sur le chiffre du milieu.

Question 28. Réponse A

H : Progression droite gauche avec saut progressif : D, D, E, G, J (entre D et D, on augmente de 0 rang, entre le 2e D et E on augmente d'1 rang, entre E et G on augmente de 2 rangs et entre G et J on augmente de 3 rangs).
V : Inter sur la 2e colonne avec saut de 2 lettres.

Question 29. Réponse C

H : Intra de +1 entre le premier et le deuxième chiffre.
V : Somme constante égale à 9.

Question 30. Réponse D

H : Inter Grande diagonale gauche de +2.
V : Intra de –2 entre la deuxième et la troisième lettre

Question 31. Réponse A

H : Inter Vertical de +2 sur le chiffre du milieu.
V : Tous les nombres sont des multiples de 7.

Question 32. Réponse C

H : Inter Vertical de –1 sur la lettre du milieu.
V : Inter Vertical de +1 sur la première lettre.

Question 33. Réponse D

H : Inter Vertical de –1 sur le chiffre du milieu.
V : Séparation somme constante égale à 9 par les côtés (la somme des deux chiffres situés aux extrémités est toujours égale à 9).

Question 34. Réponse D

H : Saut progressif entre les lettres. Dans RS, entre R et S on saute 1 rang. Dans BD, entre B et D on saute 2 rangs. Dans SU, entre R et U, on saute 3 rangs.
V : La 2e lettre est toujours composée d'une seule et unique courbe.

Question 35. Réponse C

H : Inter Vertical de +1 sur le chiffre du milieu.
V : Tous les nombres sont des carrés d'entiers.

4. Langage [2]

Question 36. Réponse B

Question 37. Réponse D

Question 38. Réponse A

Question 39. Réponse C

Question 40. Réponse C

Question 41. Réponse C

Question 42. Réponse A

Question 43. Réponse A

Question 44. Réponse A

Question 45. Réponse C

Question 46. Réponse D

Question 47. Réponse D

Question 48. Réponse C

Question 49. Réponse B

Question 50. Réponse D

5. Calcul [2]

Question 51. Réponse D

Le fait que le trajet soit un aller-retour signifie simplement que la distance D recherchée vaut $2 \times A$, en notant A la distance de l'aller (et donc du retour). En représentant la situation sur un dessin on a :

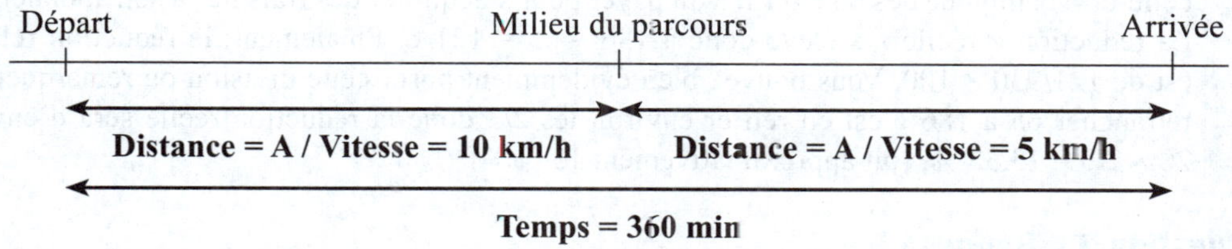

Sachant que pour chaque portion du parcours on dispose de la vitesse de course, il ne nous reste plus qu'à trouver le temps qu'a mis le coureur pour parcourir l'aller ou le retour. Nous vous proposons pour cela deux méthodes, la première nécessitant davantage de calculs que la seconde.

Méthode 1

Nous allons de nouveau traduire les données de l'énoncé sous la forme d'un système d'équations :

(1) $A = V_{aller} \times T_{aller}$
(2) $A = V_{retour} \times T_{retour}$
(3) $T_{aller} + T_{retour} = 360$

En remplaçant les inconnues par leur valeur et en remplaçant A dans l'équation (3) par sa valeur de l'équation (2) on a :

(1) $A = 10 \times T_{aller}$
(2) $5 \times T_{retour} = 10 \times T_{aller}$
(3) $T_{aller} = 360 - T_{retour}$

C'est-à-dire :

(1) $A = V_{retour} \times T_{retour}$
(2) $T_{retour} = 2 \times T_{aller}$
(3) $T_{aller} = 360 - 2 \times T_{aller}$

Ne nous intéressons plus qu'à l'équation (3) qui nous donne le temps qu'a mis le coureur pour parcourir l'aller et qui vaut $T_{aller} = 120$ min.

Méthode 2

Ici pas de calculs, juste du bon sens : si le coureur a couru deux fois plus vite au retour qu'à l'aller, dont les distances sont égales, c'est qu'il a forcément mis deux fois plus de temps au retour qu'à l'aller. On a donc immédiatement l'égalité :

$T_{retour} = 2 \times T_{aller}$

Et on trouve rapidement, en divisant 360 min par 3, que le coureur met 120 min à l'aller. Une fois que l'on dispose de cette information, plus rien ne nous empêche de calculer A grâce à la formule liant Vitesse, Temps et Distance, en convertissant les 120 min en 2 h pour obtenir les mêmes unités partout :

$A = 10 \times 2 = 20$ km

Il ne nous reste plus qu'à multiplier A (distance de l'aller) par deux pour obtenir la longueur du marathon qui est bien de 40 km.

Question 52. Réponse C

Dans un premier temps, le client achète pour 930 € de produits. La réduction « absolue » que le client obtient est égale à : 20 % × 930 € = 186 €. Quant à la réduction « réelle » qu'il obtient, celle-ci est amputée des 65 € qu'il a dû payer pour s'acquitter des frais liés à son abonnement. La réduction « réelle » s'élève donc à 186 – 65 = 121 €. Finalement, la réduction relative est de 121/930 × 100. Vous pouvez bien évidemment poser cette division ou remarquer que retrancher 65 à 186 c'est en retirer environ les 2/3 donc la réduction réelle sera d'environ 20 × 2/3 = 13,33 %, soit approximativement 13 %.

Question 53. Réponse B

Nous vous proposons ici deux méthodes permettant d'arriver à ce résultat, avec une préférence pour la moins calculatoire des deux, à savoir la seconde :

<u>Méthode 1</u>

Si en début de partie les trois amis ont le même nombre de billes et qu'en tout ils en possèdent 207, c'est que chacun a 207/3 = 69 billes au début de la partie. En s'intéressant à la situation en fin de partie et en notant P, H et C le nombre de billes alors détenues respectivement par Pierre, Halim et Chloé on obtient :

(1) P + C + H = 207
(2) C = 69
(3) P = 69 – 2/3 × 69
(4) H = 69 + 2/3 × 69

Les deux premières équations ne nous intéressent pas sachant que l'on ne recherche que le rapport entre le nombre de billes d'Halim et celui de Pierre. On trouve donc, sachant que 2/3 × 69 = 46, P = 23 et H = 105. Donc H/P = 105/23 = 5, ce qui veut dire qu'Halim possède 5 fois plus de billes que Pierre en fin de partie.

<u>Méthode 2</u>

Il est cependant possible de s'en sortir sans calcul chiffré. En effet, gardez toujours bien en tête ce que l'on vous demande : ici le nombre de billes détenu par chacun en début ou fin de partie importe peu, on ne vous demande qu'un rapport. En notant x le nombre de billes détenues par chacun en début de partie, représentons la situation par un tableau, la flèche rouge représentant le transfert de $2x/3$ de Pierre à Halim au cours de la partie :

	Pierre	**Halim**	**Chloé**
Début de partie	x	x	x
Fin de partie	$x - 2/3\ x$	$x + 2/3\ x$	x

On voit bien qu'en fin de partie il ne reste plus que $x - 2x/3 = x/3$ billes à Pierre et $x + 2x/3 = 5x/3$ billes à Halim, soit exactement 5 fois plus.

Question 54. Réponse C

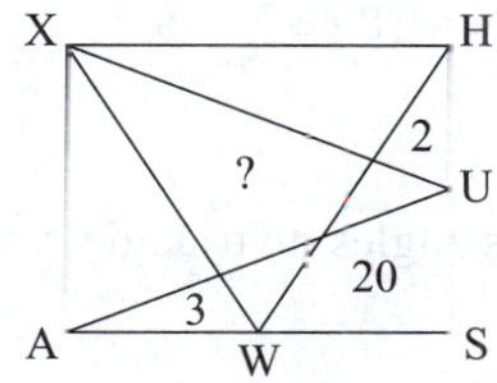

En notant a, b, c, d, et x les aires des autres parties, 2α l'aire du rectangle et en remarquant que l'aire de chacun des triangles XWH et XUA vaut α, on obtient :

$$\begin{cases} b + x + d = \alpha \\ a + x + c = \alpha \\ a + b + c + d + x + 2 + 3 + 20 = 2\alpha \end{cases}$$

Soit $\underline{\alpha = 25}$. Réponse C !

Question 55. Réponse C

Soient les 6 nombres rangés dans l'ordre croissant : a, b, c, d, e, f, avec $80 < a < 90$. La somme $a + b + c + d + e + f$ est minorée par 81 + 82 + 83 + 84 + 85 + 86 = 501 et majorée par 90 + 95 + 96 + 97 + 98 + 99 = 575. La seule réponse possible est donc 573.

Question 56. Réponse B.

Nous vous invitons à commencer par une traduction de l'énoncé en équations. En notant T le nombre total de voitures vendues, E le nombre de modèles essence vendus, D le nombre de modèles diesel vendus et H le nombre de modèles hybrides vendus, on a :

(1) T = E + D + H
(2) E = 60 % × T = 3/5 × T
(3) D = 2/7 × T
(4) H = 92

Ici on peut légitimement affirmer qu'il est difficile de vendre, par exemple, 2,7 voitures, c'est-à-dire que nos inconnues E, D et T seront des nombres entiers. Or les équations (2) et (3) nous donnent comme information que :
E = 3/5 × T et D = 2/7 × T

Si vous voulez que 3/5 × T soit un nombre entier, il faut nécessairement que T soit divisible par 5. Nous vous laissons le soin de vérifier que si ce n'est pas le cas, on se retrouve rapidement avec des cinquièmes de voiture… De même, en utilisant l'équation (2), on trouve que T doit être divisible par 7.
En se penchant sur les réponses, sachant que T est divisible par 5, on supprime les réponses C, D et E qui ne se finissent ni par un 5 ni par un 0.

Restent 790 et 805 dont on doit vérifier s'ils sont divisibles par 7. Prenons par exemple 790, qui vaut 700 + 70 + 20, soit 7 × 100 + 7 × 10 + 20 (qui n'est pas divisible par 7) donc 790 n'est pas divisible par 7.
Inversement, 805 vaut 700 + 70 + 35, soit 7 × 100 + 7 × 10 + 7 × 5 donc 805 est divisible par 7.

Question 57. Réponse B

Il suffit ici de traduire l'énoncé en un système d'équations, avec D l'âge de Daniel et N l'âge de Nicolas :

(1) D – 6 = 4 × (N – 6)
(2) D = 2 × N

TEST BLANC #3 – CORRIGES

En remplaçant D par sa valeur en fonction de N dans l'équation (1), on obtient :
$2 \times N - 6 = 4 \times N - 24 \Leftrightarrow 2 \times N = 18 \Leftrightarrow N = 9$

Question 58. Réponse B

En notant X et Y les deux autres angles du triangle, vous savez que :
(1) $X + Y + 68 = 180$

De plus, un autre triangle étant formé par les bissectrices, vous avez également :
(2) $X/2 + Y/2 + ? = 180$

Ces deux équations se réécrivent :
(1) $X + Y = 180 - 68 = 112$
(2) $? = 180 - (X + Y)/2$

Donc, en remplaçant $(X + Y)$ par sa valeur dans l'équation (2), vous trouvez :
$? = 180 - 112/2 = 180 - 56 = 124$.

Question 59. Réponse C

Il suffit une fois de plus de lentement traduire les données de l'énoncé. Nous vous proposons de tracer un arbre pour représenter les différentes populations de cette école :

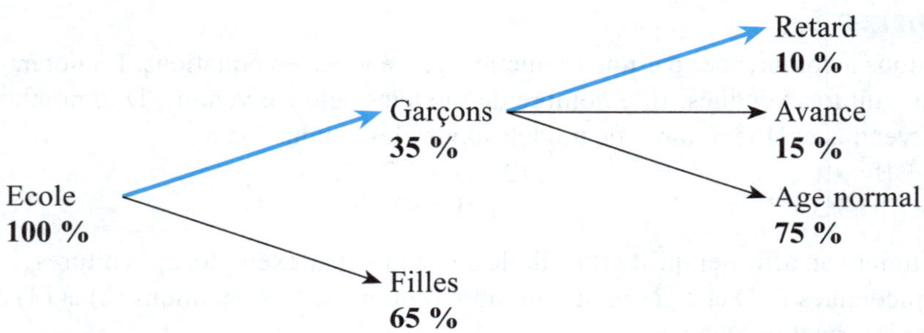

Dans cette école, on sait qu'il y a 65 % de filles : on en déduit qu'il y a 35 % de garçons. Parmi ces 35 %, 75 % ont l'âge normal pour leur classe et 15 % sont en avance, donc 10 % sont en retard scolaire (peu importe que ça représente 20 élèves, on ne nous demande que la proportion). Tout ce qui nous intéresse est la proportion R de garçons en retard, soit 10 % de 35 % des élèves, ce qui se traduit par $R = 0{,}1 \times 0{,}35 = 0{,}035$ soit $P = 3{,}5$ %.

Question 60. Réponse C

Pour obtenir une note égale à 0, il faut que le nombre de mauvaises réponses annule le score des bonnes réponses. Cela revient à trouver le PPCM de 9 et 5, soit 45. Or pour arriver à 45 il faut répondre juste à 5 questions ($45 = 5 \times 9$), et pour perdre 45 points, il faut avoir faux à 9 questions ($-5 \times 9 = -45$).

Ainsi, sur $5 + 9 = 14$ questions, l'élève peut obtenir un score égal à 0. Désormais, pour trouver le nombre maximal de questions auxquelles l'élève peut répondre tout en ayant une note globale de 0, il faut chercher le plus grand multiple de 14 compris entre 0 et 100. Ce multiple est 98 ($98 = 14 \times 7$). L'élève peut répondre jusqu'à 98 questions pour obtenir un score de 0.

6. Logique [2] : séries graphiques

Question 61. Réponse A

Le mouvement des sigles vous indique qu'ils doivent se trouver dans le coin supérieur droit et le coin inférieur gauche. De plus, la somme de toutes les barres (sigles et lettres) présentes dans la figure donne toujours 9 :

$4 + 3 + 2 = 9$ $1 + 3 + 5 = 9$ $4 + 2 + 3 = 9$

Question 62. Réponse C

Vous remarquez que le nombre du milieu divisé par le nombre de côté donne toujours 13 : $65/5 = 78/6 = 130/10 = 13$.

Question 63. Réponse A

Le rond blanc est tantôt en haut à gauche, tantôt en bas à droite. *Idem* pour le rond noir. Les carrés, progressent eux dans le sens des aiguilles d'une montre.

Question 64. Réponse D

Le mouvement de la croix vous indique qu'elle doit être penchée. De plus, il y a à chaque fois un nombre de plus, la solution doit donc en comporter quatre. Enfin, la somme de ces nombres est égale à un carré :

$9 = 3^2$ $8 + 8 = 16 = 4^2$ $2 + 4 + 19 = 25 = 5^2$

Ainsi, la somme de tous les nombres de l'élément solution doit donner $6^2 = 36$.

Question 65. Réponse D

Le produit de tous les nombres présents dans la figure donne toujours 40 :

$5 \times 2 \times 2 \times 2 = 40$ $10 \times 1 \times 2 \times 2 = 40$ $20 \times 2 \times 1 \times 1 = 40$

Question 66. Réponse C

La différence entre le chiffre des unités et celui des dizaines du nombre inscrit au milieu de la figure est égale au nombre de côtés de celle-ci :

3<u>7</u> : <u>7</u> – **3** = 4 **1**<u>7</u> : <u>7</u> – **1** = 6 **5**<u>9</u> : <u>9</u> – **5** = 4

Question 67. Réponse D

Il vous suffit d'observer le remplissage noir du petit disque au centre de la figure pour vous rendre compte que de plein, il passe à trois quarts plein, puis à moitié plein, pour terminer logiquement à un quart plein. Il faut ensuite remarquer que la somme des chiffres en haut du cadre est égale à la somme des chiffres en bas du cadre.

Question 68. Réponse C

C'est une question plutôt facile ! Dès que vous voyez des figures au Tage 2, votre premier réflexe doit être de compter le nombre de côtés (mais vous devrez aussi parfois compter les angles selon qu'ils sont aigus, obtus ou droits ou encore nommer vos figures pour trouver un lien entre l'initiale du nom de la figure et un nombre qui se trouve à l'intérieur par exemple…).

Ici, si vous comptez le nombre de côtés de la figure du premier cadre, vous remarquez qu'il y a 5 côtés.

Et si vous multipliez ensuite 5 par le nombre qui se trouve à l'intérieur de la figure (3) alors vous obtenez 15 qui est précisément le nombre qui se trouve au-dessus de la figure ! Cela fonctionne de la même façon dans les deuxième et troisième cadres. Seule la réponse C respecte la même règle. C'est donc la bonne réponse.

Question 69. Réponse D

Le mouvement du # vous indique qu'il doit se trouver à droite de la croix, le nombre se trouvant à l'opposé. En ce qui concerne ce nombre, la somme de ses chiffres suit une progression arithmétique de 1 :

$1 + 1 = 2$ $2 + 1 = 3$ $4 + 0 = 4$

La somme des chiffres du nombre présent dans l'élément solution doit donc être égale à 5.

Question 70. Réponse D

La somme du nombre total de barre présentes sur les deux lettres suit une progression arithmétique de –1 :

$3 + 3 = 6$ $4 + 1 = 5$ $2 + 2 = 4$

La somme en question doit donc être égal à 3 dans l'élément solution.

TEST BLANC TAGE 2

#4

TEST TAGE 2 #4 : VOTRE GRILLE DE REPONSES

Sous-test 1
Langage / Lexiphrase

	A	B	C	D
1				
2				
3				
4				
5				
6				
7				
8				
9				
10				
11				
12				
13				
14				
15				

Sous-test 2
Calcul

	A	B	C	D
16				
17				
18				
19				
20				
21				
22				
23				
24				
25				

Sous-test 3
Logique / Séries doubles

	A	B	C	D
26				
27				
28				
29				
30				
31				
32				
33				
34				
35				

Sous-test 4
Langage / Paratexte

	A	B	C	D
36				
37				
38				
39				
40				
41				
42				
43				
44				
45				
46				
47				
48				
49				
50				

Sous-test 5
Calcul

	A	B	C	D
51				
52				
53				
54				
55				
56				
57				
58				
59				
60				

Sous-test 6
Logique / Séries graphiques

	A	B	C	D
61				
62				
63				
64				
65				
66				
67				
68				
69				
70				

4

TEST BLANC TAGE 2
SOUS-TEST 1 : LANGAGE [lexiphrase]

Consignes

15 questions / 15 minutes

Barème

Réponse juste : + 3 points / Réponse fausse : – 1 point / Aucune réponse : 0 point

Question 1. Des mesures coercitives sont des mesures :

(A) Prises en commun
(B) Excessives
(C) D'emprisonnement
(D) Qui exercent une contrainte

Question 2. Agir par mimétisme, c'est agir :

(A) De manière irréfléchie
(B) Par imitation
(C) De manière automatique
(D) Par répétition

Question 3. Une nourriture roborative est une nourriture :

(A) Abondante
(B) Simple
(C) Frugale
(D) Qui redonne des forces

@@@@@@@@@@@@@@@@@@@@@@@@@@@@@@@@@@@@@
@@@@@@@@@@@@@@@@@@@@@@@@@@@@@@@@@@@@@
@@@@@@@@@@@@@@@@@@@@@@@@@@@@@@@@@@@@@

Question 4. Quel est l'intrus ?

(A) La splendeur céleste
(B) Le pays du Cèdre
(C) Le Royaume hachémite
(D) Le toit du monde

Question 5. Qu'est-ce que l'herméneutique ?

(A) Une théorie secrète
(B) Une théorie de l'interprétation
(C) Une théorie réservée à une élite
(D) Le culte de l'hermine

Question 6. « Le soleil ni la mort ne se peuvent regarder fixement » est une maxime de François de La Rochefoucauld. Comment doit-on la comprendre ?

(A) Le soleil, incarnant le principe de vie, et la mort se contredisent absolument
(B) L'homme ne peut pas penser directement à la mort comme il ne peut pas regarder fixement le soleil
(C) L'homme ne doit pas mettre sur le même plan le soleil (phénomène physique) et la mort (phénomène qui fixe la crainte et la superstition)
(D) Le soleil et la mort ne peuvent pas se regarder fixement

Question 7. Dans la liste suivante, quel mot est un synonyme de pusillanime ?

(A) Magnanime
(B) Poltron
(C) Courageux
(D) Impassible

Question 8. Comment s'orthographie le terme qui correspond à la définition suivante : « Avoir de l'aisance, de l'habileté dans la manière de se conduire en société. Par conséquent, avoir beaucoup de relations » ?

(A) Avoir de l'entregent
(B) Avoir de l'entre-gens
(C) Avoir de l'entregens
(D) Avoir de l'entre-gent

Question 9. Quel est l'antonyme de conspuer ?

(A) Embellir
(B) Embaumer
(C) Bafouer
(D) Acclamer

Questions 10 à 13 : complétez en choisissant la solution optimale.

Question 10. La civilisation occidentale a pour base historique (...) de la confrontation ; la culture japonaise fonde la sienne sur (...) de l'harmonie.

(A)	un dialogue	l'imminence
(B)	un dialecte	la proéminence
(C)	une dialectologie	l'imminence
(D)	une dialectique	la prééminence

Question 11. Pour les français, le japonais est quelqu'un qui se lève tôt et qui dès six heures du matin suit des cours de recyclage à la télévision tout en effectuant un sprint sur vélo fixe histoire de se mettre (...) en forme et à niveau.

(A) conjointement
(B) alternativement
(C) successivement
(D) nommément

@@@

Question 12. Le monde actuel est celui où l'entreprise n'est pas seulement possédée par des actionnaires individuels, mais de plus en plus par des actionnaires (…). Ces derniers prennent en considération le long terme et s'ouvrent à des objectifs plus généraux.

(A) généraux
(B) orthodoxes
(C) institutionnels
(D) groupés

Question 13. (…) traduit souvent l'embarras, le refus d'aborder directement un sujet ou encore le souci d'atténuer l'idée qu'on souhaite exprimer.

(A) La modestie
(B) La circonlocution
(C) La timidité
(D) L'humilité

Question 14. Parmi les couples de mots suivants, lequel ne forme pas un couple de synonymes ?

(A) Hermétique – Impénétrable
(B) Majestueux – Grandiose
(C) Nonchalant – Indolent
(D) Omnipotent – Universel

Question 15. Parmi les quatre expressions suivantes, une seule n'existe pas. Laquelle ?

(A) « Ça ne casse pas trois pattes à un canard. »
(B) « Ça glisse sur moi comme sur les plumes d'un canard. »
(C) « Il ne faut pas prendre les enfants du bon Dieu pour des canards sauvages. »
(D) « Les canards boiteux ne vont pas par deux. »

Si vous avez terminé, vous n'êtes pas autorisé(e) à revenir sur une épreuve précédente.
Vous n'êtes pas non plus autorisé(e) à travailler sur une épreuve suivante avant la fin du temps imparti.

STOP !

4

TEST BLANC TAGE 2
SOUS-TEST 2 : CALCUL

Consignes

10 questions / 30 minutes / Calculatrice interdite

Barème

Réponse juste : + 3 points / Réponse fausse : – 1 point / Aucune réponse : 0 point

Question 16. Léa et Sophie possèdent le même nombre de billes. Elles décident de s'affronter. Dans un premier temps, Léa gagne 20 billes, mais dans un second temps, elle perd les 2/3 de ses billes et Sophie possède alors 4 fois plus de billes que Léa. Combien de billes avaient-elles chacune avant de s'affronter ?

(A) 60
(B) 70
(C) 90
(D) 100

Question 17. Deux routiers doivent se rejoindre à un point de livraison. Le premier doit parcourir 80 km et le second 100 km pour y parvenir. Ils partent en même temps. A quelle vitesse doit rouler le second pour arriver en même temps que le premier, sachant que le premier se déplace à une vitesse de 60 km/h ?

(A) 120 km/h
(B) 105 km/h
(C) 90 km/h
(D) 75 km/h

Question 18. Lors d'un championnat de football, chaque équipe a rencontré toutes les autres équipes une seule fois. Combien y a-t-il eu de matchs disputés ?

(A) 80
(B) 102
(C) 117
(D) 120

Question 19. Un grand triangle équilatéral à une aire égale à 36 cm². On découpe à chaque sommet un petit triangle équilatéral, tous les trois identiques, de telle manière que l'on obtienne un hexagone régulier. Quelle est l'aire, en cm², de cet hexagone ?

(A) 16
(B) 18
(C) 20
(D) 24

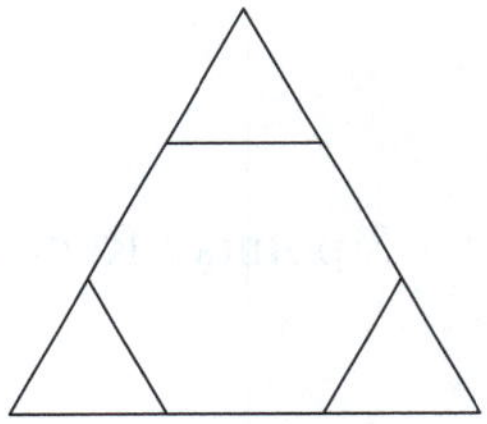

Question 20. Un jour, dans un cours de mathématiques, Samuel demande à son enseignant : « Monsieur Edouard, quel âge avez-vous ? » Monsieur Edouard répond : « Cette année, je suis trois fois plus âgé que ma sœur. Cependant, il y a six ans, j'étais cinq fois plus âgé qu'elle. » Quel est l'âge de l'enseignant ?

(A) 36 ans
(B) 40 ans
(C) 49 ans
(D) 55 ans

Question 21. 138 étudiants sont répartis dans trois salles de cours. A la fin des cours, 12 étudiants quittent la première salle, 10 quittent la deuxième salle et 14 quittent la troisième salle. Il y a alors le même nombre d'étudiants dans chaque salle. Combien y avait-il d'étudiants dans la troisième salle au début du cours ?

(A) 42
(B) 44
(C) 46
(D) 48

//
//
//

Question 22. Combien y a-t-il de nombres de trois chiffres qui ont la propriété suivante : Lorsqu'on soustrait 297 de ce nombre, on obtient un nombre de trois chiffres composé des mêmes chiffres, mais dans l'ordre inverse ?

(A) 6 (B) 7 (C) 10 (D) 60

Question 23. Un paquet de rasoirs coûte 8 €. Lors d'une promotion, on offre un paquet de rasoirs gratuit pour quatre paquets de rasoirs achetés. Un client achète des paquets de rasoirs pour 160 €. Combien a-t-il emporté de paquets ?

(A) 30 (B) 25 (C) 24 (D) 22

Question 24. Jeanne nettoie sa chambre en une heure et trente minutes quand son frère, lui, ne met qu'une heure pour nettoyer la chambre de Jeanne. Combien de temps ensemble, Jeanne et son frère mettront-ils pour nettoyer la chambre de Jeanne ?

(A) 30 minutes
(B) 36 minutes
(C) 45 minutes
(D) 56 minutes

Question 25. Lors d'une escale, une compagnie aérienne emploie 11 personnes pour nettoyer un avion en 5 minutes. L'une d'elles est le manager de l'équipe qui s'occupe juste de distribuer les tâches, et donc sans participer directement au nettoyage. En sachant qu'un manager ne peut pas s'occuper de plus de 10 personnes, combien la compagnie doit-elle employer de personnes pour réduire ce temps à 2 minutes ?

(A) 25 (B) 26 (C) 27 (D) 28

Si vous avez terminé, vous n'êtes pas autorisé(e) à revenir sur une épreuve précédente.
Vous n'êtes pas non plus autorisé(e) à travailler sur une épreuve suivante avant la fin du temps imparti.

STOP !

4

TEST BLANC TAGE 2
SOUS-TEST 3 : LOGIQUE [séries doubles]

Consignes

10 questions / 15 minutes

Barème

Réponse juste : + 3 points / Réponse fausse : – 1 point / Aucune réponse : 0 point

Question 26.

			42		(A)	70
			805		(B)	13
91	26	650	?	39	(C)	49
			28		(D)	91
			21			

Question 27.

				VB	(A)	UW
				RW	(B)	XZ
US	TE	XU	VO	?	(C)	RZ
				MY	(D)	XW
				ZV		

>>>
>>
>>

Question 28.

				35
729	415	628	707	?
				336
				693
				21

(A) 235
(B) 175
(C) 238
(D) 224

Question 29.

HPL	?	HUN	CRO	RXP
	VEC			
	DFZ			
	PNE			
	FDR			

(A) JAU
(B) LNM
(C) BSN
(D) BNM

Question 30.

127				
145				
910				
109				
?	412	13	515	824

(A) 454
(B) 253
(C) 721
(D) 618

Question 31.

		PZO		
		KBJ		
KUN	JTA	?	ORC	DQF
		YZX		
		LIK		

(A) USV
(B) KNJ
(C) HSL
(D) JSI

Question 32.

9131	4523	5180	?	3614
			3186	
			8324	
			5153	
			3248	

(A) 5432
(B) 7142
(C) 2875
(D) 4369

Question 33.

	TE			
	SU			
	AN			
	MI			
EI	?	VK	TN	ZL

(A) LA
(B) SI
(C) PO
(D) FV

Question 34.

	342			
	288			
	819			
	117			
729	?	125	27	343

(A) 216
(B) 8
(C) 459
(D) 512

Question 35.

		QG		
		PV		
RQ	OS	?	KL	JI
		CD		
		RV		

(A) MN
(B) RM
(C) FM
(D) HS

Si vous avez terminé, vous n'êtes pas autorisé(e) à revenir sur une épreuve précédente.
Vous n'êtes pas non plus autorisé(e) à travailler sur une épreuve suivante avant la fin du temps imparti.

STOP !

TEST BLANC TAGE 2
SOUS-TEST 4 : LANGAGE [paratexte]

4

Consignes

15 questions / 15 minutes

Barème

Réponse juste : + 3 points / Réponse fausse : – 1 point / Aucune réponse : 0 point

Question 36. Dans quelle proposition suivante tous les mots sont-ils correctement accentués ?

(A) bâtiment – exprès – récession
(B) dépôt – éfficacité – éthique
(C) obsolète – énergique – correler
(D) supérieur – intéraction – différencier

##
##
##

Question 37. Parmi les 5 phrases suivantes, lesquelles ne comportent aucune faute d'usage et/ou de style ?

1. Ce samedi, mes amis viendront tous à mon mariage à moto.
2. L'accueil des sans abri est de plus en plus difficile. Que pouvons-nous faire vis-à-vis d'eux ?
3. Six à sept personnes sont attendues par le préfet du Var.
4. Ils ont aussi peur que moi du froid et de la pluie.
5. C'est nous qui le ferons. Un point c'est tout.

(A) Phrases 1 et 2
(B) Phrases 2 et 3
(C) Phrases 1 et 5
(D) Phrases 1, 3 et 5

Question 38. Sachant que le passé composé exprime des faits complètement achevés à un moment déterminé ou indéterminé du passé, en relation avec le présent ou dont les conséquences sont encore sensibles dans le présent, soit :

1. Le récit de ma vie peut se faire en deux mots : je (voyager) et je (travailler).
2. Les araignées du matin (tisser) leurs toiles dans tous les coins.
3. Quand il (finir) de manger, il fume une cigarette.
4. Ce petit cahier que je feuilletais, (réveiller) en moi tout un monde.

Quelle réponse ci-dessous présente une conjugaison correcte des quatre phrases 1, 2, 3, 4 ?

(A)	1. voyageai, travaillai	2. tissèrent	3. a fini	4. a réveillé
(B)	1. voyageai, travaillai	2. tissèrent	3. finit	4. a réveillé
(C)	1. ai voyagé, ai travaillé	2. ont tissé	3. a fini	4. réveilla
(D)	1. ai voyagé, ai travaillé	2. ont tissé	3. finit	4. réveilla

##
##
##

Question 39. Parmi les proverbes suivants lequel est le plus proche du proverbe *« Qui bon l'achète, bon le boit ».*

(A) Qui économise sur la qualité du drap le paiera deux fois.
(B) Qui fait un panier fait une hotte.
(C) La femme et la bouilloire à thé se bonifient avec l'âge.
(D) Les vertus sans prudence sont des beautés sans yeux.

Question 40. « Le fait qui commande la condition actuelle de la femme, c'est la survivance têtue, dans la situation neuve qui est en train de s'ébaucher, des traditions les plus antiques. On ouvre aux femmes les usines, les bureaux, les facultés, mais on continue à considérer que le mariage est pour elles une carrière des plus honorables qui les dispense de toute autre participation à la vie collective ». Simone de BEAUVOIR, *Le deuxième sexe,* (1949)

Parmi les propositions ci-dessous, laquelle exprime la pensée de Simone de Beauvoir ?

(A) L'âge moderne a mis fin aux anciennes servitudes de la femme.
(B) Les mentalités traditionnelles se développent.
(C) Les traditions permettent à la femme de concilier métier et vie familiale.
(D) L'émancipation de la femme reste ambiguë.

Question 41. *Vitesse* est à *Précipitation*…

(A) … ce que *Réflexion* est à *Idée*
(B) … ce que *Preuve* est à *Solution*
(C) … ce que *Erreur* est à *Echec*
(D) … ce que *Peine* est à *Tristesse*

##
##
##

Question 42. Trouvez parmi les quatre phrases ci-dessous la seule qui ne comporte aucune faute d'orthographe d'usage, et/ou de grammaire.

(A) Je connais bien le quartier à la rénovation très difficile et délicate dont vous collaborez.

(B) J'insiste là-dessus parce que c'est ce qu'il faut bien faire attention.

(C) En arrivant le matin, la mer était gris vert et le soir elle était toute bleue.

(D) Ce qu'il a besoin après tout, c'est qu'on laisse travailler tranquille.

Questions 43 et 44 : indiquez la formulation orthographiquement et grammaticalement la plus correcte, la plus claire et la plus élégante pour exprimer le sens du passage souligné. Le choix A reprend la formulation initiale.

Question 43. <u>Alimentant un marché international en croissance rapide, en accompagnant de nouveaux rapports au vin, de nouvelles attentes, un nouvel imaginaire, les vins des « nouveaux mondes » (Amérique, Afrique australe, Océanie) portent un marketing efficace.</u>

(A) Alimentant un marché international en croissance rapide, en accompagnant de nouveaux rapports au vin, de nouvelles attentes, un nouvel imaginaire, les vins des « nouveaux mondes » (Amériques, Afrique australe, Océanie) portent un marketing efficace.

(B) Les vins des « nouveaux mondes » (Amérique, Afrique australe, Océanie) sont portés par un marketing efficace, en alimentant un marché international en croissance rapide, accompagnant de nouveaux rapports au vin, de nouvelles attentes, un nouvel imaginaire.

(C) Portés par un marketing efficace, les vins des « nouveaux mondes » (Amérique, Afrique australe, Océanie) alimentent un marché international en croissance rapide, accompagnant de nouveaux rapports au vin, de nouvelles attentes, un nouvel imaginaire.

(D) Un marketing efficace porte les vins des « nouveaux mondes » (Amérique, Afrique australe, Océanie), qui alimentent un marché en croissance rapide, pour accompagner de nouveaux rapports au vin, de nouvelles attentes, un nouvel imaginaire.

##
##
##

Question 44. Maussade, grande, noire, c'était une maison qui montrait fièrement dans l'ogive par dessus son portail, une croix de grès rouge, vieille, avec un peu de latin tout autour.

(A) Maussade, grande, noire, c'était une maison qui montrait fièrement dans l'ogive par dessus son portail, une croix de grès rouge, vieille, avec un peu de latin tout autour.

(B) C'était une grande maison, maussade et noire, toute fière de montrer, au-dessus de son portail en ogive, une vieille croix de grès rouge, avec un peu de latin autour.

(C) Quelle grande maison, maussade et noire ! Fière elle était, de montrer, surplombant l'ogive de son portail, les bribes de latin qui entourait une croix, vieille et en grès rouge.

(D) C'était une maison maussade grande et noire, toute fière en montrant, au-dessus de son portail en ogive, une croix de grès rouge, entourée d'un peu de latin.

Question 45. Parmi les propositions suivantes, laquelle fait figure d'intruse ?

(A) De vieilles mains attendent une lettre.

(B) J'aime cette voix verte presque marine.

(C) Il a obtenu un emploi et trouvé un toit.

(D) Il est difficile d'obtenir un volant en course automobile.

##
##
##

Question 46. Laquelle ou lesquelles de ces phrases contient ou contiennent des erreurs de grammaire ou de syntaxe ?

1. Malgré qu'il sache très bien ce qu'il risquait, il a décidé de le faire.
2. Bien qu'il est beau, il a du mal à séduire du fait de son extrême timidité.
3. Après qu'il a remporté le ballon d'or, il a tenu à remercier ses coéquipiers.
4. Il est de votre devoir de signaler ce genre d'abus car vous n'êtes pas sans ignorer les lois qui régissent ce pays.
5. S'il n'est pas d'accord, alors qu'il vienne me voir pour qu'on en discute.

(A) 1 et 3
(B) 2 et 3
(C) 1 et 2
(D) 1 et 5

Question 47. Choisissez la reformulation dont le sens se rapproche le plus du passage souligné.

Je suis très attaché à mes amis, et à plus forte raison à ma famille.

(A) donc
(B) bien plus
(C) *a fortiori*
(D) *ipso facto*

Questions 48 à 50 : complétez en choisissant la solution optimale.

Question 48. Il ne se déclare jamais vaincu, il se bat jusqu'à la dernière seconde et va jusqu'au bout de lui-même pour faire gagner son équipe. Il fait preuve (…).

(A) de courage
(B) de folie
(C) de persévérance
(D) d'abnégation

##

##

##

Question 49. Roi de la basse-cour ou apprenti chez le lion ? Claude choisit en général la (…) possibilité. Toutefois, lorsqu'on lui a récemment proposé d'étudier la musique dans une classe d'élèves (…) que lui, il a décidé (…) la proposition, estimant qu'étudier dans cette classe (…) l'épanouissement de son art musical.

(A) première / plus faibles / d'accepter / contribuerait à

(B) seconde / plus doués / de rejeter / contribuerait à

(C) seconde / plus faibles / de rejeter / serait frustrant et freinerait

(D) seconde / plus vifs / de remettre en question / contribuerait à

Question 50. En observant des animaux vivant en communauté, on a constaté que très souvent un des animaux assure la garde de ses congénères face aux prédateurs. Doit-on considérer cette garde comme le sacrifice d'un individu au profit de la collectivité ? Les chercheurs qui répondent à cette question par (…) estiment que (…) posté à un endroit exposé, l'animal gardien (…) un danger accru, (…) le premier à percevoir la menace et à fuir devant elle.

(A) l'affirmative / bien qu'il soit / ne court pas / puisqu'en fait il sera

(B) la négative / bien qu'il soit / ne court pas / tout en étant

(C) l'affirmative / dans la mesure où il est / court en fait / d'autant plus qu'il sera

(D) la négative / quoiqu'il soit / ne court pas / puisqu'en fait il sera

Si vous avez terminé, vous n'êtes pas autorisé(e) à revenir sur une épreuve précédente.
Vous n'êtes pas non plus autorisé(e) à travailler sur une épreuve suivante avant la fin du temps imparti.

STOP !

4

TEST BLANC TAGE 2
SOUS-TEST 5 : CALCUL

Consignes

10 questions / 30 minutes / Calculatrice interdite

Barème

Réponse juste : + 3 points / Réponse fausse : – 1 point / Aucune réponse : 0 point

Question 51. Dans un championnat scolaire de handball à quatre équipes, chaque équipe rencontre exactement une fois chacune des autres équipes. Une victoire rapporte 3 points, un match nul 1 point et une défaite 0 point. A la fin de la compétition, l'équipe championne totalise 7 points. Les deuxième et troisième places sont obtenues avec 5 et 3 points. Quel est le score de l'équipe classée dernière ?

(A) 0
(B) 1
(C) 2
(D) 3

Question 52. La distance Paris-Marseille par voie ferrée est de 1 000 km. Un TGV part de Marseille à 10 heures et roule à la vitesse de 300 km/h. Un train part de Paris à 8 heures 30 et roule à la vitesse de 200 km/h. A quelle distance de Marseille les deux trains vont-ils se croiser ?

(A) 380 km
(B) 420 km
(C) 460 km
(D) 540 km

§§§
§§§
§§§

Question 53. Cinq problèmes sont proposés lors d'une compétition mathématique. Les problèmes étant de difficulté différente, les points accordés pour chacun d'entre eux sont des entiers différents. Alain a résolu les cinq problèmes ; il a obtenu 10 points avec les deux donnant le moins de points et 18 points avec les deux donnant le plus de points. Quelle est sa note globale ?

(A) 30 (C) 34
(B) 32 (D) 35

Question 54. A vient au club de backgammon tous les jours, B tous les 2 jours, C tous les 3 jours, D tous les 4 jours, E tous les 5 jours, F tous les 6 jours et G tous les 7 jours. Aujourd'hui, ils y sont tous. Dans combien de jours y seront-ils de nouveau tous pour la première fois ?

(A) 28 (C) 420
(B) 210 (D) 5 040

Question 55. Les machines A et B ont été conçues pour produire un total de 77 000 bougies sur un cycle complet de production, la machine étant ensuite nettoyée avant chaque nouveau cycle. La machine A met 10 h de plus que la machine B pour produire les 77 000 bougies. La machine B produit 10 % de bougies de plus par heure que la machine A. Combien de bougies la machine A produit-elle par heure ?

(A) 700 (C) 7 000
(B) 1 400 (D) 10 000

Question 56. Une piscine est longue de 8 m, large de 6 m et haute de 2,5 m. Quelle valeur faut-il rajouter à sa hauteur pour augmenter son volume de 60 m^3 ?

(A) 2 (C) 1,5
(B) 1,75 (D) 1,25

§§
§§
§§

Question 57. Trois frères achètent un cadeau pour leur mère. Le premier paie un sixième du cadeau, le deuxième paie un septième du cadeau et le dernier paie le double de la somme de ses deux frères. Il leur manque encore 30 € pour payer le cadeau. Quel est le prix du cadeau ?

(A) 360 € (C) 420 €
(B) 390 € (D) 460 €

Question 58. Voici 4 phrases concernant un nombre entier A :

« A est divisible par 5. » « A est divisible par 11. »
« A est divisible par 55. » « A est inférieur à 8. »

On sait que deux de ces phrases sont vraies et que les deux autres sont fausses. Alors A est égal à :

(A) 0 (B) 5 (C) 11 (D) 55

Question 59. La somme de quatre nombres entiers consécutifs ne peut pas être égale à :

(A) 2 002 (B) 22 (C) 202 (D) 220

Question 60. $Z \times W = 147$ et $Z / W = 3$. Parmi toutes les valeurs possibles de ces deux entiers, quelle est la plus petite ?

(A) 17 (B) –7 (C) –21 (D) 33

Si vous avez terminé, vous n'êtes pas autorisé(e) à revenir sur une épreuve précédente.
Vous n'êtes pas non plus autorisé(e) à travailler sur une épreuve suivante avant la fin du temps imparti. **STOP !**

4

TEST BLANC TAGE 2

SOUS-TEST 6 : LOGIQUE [séries graphiques]

Consignes

10 questions / 10 minutes

Barème

Réponse juste : + 3 points / Réponse fausse : – 1 point / Aucune réponse : 0 point

Question 61.

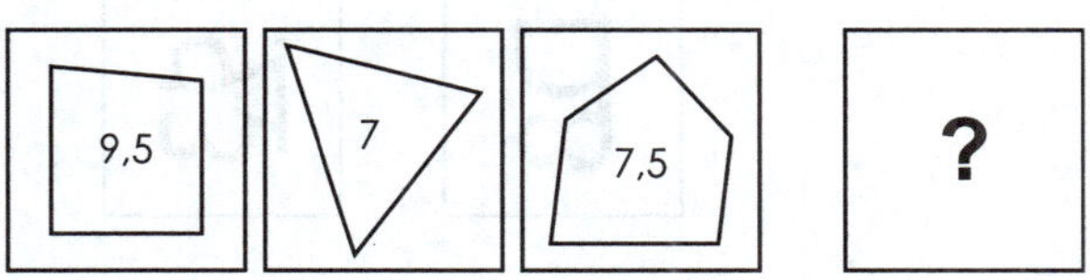

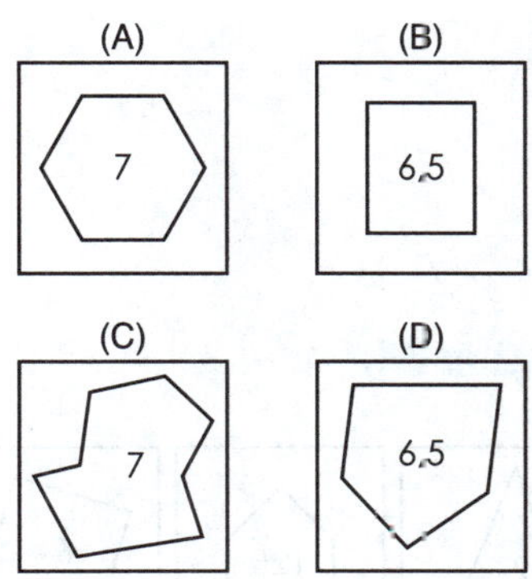

****
****
****

Question 62.

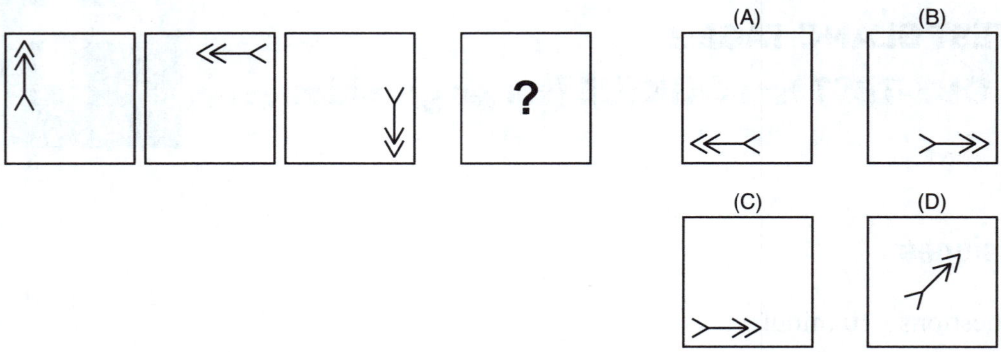

Question 63.

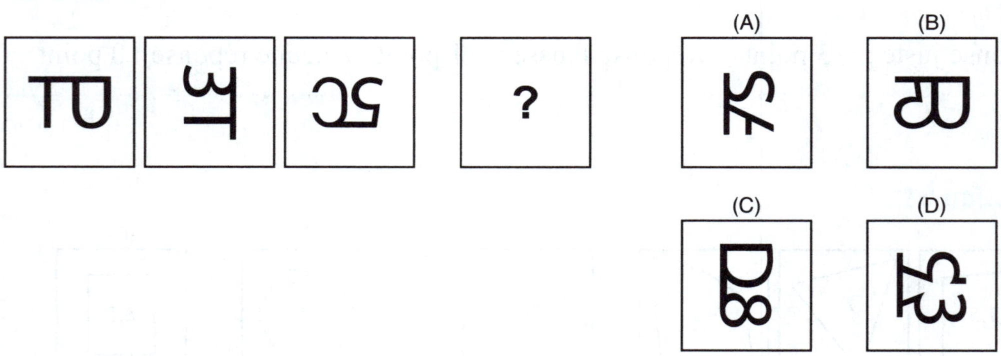

Question 64.

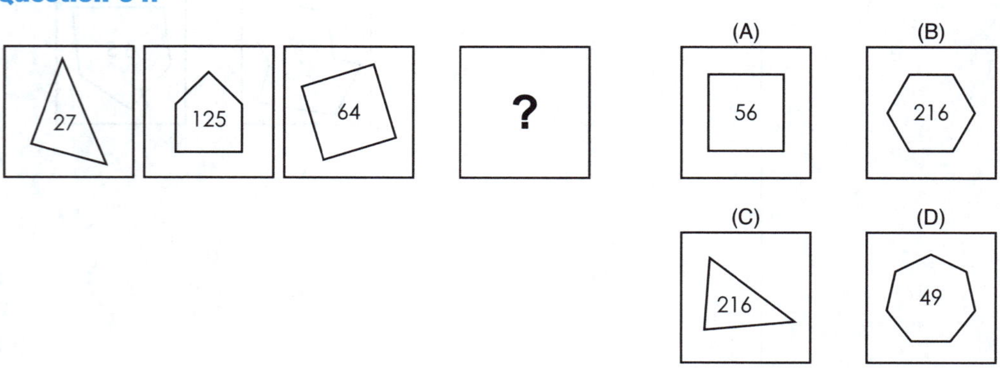

****
****
****

Question 65.

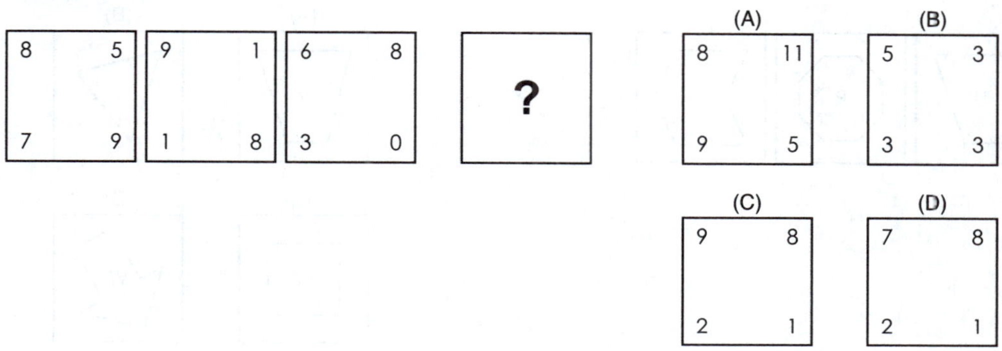

Question 66.

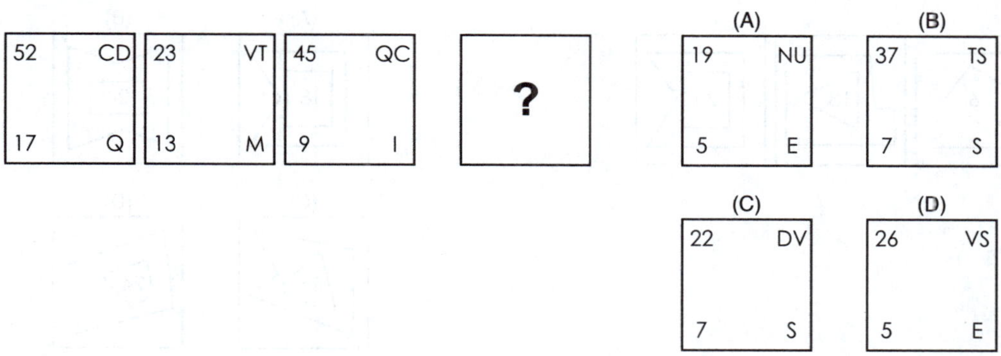

Question 67.

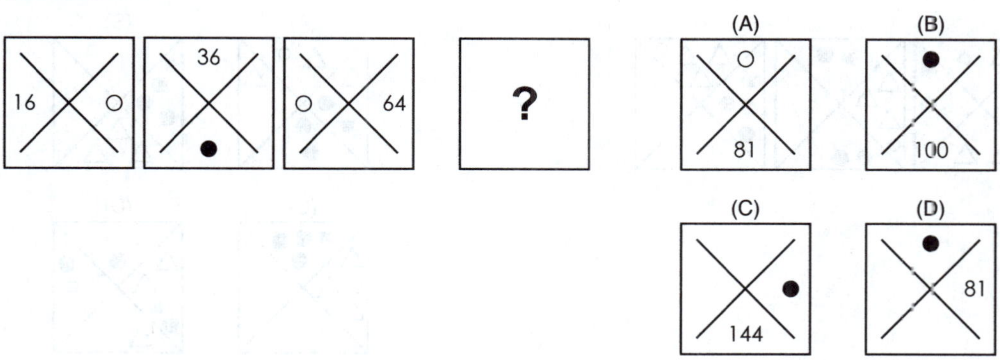

****
****
****

Question 68.

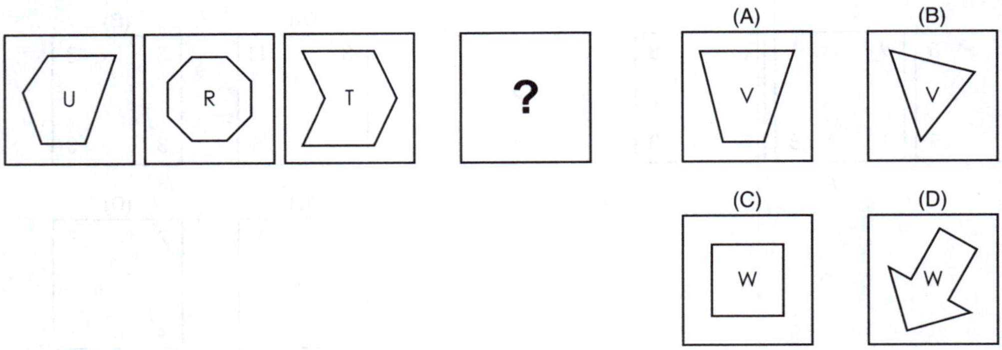

Question 69.

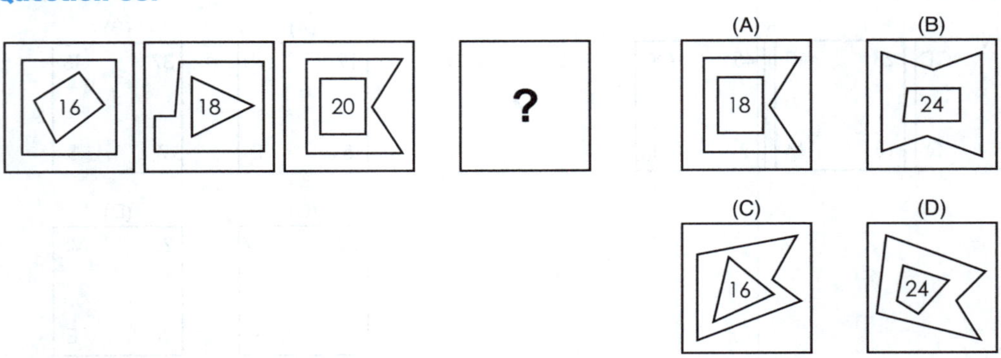

Question 70.

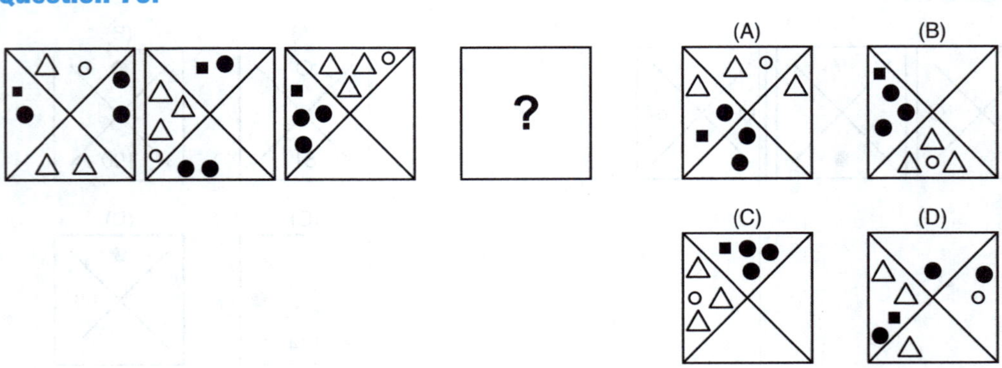

TEST TAGE 2 #4 : GRILLE DES REPONSES JUSTES

Sous-test 1
Langage / Lexiphrase

	A	B	C	D
1	○	○	○	●
2	○	●	○	○
3	○	○	○	●
4	●	○	○	○
5	○	●	○	○
6	○	●	○	○
7	○	●	○	○
8	●	○	○	○
9	○	○	○	●
10	○	○	○	●
11	●	○	○	○
12	○	○	●	○
13	○	●	○	○
14	○	○	○	●
15	○	○	○	●

Sous-test 2
Calcul

	A	B	C	D
16	○	○	○	●
17	○	○	○	●
18	○	○	○	●
19	○	○	○	●
20	●	○	○	○
21	○	○	○	●
22	○	○	○	●
23	○	●	○	○
24	○	●	○	○
25	○	○	○	●

Sous-test 3
Logique / Séries doubles

	A	B	C	D
26	○	○	○	●
27	○	○	○	●
28	○	○	○	●
29	○	○	○	●
30	○	○	●	○
31	○	○	○	●
32	○	●	○	○
33	●	○	○	○
34	●	○	○	○
35	○	○	●	○

Sous-test 4
Langage / Paratexte

	A	B	C	D
36	●	○	○	○
37	○	○	●	○
38	○	○	●	○
39	●	○	○	○
40	○	○	○	●
41	○	○	○	●
42	○	○	●	○
43	○	○	●	○
44	●	○	○	○
45	○	●	○	○
46	○	○	●	○
47	○	○	●	○
48	○	○	○	●
49	○	●	○	○
50	○	○	○	●

Sous-test 5
Calcul

	A	B	C	D
51	○	●	○	○
52	○	●	○	○
53	○	○	○	●
54	○	○	●	○
55	●	○	○	○
56	○	○	○	●
57	○	○	●	○
58	○	●	○	○
59	○	○	○	●
60	○	○	●	○

Sous-test 6
Logique / Séries graphiques

	A	B	C	D
61	●	○	○	○
62	○	○	●	○
63	●	○	○	○
64	○	●	○	○
65	●	○	○	○
66	○	○	○	●
67	○	●	○	○
68	●	○	○	○
69	○	●	○	○
70	○	○	●	○

TEST BLANC TAGE 2
CORRIGES DU TEST BLANC #4

4

1. Langage [1]

Question 1. Réponse D

Question 2. Réponse B

Question 3. Réponse D

Question 4. Réponse B

Question 5. Réponse B

Question 6. Réponse B

Question 7. Réponse B

Question 8. Réponse A

Question 9. Réponse D

Question 10. Réponse D

Question 11. Réponse A

Question 12. Réponse C

Question 13. Réponse B

Question 14. Réponse D

Question 15. Réponse D

2. Calcul [1]

Question 16. Réponse D

En notant X le nombre de billes que possèdent chacune Léa et Sophie au début de la partie (sachant qu'elles ont le même nombre de billes au départ), vous pouvez alors réfléchir par étape :

	Description	Léa	Sophie
Départ	Même nombre	X	X
Etape 1	Léa gagne 20 billes	$X + 20$	$X - 20$
Etape 2	Léa perd 2/3 de ses billes	$(X + 20)/3$	$X - 20 + 2\,(X + 20)/3$

Sachant que vous savez également qu'à la fin de l'étape 2, Sophie possède 4 fois plus de billes que Léa, vous pouvez écrire :

$X - 20 + 2\,(X+20)/3 = 4 \times (X + 20)/3$
$\Leftrightarrow 3X - 60 + 2X + 40 = 4X + 80$
$\Leftrightarrow 5X - 20 = 4X + 80$
$\Leftrightarrow X = 100$

Question 17. Réponse D

Nous vous proposons ici deux méthodes très comparables pour résoudre rapidement cette question :

Méthode 1 : Des équations

En notant D1, D2, V1, V2, T1 et T2 les distances, vitesses et temps respectifs des deux routiers sur le parcours, vous avez que :

(1) D1 = 80 km
(2) D2 = 100 km
(3) V1 = 60 km/h
(4) T1 = T2
(5) V1 = D1/T1
(6) V2 = D2/T2

En remplaçant les inconnues par leur valeur dans les équations (5) et (6), vous obtenez :
(5) T1 = 80/60
(6) V2 = 100/T1

Enfin, en remplaçant T1 par sa valeur dans la deuxième équation, vous obtenez
V2 = 100/(80/60) = 60 × 100/80 = 600/8 = 75 km/h

Méthode 2 : Un rapport de force

Le deuxième routier devant parcourir davantage de distance sur le même laps de temps, c'est donc qu'il devra forcément rouler plus vite que le premier. La question est alors : « Combien de fois plus vite ? » Et bien, sachant qu'il doit parcourir 100/80 = 10/8 = 5/4 = 1,2 fois la distance du premier routier, c'est qu'il devra rouler 1,2 fois plus vite, soit à une vitesse de 60 × 1,2 = 60 + 15 = 75 km/h.

Question 18. Réponse D

Une question bizarre, n'est-ce pas ?!

Il s'agit en fait ici d'une question de cohérence. Comme vous le savez, le nombre total de matchs disputés au cours de ce championnat (en faisant bien sûr l'hypothèse que chaque équipe a rencontré chacune des autres équipes une seule fois) est égal à : $\frac{E(E-1)}{2}$ avec E le nombre d'équipes.

Il n'y a en fait qu'une seule solution qui colle ici. Vous ne trouverez en effet aucun E entier naturel tel que $\frac{E(E-1)}{2}$ est égal à 80 ; 102 ou encore 117.

Il existe en revanche une valeur entière pour E tel que $\frac{E(E-1)}{2} = 120$: il s'agit en effet de $E = 16$. La réponse D est donc la seule réponse **possible,** autrement dit la seule réponse **cohérente**.

Pour arriver à cette conclusion, il suffisait de tester des valeurs pour E. Si E était égal à 13, alors on aurait eu un nombre total de matchs disputés égal à : $\frac{13 \times 12}{2} = 78$.

Si E était ensuite égal à 14, le nombre total de matchs disputés aurait été égal à : $\frac{14 \times 13}{2} = 91$.
On voyait bien alors que la réponse A (80) « passait à la trappe. ». On testait alors $E = 15$ et l'on trouvait $\frac{15 \times 14}{2} = 105$ (la réponse B passait à son tour à la trappe).
Et pour finir $E = 16$ avec un nombre total de matchs disputés égal à 120 (ouf !).

Question 19. Réponse D

Permettez-nous de vous proposer deux méthodes :

Méthode 1 : Découpage/Collage

En découpant l'hexagone comme indiqué, on voit clairement apparaître 6 nouveaux triangles équilatéraux, qui sont surtout égaux aux 3 petits triangles déjà dessinés !

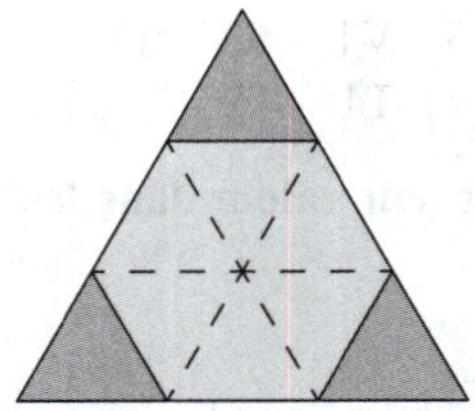

Ainsi, on se retrouve face à un triangle découpé en 9 triangles équilatéraux égaux, et dont l'aire totale est 36 cm^2. Nous vous laissons le loisir de calculer rapidement 36/9 = 4 cm^2, ce qui correspond à l'aire d'un des petits triangles. Il ne vous reste plus qu'à compter le nombre de petits triangles qui composent l'hexagone : il y en a 6. **L'aire de celui-ci est donc égale à 6 × 4 = 24 cm^2.**

Méthode 2 : Un argument de proportionnalité

En remarquant simplement qu'un côté de l'hexagone est égal à un côté d'un petit triangle équilatéral, vous en déduisez que le grand triangle est en fait obtenu en multipliant par 3 chaque côté d'un petit triangle. Il s'agit donc de la même figure 9 fois (3 × 3) plus grande, son aire vaut donc 9 fois celle d'un petit triangle. Inversement, on retrouve que l'aire d'un petit triangle est de 4 cm^2 et pour calculer l'aire de l'hexagone on retire l'aire des trois petits triangles à celle du grand triangle soit : **A = 36 – 3 × 4 = 36 – 12 = 24 cm^2.**

Question 20. Réponse A

Il faut ici transformer les informations de l'énoncé en deux équations, en notant E et S les âges respectifs de l'enseignant et de sa sœur :

(1) P = 3S
(2) P – 6 = 5 × (S – 6)
⇔
(1) P = 3S
(2) P = 5S – 24
⇔
(1) P = 3S
(2) 5S – 3S = 24, en remplaçant P par sa valeur en fonction de S
⇔
(1) P = 3S
(2) 2S = 24

Vous trouvez donc que P = 36.

Question 21. Réponse D

Ici, deux méthodes s'offrent à nous pour résoudre cette question.

Méthode 1

Appliquons-nous à traduire les données de l'énoncé en un système d'équations, avec X le nombre d'étudiants dans la première salle au début du cours, Y celui dans la deuxième salle, Z pour la troisième et F le nombre d'étudiants dans une salle à la fin du cours.
Cela nous donne donc :

(1) $X + Y + Z = 138$
(2) $X - 12 = F$
(3) $Y - 10 = F$
(4) $Z - 14 = F$

Soit, en remplaçant X, Y et Z par leurs valeurs en fonction de F dans l'équation (1) :

(1) $F + 12 + F + 10 + F + 14 = 138$
(2) $X = F + 12$
(3) $Y = F + 10$
(4) $Z = F + 14$

Soit encore, après calcul :

(1) $F = (138 - 36)/3 = 102/3 = 34$
(2) $Z = F + 14 = 34 + 14 = 48$

On trouve donc bien qu'il y avait 48 étudiants au début du cours dans la troisième salle.

Méthode 2

Cette méthode est finalement la même que la précédente mais sans vision purement mathématique : elle est davantage axée sur le bon sens que sur le calcul pur. En effet, on sait qu'à la fin il y a $138 - 12 - 10 - 14 = 102$ étudiants (le nombre de départ auquel on retranche ceux qui sont partis) répartis équitablement dans 3 salles de cours. Il y a donc $102/3 = 34$ étudiants dans chaque salle à la fin du cours. Sachant que 14 sont partis de la troisième salle, il y avait $34 + 14 = 48$ étudiants au début du cours dans cette salle.

Question 22. Réponse D

Soient a, b et c les trois chiffres du nombre s'écrivant $\boldsymbol{abc}$.
Ce nombre est égal à $(100 \times a) + (10 \times b) + c$ et doit être aussi égal à $297 + (100 \times c) + (10 \times b) + a$.
Ce qui donne $(100 \times a) + c = 297 + (100 \times c) + a$. Soit $99 \times (a - c) = 297$; soit par conséquent $\boldsymbol{a - c = 3}$.

Les nombres s'écrivant $\boldsymbol{abc}$ et $\boldsymbol{cba}$ ayant trois chiffres, a et c ne peuvent être égaux à 0. Les différentes possibilités sont donc :

Chiffre c	1	2	3	4	5	6
Chiffre a	4	5	6	7	8	9

Cela fait ainsi 6 possibilités avec, pour chacune, le chiffre des dizaines $\boldsymbol{b}$ qui peut être égal à n'importe quel chiffre compris entre 0 et 9 inclus (10 chiffres possibles pour $\boldsymbol{b}$ donc).
En conclusion, il y a au total 6×10, soit 60 nombres de 3 chiffres ayant la propriété voulue.

Question 23. Réponse B

Nous allons différencier trois valeurs distinctes : le nombre de paquets payés (noté x), le nombre de paquets offerts (noté y) et le nombre de paquets emportés (noté z, qui est notre inconnue).

TEST BLANC #4 – CORRIGES

L'énoncé nous donne ces équations :
(1) x = Argent dépensé/Prix d'un paquet
(2) $y = x/4$ puisqu'on offre un paquet gratuit pour quatre paquets payés
(3) $z = x + y$

En remplaçant les inconnues par leur valeur dans les équations on trouve :
(1) $x = 160/8 = 20$ (2) $y = 20/4 = 5$ (3) $z = 20 + 5 = 25$

L'acheteur a donc emporté 25 paquets.

Question 24. Réponse B

Vous êtes ici face à une question très classique de productivité/temps de travail. En appliquant la formule du cours et en notant T1 le temps mis par Jeanne pour nettoyer sa chambre, T2 celui mis par son frère et T le temps mis ensemble, on a :
$1/T = 1/T1 + 1/T2$

Soit en remplaçant T1 et T2 par leurs valeurs respectives :
$1/T = 1/1,5 + 1/1 = 2,5/1,5 = 5/3$, soit $T = 3/5$ h

Sachant que 1/5 h vaut 12 min (si cela n'est pas automatique, nous vous conseillons fortement de revoir vos conversions heures/minutes), alors $T = 3 \times 12 = 36$ min.

Question 25. Réponse D

S'il faut 10 personnes (les 11 **moins** le manager) pour nettoyer un avion en 5 minutes, alors cela veut dire que si une seule personne souhaite nettoyer l'avion, **cela lui prendrait 10 fois plus de temps, soit 50 minutes**.

Pour réduire le temps de nettoyage à 2 minutes, il faudrait donc 50/2 = **25 personnes**. Et comme un manager ne peut gérer plus de 10 personnes, il faut donc **3 managers**.

Conclusion : la compagnie doit employer 25 + 3 = **28 personnes**.

3. Logique [1] : séries doubles

Question 26. Réponse D

H : Tous les nombres sont des multiples de 13.
V : Tous les nombres sont des multiples de 7.

Question 27. Réponse D

H : Mouvement droite gauche : S, T, U, V, W.
V : Mouvement gauche droite : V, W, X, Y, Z.

Question 28. Réponse D

H : Séparation somme par la gauche.
V : Tous les nombres sont des multiples de 7.

Question 29. Réponse D

H : Inter Vertical de +1 sur la dernière lettre.
V : Inter Grande diagonale gauche de +1.

Question 30. Réponse C

H : Séparation produit constante par la gauche (le premier chiffre multiplié par trois donne le ou les chiffres suivants).
V : Somme constante égale à 10.

Question 31. Réponse D

H : Inter Vertical de –1 sur la lettre du milieu.
V : Intra de –1 entre la première et la dernière lettre.

Question 32. Réponse B

H : Somme constante égale à 14.
V : Séparation produit par les côtés.

Question 33. Réponse A

H : La somme des barres est toujours égale à 5.
V : « Vrais » mots deux lettres ayant du sens.

Question 34. Réponse A

H : Tous les nombres sont des cubes d'entiers.
V : Tous les nombres sont des multiples de 9.

Question 35. Réponse C

H : Mouvement droite gauche en partant du dernier élément : I, K, M, O, Q.
V : Sigles de deux lettres.

4. Langage [2]

Question 36. Réponse A

Question 37. Réponse C

Question 38. Réponse C

Question 39. Réponse A

Question 40. Réponse D

Question 41. Réponse D

Question 42. Réponse C

Question 43. Réponse C

Question 44. Réponse A

Question 45. Réponse B

Question 46. Réponse C

Question 47. Réponse C

Question 48. Réponse D

Question 49. Réponse B

Question 50. Réponse D

5. Calcul [2]

Question 51. Réponse B

Sachant que le championnat se joue à 4 équipes, alors c'est que chaque équipe joue 3 matchs pour rencontrer toutes les autres équipes. Réfléchissons alors équipe par équipe :

1) Si la première totalise 7 points, c'est donc forcément qu'elle a connu deux victoires et un match nul.
2) Si la deuxième totalise 5 points, c'est donc forcément qu'elle a connu une victoire et deux matchs nuls.
3) Si la troisième équipe avait connu trois matchs nuls, alors le seul match nul de la première aurait été obtenu contre elle. Ainsi, la première équipe aurait forcément gagné contre la deuxième et la quatrième équipe, ce qui est impossible car la deuxième n'a jamais connu la défaite. C'est donc forcément que la troisième a connu une victoire et deux défaites.

La deuxième équipe est alors obligée d'avoir réalisé ses deux matchs nuls contre la première et la quatrième équipe sachant que la troisième n'a jamais fait de match nul : **la quatrième équipe a donc connu un match nul.** Ainsi, la première a connu ses deux victoires contre la troisième et la quatrième équipe : **la quatrième équipe a donc connu une défaite.** Enfin, la troisième équipe a forcément connu sa seule victoire contre la quatrième : **celle-ci a donc connu une seconde défaite.** Avec un match nul et deux défaites, la quatrième équipe totalise donc 1 + 0 + 0 = 1 point.

Question 52. Réponse B

Réglons d'abord un léger problème : les deux TGV ne partent pas à la même heure. C'est ici le seul point qui rend cette question moins classique qu'à l'accoutumée. Qu'à cela ne tienne, faisons en sorte de retomber sur nos pieds ! Si le train partant de Paris à 8 h 30 roule à 200 km/h, combien de km aura-t-il parcourus à 10 h, soit au bout d'une heure et demie (1,5 h) ? Réponse : 200 × 1,5 = 300.

Finalement, nous sommes donc ramenés au problème suivant : deux trains partent respectivement des points A (Marseille) et B (à 300 km de Paris), distants de 700 km (1 000 – 300) au même moment (en l'occurrence 10 h), le premier roulant à 300 km/h et le second à 200 km/h. On cherche toujours à trouver la distance entre le point A et l'endroit où ils se croisent. Sur un axe cela donne :

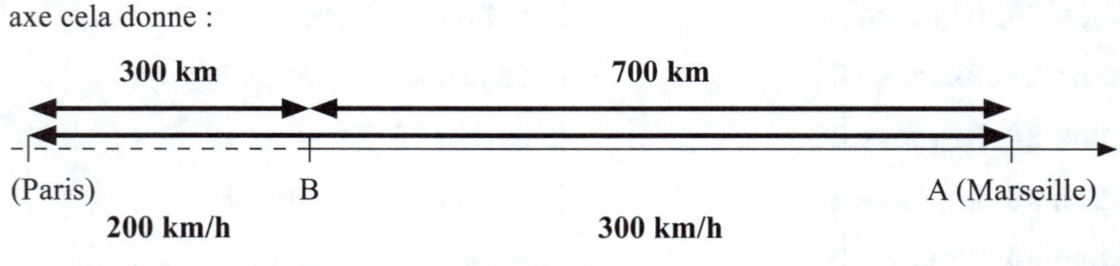

A partir de là, nous proposons nos deux méthodes :

<u>Méthode 1</u>

Notons D_A la distance du point A à laquelle les deux trains vont se croiser, D_B la distance du point B à laquelle les deux trains vont se croiser, T le temps après lequel ils vont se croiser (en considérant un départ à 10 h), V_1 et V_2 les vitesses respectives des trains partant de Paris et Marseille. Les équations classiques de Vitesse/Temps/Distance combinées aux informations de l'énoncé donnent :

(1) $D_A + D_B = 700$
(2) $V_1 = 200$
(3) $V_2 = 300$
(4) $D_A = V_1 \times T = 300 \times T$
(5) $D_B = V_2 \times T = 200 \times T$

En remplaçant D_A et D_B par leur valeur en fonction de T dans l'équation (1), on obtient :
(1) $300 \times T + 200 \times T = 700$
(2) $D_A = 300 \times T$

Soit après calcul :
(1) $T = 7/5$ h
(2) $D_A = 300 \times 7/5 = 420$ km

Méthode 2
Intuitivement, étant donné que les trains partent au même moment et que celui qui part de Marseille roule plus vite, on se dit que le point de rencontre sera plus proche de Paris que de Marseille. La question centrale est, encore une fois, combien de fois plus proche ?
Il nous suffit pour cela de calculer les poids relatifs de chaque train en fonction de sa vitesse : le train partant de Marseille va 300/200 = 3/2 fois plus vite, il « pèse » donc 3/2 fois plus lourd que l'autre train et va parcourir 3/2 fois plus de distance que celui-ci. C'est-à-dire que sur un « poids » total de 5, le train partant de Marseille « pèse » 3 et celui partant de Paris « pèse » 2.

Représentons cela sur notre axe en le segmentant en cinq parties égales à 700/5 = 140 km :

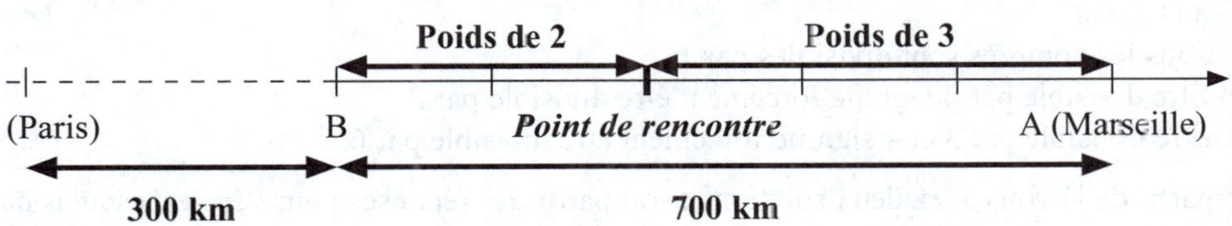

On retrouve bien le rapport des vitesses sur les distances parcourues : quand le train partant de Marseille parcourt 3 segments, celui partant de Paris en parcourt 2. Finalement, on trouve qu'ils se croisent à 3 × 140 = 420 km de Marseille.

Question 53. Réponse D

La première des choses que nous vous invitons à faire est de traduire par un système d'équations toutes les données de l'énoncé. En notant *a, b, c, d* et *e* les points accordés, dans l'ordre croissant aux 5 problèmes mathématiques on obtient :
(1) $a < b < c < d < e$
(2) $a + b = 10$
(3) $d + e = 18$

En tant qu'étudiants consciencieux, vous aurez remarqué que ces 3 équations pour 5 inconnues risquent de nous poser des problèmes pour trouver rigoureusement la seule solution possible pour *c* sans que cela ne ressemble à un tâtonnement. Qu'à cela ne tienne ! Testons les réponses en commençant bien évidemment par la C.

Si Alain a obtenu 34 points au total, c'est qu'il a gagné 34 – 10 – 18 = 6 points avec le troisième problème. Mais alors b vaut au maximum 5 et a au maximum 4 (les problèmes sont de difficulté différente) donc $a + b$ vaut au maximum 9, ce qui n'est pas possible. C'est donc que c doit être plus grand que 6 ($a + b$ étant insuffisant) et donc que le total doit être supérieur à 34. On élimine donc immédiatement les réponses A, B et C, toutes inférieures ou égales à 34. Il ne nous reste plus qu'à tester la réponse D de la même façon : si Alain a obtenu 35 points au total, c'est qu'il a gagné 35 – 10 – 18 = 7 points avec le troisième problème. On pourrait alors avoir $b = 6$ et $a = 4$ (pour avoir $a + b = 10$), ainsi que $d = 8$ et $e = 10$ (pour avoir $d + e = 18$). Nous vous laissons le soin de vérifier que ces quatre valeurs pour a, b, d et e sont les seules possibles pour vous persuader que la bonne réponse est bien 35.

Question 54. Réponse C

En définissant qu'aujourd'hui nous sommes le jour 0, alors vous remarquez que :

1) A sera là lors des jours 1, 2, 3… ⇒ Tous les multiples de 1
2) B sera là lors des jours 2, 4, 6… ⇒ Tous les multiples de 2
3) C sera là lors des jours 3, 6, 9… ⇒ Tous les multiples de 3
4) D sera là lors des jours 4, 8, 12… ⇒ Tous les multiples de 4
5) E sera là lors des jours 5, 10, 15… ⇒ Tous les multiples de 5
6) F sera là lors des jours 6, 12, 18… ⇒ Tous les multiples de 6
7) G sera là lors des jours 7, 14, 21… ⇒ Tous les multiples de 7

Il faut un nombre de jours qui permettent à chacun d'être présent à nouveau, pour la première fois. Ce nombre devra donc être un multiple de tous les entiers de 1 à 7, autrement dit par 4, 5, 3 et 7, car :

a. Tous les nombres sont divisibles par 1.
b. Etre divisible par 4 signifie forcément être divisible par 2.
c. Etre divisible par 3 et 4 signifie forcément être divisible par 6.

A partir de là vous avez deux solutions : soit partir des réponses pour vérifier lesquels de ces nombres sont bien divisibles par tous ces entiers, soit vous dire qu'être divisible par ceux-ci signifie être divisible par leur produit. Pour la première possibilité, nous vous laissons le soin d'appliquer vos critères. En ce qui concerne la seconde, le produit des quatre entiers en question est égal à 2 × 5 × 6 × 7 = 420, d'où la réponse.

Question 55. Réponse A

Cette question est assez délicate et la meilleure façon de parvenir à le résoudre est probablement de partir des solutions. Partons de la réponse C : 7 000 bougies par heure.

Si la machine A produit 7 000 bougies par heure alors la machine B produit :
7 000 + 10 % × 7 000 = 7 700 bougies par heure.
Or, comme vous le savez, <u>la quantité de travail réalisé **divisé** par la quantité de travail réalisé en une heure **donne** le temps (en heures) nécessaire à la réalisation du travail</u>.

Ainsi pour produire les 77 000 bougies, la machine A met 77 000 / 7 000 = 11 heures, alors que la machine B met 77 000 / 7 700 = 10 heures. On remarque alors que la machine A ne met pas 10 heures de plus que la machine B pour produire les 77 000 bougies, mais seulement 1 heure de plus. J'élimine donc la réponse C et je m'intéresse aux réponses d'au-dessus, *i.e.* les réponses A et B.

TEST BLANC #4 – CORRIGES

Essayons la réponse A. Si la machine A produit 700 bougies par heure alors la machine B produit 700 + 10 % × 700 = 770 bougies par heure. Ainsi pour produire les 77 000 bougies, la machine A met 77 000 / 700 = 110 heures tandis que la machine B met 77 000 / 770 = 100 heures. A ce rythme-là (700 bougies produites par heure), la machine A met bien 10 heures de plus que la machine B pour produire les 77 000 bougies.

Question 56. Réponse D

Nous vous proposons ici de découvrir trois méthodes différentes permettant de trouver la valeur de la hauteur à ajouter, que nous appellerons *h*.

<u>Méthode 1</u>

Une piscine étant un parallélépipède rectangle, son volume V est donc donné par l'équation V = Longueur × Largeur × Hauteur, soit ici V = 8 × 6 × 2,5 = 120 m³.

Souhaitant augmenter son volume de 60 m³, nous voulons en réalité faire en sorte que celui-ci soit égal à 120 + 60 = 180 m³. La longueur et la largeur restant inchangées, l'équation s'écrit donc : 180 = 6 × 8 × (2,5 + *h*). Soit :

$$h = \frac{180}{6 \times 8} - 2{,}5 = \frac{6 \times 2 \times 15}{6 \times 2 \times 4} - 2{,}5 = \frac{15}{4} - 2{,}5 = 3{,}75 - 2{,}5 = 1{,}25$$

<u>Méthode 2</u>

Nous souhaitons augmenter le volume de la piscine 60 m³ sans en changer la longueur et la largeur. L'équation donnée uniquement par le volume de la partie à ajouter est donc :

$$60 = 6 \times 8 \times h, \text{ soit : } h = \frac{60}{6 \times 8} = \frac{10}{8} = \frac{5}{4} = 1{,}25$$

<u>Méthode 3</u>

Une piscine étant un parallélépipède rectangle, son volume V est donc donné par l'équation V = Longueur × Largeur × Hauteur, soit ici V = 8 × 6 × 2,5 = 120 m³.

Augmenter son volume de **60 m³, revient en réalité ajouter à cette piscine la moitié de son volume** comme le montre la figure suivante :

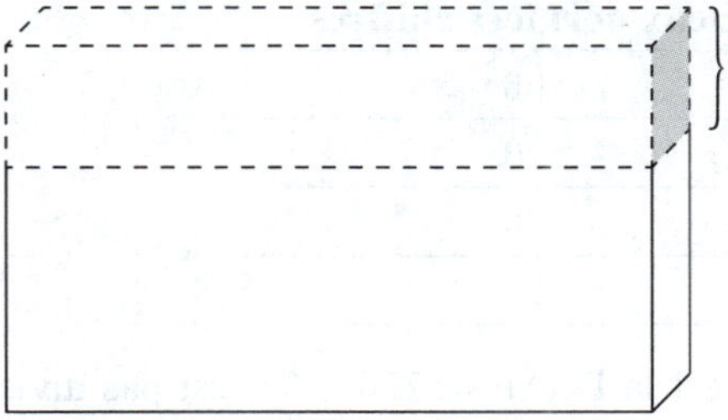

Partie à ajouter

Ainsi, pour ajouter la moitié du volume, il suffit d'ajouter la moitié de la hauteur, soit 1,25 m.

Question 57. Réponse C

Nous vous invitons à commencer par une traduction de l'énoncé en équations. En notant P le prix du cadeau, X le prix payé par le premier des trois frères, Y le prix payé par le deuxième et Z celui payé par le troisième, on a :

(1) X + Y + Z = P – 30, car il manque 30 € aux trois frères pour acheter le cadeau

(2) X = 1/6 × P

(3) Y = 1/7 × P

(4) Z = 2 × (X + Y) = 2 × (1/6 × P + 1/7 × P)

Ici, au vu des réponses toutes entières, il est peu probable que les prix payés par chacun des trois frères soient des nombres décimaux. Dans ce type de questions, où les réponses proposées sont toutes entières, il est presque certain que les inconnues introduites dans l'énoncé le soient aussi. Donc X, Y et Z sont des nombres entiers. Or les équations (2) et (3) nous donnent comme information que :

(2) X = P/6

(3) Y = P/7

Si vous voulez que P/6 soit un nombre entier, il faut nécessairement que P soit divisible par 6. De même, en utilisant l'équation (2), on trouve que P est divisible par 7. En se penchant sur les réponses, sachant que P est divisible par 6 et 7, c'est qu'il est divisible par 6 × 7 = 42. Seule la réponse C, 420, remplit cette condition.

Question 58. Réponse B

La première des choses à remarquer est que si la troisième phrase est vraie, alors forcément la première et la deuxième le sont aussi : si A est divisible par 55 = 5 × 11 c'est forcément qu'il est divisible par 5 et 11. De plus, la première et la deuxième ne peuvent pas non plus être vraies ensemble sinon la troisième le serait aussi. Vous en déduisez donc que la quatrième est forcément vraie. Or il n'existe pas de nombre inférieur à 8 qui soit divisible par 11 : A est donc un nombre inférieur à 8 et divisible par 5, soit A = 5.

Question 59. Réponse D

Soit S la somme de quatre entiers consécutifs et x le plus petit d'entre eux.

$S = x + (x + 1) + (x + 2) + (x + 3) = 4x + 6$, soit $S - 6 = 4x$

Cela se traduit par le fait que S – 6 doit obligatoirement être divisible par 4. On peut également remarquer que si S – 6 est divisible par 4, c'est forcément que S – 2 est divisible par 4.

Ainsi, en retranchant 2 à toutes les solutions on obtient :

Réponse	S – 2	Deux derniers chiffres
(A)	2 000	00
(B)	20	20
(C)	200	00
(D)	218	20

La seule solution qui ne soit pas divisible par 4 est la D. Ainsi, 220 – 6 n'est pas divisible par 4 et vous ne pouvez pas avoir $220 - 6 = 4x$, c'est-à-dire qu'il est impossible de trouver x tel que $220 = 4x + 6$.

Question 60. Réponse C

Le fait que Z et W soient des entiers (mais attention, pas forcément positifs) réduit le nombre de solutions à l'équation Z × W = 147. En effet, 147 = 7 × 21 ; (–7) × (–21) ; 3 × 49 ou (–3) × (–49). A l'aide de la deuxième équation, vous ne conservez que deux couples (Z, W) de solutions : (21, 7) et (–21, –7). Or, le plus petit de ces quatre nombres est –21.

6. Logique [2] : séries graphiques

Question 61. Réponse A

La différence entre le nombre inscrit à l'intérieur de la figure et le nombre de côtés de celle-ci suit une progression arithmétique de –1,5 :

9,5 – 4 = 5,5 7 – 3 = 4 7,5 – 5 = 2,5

Cette différence doit donc valoir 1 dans la figure solution.

Question 62. Réponse C

Une question purement spatiale. La flèche avance dans le sens des aiguilles d'une montre au sein du cadre et doit donc occuper en réponse la position SUD-OUEST, autrement dit en bas à gauche.

Vous remarquez par ailleurs que la flèche fait un tour sur elle-même (rotation), et ce, dans le sens inverse des aiguilles d'une montre. La flèche doit donc pointer vers la droite. Réponse C !

Question 63. Réponse A

Voici une question très originale. Vous remarquez en effet ici, que sous la barre du premier cadre se trouve à gauche le chiffre 1 et à droite la lettre U qui n'est autre que l'initiale du chiffre 1 (Un). Il en est de même pour le second cadre : vous remarquez en effet qu'en dessous de la barre, se trouve à gauche le chiffre 3 et à droite la lettre T (initiale de Trois). Vous remarquez également qu'il y a une rotation de l'élément dans le sens des aiguilles d'une montre. On retient donc la réponse A.

Question 64. Réponse B

Le nombre de côtés de la figure élevé au cube donne le nombre inscrit au milieu :

$3^3 = 27$ $5^3 = 125$ $4^3 = 64$

Question 65. Réponse A

L'écart entre la somme des deux chiffres de gauche et celle des deux nombres de droite et toujours de 1 :

8 + 7 = 15 et 5 + 9 = 14
9 + 1 = 10 et 1 + 8 = 9
6 + 3 = 9 et 8 + 0 = 8

Question 66. Réponse D

Le rang de la lettre située dans le coin inférieur droit est égal au nombre situé dans le coin inférieur gauche. De plus, les deux lettres situées dans le coin supérieur droit représentent les initiales du nombre situé dans le coin supérieur gauche.

Question 67. Réponse B

Le mouvement du cercle et du nombre vous indique qu'ils doivent respectivement se trouver en haut et en bas de la croix. De plus, le cercle alternant entre noir et blanc il est noir et les nombres représentent toujours un carré d'entier :

$4^2 = 16$ $6^2 = 36$ $8^2 = 64$

Question 68. Réponse A

La somme du nombre de côtés de la figure et du rang de la lettre inscrite à l'intérieur donne toujours 26 :

$5 + 21 = 26$ $8 + 18 = 26$ $6 + 20 = 26$

Question 69. Réponse B

Le produit du nombre de côtés de la petite figure par celui de la grande figure donne le chiffre du milieu :

$4 \times 4 = 16$ $3 \times 6 = 18$ $4 \times 5 = 20$

Question 70. Réponse C

On associe ici la partie haute avec la partie basse (ce qui nous donne pour le premier cadre : 3 triangles et 1 rond). Une fois associés, ces éléments avancent dans le sens des aiguilles d'une montre et se retrouvent donc dans le second cadre à gauche. Et ainsi de suite.

TEST BLANC TAGE 2

#5

TEST TAGE 2 #5 : VOTRE GRILLE DE REPONSES

Sous-test 1
Langage / Lexiphrase

	A	B	C	D
1				
2				
3				
4				
5				
6				
7				
8				
9				
10				
11				
12				
13				
14				
15				

Sous-test 2
Calcul

	A	B	C	D
16				
17				
18				
19				
20				
21				
22				
23				
24				
25				

Sous-test 3
Logique / Séries doubles

	A	B	C	D
26				
27				
28				
29				
30				
31				
32				
33				
34				
35				

Sous-test 4
Langage / Paratexte

	A	B	C	D
36				
37				
38				
39				
40				
41				
42				
43				
44				
45				
46				
47				
48				
49				
50				

Sous-test 5
Calcul

	A	B	C	D
51				
52				
53				
54				
55				
56				
57				
58				
59				
60				

Sous-test 6
Logique / Séries graphiques

	A	B	C	D
61				
62				
63				
64				
65				
66				
67				
68				
69				
70				

5

TEST BLANC TAGE 2
SOUS-TEST 1 : LANGAGE [lexiphrase]

Consignes

15 questions / 15 minutes

Barème

Réponse juste : + 3 points / Réponse fausse : – 1 point / Aucune réponse : 0 point

Questions 1 à 4 : complétez en choisissant la solution optimale.

Question 1. Les rapports entre les Turcs et les Européens furent de très longue date, (…) alternant des périodes de paix et de guerre, de coopération et de rivalité, depuis les croisades jusqu'à la Turquie républicaine, (…).

(A)	avec beaucoup d'amour et un peu de haine	en voguant sur le Bosphore
(B)	complexes et contradictoires	en passant par l'Empire ottoman
(C)	passions et haines confondues	en courant les océans du globe
(D)	tumultueux et sanglants	en construisant l'Europe

@@@@@@@@@@@@@@@@@@@@@@@@@@@@@@@@@@@@@
@@@@@@@@@@@@@@@@@@@@@@@@@@@@@@@@@@@@@
@@@@@@@@@@@@@@@@@@@@@@@@@@@@@@@@@@@@@

Question 2. Les musées éventuellement organisés en réseaux, produisent des expositions artistiques temporaires et (…), dont la visibilité (…), tend à prendre le pas sur celle des collections permanentes.

(A)	de grande qualité	sincèrement perfectible
(B)	qui tendent à se sédentariser	artificiellement entretenue
(C)	à vocation itinérante	médiatiquement orchestrée
(D)	à visée éducative	grâce au bouche à oreille

Question 3. Les travaux de Mathieu ont (…) l'hypothèse selon laquelle l'espérance de vie des espèces biologiques (…) selon qu'elles se meuvent plus rapidement. Par conséquent, (…) qu'il publie ses résultats sous le titre : *Qui marche (...) meurt jeune.*

(A) détruit / augmente / il est probable / *lentement*

(B) conforté / augmente / il est improbable / *lentement*

(C) détruit / diminue / il n'est pas impossible / *vite*

(D) conforté / diminue / je ne serai pas étonné / *vite*

Question 4. Le système éducatif (…) problèmes personnels des adolescents (…) leurs difficultés. C'est pourquoi (…), fait qui prouve (…) système.

(A) n'est pas attentif aux / qui, estime-t-on, ont tendance à exagérer / leurs problèmes sont traités avec efficacité / la grande sensibilité du

(B) s'efforce également de résoudre les / qui ont du mal à exprimer / ils s'abstiennent de les communiquer / leur grande confiance dans le

(C) ne traite avec efficacité que les / qui font part aux adultes de / le traitement des autres adolescents est inopérant / la grande sensibilité du

(D) se montre aveugle face aux / qui souhaitent surmonter / ils hésitent à les communiquer / leur manque de confiance dans le

TEST BLANC #5 – ENONCES

@@@@@@@@@@@@@@@@@@@@@@@@@@@@@@@@@@@@@
@@@@@@@@@@@@@@@@@@@@@@@@@@@@@@@@@@@@@
@@@@@@@@@@@@@@@@@@@@@@@@@@@@@@@@@@@@@

Question 5. « bordure » est à « tissu » ce que :

(A) « littoral » est à « continent ».
(B) « capitale » est à « ville ».
(C) « assise » est à « mur ».
(D) « colline » est à « montagne ».

Question 6. Parmi les propositions ci-dessous, laquelle résume le mieux le texte suivant, extrait des *Mémoires d'Hadrien* de Marguerite YOURCENAR :

L'empereur Hadrien (IIe siècle) écrit ses mémoires pour Marc Aurèle, futur héritier de l'Empire romain.

« Nous sommes des fonctionnaires de l'Etat, nous ne sommes pas des Césars. Cette plaignante avait raison, que je refusais un jour d'écouter, et qui s'écria que, si le temps me manquait pour l'entendre, le temps me manquait pour régner. Les excuses que je lui fis n'étaient pas de pure forme. Et pourtant, le temps manque : plus l'empire grandit, plus les différents aspects de l'autorité tendent à se concentrer dans les mains du fonctionnaire-chef ; cet homme pressé doit nécessairement se décharger sur d'autres d'une partie de ses tâches ; son génie va consister à s'entourer de plus en plus d'un personnel sûr. »

(A) Une première idée du management
(B) Les difficultés d'exercice de la démocratie
(C) La nécessaire concentration du pouvoir
(D) Le triomphe de la liberté d'expression

@@@

Question 7. Parmi les propositions suivantes, quelle est celle qui rétablit dans l'ordre chronologique les phrases ci-dessous :

1. Il faisait frais, si tôt le matin, et le soleil n'avait pas encore séché la rosée qui s'était déposée dès que le vent était tombé.
2. Je m'habillais, mis mes souliers dans le corridor, et descendis l'escalier.
3. Je tirai le verrou de la porte et sortis.
4. En bas, personne ne bougeait.

(A) 4 – 1 – 3 – 2
(B) 2 – 3 – 1 – 4
(C) 4 – 2 – 3 – 1
(D) 2 – 4 – 3 – 1

Question 8. Associer les expressions suivantes à leur définition :

1 : propos opportuns
2 : propos fabulateurs
3 : propos calomnieux
4 : propos démagogiques

A : propos mensongers qui attaquent la réputation
B : propos par lesquels on flatte et on exploite les passions des masses
C : propos qui conviennent dans un cas déterminé
D : propos imaginaires mais présentés comme réels par leur auteur

(A) 1D – 2A – 3B – 4C
(B) 1C – 2D – 3A – 4B
(C) 1C – 2B – 3A – 4D
(D) 1D – 2B – 3A – 4C

@@@@@@@@@@@@@@@@@@@@@@@@@@@@@@@@@@@
@@@@@@@@@@@@@@@@@@@@@@@@@@@@@@@@@@@
@@@@@@@@@@@@@@@@@@@@@@@@@@@@@@@@@@@

Questions 9 et 10. Dans chacune des deux questions suivantes, découvrez les mots dont l'interversion pourrait rendre l'énoncé compréhensible (ne pas se soucier des modifications grammaticales que l'interversion des mots peut provoquer).

Question 9. « Les tsunamis débutent sous la forme d'éruptions à peine perceptibles à la surface de l'eau, provoquées par des séismes sous-marins ou des remous volcaniques. »

(A) tsunamis / remous
(B) perceptibles / provoqués
(C) éruptions / remous
(D) tsunamis / séismes

Question 10. « Avant tout travail, l'interviewer doit avoir une idée claire de ce qu'il ou elle attend du candidat en fonction des exigences de l'entretien envisagé »

(A) interviewer / candidat
(B) entretien / travail
(C) travail / idée
(D) attend / envisagé

Question 11. Lequel de ces mots peut être à la fois de genre masculin et de genre féminin ?

(A) Enfant
(B) Fantassin
(C) Obélisque
(D) Pectine

Question 12. L'antonyme du mot « nécessaire » est :

(A) Utile
(B) Contingent
(C) Qui vient de naître
(D) Désirable

@@@@@@@@@@@@@@@@@@@@@@@@@@@@@@@@@@@@@
@@@@@@@@@@@@@@@@@@@@@@@@@@@@@@@@@@@@@
@@@@@@@@@@@@@@@@@@@@@@@@@@@@@@@@@@@@@

Question 13. Quel synonyme pour l'adjectif fielleux ?

(A) Amical
(B) Fier
(C) Haineux
(D) Fidèle

Question 14. Chassez l'intrus :

(A) Daniel
(B) Claude
(C) Dominique
(D) Camille

Question 15. Qu'est-ce qu'un insulaire ?

(A) Un égoïste
(B) Celui qui vit sur une île
(C) Un ermite
(D) Le générique de l'insuline

Si vous avez terminé, vous n'êtes pas autorisé(e) à revenir sur une épreuve précédente.
Vous n'êtes pas non plus autorisé(e) à travailler sur une épreuve suivante avant la fin du temps imparti.

STOP !

5

TEST BLANC TAGE 2
SOUS-TEST 2 : CALCUL

Consignes

10 questions / 30 minutes / Calculatrice interdite

Barème

Réponse juste : + 3 points / Réponse fausse : – 1 point / Aucune réponse : 0 point

Question 16. Les trois classes de terminale d'un lycée comprennent respectivement 35, 28 et 36 élèves. Sachant que respectivement 1/5, 1/4 et 1/9 des lycéens de ces trois classes vont échouer au baccalauréat, quel est le nombre total de lycéens qui vont redoubler leur terminale ?

(A) 21
(C) 19
(B) 17
(D) 18

Question 17. Un tapis roulant dans un aéroport se déplace à 3 km/h. Sa longueur est de 20 mètres. Un enfant s'amuse à le prendre en sens inverse et marche à 5 km/h. Combien de temps mettra-t-il pour remonter entièrement le tapis roulant ?

(A) 1 minute et 15 secondes
(C) 45 secondes
(B) 1 minute et 30 secondes
(D) 36 secondes

//
//
//

Question 18. Un jeu de hasard consiste à choisir un numéro avant de procéder à un tirage. Si le numéro sort, le joueur gagne 12 €, s'il ne sort pas, le joueur perd 8 €. Un joueur joue trente fois de suite. Il se rend compte qu'il possède alors la même somme qu'au départ. Combien a-t-il gagné de paris ?

(A) 11
(B) 12
(C) 13
(D) 14

Question 19. Hélène est née le jour du vingtième anniversaire de sa mère. Combien de fois, au plus, l'âge d'Hélène sera-t-il un diviseur de l'âge de sa mère ?

(A) 4
(B) 5
(C) 6
(D) 7

Question 20. Dans la figure ci-dessous, BCA et ADE sont des triangles équilatéraux égaux. L'angle CAD est égal à 17,5 degrés. Quelle est la valeur de la moitié de l'angle BCD ?

(A) 56,125
(B) 62,25
(C) 70,625
(D) 72,75

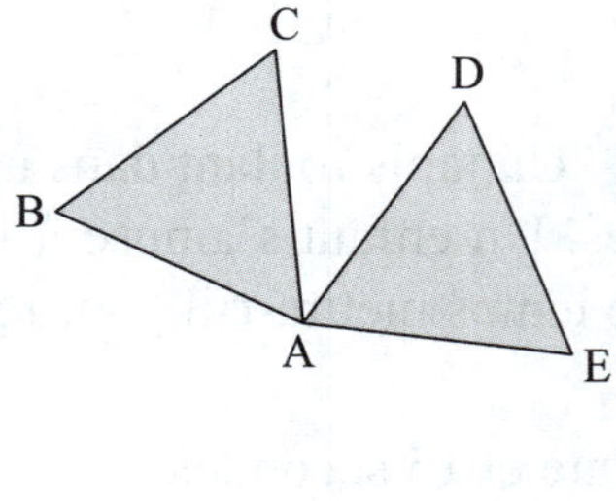

//
//
//

Question 21. On décide d'organiser un marathon d'autobus dans un petit village. Le 5 septembre à 10 h, on décide de mettre le parcours en place : le trajet sera circulaire, comme pour une piste d'athlétisme, pour éviter d'encombrer trop de rues. Il faudra donc faire 27 tours de la place centrale du village pour finir le parcours. Le jour J, deux bus démarrent la course à 9 h. 1 h 20 plus tard, l'intervalle entre eux est de 25 min. Si l'on veut réduire cet intervalle à 10 min, combien de bus faut-il ajouter sur le circuit ?

(A) 1
(B) 2
(C) 3
(D) 5

Question 22. A une soirée, chaque homme a serré une fois la main de chaque autre homme et chaque femme a échangé une bise avec chaque autre femme. On a compté 66 poignées de main et 28 bises. Le nombre de femmes présentes à cette soirée représente quelle fraction du nombre d'hommes ?

(A) Trois cinquièmes
(B) Trois quarts
(C) Un demi
(D) Deux tiers

Question 23. Dix pièces de 1 centime et dix pièces de 5 centimes sont arrangées en alternant UCUC…UC. Un déplacement consiste à échanger deux pièces de monnaie adjacentes. Quel est le nombre minimal de déplacements que l'on doit faire pour retrouver toutes les pièces de 1 centime à un bout et toutes les pièces de 5 centimes à l'autre bout, c'est-à-dire UUU…UC…CCC ?

(A) 10
(B) 20
(C) 25
(D) 45

//
//
//

Question 24. Un navire de guerre a 1 200 jours de vivres le matin où il recueille en mer 600 naufragés. Le responsable des vivres annonce alors au commandant que les vivres suffiront pour 1 000 jours seulement. Combien y avait-il de personnes à bord avant que les naufragés soient recueillis ?

(A) 100
(B) 300
(C) 600
(D) 3 000

Question 25. Une bouteille d'un tiers de litre est aux trois quarts pleine. J'en bois 20 cl. Combien reste-t-il alors dans la bouteille ?

(A) Rien
(B) 5 décilitres
(C) 0,05 litre
(D) 7,5 cl

Si vous avez terminé, vous n'êtes pas autorisé(e) à revenir sur une épreuve précédente.
Vous n'êtes pas non plus autorisé(e) à travailler sur une épreuve suivante avant la fin du temps imparti.

STOP !

TEST BLANC TAGE 2
SOUS-TEST 3 : LOGIQUE [séries doubles]

5

Consignes

10 questions / 15 minutes

Barème

Réponse juste : + 3 points / Réponse fausse : – 1 point / Aucune réponse : 0 point

Question 26.

		682		
		286		
77	91	?	420	28
		121		
		594		

(A) 84
(B) 275
(C) 63
(D) 154

Question 27.

		NLM		
		JOR		
HAI	NPO	?	DXE	RXS
		SUX		
		NXT		

(A) IRJ
(B) MTN
(C) SRP
(D) ASE

Question 28.

	1607			
	6152			
	5876			
5474	?	9821	9191	3548
	9779			

(A) 2864
(B) 6173
(C) 7593
(D) 7535

Question 29.

AC	OJ	VK	?	HP
			CG	
			IA	
			FD	
			EE	

(A) HB
(B) WB
(C) BW
(D) BH

Question 30.

324	900	121	?	289
			67	
			517	
			454	
			49	

(A) 225
(B) 256
(C) 216
(D) 373

Question 31.

				QSP
SXT	RDT	UPQ	XCV	?
				LTK
				GVF
				TZS

(A) WYV
(B) WMR
(C) ZSY
(D) IJH

Question 32.

		536		
		711		
618	717	?	951	636
		350		
		178		

(A) 708
(B) 803
(C) 447
(D) 917

Question 33.

YHZ				
OXP				
WSX				
MVN				
?	WSQ	ZRC	WQZ	SPL

(A) FTE
(B) JLK
(C) TFR
(D) LTM

Question 34.

	314			
	505			
	729			
	257			
749	?	207	486	215

(A) 336
(B) 348
(C) 789
(D) 448

Question 35.

		88		
		286		
725	379	?	710	876
		22		
		803		

(A) 737
(B) 374
(C) 474
(D) 777

Si vous avez terminé, vous n'êtes pas autorisé(e) à revenir sur une épreuve précédente.
Vous n'êtes pas non plus autorisé(e) à travailler sur une épreuve suivante avant la fin du temps imparti.

STOP !

TEST BLANC TAGE 2
SOUS-TEST 4 : LANGAGE [paratexte]

5

Consignes

15 questions / 15 minutes

Barème

Réponse juste : + 3 points / Réponse fausse : – 1 point / Aucune réponse : 0 point

COMPREHENSION DE TEXTE

Les grandes migrations déjà commencent. Tassés dans les voitures, entassés dans les trains, les citadins enfin se ruent vers les plages, le soleil, les sommets, les bosquets. Avides de jeux et de repos, d'un peu de vie rêvée. Entraînés par nombre d'illusions, d'images trompeuses et de leurres, cela va de soi. Heureux malgré tout de changer d'air, de rythme, de climat, d'aliments. Exposés par là même, on l'oublie, à des dangers insolites, des risques inhabituels. Parce que finalement – ça, on ne le dit pas –, rien n'est plus dangereux que les vacances. Dès qu'on examine froidement la situation, les périls sautent aux yeux.

Sur les rivages lointains guettent tsunamis, requins et pirates. En montagne, s'annoncent crevasses et coulées de boue. A la campagne, pesticides, « serial killers » et frelons. Choisir sa destination n'est décidément pas une sinécure. Car aux risques naturels, depuis toujours encourus par les grands aventuriers, s'ajoutent à présent, sur un rythme soutenu, les catastrophes industrielles. Il faut donc étudier la carte des centrales nucléaires, s'informer sur la maintenance des complexes pétrochimiques, regarder de près l'architectonique des plaques, les lignes de faille, les statistiques de secousses sismiques. Et ce n'est qu'un début.

##
##
##

Après la géographie physique et industrielle, la géopolitique s'en mêle. De plus en plus nombreuses et étendues sont les zones où le séjour risque de se prolonger excessivement pour cause de prise d'otages. Le repli sur la France n'est même pas rassurant : Fessenheim inquiète, Feyzin panique, les stades sont survoltés, les festivals inégaux et rien ne garantit que les volcans d'Auvergne, sans prévenir, le 15 août, ne vont pas se remettre en activité.

Ceux qui trouveraient que j'exagère devront pourtant reconnaître que le vacancier se trouve toujours exposé à quelque déboire. Au téléphone, une tumeur au cerveau le menace, après une explosion de forfait. Au soleil, son mélanome se prépare, après des cloques et des vertiges. S'il fait du jogging, des tueurs le guettent, après un malaise vagal et des ampoules. Sans parler des intoxications alimentaires, dont on ne sait plus comment se prémunir… Car la vieille turista, ou même les amibes sont des histoires anciennes. On se demande à présent s'il faut éviter à tout prix les graines germées, esquiver par prudence les concombres, prendre garde à la résurgence de prion dans les viandes, considérer les fast-foods comme des abattoirs. D'ailleurs, la grippe aviaire, ça ne serait pas sur le point de repartir ?

Première conclusion : renoncer à bouger. Convaincu qu'en vacances tout devient de pire en pire, mieux vaut s'abstenir. On se souvient de la franche gaieté de Schopenhauer : *« Aujourd'hui est mauvais, et chaque jour sera plus mauvais – jusqu'à ce que le pire arrive »*… Voilà qui semble s'appliquer à la trêve estivale plus qu'à tout autre moment. S'il en est bien ainsi, la conséquence inéluctable est facile à tirer : descendre à la cave, la transformer en abri, se sustenter uniquement de riz complet bien cuit et attendre la rentrée en lisant, de préférence, des traités de métaphysique et de morale.

A moins qu'on ne se ravise, en se disant qu'on n'est vraiment pas tenu aux délires du principe de précaution, que la frayeur est toujours mauvaise conseillère et l'existence, vacances incluses, n'est qu'un seul lot. Vouloir y faire le tri est une illusion vaine. Si on dit « oui » à la vie, c'est à tout ce qu'elle comprend, souffrances comme jouissances, malheurs comme bonheurs. C'est à peu près ce que Nietzsche répondit à Schopenhauer, son « éducateur ».

##
##
##

Question 36. Donc, pour des vacances paisibles, il est plus prudent de :

1. Descendre à la cave
2. Ne manger que du riz
3. Rester chez soi

(A) 2 + 3
(B) Ni 1 ni 2 ni 3
(C) 1 + 2 + 3
(D) 1 + 2

Question 37. Combien de problèmes médicaux sont présents à la fois dans cette liste et dans le texte ?

1. Turista
2. Grippe A H1N1
3. Ampoule
4. Mélanome

(A) 0
(B) 1
(C) 2
(D) 3

Question 38. On part en vacances pour changer…

1. d'air.
2. de latitude.
3. de rythme.
4. d'aliments.

(A) 1 + 3 + 4
(B) 1 + 4
(C) 2 + 3 + 4
(D) 3 + 4

##
##
##

Question 39. Quel est le meilleur titre pour ce texte ?

(A) Mieux que La Grande Motte, Schopenhauer
(B) Survivre aux vacances
(C) Les dangers des vacances
(D) Comment bien choisir sa destination en 10 questions

Question 40. La morale de cette histoire pourrait être :

(A) Prudence est mère de sûreté
(B) Un homme averti en vaut deux
(C) Trop de précaution nuit
(D) Pierre qui roule n'amasse pas mousse

Questions 41 à 43 : choisissez la reformulation dont le sens se rapproche le plus du passage souligné.

Question 41. Quel pianiste ! A chaque fois que nous assistons à l'un de ses concerts, son talent <u>nous stupéfait</u>.

(A) nous prend au dépourvu
(B) nous ravit
(C) nous étonne
(D) nous surprend

Question 42. **Question 70.** Il pardonne toujours avec <u>magnanimité</u>.

(A) avec largesse
(B) avec réticence
(C) avec affection
(D) avec hésitation

##
##
##

Question 43. Choisissez la meilleure formulation pour la partie soulignée en vérifiant la correction orthographique et/ou grammaticale et en valorisant l'élégance stylistique. La réponse A reprend la formulation initiale.

Les forces de police ont débuté leurs recherches trop longtemps après que les deux cyclistes aient disparu. Elles ont eu des difficultés à retrouver les deux corps et n'ont pas fait l'effort de s'excuser auprès des familles.

(A) Les forces de police ont débuté leurs recherches trop longtemps après que les deux cyclistes aient disparu. Elles ont eu des difficultés à retrouver les deux corps et n'ont pas fait l'effort de s'excuser auprès des familles.
(B) Les forces de police ont commencé leurs recherches trop longtemps après que les deux cyclistes ont disparu. Elles ont rencontré des difficultés pour retrouver les deux corps et n'ont pas fait l'effort de s'excuser auprès des familles.
(C) Les forces de police ont démarré leurs recherches trop longtemps après que les deux cyclistes aient disparu. Elles ont eu des difficultés à retrouver les deux corps et n'ont pas fait l'effort de s'excuser auprès des familles.
(D) Les forces de police ont initié leurs recherches trop longtemps après la disparition des deux cyclistes. Elles ont eu certaines difficultés pour retrouver les deux corps et ne sont même pas efforcé de s'excuser auprès des familles !

Questions 44 à 47 : complétez en choisissant la solution optimale.

Question 44. A (…) de là, un villageois poursuivait ses travaux, perdu dans (…). Parfois, la plaine résonnait de (…) qu'il lançait à toute volée pour encourager ses troupeaux. Brisant la dureté d'un sol aride, il avançait encore de (…) avant de trébucher sur une motte de terre.

(A) quelques distances / quelque rêve / quelque cri / quelques pas
(B) quelque distance / quelques rêves / quelques cris / quelque pas
(C) quelque distance / quelque rêve / quelques cris / quelques pas
(D) quelques distances / quelques rêves / quelques cris / quelque pas

###
###
###

Question 45. Il ne faut pas oublier de (…) ce vaccin au frais, sous peine qu'il perde de son efficacité.

(A) conserver
(B) garder
(C) placer
(D) mettre

Question 46. Nous ne sommes qu'aux (…) premiers jours mais nos projets de construction avancent très vite. De (…) parts, les machines s'activent. Des techniques (…) nouvelles complètent les pratiques traditionnelles. A (…) heure, maçons, électriciens, plombiers et ingénieurs, (…) s'affairent.

(A) tous / toute / toute / tout / tout
(B) tout / toutes / toutes / toute / tous
(C) tous / toutes / toute / tout / tout
(D) tout / toute / toutes / toute / tous

Question 47. Le soleil n'était pas encore couché. Vers le sud, on apercevait (…), l'une en forme de tour, l'autre en forme de rameau Elles étaient recouvertes (…) avec (…). Au nord, (…) obstruait l'horizon. Elle était vêtue (…) et creusée de ravines profondes. La mer et la pluie conspiraient à sa ruine ; mais majestueuse encore, elle portait à sa crête, comme un cimier, (…) construit jadis par les naufrageurs et les corsaires.

(A) les ruines d'un hameau / d'herbe rase / de minuscules villages empourprés / deux belles montagnes / d'un pelage roux / un grand hameau
(B) les ruines d'un hameau / d'un pelage roux / une grande falaise d'argile / deux belles montagnes / d'herbe rase / de minuscules villages empourprés
(C) deux belles montagnes / d'herbe rase / les ruines d'un hameau / une grande falaise d'argile / d'un pelage roux / de minuscules villages empourprés
(D) deux belles montagnes / d'un pelage roux / de minuscules villages empourprés / une grande falaise d'argile / d'herbe rase / les ruines d'un hameau

##
##
##

Question 48. Laquelle des phrases suivantes est correcte du point de vue de l'usage du vocabulaire ?

(A) Vous m'avez rendu d'imminents services et je ne sais comment vous remercier.
(B) Cette année, le prix littéraire a été discerné à un jeune romancier.
(C) Sa réaction est étonnante mais personne ne lui en veut.
(D) Ce laboratoire va commercialiser un nouvel antalgique contre les maux de tête.

Question 49. « L'homme est sociable, parce qu'il aime le bien-être et se plaît dans un état de sécurité. »
Quel mode de raisonnement est utilisé dans la phrase précédente ?

(A) déductif
(B) causal
(C) analogique
(D) inductif

Question 50. Parmi les propositions suivantes, laquelle fait figure d'intruse ?

(A) Il était prêt pour le dernier voyage de sa vie.
(B) Elle travaille vingt-six heures par jour, huit jours sur sept.
(C) Ce dessert n'est pas mauvais du tout.
(D) Elle jouait souvent avec ses chats, et ses moineaux.

Si vous avez terminé, vous n'êtes pas autorisé(e) à revenir sur une épreuve précédente.
Vous n'êtes pas non plus autorisé(e) à travailler sur une épreuve suivante avant la fin du temps imparti.

STOP !

5

TEST BLANC TAGE 2

SOUS-TEST 5 : CALCUL

Consignes

10 questions / 30 minutes / Calculatrice interdite

Barème

Réponse juste : + 3 points / Réponse fausse : – 1 point / Aucune réponse : 0 point

Question 51. Un cube a pour volume huit mètres cubes. On le découpe en petits cubes de deux décimètres de côtés. On empile alors tous les petits cubes. Quelle est en mètres la hauteur de la pile obtenue ?

(A) 20 mètres
(B) 100 mètres
(C) 400 mètres
(D) 200 mètres

Question 52. Un village compte exactement 100 habitants. Le plus âgé dans ce village est né en 1900 et tous les habitants sont nés une année différente, mais tous le 1er janvier. En 1999, la somme des quatre chiffres de l'année de naissance de Julie était égale à son âge. Quel était l'âge de Julie en 1999 ?

(A) 4
(B) 12
(C) 16
(D) 23

§§§
§§§
§§§

Question 53. Quelle est la valeur de la somme des chiffres du résultat de la multiplication suivante sachant que p est un entier naturel pair ?

$$\begin{array}{rrrrr} & & 5 & 0 & 1 \\ \times & & & p & p \\ \hline & 3 & - & - & - \\ - & - & 0 & - & - \\ \hline - & - & - & - & - \end{array}$$

(A) 12
(B) 15
(C) 16
(D) 18

Question 54. A 9 h, Anne part de Strasbourg pour aller à Brest et conduit à la vitesse de 48 km/h. A 10 h, Pierre part également de Strasbourg dans la même direction. Il conduit à la vitesse de 60 km/h. A quelle heure Pierre va-t-il rattraper Anne ?

(A) 13 h 30
(B) 14 h
(C) 14 h 15
(D) 14 h 30

Question 55. La moyenne des âges des sœurs d'Alexandre est de 18 ans. La sœur aînée a six ans de plus que sa cadette. Si la moyenne de l'âge d'Alexandre et de l'aînée de ses sœurs est de 21 ans, quel est alors l'âge d'Alexandre ?

(A) 20
(B) 21
(C) 22
(D) 23

Question 56. Après le 1er janvier 2013, combien d'années s'écouleront avant que l'événement suivant se produise pour la première fois : en multipliant les quatre chiffres de l'année, on obtient un résultat plus grand qu'en les ajoutant ?

(A) 87
(B) 98
(C) 101
(D) 102

§§
§§
§§

Question 57. Nous sommes sur une ligne de métro circulaire. 24 trains également espacés s'y déplacent dans la même direction et roulant tous à la même vitesse. Demain, on doit rajouter des trains afin de diminuer de 20 % les intervalles entre deux trains. Combien y aura-t-il de trains supplémentaires demain sur la ligne ?

(A) 12 (B) 6 (C) 5 (D) 3

Question 58. Quatorze personnes se partagent un gros gâteau. La première en prend un cinquième, la deuxième en prend un sixième du reste. Ces deux personnes s'effacent alors et les autres décident de se partager le reste équitablement. Quelle fraction du gâteau chacune des personnes qui restent obtient-elle ?

(A) Un quinzième
(B) Un demi
(C) Un douzième
(D) Un dix-huitième

Question 59. Une mère offre des bonbons à ses enfants. « Combien pouvons-nous en avoir ? » demandent les petits. « Je vous en donnerai une certaine quantité, mais seulement si vous la devinez : sachez qu'en multipliant la moitié de cette quantité par son tiers, on obtient 2 400. » Alors, à combien de bonbons ces petits ont-ils droit ?

(A) 60 (B) 80 (C) 120 (D) 180

Question 60. Il faut 1 minute et 30 secondes à Aurélie pour monter entièrement le long d'un escalator en panne. En revanche, lorsque l'escalator fonctionne et qu'Aurélie est parfaitement immobile, il lui faut 60 secondes. Combien de temps faudra-t-il à Aurélie, en marchant toujours à la même vitesse, pour monter lorsque l'escalator fonctionne ?

(A) 36 secondes
(B) 75 secondes
(C) 45 secondes
(D) 30 secondes

Si vous avez terminé, vous n'êtes pas autorisé(e) à revenir sur une épreuve précédente.
Vous n'êtes pas non plus autorisé(e) à travailler sur une épreuve suivante avant la fin du temps imparti.

STOP !

5

TEST BLANC TAGE 2
SOUS-TEST 6 : LOGIQUE [séries graphiques]

Consignes

10 questions / 10 minutes

Barème

Réponse juste : + 3 points / Réponse fausse : – 1 point / Aucune réponse : 0 point

Question 61.

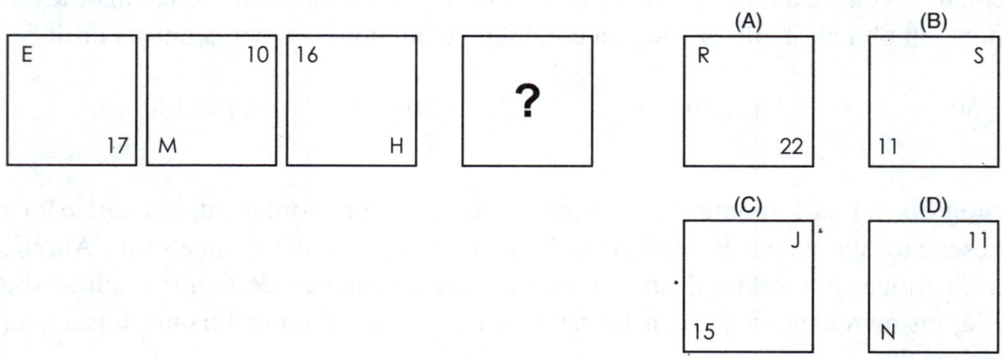

****
****
****

Question 62.

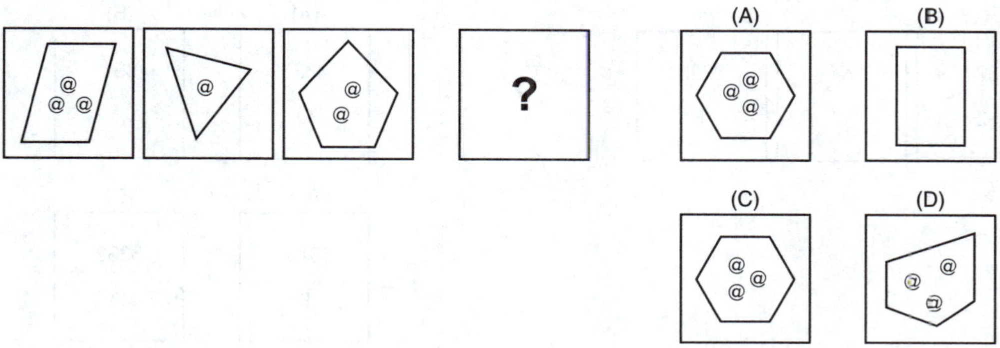

Question 63.

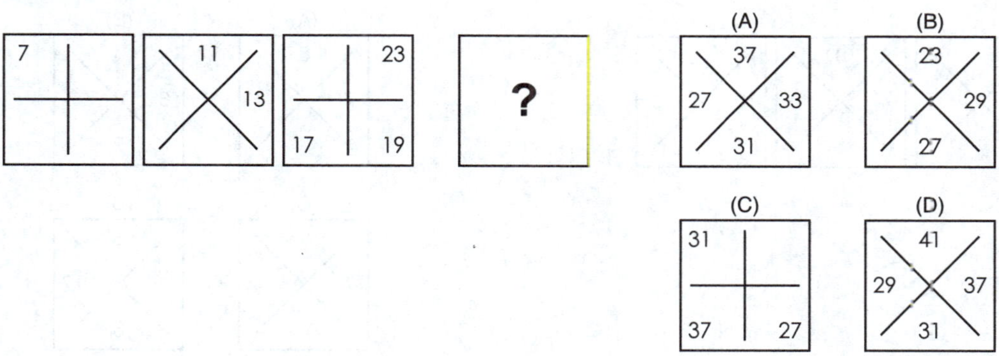

Question 64.

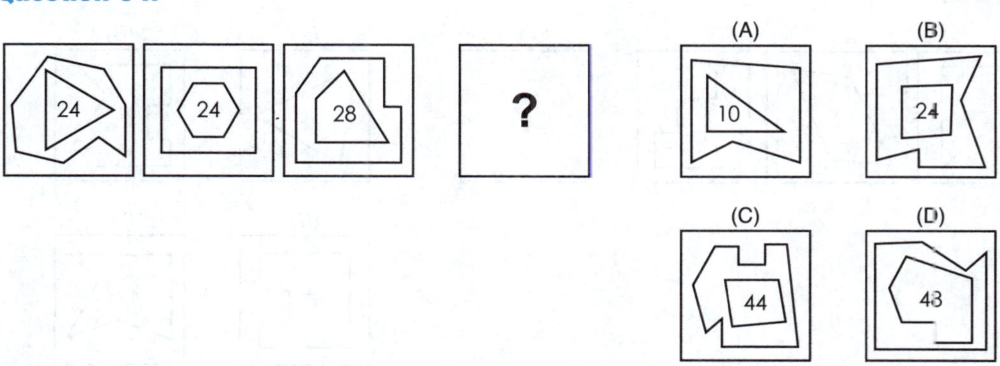

****
****
****

Question 65.

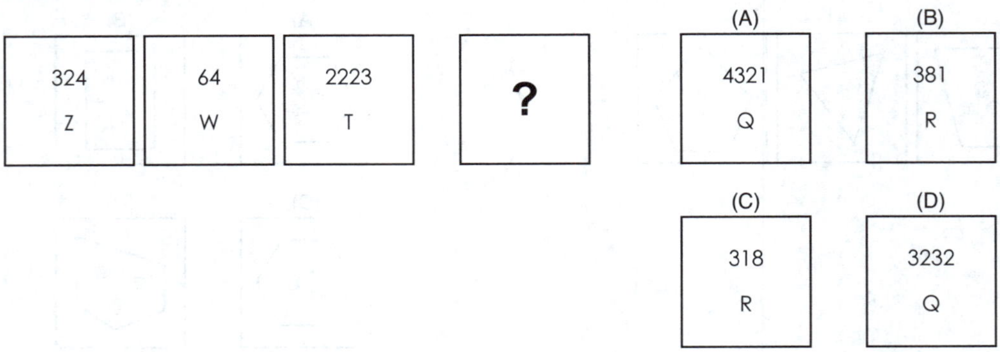

Question 66.

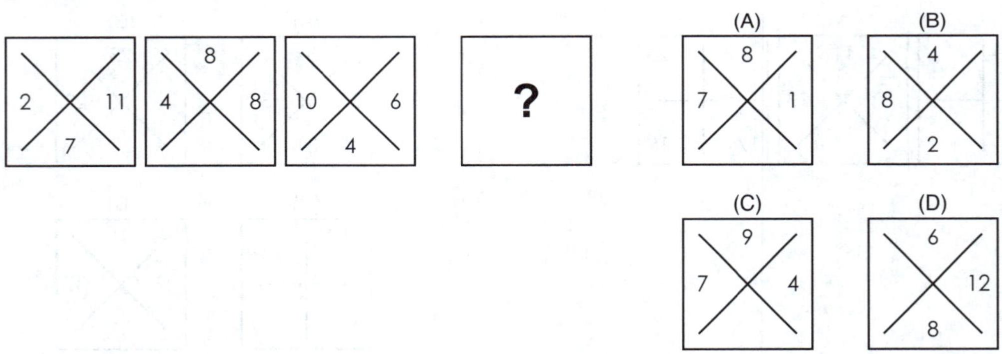

Question 67.

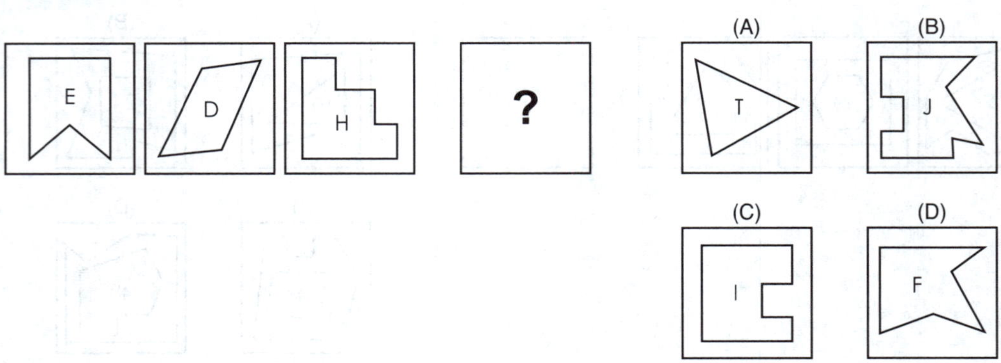

****
****
****

Question 68.

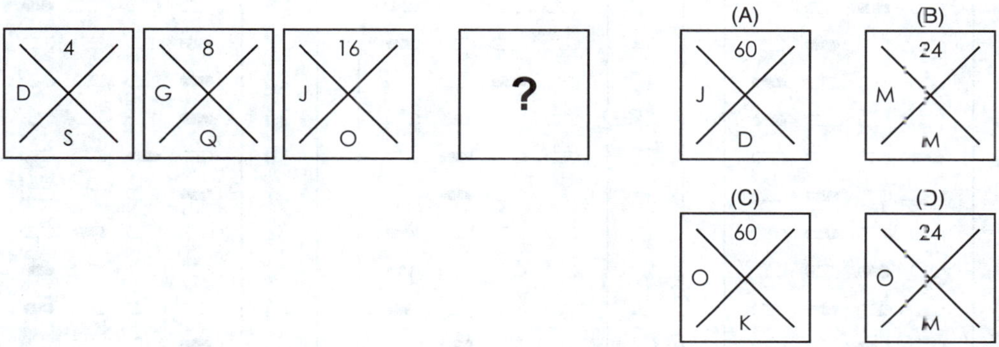

Question 69.

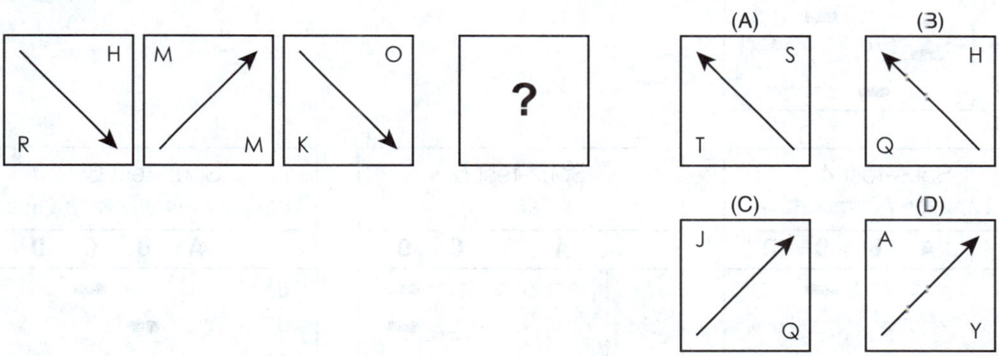

Question 70.

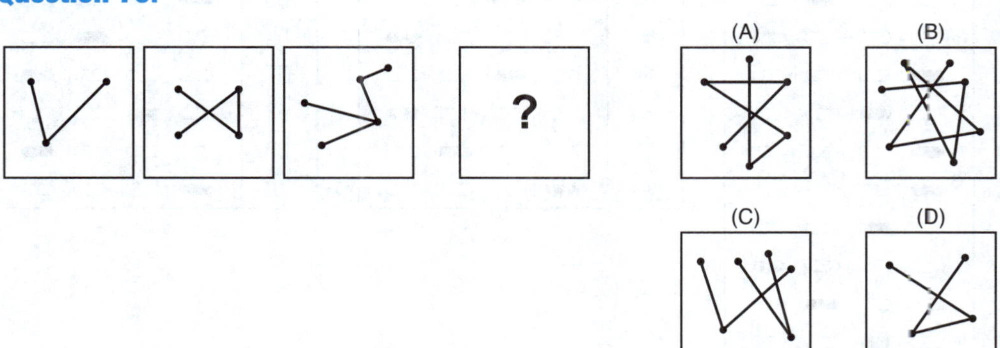

TEST TAGE 2 #6 : GRILLE DES REPONSES JUSTES

Sous-test 1
Langage / Lexiphrase

	A	B	C	D
1		■		
2			■	
3				■
4				■
5	■			
6			■	
7			■	
8		■		
9			■	
10		■		
11	■			
12		■		
13			■	
14	■			
15		■		

Sous-test 2
Calcul

	A	B	C	D
16				■
17				■
18		■		
19			■	
20			■	
21			■	
22				■
23				■
24				■
25			■	

Sous-test 3
Logique / Séries doubles

	A	B	C	D
26				■
27	■			
28	■			
29	■			
30		■		
31	■			
32			■	
33				■
34				■
35	■			

Sous-test 4
Langage / Paratexte

	A	B	C	D
36			■	
37				■
38	■			
39		■		
40			■	
41				■
42	■			
43		■		
44	■			
45	■			
46		■		
47				■
48			■	
49		■		
50				■

Sous-test 5
Calcul

	A	B	C	D
51				■
52				■
53				■
54		■		
55		■		
56				■
57		■		
58				■
59			■	
60	■			

Sous-test 6
Logique / Séries graphiques

	A	B	C	D
61			■	
62		■		
63				■
64			■	
65	■			
66			■	
67				■
68		■		
69				■
70	■			

TEST BLANC TAGE 2
CORRIGES DU TEST BLANC #5

5

1. Langage [1]

Question 1. Réponse B

Question 2. Réponse C

Question 3. Réponse D

Question 4. Réponse D

Question 5. Réponse A

Question 6. Réponse C

Question 7. Réponse C

Question 8. Réponse B

Question 9. Réponse C

Question 10. Réponse B

Question 11. Réponse A

Question 12. Réponse B

Question 13. Réponse C

Question 14. Réponse A

Question 15. Réponse B

2. Calcul [1]

Question 16. Réponse D

Il vous suffit de traduire lentement les données de l'énoncé pour obtenir l'équation suivante, X étant l'inconnue recherchée :
$X = 1/5 \times 35 + 1/4 \times 28 + 1/9 \times 36$

En effet, $1/5 \times 35$ représente le nombre d'élèves qui vont redoubler dans la première classe, $1/4 \times 28$ celui de la deuxième et $1/9 \times 36$ celui de la troisième. Comme vous connaissez parfaitement vos tables de multiplication, vous savez que :
$35 = 5 \times 7$ $28 = 4 \times 7$ $36 = 4 \times 9$

Donc vous en déduisez facilement que $X = 7 + 7 + 4 = 18$.

Question 17. Réponse D

On est face à une question de Vitesse/Temps/Distance où l'inconnue est le temps. Nous vous conseillons dans ce genre de situations de vous concentrer sur les deux autres données (ici Vitesse et Distance) l'une après l'autre. La distance (notée D), vaut 20 m. En ce qui concerne la vitesse, l'enfant marche certes à 5 km/h, mais en sens inverse d'un tapis roulant qui avance à 3 km/h. Il marche donc en réalité à 2 km/h. Pour vous en persuader, dites-vous qu'en une heure il aura avancé de 5 km et reculé de 3 km. On a donc : V = 2 km/h et D = 20 m.

On est tenté d'appliquer ici notre équation classique T = D/V, mais attention, n'oubliez pas que celle-ci ne fonctionne que si les unités de distance et de temps sont les mêmes. Or ici V et

D mélangent les km et les m. On convertit donc la vitesse de l'enfant en V = 2 000 m/h et on peut remplacer les inconnues dans l'équation pour obtenir :
T = 20/2 000 = 1/100 h

Or 1 h correspondant à 3 600 secondes, on trouve que 1/100 h = 36 secondes.

Une autre méthode aurait été de convertir immédiatement les heures en secondes dans l'expression de V et d'écrire :
V = 2 000 m / 3 600 secondes, soit « l'enfant fait 2 000 m toutes les 3 600 secondes ».
Puis en simplifiant par 100 :
V = 2 0~~00~~ m / 3 6~~00~~ secondes = 20 m / 36 secondes, soit « l'enfant fait 20 m toutes les 36 secondes ».

Remarquons qu'on aurait très bien pu vous proposer une question dans laquelle l'enfant marchait dans le même sens que le tapis roulant, auquel cas il aurait fallu additionner leurs vitesses respectives et non les soustraire comme c'était le cas ici.

Question 18. Réponse B

En notant P le nombre de parties perdues et G le nombre de parties gagnées, l'énoncé nous donne comme information :
(1) G + P = 30 (2) G × 12 – P × 8 = 0

Soit après calcul :
(1) G + P = 30 (2) P = 12G/8 = 3G/2

En remplaçant P par sa valeur en fonction de G dans l'équation (1) :
2/2 × G + 3/2 × G = 30, soit G = 30 × 2/5 = 12

Question 19. Réponse C

Si l'on note H l'âge d'Hélène et M celui de sa mère, le fait qu'Hélène soit née lorsque sa mère avait 20 ans signifie qu'elles auront toujours exactement 20 ans d'écart autrement dit que :

(1) H = M – 20 ou (2) M = H + 20

NB : si M vaut plus de 41, alors H = M – 20 sera supérieur à M/2 et ne pourra alors plus être un diviseur de M. En effet, nous vous rappelons que le plus grand diviseur d'un nombre, hormis lui-même, est sa moitié. De même, on ne prendra pas de valeur de M inférieure à 21 ans vu qu'Hélène aurait alors un âge négatif ou nul, ce qui n'est pas commode. Il faut donc choisir 21 ≤ M ≤ 40 et 1 ≤ H ≤ 20. Voici deux méthodes de résolution :

<u>Méthode 1</u>
En utilisant l'équation (1), on peut se dire qu'on cherche en fait combien de fois M – 20 sera un diviseur de M.
Faisons un tableau pour vérifier pour quelles valeurs de M, comprise entre 21 et 40, M – 20 est un diviseur de M :

M	**21**	**22**	23	**24**	**25**	26	27	28	29	**30**	31	32	33	34	35	36	37	38	39	**40**
M – 20	**1**	**2**	3	**4**	**5**	6	7	8	9	**10**	11	12	13	14	15	16	17	18	19	**20**

On compte donc 6 valeurs de M pour lesquelles cela fonctionne : l'âge d'Hélène sera ainsi 6 fois un diviseur de celui de sa mère.
Cependant, écrire 40 valeurs sur son brouillon et tester si l'une divise l'autre prend du temps, de la place et de l'énergie… Voyons si on ne peut pas faire mieux avec la méthode suivante.

Méthode 2
Prenons le problème dans l'autre sens et utilisons l'équation (2). On cherche alors combien de fois H sera un diviseur de H + 20. Cela s'écrit mathématiquement qu'il existe un entier k tel que :
$H + 20 = k \times H$

Le problème revient donc à chercher pour quelles valeurs de H, **$k = (H + 20)/H$ est un nombre entier.** Or on peut réécrire :
$k = (H + 20)/H \Leftrightarrow k = 1 + 20/H \Leftrightarrow$ **$k - 1 = 20/H$**

Ainsi, pour que k soit entier, il faut bien sûr que $k - 1$ soit entier, et il est par conséquent nécessaire que 20/H soit entier, autrement dit que H soit un diviseur de 20. Or entre 1 et 20, les seuls diviseurs de 20 sont 1, 2, 4, 5, 10 et 20, ce qui fait 6 valeurs. On retrouve bien le fait qu'Hélène aura 6 fois un âge divisant celui de sa mère.

Question 20. Réponse C

Lorsque vous rencontrez une question de géométrie comme ici, nous vous invitons à vous servir de la figure pour appuyer votre raisonnement. Si celle-ci n'est pas dessinée, nous vous conseillons fortement de le faire. Ici, traduisons une par une sur la figure les informations données par l'énoncé.

Dans un premier temps, on vous dit que les triangles BCA et ADE sont équilatéraux et égaux, donc **tous leurs côtés sont égaux et tous leurs angles valent 60°.**

On sait de plus que **l'angle CAD est égal à 17,5°.** Ce qui donne sur notre figure :

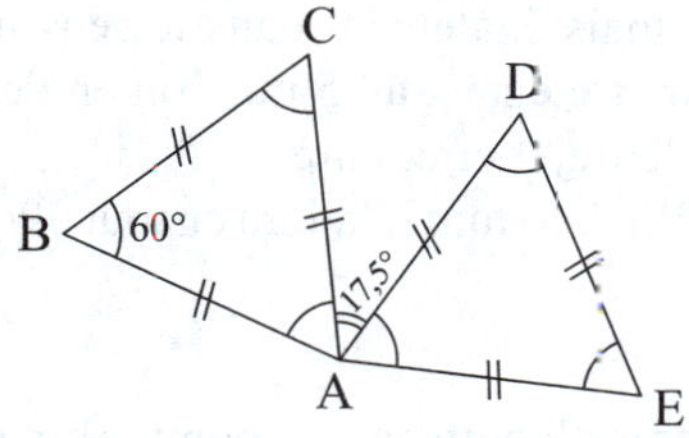

Dernière chose à indiquer : **on voit apparaître sur la figure que le triangle ACD est isocèle de base CD et de sommet A.** On en déduit donc que **les angles ACD et ADC sont égaux.**

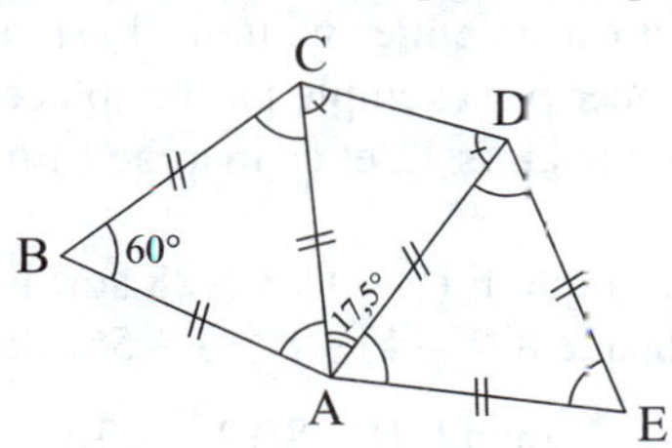

Maintenant que l'on dispose de toutes les informations sur la figure, il suffit de remarquer que l'on a : (*) BCD = BCA + ACD
On sait que BCA = 60° et, sachant que la somme des mesures des angles d'un triangle est égale à 180° et que les angles **ACD** et **ADC** sont égaux, nous pouvons écrire :
ACD = 180° – CAD – ADC = 180° – 17,5° – ADC, soit : 2 × ACD = 162,5° ou encore : ACD = 162,5°/2 = 81,25°.

En remplaçant BCA et ACD par leurs valeurs respectives dans l'équation (*), on obtient :
BCD = 60° + 81,25° = 141,25°

Et, puisque l'on nous demande de trouver **la moitié de cet angle,** cela donne :
BCD/2 = 141,25°/2 = **70,625°**

Question 21. Réponse C

Attention à ne pas vous perdre dans un flux d'informations inutiles ! Les seules qui servent vraiment sont le fait que la piste soit circulaire et que l'intervalle est de 25 min entre les deux bus. Pour mieux comprendre la situation, représentons-là sur un schéma :

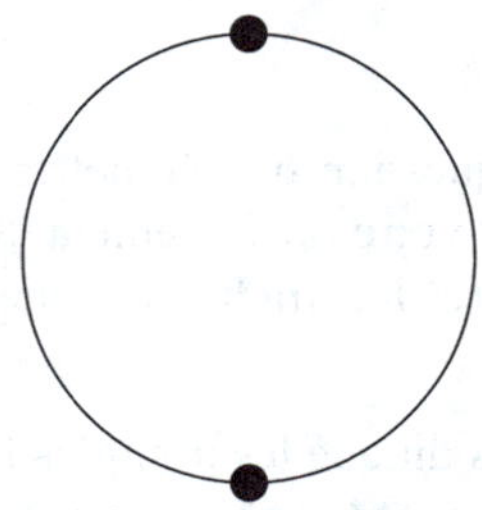

Il y a en effet deux façons de voir l'intervalle entre les deux bus sur un trajet circulaire : celui entre le Bus 1 et le Bus 2, mais également dans le sens inverse, entre le Bus 2 et le Bus 1. Ces deux intervalles devant être égaux à 25 min, on en déduit qu'à la vitesse des bus, il faut 50 min pour parcourir tout le trajet circulaire.
Ainsi, pour réduire l'intervalle à 10 min il faudra en tout 50/10 = 5 bus, soit en rajouter 5 – 2 = 3.

Question 22. Réponse D

Le plus simple est de réfléchir d'abord sur les hommes, puis sur les femmes :

- Si H est le nombre d'hommes présents à la soirée, la formule du cours vous permet d'écrire que l'on a alors H (H – 1)/2 = 66 salutations soit encore H (H – 1) = 132. Etant donné que le H que l'on cherche ici est un entier naturel, il est simple de trouver la valeur de H. Il suffit en effet de commencer par exemple par remplacer H par 10, soit 10 (10 – 1) = 10 × 9 = 90 et non 132. On essaie alors 12 et ça marche ! En effet, 12 (12 – 1) = 12 × 11 = 132. On a donc H = 12.
- On écrit de la même façon que F (F – 1)/2 = 28 soit F (F – 1) = 56. En remplaçant alors F par 8, ça marche… puisque 8 (8 – 1) = 8 × 7 = 56. On a donc F = 12.

Conclusion : si F = 8 et H = 12, on a F/H = 8/12 = 2/3.

Question 23. Réponse D

Le plus simple ici est de réfléchir étape par étape, en notant à chaque fois la nouvelle suite obtenue :

1. La première pièce est bien placée ⇒ UCUC…UC.
2. La deuxième pièce U nécessite d'être déplacée une fois vers la gauche pour qu'elle soit adjacente à la première ⇒ UUCCUC…UC.
3. La troisième pièce U va ensuite devoir être déplacée deux fois vers la gauche pour être adjacente à la deuxième pièce, puisque le déplacement de la deuxième pièce U a conduit à intercaler une pièce C entre la deuxième et la troisième pièce U ⇒ UUUCCCUC…UC.

Ainsi, nous pouvons conjecturer que chacune des pièces que l'on veut accoler aux premières nécessitera un déplacement supplémentaire à ceux effectués pour accoler la pièce précédente. Comme nous voulons accoler 10 pièces U, il faut effectuer :
$0 + 1 + 2 + 3 + \ldots + 8 + 9 = 9 \times (9 + 1)/2$ selon la formule du cours

Finalement vous trouvez qu'il faut effectuer $9 \times 10/2 = 9 \times 5 = 45$ déplacements au minimum.

Question 24. Réponse D

Partons des solutions en commençant par exemple par la C : 600. S'il y avait initialement 600 personnes à bord, cela signifie que le nombre de rations individuelles journalières était égal à $1\,200 \times 600 = 720\,000$ rations. Lorsque les 600 naufragés arrivent, on sait qu'il faudra alors partager les 720 000 rations journalières entre $600 + 600 = 1\,200$ personnes… ce qui nous donne $720\,000/1\,200 = 600$ jours de vivres. Or l'énoncé stipule que les vivres suffiront pour 1 000 jours et non 600 jours. Conséquence : il faut chercher un nombre initial de personnes plus grand, seul 3 000 peut donc fonctionner.
Il était également possible de poser une équation en notant X le nombre de personnes à bord avant l'arrivée des naufragés :
$1\,200X = 1\,000 \times (X + 600)$

En effet, cette équation illustre simplement le fait que la ration quotidienne de vivres doit toujours être la même. En développant, vous obtenez :
$1\,200X = 1\,000X + 600\,000 \Leftrightarrow 200X = 600\,000 \Leftrightarrow X = 600\,000/200 \Leftrightarrow X = 3\,000$

Question 25. Réponse C

Si la bouteille possède un volume maximal d'1/3 L et est aux 3/4 pleine, c'est donc qu'elle contient $3/4 \times 1/3 = 1/4$ L = 0,25 L.
Ici tout n'est alors qu'affaire de conversion : les 20 cL bus représentent 0,20 L, c'est donc qu'il reste $0{,}25 - 0{,}20 = 0{,}05$ L dans la bouteille.

3. Logique [1] : séries doubles

Question 26. Réponse D

H : Tous les nombres sont des multiples de 7.
V : Séparation somme par les côtés.

Question 27. Réponse A

H : Intra de +1 entre la première et la dernière lettre.

V : Inter Vertical de +3 sur la lettre du milieu.

Question 28. Réponse A

H : Somme constante égale à 20.

V : Séparation somme constante par le centre (la somme des deux chiffres de gauche est égale à celle des deux chiffres de droite).

Question 29. Réponse A

H : Les premières lettres comportent toute une symétrie verticale.

V : La somme des rangs des deux lettres vaut toujours 10.

Question 30. Réponse B

H : Tous les nombres sont des carrés d'entiers.

V : Somme constante égale à 13.

Question 31. Réponse A

H : Inter Grande diagonale gauche de +1.

V : Intra de –1 entre la première et la dernière lettre.

Question 32. Réponse C

H : La somme est constante égale à 15.

V : Séparation somme constante égale à 8 par la gauche (la somme des deux premiers chiffres est toujours égale à 8).

Question 33. Réponse D

H : Inter Vertical de –1 sur la lettre du milieu.

V : Intra de +1 entre la première et la dernière lettre.

Question 34. Réponse D

H : Inter Vertical de –1 sur le dernier chiffre.

V : Séparation somme par la gauche.

Question 35. Réponse A

H : Le 7 se déplace, passant du premier au deuxième chiffre et ainsi de suite.

V : Tous les chiffres sont des multiples de 11.

4. Langage [2]

Question 36. Réponse C

Question 37. Réponse D

Question 38. Réponse A

Question 39. Réponse B

Question 40. Réponse C

Question 41. Réponse D

Question 42. Réponse A

Question 43. Réponse B

Question 44. Réponse A

Question 45. Réponse A

Question 46. Réponse B

Question 47. Réponse D

Question 48. Réponse C

Question 49. Réponse B

Question 50. Réponse D

5. Calcul [2]

Question 51. Réponse D

Tout est dans la lecture et la traduction de l'énoncé. On vous demande la hauteur, notée *h,* de la pile obtenue en empilant des petits cubes de 2 dm de côté. On peut immédiatement affirmer que $h = 20 \times N$, où N est le nombre de petits cubes et *h* est notre véritable inconnue. Dès lors, la question va être : « combien de petits cubes peut-on mettre dans le grand cube ? » Nous vous proposons deux méthodes pour trouver N :

Méthode 1 : par les côtés

Le grand cube ayant un volume de 8 m³, il fait 2 m de côté, soit 20 dm. Sur chaque côté du grand cube, vous pouvez donc mettre 20/2 = 10 petits cubes. La réflexion se faisant en 3 dimensions, vous pouvez donc mettre 10 petits cubes en longueur, 10 petits cubes en hauteur et 10 petits cubes en largeur soit $N = 10 \times 10 \times 10 = 1\,000$ petits cubes.

Tout cela sera plus clair sur un dessin :

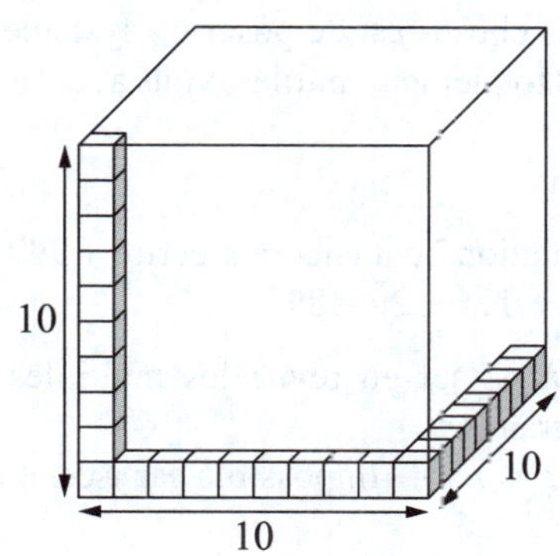

Méthode 2 : par les volumes

1. De façon plus intuitive, on peut remarquer que le volume du grand cube est de 8 m^3, soit **8 000 dm^3.**

Nous vous rappelons les tableaux de conversion, chaque case étant destinée à recevoir un chiffre :

km	hm	dam	m	dm	cm	mm
			1	**0**		

km^2		hm^2		dam^2		m^2		dm^2		cm^2		mm^2
						1	**0**	**0**				

km^3			hm^3			dam^3			m^3			dm^3			cm^3			mm^3
									1	**0**	**0**	**0**						

On a par exemple :

1 m = 10 dm 1 m^2 = 100 dm^2 1 m^3 = 1 000 dm^3

2. On sait en outre que le volume d'un petit cube est égal à 2^3 = **8 dm^3**. On trouve alors immédiatement que l'on peut mettre 8 000/8 = 1 000 petits cubes dans le grand cube.

On conclut là encore que la hauteur est égale à 1 000 × 2 dm = 2 000 dm = 200 m.

Question 52. Réponse D

Dans ce type d'exercices, la méthode la plus rapide consiste à tester les réponses :

- Comme Julie est née en 19…, alors son âge doit forcément être supérieur ou égal à 10 : on écarte la réponse A.
- Si Julie a 12 ans en 1999, alors elle est née en 1987, et comme 1 + 9 + 8 + 7 = 25 : on écarte la réponse B.
- Si Julie a 16 ans en 1999, alors elle est née en 1983, et comme 1 + 9 + 8 + 3 = 21 : on écarte la réponse C.
- Si Julie a 23 ans en 1999, alors elle est née en 1976, et comme 1 + 9 + 7 + 6 = 23 : la réponse D est la bonne.

Une autre façon de voir les choses est de poser un système d'équations. Après avoir éliminé les premières informations totalement inutiles, vous avez, en notant 19xy l'année de naissance de Julie :

$1 + 9 + x + y = 1\,999 - 19xy$

La deuxième paire de l'équation peut encore s'écrire $1\,999 - (1\,000 + 900 + 10x + y)$ soit :

$10 + x + y = 99 - 10x - y \Leftrightarrow 11x + 2y = 89$

Il ne vous reste plus qu'à passer en revue les multiples de 11 et leur écart avec 89, en commençant par les plus grands :

- $89 = 88 + 1 = 8 \times 11 + 2 \times 0{,}5 \rightarrow$ Impossible car y est entier
- $89 = 77 + 12 = 7 \times 11 + 2 \times 6$
- $89 = 66 + 23 = 6 \times 11 + 2 \times 11{,}5 \rightarrow$ Impossible car $y < 10$

Vous avez donc forcément $x = 7$ et $y = 6$. Julie est donc née en 1976 et a 23 ans en 1999.

Question 53. Réponse D

La première étape dans la résolution de cette question revient à trouver la valeur de p. Nous vous invitons donc dans un premier temps à noter dans un coin de votre tête (ou de votre brouillon, à vous de voir…) que p ne peut prendre que 5 valeurs : 0, 2, 4, 6 et 8. En effet, on sait qu'il est pair et que c'est forcément un chiffre, comme nous le suggère fortement la forme de la multiplication.

Forts de cette observation, intéressons-nous uniquement à la première ligne de cette multiplication :

$$\begin{array}{r} 5\ 0\ 1 \\ \times \quad p\ p \\ \hline 3\ -\ 0\ p \end{array}$$

On sait que les deux premiers chiffres en partant de la droite sont respectivement égaux à p ($p \times 1$) et 0 ($p \times 0$). Ensuite, les deux derniers constituant un nombre à deux chiffres censé représenter le produit $p \times 5$, vous en déduisez aisément, en vous penchant sur les cinq valeurs possibles de p, que la seule qui fonctionne est $p = 6$ et par conséquent $p \times 5 = 6 \times 5 = 30$. En effet, on a :

p	$p \times 5$
0	0
2	10
4	20
6	30
8	40

Il ne vous reste donc plus qu'à terminer le calcul de la multiplication :

$$\begin{array}{r} 5\ 0\ 1 \\ \times \quad 6\ 6 \\ \hline 3\ 0\ 0\ 6 \\ 3\ 0\ 0\ 6\ \\ \hline 3\ 3\ 0\ 6\ 6 \end{array}$$

On trouve donc que le résultat est 33 066, dont la valeur de la somme des chiffres est : $3 + 3 + 0 + 6 + 6 = 18$.

Question 54. Réponse B

Méthode 1

Traduisons les données de l'énoncé en un système d'équations avec T_1 le temps mis par Pierre pour rattraper Anne, T_2 le temps qu'aura roulé Anne avant de se faire rattraper par Pierre, V_1 et V_2 leurs vitesses respectives et D la distance parcourue par Pierre et Anne avant de se retrouver (qui est la même, puisqu'ils partent du même point). On obtient alors, grâce aux équations classiques de Vitesse / Temps / Distance :

(1) $D = T_1 \times V_1$
(2) $D = T_2 \times V_2$
(3) $T_1 = T_2 + 1$, puisqu'Anne part une heure plus tôt que Pierre et qu'elle mettra donc une heure de plus que lui pour arriver au point de rencontre.

En remplaçant V_1 et V_2 par leurs valeurs respectives, ainsi que D dans l'équation (1) par sa valeur de l'équation (2), on obtient :
(1) $T_1 \times 48 = T_2 \times 60$
(2) $D = T_2 \times 60$
(3) $T_1 = T_2 + 1$

Soit, en remplaçant T_1 dans l'équation (1) par sa valeur dans l'équation (3) on obtient :
$(T_2 + 1) \times 48 = T_2 \times 60$ soit $T_2 \times 60 - T_2 \times 48 = 48$ soit $T_2 \times 12 = 48$ et $T_2 = 4$ heures.
En conclusion : Pierre partant à 10 h rattrapera Anne à 10 + 4 = 14 h.

<u>Méthode 2</u>
Si Anne roule à 48 km/h et Pierre à 60 km/h, c'est donc qu'en une heure Anne parcourt 48 km pendant que Pierre en parcourt 60. On peut tourner cela d'une autre façon en se disant qu'en une heure, Pierre parcourt 60 – 48 = 12 km de plus qu'Anne.
Etant donné que Pierre part 1 h plus tard qu'Anne, cette dernière a donc eu le temps de parcourir 48 km, retard que Pierre doit combler pour la rattraper. Etant capable de faire 12 km de plus qu'elle toutes les heures, il aura besoin de 48/12 = 4 heures pour la rattraper.

Question 55. Réponse B

Il s'agit d'une question idéale pour tester les réponses, même si un bon vieux système d'équations est tout aussi efficace.

Traduisons les données de l'énoncé sous la forme de système d'équations avec *x, y* et A les âges respectifs des deux sœurs (de la plus jeune à la plus âgée) et d'Alexandre :
(1) $(x + y)/2 = 18$ (2) $y = x + 6$ (3) $(A + y)/2 = 21$

En remplaçant *y* par sa valeur en fonction de *x* dans l'équation (1) on obtient :
(1) $x + x + 6 = 36$ (2) $y = x + 6$ (3) $A = 42 - y$

Soit après calcul :
(1) $x = 15$ (2) $y = 21$ (3) $A = 21$

Alexandre a donc 21 ans.

Question 56. Réponse D

Tant qu'il y a un 0 dans l'écriture de l'année, le produit de ses chiffres vaut 0 et ne peut dépasser la somme. Il faut donc attendre au moins la première année sans 0, c'est-à-dire 2111.

A partir de 2111, voici la somme et le produit des chiffres de l'année :

Année	Somme	Produit
2111	5	2
2112	6	4
2113	7	6
2114	8	8
2115	9	10

TEST BLANC #5 – CORRIGES

Il faut attendre le 1er janvier 2115, soit 102 ans après le 1er janvier 2013.

Question 57. Réponse B

Notons L la longueur totale du circuit. Sachant que l'intervalle entre chaque train est le même, il est donc de L/24 km. Nous vous rappelons que diminuer une quantité de 20 %, c'est la multiplier par 0,80 = 4/5.
Donc le nouvel intervalle devra être $L/24 \times 4/5 = L/(6 \times 4) \times 4/5 = L/(6 \times 5) = L/30$.
Il vous suffit alors de réfléchir dans le sens inverse en vous disant que pour que des trains soient espacés de L/30 km sur un circuit de longueur L, il faut simplement qu'il y en ait 30.
Ainsi, il y aura 30 – 24 = 6 trains supplémentaires demain sur la ligne.

Question 58. Réponse D

Le plus simple dans cette question est de réfléchir étape par étape, après que chaque personne a pris sa part :
1. La première en prend 1/5, il en reste alors $1 - 1/5 = 4/5$.
2. La deuxième en prend 1/6, il en reste alors $4/5 - 1/6 \times 4/5 = 4/5 \times 5/6 = 4/6 = 2/3$.
3. Chacune des 12 restantes obtient alors $2/3 \times 1/12 = 2/36 = 1/18$ du gâteau.

Question 59. Réponse C

Soit N le nombre de bonbons auxquels les petits ont le droit. D'après l'énoncé, la moitié de N = N/2 multipliée par le tiers de N = N/3 donne 2 400 bonbons. On peut donc écrire :
$N/2 \times N/3 = 2\,400 \Leftrightarrow N^2/6 = 2\,400$
On en déduit que $N^2 = 2\,400 \times 6 = 14\,400$. Pour simplifier le calcul de la racine carré, on peut écrire que $N^2 = 144 \times 100$, soit $N = 12 \times 10 = 120$ bonbons.

Question 60. Réponse A

Attention, les temps proposés en solution sont en secondes… nous ne devons donc conduire nos calculs qu'avec des secondes. Notons L la longueur de montée en mètres. Sachant que 1 minute et 30 secondes = 90 secondes et que la vitesse est égale à D/T, vous en déduisez que la vitesse de montée d'Aurélie à pied est :
(1) $V = L/90$ m/s

La vitesse V' de montée d'Aurélie lorsqu'elle est immobile sur l'escalator est :
(2) $V' = L/60$ m/s.

La vitesse d'Aurélie qui avance sur l'escalator en marche est donc égale à :
(3) = (1) + (2) = $V + V' = L/90 + L/60$
$\Leftrightarrow$
$V + V' = L \times (1/90 + 1/60) = L \times (5/180) = L \times (1/36) = L/36$

Autrement dit, la montée de la longueur L prend 36 secondes.

TEST BLANC #5 – CORRIGES

6. Logique [2] : séries graphiques

Question 61. Réponse C

Vous remarquez tout d'abord que la lettre avance dans le sens inverse des aiguilles d'une montre. La lettre devra donc se trouver dans la réponse en position NORD-EST, en haut à droite.

Vous remarquez enfin et surtout que si vous considérez le rang de la lettre et que vous l'additionnez au nombre qui se trouve dans le même cadre, vous obtenez tout d'abord 22 pour le premier cadre, 23 pour le second cadre, 24 pour le troisième quatre, et il vous faudra donc 25 pour le cadre réponse. D'où la réponse C.

Question 62. Réponse B

Le nombre de côtés de la figure moins le nombre de sigles @ à l'intérieur suit une progression arithmétique de 1 :

4 – 3 = 1	3 – 1 = 2	5 – 2 = 3

Ainsi, l'élément suivant de la suite doit avoir un écart de quatre entre le nombre de côtés de la figure et le nombre d'@.

Question 63. Réponse D

Le mouvement de la croix vous indique qu'elle est penchée. De plus, il y a à chaque fois un nombre de plus, donc cette croix est entourée de 4 nombres. Enfin, ces mêmes nombres forment un extrait du début de la suite des nombres premiers : 7, 11, 13, 17, 19, 23. Les éléments de la suite ne se répétant pas, les suivants doivent être 29, 31, 37 et 41.

Question 64. Réponse C

Le produit du nombre de côtés de la petite figure par celui de la grande figure donne le chiffre du milieu :

3 × 8 = 24	6 × 4 = 24	4 × 7 = 28

Question 65. Réponse A

Le rang des lettres suit une progression arithmétique de –3 :

Z = 26	W = 23	T = 20

La lettre présente dans l'élément solution a donc un rang de 20 – 3 = 17 : c'est par conséquent un Q. De plus, le produit de tous les chiffres présents donne toujours 24 :

3 × 2 × 4 = 24	6 × 4 = 24	2 × 2 × 2 × 3 = 24

Question 66. Réponse C

Il y a toujours des nombres à droite et à gauche de la croix tandis qu'une fois sur deux le troisième nombre est en haut et une fois sur deux il est en bas : selon cette alternance, il doit être en haut dans l'élément solution. De plus, la somme des trois nombres présents autour de la croix donne toujours 20 :

2 + 11 + 7 = 20	4 + 8 + 8 = 20	10 + 6 + 4 = 20

Question 67. Réponse D

Le nombre de côtés est égal au rang de la lettre.

Question 68. Réponse B

Le rang de la lettre du bas suit une progression arithmétique de –2 (19, 17, 15) tandis que celle de la lettre de gauche suit une progression arithmétique de 3 (4, 7, 10). Ainsi, les valeurs numériques respectives de ces deux lettres dans l'élément solution doivent être 15 – 2 = 13 et 10 + 3 = 13, soit M et M.

Question 69. Réponse D

Le mouvement de la flèche vous indique qu'elle pointe vers le coin supérieur droit dans l'élément solution. De plus, la somme des valeurs numériques des lettres donne 26 :
H = 8, R = 18 et 8 + 18 = 26
M = 13 et 13 + 13 = 26
O = 15, K = 11 et 15 + 11 = 26

Question 70. Réponse A

Il faut simplement voir que le nombre de segments et de points augmente d'un cadre à l'autre. Il faut donc 5 segments et 6 points dans la réponse. D'où la réponse A.

TEST BLANC TAGE 2

#6

TEST TAGE 2 #6 : VOTRE GRILLE DE REPONSES

Sous-test 1
Langage / Lexiphrase

	A	B	C	D
1				
2				
3				
4				
5				
6				
7				
8				
9				
10				
11				
12				
13				
14				
15				

Sous-test 2
Calcul

	A	B	C	D
16				
17				
18				
19				
20				
21				
22				
23				
24				
25				

Sous-test 3
Logique / Séries doubles

	A	B	C	D
26				
27				
28				
29				
30				
31				
32				
33				
34				
35				

Sous-test 4
Langage / Paratexte

	A	B	C	D
36				
37				
38				
39				
40				
41				
42				
43				
44				
45				
46				
47				
48				
49				
50				

Sous-test 5
Calcul

	A	B	C	D
51				
52				
53				
54				
55				
56				
57				
58				
59				
60				

Sous-test 6
Logique / Séries graphiques

	A	B	C	D
61				
62				
63				
64				
65				
66				
67				
68				
69				
70				

TEST BLANC TAGE 2
SOUS-TEST 1 : LANGAGE [lexiphrase]

6

Consignes

15 questions / 15 minutes

Barème

Réponse juste : + 3 points / Réponse fausse : – 1 point / Aucune réponse : 0 point

Question 1. Que désigne le terme schisme ?

(A) Une roche sédimentaire
(B) La séparation des fidèles d'une religion qui reconnaissent une autorité différente
(C) Un phénomène physique de scission
(D) Une forme ou un ensemble de formes qui fait le style d'un artiste, d'un mouvement artistique ou d'une époque

Question 2. Quel est le synonyme de candeur ?

(A) Culpabilité
(B) Chaleur
(C) Paresse
(D) Ingénuité

Question 3. Parmi les synonymes de abîme, quel est l'intrus ?

(A) Cavité
(B) Abysse
(C) Gouffre
(D) Altération

Question 4. Quand on parle de la teneur d'un discours, on fait allusion à :

(A) Ses qualités rhétoriques
(B) Son contenu
(C) Sa visée
(D) Sa conclusion

Question 5. Qu'est-ce qu'une épitaphe ?

(A) Un mot formé des lettres d'un autre mot disposées dans un ordre différent
(B) Un discours assez court mais de caractère officiel
(C) La représentation d'une idée par une figure dotée d'attributs symboliques
(D) Une inscription gravée sur une tombe

Question 6. Ses conclusions ont été corroborées par ses collègues signifie que les collègues les ont :

(A) Contestées
(B) Applaudies
(C) Confirmées
(D) Arrosées

Question 7. Stigmatiser signifie :

(A) Rendre inégal
(B) Blâmer
(C) Exalter
(D) Transformer en victime

@@@@@@@@@@@@@@@@@@@@@@@@@@@@@
@@@@@@@@@@@@@@@@@@@@@@@@@@@@@
@@@@@@@@@@@@@@@@@@@@@@@@@@@@@

Questions 8 à 10 : complétez en choisissant la solution optimale.

Question 8. La police ne peut raisonnablement relâcher ce suspect : tous les témoignages (…).

(A) s'imbriquent dans le bon sens
(B) coïncident
(C) abondent dans le sens attendu
(D) concordent

Question 9. (…) l'augmentation du nombre de naissances effectuées à l'aide d'une césarienne (acte chirurgical) a amené (…) de la mortalité des bébés et des mères. (…) diminuer le nombre de naissances réalisées (…).

(A) Il est clair que / une baisse / C'est pourquoi il faut / par césarienne
(B) Il n'est pas encore clair si / une hausse / La conclusion est qu'il faut / aux forceps
(C) Il n'y a pas de doute que / une hausse / C'est pourquoi il faut / de façon naturelle
(D) Des recherches montrent que / une baisse / C'est pourquoi il ne faut pas / par intervention chirurgicale

Question 10. (…) l'affirmation qui dit que regarder la télévision amène les téléspectateurs à voir la réalité comme étant (…) ce qui est montré à la télévision, (…) que les spectateurs (…) la réalité de l'image télévisée.

(A) Malgré / identique à / on sait / sont incapables de distinguer
(B) Par opposition à / différente de / il est prouvé / peuvent fort bien différencier
(C) Dans l'esprit de / différente de / les chercheurs ont prouvé / ne différencient pas
(D) Contrairement à / identique à / on a constaté / distinguent clairement

@@@@@@@@@@@@@@@@@@@@@@@@@@@@@@@@@@@@
@@@@@@@@@@@@@@@@@@@@@@@@@@@@@@@@@@@@
@@@@@@@@@@@@@@@@@@@@@@@@@@@@@@@@@@@@

Question 11. Dans l'extrait ci-après, le narrateur est un homme. Indiquez le nombre de participes passés dont l'orthographe aurait changé si le narrateur avait été une femme.

« Quand je me suis réveillé, Marie était partie. Je me suis fait cuire des œufs et je les ai mangés à même le plat, sans pain parce que je n'en avais plus et que je ne voulais pas descendre pour en acheter. Après le déjeuner, je me suis ennuyé un peu et j'ai erré dans l'appartement. Il était commode quand maman était là. Maintenant il est trop grand pour moi et j'ai dû transporter dans ma chambre la table de la salle à manger. Un peu plus tard, pour faire quelque chose, j'ai pris un vieux journal et je l'ai lu. J'y ai découpé une réclame des sels Kruscher et je l'ai collée dans un vieux cahier où je mets les choses qui m'amusent dans les journaux. Je me suis aussi lavé les mains, et pour finir, je me suis mis au balcon. »

D'après Albert CAMUS, *L'Etranger*

(A) Aucun
(B) Un
(C) Deux
(D) Trois

Question 12. Il a été universellement observé que la perception de la vitesse du temps qui passe évolue à mesure que l'on prend de l'âge. Le poète anglais PENTREATH a exprimé cette fuite du temps dans le morceau suivant :

« Quand j'étais bébé, pleurais et dormais, le temps (…) ;
quand j'étais devenu garçon, riais et bavardais, le temps (…) ;
puis quand les années firent de moi un homme, le temps (…) ;
mais quand je devins vieux, le temps (…) »

Par laquelle de ces propositions ci-dessous, doit-on remplacer les points de suspension pour reconstituer le texte de l'auteur ?

(A)	rampait	marchait	courait	filait
(B)	courait	filait	rampait	marchait
(C)	filait	rampait	marchait	courait
(D)	marchait	courait	filait	rampait

TEST BLANC #6 – ENONCES

@@@@@@@@@@@@@@@@@@@@@@@@@@@@@@@
@@@@@@@@@@@@@@@@@@@@@@@@@@@@@@@
@@@@@@@@@@@@@@@@@@@@@@@@@@@@@@@

Questions 13 et 14 : complétez en choisissant la solution optimale.

Question 13. Je suis ta femme ! (…) mes attentes, tu dois les honorer.

(A) Quelles que soit
(B) Quelles que soient
(C) Quelque soient
(D) Quel que soient

Question 14. Contrairement aux publications antérieures du ministère brésilien de l'Economie, affirmant que le marché brésilien (…), le dernier rapport indique que le processus (…) et que la situation commerciale (…). Il (…) ainsi les évaluations pessimistes de divers experts sur la situation économique du Brésil.

(A) est plongé dans la dépression / de récession n'a pas été enrayé / s'améliore rapidement / corrobore
(B) se rétablit rapidement / de rétablissement n'est pas satisfaisant / est toujours très mal en point / dément
(C) se rétablit / d'assainissement s'est interrompu / a même empiré / corrobore
(D) se rétablit de la dépression où il était plongé / de récession a été enrayé / s'améliore progressivement / dément

@@

Question 15.

L'ennemi

Ma jeunesse ne fut qu'un ténébreux orage,
Traversé çà et là par de brillants soleils ;
Le tonnerre et la pluie ont fait un tel ravage,
Qu'il reste en mon jardin bien peu de fruits vermeils.

Voilà que j'ai touché l'automne des idées,
Et qu'il faut employer la pelle et les râteaux
Pour rassembler à neuf les terres inondées,
Où l'eau creuse des trous grands comme des tombeaux.

Et qui sait si les fleurs nouvelles que je rêve
Trouveront dans ce sol lavé comme une grève
Le mystique aliment qui ferait leur vigueur ?

O douleur ! O douleur ! Le temps mange la vie,
Et l'obscur ennemi qui nous ronge le cœur
Du sang que nous perdons croît et se fortifie !

Charles BAUDELAIRE, *Les fleurs du mal,* « Spleen et idéal », X.

Quel est le thème du poème ci-dessus ?

(A) la vie
(B) la mort
(C) le temps
(D) la maladie

Si vous avez terminé, vous n'êtes pas autorisé(e) à revenir sur une épreuve précédente.
Vous n'êtes pas non plus autorisé(e) à travailler sur une épreuve suivante avant la fin du temps imparti.

STOP !

6

TEST BLANC TAGE 2
SOUS-TEST 2 : CALCUL

Consignes

10 questions / 30 minutes / Calculatrice interdite

Barème

Réponse juste : + 3 points / Réponse fausse : – 1 point / Aucune réponse : 0 point

Question 16. Dans le quadrilatère ABCD, on a : AD = BC, l'angle DAC qui vaut 50°, l'angle DCA qui vaut 65°, et l'angle ACB qui vaut 70°. Combien mesure l'angle ABC ?

(A) 50°
(B) 55°
(C) 60°
(D) 65°

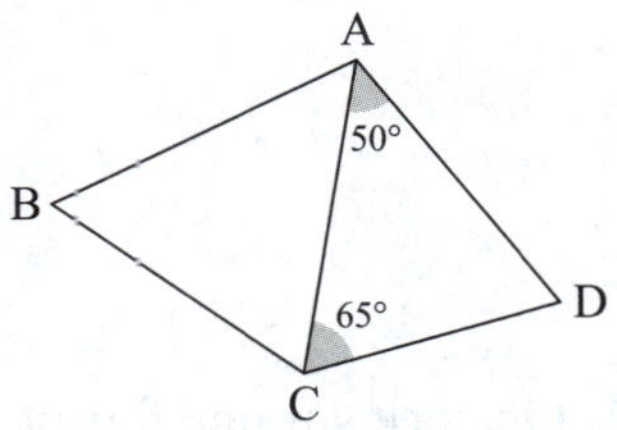

Question 17. Les entiers A et B vérifient la relation 2A = 5B. Un seul des nombres suivants peut être la somme A + B. Lequel ?

(A) 2007
(B) 2008
(C) 2009
(D) 2010

//
//
//

Question 18. Dans une boîte, il y a cinquante boules : des roses, des violettes et des noires. Il y a onze fois plus de boules roses que de boules violettes. Il y a moins de boules noires que de boules roses et plus de boules noires que de boules violettes. De combien le nombre de boules roses dépasse-t-il le nombre de boules noires ?

(A) 2
(B) 11
(C) 19
(D) 22

Question 19. Un train part à 22 h et doit parcourir un trajet de 780 kilomètres. Il parcourt le premier tiers du trajet à la vitesse de 130 km/h. Puis il parcourt le reste du trajet à la vitesse de 100 km/h. A quelle heure le train arrivera-t-il ?

(A) 3 h 56.
(B) 4 h 32.
(C) 4 h 52.
(D) 5 h 12.

Question 20. Un groupe d'élèves programme une sortie. Si chacun donnait 14 euros, il manquerait 4 euros. Mais si chacun donnait 16 euros, il y aurait un excédent de 6 euros. Combien y a-t-il d'élèves dans le groupe ?

(A) 4
(B) 5
(C) 6
(D) 8

Question 21. On écrit sur une feuille tous les nombres de 1 à 100. Combien de chiffres a-t-on écrit sur la feuille ?

(A) 192
(B) 190
(C) 200
(D) 198

//
//
//

Question 22. La surface totale d'un cube est de 294 cm^2. Que vaut la moitié du carré de la somme des chiffres de la valeur son volume ?

(A) 49
(B) 50
(C) 72
(D) 76

Question 23. Une voiture à essence s'avère consommer 60 % de carburant en plus que son modèle mixte. Quelle est la consommation du modèle mixte exprimée en pourcentage du modèle essence ?

(A) 40 %
(B) 52,5 %
(C) 59,5 %
(D) 62,5 %

Question 24. On considère une baignoire dont les robinets d'eau chaude et froide ont respectivement un débit de 2 dm^3/s et 2,5 dm^3/s. Si l'on veut remplir la baignoire d'un mètre cube d'eau, et que l'on ouvre les robinets au maximum, en combien de temps la baignoire sera-t-elle remplie ?

(A) 3 min 12 s.
(B) 3 min 22 s.
(C) 3 min 42 s.
(D) 3 min 52 s.

Question 25. Dans une salle de fêtes, toutes les tables sont identiques. Un groupe de personnes souhaite occuper cette salle. Si cinq personnes s'installent à table, il reste une table vide. Mais si quatre personnes s'installent à table, alors cinq personnes devront rester debout et ne pourront s'asseoir. Combien de tables y a-t-il dans cette salle de fêtes ?

(A) 9
(B) 10
(C) 11
(D) 12

Si vous avez terminé, vous n'êtes pas autorisé(e) à revenir sur une épreuve précédente.
Vous n'êtes pas non plus autorisé(e) à travailler sur une épreuve suivante avant la fin du temps imparti. **STOP !**

6

TEST BLANC TAGE 2
SOUS-TEST 3 : LOGIQUE [séries doubles]

Consignes

10 questions / 15 minutes

Barème

Réponse juste : + 3 points / Réponse fausse : – 1 point / Aucune réponse : 0 point

Question 26.

		479		
		366		
		891		
		146		
561	444	?	129	606

(A) 255
(B) 192
(C) 684
(D) 144

Question 27.

?	KJM	PLR	CGE	VBX
GCT				
BZH				
IPO				
SKJ				

(A) MKF
(B) LKN
(C) DIF
(D) JHD

Question 28.

	927			
	523			
	826			
	330			
130	?	39	195	91

(A) 312
(B) 413
(C) 431
(D) 156

Question 29.

			CC	
			BM	
			EN	
			OT	
HY	LV	JS	?	CM

(A) HD
(B) XP
(C) SX
(D) FP

Question 30.

	431			
729	?	8	125	1728
	622			
	340			
	267			

(A) 439
(B) 591
(C) 1331
(D) 343

Question 31.

		248		
555	861	?	645	924
		212		
		326		
		428		

(A) 339
(B) 744
(C) 111
(D) 483

>>
>>
>>

Question 32.

OPM	NJU	XSO	?	WAQ		(A)	PSQ
			DRS			(B)	XQP
			EQZ			(C)	WSX
			FPP			(D)	PRP
			JOB				

Question 33.

684	146	?	891	366		(A)	366
		84				(B)	417
		75				(C)	632
		444				(D)	255
		66					

Question 34.

YVT	EDB	NLJ	?	QSQ		(A)	SNB
			JUR			(B)	IQP
			QWS			(C)	SZX
			JNP			(D)	QMK
			OKG				

Question 35.

128	734	?	956	761		(A)	843
		691				(B)	285
		427				(C)	145
		832				(D)	648
		119					

Si vous avez terminé, vous n'êtes pas autorisé(e) à revenir sur une épreuve précédente.
Vous n'êtes pas non plus autorisé(e) à travailler sur une épreuve suivante avant la fin du temps imparti.

STOP !

6

TEST BLANC TAGE 2

SOUS-TEST 4 : LANGAGE [paratexte]

Consignes

15 questions / 15 minutes

Barème

Réponse juste : + 3 points / Réponse fausse : – 1 point / Aucune réponse : 0 point

COMPREHENSION DE TEXTE

La Commission européenne a décidé de laisser le champ libre aux Etats pour légiférer sur le gaz de schiste.

Le 22 janvier, la Commission européenne s'est contentée de répéter la législation de base dans le domaine de l'exploitation du gaz de schiste. Ensuite, chaque pays sera libre d'amender cette législation. Les Polonais se réjouissent d'une décision qu'ils appelaient de leurs vœux depuis des années.

Toutes les propositions des eurodéputés d'ajouter de nouveaux règlements, qui auraient sans nul doute diminué la rentabilité de l'extraction du gaz de schiste et rendu plus sévères les contraintes environnementales, ont été rejetées. Or, dans de nombreux pays européens, une controverse animée oppose les écologistes, qui exigent un durcissement du dispositif (quand ce n'est pas un moratoire, comme en France), et ceux qui pensent qu'il est possible d'exploiter les gaz de schistes tout en protégeant l'environnement.

##
##
##

La décision d'abandonner toutes nouvelles règles par la Commission européenne est un signal sans ambiguïté à toute tentative de glisser un amendement de manière détournée. Le Parlement européen avait tenté ce genre de démarche à l'automne 2013, ce qui avait déclenché une protestation unanime de la part de tous les eurodéputés polonais.

Cette victoire pour les partisans de l'exploitation du gaz de schiste est essentiellement à mettre au crédit du couple polono-britannique, bien qu'elle ait curieusement lieu au moment où la polémique sur l'immigration entre Varsovie et Londres bat son plein.

Pendant que les Allemands et les Français, entre autres, militaient pour l'application de nouveaux règlements, le Premier ministre britannique David Cameron, lui, inscrivait la question du gaz de schiste sur la liste de ses exigences anticentralistes formulées à l'adresse de Bruxelles. Quant à la Pologne, afin de combattre les propositions allemandes et françaises, elle a réussi à mobiliser à ses côtés la République tchèque, la Slovaquie, l'Estonie, et a encouragé la Roumanie [confrontée chez elle à des protestations contre l'extraction du gaz de schiste]. Enfin, le poids politique et économique de la Grande-Bretagne a été déterminant.

Ce *happy end* montre que, dans les affaires d'énergie, la Pologne arrive à jouer efficacement sur la scène européenne.

Question 36. Combien de pays sont cités dans ce texte ?

(A) 12
(B) 10
(C) 9
(D) 7

Question 37. Comment la Commission européenne a-t-elle empêché l'évolution de la législation sur l'exploitation des gaz de schiste ?

(A) Elle a voté un nouveau règlement.
(B) Elle a interdit au Parlement européen de voter un règlement.
(C) Elle a rejeté toutes les propositions du Parlement visant à durcir le règlement existant.
(D) Elle a décidé de laisser les Etats légiférer selon leur bon vouloir.

##
##
##

Question 38. Laquelle de ces listes présentent les pays favorables au *statu quo* législatif qui, *de facto*, permet une exploitation des gaz de schiste ?

(A) Pologne – Grande-Bretagne – Slovaquie – Estonie – République Tchèque – Roumanie

(B) Pologne – Grande-Bretagne – Slovaquie – Estonie – République Tchèque

(C) Pologne – Grande-Bretagne – Slovaquie – Estonie

(D) Pologne – Grande-Bretagne – Slovaquie

Question 39. Qui veut quoi ? (Cochez la phrase fausse)

(A) Les Allemands veulent un nouveau règlement plus strict.

(B) Les Polonais désirent exploiter les gaz de schiste.

(C) Les Roumains protestent contre l'exploitation des gaz de schiste.

(D) Les Français souhaitent mettre en place un moratoire au niveau européen.

Question 40. Quelle phrase n'est pas exacte ?

(A) Les écologistes français demandent un moratoire sur l'exploitation du gaz de schiste.

(B) Les Britanniques et les Polonais sont parvenus à défendre une position commune sur l'exploitation du gaz de schiste alors qu'ils s'affrontent sur l'immigration.

(C) La décision de la Commission européenne est une victoire pour les partisans d'une exploitation des gaz de schiste.

(D) Les pays membres pourront adapter la législation en vigueur.

##
##
##

Question 41. Combien de fautes d'orthographe et de grammaire le texte ci-après contient-il ?

Après avoir fini de préparé le souper, il parti chercher de l'eau au puit. Sur son chemin, il rencontra la femme du boulanger, qui était enveloppé dans une magnifique robe en soit.

(A)	Cinq	(C)	Quatre
(B)	Trois	(D)	Deux

Questions 42 et 43 : complétez en choisissant la solution optimale.

Question 42. La politique énergétique des Etats-Unis est étroitement liée à leur doctrine de sécurité et influence de façon déterminante la géopolitique mondiale des hydrocarbures. (...) et (...) le secteur de l'énergie soit considéré comme une composante de la stabilité régionale, celle-ci n'a pas fait l'objet d'une réflexion approfondie au sein des Etats latino-américains jusqu'à une période récente.

(A)	Or	parce que
(B)	Désormais	après que
(C)	Par contre	sachant que
(D)	En revanche	bien que

Question 43. (...) atteindre le public vaste que méritaient son érudition, sa précision scrupuleuse, <u>son affabilité</u> devant les gens et les choses.

(A) ses qualités de fiabilité

(B) son pouvoir de fabulation

(C) sa politesse et amabilité

(D) sa faiblesse constante

##
##
##

Question 44. Trouvez la formulation la plus claire et la plus soignée pour exprimer le sens du passage souligné. La réponse A reprend la formulation initiale.

Il détestait les hommes politiques plus que tout au monde. Leur bêtise n'avait d'égal, à ses yeux, que leur arrogance. A partir de dorénavant, il avait décidé de ne plus voter.

(A) Il détestait les hommes politiques plus que tout au monde. Leur bêtise n'avait d'égal, à ses yeux, que leur arrogance. A partir de dorénavant, il avait décidé de ne plus voter.

(B) Il n'aimait vraiment pas les politiciens. Ils étaient bêtes et arrogants selon lui. Au jour d'aujourd'hui, il avait pris la décision de ne plus aller voter.

(C) Il haïssait les hommes politiques. Aussi bêtes qu'arrogants, ils avaient réussi à l'écœurer de la politique au point de ne plus daigner aller voter.

(D) Il détestait les hommes politiques plus que tout au monde. Leur bêtise n'avait d'égal, à ses yeux, que leur arrogance. Ainsi c'est pourquoi il avait décidé de ne plus aller aux urnes.

Question 45. Parmi les propositions suivantes, laquelle fait figure d'intruse ?

(A) Une clarté blafarde et sombre fait voir l'une et l'autre à nos yeux.

(B) Le soleil rayonne sur ton visage scintillant.

(C) Les vaches se déplaçaient avec lenteur dans un silencieux tintement de clochettes.

(D) L'amour est un effroi voluptueux.

Questions 46 à 49 : complétez en choisissant la solution optimale.

Question 46. Après avoir ravagé l'Amérique du nord, la grippe espagnole atteint l'Europe et se propage dès 1918. Il est difficile de déterminer précisément ses origines. Quoiqu'il en soit, la grippe espagnole est une véritable (…) et sera terriblement virulente jusqu'en 1919, faisant entre 20 et 40 millions de victimes selon les sources disponibles.

(A) pandémie

(B) endémie

(C) épidémie

(D) infection

##
##
##

Question 47. Dans cette tribu, on perçoit la réincarnation, c'est-à-dire la migration de l'âme des morts dans le corps de nouveau-nés, comme (…). (…), la tribu voisine considère ce phénomène comme (…), puisque de cette façon l'âme (…).

(A) un rare privilège dont peu d'êtres sont dignes / En revanche / un sort réservé à quelques élus / bénéficie d'une occasion supplémentaire de s'améliorer
(B) un phénomène destiné à nuire à l'enfant / De même / une malédiction / permet au nouveau-né d'éviter les dangers auxquels le défunt a échappé par le passé
(C) un châtiment pour les péchés du défunt / En revanche / étant justement une manifestation de la bonté des dieux / reçoit l'occasion de jouir d'un cycle de vie supplémentaire
(D) un danger dont il faut se préserver / En revanche / une récompense convoitée / est condamnée au tourment de l'errance éternelle

Question 48. Certains critiques affirment qu'ils (…) exécuter les œuvres musicales de la Renaissance avec (…). Selon eux, l'exécution avec un instrument de la Renaissance (…), et ce bien (…).

(A) ne faut pas / des instruments contemporains / est la seule permettant une interprétation correcte de l'œuvre / que l'instrument d'origine ne soit pas toujours adapté à l'acoustique des salles de concert modernes
(B) vaut mieux / les instruments d'époque pour lesquels elles furent composées / assure à l'œuvre le son particulier recherché par le compositeur / qu'elle permette une interprétation géniale
(C) ne faut pas nécessairement / les instruments d'époque pour lesquels elles furent composées / est la seule permettant une interprétation correcte de l'œuvre / qu'elle exige une virtuosité exceptionnelle
(D) vaut mieux / des instruments contemporains / est plus limitée / qu'elle ne permette pas de tirer le meilleur de l'œuvre

##
##
##

Question 49. (…) le marché des capitaux en Indonésie (…) de rapides transformations, (…) lieu de publier un ouvrage mettant la situation à jour, puisqu'un tel ouvrage (…).

(A) Comme / subit / il y a tout à fait / resterait d'actualité de nombreuses années
(B) Comme / subit / il n'y a pas / serait vite périmé
(C) Bien que / ne subisse pas / il n'y a pas / resterait d'actualité de nombreuses années
(D) Comme / ne subit pas / il n'y a pas / ne resterait pas longtemps d'actualité

Question 50. 1, 2, 3 et 4 représentent les strophes d'un poème de Pierre de Ronsard. Parmi les propositions suivantes, laquelle reprend l'ordre chronologique de ce poème ?

1. Ainsi en ta première et jeune nouveauté,
Quand la terre et le ciel honoraient ta beauté,
La Parque t'a tuée, et cendre tu reposes.

2. La grâce dans sa feuille, et l'amour se repose,
Embaumant les jardins et les arbres d'odeur ;
Mais battue ou de pluie, ou d'excessive ardeur,
Languissante elle meurt, feuille à feuille déclose.

3. Comme on voit sur la branche au mois de Mai la rose,
En sa belle jeunesse, en sa première fleur,
Rendre le ciel jaloux de sa vive couleur,
Quand l'Aube de ses pleurs au point du jour l'arrose ;

4. Pour obsèques reçois mes larmes et mes pleurs,
Ce vase plein de lait, ce panier plein de fleurs,
Afin que vif et mort ton corps ne soit que roses.

(A) 4, 2, 3, 1
(B) 2, 1, 4, 3
(C) 3, 2, 1, 4
(D) 4, 1, 2, 3

Si vous avez terminé, vous n'êtes pas autorisé(e) à revenir sur une épreuve précédente.
Vous n'êtes pas non plus autorisé(e) à travailler sur une épreuve suivante avant la fin du temps imparti.

STOP !

TEST BLANC TAGE 2
SOUS-TEST 5 : CALCUL

6

Consignes

10 questions / 30 minutes / Calculatrice interdite

Barème

Réponse juste : + 3 points / Réponse fausse : – 1 point / Aucune réponse : 0 point

Question 51. Z est à la fois le triple d'un nombre A et le quintuple d'un nombre B. Parmi ces cinq valeurs, quelle est la seule qui ne peut pas correspondre à Z ?

(A) 75
(B) 60
(C) 55
(D) 30

Question 52. Un éleveur, pour nourrir 30 chiens pendant 30 jours, a besoin de 112,3 kg de croquettes. Quel est le poids de croquettes dont aurait besoin cet éleveur s'il devait nourrir 18 chiens pendant 7 jours ?

(A) 12,75 kg
(B) 13,50 kg
(C) 14,875 kg
(D) 15,75 kg

§§§
§§§
§§§

Question 53. Tatiana est née en 1953. En quelle année son âge a-t-il été pour la première fois de sa vie égal à la somme des chiffres de l'année ?

(A) 1970
(B) 2008
(C) 1965
(D) 1997

Question 54. Dans une brasserie, un fût de bière de 0,091 m^3 de contenance, est rempli au 5/7. Edouard dispose de chopes de bières pouvant contenir jusqu'à 65 cl. Combien de chopes de 65 cl peut-on remplir avec le contenu de ce fût ?

(A) 75
(B) 90
(C) 100
(D) 110

Question 55. Une piste rectangulaire est incluse dans une piste rectangulaire plus grande (voir figure ci-dessous). La grande piste a pour surface 21 km^2. Sa longueur et sa largueur correspondent à des nombres entiers. Un automobiliste à une vitesse constante de 80 km/h, fait le tour de la grande piste avec la même durée que s'il faisait le tour de la petite piste à une vitesse constante de 56 km/h. Quelle est la valeur du périmètre de la petite piste ?

(A) 14 km
(B) 15 km
(C) 16 km
(D) 17 km

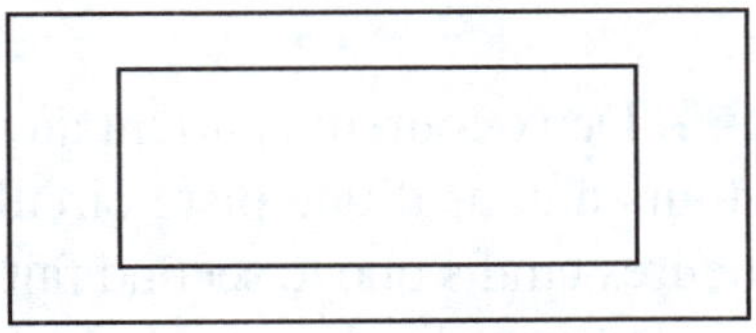

Question 56. Une chaise, une valise et 3 poires valent 2 théières et 3 lampes. 2 théières, 2 lampes et 1 poire valent 2 valises et 1 chaise. Que valent une valise et une lampe ?

(A) 2 chaises et 3 lampes
(B) 2 théières et une chaise
(C) 4 poires
(D) 2 lampes et une poire

TEST BLANC #6 – ENONCES

§§§
§§§
§§§

Question 57. Un rectangle est inscrit dans un cercle de rayon égal à 2.5 cm. La largeur du rectangle vaut 3 cm. Parmi ces valeurs, quelle peut être la surface du rectangle ?

(A) 12
(B) 14
(C) 18
(D) 24

Question 58. Un terrain mesure 13,5 dam de longueur et 66 m de largeur. Quelle est son aire ?

(A) 891 m^2
(B) 8,91 dam^2
(C) 81,5 dam^2
(D) 89,1 dam^2

Question 59. Une boîte contient 60 tickets : des rouges, des bleus et des blancs. Si tous les tickets rouges étaient remplacés par des bleus, il y aurait alors deux fois plus de tickets bleus que de blancs. Si tous les tickets blancs étaient remplacés par des bleus, il y aurait alors trois fois plus de tickets bleus que de rouges. Combien de tickets bleus contient la boîte ?

(A) 10
(B) 15
(C) 20
(D) 25

Question 60. Deux coureurs partent au même moment et dans le même sens pour faire plusieurs tours autour d'une piste circulaire. Le premier coureur fait huit tours toutes les demi-heures tandis que le second fait trois tours toutes les dix-huit minutes. Au bout de combien de temps le plus rapide va-t-il rattraper l'autre pour la première fois ?

(A) 30 minutes
(B) 10 minutes et 15 secondes
(C) 10 minutes
(D) 9 minutes et 40 secondes

Si vous avez terminé, vous n'êtes pas autorisé(e) à revenir sur une épreuve précédente.
Vous n'êtes pas non plus autorisé(e) à travailler sur une épreuve suivante avant la fin du temps imparti.

STOP !

6

TEST BLANC TAGE 2
SOUS-TEST 6 : LOGIQUE [séries graphiques]

Consignes

10 questions / 10 minutes

Barème

Réponse juste : + 3 points / Réponse fausse : – 1 point / Aucune réponse : 0 point

Question 61.

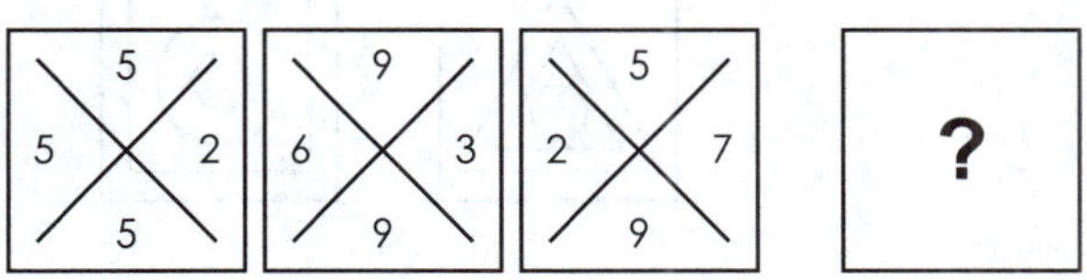

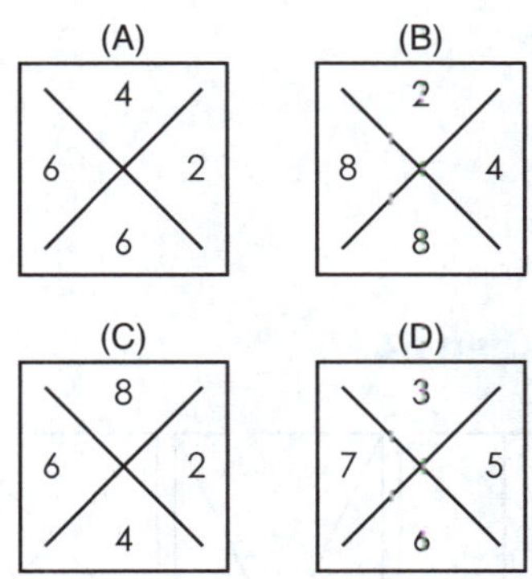

****
****
****

Question 62.

# @ 6	@ @ 9	# # @ 12	?

(A)
@
15

(B)
# #
4

(C)
@ @
4

(D)
@
15

Question 63.

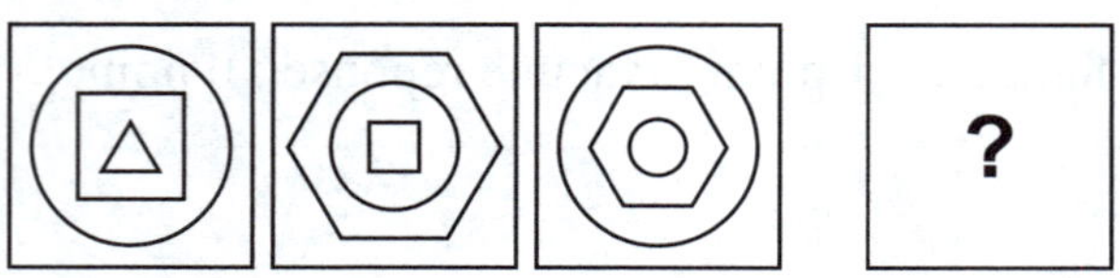

(A)

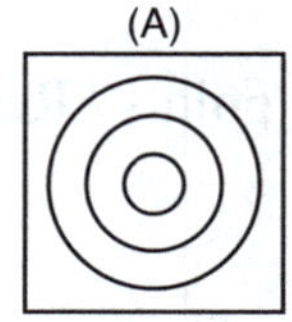

(B)

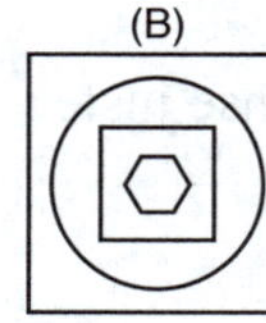

(C)

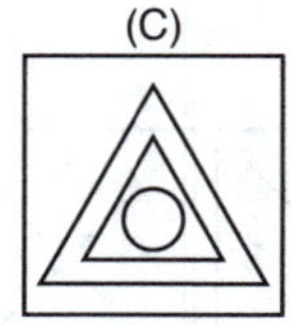

(D)

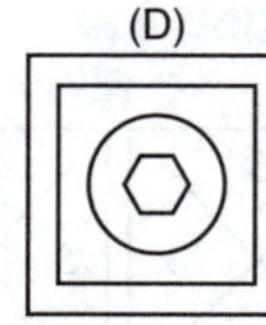

Question 64.

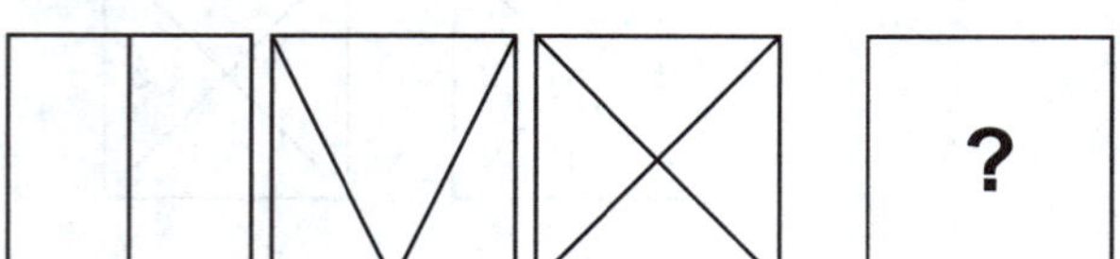

(A)

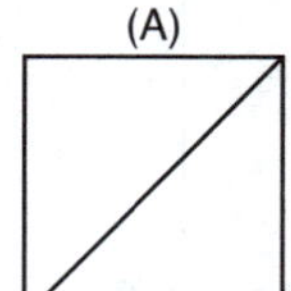

(B)

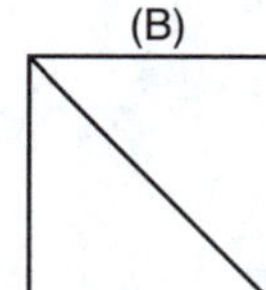

(C)

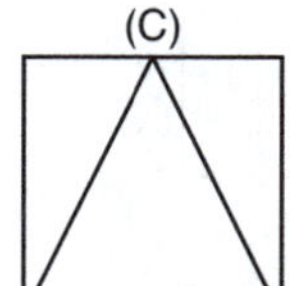

(D)

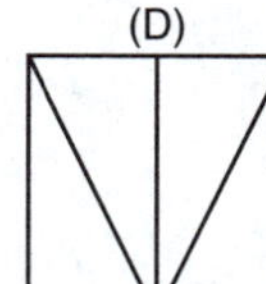

Question 65.

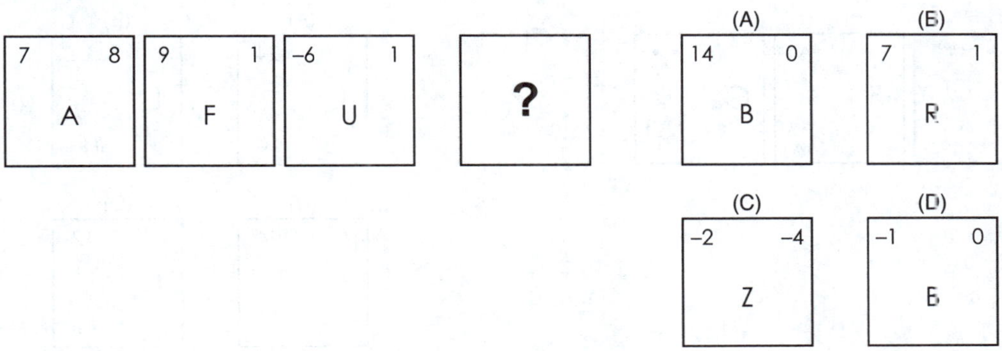

Question 66.

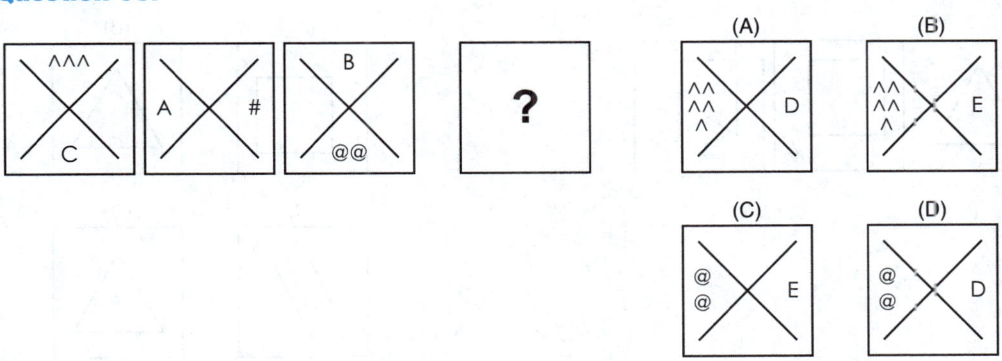

Question 67.

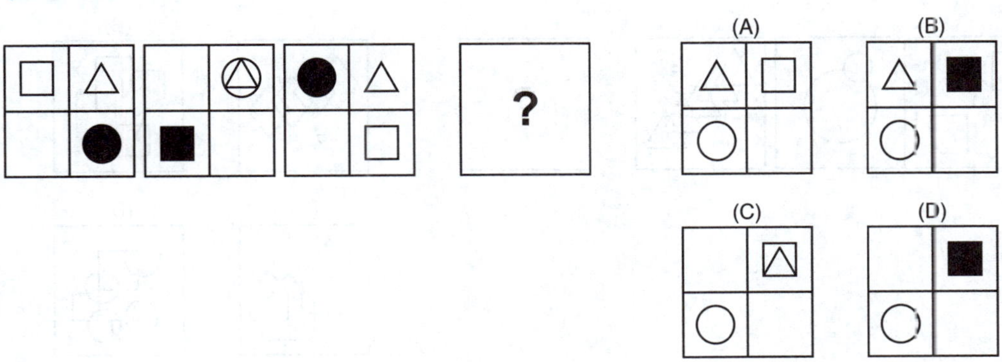

****
****
****

Question 68.

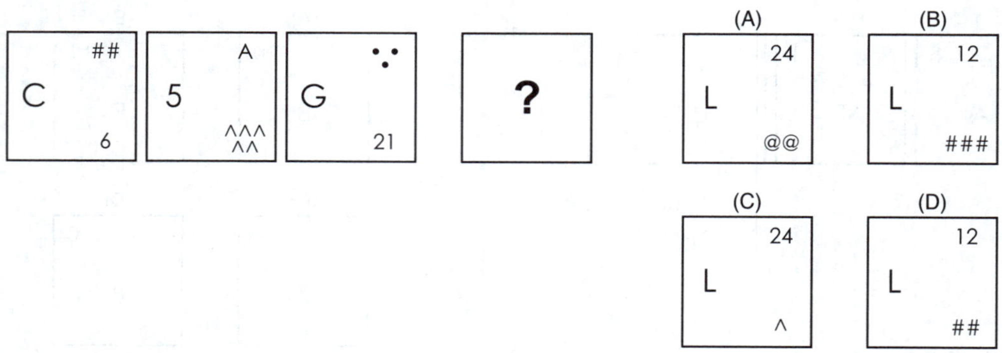

Question 69.

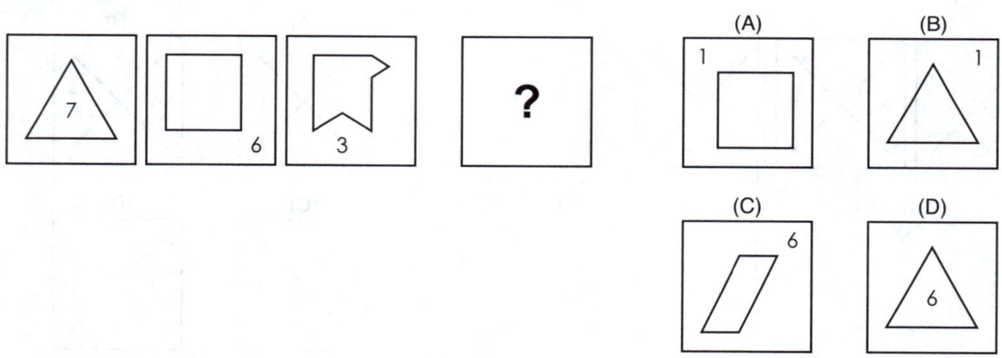

Question 70.

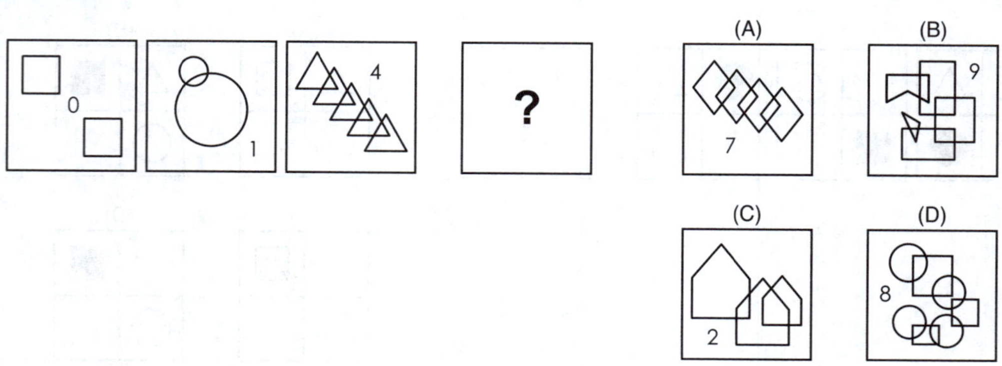

TEST TAGE 2 #6 : GRILLE DES REPONSES JUSTES

Sous-test 1
Langage / Lexiphrase

	A	B	C	D
1	○	●	○	○
2	○	○	○	●
3	○	○	○	●
4	○	●	○	○
5	○	○	○	●
6	○	○	●	○
7	○	●	○	○
8	○	○	○	●
9	○	○	○	●
10	○	○	○	●
11	○	○	○	●
12	●	○	○	○
13	○	●	○	○
14	○	○	●	○
15	○	○	●	○

Sous-test 2
Calcul

	A	B	C	D
16	○	●	○	○
17	○	○	●	○
18	○	○	●	○
19	○	●	○	○
20	○	●	○	○
21	●	○	○	○
22	○	●	○	○
23	○	○	○	●
24	○	○	●	○
25	○	●	○	○

Sous-test 3
Logique / Séries doubles

	A	B	C	D
26	●	○	○	○
27	○	○	●	○
28	●	○	○	○
29	○	●	○	○
30	○	○	○	●
31	●	○	○	○
32	●	○	○	○
33	○	○	○	●
34	○	○	●	○
35	○	○	●	○

Sous-test 4
Langage / Paratexte

	A	B	C	D
36	○	○	○	●
37	○	○	●	○
38	●	○	○	○
39	○	○	○	●
40	●	○	○	○
41	●	○	○	○
42	○	○	○	●
43	○	○	●	○
44	○	○	●	○
45	○	●	○	○
46	●	○	○	○
47	○	○	●	○
48	●	○	○	○
49	○	●	○	○
50	○	○	●	○

Sous-test 5
Calcul

	A	B	C	D
51	○	○	●	○
52	○	○	○	●
53	●	○	○	○
54	○	○	●	○
55	●	○	○	○
56	○	○	●	○
57	●	○	○	○
58	○	○	○	●
59	○	○	○	●
60	○	○	●	○

Sous-test 6
Logique / Séries graphiques

	A	B	C	D
61	○	○	●	○
62	○	●	○	○
63	○	○	○	●
64	●	○	○	○
65	●	○	○	○
66	○	●	○	○
67	○	○	○	●
68	●	○	○	○
69	○	○	●	○
70	○	○	●	○

TEST BLANC TAGE 2
CORRIGES DU TEST BLANC #6

6

1. Langage [1]

Question 1. Réponse B

Question 2. Réponse D

Question 3. Réponse D

Question 4. Réponse B

Question 5. Réponse D

Question 6. Réponse C

Question 7. Réponse B

Question 8. Réponse D

Question 9. Réponse D

Question 10. Réponse D

Question 11. Réponse D

Question 12. Réponse A

Question 13. Réponse B

Question 14. Réponse C

Question 15. Réponse C

2. Calcul [1]

Question 16. Réponse B

Dans le triangle ACD, l'angle ADC vaut : 180° – 65° – 50° = 65° (souvenez-vous que la somme des angles d'un triangle est égale à 180°).
Le triangle ACD est donc isocèle en A et on a l'égalité : AC = AD.
Comme d'après l'énoncé : AD = BC, on a : AC = BC. Et le triangle ABC est isocèle en C. Par conséquent : 180° = 70° + 2 × (l'angle ABC) (souvenez-vous ici que dans un triangle isocèle, les deux angles à la base sont égaux).

D'où : **Angle ABC = 55°.**

Question 17. Réponse C

C'est le moment d'appliquer votre cours d'arithmétique.
Si 2A = 5B, alors 2 (A + B) = 2A + 2B = 5B + 2B = 7B.
Autrement dit, le double de la somme A + B est un multiple de 7.
Par conséquent, la somme A + B elle-même est multiple de 7. Et le seul multiple de 7 proposé en solution est 2009 !

Question 18. Réponse C

Soit R le nombre de boules roses, V le nombre de boules violettes et N le nombres de boules noires.

On a : R + V + N = 50 ; R = 11 × V et R > N > V > 0

TEST BLANC #6 – CORRIGES

Les deux égalités nous permettent de dire que les seules valeurs que V peut prendre sont 1, 2, 3 ou 4.

Si **V = 1**, alors R = 11 et N = 50 – (11 + 1) = 38. Ceci est contradictoire avec le fait que R > N.
Si **V = 2**, alors R = 22 et N = 50 – (22 + 2) = 26. Ceci est contradictoire avec le fait que R > N.
Si **V = 3**, alors R = 33 et N = 50 – (33 + 3) = 14. On a bien R > N > V.
Si **V = 4**, alors R = 44 et N = 50 – (44 + 4) = 2. Ceci est contradictoire avec le fait que N > V.

Il y a donc 33 boules roses et 14 boules noires. 33 – 14 étant égal à 19, **on conclut qu'il y a alors 19 boules roses de plus que de boules noires.**

Question 19. Réponse D

Un trajet en deux temps : le tiers de 780 km est égal à 260 km.
Appliquons la formule T = D/V. Soit : T = 260/130 = 2 heures pour la première moitié du trajet. Il reste donc 780 – 260 = 520 km à parcourir à la vitesse de 100 km/h, soit :
T = 520/100 = 5,2 h = 5 h + 0,2 h = 5 h + 12 min = 5 h 12 min.
Souvenez-vous que 0,1 h = 6 min. Donc 0,2 h = 12 min.
Au total, le trajet du train est long de 2 h + 5 h 12 min = 7 h 12 min.
Comme le train part à 22 h, il arrive par conséquent à destination à **5 h 12.**

Question 20. Réponse B

<u>Méthode 1</u>
En notant N le nombre d'élèves et S la somme requise, on a, d'après l'énoncé :
(1) N × 14 = S – 4
(2) N × 16 = S + 6

En retranchant membre à membre l'équation (1) à l'équation (2) on trouve :
N × 16 – N × 14 = S + 6 – (S – 4)
Soit après calcul : 2 × N = 10, soit N = 5.
Conclusion : il y a 5 élèves dans le groupe.

<u>Méthode 2</u>
Cette seconde méthode a le mérite de nous éviter de poser des calculs car tout est faisable de tête. L'énoncé nous dit en fait qu'en donnant 2 € de plus chacun (16 € au lieu de 14 €), les élèves récoltent 10 € en plus (avant il manquait 4 €, maintenant il y a 6 € en trop donc la différence est de 6 – (–4) = 10 €). L'équation est à résoudre est donc : 2 × N = 10 soit **N = 5.**

Question 21. Réponse A

Nous vous invitons à bien revoir la différence entre un chiffre (entre 0 et 9) et un nombre (tous les entiers) si vous voulez que ce genre de questions ne soit plus un casse-tête.

Il vous suffit ici de classer les nombres de 1 à 100 en trois familles :
(1) Ceux qui n'ont qu'un seul chiffre : 1, 2… 9
(2) Ceux qui ont deux chiffres : 10, 11… 99
(3) Celui qui a trois chiffres : 100

Il ne vous reste alors plus qu'à compter le nombre d'éléments qu'il y a dans chacune des familles :

(1) **9** nombres à **1** chiffre
(2) **90** nombres à **2** chiffres
(3) **1** nombre à **3** chiffres

Notez bien que la méthode la plus rapide pour trouver combien il y a de nombres à 3 chiffres est de se dire qu'il y a 100 nombres entre 1 et 100 dont 9 à 1 chiffre et 1 à 3 chiffres. Il reste alors 100 – 9 – 1 = 90 nombres à 2 chiffres.

En conclusion : on a écrit **9 × 1 + 90 × 2 + 1 × 3** = 9 + 180 + 3 = **192 chiffres sur la feuille.**

Une remarque importante : il y a B – A + 1 nombres entre A et B (A et B inclus). Exemple : entre 3 et 12 il y a 12 – 3 + 1 = **10 nombres** (3, 4, 5, 6, 7, 8, 9, 10, 11 et 12)… pas 9 !

Question 22. Réponse B

Nous nous permettons de souligner l'importance d'une lecture lente de l'énoncé tout en traduisant les données qui y sont présentes : toute la résolution de cette question repose là-dessus**.** Ici on demande de trouver la moitié du carré de la somme des chiffres du volume du cube. Il va donc nous falloir trouver la longueur d'un de ses côtés.

1. Si la surface totale d'un cube (qui a 6 faces) est de 294 cm^2, c'est que chaque face a une surface de 294/6 = **49** $\mathbf{cm^2}$**.**
2. Chaque face d'un cube étant un carré, si sa surface est de 49 cm^2 c'est que chaque côté du cube mesure **7 cm.**
3. Si chaque côté du cube mesure 7 cm, c'est que son volume est de 7^3 = **343** $\mathbf{cm^3}$**.**

On a donc trouvé un volume de 343 cm^3, et il ne nous reste plus qu'à :
– sommer les chiffres de 343, soit : 3 + 4 + 3 = 10
– élever cette somme au carré : $10^2 = 100$
– calculer la moitié de ce carré : 100/2 = **50**

Question 23. Réponse D

Sous couvert de consommation d'essence, on est ici face à une simple question de pourcentages du type : « Si A représente … % de B, alors que représente B en fonction de A ? »

En effet, si une voiture à essence consomme 60 % de carburant en plus par rapport à son modèle mixte, alors on obtient, en notant E et M les consommations respectives des modèles essence et mixte :
E = M + 60 % M soit E = 160 % M, soit encore E = (160/100) × M.

Arrivés là, il ne vous reste plus qu'à inverser l'équation :
M = (100/160) × E = (5/8) × E = 62,5 % × E **car vous savez (par cœur !) que 1/8 = 12,5 % et que par conséquent 5/8 = 5 × 12,5 % = 62,5 %.**

Question 24. Réponse C

La principale difficulté de cette question réside dans la conversion des données de l'énoncé. Nous vous conseillons de toujours travailler avec la plus petite unité proposée pour éviter les nombres à virgule. Ici par exemple, on voit que l'on va devoir travailler avec des m^3 et des dm^3. Et bien ce sont les décimètres cubes que l'on va choisir, tout comme l'on choisira toujours les secondes aux dépends des minutes.

Si l'on ouvre les deux robinets en même temps au maximum, alors le débit total D sera :
D = 2 + 2,5 = **4,5 dm³/s.**

L'énoncé nous dit que l'on veut remplir une baignoire de 1 000 dm^3 d'eau (attention à la conversion, 1 m = 10 dm mais 1 m^2 = 100 dm^2 et 1 m^3 = 1 000 dm^3). Avec le débit obtenu, on trouve que le temps T recherché vaut :

$\frac{1\,000}{4{,}5} = \frac{10\,000}{45} = \frac{2\,000}{9}$ = 222,22 secondes et 222,22 secondes sont équivalentes à :

180 secondes + 42 secondes **soit 3 minutes et 42 secondes.**

Question 25. Réponse B

Soit x le nombre de tables et y le nombre de personnes.

(1) $y = 5(x - 1)$

(2) $y = 4x + 5$

$5x - 5 = 4x + 5 \Leftrightarrow x = 10$

Vous pouviez également tester les solutions. En testant la réponse B, on suppose qu'il y a 10 tables.
« Si cinq personnes s'installent à table, il reste une table vide » ⇒ Cela implique qu'il y a 9 tables avec pour chacune 5 personnes, soit 45 personnes.
« Mais si quatre personnes s'installent à table, alors cinq personnes devront rester debout et ne pourront s'asseoir » ⇒ Cela implique qu'il y a encore 45 personnes (10 × 4 + 5)
La réponse B est donc la bonne réponse car en testant cette réponse, on tombe sur des résultats parfaitement cohérents.

3. Logique [1] : séries doubles

Question 26. Réponse A

H : Somme des chiffres égale à 12.
V : Séparation carré par le centre.

Question 27. Réponse C

H : Intra de +2 entre la première et la troisième lettre.
V : Inter grande diagonale droite de +1.

Question 28. Réponse A

H : Tous les nombres sont des multiples de 13.
V : Séparation somme par la droite.

Question 29. Réponse B

H : Inter seconde lettre avec saut dégressif de 2 lettres : Y, V, S, P, M.
V : Symétrie horizontale sur les premières lettres.

Question 30. Réponse D

H : Tous les nombres sont des cubes.
V : Séparation produit constante par la gauche, égale à 12.

Question 31. Réponse A

H : Somme constante égale à 15.
V : Séparation produit par la droite.

Question 32. Réponse A

H : Inter grande diagonale droite de +1.
V : Inter vertical de –1 sur la lettre du milieu.

Question 33. Réponse D

H : Séparation carré par le centre.
V : Somme constante égale à 12.

Question 34. Réponse C

H : Intra de –2 entre la deuxième et la troisième lettre.
V : Inter grande diagonale gauche de –1.

Question 35. Réponse C

H : Inter vertical de +1 sur le chiffre du milieu.
V : Inter grande diagonale droite de +1.

4. Langage [2]

Question 36. Réponse D

Question 37. Réponse C

Question 38. Réponse A

Question 39. Réponse D

Question 40. Réponse A

Question 41. Réponse A

Question 42. Réponse D

Question 43. Réponse C

Question 44. Réponse C

Question 45. Réponse B

Question 46. Réponse A

Question 47. Réponse C

Question 48. Réponse A

Question 49. Réponse B

Question 50. Réponse C

5. Calcul [2]

Question 51. Réponse C

L'énoncé nous donne deux équations :

(1) $Z = 3A$
(2) $Z = 5B$

Nous n'avons aucune information sur A et B hormis le fait que ce sont des nombres, par conséquent ils sont entiers. Ainsi, il est possible de traduire les deux équations par :

(1) Z est un multiple de 3
(2) Z est un multiple de 5

En partant des réponses, on se rend compte que tous sont multiples de 5 (Rappel : un nombre est multiple de 5 s'il se termine par un 5 ou un 0), tandis que seul 55 n'est pas un multiple de 6 car 5 + 5 = 10 qui n'est pas un multiple de 3.

Question 52. Réponse D

La notion fondamentale qui est abordée ici est celle des « jours-chiens ». Les « jours-chiens » représentent en fait le nombre total de rations que vous devez prévoir pour nourrir 30 chiens durant 30 jours puis 18 chiens durant 7 jours.
La notion de « jours-chiens » fait référence à celle de « jours-hommes », très couramment utilisée en gestion de ressources humaines. Si vous savez que la réalisation d'un travail nécessite 40 « jours-hommes » alors vous pouvez embaucher 1 ouvrier pendant 40 jours, 2 ouvriers pendant 20 jours, 8 ouvriers pendant 5 jours, ou encore 40 ouvriers pendant un seul jour. Tout dépend de vos besoins.

Dans notre cas, pour nourrir 30 chiens durant 30 jours, il va falloir prévoir **30 × 30** rations. Et pour nourrir 18 chiens durant 7 jours, il va falloir prévoir **18 × 7** rations.

Ce qui nous amène alors à formaliser la règle de trois suivante :

30 × 30	112,3 kg
18 × 7	X

Soit X = (18 × 7) × 112,3/(30 × 30) = 7/50 × 112,3 (après simplification des fractions) soit un peu moins de 112,3/7 et comme 112,3/7 est environ égal à 16, on garde la réponse la plus proche : la réponse D.

Question 53. Réponse A

Il est ici primordial de partir des réponses. Bien évidemment, on pourrait poser a, b, c et d les quatre chiffres de l'année recherchée et se demander quel est le plus petit nombre (a,b,c,d), tel que a + b + c + d = (a,b,c,d) – 1953. Mais cela reviendrait à oublier que l'on a 4 choix de réponses face à nous :
(A) 1 + 9 + 7 + 0 = 17 et 1970 – 1953 = 17

La réponse (A) fonctionne donc. Mais attention ! On vous demande la première fois que cela arrive : n'est-il pas possible que Tatiana ait vécu cela plus tôt dans sa vie ? En regardant les réponses, on voit que la seule année précédant 1970 dans la liste est 1965. Or 1 + 9 + 6 + 5 = 21 et 1965 – 1953 = 12 ≠ 21. 1970 est donc la seule réponse possible.

Question 54. Réponse C

Votre premier réflexe doit être de convertir les différentes unités en celle qui va vous servir pour les calculs. Vous remarquez que le volume des chopes est exprimé en cL, et vous savez que vous allez devoir diviser par cela. Ainsi, il sera plus facile de convertir des m^3 en cL que l'inverse :
0,091 m^3 = 91 dm^3 = 91 L = 9 100 cL

Ensuite il vous faut déterminer le volume de bière dont on dispose pour remplir les chopes : le fût étant rempli aux 5/7e, cela signifie que l'on a 9 100 × 5/7 cL de bière. Avant de se lancer dans des calculs compliqués, remarquons que 91 est divisible par 7 (91 = 13 × 7) et que par conséquent 9 100/7 = 1 300. On dispose donc de 5 × 1 300 = 6 500 cL de bière.

Enfin, il suffit désormais de diviser la quantité de liquide par le volume d'une chope pour obtenir que l'on peut remplir 6 500/65 = 100 chopes de bière avec le contenu du fût.

Question 55. Réponse A

Traduisons les données de l'énoncé une par une :

(1) Si la surface S_G de la grande piste est égale à 21 km², alors on a $L_G \times l_G = 21$. Sachant qu'il s'agit de nombres entiers, on trouve grâce à nos tables de multiplication $L_G = 7$ et $l_G = 3$.

(2) En utilisant l'équation de Vitesse/Temps/Distance, à savoir V = D/T ou T = D/V, on traduit le fait que les automobilistes mettent le même temps pour faire les deux pistes par l'égalité $D_G/V_G = D_P/V_P$, soit $D_G/80 = D_P/56$

A partir de là, il suffit d'écrire $S_G = 21 = L_G \times l_G = 7 \times 3$ pour en déduire que $D_G = 2 \times (7 + 3) = 20$. Par conséquent (2) devient :

$20/80 = D_P/56$

$\Leftrightarrow 1/4 = D_P/56$

$\Leftrightarrow D_P = 56/4$

$\Leftrightarrow D_P = 14$

Question 56. Réponse C

Traduisons une fois de plus les données de l'énoncé en équations :

(1) $C + V + 3P = 2T + 3L$

(2) $2T + 2L + P = 2V + C$

Pas de panique ! Ce n'est pas parce que l'on n'a que 2 équations pour 5 inconnues que la solution va être impossible à trouver. En effet, tout d'abord nous disposons d'une contrainte supplémentaire, à savoir que ces nombres sont tous entiers, mais surtout on vous demande simplement d'exprimer V + T en fonction des autres variables et non pas de trouver leur valeur. Ainsi, essayons de réunir V et L à gauche dans chaque équation :

(1) $V - 3L = 2T - C - 3P$

(2) $2L - 2V = C - 2T - P$

On remarque qu'en sommant (1) et (2) on obtient $V - 3L + 2L - 2V = -V - L = -(V + L)$ à gauche. Ainsi, en faisant – (1) – (2) on a :

$V + L = -\cancel{2T} + \cancel{C} + 3P - \cancel{C} + \cancel{2T} + P$

$\Leftrightarrow V + L = 3P + P$

$\Leftrightarrow V + L = 4P$

Donc une valise et une lampe valent 4 poires.

Question 57. Réponse A

Traçons la figure en question :

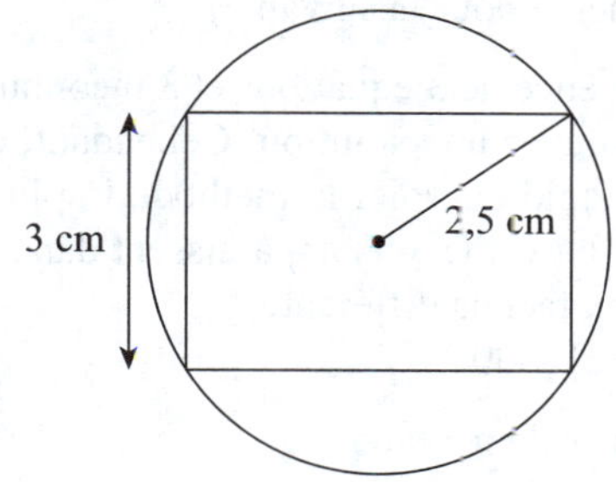

Comme on le voit, le fait que le rectangle soit inscrit dans le cercle implique deux contraintes :
(1) Ses quatre angles sont en contact avec le cercle
(2) Leurs centres respectifs sont confondus

Ainsi, on en déduit que la diagonale du rectangle est en réalité le diamètre du cercle et on a :

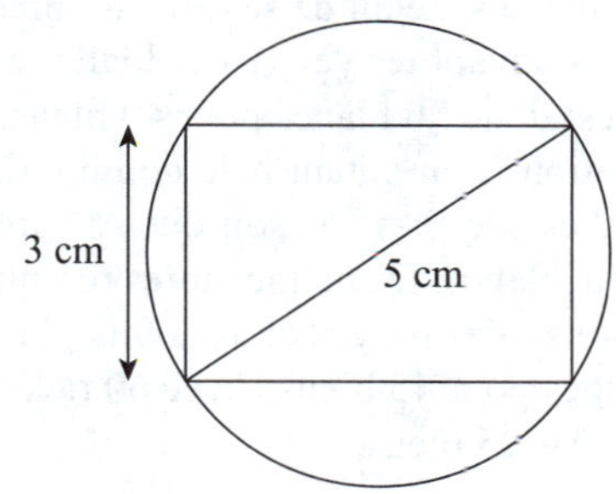

Pour trouver la surface, nous avons besoin de la longueur du rectangle. A l'aide du théorème de Pythagore, en notant l la largeur, L la longueur et d la diagonale du rectangle, on a : $L^2 + l^2 = d^2$ soit $3^2 + L^2 = 5^2$ ou encore $L^2 = 25 - 9 = 16$ donc $L = \sqrt{16} = 4$

Ainsi, on trouve que la surface du rectangle vaut $l \times L = 3 \times 4 = 12$ cm^2.

Question 58. Réponse D

Il s'agit d'une simple question de conversion : 13,5 dam = 135 m. Ensuite, on pose 135 × 66 et on trouve que le résultat est 8 910. La question à se poser est alors : de quelle unité s'agit-il ? Ayant multiplié des mètres par des mètres, on a obtenu des m^2 et il faut diviser par $10^2 = 100$ pour trouver la valeur en dam^2 donc l'aire du terrain est 8 910/100 = 89,10 dam^2.

Question 59. Réponse D

Notons x le nombre de tickets rouges, y le nombre de bleus et z le nombre de blancs. L'énoncé nous donne les 3 équations suivantes :
(1) $x + y + z = 60$
(2) $x + y = 2z$
(3) $z + y = 3x$

TEST BLANC #6 – CORRIGES

Les équations (1) et (2) viennent de la réflexion suivante : si l'on remplace les x rouges par des bleus, alors nous aurons $x + y$ bleus en tout, et ce nombre représente le double du nombre de blancs, à savoir z (de même pour la suivante).

Nous sommes ainsi en présence de 3 équations et 3 inconnues. Elles semblent indépendantes, il sera donc possible de trouver une solution. Cependant, comme nous sommes toujours en quête de simplicité et de rapidité, voici la méthode la plus efficace pour arriver au résultat final : on remarque que $(x + y)$ et $(z + y)$ apparaissent dans deux équations différentes. Ainsi, on peut réécrire (1) de deux façons différentes :
$(x + y) + z = 60$ et $x + (y + z) = 60$

Soit en remplaçant par leur valeur :
$2z + z = 60$ et $x + 3x = 60$

Ou encore :
$3z = 60$ et $4x = 60$, c'est-à-dire $z = 20$ et $x = 15$

Ainsi, on a $15 + y + 20 = 60$, soit $y = 60 - 35 = 25$.

Une autre méthode, plus astucieuse, était de se dire qu'après remplacement des tickets rouges par des bleus, on a 60 tickets devant les yeux : des blancs et deux fois plus de bleus. La seule répartition qui fonctionne est donc 20 blancs pour 40 bleus. Si vous ne voyez pas ça de façon intuitive, revenez aux équations : en notant A le nombre de blancs et B le nombre de bleus, vous savez que A + B = 60 et que B = 2A, soit que A + 2A = 60 ou encore 3A = 60 et donc A = 20. Il y a donc 20 tickets blancs. De même, après remplacement des tickets blancs par des bleus, on a toujours 60 tickets : des rouges et trois fois plus de bleus. La seule répartition qui fonctionne est donc 15 rouges pour 45 bleus. Avec 60 tickets dont 20 blancs et 15 rouges, on trouve qu'il y a 60 – 15 – 20 = 25 bleus.

Question 60. Réponse C

Nous voilà face à une question classique de rattrapage sur piste circulaire. En revanche, les vitesses sont exprimées de façon particulière ; votre premier réflexe doit être de les rendre homogènes :
$V_1 = 8$ t/30 min = 16 t/h
$V_2 = 3$t/18 min = 10 t/h d'après la règle de trois suivante :

3	18
3 × 60/18 = 180/18 = 10	60

La meilleure façon de résoudre ce genre de problème est de répondre à la question suivante : **« En une heure, combien de fois le plus rapide va-t-il dépasser le plus lent ? »**. Sachant qu'il devra faire 16 tours pendant que l'autre n'en fait que 10, la réponse est exactement 6. Ainsi, comme il court à une vitesse homogène, s'il doit dépasser son concurrent 6 fois en une heure, c'est donc qu'il doit le rattraper toutes les 60/6 = 10 min, et effectuera donc son premier déplacement après ce temps là.

Une autre façon (moins astucieuse) de s'en sortir était de résoudre des équations. On cherche donc le temps T tel que l'on ait $D_1 = D_2 + 1$, soit en remplaçant D par V × T d'après l'équation classique de Vitesse/Temps/Distance :

$V_1 \times T = V_2 \times T + 1$
$\Leftrightarrow T \times (V_1 - V_2) = 1$
$\Leftrightarrow T \times (16 - 10) = 1$
$\Leftrightarrow T = 1/6$ h
$\Leftrightarrow T = 10$ min

6. Logique [2] : séries graphiques

Question 61. Réponse C

Le produit des chiffres à l'horizontale est égal à la somme des chiffres à la verticale. Réponse C (6 × 2 = 8 + 4).

Question 62. Réponse B

Sachant qu'il y a deux types de symboles dans la même figure, on est amené à penser que ceux-ci ont des significations, et par conséquent des valeurs, différentes. La deuxième figure nous permet de penser que @ = 3 et que le chiffre représente le produit des valeurs des symboles. Ainsi # = 2 et cela fonctionne bien car # × @ = 2 × 3 = 6 ; @ × @ = 3 × 3 = 9 et # × # × @ = 2 × 2 × 3 = 12. Or on a bien # × # = 2 × 2 = 4.

Question 63. Réponse D

La plus grande figure devient moyenne, la moyenne devient petite alors que la plus petite disparaît. Sachant que dans la troisième figure la grande était un rond et la moyenne un hexagone, on devra avoir un petit hexagone dans un rond de taille moyenne, le tout dans une troisième grande figure quelconque, qui s'avère être un carré dans la réponse proposée.

Question 64. Réponse A

La première figure donne à voir un T, la deuxième un V et la troisième un X. On est donc en présence d'un intra de +2, car T = 20, V = 22 et X = 24. La figure suivante devra donc donner à voir un Z.

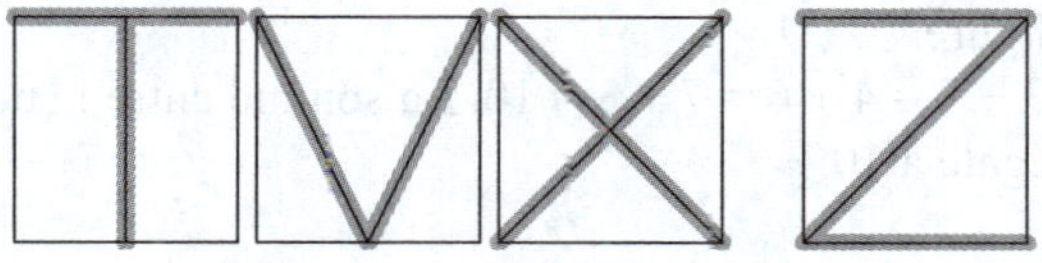

Question 65. Réponse A

La somme des nombres et de la valeur numérique de la lettre est toujours égale à 16. En effet :
7 + 8 + A = 7 + 8 + 1 = 16
9 + 1 + F = 9 + 1 + 6 = 16
–6 + 1 + U = –6 + 1 + 21 = 16

Ainsi, 14 + 0 + B = 14 + 2 = 16.

Question 66. Réponse B

Le nombre de symboles représente la valeur numérique de la lettre qui leur fait face. De plus, on observe un mouvement de rotation à 45° de la lettre et des symboles.

Question 67. Réponse D

On est ici en présence de 3 figures et d'un « noircissement » associés à 4 mouvements différents :

- Le carré démarre en haut à gauche avant de descendre en bas à gauche puis de se déplacer en bas à droite. On le retrouvera donc en haut à droite.
- Le triangle ne bouge pas, il sera donc toujours en haut à droite.
- Le cercle fait le même mouvement que le carré (dans le sens inverse des aiguilles d'une montre) : étant en haut à gauche sur la troisième figure, il sera en bas à gauche.
- Enfin, la tache fait un mouvement opposé à celui du carré et du cercle, à savoir dans le sens des aiguilles d'une montre. Elle noircira donc la figure en haut à droite.

La solution doit donc être composée d'un triangle inscrit dans le carré en haut à droite, la figure étant noircie (ce qui explique que l'on ne voit pas le triangle à l'intérieur), et d'un cercle en bas à gauche.

Question 68. Réponse A

Numérisons lettres et symboles dans les trois premières figures :
C = 3 ; ## = 2 ; 6
A = 1 ; ^^^^^ = 5 ; 5
G = 7 ; ••• = 3 ; 21

On remarque facilement que la valeur numérique que multiplie le nombre de symboles donne exactement le nombre inscrit dans la figure. L = 12 et @@ = 2 donnent bien 12 × 2 = 24.

Question 69. Réponse C

Une fois de plus, numérisons le nombre de côtés :
3 côtés, 7 dans la figure
4 côtés, 6 dans la figure
7 côtés, 3 dans la figure
On remarque que 3 + 7 = 4 + 6 = 7 + 3 = 10. La somme entre le nombre de côtés et le chiffre est donc toujours égale à 10.

Question 70. Réponse C

Il s'agit ici d'un grand classique. Vous devez en effet compter le nombre d'emboîtements entre les figures. Dans le premier cadre, les deux carrés ne s'emboîtent pas. Il y a donc zéro emboîtement d'où la présence du chiffre zéro dans le cadre. Dans le second cadre, vous avez un emboîtement entre les deux cercles, d'où le chiffre un, et ainsi de suite. Réponse C.

TEST BLANC TAGE 2

#7

TEST TAGE 2 #7 : VOTRE GRILLE DE REPONSES

Sous-test 1
Langage / Lexiphrase

	A	B	C	D
1				
2				
3				
4				
5				
6				
7				
8				
9				
10				
11				
12				
13				
14				
15				

Sous-test 2
Calcul

	A	B	C	D
16				
17				
18				
19				
20				
21				
22				
23				
24				
25				

Sous-test 3
Logique / Séries doubles

	A	B	C	D
26				
27				
28				
29				
30				
31				
32				
33				
34				
35				

Sous-test 4
Langage / Paratexte

	A	B	C	D
36				
37				
38				
39				
40				
41				
42				
43				
44				
45				
46				
47				
48				
49				
50				

Sous-test 5
Calcul

	A	B	C	D
51				
52				
53				
54				
55				
56				
57				
58				
59				
60				

Sous-test 6
Logique / Séries graphiques

	A	B	C	D
61				
62				
63				
64				
65				
66				
67				
68				
69				
70				

7

TEST BLANC TAGE 2
SOUS-TEST 1 : LANGAGE [lexiphrase]

Consignes

15 questions / 15 minutes

Barème

Réponse juste : + 3 points / Réponse fausse : – 1 point / Aucune réponse : 0 point

Question 1. Un repas frugal signifie :

(A) Un maigre repas
(B) Un excellent repas
(C) Un grand repas
(D) Un repas bien arrosé

Question 2. Rechigner signifie :

(A) Montrer de la répugnance
(B) Grogner
(C) Essayer en vain
(D) Régresser

@@@@@@@@@@@@@@@@@@@@@@@@@@@@@@@@@@@@@
@@@@@@@@@@@@@@@@@@@@@@@@@@@@@@@@@@@@@
@@@@@@@@@@@@@@@@@@@@@@@@@@@@@@@@@@@@@

Question 3. Ne pas avoir de cesse signifie :

(A) Ne pas avoir de repos
(B) Terminer
(C) Ne pas continuer
(D) Etre excédé

Question 4. Rétrocéder un bien signifie :

(A) En faire don
(B) Le revendre au précédent propriétaire
(C) Le rendre à l'Etat
(D) Le donner en héritage

Question 5. Se déliter signifie :

(A) Se désagréger
(B) Se retirer
(C) S'accuser
(D) Se fermer

Question 6. L'intériorité du sujet se nomme :

(A) Le fort intérieur
(B) Le faure intérieur
(C) Le for intérieur
(D) Le forintérieur

Question 7. Dans la liste suivante, quel terme est le contraire d'importun ?

(A) Opportun
(B) Inopportun
(C) Indiscret
(D) Fâcheux

@@@@@@@@@@@@@@@@@@@@@@@@@@@@@@@@@@
@@@@@@@@@@@@@@@@@@@@@@@@@@@@@@@@@@
@@@@@@@@@@@@@@@@@@@@@@@@@@@@@@@@@@

Question 8. Trouvez chaque antonyme de dispendieux :

(A) Ruineux
(B) Précaire
(C) Grandiose
(D) Bon marché

Questions 9 à 11 : complétez en choisissant la solution optimale.

Question 9. Olivier (…) l'opinion selon laquelle l'obstination est un trait de caractère (…). A son avis, (…) de susciter de la colère, (…) favoriser la réalisation des objectifs que l'individu se fixe.

(A) ne rejette pas / positif / non seulement elle ne risque pas / mais en général, elle ne peut non plus
(B) n'admet pas / positif / non seulement elle risque / mais elle peut souvent
(C) n'admet pas / négatif / bien qu'elle risque / quand même, en général, elle peut
(D) ne rejette pas / négatif / non seulement elle ne risque pas / mais en général, elle ne peut non plus

Question 10. En observant des animaux vivant en communauté, on a constaté que très souvent un des animaux assure la garde de ses congénères face aux prédateurs. Doit-on considérer cette garde comme le sacrifice d'un individu au profit de la collectivité ? Les chercheurs qui répondent à cette question par (…) estiment que (…) posté à un endroit exposé, l'animal gardien (…) un danger accru, (…) le premier à percevoir la menace et à fuir devant elle.

(A) l'affirmative / bien qu'il soit / ne court pas / puisqu'en fait il sera
(B) la négative / bien qu'il soit / ne court pas / tout en étant
(C) l'affirmative / dans la mesure où il est / court en fait / d'autant plus qu'il sera
(D) la négative / quoiqu'il soit / ne court pas / puisqu'en fait il sera

@@

Question 11. Dupont (…) l'élection de Mme Laplanche à la présidence du parti, (…) au programme politique de cette dernière. Cependant, comme elle a décidé de ne pas (…) ce programme après sa prise de fonctions, il a retiré (…) à sa nomination.

(A) a appuyé / en raison de son adhésion complète / poursuivre / son soutien initial
(B) n'était pas partisan de / parce qu'il s'opposait / dévier d'un pouce de / son opposition initiale
(C) n'était pas enchanté par / parce qu'il s'opposait violemment / poursuivre / son soutien initial
(D) n'a pas soutenu / malgré sa vive opposition / rester fidèle à / son opposition initiale

Question 12. Laquelle des ces propositions complète la phrase que voici de la manière la plus adéquate ? « Ce type ne me paraît pas honnête. Ses manières __________ me rebutent. »

(A) Pédantes
(B) Cauteleuses
(C) Assurées
(D) Cavalières

Question 13. Quel est le nombre de fautes d'orthographe et de grammaire ?
« Ensuite il s'est mis à marmotter je ne sais quoi de graines, de lambeaux de chair mis en macération dans l'eau, de différentes races d'animaux successifs qu'il voyait naître et passer. »

(A) 0 faute
(B) 1 faute
(C) 2 fautes
(D) 3 fautes

TEST BLANC #7 – ENONCES

@@@@@@@@@@@@@@@@@@@@@@@@@@@@@@@@@@@@@
@@@@@@@@@@@@@@@@@@@@@@@@@@@@@@@@@@@@@
@@@@@@@@@@@@@@@@@@@@@@@@@@@@@@@@@@@@@

Question 14. *« Mieux vaut allumer une chandelle que maudire les ténèbres. »*
Parmi les proverbes suivants lequel est le plus proche du proverbe ci-dessus ?

(A) Les malédictions comme les processions reviennent à leur point de départ.
(B) Un oiseau dans la main vaut mieux que dix qui volent.
(C) Il est difficile d'attraper un chat noir dans une pièce sombre surtout s'il n'y est pas.
(D) Dix-huit filles divinement belles ne valent pas un seul fils bossu.

Question 15. *Décembre* est à *Mois*…

(A) … ce que *Bleu* est à *Couleur*.
(B) … ce que *Livre* est à *Couverture*.
(C) … ce que *Deutéronome* est à *Pentateuque*.
(D) … ce que *Minuit* est à *Journée*.

Si vous avez terminé, vous n'êtes pas autorisé(e) à revenir sur une épreuve précédente.
Vous n'êtes pas non plus autorisé(e) à travailler sur une épreuve suivante avant la fin du temps imparti.

STOP !

TEST BLANC TAGE 2
SOUS-TEST 2 : CALCUL

7

Consignes

10 questions / 30 minutes / Calculatrice interdite

Barème

Réponse juste : + 3 points / Réponse fausse : – 1 point / Aucune réponse : 0 point

Question 16. Quarante compositions florales sont vendues sous deux versions. La première version comprend deux orchidées, et la deuxième trois orchidées Combien a-t-on vendu de compositions de chaque version sachant qu'une composition comporte en moyenne 2,375 orchidées ?

(A) 21 et 19
(B) 22 et 18
(C) 24 et 16
(D) 25 et 15

Question 17. Jonas tire sur une cible. Il gagne le nombre de points indiqués dans la zone atteinte. Il a marqué 99 points et toutes ses flèches ont atteint le 5, le 8 ou le 10. Il a atteint autant de fois le 8 que le 10. Combien de flèches Jonas a-t-il tirées ?

(A) 10
(B) 12
(C) 13
(D) 15

Question 18. ABCD est un rectangle de 6 cm sur 10 cm et PQRS est un carré de 6 cm de côté. Si l'aire grisée vaut la moitié de l'aire du rectangle ABCD, combien mesure PX ?

(A) 1 cm
(B) 1,5 cm
(C) 2 cm
(D) 2,5 cm

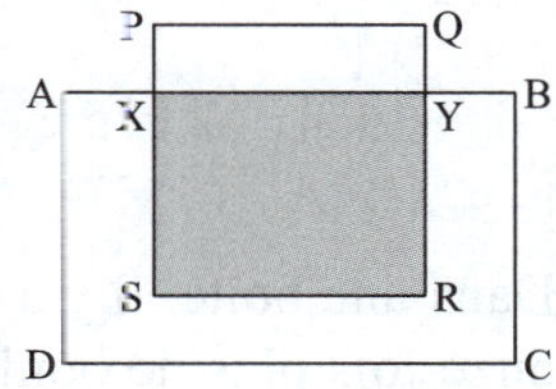

Question 19. Une entreprise compte 60 cadres dont le salaire moyen s'élève à 80 000 €. Si un groupe de cadres de faible ancienneté affiche un salaire annuel moyen de 75 000 € et qu'un autre groupe de cadres plus expérimentés affiche un salaire moyen de 100 000 €, alors combien y a-t-il de cadres dans le groupe de faible ancienneté au salaire de 75 000 € ?

(A) 12 (B) 24 (C) 36 (D) 48

Question 20. Lors d'une réunion, chaque personne a serré la main de chaque autre personne. S'il y a eu 36 poignées de main en tout, combien de personnes étaient présentes à cette réunion ?

(A) 6 (B) 8 (C) 9 (D) 12

Question 21. Un grand-père est âgé de 84 ans et sa fille de 40 ans. Il a quatre petits-enfants d'âges différents. Si l'on multiplie l'âge du plus petit par l'âge du plus grand, on obtient le même résultat que si l'on multiplie l'âge du deuxième par l'âge du troisième, à savoir l'âge du grand-père. Quel est l'âge du troisième sachant que la somme des âges des quatre petits-enfants est égale à 44 ?

(A) 12 ans (B) 14 ans (C) 16 ans (D) 21 ans

//
//
//

Question 22. Mon dernier salaire s'élève à 2 300 €, y compris la rémunération de mes heures supplémentaires. Mon salaire de base est supérieur de 2 000 € à la rémunération de mes heures supplémentaires. Quel est le montant de mon salaire de base ?

(A) 2 000 € (B) 2 075 € (C) 2 125 € (D) 2 150 €

Question 23. Dans une boîte, il y a cinquante boules : des roses, des violettes et des noires. Il y a onze fois plus de boules roses que de boules violettes. Il y a moins de boules noires que de boules roses et plus de boules noires que de boules violettes. De combien le nombre de boules roses dépasse-t-il le nombre de boules noires ?

(A) 1 (B) 2 (C) 11 (D) 19

Question 24. Trois camarades de classe ont passé la même épreuve de mathématiques. Ils ont obtenu trois notes différentes. Sur l'ensemble des candidats, les notes se sont échelonnées de 6,7 à 19,5. Ils obtiennent à eux trois la moyenne de 15. Le meilleur des trois a obtenu à l'épreuve quatre points de plus que le plus faible. Quelle est la note obtenue par le deuxième ?

(A) 13
(B) 14
(C) 15
(D) Il y a plusieurs réponses possibles

Question 25. Une croix est constituée de cubes dont l'aire d'une des faces est égale à 9 cm² (voir représentation de la croix vue de dessus). Quel est le volume de cette croix ?

(A) 162 cm³
(B) 153 cm³
(C) 144 cm³
(D) 138 cm³

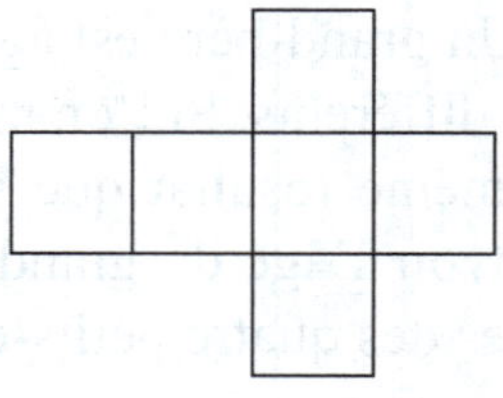

Si vous avez terminé, vous n'êtes pas autorisé(e) à revenir sur une épreuve précédente.
Vous n'êtes pas non plus autorisé(e) à travailler sur une épreuve suivante avant la fin du temps imparti.

STOP !

7

TEST BLANC TAGE 2
SOUS-TEST 3 : LOGIQUE [séries doubles]

Consignes

10 questions / 15 minutes

Barème

Réponse juste : + 3 points / Réponse fausse : – 1 point / Aucune réponse : 0 point

Question 26.

		91		
		195		
		39		
		312		
118	109	?	730	622

(A) 260
(B) 208
(C) 13
(D) 910

Question 27.

?	YIJ	VJP	STH	PHJ
HJI				
KLL				
IPJ				
SKT				

(A) BNJ
(B) YTZ
(C) BHC
(D) YLM

>>>
>>>
>>>

Question 28.

	909			
	998			
	720			
	886			
111	?	393	144	284

(A) 509
(B) 551
(C) 991
(D) 909

Question 29.

AAA				
?	TWV	JKL	XYZ	ABC
EUI				
KOG				
IVG				

(A) CCC
(B) BBC
(C) ACC
(D) BCD

Question 30.

	28			
1287	?	561	803	198
	2222			
	44			
	242			

(A) 44
(B) 165
(C) 182
(D) 297

Question 31.

		749		
555	870	?	951	186
		525		
		11		
		981		

(A) 339
(B) 870
(C) 636
(D) 416

>>>
>>
>>

Question 32.

JKM KKU LOP ? NKM

OJH
JEJ
NIM
GBK

(A) PMQ
(B) RMP
(C) XSX
(D) KLM

Question 33.

329 534 ? 753 666

77
406
140
238

(A) 147
(B) 112
(C) 175
(D) 446

Question 34.

KJH EDN MLM ? TSK

OPU
QKL
TJH
XKN

(A) NMP
(B) KJP
(C) NOL
(D) KNP

Question 35.

379 973 ? 676 749

216
8000
2744
3375

(A) 343
(B) 4096
(C) 5832
(D) 991

Si vous avez terminé, vous n'êtes pas autorisé(e) à revenir sur une épreuve précédente.
Vous n'êtes pas non plus autorisé(e) à travailler sur une épreuve suivante avant la fin du temps imparti.

STOP !

7

TEST BLANC TAGE 2
SOUS-TEST 4 : LANGAGE [paratexte]

Consignes

15 questions / 15 minutes

Barème

Réponse juste : + 3 points / Réponse fausse : – 1 point / Aucune réponse : 0 point

Questions 36 à 40 : complétez en choisissant la solution optimale.

Question 36. Selon les violentes affirmations du critique, le talentueux jazzman Arthur Daroux (…) et ses performances devant un auditoire sont (…) que celles en studio ; c'est pourquoi le critique (…) enregistrer Daroux lorsqu'il joue en public. (…) la société de disques à enregistrer Arthur Daroux pendant sa prestation au festival de jazz d'Avignon.

(A) n'exprime pas sa virtuosité lorsqu'on l'enregistre en studio / bien meilleures / recommande de ne pas / Contrairement à cette recommandation, on s'est résolu dans

(B) n'est pas au mieux de sa forme lorsqu'il est enregistré en studio / infiniment plus réussies / recommande vivement d' / C'est cette recommandation qui a conduit

(C) ne joue pas très bien en concert / bien plus réussies / recommande vivement d' / Cette recommandation a conduit

(D) n'exploite pas ses qualités musicales en concert / moins bonnes / ne recommande pas d' / Suivant cette recommandation, on s'est résolu dans

##
##
##

Question 37. Le responsable du service (...) son opposition initiale au nouveau traitement, en raison (...) dans les expériences cliniques. (...) il s'en est tenu à son avis premier, selon lequel (...) généraliser l'usage du traitement à l'hôpital.

(A) a annulé / de son succès / C'est pourquoi / il fallait rapidement
(B) a annulé / de son succès / Cependant, / il ne fallait pas pour l'instant
(C) a annulé / de son échec / C'est pourquoi / il ne fallait pas pour l'instant
(D) n'a pas annulé / de son échec / Néanmoins, / il ne fallait pas

Question 38. (...) d'écrivains dont le style me plaît (...) que le style de Marc Lévy. C'est pourquoi, (...) d'apprendre (...).

(A) Il y a peu / moins / vous serez sûrement surpris / qu'il n'y a même pas un seul livre de cet auteur dans ma bibliothèque
(B) Il y a beaucoup / plus / vous ne serez sûrement pas surpris / que je n'ai jamais acquis d'autres livres que ceux de cet auteur
(C) Il y a peu / moins / vous ne serez sûrement pas surpris / que je n'ai pas du tout envisagé d'acheter son dernier livre
(D) Il y a peu / plus / vous serez sûrement surpris / que je n'ai pas hésité un seul instant avant d'acheter son dernier livre

Question 39. L'imprésario de Thibaud a tenté de le persuader de ne pas (...) le rôle dans la pièce : en effet, en dépit du cachet (...) proposé, ce rôle représentait (...) sur le plan artistique. Thibaud n'a pas suivi le conseil de son imprésario et a déclaré de surcroît que même pour un cachet (...) interprété le rôle.

(A) accepter / élevé / une régression / plus élevé, il n'aurait pas
(B) accepter / modeste / un progrès / plus modeste, il aurait
(C) refuser / modeste / une régression / plus élevé, il n'aurait pas
(D) refuser / modeste / un progrès / plus élevé, il n'aurait pas

##
##
##

Question 40. Pour les français, les japonais sont des hommes qui se lèvent tôt, qui suivent dès 6 heures du matin des cours de recyclage à la télé tout en pédalant sur un vélo fixe pour se mettre (…) en forme.

(A) indistinctement
(B) successivement
(C) alternativement
(D) expressément

Question 41. (…) l'augmentation du nombre de naissances effectuées à l'aide d'une césarienne a amené (…) de la mortalité des bébés et des mères. (…) diminuer le nombre de naissances réalisées (…).

(A) Il est clair que / une baisse / C'est pourquoi il faut / par césarienne
(B) Il n'est pas encore clair si / une hausse / La conclusion est qu'il faut / aux forceps
(C) Il n'y a pas de doute que / une hausse / C'est pourquoi il faut / de façon naturelle
(D) Des recherches montrent que / une baisse / C'est pourquoi il ne faut pas / par intervention chirurgicale

Question 42. La plupart des critiques de poésie du pays (…) poète Didier Bertrand. (…) une critique norvégienne, qui attribue à sa poésie (…) de valeur que ces derniers et renforce ses propos en citant (…) à l'étranger.

(A) n'estiment pas à sa juste valeur le / Une opinion contraire a été émise par / moins / les sévères commentaires dont il a également été l'objet
(B) surestiment le / Une opinion contraire a été émise par / moins / les sévères commentaires dont il a été l'objet
(C) n'ont aucune estime pour le / Une expression de cette tendance se retrouve dans les propos d' / encore moins / des témoignages du vif succès qu'il remporte
(D) accordent leurs louanges au / Une expression de cette tendance se retrouve dans les commentaires de / plus / le fait qu'il n'est pas estimé

##
##
##

Question 43. Quelle est la séquence de mots qui complète correctement l'extrait du texte suivant ?

Monsieur Dufour, Commissaire de police, chargé de découvrir l'assassin d'une commerçante lilloise, piétine dans son enquête : « Dufour se perd en (…). Il a pourtant envisagé toutes les (…). Il ne parvient pas à se forger une (…). Encore moins une intime (…). A peine une (…) fondée sur quelques (…) »

(A) conjectures – éventualités – opinion – conviction – présomption – hypothèses
(B) hypothèses – éventualités – conviction – présomption – opinion – conjectures
(C) conjectures – hypothèses – opinion – éventualité – conviction – présomptions
(D) hypothèses – éventualités – opinion – conviction – présomption – conjectures

Question 44. **Question 73.** L'épigramme est un court poème satirique se terminant sur un trait piquant et drôle. Parmi les courtes pièces de vers ci-dessous, combien y a-t-il exactement de poèmes correspondant à cette définition ?

Ton frère, dis-tu, l'assassin
M'a guéri d'une maladie ;
La preuve qu'il ne fut pas mon médecin
C'est que je suis encore en vie !

BOILEAU

Depuis que le docteur Gistal
Soigne des familles entières,
On a démoli l'hôpital
Et l'on a fait deux cimetières.

Alexandre DUMAS

L'autre jour, au fond d'un vallon,
Un serpent mordit Jean Fréron :
Que pensez-vous qu'il arriva ?…
Ce fut le serpent qui creva !

VOLTAIRE

Prince, demandes à Dieu pardon !
Je quarte du pied, j'escarmouche,
Je coupe, je feinte… Hé là, donc !
A la fin de l'envoi, je touche.

Edmond ROSTAND

(A) Aucune
(B) Un
(C) Deux
(D) Trois

##
##
##

Question 45. Choisissez la reformulation dont le sens se rapproche le plus du passage souligné.

Les Huit ont répété leur attachement à un système de commerce international des produits agricoles fondé sur des règles sûres et ont réitéré leur engagement pour arriver à une conclusion, globale et ambitieuse du Doha Round. Il s'agit d'éviter la concurrence déloyale et les distorsions des marchés, y compris les mesures restrictives à l'exportation.

(A) la bataille non loyale et les anormalités cycliques inhérentes aux marchés
(B) le détournement de clientèle et les déformations des marchés
(C) le vol de secrets de fabrique et les aberrations des marchés
(D) la compétition malhonnête et les perturbations de fonctionnement des marchés

COMPREHENSION DE TEXTE

Les salariés sont-ils satisfaits de leur lieu de travail ? C'est la question posée par l'institut de sondage Louis Harris à 960 d'entre eux, entre le 5 et 11 mai, et, à première vue, ils le sont : 68 % des individus interrogés se disent *« satisfaits »* ou *« très satisfaits »* du confort (72 %), de l'esthétique (70 %) et du caractère agréable de leur cadre de travail (65 %). Mais à y regarder de près, l'enthousiasme n'est pas si massif : seules 9 % des personnes interrogées sont effectivement *« très satisfaites »* et, parmi celles qui travaillent dans ce que l'on appelle des « open spaces », une sur deux (49 %) se dit mécontente. A l'opposé, le plébiscite est réel pour ceux qui travaillent dans un bureau individuel (81 %), et mieux encore à domicile (83 %).
De quoi tordre le cou à l'idée que la fameuse organisation décloisonnée du travail favoriserait la communication, la créativité et le travail en commun. Le succès (plus de 60 000 exemplaires vendus) du livre *L'open space m'a tuer*, d'Alexandre des Isnards et Thomas Zuber (Hachette Littératures, 2008), qui dénonce non seulement cette conception de l'espace de travail mais aussi les nouvelles méthodes de management, témoigne d'un malaise sur ce point. Le sondage révèle que seuls 40 % des salariés estiment que leur espace de travail favorise le bien-être et 32 % qu'il a un impact positif sur la créativité.

TEST BLANC #7 – ENONCES

##
##
##

Un des objectifs que poursuivent les employeurs avec les bureaux ouverts est d'abord d'économiser sur les coûts immobiliers et de parvenir à 10, voire 8 m^2 par personne, alors que 15 à 20 m^2 étaient la norme il n'y a pas si longtemps. Le ministre du budget, par exemple, a récemment fixé pour ses agents un ratio de 12 m^2. D'après le même sondage, 53 % des salariés (et 63 % des cadres) ne se font pas d'illusions et s'attendent à ce que la superficie allouée à chacun d'eux diminue à l'avenir.

Toutefois, le *desk sharing*, c'est-à-dire un *open space* encore plus radical, sans emplacement attribué, où chaque salarié s'installe au gré des allées et venues et des disponibilités, est carrément rejeté (57 % des personnes interrogées).

L'*open space* permet aussi la sacro-sainte flexibilité des locaux : *« Nous avons observé que les entreprises locataires dans nos immeubles modifient la configuration de leurs bureaux en moyenne tous les deux ans »*, confie Bertrand Julien-Laferrière, directeur général de la Société foncière lyonnaise. Cette technique du déménagement permanent est parfois utilisée pour casser les solidarités entre collègues, comme le dénoncent les auteurs de *L'open space m'a tuer*, qui l'appellent le *« dé-management »*.

« L'open space répond certes à la recherche d'économies des entreprises, mais il peut aussi être agréable et bien accepté s'il est très bien conçu, avec un traitement de l'acoustique, de la lumière et de la climatisation qui redonne du confort, estime Christophe Clamageran, directeur général de Gecina, troisième foncière française, qui a commandé ce sondage.

Question 46. Qu'est ce qui rend un open space agréable ?

1. Un éclairage correct
2. Une bonne conception
3. Un jardin
4. La climatisation

(A) 1 + 2 + 4
(B) 1 + 3 + 4
(C) 2 + 3 + 4
(D) 2 + 4

##
##
##

Question 47. Quel résultat le sondage effectué pour l'institut Harris ne donne pas ?

(A) Que 70 % des personnes interrogées sont « satisfaites » ou « très satisfaites » par le caractère agréable de leur cadre de travail.
(B) Que 49 % des personnes interrogées se disent mécontentes de l'open space.
(C) Que 81 % des personnes interrogées travaillent dans un bureau individuel.
(D) Que 72 % des personnes interrogées sont « satisfaites » ou « très satisfaites » de l'esthétique.

Question 48. Quels sont les avantages de l'open space pour l'employeur ?

1. Pouvoir modifier la configuration des bureaux.
2. Pouvoir économiser sur les coûts de l'immobilier.
3. Pouvoir casser les solidarités entre les salariés.
4. Pouvoir déménager tous les deux ans.

(A) 1 + 2 + 3 + 4
(B) 1 + 2 + 3
(C) 2 + 4
(D) 2 + 3 + 4

Question 49. L'organisation décloisonnée des bureaux favorise finalement :

(A) Les économies, la créativité
(B) La créativité, le bien-être du salarié, le dé-management
(C) La convivialité, le bien-être du salarié, la créativité
(D) Tout dépend de la façon dont l'open space est conçu

##
##
##

Question 50. Laquelle de ces affirmations est fausse ?

(A) *L'open space m'a tuer* a été écrit par Zuber et des Isnards.

(B) Les espaces de travail sans emplacement attribué aux salariés sont appelés *desk sharing.*

(C) Le sondage est basé sur les réponses de 960 personnes.

(D) 83 % des employés aiment travailler à domicile.

Si vous avez terminé, vous n'êtes pas autorisé(e) à revenir sur une épreuve précédente.
Vous n'êtes pas non plus autorisé(e) à travailler sur une épreuve suivante avant la fin du temps imparti.

STOP !

TEST BLANC TAGE 2
SOUS-TEST 5 : CALCUL

7

Consignes

10 questions / 30 minutes / Calculatrice interdite

Barème

Réponse juste : + 3 points / Réponse fausse : – 1 point / Aucune réponse : 0 point

Question 51. Un particulier dispose d'un capital qu'il divise en parts inégales selon un rapport un tiers deux tiers. Il les place chacune à des taux annuels d'intérêt différents. La plus petite est placée à un taux d'intérêt annuel de 5 %. Au bout d'un an, la partie placée à 5 % a rapporté 550 € et l'ensemble du capital 1 430 €. A quel taux annuel la partie la plus importante a-t-elle été placée ?

(A) 3 % (B) 4 % (C) 5 % (D) 6 %

Question 52. Une compagnie de chemin de fer vend ses billets au prix de 1 € du km. Pour les 18-25 ans, elle propose au choix, deux réductions. La première consiste en une réduction de 25 % sur tous les trajets. La deuxième consiste en l'achat d'une carte d'abonnement pour un montant de 220 € permettant de bénéficier d'une réduction de 50 % sur tous les trajets. Au-delà de combien de kilomètres la carte d'abonnement devient-elle plus intéressante ?

(A) 880 km (B) 890 km (C) 900 km (D) 910 km

§§§
§§§
§§§

Question 53. Deux cercles égaux sont inscrits dans un rectangle (voir figure ci-dessous). La somme de leur circonférence est égale à 628 m. Quelle est la valeur de la largeur du rectangle ?

(A) 75 m
(B) 80 m
(C) 90 m
(D) 100 m

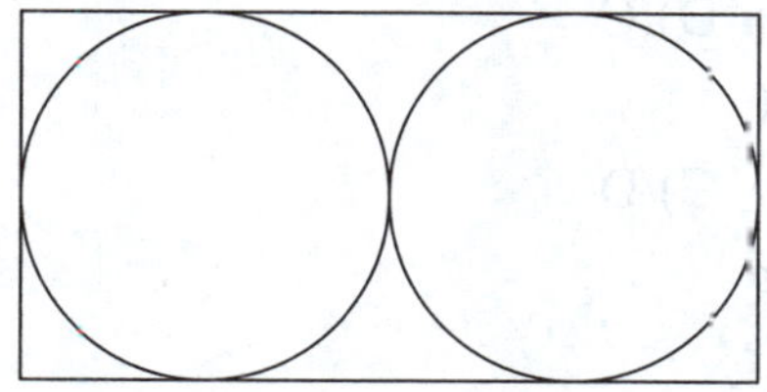

Question 54. Lors d'un voyage en Jordanie un touriste s'émerveille devant la beauté d'un obélisque. Il se propose d'évaluer sa hauteur. Il dispose d'un instrument de visée qu'il place sur un pied à 1 m au-dessus du sol et à 600 m de l'obélisque. Il évalue alors l'angle de visée à 45°. Quelle est la hauteur de l'obélisque ?

(A) 500 m
(B) 570 m
(C) 601 m
(D) 640 m

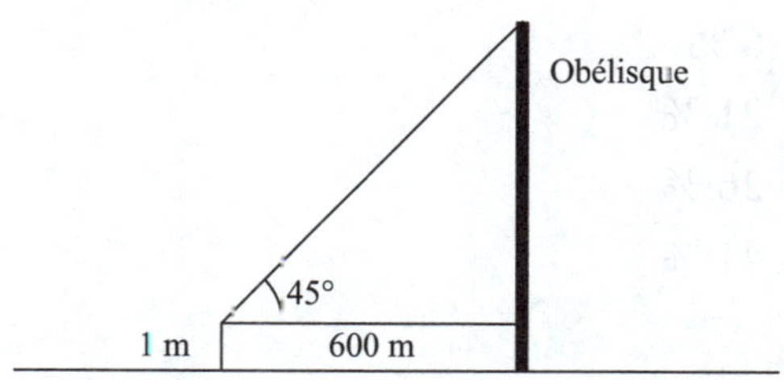

Question 55. Dans une loterie, une roue tourne sous l'impulsion d'un lanceur et un index s'arrête devant un disque divisé en secteurs de couleurs différentes. Les secteurs jaunes représentent la moitié du disque, les bleus 90°, les rouges 60° et les autres secteurs sont noirs. La chance de tomber sur une couleur est proportionnelle à l'aire des secteurs de cette couleur. Quelle chance a-t-on de tomber sur un secteur de couleur noire ?

(A) Une chance sur quatre
(B) Une chance sur six
(C) Une chance sur huit
(D) Une chance sur douze

§§
§§
§§

Question 56. Un cercle de diamètre D est inscrit dans un carré de côté C. Quelle est la valeur du rapport de la surface du carré sur celle du cercle ?

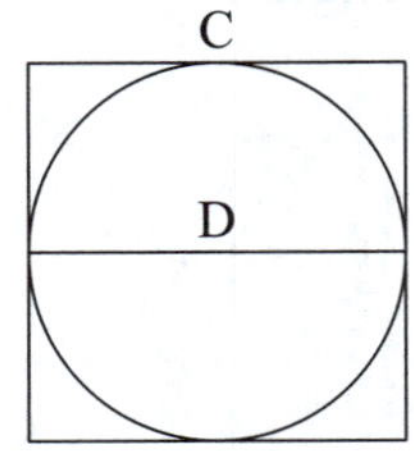

(A) $(\pi \times D)/C$
(B) D/C
(C) $(\pi \times C)/D$
(D) $4/\pi$

Question 57. En 1966, on a compté 8,1 cas sur 100 de mortalité infantile au Pakistan. En 1974, on ne comptait plus que 4,8 cas sur 100. Sachant que le taux de mortalité infantile a diminué de 20 % entre 1973 et 1974, de combien approximativement, ce taux a-t-il diminué entre 1966 et 1973 ?

(A) 6 %
(B) 21 %
(C) 26 %
(D) 41 %

Question 58. Un coureur met 15 secondes pour effectuer un 100 m. Il accélère durant la première partie de la course d'une longueur de 30 mètres, puis il court à vitesse constante durant la deuxième partie, d'une longueur de 40 mètres, et enfin il ré-accélère durant la dernière partie. Comparé à la première partie, il a mis une seconde de moins pour parcourir la deuxième et deux secondes de moins pour parcourir la troisième. A quelle vitesse moyenne a-t-il couru la troisième partie ?

(A) 25 km/h
(B) 26 km/h
(C) 27 km/h
(D) 28 km/h

§§
§§
§§

Question 59. Une cuve remplie de 2 000 litres d'acide se vide à raison de 8 litres par seconde dans une seconde cuve remplie de 1 000 litres du même acide et qui se vide à raison de 6 litres par seconde. En combien de temps la totalité de l'acide se sera-t-il écoulé ?

(A) 10 minutes
(B) 9 minutes et 45 secondes
(C) 8 minutes et 20 secondes
(D) 7 minutes et 15 secondes

Question 60. Un particulier achète un enclos à cheval de forme rectangulaire dont la longueur est égale à deux fois la largeur. Le prix du m² est de 10 €. Il le clôt d'une palissade électrique dont le coût est de 10 € du mètre. Son achat total lui revient à 560 €. Quelle est la valeur de la largeur de cet enclos ?

(A) 6 m
(B) 5 m
(C) 4 m
(D) 3 m

Si vous avez terminé, vous n'êtes pas autorisé(e) à revenir sur une épreuve précédente.
Vous n'êtes pas non plus autorisé(e) à travailler sur une épreuve suivante avant la fin du temps imparti.

STOP !

7

TEST BLANC TAGE 2
SOUS-TEST 6 : LOGIQUE [séries graphiques]

Consignes

10 questions / 10 minutes

Barème

Réponse juste : + 3 points / Réponse fausse : – 1 point / Aucune réponse : 0 point

Question 61.

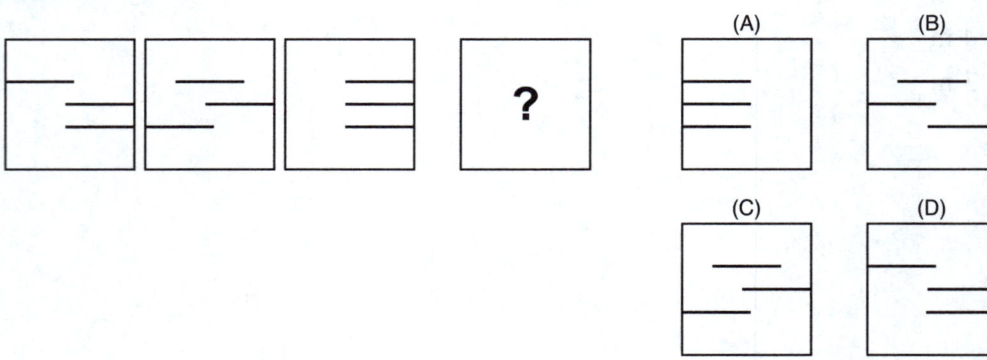

Question 62.

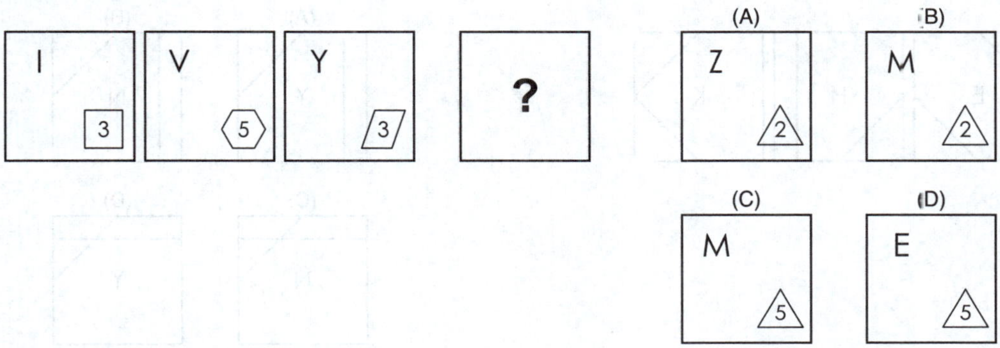

Question 63.

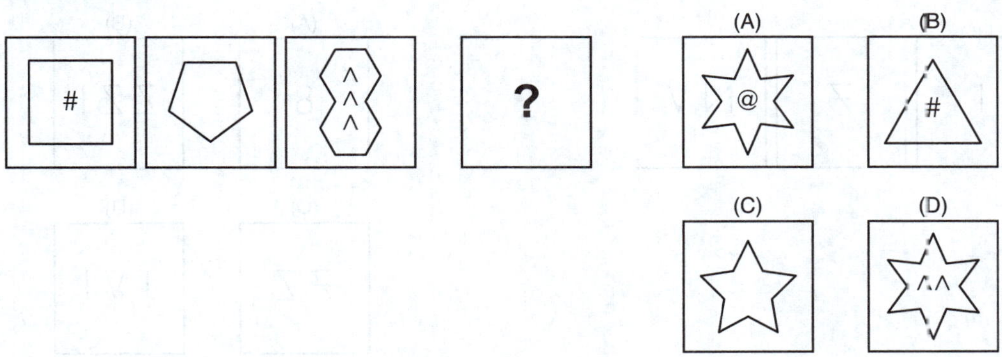

Question 64.

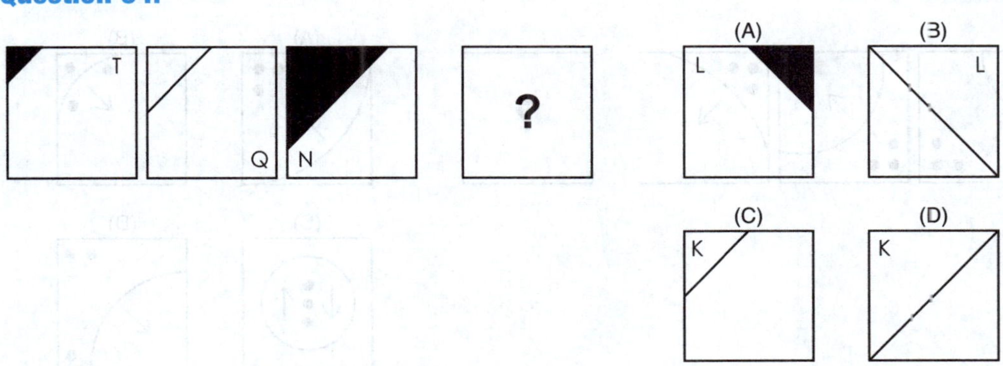

****
****
****

Question 65.

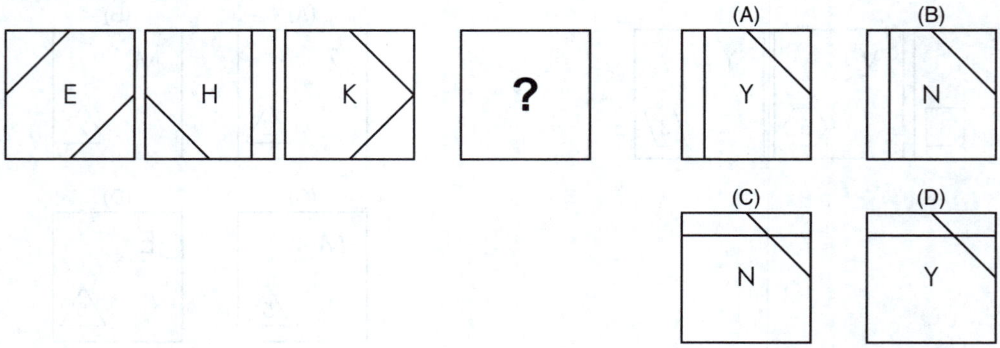

Question 66.

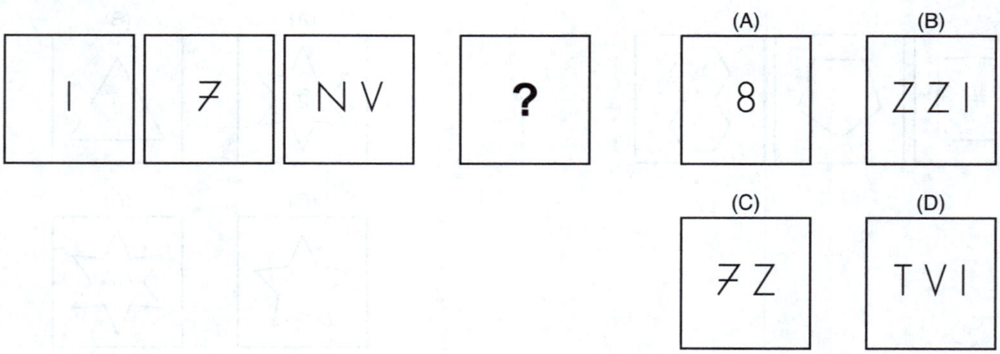

Question 67.

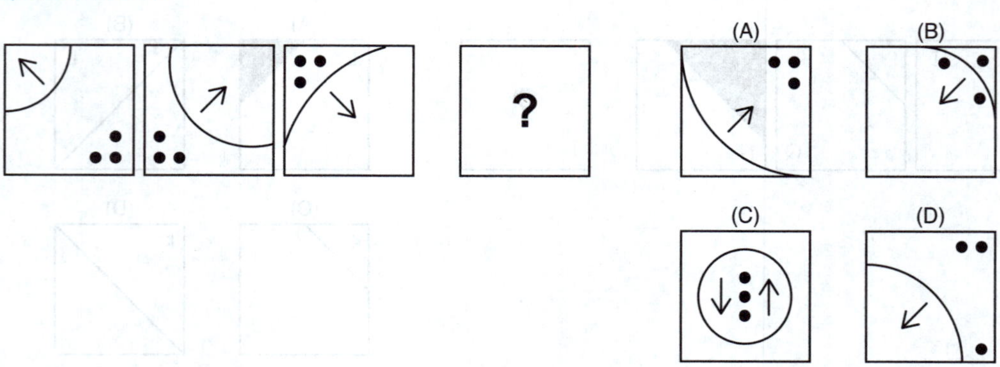

****
****
****

Question 68.

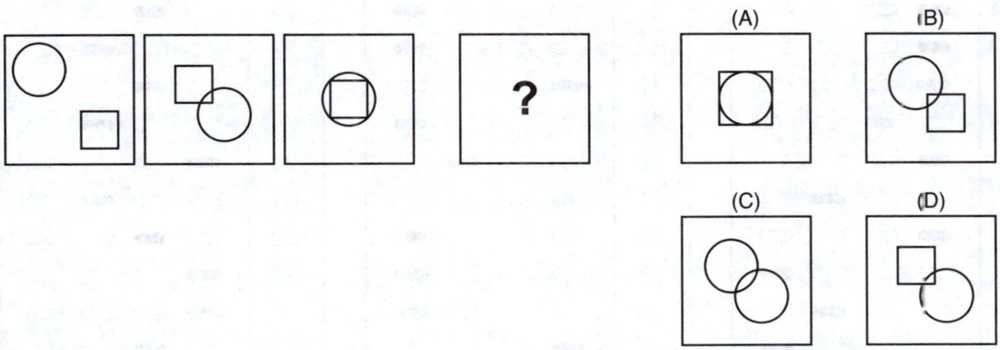

Question 69.

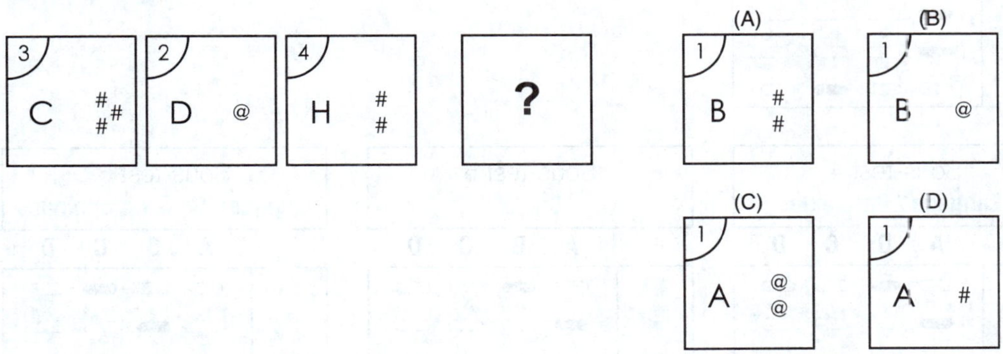

Question 70.

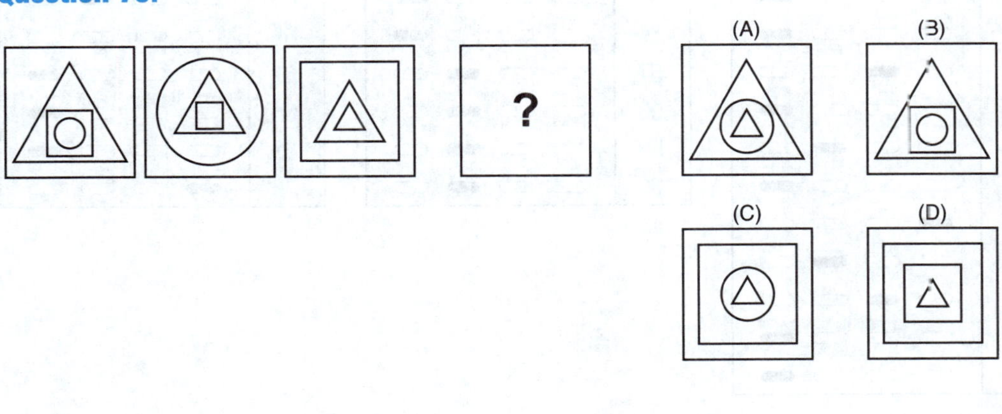

TEST TAGE 2 #7 : GRILLE DES REPONSES JUSTES

Sous-test 1
Langage / Lexiphrase

	A	B	C	D
1	●	○	○	○
2	●	○	○	○
3	●	○	○	○
4	○	●	○	○
5	●	○	○	○
6	○	○	●	○
7	●	○	○	○
8	○	○	○	●
9	○	○	●	○
10	○	○	○	●
11	●	○	○	○
12	○	●	○	○
13	●	○	○	○
14	●	○	○	○
15	○	○	●	○

Sous-test 2
Calcul

	A	B	C	D
16	○	○	○	●
17	○	○	○	●
18	●	○	○	○
19	○	○	○	●
20	○	○	●	○
21	●	○	○	○
22	○	○	○	●
23	○	○	○	●
24	○	○	○	●
25	●	○	○	○

Sous-test 3
Logique / Séries doubles

	A	B	C	D
26	○	●	○	○
27	○	○	●	○
28	○	●	○	○
29	○	○	●	○
30	●	○	○	○
31	○	○	●	○
32	○	●	○	○
33	●	○	○	○
34	●	○	○	○
35	○	●	○	○

Sous-test 4
Langage / Paratexte

	A	B	C	D
36	○	●	○	○
37	●	○	○	○
38	○	○	●	○
39	○	○	○	●
40	○	○	○	●
41	○	○	○	●
42	○	●	○	○
43	○	○	○	●
44	○	○	●	○
45	○	○	○	●
46	●	○	○	○
47	○	○	●	○
48	○	●	○	○
49	○	○	○	●
50	○	○	○	●

Sous-test 5
Calcul

	A	B	C	D
51	○	●	○	○
52	●	○	○	○
53	○	○	○	●
54	○	○	●	○
55	○	○	○	●
56	○	○	○	●
57	○	○	●	○
58	○	○	●	○
59	○	○	●	○
60	○	○	●	○

Sous-test 6
Logique / Séries graphiques

	A	B	C	D
61	○	○	●	○
62	○	●	○	○
63	●	○	○	○
64	○	○	○	●
65	○	○	●	○
66	○	●	○	○
67	○	○	○	●
68	○	○	○	●
69	○	○	○	●
70	●	○	○	○

TEST BLANC TAGE 2
CORRIGES DU TEST BLANC #7

7

1. Langage [1]

Question 1. Réponse A
Question 2. Réponse A
Question 3. Réponse A
Question 4. Réponse B
Question 5. Réponse A
Question 6. Réponse C
Question 7. Réponse A
Question 8. Réponse D
Question 9. Réponse C
Question 10. Réponse D
Question 11. Réponse A
Question 12. Réponse B
Question 13. Réponse A
Question 14. Réponse A
Question 15. Réponse C

2. Calcul [1]

Question 16. Réponse D

Utilisons ici la méthode du barycentre pour cette question d'écart à la moyenne. On remarque, car on connaît parfaitement son cours, que 2,375 = 2 + 3/8. Traçons donc l'axe suivant, gradué tous les 0,125 (= 1/8) :

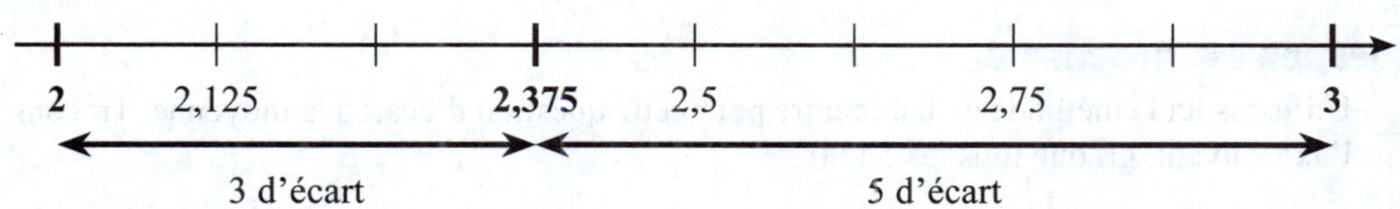

Sachant que la moyenne est plus proche (même exactement 5/3 fois plus proche) de 2 que de 3, c'est que l'on a vendu plus de compositions florales de type 1 que de type 2, et même exactement 5/3 fois plus. Autrement dit, en notant x le nombre de compositions florales de type 1 et y le nombre de types 2, on a l'équation suivante :

$x = 5y/3$ ou $y = 3x/5$

Ces deux nombres étant entiers, on déduit de ces équations qu'y doit être divisible par 3 et x par 5. Or, parmi les réponses, seuls 25 et 15 fonctionnent.

Question 17. Réponse D

Notons x le nombre de flèches tirées sur les zones notées 5, y pour 8 et z pour 10. D'après l'énoncé, on a donc les équations suivantes :
(1) $5x + 8y + 10z = 99$
(2) $y = z$

En remplaçant z par y dans (1) on obtient donc :
$5x + 18y = 99$

Avec une équation pour 2 inconnues il semble compliqué de trouver la valeur d'y. En revanche on sait que les inconnues sont entières et positives, ce qui peut nous permettre de tester plusieurs solutions. En effet, on se rend vite compte que la valeur de y est majorée sachant que $18 \times 6 = 108 > 99$ donc il faudrait une valeur négative pour x ce qui est impossible. Ainsi, y est compris dans l'intervalle [1 ; 5].

Testons différentes valeurs pour y jusqu'à en trouver une qui fonctionne :
Si $y = 5$, alors $18y = 90$ et on doit avoir $5x = 99 - 90 = 9$ donc $x = 9/5$, impossible
Si $y = 4$, alors $18y = 72$ et on doit avoir $5x = 99 - 72 = 28$ donc $x = 28/5$, impossible
Si $y = 3$, alors $18y = 54$ et on doit avoir $5x = 99 - 54 = 45$ donc $x = 45/5 = 9$: possible !

Bien évidemment on aurait pu commencer par 1 et 2 et obtenir le même résultat :
Si $y = 1$, alors $18y = 18$ et on doit avoir $5x = 99 - 18 = 81$ donc $x = 81/5$, impossible
Si $y = 2$, alors $18y = 36$ et on doit avoir $5x = 99 - 36 = 63$ donc $x = 63/5$, impossible

On a donc $y = 3$ et $x = 9$. Sachant que $z = y = 3$, Jonas a tiré en tout $9 + 3 + 3 = 15$ flèches.

Question 18. Réponse A

Sachant qu'ABCD est un rectangle de 6 cm sur 10 cm, son aire est donc égale à $6 \times 10 = 60$.
L'aire de la partie grisée est donc égale à $60/2 = 30$ cm^2.
Or cette partie grisée est également un rectangle XYRS de longueur RS = Côté de PQRS = 6 cm et de largeur XS = Côté de PQRS – PX = 6 – PX. On a donc l'égalité suivante :
$(6 - PX) \times 6 = 30$, soit $6 - PX = 5$ ou encore $PX = 1$ cm

Question 19. Réponse D

Utilisons ici la méthode du barycentre pour cette question d'écart à la moyenne. Traçons donc l'axe suivant, gradué tous les 5 000 :

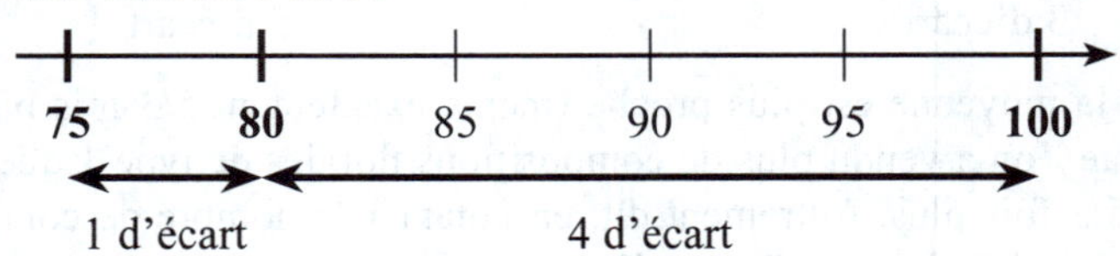

Sachant que la moyenne est plus proche (même exactement 4 fois plus proche) de 75 que de 100, c'est que l'on a dans l'entreprise plus de cadres de faible ancienneté que d'expérimentés, et même exactement 4 fois plus. Autrement dit, en notant x le nombre de cadres de faible ancienneté et y le nombre de cadres expérimentés, on a les équations suivantes :
(1) $x + y = 60$
(2) $x = 4y$

Ainsi, en remplaçant x par $4y$ dans (1), on trouve que $5y = 60$ donc $y = 12$ et $x = 60 - 12 = 48$.

Question 20. Réponse C

Il s'agit purement et simplement d'une question de cours qui doit se traiter en exactement 5 secondes : s'il y a N personnes à cette réunion, alors on a compté N(N – 1)/2 salutations. Donc on a :
N(N – 1)/2 = 36 donc N(N – 1) = 72

On cherche donc deux nombres consécutifs dont le produit serait 72 : 8 et 9 sont des candidats parfaits. On trouve ainsi que N = 9, soit que 9 personnes étaient présentes à la réunion.

Question 21. Réponse A

Notons x, y, z et t les âges de 4 petits enfants par ordre croissant. On sait donc d'après l'énoncé que :
(1) $x < y < z < t$
(2) $x \times t = 84$
(3) $y \times z = 84$
(4) $x + y + z + t = 44$

Les âges étant entiers, on voit immédiatement d'après (2) et (3) qu'ils doivent tous être des diviseurs de 84, à savoir appartenir à {1, 2, 3, 4, 6, 7, 12, 14, 21, 28, 42, 84}. Cela permet d'immédiatement éliminer la réponse C. Ensuite il suffit de tester les réponses :

Si $z = 21$, alors $y = 84/21 = 4$ et on peut avoir :
$x = 2$, auquel cas $t = 84/2 = 42$ et $x + y + z + t = 69 > 44 \rightarrow$ Impossible
$x = 3$, auquel cas $t = 84/3 = 28$ et $x + y + z + t = 56 > 44 \rightarrow$ Impossible

Si $z = 14$, alors $y = 84/14 = 6$ et on peut avoir :
$x = 2$, auquel cas $t = 84/2 = 42$ et $x + y + z + t = 64 > 44 \rightarrow$ Impossible
$x = 3$, auquel cas $t = 84/3 = 28$ et $x + y + z + t = 51 > 44 \rightarrow$ Impossible
$x = 4$, auquel cas $t = 84/4 = 21$ et $x + y + z + t = 45 > 44 \rightarrow$ Impossible

Si $z = 12$, alors $y = 84/12 = 7$ et on peut avoir :
$x = 2$, auquel cas $t = 84/2 = 42$ et $x + y + z + t = 63 > 44 \rightarrow$ Impossible
$x = 3$, auquel cas $t = 84/3 = 28$ et $x + y + z + t = 50 > 44 \rightarrow$ Impossible
$x = 4$, auquel cas $t = 84/4 = 21$ et $x + y + z + t = 44 \rightarrow$ Possible !

Ainsi, le plus jeune a 4 ans, le 2e a 7 ans, le 4e a 21 ans et le 3e a bien 12 ans.

Question 22. Réponse D

Attention à cette question. En effet, il est nécessaire de bien traduire toutes les inconnues. Notons S le salaire reçu, B celui de base et H la rémunération des heures supplémentaires. On a ainsi les deux équations suivantes :
(1) S = B + H et S = 2 300 donc 2 300 = B + H
(2) B = 2 000 + H ou encore H = B – 2 000

Soit en remplaçant H par sa valeur dans (1) on obtient :
2 300 = B + B – 2 000
⇔ 2B = 4 300
⇔ B = 2 150 €

Question 23. Réponse D

Notons R le nombre de boules roses, V le nombre de violettes et N le nombre de noires. L'énoncé nous donne les équations suivantes :

(1) $R + V + N = 50$
(2) $R = 11V$
(3) $V < N < R$

En combinant (1) et (2) on obtient que $12V + N = 50$, soit $N = 50 - 12V$

Ne perdons pas de vue que nous cherchons l'écart R – N, qui peut éventuellement être obtenu sans trouver les valeurs respectives de R et N. On se rend rapidement compte grâce à (2) que la valeur de V est majorée. En effet, R, V et N sont des entiers positifs et si $V = 5$ alors $R = 11V = 55 > 50$. Donc V appartient à [1 ; 4]. Testons les différentes possibilités :
Si $V = 1$, alors $R = 11$ et $N = 50 - 12 = 38 > 11$ donc $R < N \rightarrow$ Impossible
Si $V = 2$, alors $R = 22$ et $N = 50 - 24 = 26 > 22$ donc $R < N \rightarrow$ Impossible
Si $V = 3$, alors $R = 33$ et $N = 50 - 36 = 14 < 33$

Ainsi, on a $R = 33$ et $N = 14$ donc $R - N = 33 - 14 = 19$.

Question 24. Réponse D

Notons respectivement x, y et z les notes des trois camarades rangées par ordre croissant. On a donc les trois équations suivantes :

(1) $(x + y + z)/3 = 15$ soit $x + y + z = 45$ ou $x + z = 45 - y$
(2) $x < y < z$
(3) $z = x + 4$

En combinant (1) et (3) on trouve que $2x + 4 = 45 - y$ soit $x = (41 - y)/2$. On cherche donc y tel que $x < y$ soit $(41 - y)/2 < y$ ou encore :

$41 - y < 2y$
$\Leftrightarrow 41 < 3y$
$\Leftrightarrow y > 13{,}6666\ldots$
$\Leftrightarrow y \geq 14$ car les âges sont entiers

Or 14 et 15 sont deux réponses supérieures ou égales à 14. Les 2 fonctionnent et il y a donc plusieurs réponses possibles.

Question 25. Réponse A

L'aire d'une face d'un cube étant de 9 cm^2, cela signifie que son côté mesure $\sqrt{9} = 3$ cm et par conséquent que le volume de chaque cube est de $3^3 = 27$ cm^3.

La figure étant composée de 6 cubes, son volume total est de $27 \times 6 = 162$ cm^3.

TEST BLANC #7 – CORRIGES

3. Logique [1] : séries doubles

Question 26. Réponse B

H : Somme constante égale à 10.
V : Tous les nombres sont des multiples de 13.

Question 27. Réponse C

H : Inter vertical de –3 sur la première lettre.
V : Intra de +1 entre la première et la dernière lettre.

Question 28. Réponse B

H : Séparation produit par les côtés.
V : Inter grande diagonale gauche de –1.

Question 29. Réponse C

H : Intra de +2 entre la première et la dernière lettre.
V : Inter grande diagonale gauche de +2.

Question 30. Réponse A

H : Tous les nombres sont des multiples de 11.
V : Produit constant égal à 16.

Question 31. Réponse C

H : Somme constante égale à 15.
V : Séparation carré par la gauche.

Question 32. Réponse B

H : Inter petite diagonale première gauche de +1.
V : Intra de –5 entre la première et la deuxième lettre.

Question 33. Réponse A

H : Inter vertical de +1 sur le chiffre du milieu.
V : Tous les nombres sont des multiples de 7.

Question 34. Réponse A

H : Intra de –1 entre la première et la deuxième lettre.
V : Inter évolutif vertical sur la première lettre.

Question 35. Réponse B

H : Somme constante égale à 19.
V : Tous les nombres sont des cubes.

4. Langage [2]

Question 36. Réponse B

Question 37. Réponse A

Question 38. Réponse C

Question 39. Réponse D

Question 40. Réponse D

Question 41. Réponse D

Question 42. Réponse B

Question 43. Réponse D

Question 44. Réponse C

Question 45. Réponse D

Question 46. Réponse A

Question 47. Réponse C

Question 48. Réponse B

Question 49. Réponse D

Question 50. Réponse D

5. Calcul [2]

Question 51. Réponse B

Si les intérêts de la plus petite partie s'élèvent à 550 € et ceux de l'ensemble du capital à 1430, c'est donc que la plus grande partie du capital a généré 1430 – 550 = 880 € d'intérêts. Connaissant la proportion de chacune des deux parties (1/3 et 2/3), on a, en notant *t* le taux cherché et C le capital placé :

(1) C/3 × 5 % = 550

(2) 2C/3 × *t* % = 880

Soit encore :

(1) C = 3 × 11 × ~~0,05~~ × 1 000/~~0,05~~

(2) 2/~~3~~ × (~~3~~ × 11 × 1 000) × *t* = 880

La deuxième équation donne donc :

T = 880/22 000 = 4 %

Question 52. Réponse A

Si une personne voyage T km, alors les tarifs des deux offres seront les suivants :

– Réduction = 3T/4

– Abonnement = 220 + T/2

On cherche donc T tel que T/2 + 220 < 3T/4, soit T/4 > 220 ou encore T > 880.

Question 53. Réponse D

Sachant que la somme des circonférences est égale à 628 m et que les deux cercles sont identiques, c'est donc que chaque cercle possède une circonférence de 628/2 = 314 m. Or la valeur du périmètre d'un cercle, en notant *r* son rayon, est de $2\pi r$. On a donc $2\pi r = 314$.

On sait que $\pi \approx 3{,}14$, donc l'égalité devient $2r = 314/3{,}14$, soit $2r = 100$. Sachant que la largeur *l* du rectangle est exactement égale au diamètre d'un des cercles, on a donc $l = 2r$ et par conséquent $l = 100$ m.

Question 54. Réponse C

L'obélisque formant un angle droit avec le sol, on peut utiliser la propriété disant que la somme des angles d'un triangle doit être égale à 180°. On sait qu'un angle mesure 90° et un deuxième 45° : le troisième mesure donc forcément 180 – 90 – 45 = 45° également. Cela signifie donc que le triangle est isocèle et que les deux côtés de l'angle droit sont égaux.

Attention cependant, l'instrument de visée ayant été élevé d'un mètre, on voit que ce n'est pas l'obélisque qui mesure 600 m mais bien le côté du triangle à savoir l'obélisque moins 1 m. On a donc une hauteur de 600 + 1 = 601 m pour l'obélisque seule.

Question 55. Réponse D

Cherchons la proportion de chaque couleur sur la cible. D'après l'énoncé, on a :
Jaune = 50 % = 1/2
Bleu = 90°/360° = 1/4
Rouge = 60°/360° = 1/6

Sachant que la proportion de Noir est le reste de la cible, il va falloir sommer ces trois fractions et par conséquent les mettre au même dénominateur. Le plus petit multiple commun (PPCM) de 2, 4 et 6 est 12, donc on a :
Jaune = 6/12
Bleu = 3/12
Rouge = 2/12

Et donc Noir = 12/12 – 6/12 – 3/12 – 2/12 = 12/12 – 11/12 = 1/12. On a donc une chance sur douze de tomber sur un secteur de couleur noire.

Question 56. Réponse D

Si le cercle est inscrit dans le carré, c'est que son diamètre est exactement égal au côté de celui-ci, autrement dit en reprenant les notations de l'énoncé on a C = D.

D'après les formules classiques, l'aire du carré est égale à C^2 tandis que celle du cercle est égale à $\pi \times (D/2)^2$, soit encore $\pi \times C^2/4$. Ainsi, leur rapport est égal à :
$\cancel{C^2}/(\pi \times \cancel{C^2}/4) = 4/\pi$

Question 57. Réponse C

L'énoncé parle de 3 temps différents pour la mortalité infantile :
1966 : 8,1 cas sur 100
1973 : T cas sur 100
1974 : 4,8 cas sur 100

Sachant que l'on cherche la diminution D entre 1966 et 1973, cela revient à calculer :
D = (T – 8,1)/8,1

Or l'on nous dit que le taux a connu une baisse de 20 % entre 1973 et 1974. Autrement dit :

$4{,}8 = T \times (1 - 20\ \%)$

$\Leftrightarrow T = 4{,}8/0{,}8 = 48/8 = 6$

Ainsi, on a :
$D = (6 - 8{,}1)/8{,}1 = 6/8{,}1 - 1 = 20/27 - 1 \approx -26\ \%$

Question 58. Réponse C

Notons x, y et z les temps que le coureur a mis pour les trois parties. D'après l'énoncé on a alors les équations suivantes :
(1) $x + y + z = 15$
(2) $y = x - 1$
(3) $z = x - 2$
Ainsi, cela donne en combinant les trois :
$x + (x - 1) + (x - 2) = 15$, soit $3x - 3 = 15$ ou encore $x - 1 = 5$.

Sachant que l'on recherche le vitesse sur la troisième partie du parcours, il nous faut le temps mis par le coureur sur cette partie, à savoir $z = x - 2 = x - 1 - 1 = 5 - 1 = 4$ secondes. Cette partie faisant 30 m, sa vitesse était de 30 m/4 secondes.

Il faut désormais convertir cela en m/h. Sachant qu'il y a 3 600 = 4 × 900 secondes dans 1 h, sa vitesse est de 900 × 30 = 27 000 m/h soit 27 km/h sur la troisième partie.

Question 59. Réponse C

La cuve 1 étant plus rapide à se vider que la cuve 2, il n'y aura aucun moment où cette dernière sera vide, attendant de recevoir de l'acide de la première. Ainsi, le temps total sera simplement le temps mis par la cuve 2 à écouler la totalité de l'acide, à savoir 3 000 L. Sa vitesse étant de 6 L/min, on obtient :
T = 3 000/6 = 500 secondes

Or 500 secondes = 500/60 minutes = 480/60 min et 20 secondes = 8 minutes et 20 secondes.

Question 60. Réponse C

L'énoncé nous dis que la longueur L de l'enclos est le double de sa largeur l (inconnue recherchée), soit que $L = 2l$. On peut séparer son achat en deux parties :
– La surface, à 10 € du m² : Aire × 10 = $L \times l \times 10 = 2l \times l \times 10 = 20l^2$
– La palissade, à 10 € du m : Périmètre × 10 = $2 \times (L + l) \times 10 = 20 \times 3l = 60l$

Ainsi, si son achat total lui revient à 560 €, on a l'équation suivante :

$$20l^2 + 60l = 560$$
$$\Leftrightarrow \quad l^2 + 3l = 28$$

Il est bien évidemment possible de résoudre cette équation en calculant le Δ, mais ce serait oublier que nous disposons de quatre propositions de réponses faciles à tester. En effet :
$6^2 = 36 > 28 \rightarrow$ Impossible
$5^2 + 3 \times 5 = 25 + 15 = 40 > 28 \rightarrow$ Impossible
$4^2 + 3 \times 4 = 16 + 12 = 28$

La largeur de l'enclos est donc égale à 4 mètres.

6. Logique [2] : séries graphiques

Question 61. Réponse C

Les trois barres suivent des mouvements différents. La première est d'abord collée au côté droit avant de se retrouver au milieu puis d'être collée au côté gauche. Elle reviendra au milieu sur la figure solution. La deuxième barre ne bouge pas tandis que la troisième alterne le côté droit et le côté gauche : elle sera à gauche dans la solution.

Question 62. Réponse B

On remarque que le nombre de barres dans les lettres augmente de 1 en 1 : I = 1, V = 2, Y = 3. De plus, l'écart entre le nombre de côtés de la figure et le chiffre inscrit à l'intérieur est toujours égal à 1. Ainsi, on devra avoir une lettre à 4 barres et, si la figure est un triangle comme dans toutes les solutions proposées, on aura 3 côtés – 1 = **2** comme chiffre inscrit à l'intérieur.

Question 63. Réponse A

En numérisant le nombre de côtés et de symboles, on trouve :

4 et 1

5 et 0

10 et 3

La seule opération donnant un résultat convaincant est la soustraction. En effet, 4 – 1 = 3, 5 – 0 = 5 et 10 – 3 = 7 : il s'agit de trois nombres premiers. Le suivant étant 11, l'écart entre le nombre de côtés et de symbole devra être égal à 11 dans la figure solution, comme par exemple un @ dans une figure à 12 côtés.

Question 64. Réponse D

Ici la lettre avance dans le sens des aiguilles d'une montre. Elle doit donc se trouver en solution au niveau NORD-OUEST, autrement dit en haut à gauche. Vous remarquez ensuite que le bord en haut à gauche dans le premier cadre grossit au fur et à mesure que l'on avance dans les cadres tout en changeant (alternance NOIR / BLANC). On retient donc la réponse D (et pas la C !).

Question 65. Réponse C

Les deux barres réalisent des rotations différentes :

- Celle qui démarre dans le coin supérieur gauche réalise une rotation antihoraire de 90° : elle sera donc en haut à droite dans la solution.
- Celle qui démarre dans le coin inférieur droit réalise une rotation antihoraire de 45° : elle sera donc horizontale sur le haut de la figure.

De plus, on remarque un intra de +3 entre les lettres. En effet, E = 5, H = 8 = 5 + 3, K = 11 = 8 + 3. On s'attend donc à trouver un 11 + 3 = 14 = N dans la figure solution.

Question 66. Réponse B

Le nombre de barres des lettres ou des chiffres dans les figures suivent une progression arithmétique (intra) de + 2 : I = 1, 7 = 3, NV = 3 + 2 = 5. Ainsi, il faut que ce nombre soit égal à 5 + 2 = 7 dans la solution. ZZI possède bien 3 + 3 + 1 = 7 barres.

Question 67. Réponse D

La forme incurvée est d'abord en haut à gauche, puis en haut à droite puis en bas à gauche pour être donc en bas à droite en solution.

Vous remarquez par ailleurs que la forme grossit au fil des cadres. Les flèches et les trois petits points ne présentent quant à eux aucune difficulté. Ils se déplacent en effet dans le sens des aiguilles d'une montre.

Question 68. Réponse D

Les deux figures suivent des chemins opposés jusqu'à se confondre dans la troisième figure. Ils vont donc continuer ces chemins et repartir vers les angles opposés pour se retrouver dans une configuration similaire à celle de la deuxième figure. En revanche, on remarque que cercle et carré inversent leur place à chaque mouvement. Le cercle est la figure qui descend, puis celle qui monte, ensuite celle qui descend : il sera donc la figure qui remonte dans la solution.

Question 69. Réponse D

En numérisant lettres et symboles on trouve :
3 ; C = 3 ; ### = 3
2 ; D = 4 ; @ = 1
4 ; H = 8 ; ## = 2

On remarque alors que le rang de la lettre que multiplie le nombre de symboles donne **le carré** du chiffre inscrit dans le coin supérieur gauche. En effet :
$3^2 = 9 = 3 \times 3$
$2^2 = 4 = 4 \times 1$
$4^2 = 16 = 8 \times 2$

Ainsi, $1^2 = 1 \times 1 = A \times \#$.

Question 70. Réponse A

La plus petite figure devient grande, la moyenne devient petite alors que la plus grande disparaît. Sachant que dans la troisième figure, la petite était un triangle et la moyenne également, on devra avoir un petit triangle dans une figure quelconque de taille moyenne, qui s'avère être un cercle dans la solution proposée ; le tout, dans un grand triangle.

TEST BLANC #7 – CORRIGES

TABLE DES MATIERES

DEUXIEME PARTIE

7 TESTS BLANCS ORIGINAUX ET INEDITS ACCOMPAGNES DE LEURS CORRIGES

34/38, rue Camille-Pelletan – 92309 Levallois-Perret Cedex
Imprimerie La Sepec – 01960 Péronnas – 10807210503
Imprimé en France – 2e trimestre 2021

Service éditorial : Benjamin Dias Pereira, Deborah Lopez
Conception graphique : Dominique Papon

Dépôt légal à parution
ISBN 978-2-7590-4720-8

PEFC 10-31-1470 / Certifié PEFC / Ce produit est issu de forêts gérées durablement et de sources contrôlées. / pefc-france.org